Realität und Begriff

280195

Realität und Begriff

Festschrift für Jakob Barion
zum 95. Geburtstag

Herausgegeben von
Peter Baumanns

Königshausen & Neumann

Die Deutsche Bibliothek — CIP-Einheitsaufnahme

Realität und Begriff : Jakob Barion zum
95. Geburtstag / hrsg. von Peter Baumanns. —
Würzburg : Königshausen und Neumann 1993
   ISBN 3-88479-838-3
NE: Baumanns, Peter [Hrsg.]; Barion, Jakob, Festschrift

© Verlag Königshausen & Neumann GmbH, Würzburg 1993
Umschlag: Hummel / Homeyer, Würzburg
Druck: Verlag Königshausen & Neumann, GmbH
Gedruckt auf säurefreiem, alterungsbeständigem Papier
Bindung: Rimparer Industriebuchbinderei GmbH
Printed in Germany
ISBN 3-88479-838-3

Inhalt

Gerhard Funke, Mainz

Vorwort

1. Jakob Barion, den 1898 Geborenen, den aufmerksamen, lebendigen, wachen Zeugen eines ganzen Jahrhunderts zu ehren, stellt eine Ehre dar. Sie fällt denen zu, denen Leben wie Werk eines der ihren aus der Gelehrtenrepublik unabweislich etwas bedeutet, das "maßgeblich" erscheint. Wer dem Lebensweg des Rheinländers folgt, dem begegnet der Trierer Abiturient zunächst als Bonn/Münchener Student der Philosophie bzw. der Theologie, und er trifft ihn dann nach Promotion und Habilitation als Bonner Privatdozent der Philosophie wieder.

Entscheidend auf diesem Wege sind zwei Stationen: eine Berufung bringt den jungen Ordinarius 1938 an die Staatliche Akademie in Braunsberg, die Nachfolgeinstitution der Theologisch-Philosophischen Akademie von 1818 bzw. des alten Collegium Hosianum von 1565 - die Vertreibung zwingt den im ermländischen Ostpreußen schon fast Verwurzelten unter dramatischen Umständen über das Frische Haff zurück "ins Reich" und läßt ihn schließlich, 1947, wieder Bonner, und endlich, 1966, Bonner Emeritus werden.

2. Der Schüler Adolf Dyroffs und Weggenosse Johannes Hessens hat seine wissenschaftliche Aufgabe in der Bewahrung des Erbes der klassischen Antike, in der Einbewältigung der Philosophie des Hl. Augustinus und in der Aufarbeitung der grundlegenden Fragen des Deutschen Idealismus, insbesondere Kants und Hegels, gesucht und gefunden.
Zugleich hält er an einer recht verstandenen philosophia perennis fest.
Der heimgekehrte spätere Bonner Barion, der durch die Schule eines Lebens hatte gehen müssen, das durch die obwaltenden politischen Ereignisse stigmatisiert war, hat, hierdurch geprägt, seine zweite große wissenschaftliche Aufgabe in der grundlegenden Aufklärung des Verhältnisses von Gerechtigkeit, Recht, Staat, Gesellschaft und Macht (eingeschlossen die Analyse pervertierender Ideologen) gesehen.

3. Wenn ein Gelehrter gewürdigt wird, der selbst ein Stück Zeitgeschichte darstellt, wird es nicht wundernehmen, daß ein Alter den Älteren gleichsam wie einen Freund aus seiner Zeit sieht, als einen Bruder im Geiste.

Nutrimentum spiritus stand in schlechtem Latein an der alten Königlichen Bibliothek in Berlin da, wo es nutrimentum ingenii hätte heißen müssen und wo der große König wohl nourriture de l'âme oder aliment de l'esprit für richtig gehalten haben würde.

"Nahrung des Geistes": um den Unterschied von spiritus (in spiritus sanctus) und ingenium (etwa in ecce ingenium teutonicum) hätte der gute Philologe und strenge Historiker Jakob Barion gewiß gewußt.

Den Hauch, den Atem des Geistes zu spüren, ist das Verlangen des geistigen Menschen, ob er sich nun durch den alles lebendig machenden heiligen Geist der Schrift oder durch den quicklebendig-wandelbaren Geist der Wissenschaft ansprechen und anrühren läßt.

Jakob Barion, der kritisch Gläubige unter den Gebildeten unserer Zeit, und Jakob Barion, der skeptisch Neugierige unter dem Baum der Wissenschaft, hat ihn jeweils erfahren, denn der Geist weht nicht nur, wo er will, sondern wohl auch, wo er soll.

Dazu noch ein Wort. In einem berühmt gewordenen, mißverstandenen Wort hat uns ein Gelehrter des 19. Jahrhunderts, Victor Cousin, belehrt: il faut de la religion pour la religion, il faut de la morale pour la morale, il faut de l'art pour l'art, was ja nicht heißen will, es sei etwa die Religion, die Moral, die Kunst um der Religion, um der Moral, um der Kunst willen da, sondern: für die Religion bedarf es des religiösen Gemütes, für die Moral des sittlichen Gewissens, für die Kunst des Kunstsinns.

Jakob Barion, der zugleich weltzugewandte und eindringliche Professor, hat aus der gläubigen Tradition seines alten katholischen Elternhauses das Eine, aus dem festgefügten Gemeinsinn der Gemeinschaft in der Diaspora das Andere, und aus der musikfreudigen Zeit seiner Jugend das Dritte mitbekommen: den Glauben, die Haltung, die Freude an den Musen.

Der Wissenschaftler und der Mensch Barion, novarum rerum cupidus und auf vielen Gebieten tätig, könnte, so sieht es aus, bei allen seinen Taten unter dem Leitwort stehen: veritati, humanitati, virtuti.

Wer der Wahrheit dient, wird auch wahrer Mensch; und er dient der Menschheit mit einem Können und Taugen, das erst die Tugend begründet. Den durch Leid und Krankheit geprüften Jakob Barion erkennen wir in alledem wieder.

Der steile Charakter Barion, dessen Ethos sich durch die Bindung an die von ihm selbst so klar herausgestellte Idee der Universität gebildet hat, steht menschlich und sachlich unter dem Wort: viel leisten, wenig hervortreten, mehr sein als scheinen.

Damit wird solch Mann in der Gelehrtenrepublik maßgeblich, und nicht nur für sie.

Ludger Honnefelder, Bonn

Thesen zur Möglichkeit einer kritisch gewendeten Metaphysik

I.

Die Frage nach Möglichkeit und Notwendigkeit der Metaphysik ist so alt wie die Metaphysik selbst. Denn Metaphysik ist nicht eine Form primären Ausgriffs auf das Ganze der Welt und das Ganze des gelungenen Lebens wie etwa der Mythos, die Religion und die Lebensformen schlechthin, sondern Form *sekundärer Vergewisserung* in dem doppelten Sinn der Ermöglichung und der Grenzziehung. Metaphysik ist Reaktion auf die Krise der primären Formen in Gestalt einer philosophischen Reflexion, die das Phänomen des primären Ausgriffs wahrt, indem es die Grenzen zieht, innerhalb deren er möglich ist.

II.

Da das Ganze, auf das sich Metaphysik bezieht, kein Gegenstand der Erkenntnis ist und die Metaphysik über keine eigene privilegierte Form der Erkenntnis verfügt, ist sie nur *indirekt* möglich. Sie ist nicht eine die Dinge unmittelbar erklärende Theorie, sondern eine Hypothese, die erklärende Theorien abschließend zu begründen versucht und die deshalb einen Status sui generis hat, nämlich den einer grenzbegrifflichen, nicht den einer gegenständlichen Erkenntnis.

III.

So verstanden ist Metaphysik nicht Theorie des Transzendenten, sondern Theorie des Transzendentalen, nicht "Weisheit", sondern Wissenschaft, nicht beliebige Erfüllungsgestalt von "Metaphysik als Naturanlage"[1], sondern kritische Prüfung solcher Erfüllungsgestalten, also "System der Vorsicht und Selbstprüfung".[2] Nur sofern Metaphysik Theorie des Transzendentalen ist, kann sie auch Theorie des Transzendenten sein, nur als "Wissenschaft" kann sie sich auf "Weisheit" beziehen. Deshalb muß an der *Differenz* zwischen Metaphysik und Religion festgehalten werden,

---

[1] I. Kant, KrV B 22

[2] Ders., KrV A 711/B 739. Zur historischen Entwicklung der Metaphysik vgl. L. Honnefelder, Scientia transcendens. Die formale Bestimmung der Seiendheit und Realität in der Metaphysik des Mittelalters und der Neuzeit (Duns Scotus - Suárez - Wolff -Kant - Peirce), Hamburg 1990

auch wenn Metaphysik in bestimmten Phasen ihrer Geschichte kompen-
satorische Funktionen übernommen hat. Der Begriff "Heilsmetaphysik"
(A. Dempf) ist daher problematisch. Metaphysik dient dem "Orientie-
rungsbedürfnis", nur sofern sie dem "Erkenntnisbedürfnis"[3] dient.

IV.

Als philosophische Reflexion auf die primären Gestalten des Ausgriffs
auf das Ganze nimmt Metaphysik zwei Aufgaben wahr: die kritische
Prüfung im Sinn von *Ermöglichung und Grenzziehung* und die *abschlies-
sende Begründung*. Kant spricht deshalb vom "regressiven" und vom
"progressiven"[4] Teil der Metaphysik. Der regressive Teil besteht in der
Freilegung der Grundbegriffe und Grundannahmen, die in einer Theorie
bezüglich des Ganzen angenommen oder aus der "außer- oder vorwissenschaftlichen Weltsicht"[5], also der Lebenswelt vorausgesetzt werden,
oder anders ausgedrückt, aus der Analyse des "formalen kategorialen
Rahmens" (St. Körner), in dem die Weltsicht oder die Theorie bezüglich
des Ganzen ihre Einheit gewinnt. Kant spricht hier von der "Metaphysik
von der Metaphysik".[6] Der progressive Teil ist die zur abschließenden
Begründung entwickelte Hypothese, die spekulative Theorie, oder anders
ausgedrückt, das "Gedankenschema" im Sinne eines "kohärente[n],
logische[n] und notwendige[n] System[s] allgemeiner Ideen ..., auf
dessen Grundlage jedes Element unserer Erfahrung interpretiert werden
kann."[7]

V.

Sowohl in ihrem regressiven als auch in ihrem progressiven Teil ist
Metaphysik an bestimmte *methodische Standards* gebunden. Diese Standards werden hinsichtlich der Verifikations- bzw. Falsifikationsbedingun-
gen solche eines "sekundären Systems" (A. Ayer) sein müssen, also
bezogen auf das jeweilige primäre System einer Theorie, nicht aber
gleicher Art. Der Anspruch an die Weise der begrifflichen Differenzie-

---

[3] H. Poser, Metaphysik und die Einheit der Wissenschaften, in: W. Oelmüller (Hrsg.), Metaphysik heute?, Paderborn 1987, 202-242. Vgl. dazu auch R. Specht, Über drei Arten von Metaphysik, in: W. Oelmüller a.a.O., 170-201

[4] I. Kant, KrV A 411/B 438

[5] Vgl. H. Poser, a.a.O.

[6] I. Kant, An Marcus Herz, AA X 269

[7] A.N. Whitehead, Prozeß und Realität. Entwurf einer Kosmologie, Frankfurt a.M. 1979, 31

rung und die Art der argumentativen Begründung sind daher relativ zum jeweiligen Kontext und durch dessen Niveau bestimmt. Daraus ergibt sich, daß jede Gestalt von Metaphysik kritisierbar, revidierbar und fallibel ist und es eine legitime diachrone wie synchrone Pluralität von Metaphysiken gibt, wobei die Revidierbarkeit und die Verschiedenheit im progressiven Teil stärker als im regressiven Teil der Metaphysik sein dürfte.

VI.

Wenn die kurze Charakteristik von Metaphysik zutrifft, muß jede prinzipielle Bestreitung ihrer *Möglichkeit* selbstwidersprüchlich sein; denn sie muß zwangsläufig Hypothesen bezüglich der Grundbegriffe oder Grundannahmen von Theorien oder Weltsichten enthalten, die selbst den Status von Metaphysik haben. Dies läßt sich auch für die Versuche einer solchen Bestreitung in diesem Jahrhundert zeigen: Die Vorwürfe der Inhaltsleere der metaphysischen Begriffe, der Nichtprüfbarkeit metaphysischer Aussagen und des holistischen Charakters metaphysischer Theorien sind nur triftig, wenn man Metaphysik als eine Theorie über nichtempirische Gegenstände mit einem privilegierten, nichtempirischen, einer Prüfung unzugänglichen Erkenntniszugang versteht und für jede Theorie den Bezug aller nichtlogischen Begriffe auf Beobachtungsgrößen, die unmittelbare empirische Bestätigung aller nichttheoretischen Aussagen und den Verzicht auf jeden Holismus fordert. Dies aber ist - wie besonders deutlich von Quine gezeigt worden ist - schon für empirische Theorien nicht möglich.[8] Wie die genauere Analyse zeigt, trifft die Bestreitung der Möglichkeit von Metaphysik erfolgreich nur *bestimmte* Gestalten von Metaphysik, nämlich solche, die sich unter den angegebenen Kriterien nicht oder nicht mehr in ihrer Möglichkeit rechtfertigen lassen. Nur von bestimmten Gestalten der Metaphysik läßt sich deshalb sagen, sie seien 'zu Ende', nicht aber von der Metaphysik selbst - es sei denn, man reservierte diesen Namen für bestimmte Gestalten. Auch die Rede, Metaphysik sei historisch durch andere Gestalten von Theorien abgelöst worden, bezieht sich auf bestimmte Gestalten der Metaphysik.

---

[8] Vgl. W.v.O. Quine, Zwei Dogmen des Empirismus, in: Von einem logischen Standpunkt. Neun logisch-philosophische Essays, Frankfurt a.M. 1979, 9-26

VII

Voraussetzungsreicher als die Bestreitung der Möglichkeitskritik ist der Nachweis der *Notwendigkeit* von Metaphysik. Sein Gelingen hängt davon ab, welchen Anspruch man an die kritische Prüfung der Grundbegriffe und Grundannahmen einer Theorie und/oder einer Weltsicht stellen will und nach welchem Maß abschließender Begründung man sucht. Versteht man die neuzeitlich-moderne Bewegung der Vernunft als Erweiterung des Wissens bei gleichzeitiger Prüfung seiner Gültigkeit, werden Metaphysik und Metaphysikkritik weiterhin als *eine* oder *die* zentrale Frage der Philosophie zu betrachten sein.

VIII.

Mit der Metakritik der Bestreitung der Möglichkeit von Metaphysik ist aber diese Möglichkeit noch nicht *positiv* im Kontext heutiger Philosophie und Wissenschaft aufgezeigt. Im Rahmen der analytischen Philosophie läßt sich auf bestimmte Ansätze verweisen, gemäß denen sich Metaphysik - entsprechend den Vorüberlegungen - als möglich und notwendig erweist in der Reflexion (1) auf die Bildung von *Theorien*, (2) auf deren Voraussetzungen in unserer lebensweltlichen *sprachlichen Praxis* und (3) deren *abschließende Begründung*.

IX.

Wenn sprachliche Zeichen ihre Bedeutung nur aus dem Kontext einer Theorie gewinnen, so lautet die These Quines,[9] von der ich ausgehen möchte, ist die Frage nach der Realität nur sinnvoll als Frage, welche "ontologische Verpflichtung"[10] die jeweilige Theorie nach sich zieht: "Eine Theorie ist auf die und nur die Entitäten festgelegt, auf die die gebundenen Variablen referieren können müssen, damit die Aussagen der Theorie wahr sind."[11] Da man nach Quine nicht sagen kann, welches der verschiedenen möglichen Modelle innerhalb einer Theorie das

[9] Vgl. W.v.O. Quine, a.a.O.; sowie ders., Wort und Gegenstand, Stuttgart 1980, Kap.2; L. Honnefelder, Transzendent oder transzendental. Über die Möglichkeit von Metaphysik, in: Philosophisches Jahrbuch 92 (1985), 273-290; ders., "Einheit der Realität" oder "Realität der Einheit" - Metaphysik als Frage nach der Welt im ganzen, in: O. Marquard (Hrsg.), Einheit und Vielheit, Hamburg 1990, 72-85.

[10] Vgl. W.v.O. Quine, Was es gibt, in: Von einem logischen Standpunkt. Neun logisch-philosophische Essays, Frankfurt a.M. 1979, 9ff.; sowie Existenz und Quantifikation, in: Ontologische Relativität und andere Schriften, Stuttgart 1975, 93ff.

[11] Ders., Was es gibt, in: Von einem logischen Standpunkt, a.a.O., 20

intendierte Modell ist[12], ihre Überprüfung nur holistisch und ihre Über-
setzung in andere Theorien kaum möglich ist, ist die Aufklärung des
Status der jeweiligen Entitäten nur in Form einer Aufzählung möglich.
Welche Entitäten ich zugrunde lege, kann nur durch Bezug auf eine
Rahmentheorie entschieden werden. Die Frage nach ihrem ontologischen
Status, also nach der Realität des Realen ist "unerforschlich".[13] Auf die
Frage "Was gibt es?" läßt sich nur trivial mit "Alles" antworten,[14] und
dessen Existenz reduziert sich auf das, was der Existenzquantor angibt.
Diese Antwort ist nicht nur metaphysisch unbefriedigend, sie vermag vor
allem das nicht zu erklären, auf das es auch Quine durchaus ankommt,
daß nämlich eine Theorie, die sich auf unsere Welt bezieht, den Unterschied unterstellen muß, der zwischen "recht haben" und "glauben, recht
zu haben"[15] besteht. Der Wahrheitsbezug einer Theorie impliziert einen
Realitätsbezug. Die Quinesche Deutung der Theoriebildung indiziert
diesen Bezug, vermag ihn aber nicht zu begreifen.

X.

Soll es nicht bei einer unaufgeklärten "ontologischen Verpflichtung"
bleiben, muß Bezug genommen werden auf die Sätze, die den Realitätsbezug unserer sprachlichen Zeichen herstellen und auf die Quine, aufgrund seines Programms der Eliminierung singulärer Termini - mit
Ausnahme der Variablen - verzichten muß, nämlich die singulären prädikativen Sätze, wie sie von allen generellen assertorischen Sätzen vorausgesetzt werden. Der Realitätsbezug der Theorie verweist auf den
Realitätsbezug unserer natürlichen Sprache. Folgt man nämlich Strawson, Tugendhat u. a. und versteht den singulären prädikativen Satz als
eine Behauptung, die "dann wahr ist, wenn der generelle Terminus auf
den Gegenstand zutrifft, für den der singuläre Terminus steht"[16], dann
impliziert der Wahrheitsbezug des elementaren prädikativen Satzes notwendig einen Gegenstandsbezug. Er konstituiert sich durch die zunächst
deiktische, dann aber durch Einführung von Namen oder Aussagen, die

---

[12] Vgl. ders., Ontologische Relativität, a.a.O., 77/78
[13] Ders., a.a.O., S.52ff.

[14] Vgl. ders., Was es gibt , a.a.O., S.9
[15] H. Putnam, Vernunft, Wahrheit und Geschichte, Frankfurt a.M. 1990, 166, auch 168
[16] E. Tugendhat/U.Wolf, Logisch-semantische Propädeutik, Stuttgart 1983, 146. Vgl. dazu auch P.F. Strawson, Einzelding und logisches Subjekt, Stuttgart 1972

man zur Basis einer vermeintlichen Referenz, und zwar mit Hilfe von
Kennzeichnungen macht, situationsunabhängige Identifikation dessen,
wofür Namen oder Kennzeichnungen, also die singulären Termini stehen. Erweist sich aber nun als identifizierbar nur das, was durch ein
Sortalprädikat charakterisierbar ist und an einer bestimmten Raum-Zeit--
Stelle anwesend lokalisiert werden kann, dann lassen sich der Gegen-
stands- wie der Weltbezug auf eine erste Weise als Implikat unserer
elementaren Sprachzeichenverwendung explizieren: Gegenständlichkeit
kommt demjenigen zu, was als ein bestimmtes "Was" von anderen unterschieden werden und an einer bestimmten Raum-Zeit-Stelle anwesend
sein kann. Welt ist charakterisierbar als die "Allheit", auf die ich Bezug
nehmen muß, wenn ich sagen will, welches von allen gemeint ist. Geht
man wie Kripke, Putnam, Wiggins u.a. davon aus, daß gerade die elementare identifizierende Bezugnahme auf die Gegenstände unserer Welt,
wie sie uns in singulären prädikativen Sätzen begegnet, im Ausgang von
der Russellschen Kennzeichnungstheorie nicht möglich ist, sondern die
Annahme einer starren Referenz von Eigennamen und Termen für natürliche Arten erforderlich macht, dann impliziert unsere natürliche Sprache
einen ontologischen Rahmen, der nicht nur über das in der Semantik
Tugendhats sichtbar Werdende hinausgeht, sondern erhebliche Revisio-
nen im bisherigen Bezugsrahmen notwendig macht.[17] Enthält nämlich
die natürliche Sprache Terme mit starrer Referenz, dann erweist es sich
nicht nur als erforderlich zwischen wesentlichen und akzidentellen Eigenschaften zu unterscheiden und von natürlichen Arten und Substanzen
zu sprechen, sondern auch, wie Kripke betont, die Austauschbarkeit von
analytisch, notwendig und a priori einerseits und synthetisch, kontingent
und a posteriori andererseits, ist als voreilig und dogmatisch aufzugeben.
Damit entfallen aber wesentliche der bisher als unverrückbar geltenden
Kriterien für die Möglichkeit oder Unmöglichkeit von Metaphysik.

XI.

Mit der Freilegung der "ontologischen Verpflichtungen" unserer natürlichen Sprache, wie ich sie für die singulären prädikativen Sätze angedeutet habe, wie sie sich aber auch für unser elementares kontrafaktisches
Reden zeigen ließe, sind nun aufs neue Fragen gestellt, die zu ihrer

---

[17] Vgl. dazu S.A. Kripke, Name und Notwendigkeit, Frankfurt a.M. 1981; D. Wiggins, Sameness and
Substance, Oxford 1980

Beantwortung eine "progressive Metaphysik", also eine die implizierte Metaphysik erklärende und deutende Hypothese erforderlich machen. Diese Hypothese müßte sich auf die Fragen beziehen, wie der Status des Möglichen zu denken ist, wenn ihre Verwendung de dicto nicht möglich ist, ohne eine solche de re damit zu verbinden, was Identität besagt, die, wenn sie notwendig besteht, als "Querweltein -Identität" gedacht werden soll und welcher Sinn unter diesen Bedingungen dem Begriff "Existenz" zukommt, wenn man ihn über den Existenzquantor hinaus verwendet.[18]

XII.

Die Hypothesenbildung zu diesen Fragen hat inzwischen begonnen; die Diskussion über ihre verschiedenen Möglichkeiten ist im Gang. Wichtig ist, daß man den Status der Metaphysik beachtet, die sich hier abzeichnet. Es ist nicht das Interesse an Metaphysik, das hier zu Metaphysik führt, sondern das Interesse an der Aufklärung des Realitäts- und Wahrheitsbezugs unserer Theorien und unserer natürlichen Sprache. Es ist nicht der Versuch, historisch vergangene Positionen zu repristinieren, sondern der Versuch, Erklärungen durch Hypothesen anzugeben, von denen man gleichsam im Nachhinein feststellt, daß sie Formen eines aristotelischen "Essentialismus" darstellen. Es ist eine Reformulierung der Frage nach dem Notwendigen und Allgemeinen, aber eine solche, die Notwendiges als a posteriorisch und Allgemeines als nichtanalytisch und nicht a priorisch zu verstehen erlaubt. Es ist eine Metaphysik des Möglichen, die nicht von einer Fernrohrperspektive auf ein Reich des Möglichen ausgeht, um von daher das Faktische zu begreifen (und damit eine Vermehrung der Entitäten heraufführt, was Quine u.a. vor einer semantischen Interpretation der Modallogik zurückschrecken und zu einer Art Frageverbot greifen läßt), sondern die zu erklären versucht, warum wir vom Faktischen sprechen können, 'sofern es anders sein kann'. Was sich abzeichnet, ist Metaphysik, die sich als eine deutende und begründende Hypothese versteht, die an der weltbezogenen Sprachzeichenverwendung auszuweisen und durch diesen Ausweis zu revidieren und zu falsifizieren ist. Und schließlich: Es ist - auch in der Form der

---

[18] Vgl. dazu auch L. Honnefelder, Zeit und Existenz, demnächst in: H.M. Baumgartner (Hrsg.), Das Rätsel der Zeit, Freiburg i.B./München 1993

begründenden Hypothese - eine "metafisica povera".[19] Aber das ist Metaphysik - wenn ich es recht sehe - immer. Sie ist "befremdend bitter, weil sie den eitel Stolz niederschlägt und eingebildetes Wissen wegnimmt."[20] Aber nur so gilt von ihr: "Sie macht unsere Besitze sicherer, aber zum Eintrag der eingebildeten."[21]

---

[19] Vgl. W. Hogrebe, Metaphysik und Mantik. Die Deutungsnatur des Menschen (Système orphique de Iéna), Frankfurt a.M. 1992

[20] I. Kant, Reflexionen zur Metaphysik, AA XVII 495

[21] Ders., ebd.

Gerhard Funke, Mainz

Grundlagenbewußtsein, maßgebendes Gewissen

Die Tatsache, daß in der Gegenwart von einer allgemeinen Sinnkrise des Lebens gesprochen wird und daß verschiedene Wissenschaften eine Grundlagenkrise durchgemacht haben, ist nicht zu leugnen. Ebensowenig kann darüber hinweggesehen werden, daß die geistige Krise der Zeit, wenn immer eine solche besteht, sich beschleunigt selbst erfüllt, wo ein grundsätzlicher Sinn im Er-Sehen von Krisen gefunden wird. In diesem Punkte läßt sich nichts verdrängen.

Wenn sich die Philosophie die Aufgabe setzt, "die Phänomene zu retten", und das heißt: sie aus den Bedingungen ihrer Möglichkeit im umfassenden Sinne begreiflich zu machen, dann gilt es, solche Aufgabe gleicherweise im vorliegenden Fall zu sehen und aufzugreifen.

Gleich, ob die theoretischen, praktischen, ökonomischen, politischen, ästhetischen Grundlagen im menschlichen Verhalten zur Wirklichkeit, zumal die ethischen (von denen jedes Weltverhältnis seinen Ausgang nimmt) schwanken oder zum Schwanken gebracht werden - immer tritt in solchen gelebten Positionen und Post-Positionen ein Grundlagenbewußtsein in die Erscheinung.

Mit ihnen kündigen sich zugleich Wandlungen - Wenden, Kehren, Krisen - vorgreifend an.

Ob unser besonderes Krisenbewußtsein hic et nunc nun ein Merkmal der Zeit oder das Stigma einer Zeitenwende sei, wie geschichtsmetaphysisch typologisiert wird, muß dahingestellt bleiben: die Zukunft bildet ebensowenig wie die ganze Folge geschichtlicher Krisen ein vorgreifliches System, aus dem der Mensch handelt, weil die Freiheit ein solches nicht hergibt.

In jedem Fall jedoch meldet sich in der Aufsässigkeit von Lebens-, Glaubens-, Bildungs- oder Grundlagenkrisen eine Sensibilisierung des Bewußtseins für das Grundsätzliche überhaupt und dazu eine Empfänglichkeit für die Wichtigkeit bzw. für die Wirksamkeit des Faktors "Grundsätzlichkeit" selbst, ein philosophisches Faktum. Ineins damit wird die virtuelle Hinfälliglkeit des "Grundsätzlichen" zum paradoxen Problem oder sie wird "problematisch".

Die phänomenologische Bestandsaufnahme bricht verdeutlichend in kritischer Situation dem Verständnis Bahn, daß es, wenn etwas auf der

Spitze steht oder eben problematisch wird, nicht schlichtweg genügt, den Austausch *eines* Grundauffassungszusammenhangs lagegemäß gegen einen anderen vorzunehmen, also einen Paradigmenwechsel anzusetzen, sondern es wird dann gerade die Begründungsfrage akut. Grundlagen- und Grundlegungswillkür bliebe selbst ein weiteres kritisches Problem. So leuchtet die Frage unmittelbar ein: muß ein Paradigmenwechsel irrational sein? Nun ist ein phänomenologisches Bilderbuch von Paradigmen eines, die kritische, etwa die transzendental-reflexive Bewältigung bzw. Bewährung ihrer Haltbarkeit durch Begründung ein anderes. Die Radikalität des Grundlagenbewußtseins, die allen paradigmatischen Setzungen mit ihrem Ausschließungs- bzw. mit ihrem Ausschließlichkeitscharakter eignet, zeigt sich ihrerseits prägnant in der formal zugeordneten immanenten, schroff abweisenden Kritik, die allen jeweils anderen, also den ausgeschlossenen bzw. auszuschließenden Positionen insgesamt gilt.

Hier taucht eine philosophische Grundfrage auf. Natürlich gibt es Positionen in der Philosophie, die als "Standpunktsphilosophien" in die Erscheinung treten, und es gibt eine philosophische Kritik als Standpunktkritik, mit der eine unerläßliche fortgesetzte Aufräumarbeit geleistet wird.

Diese kritische Aufgabe fällt der Philosophie jedoch nicht per nefas zu.

Wenn man bei den formal möglichen Bewußtseinsstellungen die intentio recta, die intentio obliqua (das heißt die Reflexion) und die Reflexion auf Reflexion unterscheidet, dann besteht die Einwärtswendung der rückgreifenden, auch transzendental zu nennenden Erkenntnis darin, "sich nicht sowohl mit Gegenständen, sondern mit unserer Erkenntnisart von Gegenständen, sofern diese a priori möglich sein soll", zu beschäftigen (B 25).

Eine kritische (Kantische) Prüfung fördert eben dies als erstes zutage. Und die radikal kritische Philosophie, die ihre in kritischer Selbstbesinnung bestehende Aufgabe nicht auf einzelne Bereiche, auf einzelne Standpunkte, auf einzelne Perspektiven oder Paradigmen beschränkt, sondern hier ihrerseits grundsätzlich wird, hat zu dieser ihrer Grundsätzlichkeit ein besonderes Verhältnis.

Sie beschränkt sich nicht darauf, "für schon anerkannte Gültigkeiten" einen apriorischen Möglichkeits- oder Unmöglichkeitsgrund nachzuweisen - mögen diese Grundunterstellungen nun unter dem Namen "Philosophie als Logik", "Wissenschaft als Mathematik", "Sittlichkeit als Handlung aus Pflicht", "Glaube als Fürwahrhalten" usw. laufen oder inhaltlich auch anders gefaßt angesetzt werden: vielmehr wird die Philosophie als grundsätzliche Einwärtswendung, immanent eingeschlossen, mindestens virtualiter stets dabeisein.

Reflexivität als Strukturmoment philosophischer Besinnung ist nicht hintergehbar; und wenn dem so ist, dann folgt daraus eine unabweisbare Inversion.

Die Philosophie wird sich in den wirklich so auszuzeichnenden Philosophen vor das Bewußtsein radikaler Grund-Sätlichkeit zu bringen bereit sein müssen.

Das heißt, sie übt nicht bloß transzendentalphilosophisch Kritik in reflexiven Leistungen an bestimmten Voraussetzungssystemen, sondern sie ist selbst ein selbstbezogenes kritisch offenes Systematisieren. Damit gibt sie ein Bild der ständigen reflexiv-korrektiven kritischen Selbstauflösung aller verfestigten und zu dogmatisch-doktrinären Zusammenhängen erstarrten Voraussetzungen.

Sie ist nicht in neuer Form eine Variante der altbekannten Philosophie der Philosophie, sondern sie ist "in" und sie ist "mit" ihrer Ausübung das, was sie besagt: selbstbesinnliche Prüfung, nämlich einwärtsgewandte wissenwollende Aufdeckung von Wenn-So-Zusammenhängen bei Grundlegungsverhältnissen.

Der Um-sein-Bewußtsein-Wissende überrascht sich selbst in der Einwärtswendung nicht nur gelegentlich bei der Stiftung von Bedingungen der Möglichkeit für ein bestimmtes Verhalten, sondern er besteht (sozusagen mit-wissend) immer in solcher Überrraschung. Und die distanzierende transzendentalphilosophische Reflexion auf die Bedingungen der Möglichkeit im Erfahrungsbereich ist nur eine Variante der innerlich möglichen Entzweiung des Bewußtseins, die im Sacherfassen und im Selbstwissen zutage tritt.

"Reflexivität des Bewußtseins" meint jenen formalen Strukturbefund, der die oblique Reflexion und die Reflexion auf Reflexion einschließt. Das heißt, die virtuelle Rückbeziehung eines Gegebenen oder eines in Geltung Befindlichen auf die fundierenden Bedingungen gehört grundsätzlich zum Wesen der philosophischen Einstellung und ist in der Primalitätsstruktur des Bewußtseins begründet.

Wenn "Kategorien" die Grundaussageformen über sachlich Seiendes, wenn "Existentialien" die Charaktere des Daseins in seinem Existieren sind, dann bezeichnen "Primalitäten" dasjenige, wodurch ein Wesen sein

Wesen erhält: primalitas est, unde ens primitus essentiatur. Beim Bewußtsein wird die primalitas demzufolge im wissenden und mitwissenden Sichselbsthaben zu finden sein müssen.

Bewußtsein kann sich nicht selbst übersehen, übergehen oder überdrehen, also auch nicht die Strukturform der grundsätzlichen Selbstbezogenheit hinter sich lassen.

Die Bewußtseinsphilosophie findet ihre Aufgabe dann darin, daß sie den Menschen in seiner Welt und in seiner Zeit als Korrelat von fundierenden Einstellungen, Hinsichten, Zugriffen, Vornahmen so in den Blick nimmt, daß sie ihn sozusagen und in einem ganz weiten Sinn genommen transzendental transzendiert. Das wird als der haltbare Sinn von Letztbegründung, formal, übrigbleiben und allgemein Form geben.

Philosophie als Form von begründender Verwirklichung wird sich also selbst transparent in der Selbstbesinnung, die ihr grundsätzlich (wesensmäßig) zugehört. Und es gibt die Form des philosophischen Verhaltens den Blick frei auf die Bedingungen von Verhalten überhaupt und seine grundsätzliche Strukturierung.

Dem philosophischen Verhalten eignet der Charakter einer Rechenschaftsablegung in dem Sinne, daß die philosophische Selbstbesinnung in iterierender Rückwendung Wenn-So-Zusammenhänge entdeckt, aufsucht, klärt, prüft.

Seine Struktur hat den Charakter eines Grundmodells.

In jedem Verhalten erfolgt nun aber eine Stiftung von Bedingungen, eine Bindung an sie, eine Selbstfestlegung auf Möglichkeiten, durch die andere ausgeschlossen werden. Die jeweils in einem doppelten Sinne "angenommenen" Bedingungen der Möglichkeit geben den Maßstab her, an dem das Gestiftete zu messen ist, das ja dessen Strukturgebilde ist.

Die im Daseinsfelde auftretenden Strukturen alle insgesamt enthalten dann innerlich die Fundierungsmomente, die gerade im jeweils vorliegenden Falle angemessen sind und das Sinngebilde zu dem machen, das es ist.

Wenn es sich nun aber in allen Grundlegungsfällen so verhält, dann wird dies doch nur im philosophischen Rückbesinnungsverhalten bewußt.

So freilich gewinnt die Philosophie dann aber wohl auch den Charakter einer Fundierungslehre, die die Möglichkeit zum Entwurf und zur Erschließung einer Kategorien- bzw. einer Existentialienlehre birgt. Sie behält dabei den Charakter einer Begrenzungslehre, indem sie durch den

Bezug auf die jeweils gesetzten Maßstäbe alle von ihnen her unbegründ-
baren Abwicklungen, Ansprüche und Aussagen in ihre Schranken weist.

Sie gewinnt darüber hinaus den Charakter einer möglichen fundamentalen Irrtumslehre bzw. einer "Wesenslehre von Irrtümlichkeit", wenn
sie die immanenten fundierenden Strukturzusammenhänge einer Kritik
und Kontrolle unterwirft bzw. allfällige Dogmatisierungen als solche
aufdeckt und damit aufhebt.

Der grundsätzlich distanzierende Charakter des philosophischen
reflexiven Bewußtseins bringt es mit sich.

Wird die Grundlegungsfunktion des Bewußtseins hervorgehoben, so
gilt dabei das Autologieprinzip: die Funktion "ist" da in ihrem Fungieren
das, was sie "besagt". Sie ist im vollen Sinne Bedingung ihrer Möglichkeit.

Die Grundlegungsfunktion des Bewußtseins ist somit also bezüglich
dessen, was von ihr ausgesagt wird, angewiesen auf das, was im Vollzug
(in der "Leistung"), ergo selbst grundlegend, "aufgebracht" wird. So wie
die Sprache bezüglich dessen, was Sprache bedeutet, angewiesen bleibt
auf das, was im Sprechen geleistet wird und was dann wieder als Sprache zur Sprache gebracht werden kann, ebenso "ist" die Grundlegungsfunktion, was sie "besagt".

Für den, der spricht, erkennt, symbolisiert, intendiert ist Sprechen,
Erkennen, Symbolisieren, Intendieren sowohl Ziel eines meinenden
Zugriffs als auch grundlegendes Organ der Erfassung. Analoges gilt für
das "Begreifen" und das "Begriffe bilden".

Mutatis mutandis: wer etwas über eine Grundlegungsfunktion des
Bewußtseins aussagt, legt damit primaliter Grund. Das heißt: er bringt
diese Grundlegungsfunktion auf und bringt sie ins Spiel.

Wer sich über Sprache ausspricht, meint damit etwas wiederzugeben,
was Sprache "ist". Damit wird er grundsätzlich grund-setzend, weil er
das eine nicht ohne das andere haben kann. Dieses "haben" nun wieder
gibt nicht eine Beziehung zwischen einem Gegebenen hier und einem
anderen dort ab, die bewußtseinsmäßig erst in einem wissentlichen Bezug artikuliert bzw. festgestellt werden muß: "haben" heißt hier nicht,
etwas "besitzen", sondern "haben" heißt hier, im Innesein sich selbst
gewinnen.

Demgemäß ist das selbst-bewußte und das mit-wissende Haben bezie-
hungslos, und es geht nicht wie zwischen Versatzstücken hin und her.

Primär ist es fundierendes Sichselbstwissen und Umsichselbstwissen, wie es in der conscientia der Fall ist und deren Sinn ausmacht.

In der conscientia liegt ein ausgezeichneter, doppelter Fall von Selbsthabe vor. Dem grundwissenschaftlichen Kommentar (Rehmkes) hierzu ist nichts hinzuzufügen. Denn: "Wie sehr wir auch immer bei unserem Selbstbewußtsein in betreff dessen, was im besonderen wir seien, in die Irre gehen können, darüber, daß wir uns wissen, daß Wissendes und Gewußtes in dem Wissensfall des Selbstbewußtseins ein und dasselbe und nicht zweierlei Gegebenes ausmachen, kann kein Streit sein".

So ist dann im Selbstbewußtsein, d.h. in der Selbsthabe, das Wissen von der Wirklichkeit dieses "Selbst" die grundlegende innere Voraussetzung für die Möglichkeit einer Wissenshabe von der Wirklichkeit dessen, was "Anderes" ist. Freilich tritt das erste nicht sozusagen "leer" auf, sondern es läuft bei Gelegenheit jeder Sachhabe im Gegenstandsbewußtsein mit. Es ist in dieser Hinsicht grundsätzlich conscientia, bevor es noch conscientia im Sinne von mitwissendem Gewissen werden kann.

Ob man das alles "Wesenseinsicht" nennen will oder nicht: es gehört in jedem Fall irgendeine Form inspirierter Aneignung dazu nicht. Vielmehr liegt hier die Form kritischen Bewußtseins selbst vor, die zu Bewußtsein kommt, wenn die Gelegenheit "da" und die Zeit "erfüllt" ist, also der Blitz der aha-Einsicht einschlägt.

Grundsätzlich gilt: nur dann kann über das Bewußtsein etwas ausgemacht werden, wenn durch das Bewußtsein zur Gegebenheit gelangt, was das Ausmachenwollen ihm zumutet. Dazu braucht es den erfüllten Augenblick.

Wenn krinein, krisis nun scheiden, Scheidung besagt, dann ist philosophisches Selbstbewußtsein a priori kritisch in dem Sinne, daß in ihm angesichts der allfällig auftretenden Sachsetzungen die entscheidenden Grundlegungen erfolgen, und zwar über die Setzung von Maßstäben selbst sowie darüber, daß sie auch auffallen als das, was sie sind: Setzungen.

Daß im besonderen jeweils auch hier Irrtumsmöglichkeiten angelegt sind, leuchtet von vornherein ein. Keine Formulierung bezüglich eines Ausgesagten ist identisch mit dem Sinn, den sie meint. Dies soll wiederum besagen: zu jeder Feststellung gehört ein Maßstab. Der Maßstab aber ist einem zu Bemessenden zugeordnet, mit dem er gleichwohl nicht zusammenfällt. Ein Maßstab ist also kein Wirkliches (Verwirklichtes), sondern er bleibt als das, was er ist und leistet, dem gemessenen Wirklichen gegenüber transzendent.

Die erste "Scheidung", die das kritisch trennende Bewußtsein auf sich zukommen sieht, ist die, daß es sich der bleibenden Transzendenz aller Maßstäbe gegenüber dem mit ihnen Gemessenen versichert. Von dessen Welt sind sie nicht.

"Maßstabsein" ermöglicht, das Wirkliche ("Verwirklichte") in das Verhältnis einer bemessenden Vergleichung zu setzen. Und der Grund allen Irrtums bzw. allen Widersinns ist darin zu finden, daß Maßstab und maßstabgerecht Zugeordnetes (Gegebenes) trotz ihres grundlegenden Unterschieds untereinander verwechselt oder für eins gesetzt werden.

Mit der "Erfindung" und mit der Anlegung von Maßstäben überhaupt wird ein strukturmäßig zugeordnetes Wirkliches vorweg-gesetzt, das eben mit ihnen gemessen werden kann und das doch prinzipiell mit ihm nicht zusammenfallen wird.

Hier, wo die grundsätzlichen und grundlegenden Scheidungen ins Auge fallen, findet die kritische Philosophie ihren Ansatz. Denn Grundlagenbewußtsein ist soviel wie Maßstabsvergegenwärtigung.

Es ergibt sich - hieraus folgend - eine normative Forderung. Es ist die: Maßstab und Wirklichkeit sind in einem Korrelierungsverhältnis ursprünglicher Art zu sehen und also eben nicht zu vertauschen. Dabei gilt weiterhin: die Setzung eines Maßstabs macht das durch ihn Bemeßbargewordene längst nicht schon zu einem Wirklichen im "realistischen" Sinne.

Die Maßstab-Setzungen, die im Bewußtsein schlichtweg mit dessen Leistungen vielfältig aufeinander folgen und die ein Wirkliches jeweils paradigmatisch strukturieren, ersetzen die Wirklichkeit dieses Wirklichen nicht wirklich und sind schon gar nicht für sein Wirklichsein beweiskräftig. Die vorwegnehmende Maßstab-mit-Setzung, wie sie einfach durch die Leistungen des Bewußtseins erfolgt, grenzt zwar einen korrelativ dabei mitgesetzten Vermessungszusammenhang ab, was jedoch noch nichts für dessen Wirklichsein (für seine "Realexistenz") besagt. Das Bewußtsein nimmt sie an!

Wir bewegen uns hier korrekt im Bereich von reinen Wenn-So-Zusammenhängen. Denn nicht jede Bewußtseinssetzung hat denselben autologen Charakter wie die vorgenannten Funktionen, die in ihrem fundierenden Fungieren "leisten", was sie "besagen".

Nun wird das ursprünglich (primalitäre) Bewußtsein (conscientia) mit seiner distanzierenden Art und in der ihm möglichen Selbstzuständigkeit noch in anderer Richtung letzte kritische Instanz.

Conscientia (Syneidesis)-Gewissen ist nach dem Grundgehalt des deutschen Wortes ein zu seinem Schluß gekommenes Wissen, d.h. ein Wissen im Durchbruch zu einem Ergebnis, das innerlich gewonnen wird. Wenn aber damit traditionellerweise der Sinn von "innerem Wissen", von "moralischer Beurteilung", von "warnender, fordernder richtender Stimme" verbunden wird, ist eine Klärung nötig.

Gewissen etwa als Bewußtsein des Pflichtgemäßen, des Seinsollenden stellt eine allgemeine formale Instanz dar. Es kann nicht materialiter angeben, feststellen, verkünden, was "das Pflichtgemäße", was das "Seinsollende" sei. Insofern liefert es weder einen Tugendkatalog noch eine Kasuistik. Dennoch bleibt es bei dem Bewußtsein dabei- und mit ihm mit-laufend nicht nichtig.

Wenn nämlich alle bewußtseinsmäßigen Setzungen insgesamt ineins mit ihrem Auftreten implizit einen ganzen Zusammenhang fundierender Strukturen offen oder verdeckt mitsetzen, die eben "im Spiele" sind, spielen die Gewissensformen eine andere Rolle. Gleichwohl sind sie von noch entscheidenderer Bedeutung.

Dem Gewissen kann nicht abgefragt und nicht abgelesen werden, *was* ich jeweils tun soll, sondern seinem Spruch ist schlechtweg nur zu entnehmen, *wie* ich mich als Handelnder zu verhalten habe.

Dabei kann an das naheliegende (Kantische) Modell angeknüpft werden, über das dann jedoch sogleich wieder hinauszugehen ist.

Die wirklich unabdingbare Bedingung, die der ethisch-handeln-Wollende erfüllen muß, ist bekanntlich da die: er muß ("kritisch") prüfen, ob die von ihm angesetzte subjektive Maxime seines Handelns dazu tauge, zur Grundlage einer allgemeinen Gesetzgebung oder eben als gesetzliche Forderung von allgemeiner Verbindlichkeit zu dienen.

Dieser Forderung nicht dann und wann, hier oder da, sozusagen von Fall zu Fall, "hypothetisch", zu entsprechen, sondern ihr ohne jeden Eintrag, grundsätzlich also, Genüge zu tun, macht den Sinn des "Kategorischen Imperativs" bei Kant aus.

Und eben hier kommt die maßgebende Funktion des Gewissens ins Spiel. Das Gewissen ist nicht nur der einzige, der eigentliche Mit-Wisser, ob die kategorisch gebotene Prüfung der in Rede stehenden subjektiven Maximen auf ihre etwaige Gesetzesfähigkeit vorgenommen worden ist oder nicht, sondern das jeweilige Gewissen allein kann es bezeugen, nur es für sich.

Eine letzte Grundlage für alle in diesem oder jenem Sinne, in hypothetischer oder kategorischer Hinsicht gehaltenen Auskünfte liefert das Gewissen schließlich mit einer formal ganz ursprünglichen Einsicht.

Ob der status salubrietatis, d.h. der Gesundheitszustand der Vernunft im menschlichen Geschlecht das verborgene Ziel der geschichtlichen Wege der Menschen ist und ob seine Wege ihn ohne eine "innere Umkehr" (eine echte revolutio) dahin führen, bleibt unvorgreiflich wie alles, das aus Freiheit erfolgt oder als Schicksal begegnet.

Die kritische Untersuchung des Grundlagenbewußtseins hat nun aber so weit zu führen, daß deutlich wird, wie in allen möglichen inhaltlichen Erörterungen auch auf dieser Ebene eine Bedingung formaliter unerläßlicherweise erfüllt sein muß. Es ist die formale Bedingung, daß für Feststellungen-Mitteilungen-Unterredungen der "Ton der Wahrhaftigkeit" dabei echt ist.

Dies zu erreichen, ist nicht an den Gang des Menschen durch die Geschichte geknüpft, ist kein erst weltbürgerlich vernünftiges Ziel, sondern eine Aufgabe für den Einzelnen jetzt und hier, die er für sich zu lösen und nicht einer allgemeinen "Menschheitsentwicklung" in bürgerlich-rechtlich zu schaffenden geordneten Verhältnissen anheimzugeben hat.

Das überzeugte Gewissen hiervon ist in folgender Weise grundlegend, wenn wir einmal Kant folgen: es kann sein, daß nicht alles wahr ist, was der Mensch dafür hält, denn er kann irren; aber in allem, was er sagt, muß er und kann er wahrhaftig sein, soll er nicht täuschen.

Nur wenn diese Voraussetzung erfüllt wird, ist ihm zu trauen. Dies bildet die letzte Grundlage gerade auch noch dann, wenn über eine eventuelle "Unmenschlichkeit", "Unangemessenheit" und "Unzulässigkeit" angesichts der Rigorosität dieser Forderung mit innerem Anspruch auf Sinn diskutiert und disputiert wird.

Kant schließt seine Bemerkungen mit diesem Hinweis und beendet die Grundlagenerörterung nun mit der vernunftmöglichen "Verkündigung eines ewigen Friedens in der Philosophie". Hier wenigstens und bei diesen Fragen bzw. diesen Frag-Würdigkeiten liegt die Erfüllung des alles-niederschmetternden maßgeblichen Gebotes "Du sollst nicht lügen" beim Einzelnen. Und wird dies Gebot als von den Philosophen befolgtes dann als "Grundsatz in die Philosophie" aufgenommen, so "setzt" eben

dies bei aller verbleibenden inhaltlichen Verschiedenheit der perännie-
rend verfolgten philosophischen Setzungen im einzelnen doch auch die
Grundlegungsmöglichkeit für gerade solches Perännieren.

Nur so ist der "ewige Frieden fürs Denken" zu sichern, denn die
formale Sicherung der Vernünftigkeit materialiter divergierender Diskurse ist bei Einhaltung jenes Gebotes erreicht. Es selbst jedoch läßt sich
auch, wenn es bestritten wird, nicht überspringen.

Hierzu muß man seinen Weg erst finden. Also das Ganze noch einmal zurück.

Goethe hat einen solchen Weg gewiesen, wenn er bemerkt: "Der
Stoiker, der Platoniker, der Epikuräer, jeder muß auf seine Weise mit
der Welt fertig werden; das ist ja eben die Aufgabe des Lebens, die
keinem, zu welcher Schule er sich auch zähle, erlassen wird. Die Philosophen können uns ihrerseits nichts als Lebensformen darbieten. Die
strenge Mäßigkeit z.B. Kants forderte eine Philosophie, die diesen seinen
angeborenen Neigungen gemäß war. Leset sein Leben und ihr werdet
bald finden, wie artig er seinen Stoizismus, der eigentlich mit den gesellschaftlichen Verhältnissen einen schneidenden Gegensatz bildete, die
Schärfe nahm, ihn zurechtpflegte und mit der Welt ins Gleichgewicht
setzte. Jedes Individuum hat vermittels seiner Neigungen ein Recht zu
Grundsätzen, die es als Individuum nicht aufheben. Hier oder nirgendwo
wird wohl der Ursprung aller Philosophie zu suchen sein... Erst müssen
wir im Einklange mit uns selbst sein, da wir Disharmonien, die von
außen auf uns zudringen, wo nicht aufheben, doch wenigstens einigermaßen auszugleichen imstande sind."[1]

---

[1] Gespräche Goethes mit I.D. Falk = Goethes Gespräche neu herausgegeben von F. Frhn. von Biedermann,
IV, 468. Vgl. E. Cassirer, Kants Leben und Lehre. Berlin 1921, 1.

Wolfgang Marx, Bonn

Philosophische Theorie contra politischen Irrationalismus.

Hart und klar vernichtet Kant mit der nicht zufällig fast unbekannten Formulierung, in der die unabdingbare Voraussetzung aufklärender Rationalität festgestellt wird - sie findet sich in der Kritik der reinen Vernunft auf der Seite 884 - die Faulheit und Korruptionsgefahr des Denkens: "Denn es ist sehr was Ungereimtes, von der Vernunft Aufklärung zu erwarten, und ihr doch vorher vorzuschreiben, auf welche Seite sie notwendig ausfallen müsse". Aufklärende Vernunft duldet weder unkontrollierte, gar unkontrollierbare Vorentscheidungen noch irgendwelche Einflüsterungen, die ihr den Weg vorzeichnen wollen; diese Grundmaxime gilt auch dann, wenn man der Einsicht nicht entgehen kann, daß die beengenden Zwänge des jeweiligen Zeitgeistes letztlich nicht völlig gebrochen werden können. Es liegt auf der Hand: keiner kann außerhalb der entwickelten Rahmenbedingungen von Rationalität, außerhalb der Bedingungen, die die jeweils erreichte Erkenntnis fixiert hat, sehen, erkennen und argumentieren. Aber die unvermeidlich verhängten Befangenheiten, die letztlich auf der Endlichkeit jeder Einsicht beruhen, dürfen nicht als bequemes Alibi dienen, die kritische Kontrolle der Realitätsbeziehungen daran zu hindern, die jeweils gesteckten, faktischen Erkenntnisgrenzen gemäß den je aktuell gestellten Aufgaben entschlossen zu überschreiten und - den gestellten, eingesehenen neuen Anforderungen gemäß - umfassendere, tiefergreifende und differenziertere theoretische Rahmenbedingungen zu entwerfen.

Einer rationalen Beherrschung des politischen Gebiets stellen sich verschiedene Aufgaben, die freilich unmittelbar miteinander verbunden sind. Theoretische Bemühungen beziehen sich auf diverse Untersuchungsfelder, und es muß analysiert und festgestellt werden, welche spezifischen Anforderungen dann gestellt sind, wenn es gilt, den Bereich gedanklich zu durchleuchten, der das Handlungsfeld des Menschen ist. Es liegt auf der Hand, daß die menschliche Handlungsdimension anders strukturiert ist als die bloße Natur und infolgedessen anderer Voraussetzungen und Analysekriterien bedürftig ist. Damit aber hängt nun zusammen, daß ebenso wie das in gewisser Weise direkt erfahrbare politische Gebiet auch die Theorien, die für dieses entfaltet wurden, einer kritischen Abschätzung dringend bedürftig sind; dies gilt insbesondere dann und deshalb, wenn und weil unübersehbar historisch-kulturell bedingte Einstellungssyndrome als dafür verantwortlich erkannt werden können, daß je aktuelle Konstellationen in eingeübten Schemata zwar womöglich irgendwie ausreichend gehandhabt, keineswegs aber in ihrer Eigenbedeutung angemessen begriffen, gar beherrscht werden können, solange die freilich nie ganz sichere Urteilskraft keine korrekt entwickelten rationalen Instrumentarien zur Verfügung hat.

Fraglos ist jede politisch-historische Analyse vorgegebener Verhältnisse von einem leitenden Normenpotential abhängig, das freilich nicht vom Himmel gefallen ist, vielmehr - in aller Regel sogar ohne größere Mühe - seiner Genese und seiner situationsspezifischen Funktion nach erkannt werden kann. Die leitenden Vorstellungen politischer Praxis sind empirisch rückgebunden, und sie verlieren notwendig jeden Sinn, wenn man diese Verhaftung in realen Verhältnissen übersieht. Vorstellungen über die Möglichkeiten, gar das Gelingen einer demokratischen politischen Systematik hängen selbstverständlich ganz wesentlich auch davon ab, ob man nachweisen oder es doch zumindest plausibel machen kann, daß die Idee, jeder Bürger solle und könne in irgendeiner Weise am politischen Prozeß beteiligt sein, sachlich zu begründen ist. Es ist unschwer einzusehen, daß z.B. demokratische Vorstellungen, wie sie der politischen Praxis der Schweiz zugrunde liegen, in einem Land wie China schlechterdings unrealisierbar wären; wollte man einem Milliardenvolk eine repräsentative Demokratie mit dem Repräsentationsgrad, den gegenwärtig Deutschland hat, 'zumuten', so müßte ein entsprechendes Parlament ca. 7000 Deputierte haben. Man kann daraus ersehen, daß es schlechthin irrational ist, politische Ideen und die auf ihnen - nur vermeintlich selbstverständlich, zwangsläufig - beruhenden Vorstellungen von institutionellen Strukturen einfach zu übertragen, gar zu oktroyieren; denn das liefe darauf hinaus, die gerade beanspruchte, jedenfalls aber erhoffte *Funktion* solcher Ideen außer acht zu lassen. Handlungsnormen müssen nicht nur daraufhin überprüft werden, ob und inwieweit sie übereinstimmen mit moralisch-rechtlichen, womöglich unaufgebbaren Prinzipien, sie müssen überdies daraufhin getestet werden, ob sie unter den jeweils gegebenen empirischen Bedingungen überhaupt in Ansatz gebracht werden können; denn anders würden sie zu frommen, funktionslosen Empfehlungen degenerieren müssen.

Es ist gewiß kein Zufall, daß die Grundlage aller bisher entwickelten praktischen, politischen Philosophie der Gedanke gewesen ist, daß dann und nur dann Menschen als Individuen und als sozial abhängige Wesen leben können, wenn sie sich der Einsicht nicht nur nicht verschließen, sondern sie gelten lassen, daß Herrschaft, welcher Art auch immer, voraussetzt: *Selbstbeherrschung.* Der innere Friede einer Gesellschaft setzt voraus, daß Individuen es verstehen, sich bezüglich ihrer Freiheitsspielräume Grenzen zu setzen, die allgemein anerkannt sind oder doch jedenfalls allgemein anerkannt werden könnten. Ohne die Selbstbeschränkung der Handlungsfreiheit zerbricht jedes gesellschaftliche System von Anfang an, und es ist überdies klar, daß ohne eine solche Selbstbeschränkung bezüglich einer übergreifenden Systematik auch die individuelle Freiheit nicht realisierbar ist, hängt sie doch davon ab, daß die Bedürftigkeit und beschränkte Autonomie jedes Einzelnen dadurch kompensiert wird, daß Gesellschaft und Staat parat stellen, was keiner aus eigener Kraft bewerkstelligen kann.

Innerer und äußerer Friede hängen voneinander ab. Eine Gesellschaft oder ein Staat, der nicht in sich selbst ausreichend stabil und das heißt befriedet ist, hat keine Möglichkeit zu einem stabilen Verhalten nach außen. Ein instabiles gesellschaftlich-politisches Gebilde ist potentiell friedensgefährdend. Der äußere Friede hängt also ganz wesentlich von der Gesinnung und Fähigkeit nicht nur der Politiker, sich selbst in ihrem Außenverhalten zu beherrschen ab, sondern auch vom inneren Gleichgewicht der selbstbeherrschten Bürger-Individuen, die eine verbindliche Ordnung tragen, in gewisser Weise *er*tragen *müssen,* wenn sie *berechtigt* partizipieren wollen.

So wie die innere Verfassung eines Individuenverbandes, dessen Grundlage allein die Ausgewogenheit der eingeräumten Freiheitsspielräume - zu denen seit Aristoteles ganz selbstverständlich auch ökonomische Freiheiten *im Rahmen übergeordneter Gerechtigkeitsprinzipien* gehören - sein kann, auf einsehbaren und allein deshalb akzeptablen Selbstzwängen einschließlich gewährleistender, u.U. mit struktureller Gewalt allein durchsetzbaren Sicherungsmaßnahmen beruht, so muß auch das Außenverhältnis politischer Gebilde gemäß dem Prinzip der 'Selbstbeschränkung' gestaltet werden, was unmittelbar zur Ausschaltung z.B. irrationaler nationaler Intentionen führt, die per se für Partner mit anderen kulturellen Identifikationsmechanismen inakzeptabel sein müssen.

Ob man es will oder nicht, auch militärische Mittel oder Maßnahmen können unter bestimmten Bedingungen sehr wohl geeignet sein, friedliche Zustände sowohl zu schaffen als auch zu stabilisieren. Unbewaffnete

Neutralität z.B. - dafür gibt es Beispiele! - kann allzu leicht als Einladung zu einer 'kostenlosen' Aggression mißverstanden werden. Leichte Siege, als leicht erringbar eingeschätzte Siege über ein Land, das in wohlgemeinter, unbewaffneter Neutralität einen Aggressor gleichsam einlädt, können unkalkulierbare, verheerende Folgen nach sich ziehen, die weit über das hinausgehen können, was der Aggressor oder das Aggressionsopfer meinten voraussehen zu können. Militärische Mittel können nicht von vornherein als Kandidaten für die Sicherung stabiler Verhältnisse zwischen Staaten ausgeschlossen werden. Ohne jede Frage aber sind politische bzw. politisch-rechtliche Sicherungsmaßnahmen für die Herstellung oder Erhaltung friedlicher Verhältnisse vorrangig. Es geht in diesem Zusammenhang um nichts Geringeres als um die Absicherung der legitimen Ansprüche auf *territoriale*, aber auch kulturell-religiöse Integrität und Souveränität. Entscheidend wichtig ist es, dem folgenden Grundsatz nicht nur zur abstrakten Anerkennung zu verhelfen, sondern ihn mit politischen, wirtschaftlichen und u.U. auch militärischen Mitteln zu einer abgesicherten Geltung zu verhelfen: Grenzen, die in völkerrechtlich verbindlichen Verträgen fixiert worden sind, dürfen nur in wechselseitigem Einverständnis, d.h. eben friedlich, verändert werden. Zu beachten ist in diesem Zusammenhang die außerordentlich bedeutsame Tatsache, daß *formal* Veränderungen in wechselseitigem, dem Scheine nach friedlichen Einverständnis sich vollziehen können, die aber gleichwohl keineswegs freiwillig erfolgten; ökonomische Pressionen, die nie ganz vermeidbar sind - der ökonomisch Stärkere *kann* gar nicht seine Stärke *nicht* zur Geltung bringen! -, sind als Beeinträchtigung der Souveränität staatlichen Handelns zu erachten und auf das unvermeidliche Minimum zu reduzieren.

Ersichtlich und seit Platon bekannt und wohlformuliert ist der Zusammenhang zwischen dem inneren Frieden einer Gesellschaft und der Friedfertigkeit einer staatlich organisierten Gesellschaft nach außen. Platon hat in seinem "Staat" mit großer Klarheit gesehen und festgestellt, daß der Tyrann, der eine innere Ordnung für die Partizipation aller nicht als auch für sich verbindlich anerkennt, in jeder Hinsicht unberechenbar ist: Innere Willkür führt zur Unberechenbarkeit des Verhaltens eines Staatswesens nach außen. Es ist gewiß kein Zufall, daß entwickelte parlamentarische Demokratien mit starker innerer Rechtsordnung bisher noch nie miteinander, gegeneinander Krieg geführt haben. Dieser Umstand belegt eindeutig die These, daß friedliche Verhältnisse herzustellen

und zu stabilisieren keineswegs allein auf vielleicht völkerrechtlich fixierten Zwangsmaßnahmen beruhen kann, sondern die folgende wichtige
politische Aufgabe allgemein stellt: die weltweite Entwicklung einer
politischen Kultur, die nur sich entfalten kann in einem sicheren Rechtssystem. Staaten können nie besser sein als ihre Bürger; die innerstaatlichen Gewalten, die und soweit sie funktional notwendig sind, sowie die
diversen innerstaatlichen Ordnungssysteme sind in Abhängigkeit zur Partizipation der Mitglieder einer Gesellschaft zu sehen. Das Verhalten von
Staaten untereinander wird entscheidend auch von ihrer inneren Ordnung
geprägt: Der innere Frieden ist die conditio sine qua non für die Schaffung des äußeren. Territoriale Integrität und Handlungssouveränität
können als konstitutiv für eine Ordnung der Staaten nur eingesehen und
zu öffentlicher Anerkennung gebracht werden, wenn diese basiert auf
der Anerkennung der Integrität und Souveränität der Personen.

Ebenso wie bei der Organisation des innerstaatlichen Lebens gilt in
supranationalen Zusammenhängen die Forderung, daß Konflikte oder
Konfliktpotentiale ausgeräumt werden müssen, ehe sie außer Kontrolle
geraten, gar vollständig unbeherrschbar werden. Eine vorausschauende
Friedenspolitik darf niemals direkt oder indirekt zur Destabilisierung
einer anderen staatlichen Ordnung beitragen, damit diese nicht ihre
Möglichkeiten verliert, mit ihren eigenen inneren Konflikten umzugehen,
um sie zu beherrschen. Ökonomische Destabilisierung und politische
Isolierung sind keine legitimen Mittel der Einflußnahme von Staaten auf
Staaten. Daraus freilich folgt nicht eine gleichgültige Neutralität: Die
innere Ordnung anderer Staaten kann niemals als für die Staatengemein-
schaft gleichgültig angesehen werden, sofern sie eine potentielle Bedrohung einer ausgewogenen Interdependenz darstellen kann. Es ist deshalb
legitim, ja sogar notwendig, daß eine aktive Friedenspolitik alle zur
Verfügung stehenden Mittel dafür einsetzt, auf die Bewahrung oder
Herstellung einer Struktur innerstaatlicher Ordnung bei allen anderen
Völkern acht zu haben, eine solche womöglich durchzusetzen und zu
erhalten, die eine ungefährdete Partizipation an möglicherweise gemeinsamen Zielen von Staaten möglich macht. Entscheidend kommt es also
darauf an, völkerrechtlich verbindlich abgesicherte Strukturen suprana-
tionaler Kooperation zu schaffen, die fraglos die innerstaatliche Ordnung
nicht unberührt lassen kann.

Ebenso wie im innerstaatlichen Leben muß auch für die internationale
Kooperation der Grundsatz in Geltung gesetzt werden, daß Schritt für

Schritt eine gerechte Verteilung aller Güter herzustellen ist. Die geographisch bedingte ungerechte Verteilung von Ressourcen wie Wasser, landwirtschaftlichen Produkten, Erdöl, Diamanten, Steinkohle etc. muß als zufällig betrachtet werden. Die Konsequenz, die daraus zu ziehen ist, daß nämlich alles allen gehört, darf allerdings, kann allerdings dann und nur dann zur allgemeinverbindlichen politischen Maxime erhoben werden - und Verteilungsgerechtigkeit sollte zur politischen Handlungsmaxime erhoben werden! -, wenn alle durch das Völcerrecht zu gemeinsamem politischen Handeln verbundene Staaten sich vorab grundsätzlich zur unbeschränkten Herstellung von Verteilungsgerechtigkeit verpflichtet haben. Daraus folgt unmittelbar, daß es nicht allein darum gehen kann, den freien Welthandel zu fordern und die Grundbedingungen für sein bloß formales Funktionieren festzulegen, sondern vielmehr ist es geboten, den Austausch aller Waren, die für die Befriedigung der menschlichen Grundbedürfnisse unerläßlich sind, nach dem Prinzip, daß die Bedürfnisbefriedigung universal gerecht zu gestalten ist, auszugestalten.

Zu den wichtigen, zunehmend immer mehr wichtig werdenden Ressourcen der Menschheit gehört das wissenschaftlich-technische Potential, das in der industrialisierten Welt, vornehmlich auf der nördlichen Halbkugel, entwickelt worden ist. Den industrialisierten Staaten fällt damit eine ganz besondere Verantwortung für den Frieden zu. Dieses Potential darf nicht dazu verwendet werden, vorhandene Asymmetrien zu verstärken oder Ungleichgewichte sowie die damit verbundenen machtpolitischen Möglichkeiten zu schaffen oder auszunutzen. Ebenso wie die sog. natürlichen Ressourcen müssen die geistigen als Allgemeinbesitz betrachtet und dementsprechend müssen die politisch-ökonomischen Handlungen der Staaten ein- bzw. umgestellt werden. Damit kann selbstverständlich nicht ein verantwortungsloser Umgang mit solchen Ressourcen gemeint sein: Technologietransfer kann durchaus gefährliche Aspekte für den Frieden haben. Es gibt schlechterdings keine neutrale Technik; jede Technik kann, mehr oder weniger mühelos, mißbraucht und letzten Endes zu kriegerischen Zwecken eingesetzt bzw. umfunktioniert werden. Technologietransfer darf also, wenn er sich nicht für den Frieden als kontraproduktiv erweisen soll, immer nur kontrolliert erfolgen, die rationale Kontrolle, die ihn begleiten muß, widerspricht allerdings seinem Wesen in gar keiner Weise; wissenschaftlich-technisch organisierte Systeme sind nicht nur hinsichtlich ihrer Produktion, sondern wesentlich auch hinsichtlich ihrer konkreten Verwendung von kooperativen Bedienungsmechanismen abhängig, wie z.B. von der Versorgung mit Energie, Rohstoffnachschub, vom Austausch wissenschaftlich-technischer Informationen. Die Weitergabe geistiger Ressourcen kann sehr viel leichter als die von natürlichen abhängig gemacht werden von der Entwicklung kooperativer Strukturen. Die Stabilität hängt freilich wesentlich ab von einem völkerrechtlich verbindlichen System, das den Austausch und die Entwicklung des Austausches gewährleistet. Ein wirklich tragfähiges Rechtssystem allerdings wird sich nicht entwickeln lassen, es sei denn, man mache es, in welcher Weise auch immer, fähig, zu Sanktionen zu greifen, die Kooperation erhalten oder erzwingen. Solange politische, gesellschaftliche und ökonomische Asymmetrien innerhalb von Gesellschaften bzw. im Verhältnis von Gesellschaften oder Staaten bestehen, dürfen Nicht-Kriegsverhältnisse auch dann nicht als Friedensverhältnisse betrachtet werden, wenn sie sich über eine gewisse Dauer - scheinbar - als stabil erwiesen haben. Rationale Politik besteht nicht in der Beschwörung von Verhältnissen, für die es keine empirische Basis gibt, sie ist vielmehr vor die dauernde Aufgabe gestellt, faktische oder potentielle Interessenkonflikte zu ersetzen durch Interessengemeinschaften, die bis zur Unauflösbarkeit eng zu gestalten sind.

Der Grundgedanke der praktischen Philosophie, Selbstbeherrschung sei der Schlüssel zu einem vernünftigen und d.h. dann auch glücklichen Leben, muß selbstverständlich auch bezogen werden auf die Abschätzung der rationalen Möglichkeiten, die in den verschiedenen Gebieten zu realisieren sind, auf die sich Theorie überhaupt beziehen kann. Die drei Grundfragen, die alles Philosophieren beherrscht haben, noch beherrschen und wohl immer beherrschen werden, sind: Was kann man wissen oder erkennen? Was kann man hoffen? Was soll man tun?

Von besonnenen Philosophen sind diese drei Fragen nicht zufällig immer einhellig wie folgt beantwortet worden: Wissen oder erkennen können wir herzlich wenig, hoffen dürfen, sollten wir so gut wie nichts, aber merkwürdigerweise ist die dritte Frage immer eindeutig so beantwortet worden: Was wir tun sollen, das wissen wir ganz genau. Die positive, ja ganz entschiedene Antwort auf die dritte Frage, die Platon, Aristoteles, Kant und Hegel in der Tat ohne Zögern in diesem Sinne gegeben haben, ist auf den ersten Blick wenigstens dann verwunderlich, wenn man sich das Chaos der politisch-geschichtlichen Entwicklung vor Augen stellt. Auf den ersten Blick scheint es paradox zu sein, daß Philosophen kühn völlige Eindeutigkeit verkünden bezüglich dessen, wie denn das System vernünftiger Individuen gestaltet werden soll und auch kann, zugleich aber ist unübersehbar deutlich, daß die menschlichen Einrichtungen in der Tat kaum etwas anderes bezeugen als himmelschreiende Unvernunft. Das Paradox erklärt sich aber ganz einfach; es ist eines, vernünftige, freilich immer situationsbezogene Handlungsnormen zu entwerfen, wobei zur Situationsbezogenheit ohne Zweifel auch Vorurteile gehören, die dem persönlichen Erfahrungshorizont eines Theoretikers entstammen mögen, ein anderes aber ist es, die Umsetzung, die Umsetzungsfähigkeit solcher Normen in der je vorgegebenen Realität zu versuchen oder zu realisieren.

Es ist niemals ein Einspruch gegen Normen oder Ideen, daß sie nicht realisiert wurden; wohl aber ist es ein Einspruch gegen Theorie, wenn sie sich dagegen unkritisch sperrt, abgeschätzt werden zu können auf ihre Umsetzbarkeit. Zur Umsetzung gehört allemal nüchterne Realitätsanalyse. Letztere muß erfolgen, damit normengeleitetes Handeln überhaupt in die Wirklichkeit eingreifen kann. Beachtet man dies, dann wird sofort deutlich, daß die äußerst skeptische Beantwortung der ersten der genannten Grundfragen in diesen Zusammenhang eingreift.

Daß wir tatsächlich sehr wenig wissen, was vielen gar nicht hinreichend bewußt ist, macht es aus, daß die Durchleuchtung der Realität, auf die man handelnd sich bezieht, äußerst fragmentarisch bleibt, und infolgedessen ist die Realisierung von Handlungsintentionen, so gut diese auch gemeint sein mögen, immer bedroht von der "Paradoxie der Folgen". Handlungsintentionen können, wenn sie z.B. auf ganz irrationalen Wunschvorstellungen beruhen, total an der Realität vorbeigehen; aber auch dann, wenn sie daraufhin disponiert wurden, Realität oder doch wenigstens Realitätssegmente bestimmt zu verändern, können sie scheitern, ja sich geradezu ins Gegenteil verkehren, einfach deshalb, weil nie mit letzter Sicherheit ausgemacht werden kann, ob die für sinnvolle Zwecke als geeignet erkannten Mittel tatsächlich geeignet sind, d.h. den Effekt haben, den man sich von ihnen erwartet. Eine rationale Beherrschung der Handlungwirklichkeit des Menschen muß, wenn sie denn selbstbeherrscht, d.h. auf ihre eigenen Möglichkeiten und Grenzen, soweit dies gerade möglich ist, durchleuchtet sein soll, mit ihrem eigenen Scheitern rechnen: Darin liegt freilich kein Grund zur Verzweiflung, sondern die unablässige Forderung, die vorgegebenen Handlungsparameter, soweit man sie erkennen kann, soweit man ihre Erkenntnis erweitern und verfeinern kann, immer wieder neu daraufhin zu analysieren, welche

Anforderungen sie an die Umsetzung von vernünftigen Handlungsnormen stellen. Es hat wenig bis gar keinen Sinn, mit schönen, gar frommen Ansprüchen der Wirklichkeit zu Leibe zu rücken, ohne die harte Arbeit auf sich zu nehmen, mit welchen Mitteln man denn Forderungen, die man stellt, auch tatsächlich realisieren kann. Abstrakter Moralismus oder Normenästhetizismus mögen in Seminaren oder religiösen Vereinigungen schöne Seelen in erhobene Stimmung versetzen, ernsthafte Kandidaten als Grundlagen effektiven und verantwortungsvollen moralisch-rechtlich-politischen Handelns sind sie nicht.

Wenn es denn unbestreitbar ist, daß die innere Verfassung eines politischen Systems dessen Außenbeziehungen nicht bloß tangiert, sondern sogar eingreifend mitbestimmt, wenn mithin die soziale, ökonomische und rechtliche Verfassung eines Staats nicht bloß als innere Angelegenheit, sondern als einflußreiche Grundlage seiner Außenbeziehungen, die für ihn selbst mehr oder weniger wichtig sind, heute immer wichtiger werden, erachtet werden muß, dann wird die Konsequenz unabweisbar, daß jede Betrachtung von politischen Handlungsnormen darauf abgestimmt werden muß, ob und wie diese faktisch oder potentiell als *universell* gültig angesehen werden können.

Obgleich man vielleicht sagen kann, daß erst Kant in voller Klarheit durchschaut hat, daß es, insbesondere dann, wenn man die Perspektive eines *ewigen Friedens* ins Auge fassen will, darauf ankommen muß, einen klaren Begriff von der Kultur*invarianz* - gegenüber der bloßen Kultur*kovarianz* - von Normen zu schaffen, so wird man doch sagen können, daß faktisch auch Platon und Aristoteles, die Väter der politischen Philosophie, auf der Grundlage einer letztlich universalistischen Perspektive ihre Gedanken entfaltet haben. Als Platon seine berühmt-berüchtigte Forderung aufstellte, die Herrschaft im Staat solle den Philosophen zufallen, glaubte er - und das ist im Text unübersehbar - selbst nicht daran, daß philosophische Königsherrschaft tatsächlich möglich wäre. Der rationale Kern dieser Forderung durchzieht aber alle Überlegungen, die er in seinem "Staat" angestellt hat: Nur eine vernunftgeleitete Herrschaft kann letztlich der internen Bedrohung der einzelnen Staatsformen durch inneren Verfall Einhalt gebieten. Worauf es bei der Herstellung staatlicher Ordnung immer ankommt, ist nach Platon Schaffung von *Einheit*, was soviel bedeutet - auf dem Niveau menschlicher Gemeinschaft - wie Einstimmigkeit. Einheit und Einstimmigkeit aber sind auf allen von Platon analysierten Herrschaftsniveaus bzw. bezüglich aller von ihm behandelten Herrschaftsformen bedroht.

Das ganze auch uns sehr wohl bekannte Arsenal menschlicher Untugenden wird vorgeführt, um die innere Gefährdung diverser staatlicher Ordnungen aufzuzeigen: Ehrliebe, Geltungssucht, Raffgier usw. Es kommt hier nicht darauf an, Platos Analyse verschiedener Staatsformen vorzuführen und auf ihre Bedeutung hin kritisch abzuschätzen; die Eingebundenheit seines Denkens in die antike Welt sowie in den Zusammenhang seiner persönlichen politischen Erfahrungen, für die u.a. ganz wesentlich sein Scheitern in der konkreten Politik verantwortlich gewesen sein mag, sind unbestreitbar; gleichwohl sind ihm erstaunliche Einsichten gelungen. So konstatiert er mit Beziehung auf das demokratische Staatssystem, für das er gewiß nur sehr eingeschränkte Sympathien - freilich aus guten Gründen - gehabt hatte, die größte innere Gefahr für es bestehe darin, daß die eingeräumte Freiheit mißbraucht werde. Wenn Freiheit überhaupt nur noch als Zwang empfunden wird, dann kann sich der Freiheitsdrang auch gegen die Gesetze und überkommenen Sitten richten, die überhaupt erst so etwas wie freie Lebensgestaltung, die aber auf gewisse Ordnungsfaktoren nicht verzichten kann, zu gewährleisten imstande sind. M.a.W.: Sinkt die Akzeptanz von Ordnungsfunktionen als Bedingung einer rationalen, vereinbarten und so erst friedlichen Lebensgemeinschaft aus einem überschießenden Freiheitsdrang heraus auf den Nullpunkt, dann muß ein solches System in sich zusammenbrechen, und Platon sieht die Gefahr des Heraufkommens einer Tyrannis. Freiheit will, muß eben auch beherrscht sein; d.h. nichts anderes als dies, daß das freie Leben auf Selbstkontrolle und Selbstbegrenzung beruhen muß, wenn es denn überhaupt führbar sein soll. Im vorliegenden Zusammenhang ist es von nur untergeordneter Bedeutung, ob und inwieweit Platon aktuelle Gefährdungen der aktuellen demokratischen Systeme vielleicht nicht nur tangiert, sondern u.U. sogar im Kern getroffen hat; hier kommt es vielmehr vor allem darauf an, klar herauszustellen, daß Platon sich bei seiner Analyse der potentiell vernünftige Staatsformen bedrohenden Gefahren auf solche bezieht, die *innerlich* sind. Damit ist ein Punkt erreicht, der für eine möglichst umfassend aufgeklärte politische Theorie von größter Bedeutung ist.

Nicht weil Philosophen, aus welcher Neigung auch immer, geborene Misanthropen gewesen wären oder sind, läßt sich feststellen, daß so gut wie durchgängig ein skeptisches, gar sehr *skeptisches Menschenbild* ihnen zumeist als 'Grundlage' gedient hat. In vorsichtiger, ganz freundlicher - kantischer - Formulierung lautet dies dann so: Der Mensch ist aus krummem Holz geschnitzt. Gemäß der universalkritischen Forderung der Vernunft gilt es selbstverständlich auch, die anthropologischen Prämissen auf ihre Realitätsträchtigkeit und ihre Konsequenzen hin zu überprüfen. Warum, so könnte man einwenden, kann man nicht vielleicht genauso erfolgreich auf der Basis eines optimistischen Menschenbildes eine politische Theorie aufbauen? Dazu ist ohne größere Schwierigkeiten das folgende zu bemerken: Da es keine Kenntnis vom natürlichen Menschen gibt, d.h. von einem Menschen im bloßen Naturzustand außerhalb irgendwelcher gesellschaftlicher Formationen und kultureller Verflechtungen - was auch gar nicht weiter verwunderlich ist, da Kultur und Gesellschaft nicht etwa eine aufgesetzte zweite Natur des Menschen sind, sondern ihm, dem ursprünglich schaffen müssenden Wesen als zugehörig erachtet werden müssen! -, ist es ganz und gar sinnlos, von der Güte oder der Bosheit des Menschen bei einer moraltheoretischen, rechtstheoretischen oder politiktheoretischen Überlegung auszugehen. Der Mensch außerhalb von Gesellschaft und Kultur ist eine Fiktion, die man so oder so sich zurechtlegen mag: Sie ist und bleibt notwendig beliebig.

Gleichwohl liegt es nahe, ja man kann wohl sagen, ist es zwingend, ebenso wie Platon, Aristoteles oder Kant eher von den schlechten als von den guten Seiten des Menschen auszugehen, als da sind Neid, Eifersucht, Korrumpierungsfähigkeit, Dummheit, Faulheit, Verlogenheit usw. usw. Wer Gedankenluxus betreiben will, mag von einem paradiesisch modellierten Menschen ausgehen, solange er will, von Realverhältnissen welcher Art auch immer wird er auf dieser Voraussetzung schlechterdings nichts begreifen können; es ist deshalb besser, sich an den bewährten Grundsatz zu halten: *Das Wesen muß erscheinen.* Ein Wesen, eine Wesensbestimmung, bloß im Untergrund, ist und bleibt eine mythische Instanz; rational handhabbar ist allein die Voraussetzung, der gemäß der Mensch auch im Kern, d.h. in seinem Wesen irgendwie so ist, wie er erscheint, und d.h. konkret, wie er sich in seiner Handlungsgeschichte offenbart hat, die wahrlich keinen Anlaß für irgendeinen seligen Optimismus mehr parat hält. Die Handlungswirklichkeit einigermaßen beherrschbar zu machen, das setzt voraus, einen vernünftigen, einen realistischen Blick auf den Menschen und das ihm Mögliche zu werfen. Erst nachdem man dies getan hat, kann man überhaupt sinnvoll abschätzen, welche Normen unter welchen Bedingungen mit welchen Maßnahmen

Aussichten auf erfolgreiche Durchsetzung haben könnten. Nicht also Misanthropie ist es, die der philosophischen Skepsis inhärent ist, sondern ein abgeklärter Realismus, der Realität zu verändern willens ist.

Zur dauernden selbstkritischen Aufgabe der philosophischen wie der gemeinen Vernunft gehört nicht nur die Ausschaltung oder doch zumindest die Neutralisierung von bequemen Erkenntnisinteressen und diversen Fremdeinflüsterungen, sondern auch und nicht zuletzt die Destruktion des politisch-theoretischen Obskurantismus, der von Philosophien entweder initiiert oder gar direkt produziert worden ist, sei er auch noch so subtil verhüllt. Der folgenreichste und wohl auch verheerendste Obskurantismus philosophischer Provenienz, der zwar in gewisser Weise auf platonisches Ideengut zurückzuleiten ist, keineswegs aber von Platon selbst verschuldet worden ist, beruht auf einem einfachen Fehler: der Überschätzung der Möglichkeiten der Vernunft. Platon hat zwar in seinem "Staat" den Übergang von Herrschafts- und dementsprechend Staatsformen - von der Timokratie zur Oligarchie, Demokratie und schließlich Tyrannis - beschrieben, dies aber so, daß er als *möglich*, keineswegs aber als *notwendig* erklärt wurde. Daß Platon keine eherne Geschichtsnotwendigkeit im Auge hatte, geht allein daraus schon ganz klar hervor, daß er - wie übrigens Aristoteles auch - in seinem gesamten philosophischen Werk, nicht zuletzt im "Staat" und in den "Gesetzen", den allergrößten Wert auf die Bedeutung der Erziehung zur Vernunft gelegt hatte. Eine Erziehung zum vernünftigen Handeln hätte überhaupt keinen Sinn, wenn ein ehernes Geschichtsgesetz ohnehin - über die Köpfe der Individuen hinweg - sich gleichsam naturgesetzlich manifestieren müßte. Die politische Philosophie aller großen Philosophen war immer auch Erziehungsphilosophie, und das bedeutete: Hinleitung zur Vernunft und Widerstand gegen Unvernunft. Eine Erziehungsphilosophie mit politischer Intention macht aber dann keinen Sinn mehr, wenn der Geschichtsverlauf, in den der Mensch hineingestellt ist, einen streng deterministischen, alle Handlungsintentionen einbindenden Charakter hat.

Es war der griechisch-römische Historiker Polybios, der im Anschluß an die klassischen zyklischen Geschichtstheorien und in unverkennbarer Trivialisierung des platonischen Schemas der Aufeinanderfolge der Staatsformen gelehrt hat, der Geschichtsprozeß vollziehe sich gemäß solcher Gesetze, wie sie auch in der Natur beherrschend sind. Der Kreislauf der Staatsformen bestehe darin, daß sich die Formen ändern und zu ihrem Ausgangspunkt zurückkehren. "Wer das klar erkennt, mag sich in der Zeit irren, wenn er über die kommende Entwicklung eines Staates urteilt; er geht aber kaum fehl in der Bestimmung des jeweiligen Zeitpunktes von Blüte, Verfall und Veränderung, wenn er nur frei von Zorn und Mißgunst urteilt." Polybios ist ernsthaft der Meinung, Ursprung, Wachstum, Blüte und schließlich auch der Verfall des römischen Staates ließen sich genau erkennen bzw. prognostizieren. "Denn, wenn je von einem Staat, gilt es von diesem, daß er von Anfang naturgesetzlich entstand, wuchs und sich ins Gegenteil ändern wird."[1]

Der als solcher gewiß nicht illegitime Wunsch als Vater des Gedankens, es möge Vernunft in der Geschichte walten, damit diese und damit das menschliche Leben, sein Handeln und Planen, auf einen gesicherten Boden gestellt werden können, hat eine ungeheure Faszinationskraft bis in die Gegenwart - beinahe zwangsläufig wohl - ausgeübt. Eine zu vorbehaltloser Kritik bereite Vernunft wird dergleichen Wünsche und geschichtsphilosophische Konstruktionsphantasien energisch, aber klaglos verabschieden müssen. Gesetzliche Erkenntnis - gar ausgerichtet an den Exaktheitsnormen naturwissenschaftlicher Erkenntnis, die übrigens völlig falsch hinsichtlich ihrer Möglichkeiten und Tragweite eingeschätzt würde, wollte man ihr abschließend-totale Beherrschung des Wirklichen und unfehlbare Prognosefähigkeit zubilligen, da auch sie auf zwangsläufig lückenhaften Idealisierungen und nie restlos abgeklärten Hypothesen beruht - ist für den Bereich des menschlichen Handelns und der Geschichte nie zu gewinnen; denn unübersehbar groß ist die Menge der Variablen, deren mögliche Bedeutsamkeit und Wirkungsmacht, selbst wenn man sie kennen würde, nicht hinreichend sicher abgeschätzt werden können, und verläßliche Konstanten stehen überhaupt nicht zur Verfügung. A. Comte's Programm einer 'sozialen Physik' ist nichts anderes als naive Träumerei. Mögen auch die einflußreichen Konstruktionen der geschichtlichen Totalität - die gewiß faszinierenden Entwürfe von Augustinus bis Hegel sollen hier, Gnade vor Recht!, unberücksichtigt bleiben - einem vielleicht sogar unabweisbaren Bedürfnis der Vernunft nach Ordnung entsprechen, sie sind und werden immer Hirngespinste bleiben: Bezüglich des praktischen Gebiets hat die Vernunft sich zu beschränken, es gilt einzusehen und anzuerkennen, daß es *keinen* Weg von der Utopie zur Wissenschaft gibt.

---

[1] Polybios, Historien VI 9

Der - hoffentlich - letzte, in seiner Weise grandiose Versuch, die menschliche Lebenswelt in allen ihren Dimensionen wissenschaftlich abschließend zu erfassen, trieb lange genug als wissenschaftlicher Sozialismus sein Unwesen: Seine Basis war ein unbekümmert-hypertropher Vernunftglaube, der nur deshalb sich entfalten konnte, weil sorglos an all dem vorbeigetaumelt wurde, was als schlechthin unabdingbare Voraussetzung des Vernunftgebrauches zu erachten ist: kritische Analyse der Instrumentarien, Einsicht in die beschränkten Möglichkeiten, kurz: Selbstbeherrschung der Vernunft. So ist es denn auch kein Zufall, daß die von Marx verkündete Todesstunde des Kapitalimus sich als leeres Versprechen erwiesen hat. Unberücksichtigt bleiben können die vielen Fehler und Widersprüche - die übrigens längst bekannt sind! -, die den Konstruktionen des "Kapitals" von Marx inhärent sind, z.B. die völlig verfehlte Wert- und Mehrwertlehre, wenn man das im dritten Band des "Kapitals" konzipierte "Gesetz des tendentiellen Falls der Profitrate" ins Auge faßt.[2]

Nach diesem - von der tatsächlichen Entwicklung längst falsifizierten - Gesetz sollte der Kapitalismus, dessen wesentliches Merkmal eine sich durch beständiges Anwachsen der Profitrate steigernde Dynamik sein sollte, die Stagnationen, gar Rückgänge nicht vertrage, deshalb notwendig zum Untergang verurteilt sein, weil die Struktur kapitalistischer Produktion das Absinken der Profitrate letztlich unvermeidbar mache und infolgedessen den Untergang herbeiführen müsse. Den Grund meinte Marx darin erkennen zu können, daß mit zunehmender Technisierung der Produktion für die Gesamtwirtschaft die Relation zwischen dem konstanten - für die technische Ausstattung z.B. fixiertem - und dem variablen - für die Löhne aufgewandtem - Kapital sich immer mehr und immer rascher zugunsten des ersteren verschieben müsse. Da aber die für die Entwicklung des Kapitalismus entscheidenden Profite nach Marx ausschließlich aus dem variablen Kapital gezogen werden können, müßte die Profitrate, die sich aus dem Verhältnis von konstantem zu variablem Kapital errechnet, zwangsläufig fallen, wenigstens *tendentiell*.

Diese Einschränkung ist bemerkenswert. Es muß Marx selber irgendwie aufgefallen sein, daß es mit einem Gesetz nicht übermäßig gut bestellt sein kann, das lediglich eine Tendenz zu fixieren in der Lage ist. Schärfer kann man dies so ausdrücken: Ein Gesetz für Tendenzen ist ein

---

[2] K. Marx, Das Kapital, Bd. III, Kap. 13

Unbegriff. Es spricht für die Redlichkeit des Wissenschaftlers Marx, daß er im folgenden 14. Kapitel des dritten Bandes die Problematik, die mit der Konzeption eines solchen Gesetzesbegriffs verbunden ist, aufgreift und nicht weniger als sechs "entgegenwirkende Ursachen" thematisiert, die zu begründen in Ansatz gebracht werden, warum die quasi-gesetzliche Prognose wenigstens nicht unmittelbar in der Realität verifiziert werden konnte. Es hat sich einfach empirisch erwiesen, daß der Kapitalismus wenigstens mit *den* Widersprüchen mühelos hat fertig werden können, die nach Marx seine Todeskeime sein sollten. Fairerweise wird man konstatieren müssen, daß Marx das Insistieren auf den und die Analyse der "entgegenwirkenden Ursachen" nicht als törichte Immunisierungsstrategie für eine vom Scheitern bedrohte Theorie entworfen hat; ebenso deutlich ist aber festzuhalten, daß es eine nur schwerverständliche Blindheit dieser Theorie gewesen ist, daß gerade das rasante Anwachsen des konstanten Kapitals zu einer geradezu gewaltigen Steigerung der Profitrate hat führen können.

Man kann - wenn man großzügig ist - intellektuelle Insuffizienz als europäische Volkskrankheit dafür verantwortlich machen, daß z.B. die punktgenaue, übrigens faire, allerdings endgültig hinrichtende, schon 1896 vorgelegte Kritik eines Otto von Böhm-Bawerk an der Marxschen Kapitalis- mustheorie samt ihren geschichtsphilosophischen Implikationen weitgehend unbeachtet blieb, die nicht etwa nur das logische Durcheinander, sondern auch die Grundlagen des "Kapitals" energisch attackierte. Gegenüber 'Krankheiten des Kopfs' darf mit Kant auch Nachsicht gelten. Unnachsichtigkeit ist freilich gegenüber fahrlässigem, nicht zuletzt ästhetischem Irrationalismus - z.B. der hilflosen Taumelei zwischen marxistischer Träumerei und der kommoden Feuilleton-Philosophie Nietzsches -, so locker-flockig er sich auch in der auf Unverbindlichkeit hin angelegten postmodernen Trivialplapperei artikulieren mag, geboten: Die Blaurotblümeleinseligkeit oder die popularphilosophisch aufgespreizte Beschwörung eines Nicht-Identischen müssen als potentiell gefährlicher Trivialitätenzauber beerdigt werden.

Selbstkritik und Selbstbeschränkung der Vernunft machen es aber keineswegs zwingend, den Bereich menschlicher Praxis in vornehmer Theorieabstinenz sich selbst zu überlassen. Ganz im Gegenteil! Gefordert ist vielmehr dies, vernünftige Kriterien des Handelns und der Beurteilung des Handlungsbereichs zu entwickeln. Um dies zu bewerkstelligen, ist es unerläßlich, von gesicherten und d.h. auch in der Erfahrungsgeschichte der Menschen verankerten Prinzipien auszugehen. In allen Zivilisationen, in allen bekannt gewordenen Weltreligionen, nicht zuletzt in der jüdisch-christlichen Glaubenssystematik ist gelehrt worden, es komme darauf an, die menschlichen Verhältnisse einzurichten, auszurichten gemäß dem Prinzip der Gleichheit und Freiheit. Philosophen brauchten nicht besonders erfinder2isch zu sein, um auf den wahrhaft universalen Grundsatz, das schlechthin durchschlagende Prinzip zu kommen: Da asymmetrische Verhältnisse zwischen Menschen nicht nur für die Empfindung unerträglich, sondern bezüglich einer vernünftigen Einrichtung der Lebensverhältnisse geradezu kontraproduktiv sind, gilt es, solche abzuschaffen. Daß die Beseitigung asymmetrischer Verhältnisse nur schrittweise, den jeweils gegebenen emprischen Bedingungen gemäß, erfolgen kann, beruht auf der schlichten Einsicht, daß Handlungen, die an den empirisch gegebenen Parametern sich vorbeizumogeln versuchen, Folgen produzieren können, die den gesteckten Handlungszielen geradezu entgegenwirken können.

Die Abschaffung asymmetrischer Verhältnisse ist ein universales Gebot. Es schließt ein: Selbstbestimmung, die freie Partizipation am Entwurf und an der Ausgestaltung von Zielvorstellungen, die einfach deshalb auf die Zielvorstellungen anderer - einschließlich der Arbeit der Korrektur an solchen - Rücksicht nehmen müssen, weil nicht vernünftig, d.h. im Konsens oder friedlich vereinbarte Zielvorstellungen sowie Einhelligkeit über die Mittel jene zu realisieren, zu projektieren, jeder akzeptablen Planung entgegenstehen muß. Es ist deshalb auch kein Zufall, daß Rosa Luxemburg schon 1919 in einer der Praxis hellsichtig vorgreifenden Kritik am *totalitären* Kommunismus energisch darauf insistiert hat, daß die sog. bürgerlichen Freiheiten, Pressefreiheit, Versammlungsfreiheit etc. schlechterdings unaufgebar sind. Es käme auf einen Betrug an der Arbeiterklasse hinaus, das schleuderte sie Lenin und Trotzki entgegen, wenn die revolutionäre Praxis gerade denen, für die sie gemeint ist, verweigern würde, was die Grundvoraussetzung einer rationalen Partizipation am gesellschaftlichen Prozeß, der schließlich alle betrifft, sei. Daraus folgt für Luxemburg, daß alle Bildungsgüter, die als sog. bürgerliche verschrieen werden können, selbstverständlich gerade denen, die diese nie haben aufnehmen können, vorbehaltlos zur Verfügung gestellt werden müssen. Politische Schulung, und d.h. eben gerade nicht: politische Verdummung, ist für das, was Luxemburg "proletarische Diktatur" genannt hat, "das Lebenselement, die Luft, ohne die sie nicht zu existieren vermag." Und dann heißt es im Text weiter: "Freiheit nur für die Anhänger der Regierung, nur für die Mitglieder einer Partei - mögen sie noch so zahlreich sein - ist keine Freiheit. Freiheit ist immer nur Freiheit des anders Denkenden."[3]

Die vorbehaltlose Festschreibung rechtsstaatlich-demokratischer Prinzipien ist aber keineswegs als menschenfreundlicher, moralischer Luxus zu verstehen oder mißzuverstehen, sondern auf ihm beruht tatsächlich rationale Politik und die Durchsetzung der Spielregeln von rationaler Politik. Dafür gibt es einen überragenden, unverdächtigen, weithin nur als ökonomischer Fachmann bekannten Zeugen.

J. M. Keynes, Vertreter des englischen Schatzkanzlers beim Obersten Wirtschaftsrat an der Pariser Konferenz, die zum Ergebnis des unseligen sog. Versailler Vertrages gekommen ist, legte am 7. Juni 1919 seine Ämter nieder, weil er keine Chance mehr sah, ein moralisch und hinsichtlich seiner politischen Folgen verhängnisvolles Diktat gegenüber Deutschland, das auch in seiner Sicht eindeutig schuldig am Ersten Weltkrieg war, zu vertreten. Noch im Jahre 1919 verfaßte er eine ausführliche Schrift, in der er die wirtschaftlichen Folgen des Krieges analysierte. Wie Max Weber, aber sehr viel fundierter, weil gründlich auf die ökonomische Basis eingehend, prognostizierte er die katastrophalen Folgen dieses in seiner Sicht unsinnigen Friedensdiktats. Im folgenden wird eine Passage, kommentarlos, zitiert, die belegt, daß rationale Politik, auch wenn sie verzichtet auf weltgeschichtliche Konstruktionen, prognosefähig ist, ja daß sie geradezu darauf angewiesen ist, Prognosen, freilich nur kurzgreifende, dafür aber solide fundierte, nicht entbehren kann.

"Nehmen wir den Standpunkt ein, daß man wenigstens auf ein Menschenalter hinaus Deutschland nicht das geringste Maß von Wohlstand anvertrauen darf, daß alle unsere ehemaligen Verbündeten Engel des Lichts, alle unsere ehemaligen Feinde, Deutschland, Österreich-Ungarn und die anderen, Kinder des Teufels sind, daß Deutschland lange Jahre hindurch in Armut gehalten und seine Kinder ausgehungert und verkrüppelt bleiben sollen, daß es mit einem Ring von Feinden umgeben werden muß, dann werden wir überhaupt alle Vorschläge dieses Kapitels - es trägt den Titel: *Rettungsvorschläge*, Anm. d. Vf. - verwerfen und insbesondere die, die Deutschland helfen können, einen Teil seines früheren

---

[3] Vgl. Rosa Luxemburg, *Die russische Revolution*, Gesammelte Werke, Bd.4, Berlin 1990, 359, Anm.3

wirtschaftlichen Wohlstandes wiederzugewinnen und für die Industriebevölkerung seiner Städte Unterhaltsmöglichkeiten zu finden. Aber wenn diese Ansicht von den Völkern und ihren gegenseitigen Beziehungen bei den Demokratien Westeuropas Boden gewinnt und von den Vereinigten Staaten finanziell gestützt wird, so helfe uns der Himmel; wenn wir absichtlich auf den Ruin Mitteleuropas ausgehen, dann wird, das wage ich zu prophezeien, die Vergeltung nicht ausbleiben. Nichts kann dann auf längere Zeit den letzten inneren Kampf zwischen den Kräften des Rückschritts und den verzweifelnden Zuckungen des Umsturzes aufschieben, vor dem die Schrecken des letzten deutschen Krieges im Nichts verschwinden werden und der, wer auch immer Sieger bleiben mag, die Kultur und den Fortschritt des bestehenden Geschlechts vernichten wird".[4]

Rationale Politik setzt wohlbedachte Folgenabschätzung voraus. Dies setzt die vorbehaltlose Bereitschaft zur Kenntnisnahme, zur gründlichen Analyse der vorgegebenen empirischen Parameter und ihrer Wirkungsmöglichkeiten, soweit diese kalkuliert werden können, voraus. Rationale Politik ist mitnichten ersetzbar durch bloß geschäftiges Weltweitgenschern, auch abstraktes, mit frommen Sprüchen garniertes Moralisieren hilft nicht weiter, ist sogar kontraproduktiv; worauf es ankommt ist vielmehr dies, das grundsätzlich Gebotene auf die Vereinbarkeit mit dem politisch-ökonomisch Möglichen hin immer wieder zu überprüfen und durchzusetzen, was der Realisierung der elementaren Prinzipien nicht nur nicht im Wege steht, sondern ihnen direkt gemäß ist. Handlungsziele in bloß schweifender Phantasie ins Unbestimmte für eine bloß quellende Sehnsucht zu erweitern und vornehm zu machen durch schwarz-, rot-, gold-braune Utopietapezierkunst stellt eine Beleidigung der menschlichen Vernunft dar. Von dergleichen Selbstbetrügereien gilt es, sich sofort zu verabschieden. Die Ziele sind klar, die Handlungsmöglichkeiten allerdings beschränkt. Aber deshalb gilt gleichwohl: Man kann, wenn man will, obgleich nur schrittweise.

---

[4] Vgl. J.M.Keynes, *Die wirtschaftlichen Folgen des Friedensvertrages*, München/Leipzig 1920, 218/19

Gerhard Pfafferott, Bonn

Praktische Vernunft in bedrohter Lebenswelt

Im Unterschied zur theoretisch-spekulativen und ästhetischen Vernunft, die erkennend und beurteilend noch für sich isoliert gedacht werden kann und lediglich die Relation 'Vernunftsubjekt-Gegenstand' thematisiert, obgleich das theoretische Subjekt einen idealtypischen Prämissenstatus besitzt, impliziert die Bestimmung des Begriffs 'praktische Vernunft' mitsamt ihrem Leistungsvermögen stets eine Hinwendung zu ihrem spezifischen Gegenstandsbereich: zum Anderen, zum Sozialen, zum Politischen, zu einer Vielzahl von Handlungsfeldern mitsamt ihren normativen Ordnungen und Strukturen.

Das eigentliche Ziel der Vernunft hatte Kant nicht mit dem spekulativen Erkennenwollen identifiziert, sondern an ihr eigenstes Interesse festgemacht, ein Erkennen von der Art zu bewerkstelligen, was durch Freiheit möglich ist (KrV, B 830), und so ein Handeln unter der Ägide der Vernunft zu ihrer Aufgabe erklärt (B 832).

Die Vernunft gilt - nach Kant - als diejenige Instanz, die sich selber das Gesetz des Handelns zu geben vermag, die als moralisches Subjekt die autonome Instanz des Sittengesetzes verkörpert und in der Lage ist, eine eigene Kausalität, die das Moment der Freiheit enthält, in Gang zu setzen.

Beim praktischen Gebrauch hat die Vernunft es mit den "Bestimmungsgründen des Willens" (KpV, 30) zu tun; bei der praktischen Vernunft geht es darum, das Verhältnis von Vernunft und Willen zueinander zu bestimmen. Praktische Vernunft wird - nach Kant - als das Vermögen angesehen, Gegenstände entweder selbst hervorzubringen oder aber über die Bestimmungsgründe des Willens zu verfügen. Während die theoretische Vernunft den Kausalnexus in der Erscheinungswelt zu erkennen hat, untersucht die praktische Vernunft die Frage, ob es auch eine eigene Art von Kausalität geben könne, die von Vernunftwesen überhaupt konstituiert werden kann, eine Form von Gesetzlichkeit, die - in der Natur zwar nicht vorkommend - im Bereich des Handelns sehr wohl gedacht werden kann.

In den Akten des Erkennens befindet sich das Vernunftsubjekt in der Erscheinungswelt, deren geltende Naturgesetze es hinzunehmen hat. Ganz anders nun in der Domäne, die dem Menschen zueigen ist: im

Handeln. Hier ist der Mensch selbst dessen Urheber. Gesetze des Handelns liegen nicht bereits als fertige Muster oder als dirigistische Normen vor, nach denen sich der Mensch ausrichten muß. Wäre unser Handeln nur von unabänderlichen Willenseigenschaften und Dispositionen abhängig, die einer empirisch konzipierten menschlichen Natur eingeboren wären, dann wäre Freiheit eine Fiktion, Autonomie des Geistes ein Wunschtraum, wie dies ein konsequenter Materialismus einem nahelegen möchte. Freiheit bleibt aber ein zu erklärendes Faktum der Vernunft. Im Kantischen Sinne besagt dies, daß der Mensch sich sein Gesetz selber zu geben vermag. Er kann sich selbst verpflichten und Normen setzen. Freiheit, im transzendentalen Verständnis gedacht, besagt: Das handelnde Subjekt ist Urheber einer Gesetzlichkeit, welche Naturkausalität nicht kopiert, sondern ihr enthoben ist. So vermag Vernunft Bestimmungsgrund des Willens zu werden, und Freiheit, der Kausalität der empirischen Welt nicht unterworfen, kann interpretiert werden als Vermögen vernünftiger Wesen, ein Handeln selbsttätig zu initiieren. Freiheit und Autonomie bedingen einander. Kant hat gezeigt, daß die Begriffe Freiheit und Wille essentiell miteinander verbunden sind, daß der Handlungen in Gang bringende Wille seine Motivation aus der Vernunft allein erhalten kann. Daher hat Kant "nicht allein dargetan, daß reine Vernunft praktisch sein könne, sondern sie allein und nicht die empirisch beschränkte, unbedingterweise praktisch sei." (KpV, 30 - Einl.) - Die Hochachtung der Vernunft bringt auch Hegel zum Ausdruck, wenn er sagt, daß den Gedanken der Vernunft die Philosophie immer schon mitbringe und dies ihr ureigenstes Werkzeug kein sachfremdes Hantieren und Herantragen willkürlicher Kriterien bedeute.[1]

1. Aufbau und Strukturen der Lebenswelt

Nichtsdestoweniger verstummen die Stimmen nicht, welche in der Autonomie der Vernunft eine idealistische Anmaßung erblicken.[2] Wenngleich in der praktischen Vernunft aufgrund ihrer transzendentalen Verankerung

---

[1] Vgl. G.W.F. *Hegel*: Vorlesungen über die Philosophie der Geschichte, hg. und eingeleitet von Theodor Litt, Stuttgart 1961 (Ausg. F.Brunstäd), 48f. (=Einl.; c)

[2] In dieser kritischen Stoßrichtung sehe ich das Gemeinsame bei Schopenhauer, Nietzsche, Scheler und Heidegger.

immer das umfassendere Leistungsvermögen gegenüber einer ökonomischen, wissenschaftlichen oder historischen Vernunft gesehen wird, so kollidiert diese Einsicht mit der naturalistischen Erfahrung, daß die Idee der Menschenwürde, das Ideal der Humanität und die institutionellen Mechanismen der Menschenrechte nicht den Niedergang von Moralität verhindern konnten. Also nicht nur naturanthropologische Ursachen, weil der Mensch ein Mängelwesen ist, nicht nur kultur- und geschichtsphilosophische, weil Aufklärung sich nicht durchgesetzt und versagt habe, sondern das Ausbleiben einer durch Vernunft konstituierten Moralität und Sittlichkeit in der allernächsten Lebenswelt läßt einen Abschied von der Vernunft als resignatives Fazit plausibel erscheinen.

Die Lebenswelt avanciert so zum Prüfstand praktischer Vernunft. Die Freiheit als Werk praktischer Vernunft muß sich nicht nur im Sittengesetz, im deontologischen Modus des kategorischen Imperativs, der die Universalisierbarkeit individueller Handlungsmaximen in einem umfassenden, in sich gerechtfertigten Prinzip sucht, finden lassen, Freiheit und Moralität, aus dem Geiste autonomer, nur sich verpflichteter Vernunft entsprungen, müssen sich ebenfalls im größeren Kontext, worin sittliches Handeln bloß *ein* Moment darstellt, aufweisen lassen, in der Lebenswelt der Menschen. Lebenswelt kann als ein "konkretes Ganzes", als "konkrete Totalität" begriffen werden. Ihre umgreifende Bedeutung wird in diesen dialektischen Kategorien ebenso offenkundig, als wenn man sie als "konkretes Apriori",[3] als Fundament der selbstverständlichsten Selbstverständlichkeit bezeichnet.[4] Lebenswelt besitzt *einmal* diese Basisfunktion, wonach Wissenschaft und objektivistische Betrachtungsart sie immerfort voraussetzen und benötigen, weil aus ihr sich stets alle exakten Methoden der Weltbetrachtung und szientistischen Erklärungen herleiten.[5] *Zum anderen* ist Lebenswelt der mehr oder minder aus den Operationen methodischen Denkens wie den intentionalen Bewußtseinsleistungen hervorgegangene inkorporierte Sinn, dessen Spuren manifest oder verwischt sein können.

Lebenswelt als das der Sache nach schon immer Allerbekannteste ist jedoch - nach Husserl - wegen des Exaktheitsideals szientistischen Wis-

---

[3] Vgl. Gerd *Brand:* Lebenswelt. Eine Philosophie des konkreten Apriori, Berlin 1971.

[4] S. Edmund *Husserl:* Die Krisis der europäischen Wissenschaften und die transzendentale Phänomenologie. Eine Einleitung in die phänomenologische Philosophie, hrsg. von Walter Biemel, 2.Aufl. Den Haag 1962 (Husserliana Bd.VI), 126; vgl. S.128, 130.

[5] Vgl. Ders., Ebda. S.179.

senschaftsverständnisses desavouiert und so zum unbekannten, vergessenen und übersehenen Objekt der Forschung geworden.[6] Die objektiven
Wissenschaften gelten ihm dagegen nur als sekundäre Produkte intentionaler Bewußtseinstätigkeit, geradezu subjektive, bloß vermittelte und
konstruktivistische Gebilde im Fundierungsverhältnis von Methoden-
ansatz und Wirklichkeitserfahrung.[7]

Der Seinssinn der Lebenswelt läßt sich nicht mittels einer Metho-
denreflexion in den restringierten Dimensionen exakter Wissenschaften
gewinnen. Sinn bleibt bezogen und korrelativ auf die Gesamtheit der
intentionalen Akte der einzelnen Ichsubjekte, die für sich Geltung ermöglichen. Hier vollzieht sich diejenige primordiale Leistung, die Wirklichkeit und wahre Welt konstituieren. Die Objektivität erstrebenden
Wissenschaften verkörpern eine abgeleitete, eine konstituierte Wahrheit,
auf deren primordialer Sinneswahrnehmung ein methodisch erschlossenes
Wissen aufruht.[8] Lebenswelt dagegen baut sich das Geltung intendieren-
de und Sinn suchende Subjekt auf, das mit seinem Sinnesfundament die
Grundlage dazu bereithält. Im intentionalen Reichtum kognitiver wie
sensuativer Bewußtseinsleistungen ersteht Lebenswelt, der gegenüber die
Gebäude der wissenschaftlichen Theorien etwas Bedingtes, Abgeleitetes,
Derivatives darstellen, immer bedroht vom Scheitern und der Falsifizie-
rungsgefahr so sakrosankt geltender "Wahrheiten". Kognitive, emotiona-
le, ästhetische, moralisch-normative Akte, denen Wertungsgesichtspunkte
innewohnen, konstituieren das Fundament von Lebenswelt, auf dem
Wissenschaft und Technik ruhen.[9] Der intentionale Reichtum einer transzendental konzipierten Subjektivität mitsamt ihren kognitiven, sensuati-
ven, ästhetisch und moralisch wertenden Leistungen macht die Konstitutionsbasis der Lebenswelt aus. Transzendental verfaßtes ganzheitliches
Bewußtseinsleben erweist sich damit als Bedingung von Sinn und somit
von Kultur. Ein transzendentaler Idealismus, der die Konstitution des
lebensweltlichen Seinssinnes als Werk und Leistung intentionaler Subjektivität ermittelt, ist dann keine Verstiegenheit und Anmaßung, da Sinn
aus dem ursprünglichen Quellgrund, aus dem Leistungsprae der intentionalen Akte eruiert wird, und zwar nicht beim theorieerstrebenden Er-

---

[6] Vgl. Ders., Ebda. S.143, 123 ff.
[7] Vgl. Ders., Ebda. S.132, 137.
[8] Vgl. Ders., Ebda. S.174, 158.
[9] Vgl. Ders., Ebda. S.134.

kenntnissubjekt, sondern bei einem Subjekt, eingebunden in die Welt durch die Ganzheit seiner moralischen, emotiven, rationalen und ästhetischen Akte. -

Aktintentionen tätigende und tätige Subjektivität zeigt sich darüberhinaus - und damit ist eine individual-unbezügliche Jemeinigkeit überwunden - als entscheidende Instanz für die Genese auch des sozialen Sinnes. "Der sinnhafte Aufbau der sozialen Welt"[10] besitzt als Basis die Intentionalitätsrelation, bei der ein Ego sich eines Alter vergewissert, seinen Status sucht und definiert, seine Bedürfnisstruktur sich über den Anderen und Mitmenschen vermittelt und sein Selbst, seine Identität nur durch und mit der Anerkennung des Anderen erfährt und gewinnt.[11] Scheler geht sogar soweit zu behaupten, daß erst nach Maßgabe der liebenden Zuwendung zu einem Anderen und durch einen Anderen sich dem Individuum die Welt erschließt. Dieser "ordo amoris"[12] bringt werttheoretisch auf den Punkt, was dialogisches Denken (Buber, Ebner) und die Theorie, nach der sich die Vernunft nur im kommunikativen Miteinander ihre Strukturen errichten kann (Habermas), mit der These von dem sprachlich verfaßten Intentionalitätsgefüge der Bewußtseinsakte verbindet: Lebensweltliche Konstitutionsbasis und Bedingung sozialen Sinns ist eine Subjektivität, die sich in sprachlichen Akten formt. Sprachlicher Sinn bedingt soziale Kommunikation. Weil Sprache auch als Instrument von Herrschaft fungieren kann, können sich im sprachlichen Kontext wie in der Begrifflichkeit selbst Herrschaft und deren Entartungen, Gewalt und Unterdrückung, manifestieren. Die Intentionalität der Sprechakte äußert sich auf Seiten der Herrschenden im Machtwillen und Machterhalt, auf Seiten der Abhängigen darin, die Strukturen von Macht und Gewalt aufzudecken und in politischen Diskursen zu entschärfen, von der Absicht beseelt, daß auch für sie die Ideen von Humanität und gutem Leben wirksam werden.

Die Analyse von Lebenswelt zeigt somit - ausgehend von der Initialgegebenheit des Reichtums intentionalen Bewußtseinslebens der tran-

---

[10] So der Titel des berühmten Buches von Alfred *Schütz:* Der sinnhafte Aufbau der sozialen Welt. Eine Einleitung in die verstehende Soziologie, Frankft./M. 1974 (Erstausg. Wien 1932).

[11] Hierzu paradigmatisch immer noch G.W.F. *Hegel:* Kap. B: Selbstbewußtsein; IV A: Selbständigkeit und Unselbständigkeit des Selbstbewußtseins. Herrschaft und Knechtschaft, in: Phänomenologie des Geistes (Theorie-Werkausgabe Bd.3, Frankfurt/M. 1970), 147f..

[12] Vgl. Max *Scheler:* Ordo amoris, in: Ges. Werke Bd.10. Schriften aus dem Nachlaß, Bd.1: Zur Ethik und Erkenntnislehre, 3. Aufl. Bonn 1986, hg. von Manfred S. Frings, 345-376.

szendentalen Subjektivität, erweitert um die kommunikativen Leistungen der Sprache, die Sozialität entstehen lassen - allgemeine und wesentliche Kategorien formaler Ontologie. Lebensweltanalyse ist formal-kategoriale Ontologie, die getreu der phänomenologischen Betrachtungsart die Korrelativität von *intentionalem Akt* und *intendiertem Resultat* zum Gegenstand hat.

Der leistenden Intentionalität moralisch-wertender Akte beispielsweise korreliert ein Kodex sozialer Werte, eine geltende, anerkannte, verinnerlichte und praktizierte Moral. Nirgends anders hat eine Moralauffassung, eine Wertordnung und ein tradiertes Ethos ihren Ursprung als in den für normativ-verbindlich erachteten Werten, die, weil für gut geheißen, also auch befolgt und internalisiert werden und qua Normbewußtsein eine "soziale Tatsache schaffen."[13]

Lebensweltanalyse als formal-kategoriale Ontologie ist aber zu ergänzen um historische Kennzeichnungen, da nur geschichtliches Wissen zeitliche Fixierung und Standortbestimmung erlaubt und eine Bestimmung des Konkreten und Individuellen ermöglicht. Hegels Diktum von der Philosophie, die ihre Zeit in Gedanken erfaßt,[14] kann seine Gültigkeit beweisen, wenn die Lebenswelt jeweils in ihrer Geschichtlichkeit gesehen wird, nicht als Werk einer geschichtslos gedachten transzendentalen Subjektivität. Das jeder Kultur zugrundeliegende konkrete Apriori kann mit dem intentional tätigen Subjekt identifiziert werden, dessen Bewußtseinsleistungen nicht mehr nur in zeitlos-invarianten Strukturen und Kategorien für bestimmbar angesehen, sondern immer eingebunden in die historische Zeit begriffen werden können.

Philosophie als Lebensweltanalyse wendet sich den Phänomenen der Zeit zu.[15] Zeit hat ihre Signatur, erscheint im Elend, im Krieg, im Hunger, in der Armut, den Verletzungen der Menschenrechte, der Folter, im nicht enden wollenden Katalog negativer und schrecklicher Symptome wie Hochrüstung, Überbevölkerung, Umweltzerstörung, dem Nord-Süd-Gefälle ungerechter Reichtumsverteilung, der Technisierung der Lebensbereiche, der "Kolonialisierung der Lebenswelt", wird aber

---

[13] Vgl. hierzu Émile *Durkheim:* Die Regeln der soziologischen Methode, Neuwied-Berlin 1961, hrsg. von René König, 111f. (Erstausg. Paris 1895).

[14] G.W.F. *Hegel:* Grundlinien der Philosophie des Rechts (Vorrede).

[15] So z.B. bei Hans-Ludwig *Ollig* (Hrsg.): Philosophie als Zeitdiagnose. Ansätze der deutschen Gegenwartsphilosophie, Darmstadt 1971.

andererseits auch im Bemühen um den Frieden, im Einsatz für die Einhaltung der Menschenrechte sichtbar. -

So befindet sich eine Philosophie, die sich den Erscheinungen der Lebenswelt zuwendet, zwischen den Prinzipien Hoffnung und Verantwortung einerseits, aus deren Geist Wege aus der Gefahr zu zeigen wären[16] und fatalistischer Resignation andererseits, einem blamablen Resultat historistischer Attitüde, der eine postmoderne Erschöpfung anzuhaften scheint. Auch dann, wenn die Beschreibung und Deutung der Lebenswelt sich als Pathologie der Zeit versteht, die eine Pathogenese beabsichtigt, dann sieht sie sich auch in einer helfenden, therapeutischen Funktion. Der "Philosophie des Elends" muß nicht ein "Elend der Philosophie" korrespondieren.[17]

Philosophie - in ihrem lebensweltlichen Bezug - diagnostiziert in den hier skizzierten zeitlichen Trends, deren Bedrohlichkeit offenkundig ist, Zeichen von Sinnverlust, Sinnzerstörung, von Sinnvakuum schlechthin. Sie ermittelt Gefahren und Bedrohungen der Lebenswelt auf der *Makroebene,* also ökologische Desaster, Nord-Süd-Konflikte usw.; auf einer mittleren *Mesoebene* den Zerfall von Institutionen, den Verlust von Werten, Utopien, den Antagonismus der Ideologien, Glaubenskrisen, das "Ende der großen Erzählungen", die Hinwendung zu neuen Mythen, die mit einer Renaissance des Irrationalismus einhergeht und Angst vor einem nicht mehr beherrschbaren technischen Fortschritt schürt, sowie mangelndes Vertrauen in Rechtsstaatlichkeit u.a. mehr. Auf einer *Mikroebene* sind Auflösungserscheinungen humaner Beziehungen, der Verlust von Tugenden, die Brutalisierung des Alltags festzustellen.

Bedrohte Lebenswelt heißt dann - selbstverständlich aus der Perspektive des Sinn und Glück suchenden Menschen - das Überhandnehmen des Negativen, Macht und Dominanz der Negation, Herrschaft des Prinzips der Negativität. Doch mit diesen Begriffen befindet man sich im Bannkreis metaphysisch geprägter Geschichtsdeutung, die der Faszination dialektischer Topoi und Denkweise nicht zu entrinnen vermag. Das Bedrohungsspektrum der Lebenswelt kann zwar als Zunahme von Sinnzerstörung, als Sinnverlust usw. beschrieben werden. Mit diesen Kenn-

---

[16] Vgl. Carl-Friedrich *von Weizsäcker:* Wege in der Gefahr, München 1976 und das klassische Werk von Hans *Jonas:* Das Prinzip Verantwortung. Versuch einer Ethik für die technologische Zivilisation, Frankfurt/M. 1979, bes. 5. Kap., 245-315.

[17] S. dazu Karl *Marx:* Das Elend der Philosophie (1847), der Pierre Joseph *Proudhons* Hauptwerk: Système des contradictions ou la philosophie de la misère (1846) kritisiert.

zeichnungen werden Deskription und Wertung sicherlich vermengt, doch ist die Intentionalität des Bewußtseins, das sich den Zeitphänomenen stellt und sie bewertet, nicht eingeengt.

Diese Etikettierung mittels harmonisierender Termini wie Sinn und dessen nihilistischem Pendant der Sinnlosigkeit bleibt aber oberflächlich und unbefriedigend, sosehr auch die Kategorie Sinn einem ursprünglich affirmativen Lebensgefühl entgegenkommt, einem unausrottbar-natürlichen Hang der menschlichen Natur, sich im Guten zu bewegen und einzurichten, entspricht. Letztlich ist diese Sprache aber unangemessen, da die Begriffe unversehens einer Ideologie moralischer Positivität das Wort reden, sich auf dem Boden eines Gemütlichkeit fixierenden Status quo bewegen und festhalten.

Ein zu beschreibender Lösungsweg, eine Ergänzung zur Diagnose der Lebenswelt in ihrer Negativität, bestünde darin aufzuzeigen, daß die Ursache von Negation, von Sinnzerstörung, in der Sprachzerstörung, in den Läsionen und Unterbrechungen der lebensweltlichen Kommunikationssträuge zu suchen ist. Die Kommunikationsadern der Lebenswelt sind erfüllt von einer Vielzahl, also Vielfalt und Verschiedenartigkeit von Sprachspielen, Symbol- und Zeichensystemen, die mit den Handlungszusammenhängen zusammenwirken, koexistieren, antagonistisch miteinander ringen, einen untrennbaren, einheitlichen Lebenszusammenhang bilden.[18] Intaktheit und Stabilität der Lebenswelt stehen und fallen mit dem Gleichgewicht, d.h. dem Geltenlassen des Reichtums von Sprachspielen.[19]

Bedrohung und Instabilität der Lebenswelt - so meine These - treten dann auf, wenn ein Sprachspiel dominiert und fortan die komplexen Bezüge und Ebenen der Lebenswelt nur mit den Begriffen und Kategorien eines sprachlichen Symbolsystems mit definiter Semantik prädiziert werden, andere Bahnen der Kommunikation jedoch veröden. So ist z.B. das Sprachspiel Wissenschaft mit seiner inhärenten Rationalität, vor allem mit der Binarisierung informationstheoretischer Ja-Nein-Entschei-

---

[18] Der hier gebrauchte Begriff "Lebenszusammenhang" lehnt sich zwar an den Diltheys an, vermeidet aber dessen lebensphilosophische Engführung. Vgl. Wilhelm *Dilthey:* Was Philosophie sei, in: Weltanschauungslehre. Abhandlungen zur Philosophie der Philosophie. 4. Aufl. Göttingen 1968 (Ges. Schriften Bd. VIII), hg. von B. Groethuysen, 186.

[19] Diese These weiß sich der Auffassung Ludwig *Wittgensteins* verwandt. Vgl. Philosophische Untersuchungen: "Sie (Philosophie, G.P.) läßt alles wie es ist" (124), ähnlich 126. Zum Begriff "Sprachspiel", der hier weiter gefaßt ist, vgl. ebda. 7 und 21-27 (Ausg. Frankft./M. 1967).

dungen kaum in der Lage, das ontisch zugrundeliegende Sinnesfundament der Leiblichkeit in einem objektiven und quantifizierten Gehäuse der Theoriesysteme angemessen zu berücksichtigen. Andererseits verfehlen rigide Moralsysteme wie auch universalistische Prinzipiengebäude von Moralität das leibliche Bedürfnissystem. Denn mit den leiblichen Vollzügen, in denen die anthropologischen Wesensbestimmungen der Bedürftigkeit, des Mangels, der ständigen Verletzlichkeit sich zeigen, wird auch immer die Grenze der verallgemeinerten Vernunft offenkundig. Ein anderes Sprachspiel, das mittels modellhafter Kalküle der "Spieltheorie" und der Planspiele gespielt, d.h. simuliert wird und in der Logik ökonomischen und strategischen Denkens und Handelns anzutreffen ist, denen utilitaristisches Nutzenoptimum, Rentabilitätsstreben und Profitmaximierung wesenseigen sind und zum Spielzweck gehören, nämlich Eroberung neuer Märkte und Absatzsteigerung, erzwingt vollends eine rational sich gerierende Denk- und Vorgehensweise nach dem Diktat des ökonomisch geringsten Kraftaufwandes. Diese Haltung wird unversehens zur allbeherrschenden Maxime der Lebenswelt. Ihr gegenüber vermögen sich alte Tugenden wie Solidarität, Mitempfinden, Toleranz, Nächstenliebe nur schwer zu behaupten. Die Eroberung der Lebenswelt aufgrund der ökonomistischen Haltung und Einstellung ist hier am deutlichsten spürbar.

Der Ökonomisierung der Lebensbereiche wohnt die Tendenz inne, die Lebenswelt als ganze sich dienstbar zu machen und zu vereinheitlichen, da eine einzige Einstellung, das Nutzen-Kosten-Denken, zum Lebenszweck überhaupt stilisiert wird. Die Sinntotalität von Lebenswelt, die in der Ganzheit der Bedürftigkeit wie Kreativität des Menschen liegt und daher die intentionale Vielfalt erst freisetzt, reduziert sich auf ökonomische Rationalität der Produzenten und auf eine luxurierende, von außen gesteuerte Konsumhaltung. Was in anderer Begrifflichkeit als "Entfremdung" beschrieben ist, als Entfremdung des Menschen von der Natur und von sich selbst - so der Tenor der marxistisch inspirierten Kritik am kapitalistischen System - kann als Überhandnehmen und Ausuferung einseitiger imperialistischer, d.h. allbeherrschender Sprachspiele der Ökonomie und szientistischen Rationalität gelesen und gedeutet werden.

Das Ausbleiben gelungener Kommunikation, die Gewalt von Machtverhältnissen, aus ungerecht verteilten Eigentumsverhältnissen herrührend, die Verzerrung, die Diskurse durch Herrschaftsinteressen

und deren ideologische Bemäntelung erfahren, sind Resultate einer in-
adäquaten Wirklichkeitsbeschreibung, die vom ex-cathedra-Gerüst einer
Prinzipienlogik urteilt und alle Lebensbezüge usurpiert, heißen diese
Prinzipien: Nutzen, Ratio, Information, Fortschritt u.a. mehr. Eine
Begrifflichkeit, welche sich die Lebenswelt in ihrer Ganzheit vereinnahmt, ist also eo ipso falsch, totalitär, weil sie sich anmaßt, die Lebenswelt in ihrer strukturellen Vielfalt lediglich nach ihrer eigenen mitge-
brachten und an sie herangetragenen Semantik zu interpretieren und
festzuschreiben. Die Sprache der Herrschaft, der Ideologien und Institutionen ist nicht am Individuum und seiner Sinngenese und Entfaltung
interessiert, ihr Interesse ist die eigene Selbsterhaltung, und diesem
Zweck dient die rhetorische Darstellung ihrer eigenen Sprachspiele, die
sich universal durchzusetzen versuchen. Dazu gehört auch die Sprache
einer deontologischen Moral, die das Verhalten, die Lebensmuster und
das Handlungsspektrum des einzelnen normierend bestimmen möchte
unter dem Primat des Kognitiven allein. Nur regelgeleitetes Handeln soll
gerechtfertigt sein, einem universalisierbaren Gesetz subsumierbar, das
dem Majorat eines rationalistischen Sprachspiels entstammt.

2. Begründungsaspekte und Grenzen praktischer Vernunft in der Lebenswelt

Auch praktische Vernunft ist gegen den Vorwurf einer sprachlichen
Beherrschung und Normierung der Lebenswelt nicht generell gefeit und
muß sich dann tadeln lassen, wenn sie sich einem einzigen Sprachspiel
verschreibt, z.B. die Sprache der Moral ausschließlich präskriptiv gelten
läßt - mit dem moralischen Subjekt als Adressaten, das sein Tun und
Lassen einer Logik zu universalisierender Gesetze einzufügen hat, wenn
also *nur eine* Form von Moralität für erachtenswert gilt und die Sub-
sumtionsschematik nomologischer Idealität den Reichtum sittlicher Werte
ausblendet. Moralität in Form des universalisierten Moralprinzips ist
gleichsam die Petrifizierung praktischer Vernunft. Die aufzeigbare und
intendierte sittliche Wertvielfalt, die ein normatives Sollen nicht einfängt,
steht dieser Gleichsetzung ebenso entgegen wie die operative Struktur
der Begründung selbst, deren Logik Denken wie Handlungsverlauf entsprechen müssen. Denn weil dem Denken Intentionalität ebenso eigentümlich ist, wie das Handeln intentional zielgerichtet verfährt, muß die
Begründung dieser Struktur entsprechen. Intentionalität als Merkmal

mentaler Operationen äußert sich in der Präsenz von Sinnerfahrung. Diese ist aber nicht in sprachlich einheitlicher, einförmig-eindeutigem und definitivem Bedeutungszusammenhang gegeben, sondern wird über ein Spektrum mannigfacher semantischer Kontexte und symbolischer Zeichen und Repräsentationen vermittelt. Sinnerfahrung ist nie Resultante nur kognitiv-rationaler Prozesse, sie ist ein Brennpunkt synthetischer Akte, bei denen Emotionalität, Imagination, ästhetisches wie moralisches Urteilsvermögen beteiligt sind. Aus diesen konstitutiven Akten entsteht der Kontakt eines Ich zur Welt. Über und mit den Zeichen- und Symbolsystemen, den Sprachspielen, die mit den Handlungskontexten verbunden sind, ergeben sich sprachliche Prädizierungen und tragen auf ihrem Rücken gleichsam Bedeutsamkeitsaspekte. Auf diese Weise schlägt sich ontologische Sinnerfahrung nieder. Der Übergang von ontologischer Sinnunbestimmtheit - lediglich formal-kategorial betrachtet - zu Sinn tragendem und hic et nunc bedeutungserfülltem zeitlichen Geschehnis selbst ergibt sich aus den Akten, die mit Interesse erfüllt sind. Intentionale Akte sind Bedeutungsträger. Eine Begründung thetischer Sätze, die sich nicht den Operationen der Bedeutsamkeit und Sinn erstrebenden Akte angleicht und nur in der linearen Sequenz der generalisierenden "logic of justification" verbleibt, hat Defizite, Aporien, logische Inkonsequenzen und kategoriale Fehler zur Folge. Denn das in seiner Zeit verlaufende und jeweils in seinem Kontext und Sprachspiel verwobene Handeln würde sich an ein zeitenthoben konzipiertes Prinzip binden. Das Paradigma eines solchen zeit-indifferenten Prinzips unterstellt die Homogenität, die Gleichrangigkeit von Sprachspielen, Lebensformen auf der einen und Grundsätzen auf der anderen Seite; ebnet deren differente Zeitformen ein und verwischt die verlaufende Zeit der Handlungen mit ihrer je-eigentümlichen Signatur und vergehenden Temporalität, wenn sie aus der Perspektive der konstanten Gleichheit eines Prinzips, das ja gleichbleibende Geltung beansprucht, urteilt. Die Differenz, die Verschiedenheit zwischen Handlungszusammenhang, den sprachlichen Kontexten der Lebenswelt und dem zeitneutralen Geltungsmodus von Prinzipien, kommt nicht zum Tragen.

Das Begründungsmodell von Moralität versagt demnach, wenn nicht die Logik der Bedeutsamkeit mit der Logik der Rechtfertigung korreliert. Moralität in Form eines qua Universalisierung letztbegründeten und so gerechtfertigten Moralprinzips ist - so das Fazit - bloß als ein Sprachspiel einzuschätzen, das praktische Vernunft unter Vernachlässigung

anderweitiger sinnhafter Kontexte der Lebenswelt zum Muster erhebt.
Das Vorbild dieser Rechtfertigung - die Faszination, die vom hehren
Gefüge der Gesetzlichkeit selbst ausgeht - findet sich unmittelbar nicht
in der sittlich-praktischen Welt, sondern am vollkommensten in der
empirisch-kausalen Erscheinungswelt, wenn man Methoden der Rationalität und Logizität an sie heranträgt.[20]

Wie aber ist praktische Vernunft zu begreifen, die um die Sinngenese
aus den intentionalen Akten subjektiver Bewußtseinstätigkeit weiß, beide
miteinander verwoben in den sich überschneidenden Kreisen lebensweltlicher Sprachspiele?[21]

Die sich aus den intentionalen Vollzügen generierende Vernunft
begreift sich als Instanz einer transformierten prima philosophia, einer
Ersten Wissenschaft, die den Primat lebensweltlicher Praxis erkannt hat
und ihr Verdikt darüber ausspricht, wenn regionale Ontologien, sei es
Natur, Geschichte, Ökonomie, Religion, Anthropologie u.a. als Bereiche
gesehen werden, aus denen sich universale Gesetzlichkeiten und Erklä-
rungsmuster gewinnen lassen sollen, um den Menschen in seiner lebensweltlichen Verflechtung zu begreifen. Die abstrakten Strukturen formaler
Ontologie hält sie nicht für gegeben und unabänderlich, die lediglich mit
historischem und naturalem Inhalt zu füllen wären. Praktische Vernunft
als kritisch-reflektierende Instanz, die lebensweltliches Wissen prüft,
stimmt auch nicht in den Chor derer mit ein, die ein "Jenseits des Subjekts" verkünden oder den "Tod des Menschen" angesichts der verselbständigten Funktionsabläufe in den komplexen, hochdifferenzierten sozialen und politischen Systemen ausgerufen haben.[22] Sie ist nicht Protago-
nistin einer "zweiten Philosophie",[23] die gleichsam eine "zweitbeste
Fahrt" antritt, um den Fallstricken eines wissenschaftlichen Konstrukti-
vismus ebenso zu entgehen wie einem subjektiven Idealismus oder einem
kruden substanziierenden Objektivismus. Praktische Vernunft hat die
Einsicht gewonnen, daß das theoretische Wissen von den konstituieren-
den subjektiven Akten, welche Lebenswelt entstehen lassen, abgeleitet

---

[20] Vgl. z.B. Theodor *Litt:* Ethik der Neuzeit, München-Berlin 1926, 164.

[21] Vgl. E. *Husserl:* Die Krisis der europäischen Wissenschaften, a.a.O. (Husserliana VI), 141f..

[22] Gianni *Vattimo:* Jenseits vom Subjekt, Wien 1986 (Erstausg. Mailand 1981) - Michel *Foucault* zum sogen.
"Tod des Menschen" in: Die Ordnung der Dinge, Paris 1966, Dt. Ausg. Frankfurt/M. 1971 - S. auch zum
Verschwinden des Menschen in der soziologischen Systemtheorie Niklas *Luhmann:* Zweckbegriff und System-
rationalität, Tübingen 1968.

[23] Vgl. Manfred *Riedel:* Für eine zweite Philosophie, Frankft./M. 1988.

ist. Doch ist ihr diese transzendentale Naivität fremd, die annimmt, daß ein dem Kriterium der Autonomie genügendes Moralprinzip die unbedingte normative Richtschnur für Handeln abgeben kann. Die Aporien deontologischer Ethik sind praktischer Vernunft in diesem Verständnis offenkundig. Der Hiatus zwischen Sein und Sollen ist auch bei der selbstgesetzten Norm, bei der Selbstverpflichtung, nicht zu überbrücken, auch wenn der Begriff der Achtung vor dem Sittengesetz, da von der Vernunft stammend, andere heteronome Handlungsmotive wie: Egoismus, Ehre, Nächstenliebe, Glücksstreben... als Indikate der empirisch--sinnlichen Natur des Menschen ausschalten soll.[24]

Zweifellos besitzt ein Sittengesetz, das seine Herkunft aus der Vernunft selbst ableitet und keiner anderen Instanz seine Existenz verdankt, eine erhabene Würde; es ist aber eher ein Ideal denn ein Integral lebensweltlichen Wissens, wenn nicht Naturalität, Geschichtlichkeit und Sozialität als Wesensmerkmale des Menschen mit dem Würdebegriff zusammengedacht werden. Die drei Begriffe zeigen unübersehbar die nicht-autochthone conditio humana, die sich nicht selbst genügt, sondern der Mangel, Gebundenheit, Abhängigkeit, somit eine singulare Kontingenz wesentlich ist.

Praktische Vernunft in einer Lebenswelt, geprägt von Inhumanität, Grausamkeit und Verletzungen der Menschenrechte, kann sich - gerade im Hinblick auf die Menschenwürde - nicht nomologisch einschätzen, da die Würde des Menschen nicht einem Akt transzendentaler Einsicht oder Synthesis entstammt, sondern einen historisch-kritischen Bewußtseinsprozeß symbolisiert, einen durch die Geschichte zu verfolgenden Kampf gegen Bevormundung, Intoleranz und Machtwillkür, eine Anstrengung, die für den leidenden, entrechteten Menschen wohl nie zu Ende ist.

Praktische Vernunft schätzt sich einerseits im phänomenologischen Verständnis als eine *wahrnehmende* Kraft ein, die originäre Entdeckungen und Sichtweisen zu erlangen trachtet, andererseits als *vernehmendes* Vermögen, das nicht nur, bei sich bleibend und in sich zentriert, prüft, sondern offen für die Vielfalt kultureller Wertsysteme, Welterklärungsmuster und deren Begrifflichkeit ist. So kann praktische Vernunft die Schranken der eigenen geschichtlichen und kultürlichen Abkunft überschreiten. Das Vermögen der Kritik, das Leistungsfähigkeit und Reich-

---

[24] S. hierzu I. *Kant:* Kritik der praktischen Vernunft, 131-133 ("Von den Triebfedern der reinen praktischen Vernunft" - 1.Teil / I.Buch, 3.Hauptstück.)

weite eigener Vernunft prüft, kann ohne Vergleichen anderer kulturge-
prägter Denkweisen nicht auskommen. Die Arbeit der Kritik i.S. der
Beurteilung und Sichtung benötigt auch das Urteil über den Fremden,
den Anderen. Echte Selbstprüfung der Vernunft geht nur vonstatten über
ein Wahrnehmen des der Vernunft dialektisch Entgegengesetzten. Selbst-
erkenntnis, Selbstaufklärung heißt, ein Bewußtsein seiner Grenze zu
besitzen.

Praktische Vernunft hat sich über sich selbst aufzuklären. Sie be-
leuchtet als Lichtträgerin von Aufklärung die desolaten Zustände ihrer
Zeit, urteilt aber nicht als selbstherrlicher Gerichtshof und unumstößliche
Wahrheit einer Letztinstanz. Selbstkritisch fragt sie nach ihrer eigenen
Legitimation, deren Prüfung nicht damit beendet ist, daß sie wähnt, nur
sie verfüge über die richtige Deutung von Humanität, Aufklärung und
Menschenwürde. Damit würde sie sich selbst zerstören und ad absurdum
führen, identifizierte sie sich affirmativ mit diesen Ideen und Prinzipien,
würde sich aber mit den Folgewirkungen dieser über alle Zweifel erha-
benen und in sich wertvollen Errungenschaften in der Lebenswelt nicht
mehr befassen. Ihr Interesse bleibt, wie Freiheit möglich und zu bewirken sei und was angesichts dieser Bestimmung der Mensch sei, was Kant
z.B. als "teleologia rationis humanae", als Wissenschaft von den Zielen
der menschlichen Vernunft bezeichnet (KrV, B 867). Doch auch die mit
einer solchen affirmativen Bestimmung bereits mitgesetzte und implizierte Negation ist mitzubedenken.[25] Praktische Vernunft hat - so ihre selbst-
kritische Einsicht - nicht das Monopol hinsichtlich einer Definition aus
einem transzendental konzipierten Vermögen heraus, das die singularen
und möglicherweise defizitären historischen Formen des Humanen ausblendet. Praktische Vernunft muß sich der historischen Zeit zuwenden
und verbleibt auf diese Weise nicht in den Grenzen transzendentaler
Zeitlichkeit. Sie ergänzt sich um das einzubringende Wissen von natur-
hafter und geschichtlicher Vorgegebenheit. Natur meint nicht den dialektischen Widerpart, das schlechthin Andere in einer Unbezüglichkeit, die
Reflexion nicht erreicht; Geschichte ist nicht das Demonstrationsfeld der
von praktischer Vernunft eruierten zeitlos-gültigen Werte wie Würde,

---

[25] Vgl. Theodor W. *Adorno:* Negative Dialektik, 2.Teil: Neg. Dialektik, Begriffe und Kategorien, in: N. Dial.,
Ges. Schriften Bd.6, Frankfurt 1973, 137-207. - Vgl. ebenfalls Max *Horkheimer* / Th. W. *Adorno:* Dialektik
der Aufklärung, in: Ges. Schriften Bd.3. Ffm. 1981; (Vorrede, 11-17; Begriff der Aufklärung, 19-60; 40f.).

Person, Freiheit - das hieße einem ethischen Teleologismus das Wort reden.

Im reflexiven Wissen um ihre Herkunft aus der Lebenswelt und um ihre Bedeutung für sie kann praktische Vernunft keine Prinzipien deduzieren, die sie selbstherrlich aus einer ihr innewohnenden Idee ableiten würde. Da sie um ihre geschichtliche Gebundenheit weiß, besitzt sie keinen Geltungsanspruch von absolutem Rang. Ihre Dignität hat die Insignien zeitlicher Geltung und trägt die Spuren aufklärerischen Geistes bestimmter Epochen. Jedem Prinzipienwissen scheint überdies ein Moment allumfassender, totalitärer Absolutheit innezuwohnen. Der modale Status eines Prinzips i.S. von Notwendigkeit erzwingt ja in der Konsequenz eine Anwendung, eine Applikationsabsicht und Folgerung. Indem Vernunft sich als verantwortliche Garantin eines Prinzips und dessen immanenter Wahrheit begreift, wirft sie sich damit eo ipso auch aufgrund des logisch implikativen Anwendungsschematismus' auf Gebiete und Felder, auf denen die Brauchbarkeit des Prinzips unter Beweis gestellt werden soll, heißen diese Gebiete: Gesellschaft, Staat, politisches Handeln, soziales oder ökonomisches Verhalten u.a. mehr. In der Denkfigur 'Prinzip -> Anwendung' ist auch ein Zwang von der Art latent enthalten, daß eine ideale und zeitenthobene, doch durative Geltung eines Allgemeinen in die reale historische Zeit der Lebenswelt hineingeholt wird. Erst in den Anwendungsprozessen auf reale Fälle und Sachverhalte kann sich Allgemeines (Grundsatz oder Prinzip) auf vermittelte Weise kundtun und seine Existenz repräsentieren. Ihr modaler Status i.S. einer temporal-irrelativen Geltung kann nur deshalb angenommen und behauptet werden, weil der Übergang *zur* Anwendungspraxis erfolgt. Auch hier hat ein berühmtes Kantwort - in abgewandelter Version - recht: Prinzipien ohne Anwendung sind leer (vgl. KrV, B 75). Mit der Ausrichtung und im Arrangement der Realia nach dem Schema der Anwendungsvorschrift enthüllt sich die ontisch-wahre Existenzweise eines Allgemeinen als nominalistische Fiktion. Prinzipien, lediglich rückgeschlossen aus der Anwendungspraxis und gleichsam auf deren Rücken mitgetragen, bekunden damit ihren Hypothesencharakter. -

Trotz dieses schwankenden logisch-theoretischen Bodens intendiert Vernunft die praktische Bedeutung und Bestimmung von Prinzipien als in sich gerechtfertigten Handlungszwecken wie Menschenwürde, Frieden oder soziale Gerechtigkeit beispielsweise. Ihrem Begriff entsprechend tendiert Vernunft zur Anwendung. Damit fungiert sie als Helferin, als

Instrument dieser anerkannten, allseits akzeptierten humanen Ziele, die praktische Wirksamkeit entfalten sollen. Dennoch ist die Frage nicht obsolet: Darf sich praktische Vernunft instrumentalisieren und einspannen lassen für offenkundig lautere und hehre Zwecke? Auch bei diesen unumstößlich scheinenden, jedwede Form von Humanität sichernden und tragenden Begriffen sind semantische Kollisionen unvermeidlich angesichts der Vielzahl wesentlich dissensueller religiöser und ideologischer Werthaltungen wie Wertüberzeugungen, aus denen die faktische Divergenz der sprachlichen Kontexte, d.h. auf lange Sicht dann das Unverständnis und die Intoleranz resultieren.

Praktische Vernunft kann daher nie von einem fundamentum inconcussum ausgehen und es zugrundelegen, wenn sie an der Bestimmung ethischer und rechtlicher Hochziele arbeitet. Die Voraussetzung eines universalen ethischen Sprachspieles mit umfassender Geltung, dessen Kategorien und Begrifflichkeit zu explizieren und dann problemlos zu applizieren wären, wie es von den utilitaristischen Befürwortern und Rationalisten ethischer Letztbegründung angenommen und gehandhabt wird, ist von einer die axiologische Polyvalenz sehenden und diese verteidigenden praktischen Vernunft längst entlarvt und durchschaut.

Praktische Vernunft muß über sprachkritische analytische Kompetenz verfügen. Sie muß deutlich machen, daß, wenn immer eine sprachliche Artikulationsform oder kategoriale Topoi sich ausbreiten und die Phänomenvielfalt des Sittlich-Moralischen jargonhaft vereinnahmt wird, die manifeste Wirklichkeit der Vernunft selbst verstummt, auch und gerade dann, wenn nur noch ein Sprachjargon herrscht. Das transzendentale Bewußtsein mit seinen Aktvollzügen, der stetig präsente Selbstbeweis von Realitätshabe, lebt in den komplexen Strukturen seiner Intentionen, wodurch sukzessive eine subjektive Lebenswelt konstituiert und ermöglicht wird. Deshalb besteht die kritische Funktion praktischer Vernunft darin, dieser intentionalitätserfüllten Basis, die in der existenzial-apriorischen Disposition der Leiblichkeit und Geschichtlichkeit des Menschen wurzelt, adäquat gewahr zu werden, ihre Leistungen zu verstehen und ihre lebenswichtigen Funktionen nicht von einseitig dominierenden Sprachspielen verzerren und vertuschen zu lassen, sondern die Lebenswelt als Korrelat einander sich ergänzender Sprachspiele besser begreifen zu lernen.

Hans Michael Baumgartner, Bonn

Die friedenstiftende Funktion der Vernunft.
Eine Skizze.

Kann die heute vielgescholtene und argwöhnisch betrachtete Vernunft
Frieden stiften: ist sie dazu überhaupt in der Lage, insbesondere dann,
wenn sie trotz aller Pluralität ihrer theoretischen, praktischen, ästhetischen Diskursformen durch ein einheitliches Grundkonzept bestimmt und
auf die Idee des Unbedingten, d.h. auf Totalität bezogen ist?

Muß nicht jeder Anspruch sei es auf Einheit, sei es auf Totalität, den
Widerstreit, den Kampf, den Krieg der Philosophien und der darauf
gebauten Staatsformen perennieren, statt ihn vor dem vermeintlichen
Gerichtshof der Vernunft zu beenden? Ist es darum nicht eher friedens-
fördernd, die Vernunft postmodern aller theoretischen und praktischen
Ansprüche zu berauben, ja in ihnen bereits das eigentlich Verhängnis-
volle zu sehen und gerade ihr Selbstverständnis als Gerichtshof wegen
des darin enthaltenen Herrschaftsmonopols teils seiner Unwirksamkeit
teils seiner Gefährlichkeit zu überführen?

Daß die postmoderne These von der Pluralität und Heterogenität der
Diskursarten aber nur scheinbar zum Frieden in Philosophie und Politik
führt, das wurde schon in Lyotards lebensphilosophischer Verherrlichung
des Widerstreits erkennbar - und es konnte nur verkannt werden, solange
und sofern unter Frieden die faule Haltung des "Nur-Nichts-zu-Ernst-
nehmens", des "Anything goes" verstanden wird.

Den skizzierten Fragen ist der folgende Beitrag gewidmet. Er versucht, im Rückgang auf Kant an der Möglichkeit des Friedens durch
Vernunft, m.a.W. an der kritischen Vernunft als Instanz des Friedens
festzuhalten.

I.

Kant begreift die durch Selbstkritik in ihren Möglichkeiten und Grenzen
bestimmte und funktionsfähige Vernunft ausdrücklich als Instanz und
Garant des Friedens: 1. in der 'Kritik der reinen Vernunft' bei der Beurteilung der bisherigen dogmatischen Metaphysik; und 2. in seiner Theorie des Rechtsstaats bei der Analyse der Bedingungen, unter denen poli-

tisch und geschichtlich eine allgemein das Recht verwaltende bürgerliche Gesellschaft sich entfalten und Bestand haben kann.

Es war Hans Saner, der erstmalig und mit großer Ausführlichkeit dargelegt hat, daß das in Kants Werk scheinbar periphere politische Denken in Wahrheit ein Zentrum seiner Metaphysik bildet, und daß die Gedanken des Kampfes und der Hinwendung zum Frieden als Movens der gesamten Kantischen Philosophie, von ihren Anfängen an und in all ihren Bereichen, angesehen werden können. "So wie für Kant der Krieg der geheime Motor der politischen Entwicklung zu einer gesetzmäßigen Ordnung ist, die zugleich die größte Freiheit gewährt, so war für ihn der Widerstreit der Vernunft der Antrieb zu einem System, das in der höchsten Gesetzmäßigkeit die höchste Freiheit findet."[1] Insbesondere mit seiner kritischen Philosophie verstand sich Kant als Friedensstifter in der Metaphysik. Dabei war ihm dieser Friede nicht bloß Ziel als Resultat, vielmehr ist auch der Weg dorthin entscheidend: dieser Weg als Weg zur Einheit in der Metaphysik ist auch der Weg der Aufklärung, der Weg zur Freiheit, dessen Voraussetzung wiederum Freiheit des Vernunftgebrauchs ist: 'öffentlicher Vernunftgebrauch'[2]. Mit Saner kann man diesen Weg als einen Mittelweg ansehen, insofern er keiner Einsicht als totale Negation gegenübertritt, "sondern als Synthese aller Wahrheitsanteile, die alle Positivität in sich zur Einheit bringt und eben dadurch zum Weg aller wird."[3] Denn: "Ein irrthum ist jederzeit *partialiter* wahr."[4]

Auch im Politischen denkt Kant diesen Weg als Funktion des Willens aller. Dies läßt sich wie folgt parallelisieren: "Der unendliche Weg als Mittelweg ist im einen Fall ein Weg zur Einsicht aller und im andern ein solcher zum Willen aller und eben dadurch ein Weg zum Frieden."[5] Kants Philosophieren im Ganzen ist ein Versuch, aus der Erfahrung des Streites, des Kampfes der Philosophien ebenso wie der Individuen und Staaten, heraus zu schlichten und Frieden zu stiften.

---

[1] H.Saner, Kants Weg vom Krieg zum Frieden, Bd.1: Widerstreit und Einheit, München 1967, S.256. - Zur Kantischen Freiheitslehre, speziell im Entwurf 'Zum ewigen Frieden', und ihren historischen Bezügen vgl. neuerdings: G.Cavallar, Pax Kantiana. Systematisch-historische Untersuchung des Entwurfs 'Zum ewigen Frieden' (1795) von Immanuel Kant, Wien/Köln/Weimar 1992.

[2] Vgl. I.Kant, Beantwortung der Frage: Was ist Aufklärung?, AA 8, S.36f.

[3] H.Saner, a.a.O., S.274.

[4] I.Kant, Reflexionen zur Logik, AA 16, S.286, Refl.2250.

[5] H.Saner, a.a.O., S.275.

Sehen wir genauer zu: Die Geschichte der philosophierenden Vernunft findet Ausdruck in der Geschichte der Metaphysik: "... das Philosophiren ist eine allmälige Entwickelung der menschlichen Vernunft..."[6] Man kann sie apriori ausmitteln: "Eine philosophische Geschichte der Philosophie ist selber nicht historisch oder empirisch sondern rational d.i. a priori möglich. Denn ob sie gleich Facta der Vernunft aufstellt so entlehnt sie solche nicht von der Geschichtserzählung sondern sie zieht sie aus der Natur der menschlichen Vernunft als philosophische Archäologie."[7] Der Weg der philosophierenden Vernunft in ihrer Geschichte, deren Skizze Kant in der 'Preisschrift über die Fortschritte in der Metaphysik' entwirft, geht über drei Stadien: über Dogmatismus, Skeptizismus und schließlich Kritizismus. Die ersten Schritte in der Metaphysik waren dogmatisch; der Grund dafür lag in einem übermäßigen Vertrauen der Vernunft zu sich selbst, nachdem es ihr in der Mathematik gelungen war, die Gegenstände derselben apriori zu erkennen, nämlich durch apriorische Darstellung in der Anschauung. Davon geleitet, schloß man auf die Möglichkeit derselben apriorischen Erkenntnis in der Philosophie. "Dieser Hang der Dogmatiker von noch älterer Zeit, als der des Plato und Aristoteles, selbst die eines Leibnitz und Wolf mit eingeschlossen, ist, wenn gleich nicht der rechte, doch der natürlichste nach dem Zweck der Vernunft, und der scheinbaren Überredung, daß Alles, was die Vernunft nach der Analogie ihres Verfahrens, womit es ihr gelang, vornimmt, ihr eben so wohl gelingen müsse."[8] Der zweite Schritt in der Metaphysik, der fast ebenso alt sein muß wie der erste, war der des Skeptizismus; er stellt sich in bezug auf den Dogmatismus als Rückgang dar: "Dieser, alle ferneren Anschläge vernichtende, Rückgang, gründete sich auf das gänzliche M i ß l i n g e n aller Versuche in der Metaphysik."[9] Die 'Kritik der reinen Vernunft' schießlich ist für Kant "der dritte und neueste Schritt"[10] der Vernunftgeschichte; und zwar "...in Ansehung ihres Vermögens, das menschliche Erkenntniß überhaupt, es sey in Ansehung des Sinnlichen oder Übersinnlichen, a priori zu erweitern."[11] Die Selbstkritik der Vernunft erscheint so in theoretischer Hinsicht als

---

[6] I.Kant, Lose Blätter zu den Fortschritten der Metaphysik, AA 20, S.340.
[7] A.a.O., S.341.
[8] I.Kant, Preisschrift über die Fortschritte der Metaphysik, AA 20, S.262.
[9] A.a.O., S.263.
[10] A.a.O.
[11] A.a.O., S.264.

das Mittel, zu einem dauernden Friedenszustand zu gelangen: "Durch eine Kritik ihres Vermögens selbst aber würde sie [die Vernunft] in einen beharrlichen Zustand, nicht allein des Äußern, sondern auch des Innern, fernerhin weder einer Vermehrung noch Verminderung bedürftig, oder auch nur fähig zu seyn, versetzt werden."[12] In diesen Zusammenhang gehört die vielfach wiederkehrende juristische Terminologie Kants in der KrV, vor allem das Bild der Vernunft als Gerichtshof: "Man kann die Kritik der reinen Vernunft als den wahren Gerichtshof für alle Streitigkeiten derselben ansehen; [...] Ohne dieselbe ist die Vernunft gleichsam im Stande der Natur und kann ihre Behauptungen und Ansprüche nicht anders geltend machen, oder sichern, als durch K r i e g. Die Kritik dagegen [...] verschafft uns die Ruhe eines gesetzlichen Zustandes, in welchem wir unsere Streitigkeiten nicht anders führen sollen, als durch P r o c e ß."[13] In ihm geht es nicht um Sieg, sondern um den Spruch, "...die Sentenz, die, weil sie hier die Quelle der Streitigkeiten selbst trifft, einen ewigen Frieden gewähren muß."[14] Indem er eben diese Struktur zu Recht in allen Disziplinen der kantischen Philosophie entdeckt, kann Saner seine Darlegungen schließen: "Philosophie beginnt im Streit. Aber sie will Frieden [...]. Sie nähert sich ihm auf einem unendlichen Weg. Auf ihm ist das Prinzip des Friedens [ich erläutere: die durch die kritisch gereinigte Vernunft entworfene Idee der Einheit in Freiheit] überall wirksam. [...] Kant ist der Philosoph dieses Weges, [...] der Philosoph des Friedens. Sein ganzes Philosophieren versteht sich selbst als ein Unterwegssein zum Frieden der Vernunft."[15]

II.

Mit Bezug auf die Geschichte der Philosophie nach Kant könnte man das Schema der von ihm skizzierten Geschichte der Vernunft, also die drei Stadien von Dogmatismus, Skeptizismus und Kritizismus, gegenwärtig erneut wiederfinden: Den Anspruch einer absoluten Wahrheit, wie er etwa von den Philosophen des Deutschen Idealismus vertreten worden ist, würde Kant sicherlich als dogmatisch bezeichnen; die Vertreter der

---

[12] A.a.O.
[13] I.Kant, Kritik der reinen Vernunft, AA 3, B 779.
[14] A.a.O., B 780.
[15] H.Saner, a.a.O., S.339f.

Postmoderne, z.B. Lyotard mit seinem Konzept des Widerstreits, machen gegen die von ihnen selbst interpretierend ins Spiel gebrachte absolute Wahrheit der Vernunft gleichsam skeptisch die Heterogenität der verschiedenartigen Diskurse geltend. Der dabei unterstellte Gegner wird als Transzendentalismus identifiziert, der in der Tradition und Kontinuität der neuzeitlichen Moderne steht und angeblich die Selbstermächtigung und Weltbemächtigung durch das wissende, erkennende und handelnde Subjekt propagiert. Entscheidend jedoch ist für den historisch belehrten, gleichwohl willigen Leser hier nicht die Tatsache, *daß*, sondern die Frage, *wie* Wahrheit vertreten wird, auch wenn sie als absolute Wahrheit zu qualifizieren sein sollte. Es ist aber leicht einzusehen, daß just mit Bezug auf diese Frage der kritischen Vernunft erneut eine aufklärende und vermittelnde Funktion zukommt. Die kritische Vernunft hantiert ja nicht mit beliebigen Absoluta, sondern mit der Grundstruktur von Vernunft selbst; sie aber muß absolut gelten, wenn überhaupt etwas soll behauptet werden, und d.h. wenn etwas von etwas anderem unterschieden wird. Das scheint Lyotard indessen nicht zu sehen, wenn er schreibt: "Im Unterschied zu einem Rechtsstreit [litige] wäre ein Widerstreit [différend] ein Konfliktfall zwischen (wenigstens) zwei Parteien, der nicht angemessen entschieden werden kann, da eine auf beide Argumentationen anwendbare Urteilsregel fehlt. Die Legitimität der einen Argumentation schlösse nicht auch ein, daß die andere nicht legitim ist. Wendet man dennoch dieselbe Urteilsregel auf beide zugleich an, um ihren Widerstreit gleichsam als Rechtsstreit zu schlichten, so fügt man einer von ihnen Unrecht zu (einer von ihnen zumindest), und allen beiden, wenn keine diese Regeln gelten läßt."[16] Die erste Frage an Lyotard ist darum, nach welchen Prämissen der Unterschied von Rechtsstreit und Widerstreit gemacht wird, die zweite, worauf die Unterschiedenen sich beziehen, die dritte richtet sich auf das Verhältnis beider. Kant hätte gesagt, der so konzipierte Widerstreit ist Ausdruck des Naturzustandes und seines Kampfes aller gegen alle; er müßte daher als rechtswidriger Streit begriffen werden, dessen Anliegen erst in einem status civilis angemessen beurteilt werden können. Letzterem widerspricht Lyotard, indem er an anderer Stelle erläutert: "Ein Widerstreit hat die Form eines Bürgerkriegs, eines Aufstandes [...]. Die Autorität des Idioms, in welchem die Fälle beschrieben und geregelt werden, wird angezweifelt. Ein

---

[16] J.F.Lyotard, Der Widerstreit, München 1987, S.9.

anderes Idiom und ein anderes Gericht sind gefordert, was die andere
Partei wiederum anzweifelt und verwirft. Bürgerkrieg der Sprache mit
sich selbst. Der kritische Wächter bewacht diesen Krieg, er wacht bei
ihm. [...] 1956 änderte man in Budapest die Straßennamen, um die
sowjetischen Panzer zu täuschen. Die Regierung wechselt nicht das
Volk, sondern das Volk die Namen, heimlich. Das ist es, was von der
Philosophie verlangt, bewaffnet zu bleiben. Der bewaffnete Zustand, der
den philosophischen Frieden ausmacht, verschafft weder den Menschen
im ganzen noch auch den Philosophen Frieden, aber er ist die Gesundheitsform der Sprache."[17] Es wird deutlich, die Sphäre der Philosophie
ist der Widerstreit, sie hat die Form des Bürgerkriegs. Die in Idiome
zerfallene Vernunft muß sich bewaffnen. Aber weshalb bezeichnet er
diesen Zustand als Frieden? Bestenfalls ist es ein Zustand des kalten
Krieges, ein Naturzustand im zwischenstaatlichen Verhältnis, der selbst
nur durch Unterstellung eines gemeinsamen Willens Bestand hat - also
einer Vorform von Recht -, nicht bis zum Äußersten zu gehen, um selbst
überleben zu können. Wo diese Unterstellung letzter Gemeinsamkeit
unwirksam wird bzw. wegfällt, erweist sich Lyotards philosophischer
Frieden als bellum omnium in omnes. Auf der Theorieebene mag es den
Naturzustand freilich immer wieder geben (denn jedes Individuum muß
wohl naturwüchsig je neu im Denken beginnen), auf der Ebene des
menschlichen Zusammenlebens jedoch kann man ihn sich nicht in ver-
gleichbarer Weise leisten. An Jugoslawien hat Lyotard wohl noch nicht
denken können: auch nicht daran, daß die "Gesundheitsform der Sprache" Mord und Totschlag wie in der Politik, so in der Philosophie zur
Folge hat. Eben dies aber hat Kant vermeiden wollen und vermieden.
Dazu gehört freilich die Anstrengung des Denkens sowohl in theoretischer wie in praktischer Philosophie: auf ihrer Ebene kann die Natur-
wüchsigkeit des Lebens nicht bloß wiederholt werden. Stattdessen formuliert sie die Prinzipien dessen, was im Widerstreit noch das allen
Beteiligten Verständliche bleibt: die Bedingungen dafür, daß überhaupt
etwas verstanden und identifiziert werden kann, die Prinzipien einer wie
immer endlichen Vernunft. Und die Bedingungen jener, wenn auch
schmalen Basis von wechselseitig einklagbarer und erzwingbarer Ge-

---

[17] J.F.Lyotard, Judicieux dans le différend, in: Ders.(Hrsg), La faculté de juger, Paris 1985, zit.n. der
Übers.v. B.Taureck, Französische Philosophie im 20.Jahrhundert, Hamburg 1988, S.276.

meinsamkeit, die über die damit sichergestellte äußere Freiheit ein freies und kulturell kreatives Zusammenleben ermöglichen.

Auch Jacques Derrida äußert in 'Gewalt und Metaphysik', einem Essay über das Denken Emmanuel Lévinas', eigenartige Vorstellungen über Philosophie und Krieg. Die Gemeinschaft derer, "...die man in der Welt wenigstens aufgrund einer Erinnerung noch Philosophen nennt", so führt er aus, ist "eine Gemeinschaft der Entscheidung, der Initiative, der absoluten Anfänglichkeit, die aber bedroht ist; in der die Frage noch nicht die Sprache fand, die sie zu suchen beschlossen, und in der sie sich noch nicht um ihre eigene Möglichkeit versichert hat."[18] Zugleich ist nach seiner Ansicht die Frage aber etwas, das immer schon geschehen ist, etwas, in dem sich der nach Philosophie Fragende vorfindet. In dieser Situation der Fraglichkeit und Schwebe bringe uns das Denken von Emmanuel Lévinas in seiner Radikalität "zum Erzittern": "Auf dem Grund der Trockenheit, in der wachsenden Wüstenei, läßt uns dieses Denken, das nicht länger mehr Denken des Seins und der Phänomenalität durch Gründung sein will, von einer unglaublichen Entmotivierung und Besitzaufgabe träumen." Denn dieses Denken will sich des griechischen Logos begeben, ihn dislozieren in Richtung auf etwas, "...das selbst kein Ursprung und kein (den Göttern zu gastlicher) Ort mehr ist"[19]. Es ist dies "ein Denken, das ohne Philologie, durch die alleinige Treue zur un- mittelbaren, doch verborgenen Nacktheit der Erfahrung selbst, von der griechischen Herrschaft des Selben und Einen (weitere Namen für das Licht des Seins und des Phänomens) als einer Unterdrückung sich befrei- en will, die sicher mit keiner anderen in der Welt zu vergleichen ist; sie ist eine ontologische oder transzendentale Unterdrückung, aber ebenfalls Ursprung und Alibi jeder anderen Unterdrückung in der Welt."[20] Dabei appelliert dieses Denken der Befreiung an eine "...ethische Beziehung [...], die allein in der Lage wäre, den Raum der Transzendenz zu eröff- nen und die Metaphysik zu befreien."[21] Kurz: Die Lévinassche Konzep- tion des "Antlitzes" will nach Derrida die philosophische Tradition auf- brechen, ohne einfachhin mit ihr zu brechen. Diese bleibt vielmehr notwendig, auch als gewaltsame Bemächtigung der Wirklichkeit, aber sie

---

[18] J.Derrida, Gewalt und Metaphysik. Essay über das Denken Emmanuel Lévinas', in: Ders., Die Schrift und die Differenz, Frankfurt/M. 1972, S.121-235; S.122.
[19] A.a.O., S.126.
[20] A.a.O., S.127.
[21] A.a.O.

ist als solche zu erkennen: "Unfähig, das Andere in seinem Sein und
seinem Sinn zu achten, wären Phänomenologie und Ontologie also Philosophien der Gewalt. Durch sie machte die gesamte philosophische Tradition, in ihrem Sinn und in ihrer Tiefe, gemeinsames Spiel mit der Unterdrückung und dem Totalitarismus des Selbst. Alte dunkle Freundschaft
zwischen dem Licht und der Macht, alte Komplizität von theoretischer
Objektivität und technisch-politischer Besitzergreifung."[22] Sich von all
dem loszulösen, ist ein an Unmöglichkeit grenzendes Vorhaben. "Es läßt
sich schon voraussehen, welcher Schwierigkeit ein Denken sich fürder-
hin widmen muß, das die Vorzüglichkeit der theoretischen Rationalität
ablehnt, aber unaufhörlich an den entwurzeltsten Rationalismus und Uni-
versalismus appellieren wird, um den Gewalttätigkeiten der Mystik und
der Geschichte, dem Raub der Verzückung und der Ekstase entgegen-
zutreten. [...] Es wird von größerer Wirkung - und Gefährlichkeit - sein,
dagegen die Blindheit des Theoretizismus zu entlarven, sein Unvermögen, aus sich in die absolute Äußerlichkeit hinauszutreten, in das
schlechthin Andere [...]. Die Komplizität von theoretischer Objektivität
und mystischer Kommunion wird zur Zielscheibe Lévinas' werden. Vor-
metaphysische Einheit ein und derselben Gewalt."[23] Das heißt freilich
nicht, daß sich der mit dieser Intention Philosophierende von der Gewalt
fern halten kann, die mit der philosophischen Rede, mit der Sprache des
rationalen Lichts beginnt. "Der Philosoph (der Mensch) *muß* in diesem
Krieg des Lichts sprechen und schreiben, in den er sich immer schon
verwickelt weiß, und von dem er weiß, daß er ihm nur durch die Ver-
leugnung des Diskurses, dadurch also, daß er die schlimmste aller Gewalten riskierte, entfliehen könnte."[24] Dies könnte und dürfte er darum
nur mit dem Telos des Friedens: Frieden, verstanden "...als eine *gewisse*
Stille, ein gewisses Jenseits des gesprochenen Wortes, eine gewisse
Möglichkeit, ein gewisser stiller Horizont der Rede. [...] Der Frieden,
wie das Schweigen ebenfalls, ist die eigentümliche Vokation einer durch
sich außer sich gerufenen Sprache."[25] Gestalt annehmen kann dies jedoch lediglich in Form einer "noch ausstehenden Präsenz", die die Realität des Krieges und die Notwendigkeit des Eintritts in ihn nicht aufhebt.

---

[22] A.a.O., S.141.
[23] A.a.O., S.134.
[24] A.a.O., S.179.
[25] A.a.O., S.178.

Allerdings geht es nicht darum, sich der Gesetzlichkeit des Krieges
einfach zu unterwerfen, so unausweichlich die Teilnahme auch ist: "Da
aber das *endliche* Schweigen zugleich das Element der Gewalt ist, kann
die Sprache immer nur unentwegt nach der Gerechtigkeit streben, indem
sie den Krieg in sich selbst anerkennt und praktiziert. Gewalt gegen
Gewalt. *Ökonomie* der Gewalt. [...] Wenn das Licht das Element der
Gewalt ist, muß man mit einem bestimmten andern Licht gegen das
Licht kämpfen, um die schlimmste Gewalt zu vermeiden: die des
Schweigens und der dem Diskurs vorangehenden oder ihn unterdrücken-
den Nacht. Diese *Wachsamkeit* ist eine von einer Philosophie, die die
Geschichte, das heißt die Endlichkeit ernstnimmt, gewählte Gewalt: die
geringere Gewalt."[26] Lévinas' Fundamentalethik des Anderen ist also
einerseits eine radikale Aufforderung zum Umdenken. "Das Denken
Lévinas' schlägt uns in seiner höchsten Forderung nach Gewaltlosigkeit,
den Durchgang durch das Sein und das Moment des Begriffs denunzie-
rend, nicht nur eine gesetzlose Ethik [...] vor, sondern auch eine satzlose
Sprache."[27] Zugleich ist aber das Antlitz des Anderen nicht nur Blick,
sondern selbst Satz, Anforderung. Deshalb gilt: "Der Frieden ereignet
sich nur in einer *bestimmten Stille*, die durch die Gewalt der Sprache
bestimmt und beschützt wird. [...] Der *Ökonomie des Krieges* entrinnt
man nie."[28]

   Es geht mir in diesem Zusammenhang nicht um Lévinas und die Angemessenheit der Derridaschen Interpretation, sondern um die Vorstellungen Derridas über Philosophie, Gewalt, Krieg und Frieden. Seine
Kritik an den Philosophien des Ursprungs, dem Kampfplatz der Metaphysik läßt sich nachvollziehen: gerade mit Kant. Daß sie aber auf Philosophie überhaupt, d.h. auf die Sprache der Ratio und des Lichtes selbst
bezogen wird, muß mit Kant als selbst-widersprechend deklariert werden, auch wenn die von der Philosophie im Krieg des Lichtes und der
Sprache gewählte Gewalt die geringere ist. Denn wie und wodurch sollte
man eben diesen Unterschied haben und verstehen können. Selbst der
Satz, daß man der Ökonomie des Krieges nie entrinnt, ist nur dann
wahr, wenn er nicht unumschränkt gilt, d.h., wenn es möglich ist, ihr zu
entrinnen. Eben dafür steht für Kant die kritische Vernunft, insbesondere

---

[26] A.a.O.
[27] A.a.O., S.226.
[28] A.a.O., S.226f.

die innerhalb ihrer wesentliche Unterscheidung von Begriff und Idee.
Von den der Postmoderne sich zurechnenden Philosophen hat bislang nur
Wolfgang Welsch davon Kenntnis genommen, wenn er davon spricht,
daß sich das Problem der Vernunft neu stelle. Denn "auch die Heterogenität der Rationalitäten [kann] nicht das letzte Wort sein. [...] deshalb
nicht, weil das Dogma von der absoluten Heterogenität [...] näherer
Prüfung nicht standhält."[29] Voilà.

III.

Nicht Krieg und Gewalt und (vermeintlicher) Sieg sind die Sphäre der
kritischen Vernunft, sondern gesetzmäßiger Streit, Prozeß und Sentenz[30]. Eben in dieser Einsicht erweist sich Kants Philosophie als eine
Philosophie des Friedens. In ihrem Licht sind Lyotard und Derrida einer
Spielart des Skeptizismus zuzurechnen, wobei man anerkennen mag, daß
ihre Kritik an absoluter Wahrheit auf Toleranz abzielt. Gleichwohl aber
bleibt dieser Skeptizismus in kantischer Sicht letztlich auf halber Strecke
stehen, indem er den Fortgang im Streit der Philosophie für unmöglich
erklärt, ohne ihn in einer neuen, kritischen Richtung zu versuchen, wie
es Kant selbst zu seiner Zeit getan hat.

So muß man auch aus heutiger Sicht einen "dritten Schritt" in der
Geschichte der philosophierenden Vernunft auf eine kantische, vernunft-
kritische und somit streitschlichtende Perspektive postulieren, und zwar
sowohl in theoretischer als auch in praktischer Hinsicht.

In *theoretischer* Hinsicht ist die Philosophie des Deutschen Idealismus
überschwänglich, die geschichtsphilosophische Perspektive einer eschato-
logischen Versöhnung von allem hält einer kritischen Prüfung nicht
stand. Aber auch die Postmoderne, sowohl im Konzept des Widerstreits
(Lyotard) wie auch im Konzept des Krieges des Lichts (Derrida), bietet
keine theoretischen Aussichten auf einen vernünftigen Frieden, sondern
macht den Krieg permanent. Ohne eine rational begründete Vernunft-
hoffnung auf einen zu erreichenden Vernunftfrieden aber wird der (ge-
setzwidrige) Streit auf Dauer gestellt und allenfalls ein Scheinfrieden an
der Oberfläche hervorgebracht.

---

[29] W.Welsch, Unsere postmoderne Moderne, Weinheim 1987, S.7.
[30] Vgl.o.S.68, Anm.13f.

Kant selbst unterschied falsche Formen des Friedens, sofern dieser nicht auf Prinzipien der kritischen Vernunft beruht: da ist zum einen "... der Friede in der Metaphysik, der dem Glaubensbedürfnis erwächst und der sich schließlich religiös rechtfertigt als Friede, der höher ist denn alle Vernunft. Hier geht dem Frieden ein Sacrificium voraus, in das die Vernunft nicht einstimmen kann. Ihre Ansprüche werden geeint, indem man sie alle zugleich aufgibt. Das Ende des Streits wäre das Ende der Vernunft."[31] Da ist zum anderen der - versteckt oder offen - auf Glückseligkeitsprinzipien beruhende Friede. Er ist für Kant nicht haltbar, weil diese keiner Einheit fähig, und "[...] letztlich Prinzipien des Krieges [sind], genügend als Grundlagen nur für einen Frieden, der den Streit aus Faulheit flieht und eben dadurch das Reservat des Streits bleibt." Da ist schließlich der Friede aus Ruhebedürfnis. Mit ihm ist es ähnlich bestellt: "Er rechtfertigt sich scheinbar sittlich in der Genügsamkeit der Ansprüche."[32] Doch die Vernunft kann das Zufällige darin nicht akzeptieren. Nochmals mit Saner formuliert: "So weist Kant für die Vernunft alle Arten des Friedens zurück, deren Ursprung nicht die Vernunft selber ist und deren Ziel nicht die Ausbreitung der Vernunft über die Welt sein kann."[33]

In *praktischer* Hinsicht stellt sich für eine vermittelnde kritische Vernunft das grundlegende Problem des Zusammenlebens von Menschen in staatlich verfaßten Gesellschaften. Für dieses Zusammenleben steht nicht so sehr das Problem einer Moral, die auf sittliche Gesinnung abhebt, und auch nicht das Problem der Sittlichkeit im Sinne Hegels, sondern das Problem des rational begründeten Rechtsstaates im Mittelpunkt. In rechtsstaatlichen Institutionen fungiert das rational begründete Vernunftrecht äußerer Freiheit als Gerichtshof, der Streit schlichtet, und als Verfahren, das einen geregelten Frieden herstellt. So wie der Frieden rechtsstaatlich nach innen gesichert wird, so daß er sich schrittweise ausbreiten kann, ebenso kann mit der Institution eines Völkerbundes auch das äußere Verhältnis von Staaten zueinander rechtlich geregelt und gesichert werden. Diese Bestimmung des Zusammenlebens von Menschen ist abzuheben von einer Moralauffassung, die die Sittlichkeit aller in einem Moral-Frieden anstrebt, aber auch von der vorgeblichen Sicher-

---

[31] H.Saner, a.a.O., S.275, mit Bezug auf: I.Kant, Das Ende aller Dinge, AA 8, 335ff.
[32] H.Saner, a.a.O.
[33] A.a.O., S.276.

stellung des Friedens durch Gleichgewicht im Widerstreit und Gewaltba-
lance in der Postmoderne. Demgegenüber macht kritische Vernunft die
Idee des Rechtsstaates und dessen Sicherung nach innen und außen geltend.

Dieser praktischen Hinsicht entspricht, daß die kritische Philosophie
in der Philosophie selbst Frieden zwischen entgegengesetzten Positionen
stiftet. Auch gegenwärtig kann und muß auf der Linie Kants die Vernunft als kritische Instanz streitschlichtend zwischen Philosophien vermitteln, indem sie genauer reflektierend zeigt, daß sowohl der Moral-
wie auch der Heterogenitäts- bzw. Pluralitätsfrieden unzureichend sind,
einen Frieden, der den Namen verdient, zu konzipieren, geschweige
denn auf den Weg zu bringen. Vielmehr gilt: Nur die kritische Vernunft
im Sinne Kants ist sowohl theoretisch wie praktisch in der Lage, Frieden
zu stiften.

Thomas Sören Hoffmann, Bonn

Gewissen und Staat bei Luther, Fichte und Hegel

Staatsphilosophie ist weder eine eigentlich fundamentale noch die höchste oder auch die zentrale philosophische Wissenschaft, ist weder Grund- noch Schluß- noch ohne weiteres Prüfstein einer Philosophie. Wenn auf ihrem Gebiet dennoch mitunter leidenschaftlicher gestritten wird als andernorts, dann hängt dies damit zusammen, daß sie in besonderem Maße auf - mit Jakob Barion zu reden - "Streitfragen" führt, "deren Gegensätzlichkeit zutiefst auf unterschiedliche Auffassungen vom Wesen des Menschen zurückgeht, dem umfassendsten Problem der Philosophie"[1]. Und der Begriff vom Wesen des Menschen wird in der Staatsphilosophie keineswegs in neutraler Distanz gehalten, sondern auf Definitionen des Verhältnisses von Menschen untereinander, wie es sich praktisch darstellen soll, hin entwickelt: auf Definitionen, die dann immer auch angeben, *als was* der *andere* in praktisch relevanter Hinsicht, ja in Beziehung auf mögliche Zwangsmaßnahmen *verstanden* werden soll. Damit aber ist das Selbstverständnis des anderen involviert, der sich folgenschwer mißverstanden wissen kann, sofern es der Staatsphilosophie nicht gelingt zu zeigen, daß es auch sein eigenes Selbstverständnis, daß es auch der Begriff seines individuellen Selbst ist, an den sie anschließt.

Inwiefern der Rekurs auf das Selbstverständnis des Menschen eine letztlich sogar epochale Kritik bestimmter Formen des Staatsdenkens bedeuten und neue Formen, soweit sie denn zu finden waren, erfordern mußte, zeigt exemplarisch die Selbstdefinition des Menschen vom *Gewissen* her, wie sie am Beginn der Neuzeit und dann in ihr als bleibendes Problem begegnet. Im Gewissen spitzte sich das Selbstverständnis des Menschen auf absolute Individualität, auf unendliche Subjektivität hin zu. Mit einem Gewissen als "quoddam mentis dictamen" *inhaltlicher* Art[2] oder als einer bloßen aktualen Applikation der in der "synderesis" habituell präsenten normativen "lex naturalis"[3] hatte das neue Formprinzip des Selbstverständnisses im Grunde nurmehr den Namen gemein. Denn

---

[1] Jakob Barion, Grundlinien philosophischer Staatstheorie, Bonn 1986, 7.

[2] Thomas von Aquin, Summa theologiae I q. 79, 13 ad 1.

[3] Thomas a.a.O. I-II q. 94, 1 (bes. ad 2).

das "punctum indivisibile" der "conscientia"[4], mit dem jetzt der Anfang gemacht wird, ist Prinzip der *freien* Subjektivität, die nicht mit materialen Vorgaben, z.B. nicht mit einem von ihr zu realisierenden εἶδος, sondern rein bei sich selbst beginnt. Bei sich selbst und in der Einzelheit des Selbst: so daß etwa auch einem Staatsdenken, das bei einer "Natur" des Menschen als Gemeinschaftswesen, als ζῷον πολιτικόν einsetzen wollte, von vornehrein der Boden entzogen war. Erst recht mußte das mittelalterliche Konzept eines "ordo universalis", in dem auch der Staat als potestas saecularis noch wohlbestimmte Stelle und Funktion als Teil eines überindividuell-sinnhaften Ganzen hatte, jetzt brüchig werden. Im Extrem haben denn auch bereits bestimmte Schwärmergruppen der Reformationszeit mit ihrer rigoros polarisierenden Abwertung alles Äußeren und Allgemeinen gegen das innere Wissen des einzelnen sozusagen die Frage sinnfällig werden lassen, wie mit der reinen Gewissensexistenz überhaupt noch ein Staat zu machen, überhaupt noch Institutionen verträglich sein sollen.

Dennoch ist es gerade diese Situation der beginnenden Neuzeit und des aufbrechenden Gewissensanspruchs, in der Luther die Entdeckung der Autonomie und irreduziblen Funktion der Staatlichkeit gemacht hat. Auch wenn sich der Reformator der Frage des obrigkeitlichen Amtes[5] zunächst vom Problem eher der Grenzziehung zwischen Staats- und Gewissenssphäre her genähert hat, so wollte er sich angesichts seiner neuen Einsicht doch "schier rhumen, das sint der Apostel zeit das weltlich schwerd und oberkeid nie so klerlich beschrieben und herrlich gepreiset ist, wie auch meine feinde müssen bekennen, als durch mich"[6]. Bei näherem Zusehen wird sich zeigen, daß Luther im Grunde das Spannungsverhältnis von Recht, Moral und - ansatzweise - Sittlichkeit so gefaßt hat, daß von hier aus zumindest die Versubjektivierung des Staatlichen, wie sie sich auf ganz verschiedene Weise bei Machiavelli, bei den Gesellschaftsvertragstheoretikern, in der Aufklärung und im Gedan-

---

[4] Martin Luther, WA (=Weimarana) 40/1,21. - Luthers Werke werden in der Folge nach der Weimarer Gesamtausgabe sowie, wo die Parallelen gegeben sind, nach der Studienausgabe von O. Clemen (=Bonner Ausgabe, BoA) zitiert. Um der leichteren Lesbarkeit willen ist der Text an einigen Stellen in der äußeren Gestalt leicht modernisiert worden.

[5] Von "Staat" ist zwar in der Lutherliteratur, vor allem der älteren, nicht aber bei Luther selbst die Rede, der von "Obrigkeit", "Schwertamt", obrigkeitlicher "Gewalt" u.ä. spricht. Es wird sich zeigen, daß Luther damit eine bestimmte Struktur äußeren Handelns vor Augen hat, von der aus sich ihm auch der "Staat" im neueren Sinne erschließt.

[6] Ob Kriegsleute auch in seligem Stande sein können (1526), WA 19, 625/BoA III, 319.

ken der moralischen Perfektibilität des Staates in einer Fortschrittsgeschichte als Haupttendenz der Neuzeit erweisen sollte, abgeschnitten
war. Der Staat konnte von Luther her niemals zum bloßen Medium eines
aus dem Gewissen und der Moralität heraus äußerlich zu setzenden
Sittlichen werden, wie es bereits Calvin und den Seinen vorschwebte,
und er konnte ebensowenig als sich nach einem bewußten Kalkül erhaltende Macht verstanden werden. Während indes Luther die Handhaben
der genannten Versubjektivierung - Vertrags- und Kalkültheorie, die
Auffassung vom Staat als Mittel zur Propagierung der Moralität, aber
auch die abstrakte, liberalistische Entgegensetzung von Individuum und
Staat - in der Hauptsache noch unbekannt sind, hat am anderen Ende der
Ausbildung des neuzeitlichen staatsphilosophischen Denkens Hegel bei
jetzt expliziter Zurückweisung dieser Ansätze auch in ihrer Verschärfung
durch den transzendentalen Idealismus Fichtes die Staatlichkeit in einem
in manchem Luther vergleichbaren Sinne restituiert. Giovanni Gentile
hat Hegel gar den eigentlichen "Entdecker des Staatsbegriffs" genannt[7].
Das mag die Vermutung bestärken, daß durch Luther und Hegel ein
fester Rahmen des neuzeitlichen staatsphilosophischen Denkens bezeichnet wird, den in der Sache auch die gegenläufige Hauptströmung dieses
Denkens nicht durchbricht. Die nähere Ausführung mag dies zu entscheiden helfen.

I

Angesichts der bereits angeführten These Luthers von der Autonomie
des Staatlichen in seiner Sphäre wird man vielleicht zunächst vermuten,
daß sich der Wittenberger Theologe traditionsgeschichtlich in die Reihe
jener Anwälte der Staatlichkeit stellen lasse, die diese vor allem gegen
den Anspruch des "Corpus christianum" und speziell gegen dessen Aufgipfelung in der päpstlich sanktionierten "Zwei-Schwerter-Lehre"[8] ver-
teidigen wollten. Denkt man an Dantes emphatisches Plädoyer für die

---

[7] G. Gentile, Il concetto dello stato in Hegel, in: B. Wigersma (Hrsg.), Verhandlungen des Zweiten Hegelkon-
gresses vom 18. bis 21. Oktober 1931 in Berlin, Tübingen/Haarlem 1932, 121-132, cf. dort 121.

[8] Die in ihren Anfängen bis auf Papst Gelasius I. zurückgehende und durch Nikolaus I., Petrus Damiani oder
auch Bernhard v. Clairvaux fortentwickelte Zwei-Schwerter-Lehre ist bekanntlich in der Bulle "Unam sanctam"
Bonifaz' VIII. 1302 verbindlich formuliert worden (cf. Denzinger-Schönmetzer, Enchiridion symbolorum Nr.
870ff.); der namengebende Anschluß an Luk. 22, 38 galt früh als exegetisch gewagt.

Selbständigkeit, ja Gottunmittelbarkeit der kaiserlichen Macht[9], denkt man an Lupold von Bebenburg[10], Ockham[11] und Marsilius von Padua[12], dann wirkt etwa Luthers 1518 gelegentlich vorgetragenes exegetisches Bedenken gegen die Zwei-Schwerter-Lehre[13] alles andere als spektakulär. Aber man ist so Luthers eigentlichem kritischem Ansatz noch keineswegs auf der Spur, geschweige denn, daß sich so schon Luthers affirmativer Staatsbegriff, wie er sich dann spätestens von der Schrift "Von weltlicher Obrigkeit, wie weit man ihr Gehorsam schuldig sei" von 1523 an herausgebildet hat, in seinem spezifischen Profil ausmachen ließe. Was Luther von den genannten Reformern allgemein unterscheidet, ist schon, daß er in einem Hauptpunkt gerade kein *Reformer* ist. Das Verhältnis von "potestas spiritualis" und "potestas saecularis" ist nämlich insofern für ihn reform*unfähig*, als das erste der genannten Glieder schlechthin ein *Widersinn* ist. Als Luther am 10.12.1520 vor dem Elstertor von Wittenberg außer der Bannandrohungsbulle auch das Corpus iuris canonici den Flammen übergab, sollte damit gerade dies zum Ausdruck kommen, daß eine auf Rechtsformen und -mittel gestützte "potestas spiritualis" überhaupt abzuschaffen sei[14]. Denn "unter den Christen soll und kan kein oberkeyt seyn"[15]: es liegt "eym iglichen auff

---

[9] Cf. bei Dante außer dem zentralen Text Monarchia, l. III auch die einschlägigen Canti der Commedia, z.B. Purg. XXXII, bes. 43ff.; Par. VI, z.B. 97ff.; außerdem H. Rheinfelder, Das Selbstverständnis Dantes als politischer Dichter, in: ders., Dante-Studien, Köln/Wien 1975, 117-136.

[10] Zu Lupolds De iuribus regni et imperii und zum Gesamtkomplex der mittelalterlichen Kritik an der Zwei-Schwerter-Lehre cf. Barion a.a.O. 54-60.

[11] Luthers "Occamismus" ("sum enim occanicae factionis", WA 6, 600) wird gerne sehr pauschal genommen und etwa auch auf seine Auffassung von Staat und Obrigkeit bezogen. Im Detail läßt sich aber kaum eine eigentliche Abhängigkeit Luthers von Ockham in dieser Hinsicht nachweisen; Luthers Lösung beantwortet eine genuine Frage auf genuine Weise.

[12] Der gründliche Vergleich, den Johannes Heckel in einer größeren Studie zu Marsilius und Luther vorgenommen hat (Marsilius von Padua und Luther. Ein Vergleich ihrer Rechts- und Soziallehre, in: Zeitschrift der Savigny-Stiftung für Rechtsgeschichte 75, Kanonistische Abteilung XLIV (1958), 268-336), fällt negativ aus.

[13] Zur 80. Wittenberger These heißt es in der entsprechenden Conclusio der Resolutiones disputationum de indulgentiarum virtute (1518) im Blick auf die Zwei-Schwerter-Lehre: "Verum id uehementer admiror, quisnam illam glosam (sc. zu Luk. 22, 38; cf. Anm. 8!) inuenerit primum, quod duo gladii significent unam spiritualem (non ut Apostolus uocat, scilicet gladium spiritus, uerbum dei), Alium materialem, ut sic Pontificem utraque potestate armatum nobis non patrem amabilem, sed quasi tyrannum formidabilem faciant" (WA 1, 624/BoA I, 141).

[14] Der Kirchenrechtler Rudolph Sohm hat von diesem Argument Luthers aus einen rigorosen ekklesiologischen Spiritualismus des Reformators erkennen zu können geglaubt; seine Deutung dürfte aber eher vom Begriff subjektiver Innerlichkeit, wie ihn das 19. Jhd. kannte, als von der unbedingten Objektivität des Wortes Gottes, das bei Luther die Gewissen anspricht, ausgehen. Cf. R. Sohm, Kirchenrecht I (Systematisches Handbuch der Deutschen Rechtswissenschaft), Leipzig 1892.

[15] Von weltlicher Obrigkeit, WA 11, 207/BoA II, 385.

seym gewissen ... wie er glewbt odder nicht glewbt"[16], das Gewissen aber ist als solches jedem äußeren Zwang, damit aber auch den Rechtsmitteln und schließlich dem Staat entnommen. Das Gewissen ist der reine "Punkt" der Subjektivität, an den sich das Wort wendet, den zumal das Gotteswort ansprechen und öffnen kann, so daß Christus als "rex verbalis"[17] frei über befreite Gewissen herrscht. Wollten aber der Staat oder eine quasi-staatlich eingerichtete kirchliche Jurisdiktion ihrerseits über Gewissen herrschen, so bekämen sie mit ihren Mitteln schlechterdings nichts zu fassen. Zwar könnten sie, indem sie Leiber faßten, vielleicht Zungen zum Lügen zwingen; die Subjektivität aber, das Innere und (formal) Freie entgeht ihnen notwendig[18]: "Ya es ist eyn gottlich werck ym geyst (sc. das Glauben), schweyg denn, das es eußerliche gewallt sollt erzwingen und schaffen ..."[19].

Von daher ist zunächst die notwendige Grenzziehung zwischen Gewissen und Staat leicht zu entwickeln. Nachdem Luther in der Adelsschrift von 1520 an die Fürsten appelliert hatte, die Sache der Reformation zu der ihren zu machen, handelt es sich im zweiten Teil der Schrift "Von weltlicher Obrigkeit" bereits um die Frage "Wie weytt sich weltlich oberkeyt strecke". Die Stoßrichtung geht dabei auf Fürsten, die "sich vermessen auch ynn Gottis stuel zu sitzen, und die gewissen und glawben zu meystern, und nach yhrem tollen gehyrn den heyligen geyst zur schulen furen"[20]. Von ihnen ist verkannt, daß der Staat und jedes Handeln in Institutionen und Ämtern strukturell notwendig äußeres Handeln ist und auf das Innere der Person ebenso notwendig keine unmittelbare Beziehung gewinnen kann. "Das welltlich regiment hatt gesetz, die sich nicht weyter strecken, denn uber leyb und gutt, und was eußerlich ist auff erden. Denn uber die Seele kan und will Gott niemandt lassen regirn, denn sich selbs alleyne. Darum wo welltlich gewallt sich ver-

---

[16] Ibd. WA 11, 264/BoA II, 379.

[17] WA 31/1,362

[18] Luther war aus diesem Grunde entschiedener Gegner staatlicher Maßnahmen gegen Ketzerei - nicht etwa aus einem voraufklärerischen Humanitäts- oder Toleranzideal heraus, sondern aus der grundlegenden Einsicht, daß "Ketzerey ... eyn geystlich ding" ist, das man "mitt keynem eyßen hawen, mit keynem fewr verbrennen, mit keynem wasser ertrencken" kann, so daß Gewaltanwendung hier schlicht unsachgemäß ist. "Lieber, willtu ketzerey vertreyben, ßo mustu den griff treffen, das du sie fur allen dingen auß dem hertzen reyssest ... das wirst du mitt gewallt nicht enden, ßondern nur stercken. Was hilfft dichs denn, ßo du ketzerey ynn dem hertzen sterckest, und nur außwendig auff der zungen schwechist, und zu liegen dringest?" (Von weltlicher Obrigkeit, WA 11, 268/BoA II, 383).

[19] Ibd. WA 11, 264/BoA II, 379

[20] Ibd. WA 11, 246/BoA II, 362.

misset, der seelen gesetz zu geben, da greyffet sie Gott in seyn regiment, und verfuret und verderbet nur die seelen"[21]. Das ist für Luther auch da nicht anders, wo die Herrschaft über die Gewissen "in bester Absicht" angestrebt wird, wo etwa, um spätere historische Beispiele heranzuziehen, der Staat "aufklären" oder gesellschaftspolitische "Bewußtseinsbildung" treiben will, was von der Französischen Revolution an nicht nur in den Totalitarismen, sondern in gewissem Maße bis hinein in die modernen Massendemokratien immer wiederkehrte und auch akzeptiert wurde. Für Luther aber ist da, wo die Herrschenden "hirtten aus hencker werden wollen"[22], immer schon die verkehrte Welt, in der man glaubt, "mit eyßen die seelen, und mit brieffen den leyb regirn" zu können[23]. Aber das wird beiden, Seele und Leib, nicht gerecht. Denn "der seelen soll und kan niemandt gepieten, er wisse denn yhr den weg zu weyßen gen hymel, Das kan aber keyn mensch thun, sondern Gott alleyn"[24]. Und des Leibes zu warten - der Äußerlichkeit und Andersheit der Person, die überhaupt erst in das Rechtsverhältnis eingeht und die alleine auch nur mit Rechts-, d.h. Zwangsmitteln ergriffen werden kann - , erfordert seine *spezifischen* Mittel: das mit realer Macht verbundene Recht, durch das "öffentliche Personen" für andere im Sinne der staatlichen Ordnung handeln.

Das letztere zeigt aber nun, worin der Staat tatsächlich besteht - und auch bestehen soll. Was er verwaltet und regiert, ist das der Gewissenssubjektivität ihrerseits unmittelbar *Entzogene*: das Existieren von Personen in gegeneinander äußerlichen Leibern, und er verwaltet diese äußere Sphäre so, daß sein Regiment *nicht* in einem Gewissen, sondern im natürlichen Gesetz und der vernünftigen Einsicht zentriert ist[25]. Dieser Begriff führt auf einige nähere Unterscheidungen, die von der einzelnen Person bis hinauf zur theologischen Perspektive reichen. Für den *einzel-*

---

[21] Ibd. WA 11, 262/BoA II, 377.

[22] Ibd. WA 11, 268/BoA II, 382.

[23] Ibd. WA 11, 270/BoA II, 384.

[24] Ibd. WA 11, 263/BoA II, 378.

[25] Das Naturgesetz in Luthers Verständnis, inhaltlich in der Hauptsache zu beziehen auf die "zweite Tafel" der Zehn Gebote, gehört theologisch gesehen zum Walten Gottes im Reich zur Linken; cf. dazu unten S. 12f. sowie J. Heckel, Lex charitatis. Eine juristische Untersuchung über das Recht in der Theologie Martin Luthers, Köln/Wien 1973², 68ff. Was den Gebrauch der Vernunft in der Staatslenkung betrifft ist zum einen an Luthers Rat an den Fürsten, "gegen seyne Rethe und gewaltigen mit freyer vernunfft und ungefangenem verstandt" zu verfahren (Von weltlicher Obrigkeit, WA 11, 278/BoA II, 392), zu erinnern, andererseits aber auch an das allgemeine Postulat, "das alltzeyt uber alles recht, regire unnd das oberst recht unnd meyster alles rechten bleybe, die vernunfft" (ibd. WA 11, 272/BoA II, 386).

nen gilt, daß er selbst in der Spannung lebt, einerseits wirklicher einzelner, und das insbesondere als einzelner vor Gott zu sein - als Gewissensexistenz; andererseits aber auch *anderer* für andere, nur einer von Vielen, die in äußeren Beziehungen stehen, zu sein. "Darumb lerne nur die unterschied wol unter den zwo person die ein Christ zugleich tragen mus auff erden, weil er unter andern leuten lebt und der welt und des Keisers guter brauchen mus so wol als die heiden, Denn er hat eben das selb blut und fleisch das er mus erhalten, das des Keisers ist ec: so lange bis er auch leiblich aus diesem leben jnn ein anders kompt"[26]. In diesen Zusammenhang gehört dann auch das philosophiegeschichtlich lange nachwirkende Wort von der Doppelbürgerschaft, dem "utrumque politeuma", das dem Menschen zukommt, sofern er "subjectus est Christo per fidem, subjectus Caesari per corpus"[27]. Verfolgt man diesen Aspekt der "Doppelexistenz" des Menschen bis in Luthers Anthropologie hinein, so läßt sie sich als Merkmal der "Materialität" und Unfertigkeit des irdischen Menschen gegenüber seiner ewigen Bestimmung aufweisen. Denn der "homo huius vitae est pura materia Dei ad futurae formae suae vitae", ist - wie alle Kreatur - "materia Deo … ad gloriosam futuram suam formam"[28]. Selbst wo der Mensch als im Gewissen vom Evangelium getroffener einzelner tatsächlich auch schon *in* seiner Bestimmung ist, ist er als irdische Person dennoch *zugleich* auch *außer* ihr und sozusagen *außer sich* - man denke an das berühmte "simul iustus et peccator" oder andere Luthersche "Paradoxe", die alle den Sinn haben, eine endliche Fixierung des Menschen, der erst "coram Deo" *totus homo* ist[29], für unmöglich zu erklären.

Für den *Staat* sodann wie alle Verhältnisse zwischen Personen gilt zumal, "das man die zwey weit unterscheiden mus, Ampt und person"[30]. Was die Person selbst als Doppelheit und Differenz der End-

---

[26] WA 32, 390

[27] Zirkulardisputation über Matth. 19, 21 (1539), WA 39/2, 81.

[28] Disputatio de homine (1536), Thesen 35f., WA 39/1,177.

[29] Zum Begriff des "totus homo" oder "homo theologicus" cf. ebenfalls die Disputatio de homine, bes. Thesen 20. 28ff. These 34 spricht davon, daß der Mensch "indefinite" zu verstehen und so überhaupt "Materie" des göttlichen Schaffens (Th. 35) sei.

[30] WA 32, 316. - Auch innerhalb des Amtes kann es geboten sein, "werck und thetter" zu unterscheiden; "Denn es kan wol ein ampt odder werck gut und recht sein an yhm selber, das doch böse und unrecht ist, wenn die person odder thetter nicht gut odder recht ist, odder treibts nicht recht. Ein richterampt ist ein köstlich göttlich ampt, es sey der mundrichter odder faustrichter, welchen man den scharffrichter heist. Aber wenns einer für nympt, dem es nicht befolhen ist, odder der so des befelh hat, nach gelt und gunst aus richtet, so ists bereit nicht mehr recht noch gut" (Ob Kriegsleute auch in seligem Stande sein können, WA 19, 624/BoA III,

lichkeit in sich trägt, tritt jetzt in "persona privata" und "persona publica" auseinander, die je - und das ist das konstitutive Moment in Luthers affirmativem Staatsbegriff - auf bestimmte, aber gegeneinander
irreduzible Weise handeln. Der Unterschied läßt sich auf die Formel
bringen, daß der einzelne oder die Privatperson streng *für sich* handelt
und lebt - und zwar materialiter so, wie es in der bewußten Beziehung
auf das Gewissen ihr allein möglich ist; daß aber die öffentliche oder
Amtsperson streng *für andere* handelt und wirkt - und zwar materialiter
so, wie es in der äußeren Beziehung, in der verschiedene Personen
aufeinander stehen, ebenfalls allein möglich ist. Man kann sich vielleicht
am leichtesten in Luthers Gedanken finden, wenn man beachtet, welches
nähere Problem er zunächst zu lösen hatte. Dieses Problem war ein
exegetisches und zugleich aszetisches in der Auslegung der Bergpredigt[31]. Das bestätigt sowohl die Vorrede der Obrigkeitsschrift wie auch
der Rahmen, in dem Luther seine Auffassung vom Verhältnis von Staat
und Gewissen am ausführlichsten entwickelt hat, die große Predigtreihe
über die Bergpredigt aus dem Jahre 1532[32]. Die genannte Vorrede präzisiert das Problem dahin, daß es darum gehe, die Bergpredigt in ihre
unumschränkte Geltung einzusetzen und sie von der überkommenen
Deutung zu befreien, sie enthalte nur "evangelische Räte" für die nach
Vollkommenheit Strebenden, gelte aber nicht schlechthin für alle Christen. Da die Bergpredigt nun aber etwa den konsequenten Rechtsver-
zicht, die Bereitschaft, Unrecht widerstandslos zu dulden und die Fein-
desliebe gebietet, fragt sich, wenn sie universell gelten soll, wie dann
das institutionalisierte Recht und die staatliche Macht seiner Durchsetzung zu bewerten sind. Luthers Antwort lautet: die Bergpredigt gilt in
aller Strenge für den einzelnen, sofern er in der Tat *für sich* handelt,
d.h. auch alle Folgen seines Handelns auf sein Gewissen nehmen kann
- und nicht etwa andere die von diesen Folgen betroffen sind. Der einzelne kann und soll dem, der den Mantel fordert, auch den Rock lassen.
Christus spricht in der Bergpredigt "allein von einzelnen personen, wie

---

318f.).

[31] Cf. zum exegetischen Ursprung von Luthers Zwei-Reiche-Lehre J. van Laarhoven, Luthers Lehre von den
zwei Reichen. Notizen über ihre Herkunft, in: H.-H. Schrey (Hrsg.), Reich Gottes und Welt. Die Lehre
Luthers von den zwei Reichen, Darmstadt 1969, 85-97.
[32] Wochenpredigten über Matthäus 5-7. Das fünffte, Sechste und Siebend Capitel S. Matthei gepredigt und
ausgelegt. 1532, WA 32, 299-544.

ein jglicher für sich leben sol"[33], spricht "allein von geistlichem leben und wesen ..., da man nicht eusserlich am leibe fur der welt, sondern jm hertzen fur Gott ... sich selbs und alle ding verleugnet und verlesst"[34]. Entsprechend ändert sich die Sache, wenn vom Handeln nicht mehr des einzelnen für sich, sondern für andere die Rede ist. Der Hausvater etwa kann dem, der einem seiner Schutzbefohlenen den Mantel nimmt, keineswegs noch den Rock des Opfers lassen, sondern *muß* mit Rechtsmitteln gegen den Rechtsbruch vorgehen - desgleichen der Richter, desgleichen der Fürst und der Kaiser. Alle diese "Amtspersonen" handeln nicht für sich, sondern "nach dem eusserlichen leibliche(n) leben und wesen"[35]. Sie setzen (öffentliche) Gewalt gegen (partikuläre) Gewalt und handeln damit im Bereich dessen, das überhaupt Gewalt leidet, im Bereich des Äußeren, sachgemäß. Vorausgesetzt ist dabei zunächst daß die öffentliche Gewalt nicht ihrerseits einem partikulären Zweck subordiniert wird: damit begänne die Tyrannis.

Auf der *theologischen* Ebene schließlich mündet Luthers Gedanke in die "Zwei-Reiche-Lehre". Sie besagt, daß Gott das Ganze der Schöpfung nicht nur auf eine einzige, sondern in in sich gebrochener und gedoppelter Weise regiert. Neben das Regiment "zur Rechten", die unmittelbare, offenbarende Anrede an die Gewissen und das Innere, tritt ein anderes "zur Linken"[36], in dem Gott das an ihm selbst Andere, das Äußere und Natürliche selbst anders, äußerlich und "abscondite" regiert. Wenn Gott dort der Offenbarer und in Christus der Erlöser ist, dann ist er hier der Schöpfer und Erhalter der Welt, der dieses Werk freilich auf dunkle, d.h. der subjektiven Einsicht entzogene Weise vollbringt, einen "Mummenschanz" spielt, aber darin Leiber, Ämter und Staaten für seinen schöpferischen Zweck gebraucht. Es zeigt sich damit erneut, daß die Handlung der "persona publica" mit Grund nicht aus dem Gewissen fließen kann. Denn die Notwendigkeiten, denen die öffentliche Amtsverwaltung folgt, sind für das einzelne Subjekt immer nur gegebene und

---

[33] WA 32, 316.

[34] WA 32, 374.

[35] WA 32, 390.

[36] Zur Bedeutung der Wendung "Reich mit der linken Hand" (cf. WA 36, 385 u.ö.) cf. etwa P. Althaus, Die beiden Regimente bei Luther. Bemerkungen zu Johannes Heckels "Lex charitatis", in: Schrey a.a.O. 517-527, dort 522f. - Daß als allgemeine Grundform hinter Luthers Zwei-Reiche-Lehre Augustins beide "civitates" stehen, ist communis opinio der Lutherforschung, aber im einzelnen noch nicht unbedingt aussagekräftig. Cf. für den weiteren, auch philosophiegeschichtlichen Zusammenhang Verf., Art. Reich der Gnade/der Natur, in: Hist. Wörterbuch der Philosophie Bd. 8.

blinde, wie Gott selbst in dieser Sphäre in bestimmter Weise entzogen bleibt. Für den Menschen steht so hinter den grundlegenden Doppeldeutigkeiten seiner Existenz, auch hinter der Inkommensurabilität von Gewissen und Staat, ein "Gott wider Gott"[37] - aber darin dann auch die Aufhebung des Entgegengesetzten in Gottes Absolutheit.

Daß diese Aufhebung nicht früher, nicht schon "diesseitig", nicht schon mitten in der Äußerlichkeit erfolgen soll, hat Luther und der ihm folgenden lutherischen Staatsauffassung einige harsche Kritik zugezogen[38]. Bei den Kritikern ist freilich in der Regel kein Gegenentwurf zu erkennen, der seinerseits der anthropologischen, rechtstheoretischen und theologischen Vieldimensionalität der "dialektischen" Problemformulierung bei Luther auch nur annähernd gerecht würde, ist überdies zumeist der exegetische Anlaß der Zwei-Reiche-Lehre übersehen und auch der strenge Gedanke, daß in Beziehung auf den sich vom Gewissen her selbst verstehenden Menschen keine äußere Herrschaft möglich ist, kaum gewürdigt. Man hätte die Kritik am konsequentesten vielleicht dahin zu formulieren, daß Luthers Opposition von innerlich und äußerlich begründeter Handlungsweise, von der Freiheit des Für-sich-Seins und der Notwendigkeit des Für-andere-Seins, deren Einheit nur im Paradox bzw. in der Absolutheit Gottes darstellbar ist, so etwas wie einen "praktischen Cartesianismus" bildet. Die Parallelität besteht sowohl in Beziehung auf die *Substantialität* der beiden Handlungssphären gegeneinander wie in der Verlegung ihrer Einheit in die *absolute* Substanz oder Gott. Aber kritisierbar würde ein solcher "praktischer Cartesianismus" und die mit ihm gegebene eigentliche Freisetzung der Staatlichkeit erst von einem Begriff absoluter Einheit des Inneren und des Äußeren her, der zugleich

---

[37] Cf. dazu Fr. Lau, Leges charitatis. Drei Fragen an Johannes Heckel, in: Schrey a.a.O. 528-547, dort 539. In der Tat läßt sich das Problem so auf das bei Luther gedachte Spannungsverhältnis von "deus revelatus" und "deus absconditus" beziehen.

[38] Erinnert sei hier nur an Schelers Aperçu: "In Luther verzichtete der deutsche Geist zuerst und auf dem Boden der *höchsten*, d.h. alle anderen Werte nach sich formierenden Werte auf den Einbau des Innerlichen in die äußere reale Welt - auf die *Harmonie von Äußerem und Innerem*" (M. Scheler, Von zwei deutschen Krankheiten, in: Schriften zur Soziologie und Weltanschauungslehre (Gesammelte Werke Bd. 6), Bern/München 1963², 212) - wobei nur die Frage ist, ob es dieses einzubauende "Innerliche", zuletzt die unendliche Subjektivität, zuvor überhaupt gegeben hat. - Man sollte übrigens gegen Luther auch nicht einwenden, er verkenne, "daß Obrigkeit nicht nur 'von Gott eingesetzt', sondern historisch entstanden ist" (so W. von Loewenich, Martin Luther. Der Mann und das Werk, München 1983³, 227): denn gerade, daß das Kommen und Gehen von Obrigkeiten und Herrschaften nur *äußeren* (historischen) Notwendigkeiten gehorcht, ist der äußeren Sphäre und auch der Verborgenheit des Waltens Gottes in ihr *adäquat*. Luther hat eindrückliche Bilder dafür gefunden, wie Gott mit den Mächtigen der Erde spielt (cf. nur WA Tischreden II, 209). Kontingenz der Erscheinung und Gottes Einsetzungen schließen einander gerade nicht aus.

der Begriff der sich selbst setzenden Subjektivität wäre. An dieser Stelle
werden Fichtes, aber auch Hegels Ansätze bei der autonomen Subjektivität bzw. beim Geistwesen der Person ihr Profil zu entfalten haben. Vorab ist jedoch noch ein Aspekt herauszustellen, den die Lutherkritik ebenfalls gerne übersehen hat und der die konkrete Vereinigung inneren und
äußeren Handelns in einer Person und auch im Fürsten, der ein Christ
sein will, betrifft.

Luther hat gerade für den Christen den Dienst im öffentlichen Amt
nicht nur nicht verboten, sondern als regelrechten "Gottesdienst" angesehen[39]. Und in der Tat wird gerade der, der weiß, was durch ein Gewissen abzudecken ist *und was nicht*, die beste "persona publica" sein,
schon weil er im *Amt* nichts *für sich* wollen kann. Das gilt für alle "Ämter" - von dem der Eltern über Richter und Magistratspersonen bis zu
Fürsten- und Kaiseramt. Speziell an Fürsten, "die gern auch Christliche
fursten und herrn sein wollten"[40], wendet sich der dritte Teil der Obrigkeitsschrift, ohne daß Luther jetzt behaupten wollte, die Staatsämter
seien in aller Regel *nicht* mit "Buben" und "Maulaffen" besetzt[41]. Zunächst wird der christliche Staatsmann daran erkannt, daß er, dem Fun-
damentalunterschied in der Sache gemäß, "nicht auff eygen lust, nutz,
ehre, gemach und heyl, sondern auff anderer nutz ehre und heyl gericht
(ist) von gantzem hertzen"[42]. Luther bezeichnet gerade dieses Unter-
scheidenkönnen - nicht etwa die theokratische oder aufklärerische Vermengung von Gewissen und Amt - als ein "In-der-Liebe-Gehen" der
Amtsführung[43]. Sodann aber wird der christliche Fürst sehr genau den
Spielraum prüfen, den der freie Gewissensentscheid auch innerhalb der
äußeren Notwendigkeiten von Amt und Staat hat, und er wird von daher
einen *persönlichen Modus* der Amtsführung finden, für den es zwar
weder eine moralische noch eine politische Regel gibt, in dem aber
dennoch die Einheit von Gewissen und Staatlichkeit faktisch da ist.
Inhaltlich wird der christliche Fürst, aber im Grunde auch jeder andere

---

[39] Das geht bis zu der Formulierung: "das schwerd und die gewallt, als eyn sonderlicher gottis dienst, gepürt
den Christen zu eygen, fur allen andern auff erden" (Von weltlicher Obrigkeit, WA 11, 260/BoA II, 375).

[40] Ibd. WA 11, 271/BoA II, 386.

[41] "Denn gar wenig fursten sind, die man nicht fur narren und buben hellt, das macht sie beweyßen sich auch
also"; "Denn nach gemeynem laufft gehet es nach dem Spruch Jsaia am 3. Ich will yhn kinder zu fursten
geben, und maulaffen sollen yhr herrn seyn" (ibd. WA 11, 270.268/BoA II, 384.382).

[42] Ibd. WA 11, 272/BoA II, 386.

[43] Ibd. u.ö.

öffentlich Handelnde "warlich die meynung ablegen, das er hirschen und mit gewallt faren wolle"[44] - ohne daß darum das Andere irgend weniger gälte: "War jsts, wie gesagt, das zorn mus und sol sein"[45]. "Aber da sihe zu, das er gehe wie er gehen sol und dir befolen sey, das du nicht von deinen wegen sondern von ampts und Gottes wegen mussest zurnen und nicht die zwey, deine person und ampt, inn einander mengest. Für deine person solltu mit niemand zurnen, wie hoch du beleidigt bist. Wo es aber dein ampt foddert, da mustu zurnen, ob dir wol für deine person kein leid geschehen ist. Also zurnet ein fromer Richter über den ubeltheter, dem er doch fur seine person kein böses gönnet, ... allein die böse that mus den zorn tragen, die man straffen mus"[46]. Ein Fürst, der grundsätzlich so zu unterscheiden versteht, wird dann auch durch freien Vernunftgebrauch nicht einfach der Eigendynamik der Macht, die er verwaltet, gehorchen, sein Ohr z.B. nicht "den Rethen und eyßenfressern, die ihn hetzen und reytzen krieg an zufahen"[47] schenken, selbst wenn ein formeller Rechtsgrund zu einem Krieg vorläge. Dennoch wird er die Macht auch in Form von Kriegsmitteln zu brauchen wissen, wo immer nämlich ein "gantzes land ynn der fahr stehet, ... das es nicht alles verderbet werde"[48]. Wiederum ist es gerade diese Unerschrockenheit gegen beide Extreme, die Versuchung zum Machtmißbrauch und die Furcht vor ihrem rechten Gebrauch, zu der Luthers Fundamentalunterscheidung und speziell sein politisches Denken befreien will. Da sie, wie gesagt, nur als persönlicher Modus da sein kann, der mit beiden, dem Gewissen und dem Staat, echte Bekanntschaft geschlossen hat, ist so bei Luther auch die Vermittlung von Moral und Recht eine unmittelbar *persönliche*. Wenn diese Vermittlung *Sittlichkeit* heißen kann, dann fordert Luthers Ansatz in der Konsequenz den Übergang zur persönlichen Sittlichkeit bzw. zur Sittlichkeit, die dann auch nicht nur *unmittelbar* in faktischen Personen, sondern in *selbstbewußten* und sich als sittliche *mitteilenden* Personen ist. Bevor jedoch diese Konsequenz in theoretischer Klarheit gezogen werden konnte, mußte offenbar erst das Ge-

[44] Ibd. WA 11, 271/BoA II, 386
[45] WA 32, 368.
[46] Ibd.
[47] Ibd. WA 11, 276/BoA II, 390.
[48] Ibd. WA 11, 277/BoA II, 391.

wissen die Möglichkeiten eines seinerseitigen Anspruchs auf Recht und Staatlichkeit erproben.

II

Sofern das Gewissen bei Luther nicht die ganze Sphäre der Person und ihrer Existenz abdeckt, sofern es überdies seiner Bestimmung nach "in Gottes Wort gefangenes Gewissen" und also keineswegs einfach für eine sozusagen *aktive* Autonomie des einzelnen in Anspruch genommen werden kann, drückt sich in ihm *innerweltlich* auch nur *bestimmte* Subjektivität und nicht schon die Wahrheit des "totus homo" aus. Diesen, den ganzen Menschen vom Gewissen her in die Welt zu stellen, konnte erst der Versuch eines neuen Ansatzes sein, der die Bestimmtheit der Subjektivität zum unmittelbaren Entgegengesetzten einer absoluten Selbstbestimmung, zum bloß Objektiven einer gegen es gerichteten unendlichen Tätigkeit, die im Gewissen praktisch um sich selbst weiß, erklärte. Dieser Ansatz liegt, und zwar, wie sich versteht, nicht ohne Folgen für den Staatsbegriff, bei Fichte entwickelt vor.

Fünf Punkte mögen vorab das Neue, das bei Fichte begegnet, benennen. *Erstens* teilt Fichte, wie auch Kant getan hatte[49], die neuzeitliche Vertragstheorie in Beziehung auf den Staat. Mit ihr ist das Äußere des Staates dem subjektiven *Bewußtsein* prinzipiell erschlossen, erscheint doch so der Staat selbst als (zumindest potentiell) bewußte Setzung. Der Staat hat seine Bestimmtheit nur für das Subjekt und von ihm her; er ist so auch kein Regiment Gottes im Äußeren mehr, sondern sofern in ihm regiert wird, handelt es sich dabei um bewußte menschliche Akte im Raum des Bewußtseins, die *als* bewußte Akte aber in jedem Fall mit *formaler Freiheit* erfolgen und deshalb vom Gewissen beurteilt werden können. *Zweitens* setzt Fichte wie Kant das *autonome* Gewissen und in diesem als praktische Wahrheit der Subjektivität das unbedingt fordernde Sittengesetz voraus. Das Sittengesetz faßt er über Kant hinausgehend sogar *material*, so daß aus ihm grundsätzlich alle Bestimmtheiten der äußeren Lebensform bis hinab zu den konkreten Pflichten jedes Individu-

---

49 Cf. Kant, Metaphysische Anfangsgründe der Rechtslehre §47 (AA VI, 315).

ums abgeleitet werden können[50]. Kraft dieser vollständigen Autonomie aber erhellt sich das Gewissen selbst und muß nicht erst wie bei Luther in das Licht eines "verbum externum", das es sich selbst aufschließt, treten. Es ist Instanz unmittelbarer "Evidenz". *Drittens* ist der Anfang bei der Gewissensautonomie und ihrer Selbsterhellung durchaus ein absoluter Anfang, d.h. es gibt keinen zweiten außerhalb seiner. Eine "Substantialität" des Äußeren im Lutherschen oder auch im Cartesianischen Sinne ist schon von den Prinzipien der Wissenschaftslehre her ausgeschlossen, und Fichtes Spätphilosophie präzisiert den Status der Äußerlichkeit dahin, daß sie nur das Erscheinen des Absoluten in durch absolute Tätigkeit gebildeten Bildern, nur das Äußere des absoluten Wesens ist. *Viertens* wird die Beziehung des Gewissenssubjekts auf sein Äußeres als ein Bestimmen, Fortbestimmen, Konstruieren und Bilden aufgefaßt. Sie wird - in Richtung vom Subjekt auf das Objekt - *dynamisiert*, und zwar, da die Tätigkeit des Subjekts schon als der Widerspruch, den der Begriff "Tätigkeit" darstellt, unendlich ist, unendlich dynamisiert. Innerhalb der dynamischen Beziehung auf das Objektive wird dieses, soweit es zumindest nur unmittelbar Gegebenes ist, zur sozusagen infinitesimalen Größe, die, wie bei Fichte der Staat, gegen ihr Verschwinden tendiert. Und was speziell den Staat verschwinden macht, ist die Moralität des sich selbst bestimmenden Gewissens. *Fünftens* schließlich hat Fichte die objektive dynamische Fortbestimmung des Äußeren in das Konzept einer transzendentalen Vernunft- und Fortschrittsgeschichte bringen können. In ihr soll es sein, daß der ganze Mensch, ja daß Gott selbst ins Erscheinen tritt, in ihr wird die vollständige Durchsichtigkeit alles Äußeren für das "Gewissensauge" erreicht[51].

Es mag angesichts dieser allgemeinen Charakteristik überraschen, daß Fichte dennoch - gut Kantisch - mit einer strengen Trennung von Rechts- und Moralbegriff das Feld der praktischen Philosophie betreten hat[52]. Aber auch im Staatsbegriff der mittleren und späten Phase bleiben immer

---

[50] Cf. dazu besonders Fichtes System der Sittenlehre von 1798. - Fichtes Werke werden in der Folge zitiert nach der Ausgabe von I.H. Fichte, wobei WW für die Haupt- und NW für die Nachlaßbände steht, sowie, soweit jetzt vorliegend, nach der Gesamtausgabe der Bayerischen Akademie der Wissenschaften (GW).

[51] Cl. Cesa spricht von einem "palingenetischen" Charakter des Fichteschen Geschichtsbegriffs, der zugleich Erziehungsprozeß (Lessing!) wie Weg zur "Wiederentdeckung der Wahrheit" im freien Erschaffen derselben sei; cf. Cesa, Modelli di filosofia della storia nell' idealismo tedesco, in: R. Racinaro/V. Vitiello (Hrsg.), Logica e storia in Hegel, Neapel 1985, 69-97, dort 84.

[52] Cf. dazu etwa B. Willms, Die totale Freiheit. Fichtes politische Philosophie, Köln/Opladen 1967, 80ff.

Momente zumindest der historisch-faktischen Uneinholbarkeit der Äußerlichkeit und äußeren Funktionen des Staates erhalten. Gleichwohl zeigt die Entwicklung über den "Geschlossenen Handelsstaat" und etwa über den Begriff der Nation in den "Reden" bis zur Erscheinungslogik der späteren "Staatslehre", wie die Rechts- und Staatssphäre zunehmend zunächst *in sich* zum Kontinuum *homogeneisiert* und dann sozusagen der erscheinende Leib des inneren Absoluten wird, in dem die Äußerlichkeit nicht mehr faktisch und unmittelbar, sondern durchgängig *momentaneisiert* ist. Zur Einordnung dieser Entwicklung in Fichtes Denken, aber auch in unsere Problemstellung bedarf es einigen näheren Zusehens.

Aus der Zeit von Fichtes Revolutionsschriften ist die These bekannt, daß "das Leben im Staate ... nicht unter die absoluten Zwecke des Menschen" gehöre, sondern nur als "*Mittel zur Gründung einer vollkommenen Gesellschaft*" anzusehen sei, ja daß der Staat "ebenso wie alle menschlichen Institute, die blosse Mittel sind, auf seine eigene Vernichtung" ausgehe[53]. Diese Vernichtung findet statt im Zeichen einer "*Vervollkommnung der Gattung*", die die Bestimmung aller Gesellschaft ist; sie hat genauer besehen die Aufgabe, die Extreme einerseits eines Allgemeinen (des Staats), das die Individuen noch nicht wirklich in sich aufgenommen hat, sondern ihnen nur als externe Zwangsmacht begegnet, andererseits des Individuums selbst, das "als solches überhaupt nicht in der Idee liegt"[54] oder das diese noch nicht wirklich in sich aufgenommen hat, in sich zu vermitteln. Zugespitzt gesagt geht es darum, den reinen *Gattungscharakter* des Vernunftwesens Mensch herauszuarbeiten und praktisch darzustellen und dabei die naturhaften Bestimmtheiten, die nach Fichte sowohl das unmittelbare Individuum als auch der unmittelbare Staat an sich tragen, zu überwinden. "Alles vernunftlose sich zu unterwerfen, frei und nach seinem eignen Gesetze es zu beherrschen, ist lezter Endzweck des Menschen"[55], der sich durch Natur zum leiblichen Wesen vereinzelt findet, und den der Staat, insofern er seinerseits "Na-

[53] Einige Vorlesungen über die Bestimmung des Gelehrten (1794), WW VI, 306/GW I/3, 37.
[54] Über das Wesen des Gelehrten und seine Erscheinung im Gebiete der Freiheit (1805), WW VI, 377/GW I/8, 84.
[55] Bestimmung des Gelehrten, WW VI, 299/GW I/3,32.

turveranstaltung"[56] ist, auch als Naturwesen, wenigstens als *Naturwillen* behandelt[57].

Zugleich kündigt sich aber in der naturhaften Behandlung des Naturhaften durch den Staat auch dessen Sinn in Beziehung auf die reine Vernünftigkeit an. Fichte kann sagen, daß im Staate "die Natur" wieder vereinige, "was sie bei Hervorbringung mehrerer Individuen trennte. Die Vernunft ist Eine, und ihre Darstellung in der Sinnenwelt ist auch nur Eine; die Menschheit ist ein einziges organisirtes, und organisirendes Ganzes der Vernunft"[58]. Insofern antizipiert der Staat auch seinem Rechtsbegriff nach und noch ohne eigentliche "Versittlichung" die Vernunfttotalität. Er tut dies freilich letzten Endes nur, weil er - vertragstheoretisch - "als das Resultat des gemeinsamen Willens, der durch einen ausdrücklichen, oder durch einen stillschweigenden Vertrag sich geäußert hat"[59], gelten kann. Das *Gewissen* kann sich zu einer so verstandenen Staatlichkeit auf Grund der Einsicht in den antizipatorischen Charakter derselben motivieren - so wie es sich überhaupt zur Rechtlichkeit motivieren kann, ohne darum schon den spezifischen Rechtscharakter aufzuheben oder durch genuine Moralität zu ersetzen. Freilich gibt es dabei eine doppelte Bedingung, unter der alleine das Gewissen Staatlichkeit auf sich nimmt. Es ist als Gewissen der "Götterfunke", der "gebietet … schlechthin und unbedingt - dieses zu wollen, jenes nicht zu wollen; und dies *frei* und *aus eigener Bewegung*, ohne allen Zwang"[60]. Daraus, daß sich das Gewissen nicht zwingen läßt, folgt zunächst, daß Zwang nur sein kann, wo er sich dem Gewissen zugleich expliziert - folgt der Erziehungs- und Bildungsstaat: "Kein Zwang, ausser in Verbindung mit der Erziehung zur Einsicht in das Recht!"[61]. Erziehung aber kann nur der Appell an die Selbsttätigkeit der Einsicht sein, aus der heraus der äußeren, zwingenden Tätigkeit auf Dauer die Waage gehalten werden soll. Diese hört damit auf, bloß *äußere* Tätigkeit zu sein, wird begriffene, anverwandelte und vielmehr eigene Äußerlichkeit der inneren Tätig-

---

[56] Grundlage des Naturrechts nach Prinzipien der Wissenschaftslehre (1796), § 17, WW III, 203/GW I/4, 14.

[57] Cf. Ascetik als Anhang zur Moral (1798), NW III, 123/GW II/5, 60: "Die Staatskunst hat es nämlich nicht mit dem eigentlich freien Willen des Menschen zu thun, sondern mit diesem Willen, inwiefern er durch Bewegungsgründe aus der Natur angetrieben werden kann".

[58] Naturrecht a.a.O.

[59] Sittenlehre § 32, WW IV, 356/GW I/5, 310

[60] Zurückforderung der Denkfreiheit von den Fürsten Europas, die sie bisher unterdrückten (1793), WW VI, 11/GW I/1, 173.

[61] Die Staatslehre, oder über das Verhältnis des Urstaates zum Vernunftreiche (1813), WW IV, 437.

keit. Als aus dem Quell der Evidenz, dem Gewissen heraus eingesehener ist der Zwang zuletzt nicht mehr Zwang.

Zu dieser ersten muß aber konsequenterweise noch eine zweite Bedingung treten. Denn wenn das Gewissen tatsächlich der Quell der praktischen Einsicht ist, dann kommt ihm auch ein Prae vor jeder, auch der eingesehenen notwendigen Schranke zu. Insofern muß immer die Möglichkeit eingeräumt sein, die bestehende, auch die bislang akzeptierte bestimmte Schranke durch Selbstbestimmung zu überwinden. Das Gewissen tritt daher nur mit dem Vorbehalt der Austrittsmöglichkeit bzw. mit dem prinzipiellen Recht auf Revolutionierung des Staates in diesen ein, und es stellt den Staat damit zugleich unter den Gedanken von seiner allgemeinen *Perfektibilität*. Staaten können überhaupt "nicht mehr thun, als sich dem Vernunftstaate allmählich annähern"[62]. Vom Gewissen her tritt den natürlichen Staaten sozusagen ihr Soll gegenüber, das zwar *ihr* Soll ist, insofern sie im angegebenen antizipatorischen Sinne selbst schon vernünftig sind, das aber eben doch ihr *Soll* ist, insofern ihre bestimmte Äußerlichkeit noch keineswegs durchgängig im Gewissen wurzelt, dieses in ihnen mithin immer noch etwas Dunkles, Kontingentes, für-sich-sein-wollendes Materielles antrifft, aus dem die Gewissensevidenz noch nicht widerscheint. Aber "nur in der *Klarheit* ist *Freiheit*"[63] - und so arbeitet das Gewissen weiter am Staat: vielleicht nicht so sehr durch unmittelbaren Eingriff oder durch Umformung der Rechts- in Moralinstitutionen, in jedem Fall aber durch freies Entwerfen, durch "Construieren" und "genetisches Definieren" der Staatsidee[64]. Die Wahrheit des Bildungsstaates ist das Bilden des Staates in der Idee, Staatsdenken die ideale Überwindung der staatlichen Externität, ist freier Übergriff der Vernunft über verbliebene Natürlichkeit und Einholung derselben in den klaren und notwendigen Begriff. Nicht in irgendeinen Begriff, wie sich versteht, sondern in den den transzendentalen Bedingungen des Begreifens, der "nothwendigen Form der Erkennbarkeit"[65] nach notwendigen Begriff: in den Begriff, der aber zugleich den Raum des Bildens der Einbildungskraft öffnet, in den als ein Bild der Vernunft auch der Staat gestellt werden kann, übrigens ohne allzu große "empirische" Rücksicht

---

[62] Der geschlossene Handelsstaat (1800), WW III, 397/GW I/7, 51. "Der wirkliche Staat läßt sich sonach vorstellen, als begriffen in der allmäligen Stiftung des Vernunftstaates" (ibid.).

[63] Exkurse zur Staatslehre (1813), WW VII, 581.

[64] Cf. dazu z.B. die Ausführungen der "Staatslehre" über den Lehrer, bes. WW IV, 448ff.

[65] Zurückforderung der Denkfreiheit, WW VI, 19/GW I/1, 179; u.ö.

darauf, ob dieses Bild auch außerhalb jenes Raumes je historische Existenz hatte oder haben könnte[66].

Entwickelt liegt die zuletzt charakterisierte Stufe zumal in der "Staatslehre" des späten Fichte vor. An ihr vor allem läßt sich zeigen, was die Aufhebung der Äußerlichkeit in das Staats-Bild bedeutet. Zunächst ist dessen Bild-Sein *auch* ein Äußerlichsein, ein Nicht-selbst-die--Wahrheit- oder -das-Eine-Sein. Aber das Bild zentriert doch das Äußere an ihm selbst auf das Eine und Innere hin, das es abbildet, wie es selbst Entäußerung, Setzung aus dem bildenden Gewissen heraus ist[67]. Das gebildete Äußere tritt ferner durch eben diese Relationierung mit dem Einen und bildenden Inneren in die Struktur des (transzendental-idealistisch) gefaßten Wissens ein. Von dieser Struktur her ist die Äußerlichkeit des Äußeren und des Bildes die allgemeine Sphäre der *Erscheinung*. Die Aufgabe des Staats-Bildes ist es dann näher, nicht einfach nur irgendeinen Gedanken oder Zweck, sondern schlechthin *das Wesen* ins Erscheinen zu setzen, das Allgemeine der Vernunft, ja, nach der Forderung der "Reden", Gott selbst im Medium des Erscheinens zu realisieren[68]. Denn Gott ist nicht nur, er erscheint auch. Was wiederum heißt, daß es im Äußeren als von Vernunft und Wesen selbst gestiftetem Erscheinen zwar Leben und Wahrheit, aber mit diesen auch die sittliche Aufgabe des Lebens im Staat gibt: "In der wahren Ansicht geht die Erkenntnis über die Wahrnehmung des Lebens, schlechthin über alles erscheinende und zeitliche Leben hinaus auf das, was in allem Leben erscheint, und erscheinen soll, auf die sittliche Aufgabe - das Bild Gottes. - Hierzu (ist) das Leben blosses Mittel"[69].

Von dieser durch die Logik des Bildes und Bildens eröffneten Möglichkeit, die transzendentale und praktische Durchdringung der Sphäre des Erscheinens mit Wahrheit und Wesen zu denken, ist dann in jedem Fall die bloß mechanische (die "ausländische", wie es in den Reden heißt) Staatsauffassung grundsätzlich überwunden. Diese scheitert freilich auch schon an sich selbst: denkt sie doch zwar einen vielleicht technisch perfekten "Maschinenstaat", in dem kein Rad vergebens ins andere

---

[66] Fichte hat in seinen staatsphilosophischen Schriften des öfteren betont, daß es ihm nicht darum gehe darzustellen, wie Staaten wirklich einmal sein würden, sondern wie sie ihrem Begriff nach sein sollten. Cf. z.B. den Entwurf zur Vorrede einer geplanten politischen Schrift von 1813, WW VIII, 546; Staatslehre, WW IV, 600.

[67] Cf. bes. die "Allgemeine Einleitung" zur "Staatslehre", WW IV, 369ff..

[68] Cf. Reden an die deutsche Nation, WW VIII, 371ff.; Staatslehre, WW IV, 471 u.ö.

[69] Staatslehre, WW IV, 409.

greift, kommt aber dennoch von da aus niemals zum "ersten Beweger" des Ganzen, zum eigentlichen, substantiellen Leben und zur sittlichen Motivation, in der Personen tatsächlich aus dem tiefsten Quell aller Tätigkeit, dem ewigen Selbst, schöpfen; die Theorie des Maschinenstaates kommt vielmehr über ein Hinweisen auf bloß derivative und unselbständige Tätigkeiten, wie sie der Naturtrieb mit sich bringt, nicht hinaus. Fichte dagegen kann beim "Gewissens-Motor", bei ursprünglicher, ihre Selbständigkeit wollender Tätigkeit anknüpfen, die ein umfassendes Sich-Konstruieren der Vernunft in der Erscheinung wird. Und zwar konstruiert sie sich zum nationalen (räumlichen) Kontinuum im Äußeren wie auch zum vernunftgeschichtlichen Ganzen, welches wiederum das "mechanische" Staatsdenken nicht aufzufassen vermag[70].

Dennoch aber ist zu beachten, daß bei Fichte auch so dem Bilde immer eine Äußerlichkeit und Vielfältigkeit, ein Nicht-das-Original-Sein *bleibt*, so daß der Staat seiner Idee auch immer nicht entspricht. Das ist einerseits schon mit der Objektivität, d.h. mit der Entgegengesetztheit des Staates gegen das Gewissen überhaupt gegeben und führt erneut auf die Perfektibilitätsthese. Es drückt sich andererseits für die Individuen, denen gegenüber der Staat eben Staat bleibt, darin aus, daß sie auch jetzt noch - wie bei Luther und Kant - in zwei Welten leben: "*Zwei* Welten einander entgegengesetzt: die des *Gegebenen*, und dessen, was da *seyn soll durch Freiheit.* - In der *ersten*: die Individuen mit ihrer persönlichen Freiheit und mit Bewußtseyn; sodann ein für jene *Gemeingültiges*, die Sinnenwelt (sc. die gesamte Sphäre des Außer-sich- und Äußerlichseins) ... - In der *zweiten*: die *individuelle* Pflicht, die jeder nur für sich besitzt, deren *er* allein sich bewusst ist: ebenso wie keiner dem anderen ins *Herz* sehen kann, so kann auch keiner für den anderen urtheilen (sc. die Sphäre des In-sich-Seins)"[71]. Auch wenn hier im Zusammenhang die Frage auf "das Gesetz der Einheit", den "Verstand des Gemeingültigen" und von diesem her auf den rechtmäßigen Oberherrn im Staat geht - welche Frage Fichte mit dem Lehrstand beantwortet, denn nur in ihm erscheint das Allgemeine, genauer noch das Sich-Verallgemeinern im Bilden, ist tätiges Überwinden der individuellen Differenz - , bleibt

---

[70] Cf. zum Gesamtkomplex etwa die siebte der "Reden an die deutsche Nation", WW VII, 359ff. sowie die "Deduction des Gegenstandes der Menschengeschichte" in der "Staatslehre", WW IV, 460ff.; außerdem schon den Entwurf der Vernunftgeschichte in den "Grundzügen des gegenwärtigen Zeitalters" (1804).

[71] Staatslehre, WW IV, 447.

dennoch die *Voraussetzung* auch des freien Überwindens (schon damit dieses ein Überwinden sein kann) das *Differente* im Sinne des Unterschieds eines Seins-für-Anderes (Bewußtsein und Sinnenwelt) und eines Für-sich-Seins (absolut innere Gewissenspflicht). Das Bilden zwar ist unendliches Aufheben dieser Differenz actu: aber sofern es selbst nur aus dem selbst differenten Inneren kommt, aktualisiert es zugleich die Differenz unendlich. Es ist, wie man von Hegel her sagen könnte, von seinem transzendentalen Ansatz her schon nur endliches Unendliches, das als solches ins Dasein resultieren bzw. zurückfallen muß. Und darum bleibt es auch angesichts eines sich vernunftgeschichtlich immer ändernden bildenden Handelns auf das äußere Andere des Gewissens bei einer zwar in keinen konkreten Inhalten oder Gestalten - etwa nach Art der Lutherschen "lex naturalis" - zu fassenden, dennoch aber als solcher persistierenden unmittelbaren Andersheit des Äußeren: sozusagen bei der Räumlichkeit des Raumes, in den das Bild gestellt oder eingebildet wird, ihn zwar erhebend zur subjektiven Helle, ihn aber nicht überhaupt tilgend, was vielmehr die Nichtung aller erscheinenden Bestimmtheit der Helle und nurmehr Rückgang ins reine Licht selber wäre.

Daß Staatlichkeit also auch von Fichtes letztem Anlauf her nicht ohne ein irreduzibles Moment von Differenz, Vielheit, Auseinander gedacht werden kann, erlaubt vielleicht am ehesten, auch die auf den ersten Blick auffallenden Formulierungen zum Staatsproblem in Fichtes Machiavelli-Aufsatz auf seinen Gesamtansatz zu beziehen[72]. In dieser Schrift hat Fichte vor allem zur Aufgabe des Fürsten in einer Weise Stellung genommen, die prononciert auf das *different* Staatliche abhebt und bisweilen fast lutherisch Privat- und Amtsperson unterscheidet. Z.B. wird dem Fürsten geradezu verboten, in seinen öffentlichen Angelegenheiten nur moralisch und ohne Rücksicht auf den Ausgang der Sache zu handeln; das kann zwar der Privatmann, der für sich an "Menschheit", an "Treue und Redlichkeit" glaubt, auch wenn er darüber zugrunde geht[73]. Aber das ist keine Möglichkeit des Fürsten als solchen, "denn dieser geht

---

[72] Auf Grund der politischen Zeitumstände, in die hinein der Machiavelli-Aufsatz von 1807 wirken wollte, kann zunächst eine gewisse Zurückhaltung in der Rezeption des unmittelbaren Inhalts der Schrift geboten scheinen; cf. dazu P. Baumanns, J.G. Fichte. Kritische Gesamtdarstellung seiner Philosophie, Freiburg/München 1990, 293ff. Dennoch muß man beachten, daß die Thesen von 1807 nicht vollständig aus dem Rahmen fallen, z.B. in Beziehung auf den "großen Unterschied" nicht, den Fichte schon 1798 zwischen dem, "was die *Politik* zu leisten hat, und demjenigen, was man etwa der *Ascetik* zumuthen könnte", festgestellt hat; cf. Ascetik, NW III, 123/GW II/5, 60; außerdem Willms a.a.O. 142ff.

[73] Ueber Macchiavelli, als Schriftsteller, und Stellen aus seinen Schriften, NW III, 427.

nicht sich, und geht nicht allein zu Grunde"[74]. Und zugespitzt heißt es:
"Glaube er (sc. der Fürst), wenn er will, an Menschheit in seinen Privat-
angelegenheiten, irrt er sich, so ist der Schade sein; aber er wage nicht,
auf diesen Glauben hin, die Nation ... An die allgemeinen Gesetze der
Moral ist der Fürst in seinem Privatleben gebunden, so wie der Geringste seiner Unterthanen; in dem Verhältnisse zu seinem friedlichen Volke
ist er an das Gesetz und das Recht gebunden ...; in seinem Verhältnisse
aber zu andern Staaten giebt es weder Gesetz noch Recht, ausser dem
Rechte des Stärkeren, und dieses Verhältniß legt die göttliche Majestäts-
rechte des Schicksals und der Weltregierung, auf die Verantwortung des
Fürsten, nieder in seine Hände, und erhebt ihn über die Gebote der
individuellen Moral in eine höhere sittliche Ordnung ..."[75]. Freilich
gibt es daneben andere Stellen, die eher an das sonst von Fichte Vertraute und speziell seine Perfektibilitätsthese anschließen, so wenn dem
Fürsten das "Recht der Gesetzgebung" zugesprochen wird, dies aber
gerade ein Recht "der fortgesetzten Vervollkommnung des gesetzmäßigen Zustandes"[76] meinen soll. Wie dem auch sei: vielleicht spiegelt sich
in der Heraussetzung der öffentlichen Amtsträger aus der (vermittelten)
Gewissenssphäre neben der Äußerlichkeit des Staatlichen selbst, das auf
seine Weise verwaltet werden will, auch eine Konsequenz aus der Einsicht in die (zumindest vorläufig faktische) Differenz von Staatsdenken
und Staatslenken überhaupt: eine Konsequenz, in der dann das Bilden
und Vorbilden der Lehrer mit dem eigentlich geschichtlichen Werden
zusammenstößt und beide Tätigkeiten eine Vermittlung verlangen, die
gewiß nicht mehr nur subjektiv sein kann. Man kann, nicht nur weil
Fichte selbst hier auf die "Weltregierung" verweist, für die Vermittlung
dieser sozusagen doppelt-dynamischen Differenz an das Luthersche "Gott
wider Gott" als abschließende dialektische Perspektive zurückdenken. In
ihr ist tatsächlich alles Äußere und Differente zum Inneren Gottes gesetzt, ist aber auch sowohl dem Gewissen der Anspruch auf Weltlenkung
wie dem Staat die Verheißung, jemals jenes "Reich des Himmels auf der
Erde", das Fichte für mit seinem "Reich des Rechts" identisch hält[77],

---

[74] Ibd.

[75] Ibd. - Das Zitat endet mit der Inhaltsangabe der "höheren sittlichen Ordnung": "Salus et decus populi
suprema lex esto". Genau diesen Imperativ hatte der frühe Fichte als "ganz falsche(n) Satz" verworfen (cf.
Sittenlehre § 32, WW IV, 358/GW I/5, 311).

[76] Ueber Macchiavelli, a.a.O.

[77] Staatslehre, WW IV, 582.

zu werden, genommen. Aus beiden Gründen hat sich Fichte, wie noch
die Staatslehre zeigt, für diese Perspektive letztlich nicht entschieden.
Seine Perspektive ist vielmehr "Theokratie in dem deutlichen Bewusstseyn eines Jeden, und durch dieses Bewusstseyn"[78]. Gott ist dann in der
Klarheit des Denkens aller da, und dadurch wird "der dermalige
Zwangsstaat ohne alle Kraftäusserung gegen ihn an seiner eigenen, durch
die Zeit herbeigeführten Nichtigkeit ruhig absterben"[79]. Im sittlichen
Gedanken, den dann *alle* aus ihrem Inneren heraus denken, ist Gott
erscheinend da. Den freilich in der Tat *alle* denken müssen: denn ohne
diese Allgemeinheit des subjektiven Begriffs bleibt er *bestimmter* Begriff
gegen den anderen äußeren Begriff, bleiben überhaupt Äußerlichkeit und
Staat.

III

Ein anderes ist es, sittlich zu *denken* und allenfalls zu handeln, ein anderes, sittlich zu *sein*. Sittlich denkt und handelt das *Bewußtsein*, insofern
es seine Partikularität, seinen kontingenten und naturhaften Ausgangspunkt überwindet und durchlässig wird für den Gattungscharakter, transparent ist für die allgemeine Vernunft; sittlich ist die sich im Äußern und
Anderen ihrer selbst frei wissende *Person*. Oder allgemeiner: sittlich
denkt aktuales Überwinden der Bestimmtheit, sittlich ist das Freisein in
und als Bestimmtheit.

Mit dieser These kann der allgemeine Rahmen für beides, für Hegels
Restitution der Staatlichkeit als solcher wie für seine Repristination der
Individualität im Praktischen angegeben werden. Und diese beiden Seiten
gehören durchaus zusammen. Hegels Entdeckung in Beziehung auf den
Staat war eigentlich die, daß der Staat weder das unmittelbar Andere der
Individualität und daher immer Gefahr für deren Freiheit noch auch
bloßes Mittel zur Durchsetzung von Freiheit (geschweige denn zuletzt
selbst aufzuhebendes Mittel), sondern selbst eine Form des Freiseins
individueller Personen ist, ja zuletzt in deren substantieller Individualität
wurzelt. Gentile hat insofern durchaus recht, wenn er meint, daß Hegel
die Frage, was der Staat sei, im Grunde mit dem *L'État c'est moi* be-

---

[78] Ibd.
[79] Staatslehre, WW IV, 599.

antwortet habe[80]: Staat ist sich objektiv auslegende Ichheit und objektiv-geistiges Dasein von Ich, des Begriffs. Es kann hier nur noch kurz angedeutet werden, was dieser Gedanke in Beziehung auf Luther und Fichte bedeutet und welche begriffliche Form ihn trägt.

Der Staat ist nach Hegel "die *selbstbewußte* sittliche Substanz"[81]. Er kommt, seiner substantiell-allgemeinen und wesentlichen Seite nach, aus jenem Sittlichsein, das schon dem Familienmitglied als solchem, als einfacher, in andere Existenz vermittelter und darin substantiell-geistiger Existenz zukommt. Er kommt aber ebenso, seiner subjektiv-einzelnen und bewußten Seite nach, aus der bürgerlichen Gesellschaft. Aber er ist nicht etwa nur die Zusammennahme oder nur reflektierte, gesetzte Vermittlung dieser beiden Seiten: er ist vielmehr ihr vernünftiger Begriff, damit zugleich ihr Anfang und absoluter Zweck. Denn "die Vernünftigkeit besteht, abstrakt betrachtet, überhaupt in der sich durchdringenden Einheit der Allgemeinheit und der Einzelheit und hier konkret dem Inhalte nach in der Einheit der objektiven Freiheit, d.i. des allgemeinen substantiellen Willens und der subjektiven Freiheit als des individuellen Willens und seines besondere Zwecke suchenden Willens"[82]. Die logische Form, in der dieser Staatsbegriff ruht, ist selbst der Begriff des Begriffs, der Begriff also jener Allgemeinheit, jenes formalen Klarseins, das ebenso in sich different, Bestimmtheit, Inhalt ist, wobei der Begriff selbst die Totalität und Einzelheit, das Individuelle dieser seiner beiden Momente ist: so daß zugleich das absolute Differieren der Einzelheit (ihre absolute Negativität) allererst die Form der Allgemeinheit (des selbsthaften Klarseins) stiftet und umgekehrt erst dieses Allgemeine das Differente zu einem absolut-einzelnen Bedeuten, zu inhaltsvoller Selbsthaftigkeit erhebt. Es ist klar, daß der Form des Begriffs gegenüber weder die unmittelbare Substanz (das äußerlich-leibliche Sein) noch die erste Idealität oder die Reflexion echte Anfänge sein können. Beide treten vielmehr nur als Momente in die "selbstbewußte Substanz" des Staates und das heißt in den "sittliche(n) Geist", der "der *offenbare*, sich selbst deutliche, substantielle Wille" ist[83].

---

[80] Gentile a.a.O. 128.

[81] Enzyklopädie der philosophischen Wissenschaften (1830), § 535.

[82] Grundlinien der Philosophie des Rechts oder Naturrecht und Staatswissenschaft im Grundrisse, § 258 Anm.

[83] Rechtsphilosophie, § 257.

Selbstbewußtsein und *Wille* als Konstituentien der Staatlichkeit führen dabei am leichtesten auf die *personale* Wirklichkeit, die der Staat nach Hegel ist. Selbstbewußtsein ist nach Hegel das Wissen der Person - nicht etwa um ihr Bewußtsein, sondern um die Allgemeinheit ihres einzelnen Seins und Wissens in Beziehung auf ihr Leben und Erkennen *und* ihren Tod und Nichterkennen. Staatlich weiß sich die Person qua "wissende Subjektivität" als "Inhalt() und absoluter Zweck()"[84] des objektiven Äußeren, das, wenn man so will, nur als ihr größerer Leib erscheint. Wobei eben die Kongruenz von Äußerem und Wissen das sich staatlich bestimmende Selbstbewußtsein zu "in *Wahrheit* stehende(r) Gewißheit" macht, die sich unmittelbar als "*Zutrauen*" in den Staat und seine "Institutionen" zeigt[85]. Die *Wirklichkeit* des Staates selbst aber ist nichts anderes als eben dieses sich so bestimmende Selbstbewußtsein, ist nicht irgendein Äußeres als solches, weder ein Zwangsinstitut noch eine Willkürsetzung aus bestimmten Bedürfnissen endlicher Wesen heraus, sondern das *Affirmative* des sich und seinen allgemeinen Zweck schon verwirklicht Wissens, ist das "Selbstgefühl der Individuen"[86], das um die "Vereinigung der Freiheit und Notwendigkeit"[87] weiß. - Was den Willen betrifft, so ist freilich auch dieser nicht einfach als subjektive Regung in Richtung auf *etwas* (der Partikularwille der bürgerlichen Gesellschaft), aber auch nicht als das sich verabsolutierende *Gewissen*, das sich seiner Sache moralisch gewiß ist und sie gegen das Äußere erst durchsetzen will, zu nehmen. In beiden Formen subjektiven Wollens, die vorkommen können, ja in bestimmten, auch bestimmten historischen Zusammenhängen vorkommen müssen, ist Staatlichkeit nicht gegeben. Erst der Wille, der in seinem Wollen nur sich selber zu wollen frei ist, nicht auf anderes geht, sondern auf das, was ebenso schon ist wie gewollt wird, erst dieser Wille der Freiheit, erst dieser Sein und zu Setzendes zugleich umfassende und *deshalb* allgemeine Wille macht den Staat aus. Hegel hat so darauf hingewiesen, daß Staat und Staatlichkeit weder in unmittelbaren Konstitutionen, Deklarationen, politischen Veranstaltungen und sozusagen in Fahnenmasten *bestehen* noch in Absichten, Programmen und Entwürfen überhaupt in den Blick gebracht werden können, wenn sie

---

[84] Enz. § 535.
[85] Rechtsphilosophie § 268.
[86] Rechtsphilosophie § 265 Zusatz.
[87] Rechtsphilosophie § 265.

nicht schon anderweitig, nämlich aus der Idee selbst im Selbstbewußtsein, als bekannt in Anspruch genommen werden können. Hegels Kritiker in Sachen Staat übersehen in aller Regel, daß Hegel in keiner Weise behauptet, daß etwa *für* den Kritiker eines bestimmten Staates oder auch für den z.B. moralischen Fundamentalkritiker von Staatlichkeit überhaupt das von ihnen Kritisierte *Staat sei*: im Gegenteil schließt gerade die kritisch-reflektierende Beziehung *aus*, *daß* ihr Gegenstand (für sie) Staat ist. Aber dies, daß Subjekte aus subjektiven oder objektiven Gründen in sich weder das genannte "Zutrauen" noch den sich *frei wissenden* Willen im Sinne der Staatsidee vorfinden oder hervorbringen können, dies Zurücksinken des subjektiven Geistes auf sich angesichts eines "Staat" nur *genannten* Äußeren, besagt über Inhalt und Wahrheit der Staatsidee als solcher noch gar nichts. Zu schweigen davon, daß gerade an diese Idee zu *glauben* niemand gezwungen werden kann: in ihr kann nur frei gelebt und erkannt werden, und sie selbst kann nur aus sich selbst erkannt werden; sie kann *sich* nur *zeigen*. Hegel würde dabei allerdings behaupten, daß objektive und historisch einzelne Staaten dem Affirmativen in ihnen nach[88] immer nur sind und sein können, insofern auch die Staatsidee ist, und daß für den bloßen Staatskritiker nicht nur subjektiv, sondern auch objektiv kein Staat ist, insofern er die - wenn auch noch so rudimentär vorhandene - Idee des Staates im Wirklichen übersieht. Und zu übersehen ist der Staat in seiner Wahrheit für einen bestimmten Blick allerdings leicht: denn er ist *nicht* in Strukturen, Systemen und Öffentlichkeiten, sondern einzig in individuellen Personen überhaupt zu sehen. Gerade das Individuelle aber ist - für einen bestimmten Blick - das am leichtesten Übersehene.

Eine unmittelbare Anweisung, wie sich Individuen verhalten sollen, die sich nicht aus Räsonierfreude, sondern allen Ernstes faktisch außerhalb aller Staatswirklichkeit wissen, eine Paränese oder auch Verheißung für an Defizienzen des Staatlichen Leidende gibt Hegel freilich nicht. Systematisch liegen die Hinweise auf die Geschichte sowohl wie auf den

---

[88] Cf. Rechtsphilosophie § 258 Zusatz: "Weil es aber leichter ist, Mängel aufzufinden, als das Affirmative zu begreifen, verfällt man leicht in den Fehler, über einzelne Seiten den inwendigen Organismus des Staates selbst zu vergessen ... um dieses Affirmative ist es hier zu tun". - "On *peut* refuser la raison, comme l'on *peut* affirmer n'importe quoi; seulement, on se prive ainsi du moyen de convaincre et de réfuter, du moyen de parler raisonnablement de l'État. On peut opter pour la passion contre la volonté, pour l'arbitraire contre la liberté: il faudra seulement être conséquent ... et avouer que, quant à soi, on s'oppose à l'État, à n'importe quel État, qu'on détruit toute organisation et toute liberté positive ..." (E. Weil, Hegel et l'État. Cinq conférences, Paris 1985⁶, 54).

absoluten Geist, zumal auf die Philosophie als solche nahe und damit auf
das wahrhafte Erkennen auch noch der Privationen im Faktischen. In der
Tat kann jede relevante Kritik faktischer Staatlichkeit nur aus dem Erkennen der Privation, nicht schon aus jeder beliebigen Privation von
Erkennen, die sich selbst nur faktisch im Äußeren nicht findet, stammen.
Dennoch könnte man fragen, ob nicht gerade an dieser Stelle, sozusagen
im Vorhof realisierter Staatlichkeit und Idee, Luther und Fichte zu Worte kommen können - und zwar durchaus jeder auf seine Weise und
durchaus kontrovers. Luthers allgemeine Antwort auf das die Defizienz
von Staatlichem empfindende Bewußtsein wäre - diesseits der fundierenden theologischen Perspektive, die ja gerade davon ausgeht, daß *mit
Grund* die Sphäre des äußeren Regimentes Gottes der Subjektivität verschlossen bleibt - ‚dieses Bewußtsein einerseits auf die Unantastbarkeit
und überlegene Dignität seiner Gewissensexistenz auch im verworrensten
Weltlauf hinzuweisen und es andererseits dazu anzuhalten, die Handlungen, die ihrer Struktur nach Staat und Amt konstituieren, dennoch so zu
verrichten, wie es ihnen aus der Sache heraus angemessen ist: in strikter
Trennung vom Für-sich-etwas-Wollen für andere seiend. - Fichte würde
demgegenüber die unmittelbar überwindende Arbeit gegen das als verkehrt Erkannte für geboten halten, jedenfalls soweit diese Arbeit sittlich
vertreten werden kann. Er würde den Rückzug auf das auch den Staat
letztlich konstituierende Gewissen anraten, um aus dessen Ursprungs-
macht heraus faktisch Konstituiertes sprengen und ändern, ja immer
ändern zu können. Luther würde darauf hinweisen, daß aber auch das
Geänderte ein Anderes bleiben wird und muß, und zwar ein durchaus
Anderes, das *immer* anders ist und kommt, als es bloß gedacht und
vorgebildet war. Luther würde damit betonen, daß es gegenüber *jedem*
bestehenden Staat Grund genug gibt, das Gewissen, das Innere und die
Würde der Person von ihm zu *unterscheiden*, auch wenn er damit noch
keineswegs disqualifiziert ist. Luther und Fichte sind sich im übrigen
einig, daß es für eine nur *für sich* stehende Person keines Staates bedarf
- oder daß Gott sein unmittelbares Gegenüber nicht durch Rechtsformen
regiert. Aber nur der Spätere von beiden hält es für möglich, *daß* sich
eine Person innerweltlich in reines Fürsichsein auflösen könne, ja daß sie
eben damit auch aufhören könne, andere Person für andere zu sein und
vielmehr mit den "anderen" nur dieselbe Dynamik des vernunftgeschichtlichen Gattungsprozesses darstellen werde. Erst Hegel hatte einen Begriff
davon, daß das Fürsichsein der Person *zugleich* ihr Sein-für-Anderes

meinen kann: daß man es weder bei einer strengen Entgegensetzung beider Sphären belassen noch den Versuch unternehmen muß, durch Dynamisierung des Gegensatzes diesen selbst zu tilgen, sondern durch Verschärfung gerade beider Seiten dahin kommen kann zu erkennen, daß die "Person" als "undurchdringliche, atome Subjektivität ... ebensosehr nicht auschließende Einzelheit, sondern für sich *Allgemeinheit* und *Erkennen* ist"[89]. Das aber wäre dann in der Tat, wo immer es innerhalb der Sphäre des objektiven Geistes in Selbstbewußtsein und Willen da ist, die Antwort auf die Frage nach Gewissen und Staat.

---

[89] Hegel, Wissenschaft der Logik, ed. Lasson (Hamburg 1975²), II, 484.

Hubertus Busche, Bonn

Die drei Stufen des Naturrechts und die Ableitung materialer Gerechtigkeitsnormen beim frühen Leibniz - Zur Vorgeschichte der "caritas sapientis"

Obwohl sich Leibniz stets von der praktischen Philosophie her verstand[1], hat er der Nachwelt kein *System der Moralphilosophie* hinterlassen. Dies ist einer der Gründe, weshalb seine konkrete Ethik in der Forschung bislang eher nachlässig behandelt worden ist.[2] Trotz einiger neuerer Studien ist ausgerechnet die *Grundlegung* des Leibnizschen Naturrechts in den frühesten Entwürfen kaum näher untersucht worden.[3] Dabei ist gerade diese frühe Axiomatisierung, mit dem Reichtum der in ihr reflektierten Phänomene, wegen der verblüffenden Kontinuität des Leibnizschen Naturrechts-Denkens höchst aufschlußreich für *Charakter, Methode* und *Motiv* dieser Ethik. Ihre Erhellung kann daher zahlreiche geläufige Mißverständnisse ausräumen.

Das Motiv zur Abfassung seiner *"Elementa juris naturalis" (1669-71)* verrät Leibniz in einer frühen Notiz, die nicht für die Öffentlichkeit bestimmt war. Er stößt sich am ungeheuer provokanten Wort des *Karneades,* das er in dem schon früh rezipierten Hauptwerk von *Grotius* gefunden hatte: nämlich, "daß es *Gerechtigkeit entweder nicht gebe oder daß sie die höchste Dummheit sei, weil sich selbst nur schadete, wer sich*

---

[1] In den "Nouveaux Essais" etwa bemerkt Theophil Leibniz gegenüber Philaleth Locke: "Vous aviés plus de commerce avec les Philosophes speculatifs, et j'avois plus de penchant vers la morale." (Buch I, Kap. 1, vor § 1 - A VI 6, 71, 6 f.). Im folgenden steht die Sigle A für Leibniz: Sämtliche Schriften und Briefe, hg. v. der Preußischen (jetzt: Deutschen) Akademie der Wissenschaften, Darmstadt (später: Leipzig, zuletzt: Berlin) 1923 ff. - Zitiert wird nach Reihe, Band und gegebenenfalls Zeile der Akademie-Ausgabe. Alle bloßen Seiten- und Zeilenangaben in den Klammern des Haupttextes beziehen sich auf Reihe VI, Band 1. - Um der logischen Deutlichkeit willen sind im folgenden alle lateinischen Texte ins Deutsche übersetzt worden. Sie werden an problematischen Stellen durch das Original ergänzt.

[2] Das Urteil von R. J. Mulvaney: The Early Development Of Leibniz's Concept Of Justice, in: Journal Of The History Of Ideas 29 (1968), 53-72, gilt mit Einschränkung noch heute: "Woefully meager attention has been paid to Leibniz's moral philosophy. Except for one or two important works in French, and a few German dissertations, this area of Leibniz scholarship has been largely ignored." (53).

[3] Auch jüngere Untersuchungen sind meistens ungeschichtlich und orientieren sich vorwiegend an den einschlägigen Texten des Spätwerkes. Die wenigen entwicklungsgeschichtlichen Studien aber gehen wegen ihres umfassenden Themas nur spärlich auf die frühen Texte ein. Am informativsten sind hier die Arbeiten von W. Schneiders: Naturrecht und Gerechtigkeit bei Leibniz, in: Zeitschrift für philosophische Forschung 20 (1966), 607-650; H.-P. Schneider: Justitia Universalis. Quellenstudien zur Geschichte des 'christlichen Naturrechts' bei Gottfried Wilhelm Leibniz, Frankfurt a.M. 1967; sowie Mulvaney: The Early Development.

um die Vorteile Fremder sorgt".[4] Während Grotius dies bestritten hatte,
entgegnet ihm Leibniz mit der Weltklugheit des Juristen, der das Über-
vorteilungsstreben der Menschen als Haupttriebfeder ihres Handelns aus
nächster Nähe kennengelernt hat. *"Ich bezweifle nicht,* daß dies dumm
ist; wenn dies vielmehr nicht dumm ist, gibt es überhaupt nichts Dum-
mes. Denn was um Himmels willen ist Dummheit, wenn nicht die Vernachlässigung des eigenen Nutzens?" (431, 4-8) Die Bedrohung der
sittlichen Motivation durch die naturalistische Zweckrationalität wird
noch zugespitzt durch Grotius' These, "gerecht werde sein, was für die
Bewahrung der Gemeinschaft wichtig ist, auch wenn GOTT nicht wäre".[5] Diesen Nebensatz, der seit *Gregor von Rimini* Zentraltopos der
hypothetischen Enttheologisierung des Naturrechts geworden war[6],
macht Leibniz zum Angelpunkt seiner Ethik. *"Dieser Behauptung kann
ich nicht zustimmen;* gäbe es doch dann allgemein etwas Gerechtes, ohne
daß GOTT wäre." Eine Gerechtigkeit ohne Gott enthält zwei Ungereimt-
heiten. Die erste ist *metaphysischer* Art und besteht darin, daß uns ohne
die Teilhabe am göttlichen Intellekt auch die rationalen Kriterien zur
ethischen Beurteilung fehlen würden. Die zweite ist zwar nur *pragmati-
scher* Art, jedoch von großer Bedeutsamkeit. "Denn durch den eigenen
Tod das Heil des Vaterlandes zu retten, ist dumm, wenn kein Lohn nach
dem Tode zu erhoffen ist. Es bedeutet nämlich, aufgrund eigenen Nachteils Ursache für fremden Nutzen zu sein. Wenn man dies tut, obwohl
man es weiß, ist es dumm, insbesondere wenn der eigene Schaden groß
ist. Wenn es kein Leben nach diesem Leben gibt", so Leibniz ironisch,
"ist der Tod aber ein Schaden, den man wohl zu den größten zählen
darf. Den größten Schaden aber um eines fremden Nutzens willen auf
sich zu nehmen, ist dumm." (431, 13-17)

Leibnizens ursprünglicher *Anstoß* zur Wissenschaft vom Naturrecht
liegt also darin, eine doppelte Isolierung in der Geschichte des Natur-
rechtsdenkens rückgängig zu machen: 1. die Abtrennung der Motivation
zur Gerechtigkeit von der eigennützigen Klugheit, und 2. die Abspaltung
der Ethik vom Glauben an die ausgleichende Gerechtigkeit Gottes nach
dem Tode. Mit diesen beiden Punkten sind auch die historischen Extreme markiert, um deren Harmonisierung es Leibniz im ganzen geht:

---

[4] Hugo Grotius: De jure belli ac pacis, Prolegomena § 5. Vgl. Cicero: De re publica, III 12 (21).

[5] Grotius, Prolegomena § 11.

[6] Vgl. hierzu H. Welzel: Naturrecht und materiale Gerechtigkeit, Göttingen, 4. Aufl. 1980, 94 f.

die funktionalistische Naturrechts-Anthropologie der Neuzeit und die klassische Naturrechts-Theologie. Auch im Zeitalter des heraufziehenden Atheismus müssen sich rationale Verbindlichkeitsgründe für ethisches Handeln sowie eine "certa Iusti regula" finden lassen, wenn Gerechtigkeit kein "nudum nomen" wie "Blitiri" sein soll (A II 1, 54).

Im folgenden sollen die Etappen des frühen Denkweges verfolgt werden, auf dem Leibniz die doppelte Herausforderung an das neuzeitliche Naturrecht beantwortet hat. Ziel der Untersuchung ist die Analyse der materialen Gründe und Normen, die den gedanklichen Fortschritt von den ersten unzulänglichen Bestimmungen des Gerechten über das *Dreistufenschema des Naturrechts* konsequent zur berühmten Definition der *"justitia"* als *"caritas sapientis"* getrieben haben. In dieser Definition der höchsten Naturrechtsstufe ist die Leibnizsche Ethik schließlich zur Ruhe gekommen, und alle späteren Entwürfe sind nur verdeutlichende Differenzierungen dieses Gedankens. Der erste systematische Ansatz zu einer exakten Begriffsbestimmung des *justum* (als Norm) und der *justitia* (als Geisteshaltung) beginnt mit der *"Nova Methodus discendae docendaeque Jurisprudentiae"* von 1667, in der bereits eine modallogische Beziehung zwischen "Recht" und "Pflicht" hergestellt wird.[7] Der Begriff der Gerechtigkeit gehört hierbei so sehr ins Zentrum der Ethik wie der Begriff der Gesundheit ins Zentrum der Medizin, weil in ihm alle Einzeltugenden enthalten sind.[8]

1. Die drei Stufen des Naturrechts: jus strictum, aequitas, pietas

In der *"Nova Methodus"* sucht Leibniz klassische vorbildliche Definitionen des *justum* erstmals zu vereinbaren in der Idee der *drei Stufen des Naturrechts,* an deren Konkretisierung er zeitlebens weitergearbeitet hat.[9] Zu dieser schöpferischen Synthese hatten ihn vorwiegend Grotius und Hobbes angeregt. "Scilicet *Juris Naturae* tres sunt *gradus"*: 1. das

---

[7] Im Anschluß an Grotius' "qualitates morales" unterscheidet Leibniz zwischen *"Jus"* als "potentia moralis", d.h. rechtliche Possibilität, und *"Obligatio"* als "necessitas moralis" (301, 9).

[8] Vgl. 74, 28 f. - Leibniz hat die alte Analogie zwischen der höchsten Kardinaltugend und der Gesundheit des Geistes aus der "Philosophia practica" seines Lehrers Jakob Thomasius entlehnt (43, 9-12) und im vierten Naturrechtsentwurf (459, 23 - 460, 20) ausdrücklich bekräftigt.

[9] Die "antécédents" dieser drei Stufen wie auch der "synthèse leibnizienne" hat G. Grua: La justice humaine selon Leibniz, Paris 1956, 77-82, zu eruieren versucht. Die Kontinuität des Schemas beim frühen und späten Leibniz wird besonders deutlich in der wegweisenden Studie von H. Schiedermair: Das Phänomen der Macht und die Idee des Rechts bei G. W. Leibniz, Wiesbaden 1970 (Studia Leibnitiana, Suppl. VII), insb. 103-129.

jus strictum als das geltende strenge Recht, 2. die *aequitas* als mildernde Billigkeit und 3. die *pietas* als religiöse Verpflichtung des Gewissens vor Gott. "Von diesen Stufen ist die folgende jeweils vollkommener als die vorhergehende und bekräftigt diese; im Streitfalle hebt sie diese < untere > teilweise auf." (343, 3-5)

"Das *strenge* oder *bloße Recht* leitet sich aus der Festsetzung von Grenzen ab und ist, wenn man es recht bedenkt, nichts anderes als das Kriegs- und Friedensrecht." Leibniz erläutert diese *terminorum definitio* der untersten Stufe durch Hobbessche Grundgedanken, die er für "sehr scharfsinnig" hält, auch wenn er die Konsequenzen nicht akzeptiert. Der Mensch steht entweder *außerhalb* oder *unter* einer höheren Macht, d.h. der Staatsgewalt. Außerhalb der *civitas* herrscht das "Jus merum omnium in omnia seu Jus belli". Weil der Krieg aller gegen alle verheerend ist, begreift jeder, der sich von gesunder Vernunft leiten läßt, daß er sich nach allen Kräften zum Friedenszustand in einer Bürgerschaft zusammenschließen muß (342, 23-27). Jene "Festsetzung von Grenzen" ist also identisch mit der Anordnung jener Verhaltens- und Eigentums-Grenzen[10], deren Verletzung von der Staatsgewalt bestraft wird. Wer die positiven Gesetze mißachtet, stellt sich daher außerhalb des Staates, erklärt seinen Mitbürgern den Krieg und wird umgekehrt nach dem staatlich definierten Kriegsrecht, d.h. dem Strafrecht, geschädigt. "Denn zwischen einer Person und einer anderen herrscht so lange das Friedensrecht, wie die eine nicht einen Krieg angezettelt", d.h. die rechtlich fixierten Grenzen "verletzt hat. [...] Der Sieg einer Person über eine Sache aber und die Gefangennahme dieser Sache wird Besitz genannt. Der Besitz verleiht also einer Person das Recht auf eine Sache nach dem Kriegsrecht, solange die Sache keinem gehört. Wenn freilich die Sache jemandem gehört, ist es ihm nicht in größerem Maße erlaubt, jene zu beschädigen oder zu stehlen, als es ihm erlaubt ist, die Knechte eines anderen zu töten [...]. Wenn also der eine den anderen geschädigt hat, sei es in seiner Person oder an seinen Sachen, gewährt er ihm das Recht, das er auf die Sache hat, d.h. das Kriegsrecht." Die summarische Vor-

---

[10] Schon W. Kabitz: Die Philosophie des jungen Leibniz, Heidelberg 1909, hat in der Dreistufung eine Aufgipfelung "vom Privatrecht zum öffentlichen und göttlichen Recht" entdeckt und unter Vorgriff auf spätere Leibnizsche Texte das *jus strictum* mit dem "Eigentums- oder Privatrecht" identifiziert, die *aequitas* hingegen mit dem "Staats- oder Gesellschaftsrecht" (101-103). - Ähnlich K. Huber: Leibniz. Philosoph der universalen Harmonie, München 1951, für den das *jus strictum* die Sphäre "des privaten Eigentumsrechts" absteckt, "vor dem alle Menschen gleich sind" (41).

schrift dieses puren Naturrechts lautet deshalb *"Neminem laedere"*[11], damit gegen niemanden das Kriegsrecht qua Strafrecht verhängt werden muß. Zu dieser Stufe gehört freilich die "Justitia Commutativa", die die Rechtsgleichheit aller Personen garantiert (343, 7-17).

Die zweite Stufe des Naturrechts, die "aeqvitas" oder "aeqvalitas", baut auf den staatlich definierten Schädigungsgrenzen der Grundstufe auf und besteht als "Verhältnismäßigkeit und Proportion zwischen zwei oder mehreren < Rechtsansprüchen > "[12] in deren "harmonia seu congruentia". Sie erweitert die mildernde ἐπιείκεια der Aristotelischen Tradition und verlangt etwa, "daß ich gegen den, der mich geschädigt hat, keinen mörderischen Krieg führe, sondern ihn zum Schadensersatz veranlasse, daß Schiedsrichter zugelassen werden" und die *Goldene Regel* beachtet wird, "daß nicht so sehr Unklugheit als vielmehr Arglist und Tücke bestraft wird" usw. Die Billigkeit kann jedoch als "solùm Jus laxè dictum" nicht vom einzelnen rechtlich eingeklagt werden. Lediglich "das Gesetz oder ein Höherstehender", z.B. der Richter[13], kann eine Billigkeitsentscheidung veranlassen und in Härtefällen etwa einer Klage oder Ausnahmeregelung stattgeben. Im übrigen "gebietet die Billigkeit selbst, das strenge Recht zu beachten". Die Regel dieser mittleren Naturrechtsstufe, zu der die *justitia distributiva*[14] und die Hobbesschen "dispositiones ad pacem" gehören, lautet: *"Suum cuique tribuere."* (343, 19 - 344, 10)

Fallen diese zwei unteren Stufen des natürlich Richtigen traditionsgemäß unter den Begriff der *justitia particularis,* so sind in der "pietas", dem Prinzip der dritten Stufe, die Normen der unteren Stufen 'aufgehoben' - ganz im Sinne des Paulinischen "πλήρωμα νόμου" (Röm. 13, 10). Daher identifiziert Leibniz diese Pietät philosophisch mit der *justitia*

---

[11] Dieses "praeceptum" stammt, ebenso wie die beiden Vorschriften der folgenden Stufen, von Ulpian, Digesten, I, 1, 10.

[12] Bei der Interpretation von "duorum pluriumve ratio vel proportio" schließe ich mich Schneider: Justitia Universalis, an, der als fehlendes Bezugswort hinter "zweier oder mehrerer" ergänzt: "Rechtsgründe bzw. Rechtsverhältnisse" (353). Nur dies trifft den Sinn, nicht aber die Ergänzung "personnes" durch G. Grua: La justice humaine, 84.

[13] Daß unter "superior" hier der politisch legitimierte letzte Ausleger der Gesetze zu verstehen ist, legt Leibniz etwa in seiner juristischen Abhandlung "De casibus perplexis" von 1666 nahe. Hier heißt es in § X: *"Regulatum Judicis arbitrium,* ubi res ex jure decidi non potest, regulas charitatis, aequitatis, humanitatis, commoditatis, utilitatis, etc." (239, 16 f.; ähnlich auch 341, 11 f. u. 342, 3 f.)

[14] Leibniz trifft diese Zuordnung expressis verbis erst in einem späteren Zusatz (344, 31.). Doch hatte er bereits in "De casibus perplexis" die *aequitas* mit der *aequalitas geometrica* identifiziert (249, 23 f.).

universalis, theologisch mit dem *amor Dei* und der *charitas.*[15] Weil die
Pietät also die Verpflichtung des Gewissens vor Gott als der höchsten
Macht, Weisheit und Liebe ist, nennt Leibniz das Prinzip der höchsten
Naturrechtsstufe auch "voluntas Superioris", und nur in diesem Sinne
legitimiert er die Definition des Thrasymachos in Platons *"Politeia"*:
"Justum esse potentiori utile". Die Worte "Höherer" und "Stärkerer"
konnten in der Forschungsliteratur zu Unstimmigkeiten führen[16], weil
Leibniz sie sehr mißverständlich erläutert. Der Stärkere nämlich sei zum
einen ein Höherer "von Natur aus", nämlich Gott (und dessen Wille
geschehe "teils natürlich, woraus die *Pietät* entspringt, teils als Gesetz,
woraus sich das *positive göttliche Gesetz* ergibt"); zum anderen aber sei
er höher "durch einen Vertrag, wie der Mensch, woraus das *Bürgerliche
Recht* entspringt". Diese Verteilung des *superior naturâ* auf Gott und des
superior pacto auf den Menschen ist ungeschickt, weil dadurch gerade
diejenige Macht aus dem Blick gerät, die für Leibniz hier Hauptthema
ist: die "von Natur aus" höherwertige und stärkere Kraft der Pietät, die
sich zwar im Menschen manifestiert, jedoch als Gewissen ihren natürlichen Ursprung im Willen Gottes hat. Daß Leibniz hier die Superiorität
und Potentiorität des religiösen Verpflichtungsgefühls vor Augen hat und
nicht eine vertraglich erlaubte Brachialstärke, ergibt sich auch aus den
anschließenden Bemerkungen. Wie Gott nämlich als "omniscius et sa-
piens" das bloße Recht und die Billigkeit bekräftige und als "omnipo-
tens" diese auch ausführe, so falle auch die "utilitas generis humani", ja
sogar die Schönheit und "harmonia mundi" mit dem göttlichen Willen
zusammen. Daß die *justitia universalis* pietätvoller Rücksichtnahme als
höchste Naturrechtsstufe den beiden unteren erst ihre "Vollendung und
Wirksamkeit verleiht", bedeutet freilich auch, daß sie prinzipiell in einen
Konflikt mit dem geltenden Recht treten kann. Denn nach ihrem Prinzip,
dessen Vorschrift *"Honestè vivere"* heißt, "ist es bereits nicht einmal

---

[15] Auch diese Begrifflichkeit findet sich nicht explizit in der "Nova Methodus". Sie erschließt sich erst vor dem
Hintergrund früherer Textstellen. Bereits in einer Adnote aus der späten Leipziger Studienzeit zu Thomasius'
"Philosophia practica" hatte Leibniz hinter der Formel "justitia universalis" ergänzt: "est pietas. N[ota] B[ene]"!
(51, Anm. 51) - In der "Dissertatio de Arte Combinatoria" von 1666 hatte es geheißen: "Pietas, id est amor
DEI, quae in Charitate" (194, 2).

[16] So glaubte selbst Welzel: Naturrecht und materiale Gerechtigkeit, 146 f., in seinem sonst ausgezeichneten
Buch, beim frühen Leibniz "reinstes Hobbessches Gedankengut" im Sinne von Rechtspositivismus und Volun-
tarismus zu finden, von dem sich Leibniz dann später distanziert habe. Schneider: Justitia Universalis, 354 f.,
und noch grundsätzlicher Schiedermair: Das Phänomen der Macht und die Idee des Rechts, 60-65, haben
Welzels Deutung überzeugend korrigiert.

erlaubt, wilde Tiere und Geschöpfe zu mißbrauchen", auch falls nach geltendem Recht etwa ein Hund gequält werden darf, weil er als bloßes Sacheigentum gilt. Wie das Beispiel zeigt, ist Leibniz auffällig bemüht, diesen möglichen Konflikt zwischen den Naturrechtsstufen als Privatangelegenheit herunterzuspielen. (344, 11-17)

Mit dieser Dreistufung des Naturrechts und ihrer Verknüpfung mit den Ulpianschen Imperativen, die zwar formal "keineswegs originär" ist[17], inhaltlich aber als sehr erschließungsfähig sich erweisen wird, hat Leibniz einen Ansatz gefunden, verschiedene Instanzen der Verpflichtung *unterscheiden* und zugleich *aufeinander beziehen* zu können.[18] Dies erlaubt ihm zugleich, die klassischen Prinzipien antiker und neuzeitlicher Naturrechts-Denker "leicht miteinander zu vereinbaren"[19], wie die Integration sogar der provozierenden Formel des *Thrasymachos* gezeigt hatte. Obwohl Leibniz diese Synthese nicht im einzelnen erläutert, läßt der Text schon die Zuordnungen des *justum* abstrakt erkennen. Unmittelbar mit den zwei unteren Stufen auf den jeweiligen Staat bezogen sind natürlich: *Platons* "Juris fundamentum", "τὸ κοινῇ συμφέρον"; die politisch verstandene Formel "naturae convenienter vivere", die Leibniz nicht nur den *Stoikern*, sondern auch *Aristoteles* in folgendem Sinne zuschreibt: "quicquid naturae rerum, id est, statui earum optimo et perfectissimo conveniat"; das Definiens von *Grotius:* "quicquid conve-

---

[17] So Schneider: Justitia Universalis, 355 f., der hier die traditionelle Dreiteilung überhaupt meint, zugleich aber die "Vertiefung" dieses Schemas speziell bei Leibniz anerkennt.

[18] Mulvaney: The Early Development, hat versucht, die drei Naturrechtsstufen in einer Tabelle nach den vier Kriterien der *Rechtsquelle*, der *Tugend*, der *Vorschrift* und dem *Gerechtigkeitstyp* zu ordnen. Dabei glaubt er "two gaps in the model" zu entdecken: zum einen fehle auf der Stufe des strengen Rechts eine spezifische Tugend, wie die zwei oberen sie in der "aequitas" bzw. "pietas" hätten; zum anderen bleibe der Gerechtigkeitstypus der Pietät problematisch: "Strict right appears as something less than virtuous; piety as something more than justice." Während der erste Punkt ein Pseudoproblem sein dürfte, insofern auch der Verzicht auf die Schädigung anderer als Minimaltugend der Rechtschaffenheit gelten kann, liegt im zweiten Punkt, dem 'übergerechten' oder supererogatorischen Status der Pietät, tatsächlich eine wichtige Asymmetrie, die im folgenden noch zu begründen ist. Sehr treffend ist auch Mulvaney's Resümee: "is there a formula which can define justice and at the same time be broad enough to include all the three precepts in the Roman legal tradition? The rest of Leibniz's investigations during the Mainz period can be conceived as the search for an answer to this question." (59 f.)

[19] Schon Kabitz: Die Philosophie des jungen Leibniz, 101, hat das "eigentümlich Neue" der Leibnizschen Naturrechts-Stufung in ihrem großen gedanklichen Vereinigungspotential erkannt, das die bisherigen "Einseitigkeiten" der historischen Gerechtigkeitsbestimmungen "zu vermeiden" sucht, um zugleich "jeder Ansicht ihr Maß von Berechtigung zu bestimmen und sie alle in der Gesamtanschauung eines stufenmäßigen Aufbaues des Rechts zu umspannen." - Ähnlich bemerkt auch Mulvaney: The Early Development, 58, zu dieser Synthese: "A characteristic technique of Leibniz's, and one which points to his deep philosophical commitment to the concept of harmony, is his tendency to formulate his own positions on the basis of a reconciliation of the opposed views of others."

nit cum natura Societatis ratione utentium, seu quicquid cum Societate compatibile est"[20]; und selbst *Hobbes'* Bestimmung "quicquid civitati placuit", sofern nur die Staatsgewalt ihrem Zweck der Friedenssicherung nachkommt und nicht alles Naturrecht auf die herrschenden Gesetze reduziert wird. *Ciceros* Grundsatz, daß "niemand für sich allein geboren" sei, enthält als solcher bereits eine Aufteilung der Pflichten auf verschiedene Teilsphären, die im Konfliktfall hierarchisiert werden müssen: "partim patriam, partim parentes, partim amicos". Auch hat Leibniz mit seiner religiösen Überzeugung von der ausgleichenden Gerechtigkeit Gottes keine Berührungsscheu vor *Epikurs* Definition des Gerechten als "quicquid mihi reverà [!] utile est". Denn er versteht mit *Sharrock* Epikurs "Summum Bonum", die *voluptas animi* oder *tranquillitas mentis,* als ethisch gebundene Freude an der Vervollkommnung des eigenen Geistes, der seine Verfehlungen wie innere Prügelstrafen empfinde, weil Gott ins Herz eines jeden eine natürliche Antipathie des Willens gegen die Sünden gepflanzt habe. Diese angeborene Ausrichtung des Geistes gegen die Unnatur und Pietätlosigkeit erblickt Leibniz schließlich auch in der Definition des Kardinals *Pallavicino,* "Justum esse, quicquid naturae placet". Denn unter "Natur" verstehe dieser das "principium motus et quietis in mundo". Weil aber die Bewegung so "schön und wohlgeordnet" sei, müsse die Natur mit der Weisheit zusammenfallen. (342, 10 - 343, 2)

Freilich konnte diese bloße Synopse, in der das Verhältnis von *Recht* und *Moral* nur erahnbar ist[21], Leibniz nicht für die *Fundierung materia-*

---

[20] Ähnlich lautet auch Leibniz' eigene Definition in dieser Schrift: "Justum autem atque injustum est, quicquid publice utile vel damnosum est" (300 f.).

[21] Als eines der wichtigsten offenen Probleme erkennt Schneiders: Naturrecht und Gerechtigkeit, 610 f., daß das *jus strictum* sich zwar auf das jeweilige "positive Recht" bezieht, zugleich aber als "der unterste Grad des Naturrechts" irgendwie die "Gebote enthalten" muß, "die dem (gerechten) positiven Recht zugrunde liegen". Deshalb behauptet Schneiders im Gegensatz zur Mehrzahl früherer Untersuchungen zu Recht, "mit der Trennung von Legalität und Moralität" habe diese "nach Rechtsnormen gestufte Gerechtigkeit nichts zu tun". Allerdings ist Schneiders' Begründung dieser Einsicht fragwürdig. Daß nämlich bei Leibniz "die Unterscheidung von Handlung und Gesinnung noch gar nicht in den Blick" komme, ist nicht zutreffend. Die "Nova Methodus" unterscheidet ausdrücklich zwischen der *"Jurisprudentia"* (und zwar *"Divina, Humana, Civilis"*) als der "scientia actionum [!] quatenus justae vel injustae dicuntur" einerseits und der *"Moralitas"* oder "Justitia" andererseits, die der *qualitas moralis personae* entspringt (300, 21 - 301, 8). Daher sind alle drei Stufen des Naturrechts *Stufen des Moralischen oder Ethischen,* wobei sich die erste nur unmittelbar auf das jeweils geltende Recht bezieht und dessen *naturrechtliche Sinnhaftigkeit und Axiomatik* (die Unterscheidung zwischen Person und Sache sowie die Prinzipien des Vermögens- und Strafrechts und des gerechten Krieges) darlegt. Genau deshalb ist Schneiders wiederum Recht zu geben, daß die Demarkationslinie zwischen der ersten und zweiten Stufe nicht etwa identisch ist mit der zwischen Recht und Moral. "Denn einerseits ist das jus strictum noch kein positives Recht, andererseits kann auch die aequitas durchaus positives Recht werden", so daß

ler *Naturrechts-Regeln* genügen, die für eine *iusti atque injusti scientia* jedoch nötig ist.[22] Wie Leibniz schon früh bemerkte, hat die Rechtswissenschaft große Ähnlichkeit mit der Geometrie, sofern beide aus ihren *elementa simplicia* und deren *casus* durch einfache Komplexionen eine zahllose Mannigfaltigkeit von Kombinationen eindeutig definieren können (189, 17-26). Wenn sich also ein *certum principium* finden ließe, so gälte: "doctrina de justo scientificè conscribi poterit. Quod hactenus factum non est." (230, 13 f.) Deshalb begann Leibniz während seiner Tätigkeit als Rechtsreformer am Mainzer Hof die Suche nach invarianten Normen des justum, die sich nach der konstruktivistischen Auffassung der Rechtslehre als einer demonstrativen Wissenschaft a priori definieren und kombinieren lassen wie bei den vorbildlichen *"Elementen"* des Euklid.[23] Die Bedingungen für eine solche quasi mathematische Grundlegung des Naturrechts waren günstig, denn Leibniz vereinigte in Personalunion zwei wichtige Extreme: die professionell gelehrte Übersicht über das gesamte *Corpus juris* mit der Fülle konkreter Rechtsfälle wie Interpretationsregeln und zugleich die subtile Methode der kombinatorischen "ars inveniendi".

2. Kombinatorik als Normfindungs-Methode der Wissenschaft vom Gerechten

Leibnizens Versuch einer materialen Konkretisierung der Gerechtigkeitsidee beginnt also mit einer *methodischen Ableitung von Rechtsnormen nach dem kombinatorischem Schema.* Sie findet sich im zweiten und umfangreichsten Entwurf zu den *"Elementa juris naturalis"*, der um 1669/70 niedergeschrieben wurde und genaugenommen aus vier einzelnen Texten besteht.[24] Der Grund dafür, weshalb man diesem wichtigen

---

faktisch "der Übergang zwischen beiden Naturrechtsstufen fließend" sein kann (611).

[22] Der Plan zu einer solchen Wissenschaft vom Gerechten schwebte Leibniz spätestens seit der Abfassung des "Specimen quaestionum philosophicarum ex jure collectarum" (1664) vor (73, 14).

[23] "Ich muß [...] bekennen, daß in den Fragen des Rechts für einen klugen Menschen die Ansichten der anderen nicht stärker zu berücksichtigen sind, als die Autorität des Archimedes einen Geometer beeindruckt. Denn er selbst kann durch sich alles errechnen [computare]. Doch hat die Autorität anderer immerhin den Vorteil, daß sie uns vorgearbeitet, den zu beweisenden Rohstoff zubereitet und auch gezeigt hat, wo < etwas in unserer Zeit zu bedenken ist >." (432, 31-34; Korrektur und Konjektur nach A VI 2, 527)

[24] Die Herausgeber der Akademie-Ausgabe begründen die Zusammenfassung dieser Fragmente zu einem Text folgendermaßen. "Wir haben die 4 Stücke [...] unter einer Nummer zusammengefaßt, weil sie sachlich zusammengehören. Es handelt sich in diesen Manuskripten um eine Reihe nach und nach vorgenommener Untersuchungen der Begriffe Gerechtigkeit und Billigkeit als Prinzipien des Naturrechts und damit zugleich

Text bislang keine systematische Aufmerksamkeit geschenkt hat, dürfte
einerseits darin liegen, daß die verborgene, auf die Sequenz der drei
Naturrechtsstufen bezogene Architektonik der ersten Gedankenkette
(433, 1 - 449, 23) nicht auf den ersten Blick erkennbar ist. Andererseits
dürfte der lateinische Text aufgrund seines kryptischen Notizencharakters
zum sprachlich Schwierigsten gehören, was Leibniz je geschrieben hat.
Und doch erweist gerade er mit seiner Fülle kasuistischer Beispiele sich
als unerläßliche Verstehensbedingung für die Entwicklung und Eigenart
der Leibnizschen Ethik. Zur methodischen Findung normativ entschei-
dender Fälle hat Leibniz am Anfang des Konzeptes eine *Definitionen-
und Axiomen-Tabelle* aufgestellt - die früheste, die uns von ihm überliefert ist. Obwohl Leibniz sie später immer wieder differenziert hat,
genügt sie vorerst zur Normenableitung und dürfte u.a. deshalb so knapp
ausgefallen sein, weil sie sich unverkennbar auf die Hobbesschen Definitionen im 11. Kapitel von *"De homine"* stützt.

a. Die früheste Definitionen- und Axiomen-Tabelle der "Elementa juris naturalis"

Die Tabelle mit den *Elementen des Naturrechts* enthält *elementare Definitionen,* d.h. Grund-Kombinationen molekularer Begriffe[25], aus denen
elementare Sätze oder *Axiome* zusammengesetzt werden. Aus deren
erneuter Komplexion können dann *Theoreme* geschlußfolgert werden.[26]
"Vorteil < Gewinn > [lucrum] nenne ich hier jeden Erwerb eines fehlenden gegebenen Gutes bzw. jede Abwendung eines gegenwärtigen gegebenen Übels. *Nachteil < Schaden > [damnum]* nenne ich jede Verhinderung eines gegenwärtigen gegebenen Gutes bzw. jedes Eintreten eines

---

alles positiven Rechts, mit besonderer Beziehung einerseits auf das *Römische Recht* und andererseits auf die
Naturrechtslehren von *Grotius* und *Hobbes.*" (A VI 2, 563, 20-24)

[25] Atomare oder inexplikable Begriffe, die in der Tabelle vorausgesetzt sind, ohne dort selbst wiederum
definiert zu werden, sind *Personalpronomina* (zu "ego" bemerkt Leibniz in einer Skizze von 1671: *"Ego est
irresolubile."* [A VI 2, 283, 14]), *Demonstrativpronomina* wie "ille" und "hic" oder *Possessivpronomina* wie
"meus", "tuus" und "alienus") und *Pronominaladjektive* (wie "unus" und "alter"), aber auch die indefinible
Selbstzustandsdifferenz von "bonum" (Wohlbefinden) und "malum" (Übelstand) sowie die mit ihr kausal
verbundene *Wertdifferenz der Objekte* ("bona" und "mala"). Zusammen mit *Raum- und Zeitbestimmungen*
lassen sich aus ihnen die fundamentalen molekularen Begriffe zusammensetzen.

[26] Zum tabellarischen und kartographischen Verfahren innerhalb der *"Jurisprudentia didactica"* vgl. § 7 der
"Nova Methodus" (295, 19 - 296, 10); zur Untergliederung der *"Juris Elementa"* in *"Definitiones* et *Praecep-
ta"* vgl. ebd. § 22 - § 27 (307, 5 - 313, 6). - Vgl. auch Hobbes: De homine, Kap. 10, 4 f.: Definitionen sind
notwendig für die "scientia justi et injusti", weil nur durch die bestimmte Festsetzung der Ausgangsbegriffe
eine Demonstration a priori möglich ist.

abwesenden gegebenen Übels. *Nicht-Benachteiligung [indemnitas]* nenne ich die Vermeidung von Schaden, *Notwehr [necessitas]* die Vermeidung von Elend." Denkwürdig und bedenklich ist nun, daß Leibniz den qualitativen Unterschied zwischen den Extremen bei den von außen zufallenden Gütern bzw. Übeln und bei ihren seelischen Folgezuständen bloß quantitativ, nämlich mit dem mechanistischen Begriff des "aggregatum" auffaßt. So nennt er das eine Extrem, das *Elend [miseria]* "jenen Zustand, in dem die Ansammlung von Übeln die Anhäufung der Güter überwiegt. Dies Übergewicht kann oft hervorgerufen werden durch das Eintreten eines einzigen großen Übels." Die umgekehrte Präponderanz, die das *Glücklichsein [felicitas]* fördert, wird von Leibniz nicht mehr eigens definiert. Es wird aber deutlich, daß er *felicitas* und *miseria* als mehr oder weniger intensive Resultanten eines bestimmten Quantums von summierten Einzelgütern bzw. -übeln auffaßt, so daß mit Überschreitung einer gewissen Reizschwelle der eine Gemütszustand in den anderen umschlägt. Gerade die beiden letzten Termini zeigen, daß es sich bei allen diesen Definitionen um sehr abstrakte, d.h. grenzunscharfe Begriffe mit größerem individuellen Anwendungs-Spielraum handelt. (433, 10-17)

Aus diesen Definitionen lassen sich durch *Kombinatorik der Termini* Axiome des Gerechten und Ungerechten aufstellen. Der ganze folgende Text ist so aufgebaut, daß er bei den primitiven Begriffsverknüpfungen anfängt und aus ihnen komplexere Verbindungen ableitet. Diesem *formalen* Fortschreiten des Komplexionsgrades entspricht *inhaltlich* die oben skizzierte Dreistufung des Naturrechts. Dem Gebot der ersten Stufe ("neminem laedere") korrespondiert also im groben eine *Kombinatorik der Schadensvermeidung und -begrenzung,* dem Gebot der zweiten Stufe ("suum cuique tribuere") eine *Kombinatorik von Billigkeitspflichten im engeren Sinne* und dem der höchsten Stufe schließlich (dem "honestè vivere") eine *Kombinatorik der wertschätzenden Bevorzugung in tragischen Konfliktsituationen,* wo letztlich die Pietät gefordert ist. Die Komplexität dieser Stufungen wird noch dadurch gesteigert, daß Leibniz das Gerechte und Ungerechte nicht nur auf moralische *Kombinationen,* d.h. auf das richtige (bzw. unrichtige) Verhältnis zwischen *zwei* Personen beschränkt, sondern schließlich auch auf Dreierverknüpfungen (Konternationen), Viererverknüpfungen (Konquaternationen) usw. ausweitet.[27] Ausgerechnet dieser große Aufwand an spröder, abstrakt formalistischer Methodik dient dazu, das abstrakte Denken *innerhalb* der Ethik gleichsam abzuarbeiten. Denn der ganze folgende Argumentationsgang erweist sich als methodisch geregeltes Fortschreiten von einer privaten (möglicherweise untragisch oberflächlichen) Mikro-Ethik, die nur wenige Personen berücksichtigt, bis hin zu einer politischen Makro-Ethik, die der Komplexität des Geschehens mit seiner Vielzahl von *dramatis personae* bewußt ins Auge sieht.

Zunächst wird also die *recta ratio* durch die einfachen Begriffskombinationen ermittelt, indem von *zwei Personen* ausgegangen wird. Letzte Maßstäbe für die Grenzziehung zwischen Gerechtem und Ungerechtem sind die *drei unterschiedlichen Gewichtungsgrade des Guten* (das Überflüssige, Vorteilhafte und Nötige). Die Tabelle dieser interpersonalen Kom2nationen ist hier zur Klärung durch Buchstaben und Ziffern ergänzt worden.[28]

A. *"Gerecht [Iustum]* ist: <1.> mein Vorteil, auch wenn er nicht mit einem Vorteil für einen Fremden verbunden ist [lucrum meum cum non lucro alieno]

<2.> meine Nicht-Benachteiligung, auch wenn sie mit einem Nachteil für einlen Fremden verbunden ist [non-damnum[29] meum cum damno alieno]

<3.> das für mich Notabwendende, auch wenn dies verbunden ist mit der Preisgabe dessen, was für einen Fremden notwendig ist [necessitas mea cum jactura alienae]

Diese drei Grundkombinationen des Gerechten ergänzt Leibniz *per negationem* durch die drei des Ungerechten.

B. *"Ungerecht [Injustum]* ist: <1.> mein Vorteil, sofern er die Schädigung eines Fremden hervorruft [lucrum meum cum damno alieno]

---

[27] Schon in der 11. Definition der "Dissertatio de Arte Combinatoria" hieß es: "Dato exponente Complexiones ita scribemus: si exponens est 2, *Com2nationem* (combinationem); si 3, *Con3nationem* (conternationem); si 4, *Con4nationem*, etc." (172, 32 f.)

[28] Die erläuternde und Ergänzungen in spitzen Klammern vorschlagende Übersetzung ist im folgenden manchmal recht frei gehalten, wenn Leibnizens elliptische Formeln verdeutlicht werden müssen. (So ist z.B. das "cum" in der Tabelle stets in seiner *kausalen* Bedeutung geltend zu machen.)

[29] Leibniz hat in dieser Zeile die ursprüngliche Fügung "non-damnum" später überschrieben durch das Abstraktum "indemnitas" (vgl. A VI 2, 527).

<2.> meine Nicht-Benachteiligung, sofern durch sie einem Fremden das Lebensnotwendige vorenthalten wird [non-damnum[30] meum cum jactura necessitatis alienae]

<3.> was mir in keiner Weise zum Vorteil gereicht, aber mit einem Nicht-Vorteil eines anderen verbunden ist [nihil meum <lucrum> cum non lucro[31] alieno]." (433, 1-9)

Diese Axiome und die logische Symmetrie der Schadensgewichtungen dürften nach einiger Überlegung einleuchten, wenn man die unterschiedliche Verhältnismäßigkeit zwischen meinem Vorteil und deinem Nicht-Vorteil, zwischen meinem Vorteil und deinem Schaden oder gar zwischen meinem bloßen Vorteil und deiner Not usw. ins Auge faßt. Mit dem harten, aber gerechten Fall A 3 formuliert Leibniz das *Notrecht*, wie es seit der Begründung in der antiken Philosophie Anerkennung im römischen, germanischen und abendländischen Kirchen-Recht gefunden hatte, bei Hobbes neu akzentuiert und durch Grotius auf das Völkerrecht ausgeweitet worden war. Lediglich die Bewertung von Fall B 1 als ungerecht scheint zunächst fragwürdig. Denn hier könnte ein verstiegenes Ideal vorausgesetzt werden, wonach schon die Benachteiligung eines anderen durch meinen legalen Vorteil moralisch illegitim wäre.[32] Die Triftigkeit dieser Leibnizschen Axiomatik kann jedoch nicht ohne ihre Funktion für die Normenableitung beurteilt werden. Denn die tabellarischen Kom2nationen haben zunächst die Funktion, in *Zweifelsfällen* (etwa auch bei *unbilligen* Schädigungen) Entscheidungskriterien für die konkrete rechtliche Urteilsfindung an die Hand zu geben.[33] Darüber hinaus aber - und dies kann erst im Verlauf der Anwendung der Axiome auf die Fälle deutlicher werden - stellt die Tabelle mit ihren sechs exemplarischen Axiomen[34] den *rein rationalen Kern* der Naturrrechtsnormen dar. Denn sie präsentiert die wichtigsten jener invarianten, quasi ma-

---

[30] Nach A VI 2, 527 ist statt "non damnum" vielmehr "non-damnum" zu lesen.

[31] Hier lese ich, entsprechend dem "non-damnum" in B 2, "non lucro" als "non-lucro".

[32] Die Bewertung leuchtet allerdings sofort ein, wenn die Schädigung des anderen vorsätzlich erfolgt, wie Leibniz dies im vierten Naturrechtsentwurf aufgreift: "injustum est alteri damnum velle [!] lucro suo" (462, 10 f.). Zum Konsens über das Notrecht vgl. explizit 459, 19 f.

[33] Der pragmatische Bezug der Tabellenwerke im Kontext der "Elementa juris naturalis" auf die Rechtspraxis ist prägnant dargestellt bei Schneider: Justitia Universalis, 51-61 u. 356-59.

[34] *Exemplarisch* sind diese sechs Axiome, weil sie logisch noch weitere enthalten, die Leibniz nicht eigens mit aufgelistet hat. Wenn z.B. nach B 3 all dasjenige ungerecht ist, "was mir in keiner Weise zum Vorteil gereicht, aber mit einem Nicht-Vorteil eines anderen verbunden ist", so wird es natürlich noch ungerechter sein eine Handlung anzustreben, die mir selbst keinerlei Vorteil bringt, aber anderen erheblichen *Schaden* zufügt oder gar andere in *Not und Elend* stürzt.

thematischen Proportionen der *aequitas* selbst. Im folgenden ist daher zu zeigen, wie weit diese Proportionen der mittleren Naturrechtsstufe die Kontingenzen der untersten und der obersten Stufe bestimmen, d.h. inwiefern die *mittlere* Naturrechtsstufe zugleich auch die *vermittelnde* ist.

b. Gerechtigkeit als klug abschätzendes Umgehen mit Vorteilen und Nachteilen

Charakteristisch für Leibniz' Methode ist es, daß die primitiven Schädigungs-Kombinationen der Tabelle auf einer objektivierten Sachebene bleiben. Gerecht und ungerecht sind also zunächst bestimmte Handlungen. Ihre Quelle in der Subjektivität des Willens wird nur so weit berücksichtigt, wie es die Gewichtungsgrade oder Proportionen des Überflüssigen, Vorteilhaften und Notwendigen verlangen. Deshalb kann Leibniz in einem ersten Fazit auch die Geisteshaltung für die drei A-Kombinationen definieren. Gerechtigkeit sei "die Willenshaltung, die niemanden ohne Not schädigt [animus nemini sine necessitate damnosus]". Dies bestätigt die Verfahrensweise, daß die Ausgangskombinationen zunächst auf die unterste Naturrechtsstufe des "jus stricte dictum" angewendet werden. Das Definiens umfaßt damit aber noch nicht den vollständigen Begriff der Gerechtigkeit. Vielmehr muß die negative Pflicht, *möglichst* niemanden zu schädigen, ergänzt werden durch die positive Verpflichtung, *möglichst* "auch einem anderen zu helfen" (433, 18 f.). Mit diesem Schritt aber ist bereits der Übergang vom *jus strictum* zur mittleren Stufe der *aequitas* gemacht, auch wenn Leibniz im folgenden die *Hilfs-Gebote* logisch zunächst als *Schädigungs-Verbote* auffaßt.

Aus dem "et juvare alterum" leitet Leibniz drei exemplarische Kombinationen ab, die sich aus der unterschiedlichen Gewichtung von bloßem Nachteil und äußerstem Elend ergeben. Helfen muß jeder "zunächst, wenn er das Elend eines anderen aufheben kann, ohne selbst dadurch ins Elend zu stürzen; ferner, wenn er ohne Verlust des eigenen Vorteils den Nachteil des anderen beseitigen kann; und drittens, wenn er ohne Verlust seines Vorteils den Vorteil eines anderen zu gewinnen suchen kann." Eine vierte Stufe, nämlich "daß man unter Verlust des eigenen Vorteils den Nachteil des anderen beseitige", kann nach Leibniz "nicht geboten werden, es sei denn unter echten Freunden, die alles gemeinsam tragen bis hin zum Unglück". Denn Freundschaften sind

privilegierte Beziehungen, die auf einer sehr starken Identifikation mit
dem anderen, doch auf der Wechselseitigkeit im Geben und Nehmen
beruhen. Sie haben, freilich mehr unbewußt als kalkuliert, die innere
Rationalität von Verträgen, die durch eine zu starke Störung der Reziprozität auseinanderbrechen und gleichsam aufgekündigt werden.[35]
   In der kombinatorischen Kette werden nun Pflichten der Billigkeit
abgeleitet, indem unterschiedliche moralische Härtegrade bei ungerechten
Schädigungen durchgespielt werden, die sich aus der Intensivierung des
Willens oder der Vorsätzlichkeit ergeben und somit ein unterschiedliches
Strafmaß erfordern. Leibniz beginnt mit den schwerwiegendsten Unge-
rechtigkeiten, nämlich den vorsätzlichen Schädigungen "sine necessitate"
(also Extremformen von B 2 und 3), und endet bei den harmlosesten,
d.h. den Schädigungen "sine culpa".
   "Gegen den, der vorsätzlich schädigt ohne Not, gilt das Kriegsrecht",
d.h. nach der obigen Erläuterung (s.o. S. 96) das Recht der Staatsgewalt
auf die Bestrafung des Täters. Doch auch hier sind wieder verschiedene
Grade zu unterscheiden: erstens "denjenigen, der, ohne ein weiteres
eigenes Gut vor Augen zu haben, meinem Wohl vorsätzlich schadet oder
zu schaden bestrebt ist; die zweite Stufe liegt vor, wenn jemand ohne
Hinblick auf ein weiteres eigenes Gut vorsätzlich zu erkennen gibt, daß
er meinen Schaden sucht; die dritte Stufe, wenn er zu erkennen gibt, daß
er, ohne auf ein eigenes Gut abzuzielen, nicht meinen Vorteil sucht. (In
allen diesen Fällen sucht er, ohne ein eigenes Gut dadurch zu erlangen,
mir ein Übel zuzufügen)." Die Stufen von der einfachen vorsätzlichen
Schädigung ohne Not bis hin zur offenen Kundgabe eines feindseligen
Willens sind also Stufen der Beleidigung, der bewußten Kränkung des
Gerechtigkeitsempfindens beim anderen oder - in der Sprache von Grotius - gesteigerte Kriegserklärungen. (434, 1-5)
   Weniger schwerwiegend als diese böswilligen Verletzungen sind
"diejenigen Fälle, in denen jemand vorsätzlich um seines Wohles willen

---

[35] Leibniz nennt daher umgekehrt Verträge [contractus] auch "parvae qvaedam amicitiae" (441, 8 f.). - "Dies
bedeutet, daß der Freund alles um des Freundes willen, und d.h. für sich unternimmt, außer zum eigenen
Unglück, weil auch der andere dies seinerseits tut. Deshalb wird ein Freund sogar bei einem kleineren eigenen
Nachteil für einen größeren Vorteil beim anderen sorgen, weil der andere dies auch für ihn tun würde. Und
wenn jemand dies mit der Zustimmung des anderen getan hat, schuldet der andere ihm ebensoviel oder
vielmehr eine Wiedergutmachung des Nachteils, ja sogar auch des verlorenen Vorteils. Die Gegenleistung muß
der Schuldigkeit entsprechen." (433, 23-27)

einen anderen schädigt" (434, 6).[36] Bei diesen Injurien vom Typ B 1 ist
zu unterscheiden, ob es *widerrechtliche* oder nur *legale Schädigungen*
sind. Diese sind freilich in der Gesellschaft unumgänglich und bis zu
einem gewissen Grad auch billig. Denn je größer die Not, desto stärker
ist auch die Bereitschaft, eine legale Schädigung anderer in Kauf zu
nehmen.

"Daran schließen sich die Fälle an, in denen jemand schuldhaft einen
anderen schädigt", jedoch ohne Vorsatz.[37] Hier ist der Schädiger gehalten, "soweit wie möglich die eigene Schuldlosigkeit zu beweisen" und
sich außerdem "in Zukunft vorsichtiger zu verhalten", um nicht erneut
Schaden anzurichten. Die Strafe muß hier, wie Leibniz im einzelnen
ausführt, genau "so groß sein, wie es zur Abschreckung [...] nötig ist".
(434, 10-25)

Im Anschluß an diese Stufe bloß fahrlässiger Schädigung unternimmt
Leibniz einen zweiten Versuch, die *justitia particularis* dieser Ebene zu
definieren. Sie sei die "Klugheit beim Umgang mit dem Helfen und
Schädigen gegenüber anderen [prudentia in aliis juvandis aut laedendis]".
Diese direkte Subsumtion der "justitia" unter die "prudentia" muß aber
in zwei Richtungen scheitern. Zum einen wird man den Gutmütigen
nicht ungerecht nennen, von dem man sagt, "daß er die Klugheit mißachtet hat, indem er andere allzusehr liebt". Und zum anderen müßte
"als gerecht gelten, wer auf kluge Weise für andere Übles bzw. nicht
Gutes sucht". Eine solche Definition der Gerechtigkeit würde ihrer
klassischen Bestimmung als "Tugend, die in der Mitte zwischen den
zwei Affekten der Liebe und des Hasses gegenüber anderen liegt", nicht
genügend entsprechen.[38] Die Koinzidenz der Gerechtigkeit mit bloßer
Klugheit im Helfen und Schädigen würde also letztlich die Rücksichts-
losigkeit für gerecht und umgekehrt große Rücksichtnahme für dumm
erklären. (434, 27-30)

Obwohl also die Klugheit nur notwendiges, nicht zureichendes Definiens der Gerechtigkeit ist, entdeckt Leibniz auch in der sozialen Rück-

---

[36] Auch dieser Unterschied muß sich im Strafmaß widerspiegeln. So ist "die Strafe größer zu bemessen bei
dem, der ohne Hinblick auf sein eigenes Wohl schädigt, als bei dem, der um des eigenen Wohles willen
schädigt". (434, 23 f.)

[37] Hierbei wird die in den Ausgangsdefinitionen beschriebene andere Form der Benachteiligung, nämlich die
"Verhinderung eines Vorteils" beim anderen, nicht eigens behandelt, sondern nur der Fall, wenn jemand im
Begriffe ist, "einfach einen Schaden an Leben oder an Gütern zu bewirken".

[38] Diese quasiaristotelische Definition der *justitia particularis* hatte Leibniz z.B. in der "Dissertatio de Arte
Combinatoria" selbst vertreten; vgl. 229 f.

sichtnahme durchaus ein Motiv eigennütziger Klugheit. "Wenn jemand so mächtig ist, daß er keinen Grund hat, die Rachegefühle der anderen zu fürchten, so wird er keine aus Klugheit entspringende Ursache haben, warum er gerecht sein sollte - es sei denn, daß er sich über ihr Lob oder über seinen guten Ruf bei ihnen freut" (434, 33-35). Nun sieht Leibniz als guter Tiefenpsychologe, daß "wir alle das Lob suchen [qvaerimus omnes laudem]". So suchen die Weisen insbesondere die Anerkennung durch die, deren Urteil öffentlich geschätzt wird. Und nicht einmal die versteckten Mißbilligungen unseres Handelns durch Untergebene lassen uns gleichgültig. Dieses natürliche Streben nach der Bestätigung unseres Selbstwertes[39], die "cura laudis", ist jedoch nicht so vordringlich wie die "cura salutis". Leibniz führt den Wahlspruch von *Caligula* an *("oderint dum metuant")*, um zu zeigen, daß das Bedürfnis nach dem guten Ruf schwächer ist als das nach der puren Selbsterhaltung (438, 1-4). Daher wird sich zwar jeder über die soziale Ehre freuen, "jedoch auf solche Art, daß er das Verhältnis abwägt zwischen jener aus der Harmonie < der Anerkennung > entspringenden Lust und seinem Nachteil." (435, 1 f.)

Mit Entdeckung dieser subtilen Form der Selbstliebe, die das rechtschaffene Handeln motiviert, hat Leibniz eine bessere Möglichkeit gefunden, die Gerechtigkeit über die Klugheit zu definieren, nämlich als "diejenige Klugheit, nach der wir zur Vermeidung von Strafe anderen nicht schaden und um einer Belohnung willen anderen nützen". Denn "andere Beweggründe als Strafe und Belohnung" seien "für die Gerechtigkeit belanglos". (435, 9-11) Diese neue Definition umfaßt also jetzt zwei Ebenen der Vorteilserwartung und Nachteilsvermeidung. Auf der niedrigsten Stufe sorgt die Furcht vor dem strafrechtlichen Vergeltungsmechanismus der Staatsgewalt für die Einhaltung des *jus strictum*. Auf der höheren Ebene der *aequitas* motiviert zusätzlich der antizipierende Hinblick auf die *Rückwirkungsautomatik* des Schädigens und Helfens eine Gerechtigkeit im Sinne der Anständigkeit und Ehrenhaftigkeit. Wer hilfsbereit zu anderen ist und sein Wohlwollen durch gewisse Zeichen der Freundlichkeit bekundet, wird im allgemeinen auch freundlich behandelt und gewinnt somit soziale Vorteile. Leibniz geht mit dieser

---

[39] Leibniz spricht ganz selbstverständlich von der "naturali[s] [...] inclinatio mentis amore aliorum et pulchritudine suae delectantis" und betont, daß diese Neigung "häufig durch andere Affekte eingetrübt" werde (438, 15-17).

Naturalisierung der Rechtschaffenheit ganz ungeniert um und nennt die Art von Selbst-Belohnung durch das erwirkte Wohlwollen anderer "die eigene Lust, die einem von anderen gewährt wird, weil man die Lust anderer klug zu erwirken gesucht hat". Umgekehrt ist die Selbst-Bestrafung, etwa durch eine Hilfsverweigerung gegenüber anderen, gleichsam "der durch andere besorgte eigene Schmerz für den unklug verfolgten Schmerz anderer". Daher läßt sich "allgemein" definieren: *"Gerechtigkeit* ist die Klugheit, das Wohl anderer bzw. nicht ihr Übel zu bewirken, um gerade durch diese Willensbekundung das eigene Wohl bzw. nicht das eigene Übel zu erwirken (d.h. um einen Lohn zu erwerben oder eine Bestrafung zu vermeiden)." Denn *Strafe* ist "das Übel, das man für eine selbst begangene Missetat erleidet [malum passionis pro malo actionis]". Und umgekehrt ist *"Belohnung* das Gut, das man für ein erwiesenes Gut empfängt [bonum passionis pro bono actionis]". (435, 13-17)

Die öffentliche Erwartungshaltung einer harmonischen Proportion zwischen Verdienst und Lohn, die auf dem mittleren Gerechtigkeitsniveau gerade die *aequalitas* ausmacht, garantiert also auch die Bedingung der Reziprozität. Deshalb fallen "die Lehre vom Rechten und die Lehre von den Pflichten [doctrina de Iusto et doctrina de officiis]" letztlich zusammen: sie enthalten nämlich genau dasjenige, "was eine Person von einer anderen mit Grund [cum ratione] erwarten darf". Die begründete gegenseitige Erwartung gewährleistet beim sozialen Handeln, "daß sowohl dem Bittenden als auch dem Befragten an der Sache gelegen ist", wenn auch nicht derart, daß im Augenblick des Handelns ein solches Schielen nach der "Nützlichkeit für den Befragten" stattfindet - höchstens, "daß ihm gezeigt wird, daß mein Wohl ihm nicht schadet bzw. mein Übel ihm schadet". (435, 3-6)

Nach dieser Skizze der wechselseitigen Erzeugung von Verpflichtungen, wonach sich der eine beim anderen in einem bestimmten Schuldquantum weiß, kehrt Leibniz auf den Argumentationskreis der Fall-Kombinatorik zurück. Und zwar folgen jetzt die am mildesten zu bestrafenden "Fälle, in denen jemand einen anderen ohne Hinterlist und zugleich schuldlos [sine dolo pariter et culpa] schädigt". Mit dieser harmlosesten Variante sind die exemplarischen *Typen* des Schädigens abgeschlossen. Deshalb geht Leibniz dazu über, die beiden wichtigsten, aber aus methodischen Gründen bisher unberücksichtigten *Grade* des Schädigens im folgenden einzeln zu behandeln, die er bei seinen Ausgangsdefinitionen unterschieden hatte. Das bloße Schädigen *(damnum dare)* hat natürlich

ein anderes Gewicht als das Verursachen von Elend *(miseriam afferre).*
Entsprechend diesen zwei Extremen der Schädigungsintensität prüft
Leibniz zuerst, und zwar stellvertretend für alle Schädigungstypen, die
Pflichten dessen, der zwar schuldlos schädigt, ohne jedoch bereits Elend
hierdurch zu verursachen. (435, 18 f.)

In dem Augenblick, in dem jemand einen Schaden anrichtet, ist es
erlaubt, ihn "zu bremsen, auch wenn er dabei Schaden, nicht jedoch
Unglück erleidet"; wenn der Schaden aber einmal geschehen ist, ist der
Schädiger lediglich gehalten, "eine Entschädigung [reparatio] zu leisten,
ohne daß man ihm selbst einen Schaden zufügt". Leibniz fragt sich nun,
ob der Schädiger zu einer solchen Ent-Schädigung auch "gezwungen
werden kann [cogi potest]" und bejaht dies mit dem Hinweis auf den
sozialen Sinn der Reparationspflicht. Die Erläuterung erfolgt mit Beantwortung einer zweiten Frage, nämlich "ob man [...] auch auf eigenen
Schaden hin zur Entschädigung gehalten sein wird", und zwar zu einer
Aufteilung des Schadens, "so daß der eine < der Schädiger > einen
Verlust, der andere < der Geschädigte > einen Gewinn davonträgt".
Diese Frage will nach Leibniz sehr sorgfältig überlegt sein, denn von ihr
hänge es ab, inwieweit folgende soziale Übel gemindert werden können:
die "Klagen, die schrägen Blicke [...] und die feindselige Gesinnung;
denn auch bei dem, der uns schuldlos einen Schaden zugefügt hat,
schlußfolgern wir unwillkürlich, daß er es darauf angelegt hat". Nach
reiflicher Überlegung, was für den sozialen Frieden am sinnvollsten ist,
werde sich die Teilentschädigung als "recht und billig [aeqvum]" erweisen. Weil der Staat aber den sozialen Frieden garantieren muß, hat er
damit auch die Befugnis, Teilentschädigungen selbst bei schuldlosem
Verhalten zu *erzwingen.* Durch diesen Kompromiß werden beide Beteiligten "zur Wohlgefälligkeit zurückkehren, weil jeder von beiden sich
dessen bewußt ist, daß er durch ein Mißgeschick", d.h. jene unverschul-
dete Schädigung, "dem anderen geschadet hat und selbst geschädigt ist.
Denn wenn Schuld auf beiden Seiten fehlt, hat gleichermaßen [aeqve]
der andere einen Grund, über mein ihm zuwiderlaufendes Verhalten zu
klagen, wie ich Grund habe, über ihn zu klagen, der mir in die Quere
kommt". Durch das Sprachspiel mit *aequum* und *aeque* verdeutlicht
Leibniz noch einmal, inwiefern Billigkeit eine "aequitas" im Sinne einer
harmonisierenden Aus-Gleichung rechtlicher oder quasirechtlicher Asymmetrien darstellt, so daß schon Aristoteles sie eine "Korrektur der ge-

setzlichen Gerechtigkeit"[40] nennen konnte. Um ein konkretes Beispiel
von Leibniz aufzugreifen, bin ich aus Billigkeitsgründen, wenn auch
vielleicht nicht *stricto jure,* zu einer Schadensaufteilung verpflichtet,
wenn "dein Widder durch den Angriff meines eigenen Widders getötet
worden ist", und zwar auch dann, "wenn mein Widder den deinigen nur
im Selbstverteidigungskampf getötet hat" - freilich "nur dann, wenn
wiegesagt kein Verschulden vorliegt". Hierbei obliegt die Beweislast
dem Schädiger. Er muß zeigen, daß die Schädigung eines anderen durch
seine Sache, also z.B. den Widder, nicht durch seine Fahrlässigkeit
verursacht worden ist. (435, 20-33)

Im vorhergehenden Absatz wurden Rechte und Pflichten bei eher
harmlosen Fällen skizziert, in denen jemand ohne eigenes Verschulden
einem anderen einen relativ äußerlich bleibenden Nachteil oder Schaden
zufügt. Im folgenden geht Leibniz zu den *Fällen des zweiten Schädi-*
gungsgrades über, in denen die Verletzung bis zur Lebensgefährdung
von Personen geht. Die Beispiele, die die Fälle A 3 bzw. B 2 der Ausgangstabelle betreffen, werden somit jetzt dramatischer. Bevor Leibniz
also eine Mehrzahl von Akteuren die moralische Schaubühne seiner
Einbildungskraft betreten läßt, schließt er die Elementarnormen der
interpersonalen Kom2nationen mit dem Extremfall A 3 ab. Weil mit ihm
der Punkt nähergerückt ist, an dem die Kriterien ihre Selbstverständlichkeit verlieren, läßt sich Leibniz von der tautologischen, aber orientie-
rungsdienlichen Auffassung des Gerechten als desjenigen leiten, was
jeder "vir prudens" billigen würde. Er experimentiert mehr mit dieser
Formel, ohne sie für eine befriedigende Definition zu halten.

"Wenn jemand im Begriffe ist, ohne eigenes Verschulden das Leben
eines anderen in Gefahr zu bringen, dann darf er[41] zurückgestoßen werden, auch wenn er dabei ins Verderben stürzt. Wenn er mich aber einmal in einen solchen Zustand niedergeworfen hat, in dem ich elend bin,
z.B. wenn er mich unabsichtlich, sei es nun schuldhaft oder auch schuldlos, durch ein Getränk so vergiftet hat, daß ich bereits im Sterben liege,
so ist in diesem Fall - gesetzt, daß kein Gott sei und auch kein Leben
nach diesem Leben - mir als einem gleichsam Verzweifelten erlaubt, was
mir beliebt; und kein noch so kluger Mensch vermag mir gegenüber

---

[40] Eth. Nic., V 10, 1137 b 13 f.: "ἐπανόρθωμα νομίμου δικαίου".

[41] Das "potest" ist im folgenden meistens als *moralisches* Können, d.h als Dürfen aufzufassen.

etwas anderes, als mir das Sterben zu beschleunigen, wenn er sieht, daß ich gegen alle Umherstehenden in Raserei gerate." (437, 14-19)

Während das Abwehrrecht des Lebensbedrohten im Unheilsmoment vom Notwehrrecht her einleuchtet, scheint ein *jus in omnia* des Todgeweihten gegen seinen Lebenszerstörer äußerst zweifelhaft. Es mag psychologisch verstehbar sein, daß ich als *desperatus* angesichts des Todes in Raserei gegen den Zerstörer meines Lebens gerate. Aber inwiefern sollte dies naturrechtlich erlaubt sein? Der weitere Gedankengang relativiert jedoch diese naturrechtliche Willkür, die ohnehin nur unter der atheistischen Prämisse, nicht *coram Deo* zu rechtfertigen wäre. Leibniz fragt nämlich, wie die Zeugen dieses Vorfalls reagieren würden. "Wenn ich mich [...] nur gegen denjenigen, der mir ohne oder mit Schuld geschadet hat, hinreißen lasse, jedoch bis hin zu seinem Unglück, so glaube ich, daß andere kluge Menschen dann ihm zu Hilfe eilen werden. Falls ich jedoch meine Raserei nicht bis zu seinem Unglück hin auswachsen lasse, so glaube ich, daß alle Klugen mir dabei helfen werden, von ihm so viel an Entschädigung zu verlangen, wie er mir ohne sein eigenes Unglück gewähren kann". (437, 21 f.)

Mit diesem Extremfall beendet Leibniz seine exemplarische Ableitung von Rechten und Pflichten aus den Kom2nationen des Gerechten und Ungerechten und zieht Bilanz. "Dies sind Leistungen, die eine Person mit Zwangsmitteln von einer anderen verlangen kann, *sans faire tort aux sages,* ohne die Furcht, bei einem Klugen Anstoß oder zumindest Mißfallen zu erregen." Von den bislang aufgezeigten naturrechtlichen Normen ist auch der Souverän nicht ausgenommen, wie Leibniz in deutlicher Anspielung auf die Hobbessche Chiffre des *Leviathan* hervorhebt. "Denn auch wenn es einen unvernichtbaren Riesen [inoccidibilis gigas] gäbe, dem man weder durch Gift schaden noch durch Folter die Haut durchbohren könnte, so wird es doch niemanden geben, der leugnete, daß er < in den genannten Fällen > ungerecht, d.h. disharmonisch handelte, so daß seine Taten gegen andere von einem Klugen nicht gebilligt werden können" - es sei denn, daß er gemäß A 2 nur "seinen Vorteil verbunden mit einer Benachteiligung anderer sucht, insoweit diese nicht bis zum Unglück anderer geht." (437, 26-30)[42]

---

[42] Leibniz hält es allerdings für nötig, über diese Toleranzgrenze des Schädigens noch "tiefer nachzudenken": "Ob man seinen Vorteil nicht auch verbunden mit dem Unglück anderer suchen wird?" Er entdeckt nämlich mitten im allgemeinen Konsens darüber, daß notwendige Schädigungen anderer Wesen nicht bis zu deren Verderben ausschlagen dürfen, eine denkwürdige Ausnahme, nämlich die vorsätzliche und doch als un-

c) Stufen des ungerechten Krieges als Steigerungen der Unbilligkeit

In einem Proömium zur politischen Ausweitung der Naturrechts-Normen prüft Leibniz die Triftigkeit des Lukanschen Diktums "*Wer die Rechte dessen, der die Waffen hält, verweigert, gesteht ihm damit alles zu.*"[43] Die Frage ist also, in der Sprache von Grotius, ob mit der Einräumung des *jus ad bellum,* das dem geschädigten Anspruchsinhaber gegenüber dem Rechtsverweigerer zusteht, auch das *jus in bello* ein uneingeschränktes *jus in omnia* ist.

Ein Beispiel soll diesen Punkt klären. "Stell dir vor, daß du mir hundert Taler schuldest! Wenn ich dich anders als durch Gewalt dazu zwingen kann, nehme ich klugerweise von Gewalt Abstand, jedoch nicht notwendigerweise - es sei denn, daß ein Höherer da ist, der uns zwingt", also der Inhaber der Staatsgewalt. Aber auch, wenn etwa in anarchischen Wirren kein Souverän das Gewaltmonopol innehat, werden nach Leibniz "vielleicht andere ein Interesse daran haben, daß keine Gewalt angewendet wird, solange die Sache auf andere Art beschlossen werden kann". Ihr Sicherheitsbedürfnis wird sie veranlassen, denjenigen "zur Ordnung zu rufen", der sich der Rückzahlung der hundert Taler widersetzt, zugleich aber dem Geschädigten eine Selbstjustiz zu verbieten. Falls aber doch Gewalt gegen den Rechtsverweigerer anzuwenden ist, so sind "unter allen Umständen wieder viele ausgleichende Vermittlungen nötig". Denn bei einem Streitwert von 100 Talern ist "keine Handlung zu begehen, aus der Unglück folgte". (438, 18-30)

Das Lukan-Wort ist also schlechthin falsch, weil die Verweigerung *begrenzter* Rechtsansprüche dem Geschädigten auch nur ein *begrenztes* Bestrafungsrecht verleiht. Die Vergeltung muß *im angemessenen Verhältnis* zum Unrecht stehen. Gerade der Verzicht auf unverhältnismäßige Gewalt bei der Wiederaneignung eines Rechtsanspruches kann also größeres Unglück verhindern. Daraus leitet sich das allgemeine Gebot ab, beim Kriegsrecht die relative Verhältnismäßigkeit zwischen Zweck und Mittel abzuwägen und einzuhalten. Leibniz illustriert das durch mehrere Beispiele. "Wenn z.B. zwei Bauern um eine bestimmte Sache

---

bedenklich geltende Tötung von Tieren, bloß "gulae nostrae causa". Was Leibniz an diesem Phänomen interessiert, ist weniger die Legitimitätsfrage als die psychologische Frage nach Gründen für die leichtfertige Überschreitung der Tötungshemmschwelle bei Tieren. (437, 30 - 438, 4)

[43] Marcus Annaeus Lucanus: Pharsalia, I 348 f.: "Arma tenenti / Omnia dat qvi justa negat."

streiten, wenn sie sich gegenseitig in die Haare fahren und sie ausreißen, wenn sie sich einander mit Schlägen verprügeln, aber auch wenn du[44] meinen Besitz zugrunderichtest und ich deinen, ohne jede körperliche Gewalt, so lange ist der Krieg gemäßigt. Wenn aber das Unglück des anderen angestrebt wird, wird der Krieg mörderisch. Daher wird derjenige, der inmitten wechselseitiger Ohrfeigen als erster das Messer oder Schwert gezückt hat, nach allgemeiner Übereinstimmung als Angeklagter behandelt." Der Verzicht auf ein *bellum internecinum*[45] zugunsten des *bellum moderatum* ist auch beim "Kampf zwischen zwei Fürsten" zu beobachten. Dem bloßen Haareraufen bei Bauern entspricht bei den Fürsten der Verzicht, den Palast des Gegners zu stürmen und statt dessen die Privatfehde durch Untergebene austragen zu lassen. Und selbst "zwischen den Staaten" werden im Krieg völkerrechtliche "Verbindlichkeiten erkennbar", so daß etwa nur dort gekämpft werden darf, "wo sich Bewaffnete gegenübertreten". (438, 30 - 439, 2)

Diese Parallelfälle sind Musterbeispiele für die Geltung naturrechtlicher Normen selbst innerhalb der strafrechtlichen oder öffentlichen Kriegsführung. Sie haben also exemplarischen Charakter für die Gerechtigkeitsstufe der Billigkeit, auf der konkurrierende Rechtsansprüche zu harmonisieren sind. Daher lassen sich auch für die Verletzung der Verhältnismäßigkeit folgende Normen ableiten. "Ungerecht handelt, wer, obwohl er mit gleichen Waffen Gewalt abwenden kann, als erster sich ungleicher Waffen bedient. Von daher hat unter allen Umständen ungerecht gehandelt, wer als erster tödliche Waffen auf den Kampfplatz geführt hat, obwohl mit anderen Waffen hätte gekämpft werden können. Noch ungerechter hat gehandelt, wer als erster Geschosse geworfen hat, vor denen man sich noch weniger schützen kann. In noch höherem Maße ungerecht hat gehandelt, wer verborgene und schwerer abzuwehrende Waffen ins Feld geführt hat, wie derjenige, der sie als erster ohne Ankündigung eingesetzt oder als erster sich erlaubt hat, mit Feuer entfachenden und vergiftenden Mitteln gegen den Feind zu Werke zu gehen. Dasselbe gilt für Waffen, die noch schädlicher sind und den Gegner nicht bloß bezwingen, sondern auch vernichten, wie vergiftete Pfeile." Leibniz betont aber ausdrücklich, daß diese Stufen der Kriegsführung nur dann unbillig sind, wenn die aggressive Gewalt ohne den Defensiv-

---

[44] Korrektur nach A VI 2, 527: statt "deniqve" lies "tu".
[45] Leibniz schreibt statt "internecivum" stets "internecinum" (438, 33; vgl. auch 344, 1).

einsatz härterer Waffen abgewendet werden kann. Die Steigerung des Vernichtungspotentials kann hingegen legitim sein, "wenn zu befürchten ist, daß sonst nichts Geeigneteres zur Verfügung steht"; z.B. dann, wenn nach gewissenhaftester Folgenabschätzung nur der Einsatz härterer Waffen Massenvernichtungen verhindern oder beenden kann. Wer jedoch im Krieg gegen den Grundsatz der Verhältnismäßigkeit "sündigt", erteilt damit anderen das *jus poenae,* auch "wenn er einen gerechten Kriegsgrund gehabt haben mag". Freilich ist es im konkreten Einzelfall manchmal schwierig, die Grenzen der Verhältnismäßigkeit genau zu fixieren. (439, 2-11)

Mit dieser Widerlegung der verdrehten Weisheit, daß unter Waffen *alle* Gesetze schweigen, geht Leibniz von den privaten Rechtsverhältnissen zwischen zwei Personen auf die politische Sphäre über, in der die Verflechtung des einzelnen mit dem *bonum commune* thematisch wird. "Mit welchem Recht mischen sich andere in einen Schaden ein, der nicht für sie selbst eingetreten ist?" Die rhetorische Frage zielt auf den Begriff des Öffentlichen selbst, denn die Einmischung ist nichts anderes als die interessierte Teilnahme des Bürgers am politischen Ganzen, das seine Sicherheit verbürgt. Die Antwort lautet daher: "weil die Angelegenheit für das beispielhafte Benehmen und für die öffentliche Sicherheit von Belang ist". Über das privat eigennützige Interesse hinaus ist also die innere Anteilnahme an der *securitas communis* auch Pflicht, denn eine allgemeine Gleichgültigkeit gegen die Ordnungsmächte überhaupt würde den Schutz aller gefährden. Deshalb "kann ein Mensch (oder eine Versammlung)[46], wenn er so mächtig ist, daß er allen Sicherheit verbürgen, ja sogar glückliche Sicherheit garantieren kann, zu Recht die anderen zwingen und muß zum Zwecke der öffentlichen Wohlfahrt von allen unterstützt werden" (439, 11-14). Leibniz, der den Staat zunächst ganz im Sinne von Hobbes als bloßen Koexistenz-Mechanismus auffaßt, beginnt nun für die Berücksichtigung *aller* Personen einer Rechtsgemeinschaft erst mit den interpersonalen Kon3nationen, in denen sich erstmals die Tragik, d.h. der unvermeidbare Bewertungskonflikt beim Handeln offenbart.

---

[46] Selbst in dieser Formel "homo aut Concilium" zeigen sich deutlich die Spuren von Leibniz' Aneignung des Hobbesschen Naturrechts-Denkens.

3. Die Kasuistik der Seenot
und der Schiffbruch eindeutiger Letztnormierung

Um exemplarische Motive für jene Einmischung in die Konflikte anderer aufzufinden, bringt die *ars inveniendi* der Kombinatorik drei Personen in ein ernstes Spiel. Leibniz mustert vier verschiedene Situationen durch, in denen er jeweils erst die *quaestio juris* nennt und dann seine eigene Ansicht zusammenfaßt. Erneut ergibt sich die Reihenfolge dieser Fragen aus dem zunehmenden Schädigungsgrad gemäß der Ausgangstabelle. 1. "Ich frage mich, ob mir das Recht zusteht, den Vorteil des einen zu verhindern, um den eines anderen zu besorgen. Ich glaube, daß dies erlaubt ist, weil es ja auch um meines Nutzens willen erlaubt ist, auf keinen Fall aber, wenn niemand einen Nutzen davon hat." 2. "Ferner: ist es mir gestattet, deinen Nachteil herbeizuführen um des Vorteils eines anderen willen? Es steht mir nicht zu, insofern es nicht auch um meines Vorteils willen geschieht." 3. "Ferner: ist es mir erlaubt, dir einen Schaden zuzufügen, um den Schaden eines anderen zu vermeiden?" 4. "Ebenso: ist es mir erlaubt, mit Hilfe deines Unglücks das Unglück eines anderen wiedergutzumachen?" Die beiden letzten Fragen sind wegen der normativen Gleichgewichtung *(damnum contra damnum* und *miseria contra miseriam)* nicht leicht zu beantworten, aber gerade deshalb "von etwas größerem Gewicht". Darum prüft Leibniz beide sehr genau. (Der 5. Fall, *miseria contra damnum,* scheint nicht weiter problematisch; denn daß es erlaubt ist, "das Unglück eines anderen mit Hilfe deiner Schädigung wiedergutzumachen", steht außer Zweifel.) (439, 17-22)

Um für die dramatische Konfliktualisierung der Normen, und zwar gerade auch zwischen Recht und Moral, Entscheidungshilfen zu gewinnen, bedient sich Leibniz der traditionsreichen Kasuistik der Seenot, d.h. eines *theoretischen* Rigorismus, der den *praktischen* Rigorismus einer erfahrungsfernen Prinzipienstarrheit vermeiden soll.[47] Von den offenen Fragen 3 und 4 zieht Leibniz die wichtigere vor, wo es um Unheil gegen Unheil geht. "Gesetzt, daß sich zwei Personen in der Gefahr des Ertrinkens befinden", aber "nur einer gerettet werden kann: liegt es dann

---

[47] H. Blumenberg: Die Sorge geht über den Fluß, Frankfurt a.M. 1987, 16: "Moralische Kasuistik ist nur bei Rigoristen interessant; jeder Moralaxismus hat für die Grenzfälle der Lebensbedrohtheit fast jede Lizenz bereit und entzieht damit jeden seiner Grundsätze der Probe auf letzte Stichhaltigkeit. Das Ius necessitatis [...] erfordert den Rigorismus, um überhaupt im Gedankenspiel herauszupräparieren, welche Konflikte es zu 'regeln' hat."

in meiner puren Willkür, den einen zu unterstützen und den anderen preiszugeben? Und hat nicht der im Stich Gelassene, falls er zufällig gerettet werden sollte, einen Anklagegrund gegen mich? Natürlich wird er keinen Grund haben mich zu lieben, doch auch keinen mich zu hassen. Also glaube ich, daß hier eine Pflicht der Gefälligkeit und der Billigkeit vorliegt, so daß nach strengem Recht nichts von seiten eines der beiden gefordert werden kann - es sei denn, man hätte beide ihrem Schicksal überlassen." Solange es um das Verhältnis zwischen zwei Personen ging, waren die Normen noch so deutlich, daß sich gemäß den Gewichtungsgraden strafrechtlich verfolgbare Ansprüche fixieren ließen.[48] "Falls aber die Rettungsansprüche zweier Personen miteinander konkurrieren und angenommen wird, daß ich dir die Rettung schuldig bin, dann werde ich sie gewiß auch dem anderen schuldig sein." Das Dilemma liegt also im Mangel an einem letzten Grund der Bevorzugung unter ceteris-paribus-Bedingungen. Leibniz prüft deshalb mögliche Entscheidungskriterien: "Ob ich also gehalten bin, die Entscheidung dem Los zu überlassen? Oder, falls dafür die Zeit fehlt, gleichsam der ersten Gefühlsregung? Oder ist hier der Fall zugunsten des Freundes zu entscheiden?" Leibniz votiert zunächst für diesen Maßstab. Doch unterstellt er bereits einen unterschiedlichen Freundschaftsgrad zwischen den Schiffbrüchigen und ihrem möglichen Retter. Auch bleibt die Frage, "ob es erlaubt ist, denjenigen wieder fallen zu lassen, den man einmal gegriffen hat, um den Hilferufen des anderen nachzukommen". Dies alles "sind wahrlich Fragen von großem Gewicht", die (wie der Dreiundzwanzigjährige mit seinem charakteristischen Selbstvertrauen hinzufügt) "meines Wissens auch noch nicht ausgelotet worden sind. Alle Fragen können aufs beste am Beispiel der Schiffbrüchigen verdeutlicht werden." (439, 22-34)

Daß Freundschaft nur *ein* Bevorzugungskriterium unter vielen ist, zeigt schon die Historie. "Ob der Fall zugunsten des Freundes hat ausschlagen dürfen, obwohl Kalchas dessen Opferung verlangte? Gewiß scheinen die Griechen hier anders empfunden zu haben, die bei Aga-

---

[48] "Gewiß habe ich, wenn jemand mich ohne Grund im Stich läßt, obwohl er mir ohne eigene Gefährdung zu Hilfe kommen könnte, ein Klagerecht gegen ihn, auch dann, wenn er mich bei eigenem Schaden hätte retten können, jedoch ohne sich dadurch ins Unglück zu stürzen. In ähnlicher Weise habe ich einen Klagegrund gegen den, der meinen Besitz nicht gerettet hat, obwohl er es ohne eigenen Schaden hätte tun können. Daß er hingegen meinen Besitz rette, obwohl er seinen eigenen Vorteil dabei vernachlässigt, dazu wird meines Erachtens niemand gehalten sein." So faßt Leibniz die Fälle *unterlassener Hilfeleistung* zusammen (439, 26-29).

memnons Tochter, zusammen mit den Töchtern der anderen Vornehm-
sten, keine Ausnahme machten - und gerade auf Iphigenie fiel das Los."
Als konkurrierende Kriterien treten also religiöse und politische Motive,
der soziale Rang und der Verwandtschaftsgrad hinzu; aber mehr noch:
"wenn ich bemerke, daß mein Vater, mein Bruder, mein Freund oder
überhaupt ein Bekannter mit einer anderen Person im Wasser treibt und
in Gefahr ist, zu ertrinken: ist es dann nicht richtig, die vertraute Person
zu retten und den anderen preiszugeben? Ob der Tüchtige dem Faulen
vorzuziehen ist, der Weise dem Ungebildeten? [...] Wird nicht mein
Bekannter empört sein, falls er vernachlässigt, ein Unbekannter aber aus
dem Wasser gezogen worden ist?[49] Fragen dieser Art sind wahrlich
schwieriger, als sie auf den ersten Blick erscheinen!" (439, 34 - 440, 7)
     Die Not, "über Leben und Heil entweder des einen oder des anderen
entscheiden" zu müssen, wird noch härter, wenn von mehreren vertrauten Personen nur eine gerettet werden kann. "Was, wenn der Erzieher
mit dem Freund oder gar das Oberhaupt meines Staates mit meinem
Vater konkurriert? Wem von beiden ist zu helfen? [...] Welche Rücksicht auf Dankbarkeit ist zu nehmen?" Angesichts dieser Problemzuspit-
zung stellt sich sogar für Leibniz zwischendurch die Frage, "ob bei einer
solchen Angelegenheit überhaupt nichts festzusetzen ist und sie nicht
vielmehr dem Zufall oder Geschick zu überlassen ist?" Und, *falls* ein
solcher Fatalismus vertretbar wäre, sollten wir die Entscheidung dann
"dem Zufall und Geschick nicht unabhängig von der Situation überlassen, sondern vielmehr in Abhängigkeit von der Situation? Muß z.B.
demjenigen geholfen werden, der von uns leichter zu unterstützen ist,
wenn wir ihm als erstem helfen können und leisten, was in unserer
Macht steht?" Sollte also die bloße statistische Rettungswahrscheinlich-
keit, die sich aus der unterschiedlichen Körperkraft der Personen und der
Entfernung zum Boot ergibt, zum *einzigen* Kriterium gemacht werden?
Dann könnte es geschehen, daß gerade der "weniger Wertvolle" gerettet
wird, nur weil er "als erster auf mich zuschwimmt" oder "die Ausdauer
des Körpers" bei ihm größer ist. Leibniz geht hierbei auf, daß die Erfolgswahrscheinlichkeit nur bei der Rettung von blinden Stoffen (wie

---

[49] Hierzu macht Leibniz an einer späteren Stelle eine Bemerkung, die man kaum anzweifeln wird. Es sei
geradezu eine *declaratio mali animi*, einen Unbekannten statt des Freundes zu retten. "Dem Freund gilt es als
Zeichen einer abgeneigten Gesinnung [animi aversi signum], daß er vernachlässigt worden ist; nicht so dem
Unbekannten." Und bereits dieses Zeichen der abgeneigten Gesinnung liefere dem Freund das strafrechtliche
"jus belli" gegen mich. "Ebenso verhält es sich beim Vater oder beim König". (442, 8-11)

etwa Koffergepäck) als Letztkriterium zuzulassen ist, nicht aber bei der
Rettung von "Menschen, die sich der Vernunft bedienen". Die Schiffbrüchigen würden sonst nicht einmal als Personen, geschweige denn als
Individuen anerkannt, sondern hätten bloß den Marktwert von Objekten.
Der Verzicht auf persönliche Kriterien ist daher ebenso abzulehnen wie
der Verzicht auf das Eingreifen in der Not überhaupt. (440, 11-20) Es
gilt also: "certè aeqvum videtur eligi meliorem"; fraglich ist jedoch, wie
diese Rangfolge der Bestheit inhaltlich bestimmt werden mag. Bevorzugen muß man natürlich "den insgesamt Nützlicheren, z.B. denjenigen,
der viele Kinder hat, die ohne seine Hilfe sofort umkommen würden,
eher als einen Kinderlosen[50] oder Müßiggänger; ebenso denjenigen, mit
dessen Tod auch viel im Staat verderben würde, wie eine Geisel". Zweifelhaft ist bereits, ob auch derjenige, der etwa für politische Geschäfte
"zu einem hohen Preis verkauft werden kann", zu bevorzugen ist. Was
aber auf keinen Fall letztentscheidend sein darf, ist die Erwartung priva-
ter finanzieller Vorteile, so daß ich den vielversprechenden Reichen eher
ins Boot zerre als den Armen. (440, 7-11)

Um den Kriterienkatalog weiter durchzumustern, greift Leibniz auf
noch härtere Beispiele vor, die sich aus Komplexionen von mehr als drei
Personen ergeben. "Man stelle sich vor, daß der König nur gerettet
werden könnte durch die Tötung eines Bürgers, indem durch dessen
Körper ein Speer in den Feind hindurchzubohren wäre, von dem die
Gefahr für den König ausgeht." Oder: "Was tun, wenn ich mit den
Körpern von Verwundeten eine Brücke auftürmen müßte für die Rettung
des Königs, des Vaters, des Freundes oder des Wohltäters? Es muß doch
endlich eine entscheidende Schlußfolgerung gezogen werden [Sed tandem
concludendum est aliqvid]!" Eine Zwischenbilanz führt zu folgender
Maxime: " <Als Bevorzugter> auszuwählen ist jedenfalls der, dessen
Untergang mit dem Untergang vieler verbunden ist." Das gleiche gilt für
denjenigen, dessen Unglück mit dem Unglück vieler verbunden ist. In
diesen Fällen muß jedoch der himmelweite Unterschied beachtet werden,
ob *ich selbst* mich in Not befinde oder nur als relativ Außenstehender bei
der Not *anderer* eingreife. Wenn ich ein Heilmittel gegen Podagra besitze, das schon bald aufzubrauchen ist und nicht erneuert werden kann,
dann werde ich freilich mir selbst den Vorzug geben, falls ich unter der
Fußgicht leide. Wenn aber andere Gichtkranke meine Arznei entdecken,

---

[50] Korrektur nach A VI 2, 527: lies "orbum" statt "viduum"!

so werden sie es mir "zu Recht entreißen", nämlich nach dem Notrecht oder privaten Kriegsrecht. Oder wenn ich auf einem Schiff Notproviant für mich versteckt halte, den die anderen jedoch finden, dann verlangen diese "zu Recht eher die Aufteilung der Lebensmittel, als daß sie sterben". In beiden Fällen nämlich bewirkt die Not auf allen Seiten ein "bellum justum". (440, 21-30) Diese Symmetrie scheint hingegen beim *Schiffbruch mit Zuschauer* durchbrochen, weil dieser sich im sicheren Boot befindet.

Der Schiffbruch, Chiffre für die extremen Nöte in den gefährlichen Abgründen des Lebens, wird aber nun von Leibniz scharfsinnig auf den Zuschauer selbst übertragen. Weil er kein bloßer Zuschauer, sondern ein herausgefordertes Subjekt der praktischen Vernunft ist, deren Kriterien aber miteinander konkurrieren, so gerät er selbst in die Gefahr eines Schiffbruchs: sein Gewissen ist in höchster Not. Wenn es nicht auch Schiffbruch erleiden soll, wenn die Zweifel nicht bis zur Verzweiflung alles Handeln paralysieren sollen, dann kann die Identität des sittlichen Bewußtseins nur dadurch gerettet werden, daß es unter gegebenem Zeitdruck das Kriterium auswählt, das *ihm* nach bester Abwägung am gewichtigsten *erscheint*. Das Gewissen bleibt also nur im Boot, wenn aller Ballast über Bord geht - bis auf das gewichtigste Kriterium. Wer seine ganze dianoëtische Tugend ausschöpft und sich dann entscheidet, ist vor Gott und den Menschen gerechtfertigt - dies ist die Konsequenz von Leibniz' Übertragung des Notrechtes auch auf das Gewissen. Die Kriteriologie auf diesem Naturrechtsniveau zwischen *aequitas* und *pietas* ist also nur dem *forum internum* verpflichtet. Deshalb spricht Leibniz von einem *jus eligendi* (441, 17) und erläutert: "Was es auch sein mag, ich zweifle nicht daran, daß ich auswählen darf, wem ich zuerst zu Hilfe komme; es muß aber aus vernünftiger Erwägung [ex ratione] geschehen." (440, 30 f.)

Leibniz' eigene Hierarchie letztentscheidender Normen lautet folgendermaßen. "Vor allen anderen" wähle man "den, in den das eigene Heil miteingeschlossen ist, sodann denjenigen, dem das Heil so viel anderer wie möglich anvertraut ist, am meisten, wenn es das öffentliche Wohl ist. Den Vater, die Gattin oder den Sohn mag man dem Fürsten nachordnen, auf dem das öffentliche Wohl beruht".[51] Falls jedoch eine andere Reihenfolge getroffen wird, "wird es keinen Grund geben, weshalb der im Stich Gelassene sich empört beträgt". Weil es also "unbillig ist, von dir zu erbitten, daß du dein Heil dem meinigen nachordnest, wird es schlechterdings unbillig sein, von irgend jemandem zu verlangen, daß er mein Heil dem eines Fremden vorziehen möge." Im Schiffbruch habe ich also unter *rechtlichen* ceteris-paribus-Bedingungen weder ein Klagerecht noch einen Empörungsgrund, wenn ich im Katalog des Retters nicht auf Platz 1 stehe. (Das heißt nicht, daß die mögliche Kränkung meines Gerechtigkeitsgefühls unverständlich wäre.) Die Gerechtigkeit kann hier nicht viel weniger rauh sein als die Verhältnisse. Nicht einmal als Vater habe ich gegen meinen Sohn ein Klagerecht, so daß ich ihn nicht zu Recht zwingen kann, eher mich zu retten als den König oder den Freund.[52] Mit diesem Fazit ist also die offene Frage 4 so entschieden, daß es erlaubt ist, im Falle *miseria contra miseriam* die gewissenhafteste Auswahl frei zu treffen. Wegen der Symmetrie zum Fall *damnum contra damnum* ist damit auch Frage 3 beantwortet, so daß es "mir erlaubt ist, durch eine Schädigung anderer deinen Schaden auszugleichen." Wenn also im Schiffbruch der Besitz zweier Personen zu retten ist, z.B. ihre Tiere, steht es mir im Prinzip frei, wessen Tiere ich aus dem Wasser fische.[53]

Der Scharfsinn erlaubt es Leibniz nicht, mit diesen Antworten zufrieden zu sein. Schon zuvor war ihm der Verdacht gereift, daß man unterscheiden müsse zwischen dem *aktiven Zufügen eines Schadens oder Unglücks* und dem *passiven Nichterretten aus einem Schaden oder Un-*

---

[51] Der wichtige Satz, mit dem Leibniz an *Ciceros* oberstes Gesetz "salus publica suprema lex esto!" anknüpft (De legibus, 3, 3, 8), lautet im Original: "Patrem conjugem filium postponet principi cui salus publica innititur." Ich fasse die fehlenden Satzzeichen zwischen Vater, Gattin und Sohn im Sinne eines: sei es nun Vater, Gattin oder Sohn. Für den Fall, daß alle drei miteinander konkurrieren, dürfte es sich um eine Antiklimax handeln. Weil Leibniz hier seine eigene Rangordnung näher bestimmt, halte ich den Konjunktiv bei "postponet" für bestmöglich übersetzt mit "mag", nicht mit "soll".

[52] Mit der doppelten Kompetenz des Juristen und Staatsphilosophen erkennt Leibniz freilich, daß man auch hier wiederum unterscheiden muß: "Ich bin nämlich der Ansicht, daß derjenige, der für die Bewahrung der Gerechtigkeit verantwortlich ist", d.h. der Souverän, "ein Vergehen gegen ihn selbst bestrafen kann, weil er ja das Vergehen gegen andere bestrafen kann". Daher kann der Vater, der zugleich auch König ist, seinen Sohn zu Recht wegen unterlassener Hilfeleistung bestrafen, nicht jedoch der bloße Untertan. (441, 1-4)

[53] Beim Sachenrecht ist allerdings zu beachten, "daß einem Freund eine Klage gegen seinen Freund eingeräumt wird, d.h. etwa gegen den, der von mir in soweit Wohltaten angenommen hat, wie ich um seinetwillen an versäumtem Vorteil oder an Schaden hingenommen habe, wenn er die Freundschaft nicht aufrecht erhält". Wenn also mein Freund den Tieren eines Fremden bei der Rettung den Vorzug vor den meinigen gibt, "so besitze ich auf alle Fälle ein Klagerecht gegen ihn. Dieses besitzt also auch der Vater < gegenüber dem Sohn >". (441, 6-14)

glück.[54] Deshalb folgt ein zweiter Durchgang durch die gleichgewichtigen Komplexionen. Ging es bisher um die Frage, ob es erlaubt sei, "eher dich aus einem Unglück oder Schaden zu befreien als einen anderen"[55], so fragt sich nun, "ob es erlaubt ist, eher dir Schaden zuzufügen als einem anderen, falls einer von beiden geschädigt werden muß." War das Beispiel der zwei Schiffbrüchigen bestens geeignet, das *eripere miseriâ* von nur einer Person zu illustrieren, so muß jetzt ein noch drastischeres Beispiel herhalten für das unvermeidbare *inferre miseriam* zugunsten einer anderen Person. Es ist ein unterschiedliches Rechtsverhältnis, ob *ich selbst* in Feindeshand gefallen bin und "mir um meines Heiles willen mit dem Pferd einen Weg durch die Körper von Verwundeten bahnen muß", oder ob ich *einem anderen* einen solchen Fluchtweg bahne. In eigener Not habe ich das *jus eligendi,* in welcher Rangfolge ich die Verwundeten schonen will; daß ich überhaupt ihre bestmögliche Schonung erwäge, gebietet auch bei der Notwehrhandlung die *aequitas,* d.h. jene *limitatio juris,* die den "auf beiden Seiten gerechten Krieg" vom unbilligen mörderischen Vernichtungskrieg unterscheidet. Problematisch ist dagegen mein aktives Eingreifen in die Not *anderer.* "Gesetzt den Fall, daß Titius sich unter den Feinden befindet und es ihm nicht möglich ist, sich einen anderen Rettungsweg zu bahnen als über den Leib von Cajus, der jedoch sonst außer Gefahr ist: ist es mir erlaubt, Cajus mit einem Brett zu Boden zu werfen, damit sich Titius hinauswinden kann, insbesondere wenn Titius mich durch einen finanziellen Vorteil dazu ermuntert? [...] Ich glaube nicht." Leibniz bringt erneut die finanzielle Vorteilserwartung als Kriterium ins Spiel, um eine wichtige Differenz nachzutragen. Im allgemeinen ist freilich "in Fragen der Rettung keine Rücksicht auf Geld zu nehmen". Denn eine Entscheidung *aus finanziellen Motiven* hieße gerade nicht, "von zwei Gleichen einen dem anderen, sondern den Ungleichen dem Höheren vorzuziehen". Im Einzelfall kann jedoch die Bevorzugung des Reicheren geboten sein, wenn etwa "das Heil mehrerer Personen von ihm abhängt", der Reichtum also Mittel zum Zweck in einer Entscheidung *aus ethischen Motiven* ist. Aber auch unabhängig vom Privatvorteil bleibt die *quaestio juris* zweifelhaft,

---

[54] "An discrimen est inter inferre damnum et <damno> non eripere"? (440, 2)

[55] Der lateinische Satz ist heikel: "Hactenus liceatne potius te eripere miseria vel damno vel alium." (441, 15) Das zweite "vel" ist wahrscheinlich ein Flüchtigkeitsfehler. Leibniz hat damit die Alternative "te" oder "alium" markieren wollen, hatte am Satzende aber vermutlich vergessen, daß das "potius" ein komparativisches "quam" erfordert. Das letzte "vel" ist daher im Sinne von "quam" zu lesen.

selbst wenn man an die Stelle von Titius den eigenen Vater setzt. Daß
für das Heil des einen das Unglück des anderen aktiv herbeigeführt
werde, ist zumindest dort fraglich, wo beide in einem gerechten Privat-
krieg auf Leben und Tod gegeneinander kämpfen. Denn dies ist "ein
Fall, in dem es mir nicht zu Recht erlaubt ist, dem nachzuhelfen, der zu
Recht kämpft, weil jeder von beiden zu Recht kämpft" (441, 15-28). Zur
Gewinnung weiterer Kriterien bei einem solchen naturrechtlichen Gleichgewicht greift Leibniz auf den einfachen Seenotfall zurück[56], merkt
aber bald, daß trotz Beispielwechsel die Ausgangsfrage offengeblieben
ist: ob es mir erlaubt ist, von zwei Personen, die mit gleichem Recht um
die lebensrettende Planke kämpfen, "den einen aus der Ferne unter
Wasser zu stoßen, um den anderen zu retten" (442, 11-13).[57]

Angesichts der ins Unüberschaubare sich steigernden Komplexität der
Aspekte weicht Leibniz schließlich auf zwei entscheidbare Extremfälle
aus. "Wenn zwei Personen derart gegeneinander kämpfen, daß sie darauf
hinwirken, daß keiner von beiden gerettet wird, falls sie sich selbst
überlassen bleiben, z.B. wenn nur einer gerettet werden kann, aber jeder
dieser eine sein will", dann habe ich "das nämliche Recht" auf die Auswahl des Besseren wie oben beschrieben. Bevor sich *beide* totkämpfen

---

[56] "Setzen wir folgenden Fall: Titius und Cajus kämpfen im Wasser um eine Planke: ist es erlaubt, einem von
beiden durch einen Wurf aus der Ferne nachzuhelfen? Von gleichem Verhältnis ist die Frage, ob es erlaubt ist,
denjenigen zurückzustoßen, der bereits als erster am Tau hängt. Man stelle sich vor, daß sie auf das Schiff
springen und das Schiff nicht noch mehrere Personen fassen kann: ist es erlaubt, einen Unglücklichen wieder
über Bord zu werfen, um den anderen hineinzulassen, um dessen willen wir das Schiff herbeigeholt haben?"
Diese Frage kann dort mit Ja beantwortet werden, wo "die Hinzusegelung auf den anderen eine Pflicht gewesen
ist, insofern er das Kriegsrecht besitzt oder <umgekehrt> ihm eine Strafe von seiten der Obrigkeit droht".
Das Bevorzugungsdilemma wird dann durch den pragmatischen Kontext der Seefahrt entschärft, weil beide
nicht das gleiche Recht besitzen. "Was aber, wenn zwei das Kriegsrecht besitzen, etwa der Freund oder Vater
und derjenige, der auf das Schiff springt?" Nach Leibniz ist in jedem Fall dem zu helfen, "der zuerst das
Kriegsrecht besessen hat; das ist derjenige, der mich zu Recht durch sich oder einen anderen zwingen kann,
ihn in der Not zu unterstützen". Wer dies aber konkret ist, läßt sich nur in Ausnahmefällen leicht entscheiden,
z.B. wenn unter den zu rettenden Personen ein Freund ist, der mir selbst schon einmal das Leben gerettet hat.
(441, 29 - 442, 3) - Der Abschnitt belegt klar den Primat des strengen Rechts bei *ungewissen* moralischen
Entscheidungen.

[57] Im folgenden verstrickt sich Leibniz in einen Gedankengang, der die Rechtsfrage so wenig einer Beantwortung näherbringt, daß er die Fragen vielmehr noch vervielfältigt und sogar auf Abwege führt. Ob der ins
Unglück Gestoßene, "wenn er sich befreit, das Recht zum Krieg gegen mich hat?" Das *jus belli* gegen mich
hat der andere aber nur, "wenn er im lebensgefährlichen Augenblick, wo er ohne Gefahr für mich gerettet
werden kann, vernachlässigt wird." Wann aber eine solche Gefahr für den Retter vorliegt, ist schwer zu sagen.
Die Gefahr kann nämlich sehr versteckt und mittelbar eintreten. "Wenn ich einen Grund habe, vom Hinab-
stoßen des anderen <unter Wasser> oder auch von dessen Freunden eine Gefahr für mein Leben zu befürchten, auch wenn die Furcht zu Unrecht besteht, so erlischt doch meine dem Freund geschuldete Verpflichtung".
(442, 13-16) - Wenn man aber die mögliche Rache (sei sie gerechtfertigt oder nicht) von seiten des im Stich
Gelassenen oder seiner Sippe in die Bevorzugungskriterien miteinbezöge, dürfte man nach dem Notrecht nur
denjenigen retten, dessen Vergeltungsmaßnahmen am wahrscheinlichsten und am schlimmsten sein werden!

und untergehen, *darf* ich, ja *muß* ich einen der beiden unter Wasser stoßen, damit der Bevorzugte gerettet werde. Diesem grausamsten Eingreifen in das Notwehrdrama zwischen anderen steht der Fall entgegen, wo ich überhaupt nicht eingreifen darf, nämlich dann, wenn es "niemanden gibt, der vorgezogen werden könnte". Diese Isosthenie meiner Bevorzugungskriterien dürfte freilich äußerst selten eintreten, weil auch intuitiv leitende Maßstäbe den Ausschlag zugunsten einer Person geben. Falls aber der Extremfall eintritt, "muß unter allen Umständen das Los schließlich der Richter sein, nicht wie ein Gottesurteil [judicium DEI], sondern damit ich reinen Herzens bleibe und nicht zu einem Richter ohne Kriterium über das Leben zweier Menschen werde.[58] Das heißt, es muß einen Richter geben, dem niemand zürnen kann, und dieser ist der Zufall [fortuna]. Denn gegen alle anderen Richter gilt das Strafrecht [ius poenae]. Alles aber, was ein Recht auf Strafe hervorruft, ist ungerecht." (442, 16-21) Keine andere Stelle zeigt so deutlich, daß Leibniz von der Naturrechtsstufe der *aequitas* aus, die für die Normenableitung konstitutiv ist, stets die beiden anderen Stufen im Auge behält: das irdische Strafrecht mit dem *forum externum* des Staates und das göttliche Strafgericht, vor das sich das *forum internum* des Gewissens gestellt weiß.

4. Das tragische Abwägen von Gütern und Menschen nach Kriterien der Billigkeit und der Pietät

Die kombinatorische Methode zur Ableitung der Naturrechtsnormen läßt ahnen, daß die Tragik der Konfliktsituationen noch nicht auf dem Gipfelpunkt ist. Nach den Komplexionen mit drei bis fünf Personen kürzt Leibniz das Verfahren ab und mustert abschließend direkt die exemplarischen Situationen durch, bei denen 10, 100 oder 1000 Menschen die Bühne der Kasuistik betreten. "Nun zu <den Fällen mit> mehreren <Personen>!"

Solange es nur darum geht, den relativ äußerlichen Schaden zwischen einer Vielzahl von Menschen abzuwägen und gleichsam mathematisch gegeneinander zu verrechnen, scheint die Verbindung des *Gerechten* mit

---

[58] Inwiefern Leibniz das offene Ergebnis dieser *ultima ratio sine ratione,* wie man die Delegation des Gewissens nennen müßte, nicht als Gottesurteil verstanden wissen will, ist schwer nachzuvollziehen. Vielleicht stößt er sich nur an dem geschichtlich arg belasteten Begriff "judicium Dei", mit dem ein unheilvolles Kapitel im Buch des Aberglaubens aufgeschlagen wird.

dem *Gerechneten* nicht problematisch und die jeweilige Antwort nicht schwer. "Ob es erlaubt ist, den Schaden eines einzigen nicht zu verhüten, damit der Schaden mehrerer verhütet werde? Genau so ist es. Ob es erlaubt ist, das Unglück eines einzigen nicht zu verhüten, damit das Unglück mehrerer verhütet werde? So glaube ich." Dieses Abwägen des kleineren Gesamtübels scheint zunächst von unspektakulärer Alltäglichkeit zu sein. Was aber, wenn genau jener einzige "im Zweifelsfalle einem einzigen anderen vorzuziehen ist: wird er dann auch mehreren vorzuziehen sein?" (442, 22-24)

Die Mathematik der *justitia commutativa* und *distributiva* wird hiermit zu einer Art Aufrechnung von Menschenleben. "Natürlich würde ich, wenn drei in Lebensgefahr sind und nur zwei gerettet werden können, in jedem Fall den retten, dem ich vor jedem anderen ohnehin dem Recht nach verpflichtet bin, den zweiten aber den Umständen entsprechend. Was aber, wenn die Situation so bestellt ist, daß dieser eine, dem ich die Lebensrettung vor einem anderen schuldig bin, nicht gerettet werden kann, ohne daß dabei mehrere zugrunde gehen? Ich glaube, daß mehrere, auch wenn es keine Freunde sind, einem einzigen Freund vorzuziehen sind. Aber wie weiter? Ob schon zwei andere meinem Vater vorzuziehen wären oder erst zehn oder gar hundert?" (442, 24-28)

Es scheint, als müßte mit diesem Komplexitätsgrad die höchste Gerechtigkeit mit größter Lieblosigkeit einhergehen: *summum jus, summa injuria*. Leibniz macht in seinen folgenden Ausführungen jedoch deutlich, daß es im Rahmen einer politischen Ethik keine Alternative zur tragischen Arithmetik der wertschätzenden Abwägung gibt. Die Nationalstaaten und ihre kommerzielle Verflechtung im Welthandel rücken ins Blickfeld, und mit dem *Zeitalter der Berechnung* hat unmerklich schon das *Zeitalter der Massen* begonnen. Das ethische "Calculemus!" der Staatsräson wird daher in Situationen großer Not sogar zum Gebot der Billigkeit. Die Kasuistik des Schiffbruchs offenbart damit ihre makropolitische Symbolik. Die Schiffe sind Chiffren für die einzelnen Kleinstaaten oder Gemeinschaften, die mit der Nation oder dem Reich wie Fregatten in einer Flotte verbunden sind.[59] Und gerade weil auszuloten ist, wie konsequent man im praktischen Aufrechnen zwischen Menschen sein

---

[59] Im dritten Entwurf zu den "Elementa juris naturalis" zieht Leibniz die seit Horaz geläufige Metaphorik des *Staatsschiffes* bewußt heran und bemerkt mitten in der Neuaufnahme der Schiffbruch-Konstellationen: "Plures Respublicae seu saltem congregationes particulares sint velut plures naves in eadem classe [...]" (456, 17).

kann, darf und muß, ist das Konfliktpotential in der gedanklichen Experimental-Logik bis zur äußersten Konsequenz zu treiben. Um sich die Tragweite der konkurrierenden Maßstäbe so weit wie möglich bewußt zu machen, verschärft Leibniz nochmals die Schwierigkeiten, die sich beim Abwägen zwischen dem Unglück des eigenen Vaters und dem Unglück von 2, 10 oder 100 Fremden ergeben. Er läßt die *Liebe zum Vater* nochmals kollidieren mit der *Beurteilung des Vaters nach ethischen Maßstäben*[60], kehrt aber schließlich wieder zur vereinfachten Frage zurück: "ob es billig ist, daß ich das Unglück meines Vaters dem Unglück von tausend anderen vorziehe oder bereits dem Unglück von zweien oder hunderten"? Zur Entscheidung zieht er die exemplarische Situation heran, "daß sich mein Vater in Feindeshand befindet und die Feinde ihn unter höchster Folterqual töten werden, falls ich ihnen nicht 100 andere zur grausamen Hinrichtung ausliefere. Was um Himmels willen sollte ich tun?" "Damit nicht jemand einwendet, daß ich verpflichtet sei, diese <schreckliche> Wahl zu unterlassen", nimmt Leibniz den zugespitzten Fall an, "daß der Feind mir die freie Wahl überläßt, ob ich lieber meinen Vater oder 100 andere unter Folterqualen hingerichtet werden sehe, und daß alle <101> sterben werden, wenn ich mich nicht bis zum

---

[60] "Es ist gewiß eine gravierende Frage, wenn man annimmt, daß sich mein Vater in einer widerrechtlichen Handlung befindet: ist er nicht zu schonen, etwa wenn er in seinem Geist eine Verschwörung mit verheerenden Auswirkungen [conjurationem pulverariam] angestiftet hat? Es macht einen Unterschied, von welcher Sinnesart ich bin: ob mir das Unglück als größer gilt, wenn durch meine Unterlassung der Tod meines Vaters herbeigeführt wird, als wenn durch sie der Tod von tausend anderen herbeigeführt wird." Leibniz überlegt, ob das Problem durch Miteinbeziehung der Erfolgswahrscheinlichkeit des vom Vater geplanten politischen Umsturzes zu bewältigen ist. "Ob die Angelegenheit so entschieden werden kann, daß es ungerecht ist, falls das Heil von eben so vielen Menschen gewaltsam umgestürzt wird, wie ohne Einmischung durch andere glücklich sein können?" Um die Entscheidung des einzelnen durch die Entscheidung der Mehrheit zu relativieren, zieht Leibniz ferner die Majoritäts-Definitionen des Gerechten *(consensus omnium* und *consensus sapientium)* heran. Er gelangt jedoch zu keiner Entscheidung der *quaestio juris*, sondern verliert sich nur in neuen Fragen. (442, 28 - 443, 10). - Hingewiesen werden muß jedoch auf eine wichtige Entdeckung, die Leibniz im Kontext eines weiteren Beispiels resümiert. "Obwohl es recht und billig [aeqvum] ist, daß ich den Nachteil von tausend anderen durch meinen eigenen ausgleiche, nämlich wenn es nicht für mein Unglück und Glück entscheidend ist, so ist es doch nicht recht und billig, daß ich durch mein eigenes Unglück das Unglück der anderen ausgleiche, auch wenn ich verpflichtet bin, durch meinen Nachteil das Glück anderer wiederherzustellen". Es kann nämlich, wie Leibniz begründet, gerade die mangelnde Rücksicht auf die *eigene* seelische Verfassung ein solches Elend bewirken und jemanden in einem solchen Grad aus seinem erworbenen Glückszustand werfen, "daß er nicht dazu gehalten ist, sich aus seinem erworbenen Glück auf einen mittleren Zustand zurückzuziehen", um das Unglück anderer Menschen zu mildern. (443, 6-10) Wenn ich also durch eine wohlgemeinte, aber unkluge Rücksichtnahme gegenüber anderen mich ins eigene Unheil stürze, mache ich mich in fahrlässiger Weise unfähig, anderen noch stärker zu helfen. Somit können andere noch weniger Rücksicht von mir *verlangen* als bisher. Leibniz kennt also, wie Kant später sagen wird, eine gewisse "Pflicht [...], für seine Glückseligkeit zu sorgen", weil sie "Mittel zur Erfüllung" der Pflicht ist. Die terminologische Grenzziehung der Ausgangstabelle zwischen *damnum* und *miseria* zeigt also ihre Wichtigkeit auch hier bei der unterschiedlichen Gewichtung zwischen *damnum proprium* und *miseria propria*.

nächsten Morgen entscheide". So wird deutlich, daß *in der Not* das tragische Rechnen mit Menschenleben unvermeidbar ist, daß der Entscheidungsverzicht ebenfalls eine Entscheidung ist und daß durch Unterlassung höchste Schuld auf sich nimmt, wer sich unschuldig aus der Rechenoperation heraushalten möchte. Leibniz' Beantwortung der *quaestio juris* kommt schließlich wie aus der Pistole, fällt gegen den leiblichen Vater aus und geschieht somit aus einer "pietas", die stärker ist als alle Pietät gegenüber der Blutsverwandtschaft. "Ich glaube mich dessen besinnen zu können, daß ich in stärkerem Maße ein Bruder sein muß im Hinblick auf GOTT, den alleinigen Vater, als ein Sohn."[61] (443, 11-18)

Nach diesen unsäglich komplizierten Abwägungen findet die kombinatorische Gedankenkette der Leibnizschen Naturrechts-Ethik ein jähes Ende. Den Tod des eigenen Vaters eher zu billigen als den von 100 anderen, mag noch von einer geheimen mathematischen Suggestion zehren. Erneut ins Wanken geraten aber alle Entscheidungen, wenn man die Personenzahl kontinuierlich auf 10 oder 2 verringert: "darf man auch diese dem Vater vorziehen, oder muß man in der Größenordnung um zehn Personen bleiben?" Wenn der Kontext nicht so ernst wäre, würde es sich anbieten, die Aporie noch näher mit dem antiken Phalakros-Argument zu vergleichen: wie der Megariker Eubulides fragte, ab wie vielen ausgefallenen Haaren man von einer *Glatze* sprechen muß, so fragt sich der Pythagoräer Leibniz, ab wie vielen fallengelassenen Personen man bei der Rettung seines Vaters von *Ungerechtigkeit* sprechen muß. Der Hinweis auf die Unmöglichkeit, die Grenze exakt zu bestimmen, mit der ein spezifisches Quantum in eine andere Qualität umschlägt, ist freilich kein Einwand gegen die *pragmatische Notwendigkeit* solcher quantifizierenden Einschätzungen. Doch Leibniz wird durch diese Grenzunschärfe derart irritiert, daß ihm zwischendurch die Frage kommt: "Ob Zahlen überhaupt irgend etwas zu diesem Problem beitragen? [An numeri qvicqvam ad rem pertinent.]" (443, 21-23) Dies ist

---

[61] "Credo me meminisse potius debere me fratrem esse sub uno parente DEO qvàm filium." (443, 17) - Aber auch hier kann sich Leibniz nicht beruhigen, weil diese religiös motivierte Bevorzugung der 100 Menschenbrüder wiederum abstrakt ist und z.B. das Kriterium der ethischen Bewertung der Personen außer acht läßt. Es könnte ja der Fall eintreten, "daß jene hundert die Hinrichtung verdient hätten". Oder, noch komplizierter: "was tun, wenn sie zwar Strafe verdienten, nicht jedoch Folter oder Tod?" Die Konstellation gleicht hier dem Bevorzugungskonflikt beim Schiffbruch: "ob dann, wenn zwei in Lebensgefahr sind, bei völligem Gleichgewicht <der Kriterien> eher derjenige aufzugeben ist, bei dem das Unglück mit Schuld verknüpft ist"? Doch in einem "casus paritatis" ist die Entscheidung leichter, "während zwischen meinem Vater und den hundert anderen diese Gleichheitsbedingung nicht gegeben ist". (443, 18-21)

aber freilich eine Äußerung des Augenblicks, die sogleich zurückgenommen wird. Denn am wenigsten ein Leibniz würde leugnen, daß die Anzahl von Menschenleben bei tragischen Entscheidungen völlig gleichgültig wäre. So bleibt als *fabula docet* lediglich die Weisheit, daß die ins Politische ausgeweitete Ethik nicht einmal eine eindeutige Normierung *innerhalb* der abstrakten Situationen mehr zuläßt. Das Gebiet der formalen Billigkeitsproportionen endet also hier, weil die Gewichtungsverhältnisse selbst, etwa zwischen dem Schaden von Tausenden und dem Tod von zehn Personen, undeutlich werden. Die Kombinatorik der Naturrechtsnormen zerläuft sich daher auch in Beispielen und Analysen zum Konflikt zwischen *aequitas* und *pietas*. Nach diesem Schiffbruch der eindeutigen Letztnormierung wendet sich Leibniz u.a. dem Problem supererogatorischer Handlungen zu, "die billig sind, auch wenn sie nicht verlangt werden können" (444, 2-4).

Im Rahmen seiner Staatsphilosophie zieht Leibniz jedoch noch ein wichtiges Fazit zum *Verbindlichkeitsgrund der drei Naturrechtsstufen.* "Sowohl der Gehorsam als auch die Pietät" beruht auf der Sicherheits- und Glücksgarantie. Der Staat, der "mir Sicherheit garantieren kann", kann mich "zu Recht zwingen", nicht nur das strenge Recht einzuhalten, sondern in der Not auch Pflichten der Billigkeit zu leisten, auch wenn sie Nachteile und Schmerzen für mich bedeuten. Er kann dies aber nur, "falls feststeht", daß im großen und ganzen "für mich ein größerer Schmerz abgewendet oder Glück bereitet wird". Wenn diese Garantie erlischt, darf ich mich gleichsam an die nächsthöhere, d.h. die allmächtige Adresse wenden. "Hieraus erhellt, daß ich mich zu Recht dem Staate widersetzen darf, sobald er mir Unglück zuzufügen droht oder mir die Hilfsmittel zum Glück, das er anderswoher nicht mehr garantieren kann, entzieht. Denn der Staat kann mir nicht, wenn er mir Sicherheit vor dem Unglück garantiert, gleichzeitig das Glück rauben. Deshalb darf ich, auch wenn mich der Staat zu Recht mit dem Tode bestraft, mich dennoch zu Recht widersetzen, freilich nur, wenn nicht eine Rücksicht über den Tod hinaus besteht." (444, 19-29) Was für meine private Sicherheit gilt, gilt auch für das Wohl der anderen. Weil die Allwissenheit und Allmacht Gottes unser Glück garantiert, ohne daß eine Bürgschaft nötig wäre, ist "daher alles zu tun, was er für gut befindet." Nun fällt das Optimum seiner Vernunft aber mit der *harmonia rerum* zusammen, so daß auch die menschliche Vernunft das "maius bonum in universum" anstreben muß. Deshalb folgendes Resümee: "Im Staat geschieht die

Erwartung zugunsten des Oberhauptes; das heißt, daß ihm in allem zu gehorchen ist, wenn nicht unser Glück beeinträchtigt zu werden oder Unglück zu drohen scheint. Für diejenigen aber, die GOTT anerkennen, ist die Welt ein einziger Staat, dem alle anderen Staaten unterworfen sind; somit ist es nur dann erlaubt, sich dem Staat zu widersetzen, wenn mit Gewißheit feststeht, daß davon ein insgesamt größeres Gut abhängt, d.h. daß es GOTT gefällig ist. Weil dies höchst selten feststeht, ist es gewiß, daß man sich dem Staat höchst selten widersetzen darf." (444, 30 - 445, 6)

Schon diese Stufungen machen deutlich, wie verfehlt der Vorwurf einer Vermischung von Recht und Moral bei Leibniz ist. Auch wird zumindest im Ansatz erkennbar, wie die Leibnizsche Ethik der *dictamina rectae rationis,* die sich aus den Axiomen der *aequalitas* ableiten lassen, die rationale Theologie ohne jede theonome Moral harmonisieren kann mit dem neuzeitlichen Naturrecht, das selbst für Atheisten gültig bleibt.

5. Selbstliebe, Nächstenliebe, Gottesliebe - Die Subsumtion aller gerechten Handlungsantriebe unter die Stufen des "ordo amoris"

Leibniz ist anhand seiner bisher gewonnenen Naturrechtsnormen zur Definition der *"justitia"* als "prudentia juvandi et nocendi praemii poenaeqve causa" gelangt (453, 23 f.). Es dürften vorwiegend zwei Gründe gewesen sein, die Leibniz über diese Bestimmung hinaustrieben zum endgültigen Definiens der "Liebe des Weisen": 1. die *inhaltliche Vervollständigung* der gerechten Handlungsantriebe und 2. ihre *terminologische Vereinheitlichung.*

1. Das *selbstbezogene Motiv* bei allem gerechten Handeln - das Streben nach Vorteil und Schadenvermeidung - zeigte sich bislang nur in der Angst vor dem Strafrecht, in einer die Soziallogik wechselseitiger Verpflichtungen fördernden Hilfsbereitschaft des "do ut des" sowie im Streben nach sozialer Ehre. Zu diesen in sich vielgestaltigen Motiven tritt auf der Stufe der Pietät noch die Erwartung der ausgleichenden Gerechtigkeit Gottes in Lohn und Strafe. Damit ist aber das Spektrum gerechtigkeitsmotivierender Impulse noch nicht abgedeckt. Die supererogatorischen Handlungen nämlich, die die Pflichten der Billigkeit übersteigen und zugleich nicht aus reflexiv bewußten Vorteilskalkülen erwachsen, fallen aus der obigen Definition heraus. Für die Rettung anderer bin ich zwar "ex aequitate" gehalten, auch "großen Schmerz oder Unglück für

kurze Zeit" zu ertragen; vielleicht lassen sich sogar Situationen denken, in denen der Staat mich dazu zwingen kann, mir "einen Arm abtrennen zu lassen" (443, 23-28). Es widerspricht jedoch dem *naturalen* Zweck der Rechtsgemeinschaft, daß ihre Bürger gewisse Schmerzgrenzen überschreiten und ihr Glück dem *bonum commune* opfern.[62] Wenn aber die Hingebung für das Gemeinwohl nicht a priori als "dumm" gelten soll, muß sie sich einem Antrieb verdanken, in dem selbst die Preisgabe handfester Vitalinteressen noch als Befriedigung erlebt werden und deshalb *freiwillig* erfolgen kann. Diesen *geistigen* Antrieb, in dem sogar die Vorteile anderer als "Lust" empfunden werden, fand Leibniz noch vor Abfassung der *"Elemente des Naturrechts"* in der *Liebe*. Denn: "amare est delectari alterius bonis".[63] Weil in dieser spezifischen Lust der geistigen Liebe die spirituellen Antriebsüberschüsse mit der sinnlichen Triebnatur des Menschen verschmelzen, kann Leibniz genau in diesem Punkt die christlich *spiritualistische* Naturrechtstradition mit der *naturalistischen* vermitteln: den "amor Dei" bei *Campanella* mit dem "amor sui" bei *Hobbes*. Diese historische wie systematische Synthese, in der Leibniz' Suche nach einem *zureichenden* Definiens der Gerechtigkeit ihren prinzipiellen Abschluß findet, läuft über folgende Etappen.

Wie die Adnoten zu Thomasius' *"Philosophia Practica"* belegen, hatte Leibniz seit seiner späten Studienzeit das "summum Bonum hominis" (in der Aristotelischen Definition als "operatio animae rationalis secundùm virtutem optimam et perfectissimam") mit der "voluptas animi" identifiziert.[64] Auch das größte Wohlwollen gegenüber dem Freund

---

[62] Leibniz erwähnt in diesem Kontext mehrfach die Legende vom freiwilligen Heldentod des Marcus Curtius (z.B. 431, 21 ff.; 462, 25 ff.), die er bei Livius: Ab urbe condita, VII 6, fand.

[63] Diese bahnbrechende Definition der Liebe findet sich erstmals im "Specimen" zur polnischen Königswahl, das Leibniz im Winter 1668/69 niederschrieb und spätestens am 15. März 1669 vollendet hatte (A IV 1, 34, 27; zur Datierung vgl. ebd. XVIII).

[64] Deshalb macht Leibniz zu dieser bei Thomasius referierten Definition die kritische Ergänzung, daß gerade dieser "actus perfectus et perfectio operationis" die "voluptas animi" sei (44, Anm. 6). Thomasius hatte - was Leibniz gerne zur Kenntnis nahm (vgl. 207, 3 f.) - bemerkt, daß Aristoteles selbst [in Eth. Nic., VII, 12 f.] die Identifikation der *voluptas animi seu mentis* mit dem *summum bonum* "entschlüpft" sei, und hatte - gegen diejenigen, die das "discrimen inter actionem et voluptatem" einebnen wollten - diese Textstellen durch die allegorische Ausflucht zu retten versucht, daß die Lust sich zur Tüchtigkeitsenergie verhalte wie ein Begleiter zum Fürsten oder eine Dienerin zur Herrin. Leibniz merkt hingegen an, daß viele berühmte Philosophen (wie Epikur, Laurentius Valla, Gassendi oder Hobbes) dennoch die *beatitudo* in die *animi voluptas* gesetzt hätten (62, 1-8 u. Anm. 61). - In der anonymen Flugschrift zur polnischen Königswahl konnte sich Leibniz dann einen noch deutlicheren Ton erlauben: "Zu Recht haben *Epikur* einst und *Laurentius Valla* in seinem Buch vom Höchsten Gut sowie, nach unserer Erinnerung, der Verteidiger des Epikur, *Pierre Gassendi*, das höchste der Güter in die Lust gesetzt. Denn wenn wir unseren Geist von den hohlen Phrasen der Schulphilosophen abgebracht haben und auf das alltägliche Leben blicken, wird klar, daß wir überall durch Lust angeführt und

könne nicht den Zirkel der φιλαυτία und ihrer Lust durchbrechen, so
daß es immer auch "propter nos", nicht bloß "propter ipsum" geschehe.[65] Die entscheidende Demarkationslinie liegt also nicht zwischen
einer vom Makel der Lust affizierten *Selbsthaftigkeit* einerseits und einer
völlig begehrungsfreien *Selbstlosigkeit* andererseits, sondern zwischen
ethisch nachrangigen und höherwertigen *Stufen der Lust:* zwischen einem
niederen und einem *höheren* Selbst, zwischen den Gelüsten des Körpers
und den Lustbarkeiten des Geistes. Denn Leibniz gilt es als "gewiß",
daß "allein die *Lust* nicht um eines anderen Dinges willen erstrebt wird
[Certè sola *voluptas* alterius causa non expetitur]. Was nämlich ist es,
das wir über die Ewigkeit der Freude hinaus noch wünschen sollten? Die
übrigen Güter sind nur deshalb Güter, weil sie Lust erzeugen oder
Schmerz beseitigen." (A IV 1, 35, 1-2)

Aus diesem Grund transformiert Leibniz auch die ethische Rangfolge
der Güter bei Thomasius ("Bonum scil. honestum [est praestantius]
jucundo et utili")[66] recht früh in eine Sequenz von Luststufen. "Die
Lust aber ist zum einen die des Geistes (daher das *ehrenhafte Gute),* zum
anderen die des Körpers (daher das *angenehme Gute),* oder aber Ursache
bzw. Bedingung für beide (daher das *nützliche Gute)".* Leibniz' Beto-
nung der Unhintergehbarkeit der Lust, der man oft die Diskriminierungs-
vokabel des "Hedonismus" angehängt hat[67], macht auch vor dem "amor
Dei" nicht halt. "Etiam quod solius Dei amore fit, id ob eam voluptatem
fit, quae ex contemplatione Dei capitur. Nam hoc ipsum est *amare:*
contemplatione alterius *delectari."* (ebd. 34, 36 - 35, 1) Mit dem Begriff
der Liebe hat Leibniz also auch die höchste Stufe der Gerechtigkeit
erreicht, in der das auf materielle Vorteile spannende *Ich* selbstvergessen
aufgehoben ist in einem höheren *Selbst,* das sein Glück im Glück ande-

---

durch Schmerz abgeschreckt werden. Wer fromm ist, erregen den nicht die Belohnungen des Himmels, und
erschüttert den nicht die Furcht vor der Hölle?" (A IV 1, 34, 33-36)

[65] Vgl. 62, Anm. 63 u. 64; sowie 63, Anm. 67.

[66] Diese Wendung aus Thomasius' Theoremen zur Tabelle III, Zeile 43 f., ist in der Akademie-Ausgabe nicht
mit abgedruckt. Ich zitiere aus Leibnizens Handexemplar, Niedersächsische Landesbibliothek, Hannover
(Leibniz-Marginalien Nr. 32).

[67] Schon nach Kabitz: Die Philosophie des jungen Leibniz, 107, gibt Leibniz "dem Hedonismus sozusagen die
religiös-metaphysische Weihe".

rer zu finden vermag, ohne seine lustvolle Anteilnahme dabei zu verleugnen.[68]

Leibniz, der eine Quelle seiner "*Amoris* definitio" in der Tradition der *Florentiner Akademie* andeutet[69], hat sich gegen Ende des zweiten Entwurfs zu den "*Elementa juris naturalis*" mit der augustinischen Idee des "ordo amoris" auseinandergesetzt. Hierbei fand er in der Ethik von *Campanella* einen Wink, seine eigenen Ideen von der Primordialität der Naturrechts-Stufen und dem unvermeidbaren Bevorzugungskonflikt systematisch zu verbinden.

2. Campanella unterscheidet in "*De moralibus*"[70] die "sanctitas" als "prima virtus" und *regula amoris Dei* von der "probitas" als der zweiten Tugend, die als *regula amoris sui* sich auf die Nächsten (Eltern, Gattin, Kinder, Freunde) und das Vaterland als Teile des eigenen Selbst erstreckt und sich "in plures virtutes" verzweigt. Obwohl Leibniz nach seiner kasuistischen Feuerprobe die Allgemeingültigkeit von Campanellas *bestimmter* Rangfolge[71] bezweifeln muß ("non puto hoc universaliter

---

[68] Es ist eine noch offene Frage, inwieweit diese Aufdeckung des höheren Selbst, das in der Liebe bereits die unmittelbare Einheit von Dienst und Lohn findet, eine echte Zäsur im Leibnizschen Denken bildet, oder ob die *in litteris* relativ späte Zentrierung des Naturrechts in der Terminologie der Liebe nicht das Resultat einer methodischen Ausblendung von Leibnizens Seite her ist. Daß "im Laufe des Jahres 1670 [...] der Begriff der Liebe [...] mehr und mehr in die Erörterung der Gerechtigkeit einbezogen wird", ist der unleugbare Tatbestand (Schneiders: Naturrecht und Gerechtigkeit, 619). Diesen Befund jedoch als Ausdruck einer "conversion", eines "radical change of heart" aufgrund einer "earth-shaking discovery" bei Leibniz zu deuten (so Mulvaney: The Early Development, 67, 69; 55, 71; 70), ist höchst fragwürdig. Gegen diese Interpretation spricht das durchgängige Auftreten der Begriffe "amor" und "caritas" seit den Adnoten zu Thomasius, die frühe Identifikation von "pietas", "charitas" und "amor DEI" (194, 2) und das frühe Auftauchen der Liebesethik im "Specimen" zur polnischen Königswahl. Die These vom heftigen Gesinnungswandel dürfte vielmehr einer optischen Täuschung entspringen, die dadurch begünstigt wird, daß Leibniz in den drei ersten Naturrechts-Entwürfen sein Augenmerk methodisch auf die eigennützigen Motive der zwei unteren Naturrechtsstufen fokussiert, um die Klugheit in aller Gerechtigkeit zu retten.

[69] "Wir haben gefunden, daß die zahllosen Betrachtungen von Platonikern über *die Liebe* und *das Schöne,* die von Philosophen (insbesondere italienischen), von geistreichen Männern im vorletzten und drittletzten Jahrhundert erneuert worden sind, letztlich alle hierauf zurückführen." (A IV 1, 35, 9; 34, 28-29)

[70] Tommaso Campanella: Realis philosophiae epilogisticae partes IV, h.e. de rerum natura, hominum moribus, politica (cui civitas solis juncta est) oeconomica, cum annotationibus physiologicis, ed. T. Adamo, Frankfurt 1623, Teil II.

[71] Leibniz exzerpiert hierbei die entscheidende Stelle fast wörtlich, an der Campanella den *ordo* bestimmt, den die richtige (im Gegensatz zur verkehrten) *Selbstliebe* aus sich heraussetze. "Zu unserer Liebe gehört die Regel, daß wir mehr GOTT lieben < als uns >, wie die Hand als ein Teil den Tod auf sich nimmt anstelle des Ganzen oder des Hauptes. Ferner werden wir die Seele mehr als den Körper lieben, die Güter des Herzens mehr als die des Leibes und schließlich den Körper mehr als die äußeren Güter. Diesen äußeren Gütern zieht man auch die Freunde vor, die gleichsam Teile der eigenen Art sind, und erst recht die Eltern, Ehefrauen und Kinder, die ebenfalls Teile des eigenen Selbst sind. Man mag jedoch nicht die Güter der Freunde vorziehen, es sei denn, daß man einen kleinen eigenen Vorteil dem zehnmal oder mehr als fünfmal so großen Vorteil der Freunde nachordnet." (Bei diesen quantitativen Fixierungen fragt Leibniz natürlich sehr interessiert: "cur hoc praecisè?") "Ich mag es nämlich hinnehmen, einen Vorteil zu verlieren, wenn der Freund fünfmal soviel

verum"!), scheint ihm doch im *ordo amoris* von Selbst-, Nächsten- und Gottesliebe die Möglichkeit auf, alle gerechten Einzelmotive der drei Naturrechts-Stufen - vom *jus se conservandi* über das Eigentumsrecht und die Pflichten der Billigkeit bis zu den Pietätskonflikten - als graduell gestufte und miteinander konkurrierende Regungen unter den Oberbegriff "Liebe" zu subsumieren (452, 7-16). Wo die *Selbstliebe (amor sui)* die gerechte Proportion verletzt, kann sie als unverhältnismäßige *Eigenliebe (amor proprius)* verstanden werden.[72] Diese terminologische Homogeneisierung, die die "Liebe" wie kein anderer Begriff zu leisten vermag, ist deshalb nötig, weil Leibniz im Rahmen seiner politischen Ethik die *Gerechtigkeit* als "habitus amandi omnes [!]" bestimmt[73], so daß es im Geiste dessen, der das *bonum publicum* verfolgt, stets zum *casus concursus* widerstreitender Liebesregungen kommen muß.[74] Hierbei wird stets erwogen, was in bestimmten Situationen unter die "modalia juris" des ethisch Möglichen *(justum* oder *licitum)*, des ethisch Notwendigen *(aequum* oder *debitum)* und des ethisch Unmöglichen *(illicitum)* fällt (465 f.; 480). Diese *innere Modallogik der gerecht verteilten Liebe,* die Leibniz in seinen drei letzten Entwürfen zum Naturrecht als *deontische Logik* skizziert, kann hier nicht mehr dargestellt werden.[75]

Mit der höchsten und letzten Bestimmung der Gerechtigkeit als pietätvoller Geisteshaltung der *justitia universalis* wird Leibniz auch bewußt, daß dieser Geist der Liebe kein zügelungsbedürftiger extremer Affekt wie der Haß ist, sondern das edelste gerechte Motiv überhaupt, dessen Kraft in kluger Weise durch "gradus amoris" (481, 33) auf die Ökonomie des Ganzen verteilt werden muß. Ich kann nämlich auch "ungerecht sein nicht durch Haß auf den, dem ich schade, sondern da-

---

gewinnt, bei Gütern des Körpers ebenso wie bei Gütern des Glücks oder auch der Seele". (nach Campanella, Realis philosophia II, II 1, 245 f.)

[72] Schon wenig später definiert Leibniz *"persona"* als "qvisqvis amat se" (466, 8).

[73] Obwohl sich diese *Formel* erst im fünften Naturrechtsentwurf findet (465, 23), ist der *Gedanke* des klugen Habitus "amare alios omnes" spätestens im vierten Entwurf ausgeprägt (465, 16).

[74] Auch dieser juristische Terminus vom "concursus" der Rechtsansprüche findet sich in Leibniz' frühesten "Specimina juris" und wurde bereits auf den Rettungskonflikt der Schiffbrüchigen angewendet (439, 30; 440, 13), auch wenn er als naturrechtlicher Begriff erst etwas später (479 f. u. 482, 2 f.) zentral reflektiert wird. - In der Psychophysik müssen alle miteinander konkurrierenden Liebesregungen als seelische Impulsquanta nach dem Prinzip der vektoriell darstellbaren Reizsummierung gemessen werden können. So findet die *ethische* Vereinheitlichung der Motive in der "Liebe" ihre Entsprechung im *physikalischen* Begriff des "conatus", den Leibniz von Hobbes übernahm. "*Gerechtigkeit* ist der dauerhafte Antrieb zur allgemeinen Wohlfahrt unter Wahrung des eigenen Glücks" [*Iustitia* est constans conatus ad felicitatem communem salvâ suâ]". (454, 24)

[75] Vgl. hierzu H. Busche: Die innere Logik der Liebe in Leibnizens 'Elementa Juris Naturalis', in: Studia Leibnitiana 22 (1991), 170-184.

durch, daß mir die Liebe zu mir selbst oder zu einem Dritten mehr gilt als die Liebe zu dir" (462, 31 - 463, 8). Die Grenze, bis zu welchen Stufen des natürlich Richtigen *der Staat* hierbei seine Befugnis zu zwingen ausdehnen darf, ist abstrakt nur sehr schwer zu fixieren. Selbst die Rangordnung *innerhalb* der Billigkeitsstufe kann, wie die vielen Beispiele des letzten Kapitels zeigten, nur "sehr schwierig auf allgemeingültige Weise bestimmt werden". Trotzdem können - gemäß dem wachsenden Stellenwert in der *Klimax des Überflüssigen, Nützlichen und Notwendigen* - zwei Regeln des *ordo aeqvitatis* abgeleitet werden, die vom Staat bis zu einem gewissen Grad erzwungen werden können. Billig ist es 1., "demjenigen, was für einen anderen nützlich ist, den Vorrang zu geben vor dem, was für die eigene Person überflüssig ist"; und 2. "dasjenige, was für einen anderen notwendig ist, höher zu achten als das, was für einen selbst nützlich ist" (455, 32 - 456, 4). Leibniz hat die Erzwingbarkeitsgrenzen dieser Billigkeitspflichten an konkreten Beispielen verdeutlicht.[76] Doch legt er erneut größten Wert darauf, daß *der einzelne* bei einem Konflikt zwischen dem positiven Recht und der sittlich ausgleichenden Billigkeit mit der höheren Naturrechts-Norm *nicht ohne Not* die untere verletzen darf. "Es ist nicht erlaubt, das streng geltende Recht um der Billigkeit willen zu verletzen, es sei denn mit der sicheren Hoffnung auf den Sieg und die Verheimlichung. So hat z.B. ein bettelarmer Mensch nicht das Recht, über einen habgierigen Reichen herzufallen und ihn auszuplündern; auch haben Bauern nicht das Recht, die Reichen zu berauben. Wenn es aber hunderttausend kluge Bauern geben könnte, so bestünde kein Zweifel, daß sie sich zu Recht aus einer allgemeinen Notlage befreiten, wenn sie nur sicher wären, daß nicht ein

---

[76] Als erläuterndes Exempel für die erste Stufe, die *Hilfe zum Nutzen anderer,* dient Leibniz ein Passagier, der sich auf einem Schiff mit mehreren Personen so viel Lebensmittel zurückgelegt hat, "wie er gar nicht verzehren kann, ohne daß sie vorher zu faulen oder zu verdunsten beginnen. Man nehme an, daß die anderen das Nötigste mithaben, jedoch dieser luxuriösen Leckerbissen entbehren. Ich behaupte, daß sie ihn dann im Einverständnis mit den übrigen zwingen können, daß er seine für ihn überschüssigen Sachen herausrückt, damit auch die übrigen an den Genüssen teilhaben." Wer Leibnizens Anspielung auf das *Staatsschiff* im Gedächtnis hat, kann die Situation unschwer politisch dechiffrieren. Leibniz betont jedoch, daß der Luxuspassagier nur "consensu caeterorum", d.h. nach dem als Repräsentant des allgemeinen Willens geltenden Willen des Staates, gezwungen werden kann, nicht aber "à singulis". Die zweite Stufe, die *Hilfe gegen die Not anderer,* ist dann geboten, falls den anderen Bordinsassen "auch die nötigsten Dinge fehlen". Hier behauptet Leibniz, gemäß dem Notrechtsprinzip, daß der Provianthamster auch "sine consensu caeterorum" von den einzelnen "gezwungen werden kann, ihnen etwas von seinem Überfluß zukommen zu lassen." Ob er allerdings von den einzelnen "zur Abgabe des ganzen Überschusses genötigt werden kann, soviel für diese nötig ist", oder "ob auf die Insassen des ganzen Schiffes verteilt", diese Frage hängt letztlich vom Grad der Not im Staate und bei den einzelnen Personen ab. (456, 3-11)

noch größeres Unglück erfolgen würde, das von der Zügellosigkeit und
Verwirrung dieser Leute zu erwarten ist." Der martialische Irrealis im
Hinweis auf die Bauernaufstände ist Ausdruck eines Argwohns, daß die
Unbedachtsamkeit bei Massenrevolten oft zum Schlechteren ausschlägt:
"deteriora enim in majoribus facturus est". (456, 21-27)

Klar ist insbesondere, daß der *habitus amandi omnes,* aus dem die
endliche Liebesfähigkeit des einzelnen möglichst auf alle gerecht verteilt
wird, von keiner irdischen Macht mehr erzwungen werden kann. Diese
Geisteshaltung ist vielmehr eine Frucht der religiösen Erfahrung von der
unendlichen Harmonie des Universums. So gilt, "idem esse amare omnes
et amare Deum, sedem harmoniae vniversalis" (A II 1, 174; vgl. A IV
1, 532). Diese Liebe zu Gott *durch seine Geschöpfe hindurch* bleibt dem
versagt, der - "verblendet durch Eigenliebe" - wie ein "Wurm in einem
lebendigen Menschen" haust und dessen "edelste Glieder wahllos konsumiert", ohne von der Schönheit und *structura admirabilis* dieses Kos-
mos gerührt zu werden (481, 19-25). So wird am Ende vielleicht deutlich, wie auch die *Verpflichtungsgründe und -instanzen* der Leibnizschen
Ethik nach der Idee des ebenso auffüllenden wie 'aufhebenden'
"πλήρωμα νόμου" (Röm. 13, 10) gleichsam von unten hinaufgestuft
sind, ohne daß ganz oben ein absolutes, kontextinvariant fixierbares
Gesetz gesetzt wäre, unter das alle Individuen subsumiert sind.[77] Die
teleologische Dreistufung des Naturrechts und seiner Regeln einerseits -
vom naturalen Zweck der Selbsterhaltung und Koexistenz (quietas) über
die sozialen Bedürfnisse einer organisierten Hilfsgemeinschaft (commodi-
tas, felicitas) bis hin zur religiös motivierten Liebe der Universalharmo-
nie (salus in civitate Dei) - und die rein rationale kombinatorische Norm-
findungsmethode andererseits erlaubt es Leibniz, jene "große Schwierigkeit" alles bloß deduktiven Naturrechts-Denkens bis zu einem gewissen
Grad aufzulösen: nämlich wie ohne eine vitiös "zirkelhafte Argumentation" "aus allgemeinen Prinzipien konkrete, Realwirkliches regelnde
Sätze erschlossen werden können".[78] Hierbei zeigte das kombinatorische Verfahren, inwiefern die *Prinzipien und Definitionen,* ja selbst die

---

[77] Zu dieser eo ipso "vielschichtigen" Verknüpfung des *Geltungsgrundes* mit den *Motiven* des Gerechten auf
allen Naturrechtsstufen vgl. A. Heinekamp: Das Problem des Guten bei Leibniz, Bonn 1969, insb. 98-117;
sowie die geistesgeschichtlich ergänzende Studie von W. Schneiders: Leibniz und die Frage nach dem Grund
des Guten und Gerechten, in: Studia Leibnitiana, Suppl. IV, 85-111.

[78] J. Barion: Zum Problem des Naturrechts, in: ders.: Philosophie. Einführung in ihre Terminologie und ihre
Hauptprobleme, 2., erw. Aufl. Bonn 1982, 287 ff.

materialen Normen des Naturrechts eine nur "konstitutive, aber nicht völlig determinative" Funktion bei der Anwendung der Kriterien auf den Einzelfall leisten können.[79] Von diesem verfeinerungsbedürftigen Verfahren konnte die ziemlich undifferenzierte Axiomen-Tabelle des hier besprochenen Notizenzettels nur eine unausgereifte Probe geben. Leibniz hatte also Gründe, ihn nicht zu veröffentlichen. Die Ethik gestufter *dictamina,* die durch abstrakte Komplexionen zwischen den einzigartigen Situationen und den höchsten Prinzipien vermitteln, gleicht so einem feinen und verfeinerbaren Nervennetz, das sich mit seinen wunderbaren Symmetrien durch das komplizierte Gewebe des Lebens hindurchzieht und im Zweifelsfall gerade das *Konkrete* in seiner Not und in seinen Bedürfnissen rechtfertigt. Diese neutestamentliche Freiheit vom Gesetz hat Leibniz vor Augen, wenn er schreibt, daß der letzte Grund des Naturrechts "pro libertate, pro licentia, pro indifferentia" entschieden sei - "contra servitutem, obligationem, determinationem" (471, 18 f.).

---

[79] Vgl. hierzu den einfühlsamen Aufsatz von L. E. Loemker: Das ethische Anliegen des Leibnizschen Systems, in: Studia Leibnitiana, Suppl. IV, 63-76.

Peter Baumanns, Bonn

Kants Urteilstafel
Erörterung des Problems
ihrer systematischen Vollständigkeit

I. Interpretation

Zu den ersten Desideraten der Kant-Interpretation gehört seit mehr als zweihundert Jahren die Beantwortung der Frage, ob Kant zu Recht die Vollständigkeit seiner Urteilstafel behauptet. An der fundamentalen Bedeutung des Problems kann nicht gezweifelt werden, bedenkt man, daß die im Blick auf das abstrakte Urteil aufgestellte Tafel der elementaren Denkfunktionen die Tafel der reinen Verstandesbegriffe innerhalb der Transzendentalen Logik vorbildet, und daß die Kategorientafel, wenn auch nur durch die Apperzeptionstheorie über ein "elendes Namenregister" erhoben, die "systematische Topik" für alle Abteilungen des Systems der reinen Vernunft abgibt.[1]

Vor 60 Jahren trat Klaus Reich mit einem Lösungsvorschlag hervor, der sich aufgrund seiner materialreichen Ausstattung und analytischen Differenziertheit, kurz in seiner methodischen Mustergültigkeit, den Ruf eines Klassikers der Kantliteratur erwarb. Er überzeugte zwar nur wenige, die ihn in Einzelheiten prüften, und er wurde auch zufolge der dagegen vorgebrachten Argumente schließlich allgemein als unhaltbar angesehen, jedoch konnte er als abgelöst durch eine ihn übertreffende Theorie auch nicht gelten. Keine Interpretation zeigte einen Weg auf, Kants Erklärungen des Urteils in ihrem vollen Umfange mit der Aufstellung der Urteilstafel in Einklang zu bringen, die als "transzendentale Tafel" zur Kategorientafel hinzuführen bestimmt ist und mit der Aufnahme des einzelnen Urteils und des unendlichen Urteils dieser Absicht auch schon Rechnung trägt.

Die Aufgabe, die sich den Interpreten nach Reich stellte, verlangte, entweder das Vorhaben Reichs, die Urteilstafel aus der transzendentalen Einheit des Selbstbewußtseins inhaltlich zu deduzieren, auf andere Weise zum Erfolg zu führen, oder auf eine apperzeptionstheoretische Inhaltsdeduktion zu verzichten, gleichwohl aber zu zeigen, daß die Aufstellung

---

[1] Vgl. KdrV, A 83/B 109; Prolegomena, §39, AA IV 324f.

der Tafel noch vor Einführung des Apperzeptionsprinzips einschließlich der These ihrer Vollständigkeit mit Kants apperzeptionstheoretischer Definition des "Urteils" (u.a. B 141) als die Art, Erkenntnisse zur objektiven Einheit der Apperzeption zu bringen, verträglich ist.[2]

Der Aufgabe stellte sich Reinhard Brandt mit der Abhandlung "Die Urteilstafel" (1991). Zwischen der Art Reichs, den Zugang zur Urteilstafel über die Apperzeptionstheorie zu suchen, und ihrer apperzeptionsfreien Erklärung, die Brandt für geboten hält, nimmt die hier vorgetragene Interpretation eine Mittelstellung ein. Sie erklärt das Fehlen des Gedankens der transzendentalen Apperzeption und der apperzeptionstheoretischen Fundamentalbestimmung des Urteils im allgemeinlogischen Urteilsverständnis, das Kant dem "transzendentalen Leitfaden" zugrundelegt, aus der Apperzeptionstheorie selbst. Reich setzt sich darüber einfach hinweg, während Brandt es als unerklärliches Faktum hinnimmt, so daß sich bei ihm Urteilstafel und Apperzeptionsbegriff des Urteils ohne systematische Verbindung bloß aneinanderreihen.

Die Vollständigkeit der Tafel wird aus dem allgemeinlogischen Konzept des Urteils begründet, das sich als ein *Bestimmen durch Bedingungsverhältnisse* mit dem disjunktiven Urteil bzw. Schluß konsequent vollendet und diese Qualität auch insofern beweist, als über die Disjunktivität als Denkfunktion der Vollständigkeit hinaus weitere elementare Denkfunktionen keinen Sinn mehr ergeben.

*

Nicht selten ist in der einschlägigen Literatur der Versuch unternommen worden, die Urteilsformen aus den formallogischen Grundsätzen der Identität, des Widerspruchs, des Grundes und des ausgeschlossenen Dritten abzuleiten. Bedenken aber stellen sich bereits ein, wenn vom Widerspruchssatz gesagt wird (z. B. von M. Steckelmacher, 1879, oder J. E. Fries, 1962), er ermögliche das kategorische Urteil als problemati-

---

[2] Das Leitfaden-Kapitel legt die folgenden Begriffsbestimmungen des Urteils zugrunde: "Das Urteil ist also die mittelbare Erkenntnis eines Gegenstandes, mithin die Vorstellung einer Vorstellung desselben." "Alle Urteile sind demnach Funktionen der Einheit unter unseren Vorstellungen, da nämlich statt einer unmittelbaren Vorstellung eine h ö h e r e , die diese und mehrere unter sich begreift, zur Erkenntnis des Gegenstandes gebraucht, und viel mögliche Erkenntnisse dadurch in einer zusammengezogen werden." (A 68/B 93; A 69/B 94).- Zur urteilstheoretischen Vollständigkeitsbehauptung vgl. A 59/B 84, A 69/B 94, A 79/B 105, A 80/B 106.

sches Urteil.[3] Denn offenbar ließe sich auch das umgekehrte Bedingungsverhältnis oder Identität des Sachverhalts der Subjekt-Prädikat-Vorstellungsstruktur und der Widerspruchsfreiheit behaupten. Und expliziert nicht der Satz des Grundes nur die Subjekt-Prädikat-Struktur, sofern sie als das logische Grundverhältnis ein bestimmungsfunktionales Bedingungsverhältnis von (der) Vorstellungen konstituiert? Die Willkür der subsumtiven Zuordnung der bzw. bestimmter Urteilsformen zu den logischen Gesetzen auch nur im Sinne ihrer Gesetz*mäßigkeit* führt zu der Überlegung, ob nicht in der Subjekt-Prädikat-Struktur das Ganze der logischen Gesetze und der Urteilsformen in nuce enthalten ist.

Aufs genaueste würde dieses Verständnis ihrem nicht-normativen Status entsprechen, den J. Barion in den folgenden Sätzen festgestellt hat: "Forderungen im Sinne eines Sollensanspruchs lassen sich aus dem logischen Charakter der bloßen Formbestimmtheiten der Gedanken nicht herleiten. Logische Gesetze sind keine Normgesetze, die unser Denken regulieren, ihm vorschreiben, wie es sein soll.[4]

Die nachfolgenden Erwägungen gehen von der These aus: Das kategorische Urteil ermöglicht im Verständnis der Urteilslehre der "Kritik der reinen Vernunft" mit seiner Subjekt-Prädikat-Verfassung ein Verhältnisdenken als ein bestimmungsfunktionales Bedingungsdenken, sofern sie das Vorstellen einer Zuschreibungs- oder Zuspruchsgesetzlichkeit unterwirft.[5] Wie aber die Substanz nach A 187/ B 230 mehr ein objektiv gültiges Verhältnisdenken ermöglicht, als daß sie ein solches bereits darstellte, so gibt das kategorische Urteil, die Subjekt-Prädikat-Struktur, nur das Prinzip des bestimmungsfunktional Bedingenden und Bedingten an die Hand, ohne eine Durchführungsregel beizufügen. Auch das hypothetische Urteil bringt das Bestimmen selbst noch nicht zur bestimmungslogisch adäquaten Bestimmtheit. Dennoch führt das hypothetische Urteil

---

[3] Vgl. Moritz Steckelmacher, Die formale Logik Kants in ihren Beziehungen zur transcendentalen, 1879, 50f; Johann Erich Fries, Über Kants vollständige Urteilstafel und das offene Kategoriensystem in Paul Natorps "Philosophische Systematik", Diss. Göttingen 1962, 41-46.

[4] Vgl. Philosophie. Einführung in ihre Terminologie und ihre Hauptprobleme, 1977, 89

[5] Das Bestimmen-durch-Bedingungsverhältnisse, das Wesen des Logischen, ließ sich im Übergang zur Apperzeptionstheorie nicht mehr in der Art der Merkmalslogik z. B. des Meier'schen Kompendiums auf die Analyse oder Exposition von Subjektsbegriffen (Bedingungsbegriffen), ein bloßes Verdeutlichen, reduzieren. Es verlangte ein hinter die analytische Inhaltsapprehension zurückgehendes, wenn auch vor die transzendentallogischen kategorialen Apperzeptionsanalyse anhaltendes, a priori bewußtseinssynthetisches Grundverständnis. Vgl. B 131 Anm.; Jäsche-Logik, AA IX 94, 101. - Aus der noematisch-noetischen Doppelperspektive der Einheit der Vorstellungen wird die Einheit von Denken und Sprechen und hieraus die "Zu"- und "Widerspruchs"terminologie verständlich. Vgl. AA VII 92: "Denken ist Reden mit sich selbst.."

über die elementare Funktion des kategorischen Urteils hinaus, indem es
das disjunktive Urteil anbahnt, das mit der vollständigen Kollektion der
Möglichkeiten eine eindeutige Subjekt-Prädikat-Verteilung vorzeichnet,
wenn es auch mit der kategorischen Synthesis von Kategorizität und
Hypothetizität "nur" das logische Verfahren, die formale Inszenierung
des Bestimmens, dem Prinzip des bestimmungsfunktionalen Bedingungsverhältnisses gemäß festlegt.

Mit dem systematischen Fortschritt zum Gedanken der Vollständigkeit, mit der Idee des Ganzen der Urteilsmöglichkeiten, beweist die
formale Logik zugleich ihre eigene inhaltliche Abgeschlossenheit. Nicht
daß zwei Begriffe, zwei Urteile und mehr als zwei Urteile mit den Relationsfunktionen des Denkens erfaßt werden, nicht dieser quantitative
Aspekt verbürgt die Abgeschlossenheit der Inhaltsanalyse des Urteils.
Die numerische Reflexion, die Kant selbst A 73/ B 98f. anstellt, soll den
"Inbegriff der eingeteilten Erkenntnis" als die aus "Ergänzungsstücken"
bestehende "ganze Sphäre" nur erst in den Blick bringen. Die qualitative
Synthesis von Exklusion und Inklusion im Gedanken einer "Gemeinschaft der Erkenntnisse" vielmehr, die "wechselseitig einander ausschließen, aber dadurch doch i m   G a n z e n die wahre Erkenntnis
bestimmen", führt die Evidenz bei sich, daß das formale Denken an die
Grenze seiner Inhaltsmöglichkeit gelangt ist. Der Gedanke, daß Erkenntnisse zusammengenommen den ganzen Inhalt einer einzigen gegebenen
Erkenntnis ausmachen, weist sich durch sich selbst als die unüberbiet-
bare Ausmessung der logischen Bestimmungsoperation aus. Im Kantischen Text signalisiert die Wiederholung von Totalitätsausdrücken die
Vollständigkeitsreflexion, auf die sich Kants Behauptungen zur Systematik der Urteilstafel überall stützen.

Wie aber das disjunktive Urteil in nuce im kategorischen Urteil, der
u.a. nach §39 "Prolegomena" Anm. grundlegenden Urteilsform, als der
Hinausführung der Vorstellungen auf ein Verhältnis- und Bedingungsdenken enthalten ist, dem allein die Explizitheit und die Eindeutigkeit
des Bedingungsverhältnisses ermangelt: die selbst bestimmungslogisch
als solche realisierte Funktionalität des Bestimmens, so läßt sich in umgekehrter Richtung aus dem disjunktiven Urteil die Dreiheit der Titel
Relation, Qualität und Quantität ableiten. Das disjunktive Urteil impliziert mit der Entgegensetzung der einen - unbekannten - kategorischen
Bestimmung und auszuschließender Alternativen ein Quantitäts-, Quali-
täts- und Relationsdenken, und zwar so, daß es mit seiner Formulier-

barkeit als hypothetisches Urteil alle drei Relationsmomente aufweist. Der Satz des zureichenden Grundes findet hierin seinen deutlichsten formallogischen Ausdruck.

Wie Kants Hinweis auf die verhältnisermöglichende Funktion des realen Substanzdenkens das Verständnis des ersten Moments der Relation als "bloßes Urteil" (Bedingungs- bzw. Bestimmungsdenken, Zusprechen und Absprechen überhaupt) stützt, so geben auch seine "Erläuterungen" zur dritten Analogie der Erfahrung A 251/B 262 mit einer Häufung von Totalitätsausdrücken zu erkennen, daß die transzendentale Komposition oder dynamische Gemeinschaft aufgrund ihrer Zusammenfassung der Erscheinungen zu einem "Ganzen" "aller" Substanzen das dynamische Verhältnis zur Vollständigkeit bringt, so daß gefolgert werden kann, daß *alle übrigen aus diesen Verhältnissen entspringen.*

Die ideale Vervollständigung der Parallele des realen und formalen Denkgesetzes der Vollständigkeit wäre die Ableitung des disjunktiven Denkens (Urteilens und Schließens) aus der "Gemeinschaft der Apperzeption" der rein logisch verfaßten Vorstellungen ineins mit der Integration des kategorischen und hypothetischen Urteils in die formallogische Disjunktivität entsprechend dem Wechselwirkungsganzen der Substanzen. Nur für die Parallele selbst aber fehlt es nicht an Textzeugnissen: "Disjunctiv ist ein Urtheil, wenn die Theile der Sphäre eines gegebenen Begrifs einander in dem Ganzen oder zu einem Ganzen als complementa bestimmen. Ebenso im realen Ganzen von substanzen durchs commercium im Zugleichseyn." "Alle Eintheilung durch bloße Begriffe kann nur dichotomie seyn: Entweder, oder. Die Glieder bestimmen einander wechselseitig als complementa zu einem Ganzen. wenn diese Bestimmung nicht logisch und das Ganze nicht logisch, sondern real ist, so sind sie substanzen in commercio."[6]

Die vorangehende Vollständigkeitsargumentation leidet nicht im geringsten unter der allgemeinlogischen Unableitbarkeit der Subjekt-Objekt-Struktur überhaupt und der objektiven, wenn auch bloß mittelbar auf Erscheinungen als Anschauungsgegenstände gerichteten Bestimmungstätigkeit, aber auch nicht unter der Paradoxie, daß das Bestimmen des Bedingenden, die Zuschreibung, als generische Subordination erfolgt. Denn diese konstitutiven Momente zeigen ihre Notwendigkeit und zugleich den Ursprung ihrer Art und Gültigkeit einem Rückgang auf die

---

[6] Refl. 3105, 3107; vgl. Refl. 3106 (AA XVI 661)

Verfassung der transzendentalen Apperzeption, wie unten wenigstens angedeutet werden kann.

Einer verbreiteten Ansicht entgegen trifft es nicht zu, daß das *Modalurteil* allein unter epistemologischem (erkenntnismethodologischem) Gesichtspunkt den Urteilsformen zugerechnet werden kann: als Funktion der Vermerkung einer graduellen Zunahme der Erkenntnisgewißheit.[7] Als werde mit dem problematischen Urteil eine anfängliche Erkenntnis, mit dem assertorischen Urteil eine fortgeschrittene Erkenntnis und mit dem apodiktischen Urteil eine vollendete Erkenntnis konstatiert. Nicht die Tatsache, daß es sich bei dem Urteil, das Kant der formallogischen Analyse zuweist, um ein "Erkenntnisurteil" handelt, bestimmt die modallogische Betrachtungsweise. Entscheidend ist der Fortgang vom "bloßen Urteil" über den "Satz" zur "gewissen Erkenntnis" gemäß Kants eigenen Erläuterungen im Brief an Reinhold vom 19. 5. 1789. Dieser Text kann als Kommentar zu der Charakterisierung des Modalurteils genutzt werden, die Kant in §9 der "Kritik" vornimmt:

"Der Satz des zureichenden Grundes, so weit ihn Hr. Eberh. bewiesen hat, ist also immer nur ein logischer Grundsatz und analytisch. Aus diesem Gesichtspunct betrachtet wird es nicht zwey, sondern drey logische Principien der Erkentnis geben: 1) den Satz des W i e d e r - s p r u c h s , von categorischen 2) den Satz der E i n t h e i l u n g (der Ausschließung des Mittleren zwischen zwey einander contradictorisch entgegengesetzten) als den Grundsatz disjunctiver Urtheile. Nach dem ersten Grundsatze müssen alle Urtheile e r s t l i c h als p r o - b l e m a t i s c h (als bloße Urtheile) ihrer M ö g l i c h k e i t nach, mit dem Satze des Wiederspruchs, z w e y t e n s , als a s - s e r t o r i s c h (als Sätze), ihrer logischen W i r k l i c h k e i t d.i. Wahrheit nach, mit dem Satze des z. Grundes, d r i t t e n s , als a p o d i c t i s c h e (als gewisse Erkentnis) mit dem princ: exclusi medii inter duo contrad. in Übereinstimmung stehen; weil das apodictische Fürwahrhalten nur durch die Verneinung des Gegentheils, also durch die Eintheilung der Vorstellung eines Prädicats, in zwey contradictorisch entgegengesetzte und Ausschließung des einen derselben gedacht wird."

Interpretiert man diese Darlegungen, die bisher i.a. nur Irritation verursacht haben, aus dem Grundsinn des Logischen überhaupt, d.i. die

---

[7] Vgl. Hans Lenk, Kritik der logischen Konstanten, 1968. 21ff., Reinhard Brand, Die Urteilstafel, 1991. 82f.

spontane Konstitution bestimmungsfunktionaler Bedingungsverhältnisse des Vorstellens, so ergibt sich als Hauptinhalt, daß der modallogische Aszensus schon in formallogischer Sicht durch Phasen des Bedingungsdenkens bzw. des Bestimmens geprägt ist, wenn auch das Geschäft des Urteilens mit diesen "Funktionen von Funktionen" insoweit um die Komponente der externen Referenz verkürzt wird.[8]

Das "bloße Urteil" begründet "logische Möglichkeit" damit, daß es das Vorstellen dem Bedingungsdenken überhaupt nach der Ordnung des Zuspruchs mit der Implikation des anarchischen Charakters des Widerspruchs (als gleichsam seiner formalen *Verstimmung* oder *Abstimmung*) unterwirft. Der "Satz" macht im formallogischen Verständnis des Ausdrucks das bestimmungsfunktionale Bedingungsdenken, das Inbegriff des Logischen ist, auf die Weise einer "Wahrheits"reflexion explizit, d. h. er stellt "logische Wirklichkeit" als gleichsam die Wahrnehmbarkeit des Logischen her, in abstrakter Analogie zum epistemischen Sachverhalt der Wirklichkeit als der mit Empfindung, dem Realitäts- und Wirklichkeitsindikator, verbundenen Erkenntnis. Das disjunktive Urteil schafft "logische Notwendigkeit", indem es das Bedingungsdenken über die Explizitheit (Gesetztheit) hinaus zur reflexiblen Eindeutigkeit des Bestimmens bringt bzw. diesen Fortschritt und Abschluß ermöglicht.[9]

Die Zuordnungen, die Kant im Brief an Reinhold trifft, können nicht mit dem Argument in Frage gestellt werden, das kategorische Urteil sei in allen drei Modi möglich. Denn Kants Zuordnung macht vielmehr gerade dadurch eine *Erklärung* der dreifachen Modalisierbarkeit des kategorischen Urteils möglich, daß sie nur von dem kategorischen Urteil gilt, als welches das "bloße Urteil" auftritt. Das kategorische Urteil, das in der Konsequenz eines Kategorizität und Hypothetizität in sich aufhebenden disjunktiven Urteils bzw. Schlusses resultiert, weist genau aufgrund dieser Eigentümlichkeit den apodiktischen Modus auf. In dieser "gewissen Erkenntnis" vollendet sich die Bedingtheit zur Bestimmtheit des verstandesgesetzlich vollständig geregelten Vorstellens, die sich

---

[8] Vgl. Peter Schultheß, Relation und Funktion, 1981, 38

[9] Zur Differenz "bloßes Urteil" - "Satz" vgl. Refl. 2211, AA XVI 272: "Wahr, oder Falsch, oder logisches adiaphoron: non liquet (problematisch urtheil, kein Satz), wenn aus den datis nichts bestimmt ist." - Die Differenz "reine Disjunktion" (kontradiktorisch entgegengesetzter Urteile) - "logische Division" (disparater Sätze) betrifft die Realisationsbedingungen des Vollständigkeitsdenkens und fällt nicht mehr in die allgemeine und reine Logik. Vgl. Refl. 3095, AA XVI 656: "Alle reine disiunction findet nur zwischen contradictorie oppositis statt.- Die disiunction zwischen disparatis ist eine logische division, deren richtigkeit nur per inductionem, daß man kein Glied der eintheilung ausgelassen habe, kann erkannt werden."

äußerlich an der Kreisform zu erkennen gibt, d. i. das nachmals von Fichte und Hegel proklamierte Vollständigkeitskriterium.

Außerhalb der Zuständigkeit der formalen Logik liegt die Frage nach dem Grund des Bestimmens in der Form des generischen Bedingungsdenkens. Wenn überhaupt, so kann auf diese Frage eine Antwort allein von der Theorie der transzendentalen Einheit der Apperzeption erwartet werden. Kant selbst hat nur mit der apperzeptionstheoretischen Deduktion des Satzes vom zureichenden Grunde im Zusammenhange der Zweiten Analogie der Erfahrung A 200f./B 245f. einen Anfang zur Beantwortung dieser Frage gemacht, obwohl es nahe liegt, das "Bestimmen" in der ursprünglichen Synthetizität der Apperzeption, das subordinatorische "Bedingen" in der repräsentativen Verbundenheit von begrifflicher Allgemeinheit und Einfachheit des Selbstbewußtseins und den Widerspruchssatz in der zum hypothetischen Urteil bzw. Satz des Grundes überleitenden Reflexivität des selbst noch undeterminiert determinierenden, primordialen Bedingungsdenkens zu fundieren.

Die "Kritik" gibt A 75f./ B 100f. keine anderen modaltheoretischen Erklärungen. Das problematische Urteil überläßt das Bejahen und Verneinen noch dem Belieben. Es setzt die Assertion, die Behauptung oder Annahme, aus. Es artikuliert die "freie Wahl, einen Satz gelten zu lassen." Es besteht in der bloß "willkürlichen Aufnahme" eines Satzes "in den Verstand".[10] Alle diese Kennzeichnungen zielen auf die Natur des "bloßen Urteils", des puren Bedingungs- oder Verhältnisdenkens, mit dem lediglich der Standpunkt des Logischen, der Spontaneität und Gültigkeit der zu- und absprechenden Verknüpfung von Vorstellungen eingenommen ist, ohne nach dem funktionalen Ursprung dieser Synthesis und nach ihrer Verbindung mit objektiver oder bloß subjektiver Gültigkeit zu fragen, im Bewußtsein aber, daß ein Zu- und Absprechen uno actu mit dem Verlassen des Standpunktes identisch ist. Das Urteil wäre dann "an sich selbst (auch ohne Rücksicht aufs Objekt) nichts."[11] Die epistemische Möglichkeit des Urteils hingegen wird gemäß dem ersten "Postulat des empirischen Denkens überhaupt" seine Übereinstimmung mit den formalen Bedingungen der Erfahrung voraussetzen.

---

[10] Vgl. Refl. 2510, AA XVI 399: "Problematisch Urtheilen durch vorläufige, nicht bestimmende Urtheile." Vgl. Refl. 2511

[11] Vgl. A 150/ B 190

Das assertorische Urteil "zeigt an, daß der Satz mit dem Verstande nach dessen Gesetzen schon verbunden sei." Es enthält die Anerkennung eines Satzes als logische Materie aufgrund seiner reflektierten Übereinkunft mit bestimmungslogischer Form. Es nimmt die Setzung oder Bewahrheitung des Bedingungsverhältnisses, seine Anerkennung als "Satz" vor: "Ein p r o b l e m a t i s c h e s Urtheil ist ein solches, in welchem ich das Verhältniß zweier Begrife u n b e s t i m m t n u r b e - t r a c h t e, aber nicht s e t z e, ich erwege bey demselben etwas als gegeben, zur Untersuchung, d.i. ich setze kein Verhaltnis in demselben fest.."[12] "..ein Urtheil betrachtet das Verhältniß zweyer Begriffe, so fern es problematisch ist, hingegen durch Sätze verstehen wir ein aßertorisches Urtheil."[13] Das assertorische Urteil realisiert mit dem Übergang über das bloße Urteil, das nur in der Form des kategorischen Urteils auftreten kann, zum hypothetischen Urteil oder mit dem Gedanken des zureichenden Grundes das determinierende Bedingungsdenken als das sich zur Eindeutigkeit entscheidende Denken.

Der apodiktische Satz drückt logische Notwendigkeit aus, sofern er einen Gedanken als mit "dem Verstande unzertrennlich verbunden" auszeichnet, d.h. als aller Freiheit der Annahme dadurch entzogen, daß konkurrierende Verknüpfungsmöglichkeiten im Vorstellen ausgeschlossen sind.

Kant definiert die "Funktion" als Einheit der Handlung, durch Unterordnung Ordnung unter den Vorstellungen in klassifikatorisch-referentieller Doppelhinsicht zu erzeugen.[14] Die Idee des bestimmungsfunktionalen Bedingungsverhältnisses dirigiert die Aufstellung der Urteilstafel. Sie erklärt zuerst ihre Systematik. Die Vollständigkeit ergibt sich sodann aus der formalen und materialen Verfassung der Tafel. Im disjunktiven Urteil sind alle Titel und Momente so versammelt, daß die Modalreflexion des determinativen Funktionswertes der Funktionen als abschließende Funktionsart eine Entwicklung zu überblicken vermag, die vom ungeregelten (unbegründeten) zum durch sich selbst geregelten (begründeten) bestimmungsfunktionalen Bedingungsdenken führt. Zugleich beweist das disjunktive Urteil die Exhaustion des funktionalen Denkvermögens damit, daß es als Funktion des Vollständigkeitsdenkens das unter

---

[12] Logik Blomberg, AA XXIV 1,276
[13] Wiener Logik, AA XXIV 2,934. Vgl. Logik Pölitz, AA XXIV 2,580; Refl. 2496, AA XVI 394.
[14] Vgl. A 68/ B 93

allen einzig mögliche bestimmungsfunktionale Bedingungsdenken zum Inhalt hat.

Die Vollständigkeit der Tafel wird durch das oft bemängelte Fehlen des kopulativen Urteils nicht in Frage gestellt, weil es außerhalb des für sie generativen Prinzips der bestimmungsfunktionalen Subordination fällt. Das kopulative Urteil wird durch den Quantitätstitel abgedeckt und durch die relationalen Urteilsverknüpfungen überboten: "Die Richtigkeit des disiunctiven Satzes wird dadurch ausgemacht, daß beyde copulative Satze der disjunction: der bejahende und verneinende aufgehoben werden."[15] A fortiori schließt das Systemgesetz der Tafel, das sich als Bestimmungsdenken entfaltende Bedingungsdenken, für die Tafel selbst eine bloß kopulative Anordnung aus. Nur die Verwechslung der denkgesetzlichen Architektonik der Tafel mit einem bloß numerischen Progressionsprinzip kann zu der Behauptung führen, sie sei aufgrund des Fehlens des kopulativen Urteils aus sich selbst nicht verständlich.[16]

*

Zwischen einer historisch-empirischen Rhapsodie und einer axiomatisch-deduktiven Ermittlung der Denkfunktionen aus der Apperzeptionseinheit besteht als dritte theoretische Möglichkeit allein diese, daß die Gegebenheit der Apperzeptionseinheit und ihrer funktionalen Struktur Eine identische Gegebenheit ist, wenn auch so, daß die Funktionsstruktur und mit ihr die Identität der Apperzeption nicht unmittelbar evident sind, sondern einer Evidenzvermittlung durch die im Urteil und unter seinen Formen angewandten Funktionen bedürfen. Die für uns erste Manifestation der Apperzeption und ihrer internen Gesetzmäßigkeit ist die Urteilstafel. Sie ist, folgt man dieser Konzeption, der unabdingbar notwendige Leitfaden zur Apperzeption und ihrer Struktur. Der "transzendentale", aus der Apperzeption dargebotene Leitfaden ist, anders als ein technisches Hilfsmittel, keine methodische Invention des Verfassers der "Kritik der reinen Vernunft", sondern der vernunftintern einzig mögliche und natürliche Zugang zur höchsten transzendentalen Position.[17] Die Apperzeption kann nur als nach logischen Funktionsarten urteilender Verstand thematisch sein. Und das Urteil kann auf angemessene Weise

---

[15] Refl. 5966, AA XVIII 407

[16] Vgl. Reinhard Brandt, Die Urteilstafel, 1991, 88f.

[17] Vom Leitfaden selbst ist die "Tafel"-Form zu unterscheiden, die ein architektonisch-technisches Hilfsmittel ist, die "wissenschaft.. unter Funktionen der Einbildungskraft" zu bringen. Vgl. Refl. 4911, AA XXVIII 26; KpV, AA V 67.

nur im Lichte der Apperzeption, ihrer Identität und ihrer Struktur, erfaßt werden. Gleichwohl kommt die in Funktionen und Urteilen operierende Apperzeption über eine abstrakte Erkenntnis der Urteilsformen zur Evidenz. Die Apperzeption und ihre Struktur erschließen sich aus dem urteilsförmigen Vollzug. Ohne Kenntnis der Urteilsformen keine Kenntnis der Apperzeption und ihres Funktionsgefüges. Die Urteilsrealität führt auf die kategoriale Apperzeptionsstruktur. Sie leitet aber dahin weder als historisch-empirisch aufweisbare Art zu urteilen noch als von ihr gesonderte (anthropologisch-)metaphysische Gegebenheit, sondern als ihr eigener Realisationsmodus. Die kategorial verfaßte und nur mit dieser funktionalen Gliederung zu gewärtigende Apperzeption wird gleichsam zuerst an der Peripherie erfaßt, d.h. an den Formen ihrer Urteilsäußerung.[18]

So auch erklärt sich die scheinbare Bindung der "Urteils"definition und Urteilstafel an den empirischen conceptus communis.[19] Das nur apperzeptionstheoretisch zureichend verständliche Urteil zeigt sich zuerst einer Reflexion, die sich auf seine Formen im Erfahrungsgebrauch richtet: "Die Grundregeln der letzten < sc. der formalen Logik > sind vom gemeinen Verstande abstrahirt, obzwar daraus nicht entlehnt und derivirt."[20]

So hellt sich ferner der i.a. unter dem Eindruck von B 112 bloß als suggestiv beurteilte Übergang von den Urteilsfunktionen zu den anschauungsbezogenen Denkfunktionen (Kategorien), der vermeintliche "Paral-

---

[18] Die strukturanalytisch erhellende Bemerkung in den späten "Preisschrift"-Entwürfen, die transzendentale Einheit des Bewußtseins enthalte gemäß der Verschiedenheit der anschaulichen Vorstellungen der Gegenstände in Raum und Zeit verschiedene Verbindungsfunktionen, müßte in konstitutionstheoretischer Hinsicht als zirkulär beurteilt werden, weil die Formen bzw. Gesetze der Gegenstandsbesonderung den spezifizierten kategorialen Verstand voraussetzen und überhaupt auch eine uniforme Subjekt-Objekt-Korrelation denkbar ist. Vgl. AA XX 276. Alois Riehl bekundet Zustimmung in: Der philosophische Kritizismus, I. 3.Aufl. 1924, S. 509.

Lehrte Kant einen erfahrungskonstitutiven Primat der praktischen Vernunft, wäre eine Ableitung reiner Verstandesbegriffs und einer logischen Normierung des Erkenntnisverhaltens überhaupt aus der freiheitskausalen Subjektivität denkbar, die den Umweges über die Urteilstafel nicht bedürfte. Der praktische Gebrauch des Kausalitätsbegriffs aber setzt bei Kant voraus, daß ihm durch die Transzendentale Deduktion der reinen Verstandesbegriffe "ein Sitz im reinen Verstande" gesichert werde: "..daß ich gewiesen habe, es lassen sich dadurch doch Objecte d e n k e n , obgleich nicht a priori bestimmen: dieses ist es, was ihnen einen Platz im reinen Verstande giebt, von dem sie auf Objecte überhaupt (sinnliche oder nichtsinnliche) bezogen werden." (K.d.p.V., AA V 54)

[19] Fichte hat aufgrund der entsprechenden Unterstellung gefolgert, der "Kritiker" schöpfe die Kategorien lediglich "durch einen Umweg" aus der Erfahrung, wenn er sie der Logik entnehme. Vgl. Versuch einer neuen Darstellung der Wissenschaftslehre, Erste Einleitung, Abschnitt 7, GA I,4, 201.

[20] Vgl. AA XVII 657; vgl. auch Refl.4631, AA XVII 615: "Diese handlungen (sc. die objektiv gültigen Setzungarten) sind die Quellen, woraus die logischen Möglich sind."

lelismus" der Tafeln, auf. Der *Leitfaden* verdient, auch im Vergleich mit dem sonst von Kant so gerne gebrauchten Bild des "Kompasses", seinen Namen; er führt von der Vernunft selbst ausgelegt in kontinuierlichem Duktus in das Innerste der transzendentalen Apperzeption, an welcher er befestigt ist.[21] Es bedarf keines Analogisierens, Projizierens oder Übertragens zur Aufstellung der zweiten Tafel. Sie erwächst aus der Urteilsreflexion, wie nach ihr die Apperzeptionstheorie, letztere vermittelst der oft als rätselhaft empfundenen Zwischenreflexion, die in §15 festgehalten ist, über die Weiterverweisung der spontanen Urteilssynthesis auf eine sie dirigierende qualitative Einheit.

Das nur apperzeptionstheoretisch aufzuhellende Reinheits- oder Spontaneitätsparadigma der formalen Logik dürfte, wie den "Verbindungs"begriff der synthetischen Einheit des Mannigfaltigen des §15 der Auflage B, genauso auch schon die gemäß A XVIf. provisorische "objektive Deduktion" A 92f./B 126 erklären, die für die Möglichkeit der Erfahrungserkenntnis aus dem Erfahrungsanteil der Begriffe überhaupt auf konstitutive reine Begriffe schließt. Das aus der formalen Logik übernommene System reiner Urteilsfunktionen, als Art des Denkens von Gegenständen in Beziehung zur anschaulichen Gegebenheit gesetzt, ermöglicht bereits im Übergang zur zentralen Subjektstheorie eine erste, freilich noch unvollkommene Deduktion des reinen Verstandes, und zwar mit der Möglichkeit der Erfahrungserkenntnis als einem unter den Vorgaben der transzendentalen Ästhetik und reinen Logik verständlichen, restriktiven Principium weiterer Nachforschung (A 94/B 126), welcher die allgemein übliche Geringschätzung als bloß regressives und damit gegen Empirismus und Skepsis wenig gewappnetes Argument nicht gerecht wird.[22]

---

[21] Vgl. den Bildgebrauch der "Leitschnur" A 467/B 495.

[22] Die gemeinsame Aufhellung der gemäß A XVIf. "*allenfalls*" möglichen "objektiven Deduktion" und der apperzeptionstheoretischen Erklärung der apperzeptionsfreien Urteilstafel erfordert einen terminologischen Exkurs. Ein wörtliches Verständnis von A XVIf. wird die Rede von den "beiden Seiten" *der* Deduktion als Hinweis auf die unauflösliche Einheit von subjektiver und objektiver Deduktion nehmen und diese letzteren Spezifikationen als bloße Akzentuierung des kategorialen Verstandes verstehen, sei es im Hinblick auf die subjektive Vermögensstruktur oder auf seine objektive Gültigkeit und Nachweisbarkeit an einzelnen Erfahrungsurteilen (gemäß A 336/B 393). Man wird eine getrennt voneinander mögliche subjektive und objektive Deduktion ausschließen und in dieser Richtung mit dem Text nur eine "allenfalls" als solche anzuerkennende objektive Deduktion zulassen. Sie ist aber nicht aus dem Grunde unvollständig, eine unvollständige objektive Deduktion und unvollständige Deduktion überhaupt, weil sie mit einer subjektiven Deduktion zu verbinden bleibt, sondern weil sie mit keiner subjektiven Deduktion verbunden ist, so daß es sich um eine unvollständige Deduktion überhaupt handelt, die nicht vervollständigt werden kann. Für das Gegenstück einer allenfalls als solche anzuerkennenden subjektiven Deduktion, einer Apperzeptionsanalyse diesseits der Thematisierung der

Noch in der "Vorrede" zu den "Metaphysischen Anfangsgründen der Naturwissenschaft" konnte Kant allein auf dieser Grundlage eine Deduktion skizzieren, die ohne Rekurs auf die reine Apperzeption sogar zur Grenzbestimmung des reinen Vernunftgebrauchs hinreichend wäre.[23] Dasselbe gilt im Zusammenhange der "Synthesis der Rekognition im Begriffe" der Auflage A für die Erschließung der formalen Einheit des Selbstbewußtseins im Ausgang vom Gedanken der Gegenstandsbeziehung der Erkenntnis, sofern er "etwas von Notwendigkeit" bei sich führen und auf eine Bestimmtheit a priori deuten soll. Die Einheit des transzendentalen Subjekts der Gedanken=X als den Gegenstand notwendig machende kann die Einheit, welche der transzendentale Gegenstand=X notwendig macht, repräsentieren, und zwar entgegen einer von Hegel bis Strawson vorgebrachten Kritik ganz ohne den Makel des bloßen Substituts oder Surrogats, weil "unser Gedanke von der Beziehung aller Erkenntnis auf ihren Gegenstand" ein dem Spontaneitätsdenken der reinen und allgemeinen Logik unterliegender Gedanke ist.

Der Prinzipien-Erhebung des §15 entspricht in der Transzendentalen Deduktion von 1781 der Fortgang von der "Übereinstimmung" der Vorstellungen, wie sie aus dem Gedanken des "transzendentalen Gegenstandes=X" gefordert wird, zur Annahme eines funktionalen Systems synthetischer Regelbegriffe als Zwischenschritt vor der Exposition der Apperzeptionsidentität. Bei diesen Einführungen der synthetischen Regelung a priori von Vorstellungsmannigfaltigkeit handelt es sich nicht um eine "objektivitätstheoretische" Deduktionsstrategie, sondern um Beweise der kontiniuierlichen Effizienz des Leitfadens und insofern um eine

---

objektiven Gültigkeit von Erfahrungsurteilen, wird gar keine Systemstelle aufzufinden sein.- Als Beispiele der akzentuierten objektiven Deduktion, auf die Kant offenbar ausgeht, wird man die Schlußkapitel des Zweiten und Dritten Abschnittes der A-"Deduktion (S.111ff., 124ff.) und die Differenzierung der "Wahrnehmungsurteile" und "Erfahrungsurteile" in den "Prolegomena" als Beantwortung der Frage, wie reine Naturwissenschaft möglich sei, ansehen.

[23] Vgl. AA IV 474ff. In historischer Parallelisierung folgt für die *erfahrungs*theoretische Disposition der "Deduktion" im Brief an M. Herz vom 21.2.1772, daß man sich zu ihrer Erklärung nicht bloß auf den Brief Lamberts an Kant vom 13.10.1770 zu stützen braucht. Kant ist Ende Februar 1772 aufgrund der Entdeckung der sinnlich-anschaulichen Raum-Zeit-Idealität und der Möglichkeit einer systematischer Kategorien-Ermittlung aus eigener theoretischer Kraft in der Lage, eine objektive Deduktion durchzuführen, möchte sie auch nach der Ausdrucksweise A XVIf. "allenfalls" als eine solche anerkennungsfähig und nach derjenigen der MAN-Vorrede "unvollständig" sein. Und reicht sie für den, der die Transzendentale Ästhetik und die allgemeine *reine* Logik "unterschreibt", sogar zur Grenzbestimmung der Vernunft aus, so muß er nach dem Einlassung desselben Briefes als ein noch nicht vollkommen vernünftiges Verhalten angesehen werden. die Unterschrift zu leisten, ohne apperzeptionstheoretische Erkundungen über die Vermögenslage des Verstandes und der Vernunft auf dem Wege einer konstruktiven Subjektstheorie eingeholt zu haben.

Evaluation der Metaphysischen Deduktion, ohne deren Erinnerung maß-
gebliche Schritte der Transzendentalen Deduktion den Eindruck von
Gewaltstreichen oder *patch work* erwecken müssen.

Selbst der Beweis der transzendentalen Idealität von Raum und Zeit
aus der genau mit ihr gegebenen Möglichkeit einer Auflösung der kosmologischen Antinomie, der im Gegensatz zum Vorgehen der "Transzendentalen Ästhetik" nicht bei der Natur dieser Gegenstände ansetzt,
sondern die verworrene Vorstellung der an sich bestehenden und ebenso
in statischen wie in dynamischen Unendlichkeitsbegriffen zu erkennenden
Raum-Zeit-Welt auf die Heterogeneität des Anschauens und Denkens
und ihrer Konstitutionsformen hin differenziert und vor den Ar-
gumentgruppen der "Transzendentalen Ästhetik" den Vorzug einer ge-
samtepistemologischen Reflexion besitzt, muß seine theoretische Überzeugungskraft der urteilslogisch vermittelten Evidenz der systematischen
Vollständigkeit der Antinomie entnehmen, wenn er ein eigentümlicher
"Probierstein" des transzendentalen Idealismus sein soll, der sich von
seiner Selbstbewährung aus der Einheit von Entwicklung und Auflösung
der Antinomie unterscheiden läßt.[24]

In der vernunftkritischen Logik wird nirgends "konstruiert" (Strawson), projiziert oder auch nur supponiert, weil nach ihrem Verständnis
die logische Reflexion überhaupt eine formallogische und eine transzendentallogische Phase in der Einheit Eines Reflexionsganges und Evi-
denzzusammenhanges umfaßt. Sie kann insofern auch beanspruchen, den
natürlichen Erkenntnisaufbau wiederzugeben und durch Darstel-

---

[24] Vgl. A 506/B 534; Streitschrift gegen Eberhard, AA VIII 241; Brief an M. Herz vom 26.5.1789, AA XI 54.
Vgl. auch den Brief an M. Herz vom 11.5.1781, AA X 268ff. Kant entwickelt hier die Idee einer populären
Darstellung der "Metaphysik von der Metaphysik" im Ausgang von der Antinomie. Sie läßt an seine persön-
liche Denksituation um 1769 zurückdenken und veranlaßt die Überlegung, ob nicht das elementarbegriffliche
System der vierfachen Antinomie, das gemäß den "Reflexionen" dieser Zeit (Refl. 3922, 4039 u.a.) und den
Indizien der subreptionskritischen 5. Abteilung der "Inauguraldissertation", aber auch nach den entwicklungs-
geschichtlichen Ergebnissen von Erdmann, Riehl und Adickes schon zum Reflexionsstand von 1770 Entscheiden-
des beigetragen hatte, Kant außerdem an die korrespondierende Urteilsklassifikation in der ihm vorliegenden
Arbeit der Logiker (wie Meier, Reimarus, Lambert) erinnert haben könnte, so daß in der Antinomiereflexion
auch der zur "Leitfaden"-Idee führende Weg zu sehen wäre, den Kant am 21. Februar 1772 schon seit einiger
Zeit erkannt zu haben scheint. - Zur Urteilsklassifikation bei Lambert vgl. R. Brandt, Die Urteilstafel, 1991,
99f.

Die Hypothese von der Antinomie als Leitfaden zum "Leitfaden" der Urteils-Tetrade ist zumindest nicht
abstrakter als die Vermutung, die "Locke´sche Urteilstafel" Essay IV 1, 3-7, die Aufzählung der vier Hauptge-
sichtspunkte zur Übereinstimmung der Ideen (Identität und Differenz, Relation, Koexistenz und Substanz) sei
das erste Vorbild der Kantischen Tafel gewesen. Vgl. R. Brandt, Materialien zur Entstehung der Kritik der
reinen Vernunft, in: I. Heidemann und Wolfgang Ritzel (Hrsg.), Beiträge zur Kritik der reinen Vernunft
1781*1981, 1981, 37-68, 56f.

lungsrücksichten nicht bedingt zu sein. Auch in einer Präsentation, die vom "höchsten Punkt" der transzendentalen Apperzeption ausginge und die Transzendentale Ästhetik auf die §§ 16-18 folgen ließe, wäre der Anfang mit der "Metaphysischen Deduktion" unausweichlich. Eine solche Deduktion, die Kant im Brief an Tieftrunk vom 11. 12. 1797 selbst erwogen hat, erscheint aus diesem Grunde freilich als doppelt untunlich.

Die transzendentallogische Relevanz der Metaphysischen Deduktion beschränkt sich nicht auf die Nominierung von Kandidaten, die berufen erscheinen, die Funktion der zu deduzierenden Kategorien zu gegebener Zeit zu übernehmen. Der Gegenstand der Urteilstheorie, das in abstracto betrachtete System der Denkfunktionen, und die Apperzeption bilden einen identischen Sachverhalt, so daß die Apperzeption gar nicht anders denn als in Funktionen gegliedert gedacht werden kann und die Urteilstafel den ersten Schritt in die Apperzeptionsordnung darstellt, ob sie nun schließlich dafür, für eine separate metaphysische Gegebenheit oder für eine formalisierende Aufarbeitung der empirischen Urteilstatsachen gehalten werde. Die ursprünglich-synthetische Einheit der Apperzeption impliziert mit der funktional verfaßten Synthetizität die vier Operationstitel der Tafel. Und das System der Denkfunktionen entlehnt seine Gültigkeit und überhaupt seine Orientierung an der Idee der Einheit der Urevidenz des identischen Selbstbewußtseins. Schon die abstrakte, formale Logik beruht auf diesem Sachverhalt, nur setzt sie das Denken als gültig und als Einheit erzeugend *unreflektiert* voraus.

Die allgemeine Logik rekonstruiert das Verstandesgeschäft der Einheitsorganisation der Begriffe und Urteile unter Absehung von den anschauungsbezogenen Leistungen seiner produktiven Einbildungskraft. Sie zeichnet die Art auf (oder entwirft sie vielmehr), wie der Verstand logische Form bloß "vermittelst der analytischen Einheit" zustandebringt: in "Begriffen" als Einheitsfunktionen, die eine "Urteils"ordnung unter der schlichten Voraussetzung eines möglichen Subsumtions- oder Subordinationsgefüges kategorialer, konstruktionsbegrifflicher und empirischer conceptus communes nach bewußtseinsimmanenten Einheitsprinzipien diesseits der aus der Gegenstandsbeziehung notwendigen Übereinstimmung der Vorstellungen konstituieren. Jede Assoziation "objektiver Gültigkeit" verfremdet die allgemeinlogische Betrachtungsweise, die bloß auf Einheitsregeln als Bestimmungsregeln für Begriffe und Urteile sieht, mit transzendentallogischen Aspekten. Die allgemeine Logik notiert die Organisationsformen von Einheit, die bei der Vergleichung von Begriffen und Verknüpfung von Begriffen bzw. Urteilen a priori zutage treten. Sie geht von der Urteilsrealität aus, ohne ihren epistemischen Status als metaphysische Gegebenheit oder Realisationseffekt der kategorial verfaßten Apperzeptionssynthesis festzulegen.

*

Die Aufgabe ist gestellt, Kants Definitionen des "Urteils", wie er sie im Umkreis der Urteilstafel und in der Transzendentalen Deduktion der reinen Verstandesbegriffe gibt, so zu vermitteln, daß gerade der apperzeptionstheoretische Begriff des Urteils die Aufstellung der Urteilstafel noch vor Einführung des Prinzips der transzendentalen Apperzeptionseinheit erklärt und legitimiert. Die Lösung dieses Problems besteht darin, einen dualen Ansatz der Urteilslehre als notwendig anzuerkennen. Ein allgemeinlogisches Urteilskonzept, das zum Apperzeptionsbegriff des Urteils hinführt, kann als Leitfaden gar nicht entbehrt werden, erfährt aber über sich selbst erst Aufklärung auf dem transzendentalen Standpunkt. Einerseits wird die Definition des "Urteils", die es als funktionale Vollzugsform der objektiven Einheit des Selbstbewußtseins an einem vorgegebenen Vorstellungsmaterial festsetzt, durch die allgemeine Logik ermöglicht, die mit ihrer hellsichtigen Grundannahme eines Bestimmens, das als reflexionsgesetzliches Aufstellen von Bedingungsverhältnissen erfolgt, die formale und materiale Struktur des numerisch identischen Bewußtseins überhaupt erst zur Ansicht bringt und damit der transzendentalen Apperzeptionstheorie auf den Weg verhilft. Andererseits gibt die ursprüngliche Evidenz der erkenntnisgründenden Einheit der Apperzeption Aufschluß darüber, daß alle Voraussetzungen der formalen Logikkonzeption, wie sie insbesondere die Spontaneität der einheitsfunktionalen Begriffe und Urteile im Unterschiede zur Rezeptivität der Eindrücke und die Möglichkeit überhaupt einer systematischen Wissenschaft der abstrakten Verstandesregeln als demonstrierte Doktrin betreffen, in derselben, wenn auch noch unreflektierten Gewißheitsquelle fundiert sind, sofern Gegenstand der allgemeinen und reinen Logik die Urteilsrealität als die nur noch nicht dafür erkannte Realisationssphäre der objektiven Apperzeptionseinheit ist.

Darin unterscheidet sich die formale Logik von der transzendentalen Logik, daß von ihr nicht als der bloßen Idee einer Wissenschaft des reinen Verstandes gesprochen werden kann, die wir uns zum voraus machen.[25] Sie tritt ursprünglich ohne Beglaubigungsschein, aber mit der selbstverständlichen Sicherheit auf, die Methode der Gründlichkeit eines eigenen Gesetzen der Richtigkeit folgenden Denkens erforschen zu können. Sie weiß sich insbesondere von der Norm der systematischen Vollständigkeit geleitet, die sie der projektierten transzendentalen Logik überliefert. Sie unterstellt den Verstand als "eine für sich selbst beständige, sich selbst genugsame und durch keine äußerlich hinzukommenden Zusätze zu vermehrende Einheit" (A 65/ B 89f.), als ein artikuliertes System, das jeder Denkfunktion ihre Stelle anweist und allen insgesamt ihre Vollständigkeit a priori bestimmt.

Die formale Logik aber beruht auch ihrem Selbstverständnis nach auf der epistemologischen Unterscheidung zwischen dem logischen Verstandesgebrauch überhaupt und dem logischen Erkenntnisgebrauch des Verstandes. Daher sind schon die Definitionen des "Urteils", die im Ersten Abschnitt des "Leitfadens" gegeben werden, keine i.e.S. formallogischen Definitionen. Es sind freilich Definitionen, die für die Gewinnung des reduzierten Urteilsbegriffs der formalen Logik benötigt werden, auch wenn sie im Kontext des "transzendentalen" Leitfadens dem noch anderen Hauptzweck dienen, einen Vorbegriff der Erkenntnis durch Begriffe im Hinblick auf die zum voraus gemachte Idee des an sich selbst begreifenden Verstandes zu verschaffen. Worin eine *Erkenntnis* durch Begriffe überhaupt besteht, soll hier festgestellt werden, und es wird ausgemacht: Sie besteht in einer mittelbaren, diskursiven, verschiedene Vorstellungen unter einer gemeinschaftlichen ordnenden Gegenstandsbeziehung.

Die formale Logik müßte, so scheint es, um den Begriff des Denkens bzw. Urteilens zu finden, der ihrer Anschauungs- und Inhaltsfreiheit entspricht, das Urteil, auf das auch sie alle Handlungen des Verstandes zurückzuführen hat, mit Konsequenz auf ein mittelbares Bestimmen von Vorstellungen verkürzen und also die Funktionen der Einheit in den Urteilen ohne jeden referentiellen Ausblick auf den Erkenntnisgegenstand aufsuchen. Die Generalisierung und Spezifizierung, die Affirmation und Negation, die Prädikation gemäß den Relationsmomenten und die Modalisierung der Gültigkeit müßte den bloßen Subjekts*begriff* zugrundelegen, unter Absehung von den Gegenständen, die darunter fallen.

---

[25] Vgl. A 57/ B 81

Daß die formale Logik so nicht eingestellt ist; daß sie sich von dieser Auflage de facto dispensiert, kann sie selbst nicht begründen. Da sie aber überhaupt für ihre Existenz und Blickrichtung selbst keinen Grund anzugeben weiß, nimmt sie Einschränkungen ihres Intensionalismus unbeirrt in Kauf und bezieht das "alle" und "einige" und überhaupt die urteilswesentlichen Bestimmungen nach Gutdünken auch auf externe Begriffs- bzw. Urteilsreferenten. Selbst das modale Urteilen, das sich an den Erfüllungsstufen der reinen Verstandesgesetzlichkeit, d.h. an den Grundsätzen der Widerspruchsfreiheit, des zureichenden Grundes und des ausgeschlossenen Dritten, zu realisieren vermag, bildet keine Ausnahme von dieser möglichen Ausnahme.

Die apperzeptionstheoretische Erklärung des Urteils legitimiert das inkonsequent erscheinende Referenz-Verhalten der formalen Logik. Zergliedert die allgemeine und reine Logik die Urteilsrealität in Funktionen, ohne zu wissen, daß es sich um elementare Realisationsformen der objektiven (und subjektiven) Einheit der transzendentalen Apperzeption handelt, die mit dem Verstand selbst identisch ist, so muß sie zur externen Referenz grundsätzlich affirmativ eingestellt sein können und nur von den qualitativen Gegenstandsdifferenzen absehen dürfen, obwohl ihr Programm auf das Regelwerk des Denkens ganz diesseits von allem Erkennen zielt. Aus dem Prinzipienfundament der formalen Logik erklärt sich ihre subter-subsumtive Ambiguität, die auch im Umkreis des "Leitfaden"kapitels zu bemerken ist.[26]

Der zweite und endgültige Ansatz der formalen Logik kann nicht darin bestehen, aus dem Gedanken der ursprünglich-synthetischen Einheit der Apperzeption in einem axiomatisch-deduktiven Verfahren zuerst das Kategoriensystem und auf einer nachfolgenden Abstraktionsstufe das System der elementaren Denkfunktionen zu erfolgern, wenn es richtig ist, daß ohne Kenntnis der Urteilstafel das innere Funktionsgefüge der transzendentalen Apperzeption gar nicht zu gewahren ist. Das Idiom der Verstandeserkenntnis kann nur einem Text entnommen werden, der schon unter seiner Verwendung hergestellt wurde. Ohne die Enkodierung von Mannigfaltigkeit und numerischer Identität, Selbstbejahung, Selbstsetzung als ursächliche Substanz und Selbstsetzung als notwendiger Weise mögliche Wirklichkeit vorzunehmen, kann das "Ich denke" nicht

---

[26] Vgl. A 54f./ B 78f, A 68f./ B 93f.

einmal in der Weltabgeschiedenheit seiner eigensten, rein logischen Subjekt-Objektivität vollzogen werden.

Die transzendentallogische Grundlegung der formalen Logik muß die Urteilstafel voraussetzen, erklärt aber aus der apperzeptionstheoretischen Definition des "Urteils" alle Charaktere, welche die allgemeine und reine Logik mit dem Urteil und der Tafel der Urteile verbindet, ohne dafür Gründe nennen zu können. Sie rechtfertigt unter Vermeidung sowohl des Empirismus des Urteils als auch eines vitiösen Zirkelverfahrens aus der apperzeptionstheoretischen Genesis des Kategoriensystems das System der Urteilsfunktionen, so daß ihre konkrete Relation auf das Bewußtsein, ihre Bestimmtheit gegeneinander und ihr Verhältnis zueinander ersichtlich werden. An erster Stelle kann sie aus der ursprünglich-synthetischen Einheit der Apperzeption das Paradigma rechtfertigen, von dem sich die formale Logik leiten läßt, wenn sie als ihren Grundbegriff die "Funktion" einführt und mit Anwendung auf die Begriffe und Urteile darunter die "Einheit der Handlung" versteht, "verschiedene Vorstellungen unter einer gemeinschaftlichen zu ordnen." (A 68/B 93) Die transzendentale Logik macht die bewußtseinstheoretische Orientierung der formalen Logik verständlich: "Diese Einheit des Bewußtseyns ist in den momenten des Verstandes beym Urtheilen enthalten, und nur das ist obiect, worauf in Beziehung Einheit des Bewustseyns.. der mannigfaltigen Vorstellungen a priori gedacht wird."[27]

Die transzendentallogische Grundlegung bestätigt das Recht der formalen Logik, das organisierte Denkvermögen und die vollständige Feststellbarkeit der Denkfunktionen vorauszusetzen, indem sie beide Sachverhalte als mit der analytisch notwendigen Identität der Apperzeption auf ebenso analytisch notwendige Weise gegeben ausweist. Die Identität der Apperzeption selbst verlangt die Identität ihres internen Regelsystems, d.h. eine in sich geschlossene Funktionsstruktur des Vermögens zu urteilen. Die Identität der Apperzeption begründet die Idee des Ganzen der Verstandeserkenntnis a priori, die für die formale Logik nur ein Glaubensartikel ist. Sie bekräftigt die formallogische architektonische "Ableitung" oder "Entwicklung" der Verstandesfunktionen aus einem Prinzip oder gemäß einer "Methode", obwohl ihre Zahl und Art reines Faktum ist und in die Analyse von vornherein eingeht, indem sie

---

[27] Refl. 5923, AA XVIII 387. Vgl. B 140: "Die logische Form aller Urteile besteht in der objektiven Einheit der Apperzeption der darin enthaltenen Begriffe."

den Gedanken der *Bestimmung durch ein reflexives Bedingungsdenken* ursprünglich erzeugt, der zwar im Sinne der "objektiv gültigen" Synthesis auf sinnliche Anschauung überhaupt bezogen ist, eine allgemein-logische Formalisierung aber erlaubt. Dieser Gedanke ist die Mitte, um die sich die vorgegebenen Denkfunktionen in vorgegebener Ordnung sammeln, so daß es in der methodologischen Beschreibung der Aufstellung der Urteilstafel heißen kann: "so finden wir."[28]

Die "Methode" des Logischen wurde von Kant im Brief an Reinhold vom 19. 5. 1789 dargelegt, in der "Kritik" und in den Nachlaßreflexionen jedoch nur in Andeutungen bezeichnet.[29] Klaus Reich hat sie schon aufgenommen, aber er hat sie, wie noch näherhin gezeigt werden soll, in der gewiesenen Richtung nicht ausgewertet. Da Reich von der objektiven Gültigkeit der ursprünglich synthetisch tätigen Apperzeption ausgeht, muß er bereits beim Fortgang zur *Relation* auf zwei Ableitungsstufen Hypothesen einführen, die sein Vorhaben einer rein analytischen Explikation des Sachverhalts der objektiv gültigen Apperzeptionssynthesis durchkreuzen. Um überhaupt die Urteilsfunktionen der Relation, angefangen mit dem kategorischen Urteil, thematisieren zu können, nimmt Reich zuerst zwei Begriffe, dann dem hypothetischen Urteil zuliebe zwei Urteile an, obwohl die Explikation der objektiv gültigen Synthesis auch ohne diese Voraussetzungen möglich wäre: nach dem Modell einer sich stetig erweiternden kollektiven Einheit des Selbstbewußtseins.

Die apperzeptionslogische Grundlegung der formalen Logik, die auf den Leitfaden zur kategorial verfaßten Apperzeption zurücksieht, kann sich solcher Willkür entschlagen. Sie heftet das Logische am höchsten Punkte der einfachen Einheit oder Identität der Apperzeption an, wie es sich der Logik der analytischen Eingangsstufe darbietet, d.h. als in Funktionsmomenten und ihnen korrespondierenden Grundsätzen zu reflektierter Eindeutigkeit gelangendes Bestimmen. Die synthetische Apperzeptionstheorie der abstraktlogischen Denkfunktionen setzt beim Prädizieren an, um seine interne Wahrheit oder Wirklichkeit, die spe-

---

[28] Vgl. A 74f., B 99f. Vgl. A 74f., B 99f. Das vernunftgesetzlich bestimmte "Finden" der Urteilsfunktionen könnte eine gezielte Kontrastierung des Vorgehens von Aristoteles sein, der die Kategorien nach der Formulierung des Briefes an M. Herz vom 21.2.1777 so "aufs bloße Ungefehr" nebeneinanderstellte, "wie er sie fand."

[29] Das Wesensgesetz des Logischen ist nicht mit einem bloßen Entscheidungskriterium, aber auch nicht mit einem axiomatischen Derivationsprinzip zu verwechseln, obwohl es ermöglicht, daß die Logik die Funktionen des Verstandes einer immanent vorgegebenen Ordnung gemäß "aus ihm entwickelt." Vgl. den Brief an M. Herz vom 26.5.1789, AA XI 51.

zifisch logische Richtigkeit, bzw. die Affirmation als Reflex der objektiven Gültigkeit kategorial konstituierter Synthesis und die Falschheit
bzw. die Negation als Reflex der objektiv gültigen Wahr-Falsch-Differenz zu erklären. Sie fundiert die Widerspruchsfreiheit bzw. das Kategorische und Problematische des Urteilens in der Identität der Apperzeption, das zureichende Begründen bzw. das Hypothetische und Assertorische des Urteilens in der Regelverfaßtheit der Apperzeption und das
ausgeschlossene Dritte bzw. die Disjunktivität und Apodiktizität in der
Identität der Regelverfaßtheit der Apperzeption, d.h. in ihrer systematischen Gleichförmigkeit.[30]

Mit der Genealogie der formallogischen Funktionen und Gesetze wird
zugleich deutlich, daß zu den für die allgemeine und reine Logik selbst
uneinholbaren Voraussetzungen die Tatsache einer doppelten Klasse von
Verstandesgesetzen gehört, sofern die i.e.S. formallogischen Gesetze,
wie am Satz des zureichenden Grundes deutlich zu bemerken, nur im
Blick auf Inhaltsgesetze des Bewußtseins möglich sind.

Welche Funktion im Erkenntnisaufbau aber kann der allgemeinen und
reinen Logik und ihren Gegenständen, den Urteilsfunktionen und logischen Grundsätzen, zukommen, wenn sie nur eine abstrakte, formali-
sierte Ansicht der bewußtseinskonstitutiven Funktionen und Gesetze
bietet? Die gewöhnliche Beantwortung dieser Frage stellt nur den Nutzen
der formalen Logik für die Kultivierung und Kontrolle des Denkens im
Blick auf Klarheit, Deutlichkeit, reflexive Verfügbarkeit und kommunikative Transparenz heraus. Wenn aber der "Leitfaden" der formallogischen Urteilstafel für die strukturelle Erschließung der transzendentalen
Apperzeption unentbehrlich und nicht nur Hilfsmittel einer faßlicheren
Darstellung der Apperzeptionsanalyse ist, so wäre die noch höher einzu-
schätzende Bedeutung der allgemeinen und reinen Logik darin zu sehen,
daß sie die Pforte bildet, die durchschritten zu haben, Voraussetzung für
den Eintritt in die transzendentale Logik und Transzendentalphilosophie

---

[30] Vgl. A 245; Refl. 2230, AA XVI 279; B 673; Refl. 5553, AA XVIII 229, Z.10-15 (Erklärung der systematischen Vollständigkeit der *Ideen*bildung im Rückgang auf die Erkenntniskräfte Apperzeption, Apprehen-
sion und Rekognition). - Eine die ganze transzendentale Vernunftkritik umfassende Vollständigkeitsreflexion
wird in der Methodenlehre A 845/B 873 mit einer Synopse des metaphysischen Denkens unternommen, sofern
hier die als "immanente Physiologie der reinen Vernunft" ausgeführte Transzendentalphilosophie der "Ontologie", der Transzendentalphilosophie (Vernunfttheorie) des "Dinges überhaupt", eine Stelle im System der
reinen Vernunft zubilligt und auf diese Weise die Vorbild werden sollte, die mit ihr konkurrierende Metaphy-
sik-Grundlegung in sich aufhebt.

überhaupt ist. Sie könnte unter epistemologisch charakteristischer Verlagerung des Sinnlichkeitsbezuges eine ein legendäres Muster abwandelnde Inschrift tragen.[31]

II. Interpretationsspiegel

II.1 Zu Reinhard Brandt, Die Urteilstafel (1991)

Die Interpretation kann auf eine Interpretationsmaxime und fünf Hauptthesen zurückgeführt werden. Die Maxime hat zum Inhalt, den Leitfaden-Text von 1781 als aus sich allein verständlich anzusehen, Interpretationshilfe in anderen Äußerungen Kants zu suchen, nicht aber auf das apperzeptionstheoretische Urteilsverständnis der "Transzendentalen Deduktion der reinen Verstandesbegriffe" vorzugreifen.

Diese Interpretationsvorschrift kann ignoriert werden. Denn es ist denkbar, daß der Leitfaden aus sich selbst schon einleuchtet, in apperzeptionstheoretischer Perspektive aber ein noch gründlicheres Verständnis zuläßt, das zugleich seine formallogische Auslegung bestätigt.

These I lautet (im Anschluß an L. Krüger)[32]: Die Urteilstafel wird nicht aus dem historischen Arsenal der Logik entwickelt, sondern im Rückgang auf das Urteil, d.i. eine mittelbare Erkenntnis durch Begriffe, als anthropologisch-kontingente, aber metaphysische Gegebenheit gewonnen, die der Sachlage in der Transzendentalen Ästhetik vergleichbar ist.

Der Haupteinwand geht dahin, daß die These die Differenz des transzendentalästhetischen und transzendentallogischen Sachverhalts einebnet, die damit gegeben ist, daß es für die reinen Anschauungen von Raum und Zeit bzw. für die Anschauungsformen gar keinen möglichen Anknüpfungspunkt gibt, an dem man sie "heften" könnte, während der

---

[31] Bei P. F. Strawson ("The Bounds of Sense", 1966 u.ö.) verbindet sich mit der empiristischen Transformation des transzendentalen Selbstbewußtseins in eine Dimension extrem abstrakter empirischer Vorstellungen des empirischen Subjekts, mit denen es eine Rahmenstruktur der Empirie konzeptualisiert, eine besonders nachdrückliche Geringschätzung des transzendentalen Leitfadens der Urteilstafel. Die kritischen Einzelargumente aber, die Strawson vorbringt, sind alles andere als vernichtend. Die über die Negate gegebene Interdefinierbarkeit der junktorenlogischen Analoga von Hypothesis und Disjunktion hat keine Reduktionskraft, weil diese Operation bei konsequenter Verfolgung nur noch die Anerkennung von Adjunktion bzw. Konjunktion zuläßt. Der Rückzug auf die "formally atomic proposition", der in der Sache allerdings mit genau dem letzteren Ergebnis begründet wird, müßte der Kantischen Behauptung (in Briefen vom 19. und 26. Mai 1789) Rechnung tragen, der gemäß eine systematische Entwicklung der Urteilsformen möglich ist. Vgl. a. a. O., 74-82.

[32] Vgl. Lorenz Krüger, Wollte Kant die Vollständigkeit seiner Urteilstafel beweisen?, in: Kant-Studien 59, 1968, 333-356

Status der Apperzeptionseinheit als "höchster Punkt" aller Rationalität und Gültigkeit überhaupt und als schlechthin oberstes Prinzip in der ganzen menschlichen Erkenntnis (§16) die separate Gegebenheit des Urteils und seiner Formen bzw. Funktionen nachgerade ausschließt.[33]

These II lautet: Die Urteilstafel, die aus der transzendentalen Einheit der Apperzeption in inhaltlicher Hinsicht nicht abgeleitet werden kann, wird durch sie "post festum" legitimiert: "1770 ist die Ästhetik fertig (wenn sie auch noch nicht diesen Namen führt und in nicht unwichtigen Details von der Fassung der *Kritik* abweicht), es folgt in der ersten Hälfte der siebziger Jahre die Urteilstheorie, wenigstens in ungefähren Zügen, und in der zweiten Hälfte der siebziger Jahre wird, nach einer euphorischen Überschätzung des noch inhaltlich gefaßten 'Ich denke', mit der Entdeckung der Paralogismen die endgültige Lehre der transzendentalen Apperzeption von 1781 entwickelt. Das 'cogito' oder die Spontaneität des 'Ich denke' steht weder in der Entwicklung noch in der Systematik am Anfang, sondern begreift das aus der eigenen Leere und ontischen Unbestimmtheit des Ich nie Deduzierbare, die Anschauung und das logisch strukturierte Denken, als das seine erst post festum."(90 f.)

Die These leidet unter der Vorstellung, die Urteilstafel sei eine metaphysische Gegebenheit in der Art der reinen Anschauungen bzw. Anschauungsformen. Sie bildet das zugleich heterogene und komplementäre Verhältnis des Ästhetischen und Logischen auf letzteres ab, obwohl das Organisationsparadigma der Vernunft die Annahme von zwei Vernunft-Distrikten ausschließt.

These III besagt: Das Urteil umfaßt, wie das Musterurteil "S ist P" in metaphysischer Evidenz a priori zu erkennen gibt, drei Stellen mit jeweils drei Optionen. Der Subjektsbegriff eröffnet im Erkenntnisurteil, das Kants extensionale Logik zugrundelegt, drei quantitative Optionen bezüglich der Zahl der unter ihn fallenden Gegenstände. Die Kopula gibt drei qualitative Optionen bezüglich der Urteils"beziehung" vor. Das

---

[33] Die wohlüberlegte Charakterisierung der ursprünglichen Apperzeptionseinheit als "höchster Punkt" (A 116, B 133 Anm.), die dem Bild der "Quelle" richtungsverkehrt entspricht, gilt dem auf paradoxe Weise "qualitativen" Sinn der "numerischen" Einheit des einzigartigen, keiner Zahlenfolge eingeordneten Singulums der Einheit (Identität) des sich selbstgesetzlich regulierenden Bewußtseins. Es mindert nicht die Prägnanz der Beschreibung. daß zwischen dem höchsten Punkt und den "Grenzen" markierenden Punkten, seinen raumzeitlich relativen Setzungen als dem ursprünglichen Effekt des Zusammengehens von Apperzeption und Rezeptivität, nur eine entfernte Analogie besteht, sofern er selbst zwar als Grenze zum Intelligiblen aufzufassen ist, jede Assoziation einer Grenzsetzung aber bereits die Grenze zur schwärmerischen Spekulation überschreiten würde (wie bei Maimon nach dem Urteil Kants AA XI 48ff.),

Prädikat ermöglicht bezüglich des Urteils"verhältnisses" die drei Optionen gemäß dem Relationstitel. Mehr Stellen, Titel und Optionen sind nicht zu erkennen.

Die Vollständigkeit läßt sich für die Relationsmomente aufgrund eines "logisch-relationalen" und eines "numerischen" Systemprinzips erweisen, d.i. die Umkehrung und die Vergleichgültigung der Bestimmungsrichtung und die Komponentensequenz "Zwei Begriffe-zwei Urteile-mehr als zwei Urteile." Ferner wird unter den drei ersten Titeln das dritte Moment jeweils mit einer Ganzheitsreflexion eingeführt. Das einzelne Urteil wird auf das allgemeine Urteil bzw. die Allheit der Klassenelemente bezogen. Das unendliche Urteil wird auf die Allheit der möglichen Prädikate bezogen, die es einschränkt. Und das disjunktive Urteil ordnet Urteilssphären einer umfassenden Urteilssphäre ein.

Das Verzeichnis der "Stellen" und "Optionen" reproduziert Kants Urteilsbegriff. Die Inanspruchnahme metaphysischer Evidenz aber setzt sich dem Verdacht aus, den die Vollständigkeitsargumentation von K. Reich u.a. auch bei R. Brandt selbst auf sich gezogen hat, eine subjektive Unfähigkeit des Weiterblickens mit der totalen Gegebenheit der Sache zu verwechseln.

Die Vollständigkeitsmerkmale der Richtungsvariation und der numerischen Progression der Urteilskomponenten müssen als geometrisch und arithmetisch äußerliche Indizien beurteilt werden, wie schon K. Joël erkannt hat.[34] Im Äußerlichen verbleibt noch die von Kant selbst A 73/B 98 ausgeführte numerische Progression, weil sie an den Hauptzweck der Urteilstafel nicht heranreicht, der darin besteht, die *funktionalen* Verknüpfungsformen in Urteilen zu erfassen. Der Gedanke der Verknüpfung von mehr als zwei Urteilen enthält nicht den geringsten Hinweis auf Art und Zahl der Verknüpfungsfunktionen. Die Disjunktivität markiert nicht den Abschluß der Inhaltsregelung des Urteils, weil sie mehr als zwei Urteile zu verknüpfen erlaubt, sondern allein aufgrund ihrer Funktionsart. Mit dem disjunktiven Urteil erreicht die systematisch unter der Ganzheitsidee des bestimmungsfunktionalen Bedingens entwickelte Urteilstheorie diejenige logische Funktion, die das Vollständigkeitsdenken

---

[34] Vgl. Karl Joël, Das logische Recht der Kantischen Tafel der Urteile, in: Kant-Studien 27, 1922, 298-327, 321.

regelt. Nach weiteren Denkfunktionen zu suchen, wäre ein nachgerade sinnwidriges Beginnen.[35]

Das richtungsdialektische Vollständigkeitsargument kann mit der Erinnerung daran bezweifelt werden, daß einerseits schon im kategorischen Urteil das Prädizieren von.. mit einem Subsumieren unter.. verbunden ist, und daß sich andererseits im hypothetischen Urteil die Differenz von notwendigem und hinreichendem Grund, nicht aber die Differenz des Bestimmenden und Bestimmten erfüllt. Erst mit dem disjunktiven Urteil als der propositio maior eines disjunktiven Schlusses findet das Zusprechen (Bestimmen) vermittelst der Aufstellung von Bedingungsverhältnissen zur Eindeutigkeit.

Auch der Hinweis auf die ganzheitsbezogene Einführung des dritten Moments in drei Fällen gibt über die Vollständigkeit der Tafel mit und unter den entsprechenden Titeln keinen Aufschluß. Die Erläuterung des singulären Urteils vermittelt das erste und dritte Moment nur über die herrschende Lehrmeinung der Syllogistiker. Sie stellt zwischen Allgemeinheit, Besonderheit und Einzelheit keine logische Systembeziehung her. Das limitative "unendliche" Urteil ist in rein formallogischer Sicht selbst auf die bloß relative Ganzheit der Prädikate des jeweiligen "Redebereichs" eingeschränkt (vgl. "unförmig", "unerledigt", "unbeschrieben"). Seine Erklärung im Vorgriff auf das "transzendentale Ideal der reinen Vernunft" aber, so textnah sie sein möge, hätte zu beachten, daß sich diese theoretisch unzulässige, wenn auch vernunftnotwendige und daher insgeheim vernunftförderliche "Erdichtung" der dialektisch-wahnhaften Vernunft an der disjunktiven Schlußart orientiert, so daß von der dreifachen Ganzheitsreflexion, die Brandt signalisiert, allein das disjunktive Urteil übrig bleibt.[36] Diese Ganzheitsreflexion aber stellt Brandt in eine Reihe mit den zuvor genannten. Es kommt zu keiner Reflexion darüber, daß mit dem disjunktiven Urteil als der Denkform

---

[35] Die mehr als zwei mögliche Urteile umfassende Disjunktivität kann auch nicht einmal als ihre Grundform angesehen werden, weil sie dem komplementären Prinzip des von einem kontradiktorischen Urteilsgegensatz ausgeschlossenen Dritten allenfalls mittelbar entspricht. Die Nachlaßreflexionen beschränken die Disjunktivitätsfunktion in der Regel auf zwei kontradiktorisch entgegengesetzte Urteile. Vgl. hier Anm. 9.

[36] Vgl. A 577/B 605, A 580/B 608, A 641/B 670. Die Vernunftnotwendigkeit des als theoretische Erkenntnis unhaltbaren Ideals reicht aus, es als Gültigkeitsursprung und Schematismusbehelf dem regulativen Ideengebrauch zugrundezulegen und seinen moralisch-praktischen Erkenntnisstatus zu beglaubigen.

des Gedankenabschlusses die Tafel ihre eigene Abgeschlossenheit a priori demonstriert.[37]

Die *vierte These*, die R. Brandt zur Kantischen Urteilstafel präsentiert, lautet: Die Urteilstafel gibt den Schlüssel zur Systematik oder Architektonik der Ratio überhaupt an die Hand. Sie erklärt die Konnexion der höheren Erkenntniskräfte Verstand, Urteilskraft und Vernunft. Sie steht mit den logischen Operationseinheiten Begriff, Urteil und Schluß in Korrelation. Und sie beleuchtet die Gliederung der transzendentalen Theorie in Analytik, Dialektik und Methodenlehre.

Die These, die Urteilstafel disponiere mit ihren vier Titeln die Gliederung der formalen Logik in Begriffs-, Urteils-, Schluß- und Methodenlehre und nach ihr mutatis mutandis die systematische Anlage aller vernunftkritischen Untersuchungen, bestätigt allenfalls die Glaubwürdigkeit der Vollständigkeitsthese; man kann ihr und früheren Evaluationen der "systematischen Topik"-Funktion der Urteils- und Kategorientafel zustimmen, ohne der Vollständigkeitsthese beizutreten.

These V setzt die Kantische Urteilstafel der folgenden Kritik aus: Der Tafel muß ein geheimer Grundmangel eigen sein, der es erklärt, daß sie selbst dann, wenn man sie bloß als ein "prae-epistemisches Faktum" im Rahmen einer vorwissenschaftlichen allgemeinen Logik ansieht, vier Haupteinwände auf sich zieht. Diese Einwände, die wohl der Grund dafür sind, daß sie nicht zu den "klassisch" gewordenen Themen der Kantischen Philosophie gehört, betreffen ihre Kohärenz und ihre explanatorische Reichweite. 1.)Innerhalb der Relationsurteile erweist sich der "Verhältnis"begriff als inhomogen, sofern nur das kategorische Urteil bzw. der kategorische Schluß die dreifache Modalisierung vertragen. 2.)Die Urteilstafel selbst ist urteilslogisch nicht zu erklären, weil das kopulative Urteil, das die Anordnung ihrer Titel regelt, keinen Eingang in sie gefunden hat. 3.)Mathematische Urteile des Typs $7 + 5 = 12$ scheinen sich einer allgemeinen Logik mit einstelligen Prädikaten zu entziehen. Sie verweisen auf eine Logik der Mathematik eigenen oder höheren Rechts. 4.)Die formallogische Monopolstellung des conceptus commmunis schließt seinen Erkenntnisgebrauch für singuläre Klassenelemente nicht aus, hüllt aber die Vorstellungsart von Raum, Zeit,

---

[37] Die Disjunktivität bewährt sich als Denkfunktion des Abschlusses und damit als Abschluß der Urteilstafel (ihrem Aufbaugesetz gemäß) auch mit ihrer Anwendbarkeit auf die Tafel selbst, sofern jedes Urteil durch je eines der drei Titelmomente bestimmt zu werden verlangt.

Ich, Welt und Gott in Dunkelheit, sofern diese Gegenstände den "verbotenen" conceptus singularis zu erfordern scheinen.

Die Einwände lassen sich, ohne daß auf die mathematiktheoretische Frage hier eingegangen werden soll, entkräften.[38] Die ersten beruhen auf einem eigenen Grundmangel des Urteilsverständnisses, der zu dem Glauben führt, die systematische Verfassung des Urteils sei auf dem Wege eines Abzählens bzw. eines Vollständigkeit erweisenden Aufzählens vorfindlicher Charaktere festzustellen. Begünstigt wird dieser Glaube durch die Einschätzung der Urteils*realität* als anthropologisch kontingente, metaphysische Gegebenheit. Die positivistische Urteilsansicht, die über die Realität a priori des Urteils zu ihrer Erklärung als Realisationsmodus der transzendentalen Apperzeption nicht hinausgeht, müßte zwar nicht sein Organisationsprinzip, das es mit der Natur der Vernunft teilt, übersehen: das sich selbst zu reflexiver und eindeutiger Bestimmtheit entwickelnde und vollendende Bestimmen, das sich vom "bloßen Urteil" über das hypothetische Urteil zum disjunktiven Urteil bzw. Schluß fortgestaltet. Sie entbehrt aber des Kurskorrektivs, welches das nur aus der Identität der Apperzeption zu begründende Organisationsparadigma bereitstellt.

Allzu leicht entgeht einer positivistischen Urteilstheorie, was sich der systematischen Urteilsanalyse aufdrängt. Ihr kann nicht verborgen bleiben, daß sich die dreifache Modalisierung auf das kategorische Urteil mit Notwendigkeit beschränkt, sofern es sich zuerst als "bloßes Urteil" im problematischen Modus darbietet, durch die hypothetische Begründungsreflexion vor der Verwerfung bewahrt wird und als Konklusion eines disjunktiven Schlusses die modale Qualität der Notwendigkeit annimmt. Sie kann auch gar nicht übersehen, daß das kopulative "Urteil" aus sachlichen Gründen für einen Ort in der Tafel und als Verbindungsform der Tafel ausfällt, weil es Gedanken nur aneinanderreiht, während die Urteile der Tafel Bestimmungsfunktionen repräsentieren und die Titel wie auch die Momente in der Identität des einen komplexen Sachverhalts des "Logischen" nicht anders als die Gesetze des Verstandes verknüpft sind.

---

[38] Anders als Kants Urteilstafel ist seine Kategorientafel dem philosophischen Bewußtsein präsent. Sie kommt als Ordnungsprinzip gelegentlich sogar in empiristischen Theorien zu Ehren. Vgl. z.B. das System der Konversationsmaximen von H. P. Grice in: Dieter Wunderlich (Hrsg.), Linguistische Pragmatik, 1972, 56.

Gemäß der Kantischen Erkenntnistheorie wird für die Erkenntnis der Gegenstände Raum, Zeit, Ich, Welt und Gott in keinem Falle ein conceptus singularis benötigt. Raum und Zeit existieren nur in ihren kategorial-, konstruktions- und realbegrifflich konstituierten Anschauungen. In die Vorstellungen von Raum und Zeit geht die Form der Anschauung einerseits, das Kategoriensystem andererseits ein. Die Irreversibilität des Nacheinander hat eine Anwendung a priori der Kausalitätskategorie zur Grundlage, und das räumliche Nebeneinander wäre ohne quantitätskategoriale Bestimmungen unvorstellbar. Alle diese Begriffe aber, und zwar angefangen mit den reinen Verstandesbegriffen, sind als verbindende Elementarvorstellungen in Vorstellungsmannigfaltigkeiten enthalten. Sie sind es ihrer Apriorität entsprechend nur nicht in der Art der empirischen conceptus communes, d.h. als bloß durch Analyse auffindbare Grundzüge. Die Einfachheit des Raumes andererseits, der als dasselbe unendlich Einschränkbare in allen nur möglichen größenbestimmten Räumen und daher als gegebene unendliche Größe vorgestellt wird, entzieht sich überhaupt der begrifflichen Erkenntnis. *Mit* den reinen Anschauungen des Raumes und der Zeit ist ihre begriffsgewirkte Einheit gegeben, *in* ihnen erschließt sich ihr irreduzibles Anschauungswesen.

Genauso wie die Anschauung von Raum und Zeit ist die Vorstellung des "Ich denke" an conceptus communes gebunden. Das "Ich denke" setzt den kategorialen Verstand voraus, der gemäß dem ersten Hauptergebnis der "Deduktion" die durchgängige Identität des logischen Selbstbewußtseins an das empirische Anschauungsmannigfaltige vermittelt. Das Ich oder Er oder Es auf der anderen Seite, das in uns denkt und an die Differenz des "mit" und "in" in der Verfassung der reinen Anschauungen gemahnt, obwohl es gewiß keine Sache der Anschauung ist, entzieht sich jeder begrifflichen Fixierung. Nichts hindert aber, die notio intellectualis der Substanz in der Art eines conceptus communis auf das logische Selbstbewußtsein anzuwenden, d.h. das in uns als Menschen denkende "Wesen" auf diese individuellen Fälle der Realisation der reinen Apperzeption als nichtempirischen conceptus communis zu beziehen, wird doch das Ding, das in uns denkt, überhaupt nur aufgrund der Denknotwendigkeit einer substantiellen Ursache der realen Denkoperationen konzeptualisiert.

Im dialektischen "Welt"-Denken ist ein conceptus singularis intendiert, der sich aber nicht realisieren läßt, weil die vermeintlich totalisierte Erfahrungserkenntnis in einer antinomischen Urteilskatastrophe endet. Das Singulum "Welt" erweist sich als unausführbares Denk-Projekt. Es ist als das nihil negativum eines Ungedankens anzusehen - ganz im Gegensatz zur Selbstaufhebung des bestimmungsfunktionalen Bedingungsdenkens in der idealen Grenzperspektive einer vom Prinzip der Äquivalenz beherrschten Vorstellungswelt.

Die Idee des ens entium schließlich entspringt mit der Idee der omnitudo realitatis, die dem Problemzusammenhang der durchgängig prädikativen und damit gemeinbegrifflichen Bestimmung der Erfahrungsobjekte angehört und auch nur in unendlichen Urteilen thematisch wird.

II.2 K. Reichs apperzeptionstheoretische Deduktion der Urteilstafel im Verhältnis zu den neueren Interpretationen

II.2.1 Reichs Interpretation in Grundzügen

Die Untersuchung von Klaus Reich "Die Vollständigkeit der kantischen Urteilstafel" (1932, 1948) läßt sich in vier Abteilungen gliedern. Die erste Abteilung ermittelt die theoretischen Grundlagen der Idee, die Urteilstafel als "Leitfaden" zur Kategorientafel zu benutzen. Eine nach Kantischen Prinzipien gründlich verfahrende formale Logik muß von dem "höchsten Punkt" ausgehen, an dem Kant die "ganze Logik" und nach ihr die Transzendentalphilosophie anheftet, will sie die Prinzipienstruktur der Verstandeserkenntnis als ein System freilegen, in dem jedem Element "seine Stelle und allen insgesamt ihre Vollständigkeit a priori bestimmt werden kann." (B 92) Sie hat unter Abstraktion von der Anschauungskomponente der Erkenntnis aus dem Gedanken der "ursprünglich-synthetischen Einheit der Apperzeption" die elementare Organisation des Verstandes zu deduzieren. Allein der Gedanke der ursprünglichen Synthesis führt auch auf die folgenden Faktoren: die *Spontaneität* des Bewußtseins als eines *Grundes* oder *Subjekts* von Handlung als *Funktion* (Organisationsform) der Einheit von Vorstellungen, sie unter die Einheit des Bewußtseins zu bringen und damit als Objekte (in sensu logico) zu konstituieren. Das Bewußtsein mit seiner Spontaneität entfaltet sich in funktionalen Einheitshandlungen als objektivitätskonstitutiven Apperzeptionsformen. Die Einheit des ursprünglichen reinen Selbstbewußtseins, seine synthetische Einheit, ist als "objektive Einheit" zu würdigen. Synthetisch und objektiv aber muß die Einheit des reinen Selbstbewußtseins sein, soll eine durchgängige Identität des Bewußtseins, d.h. die gemäß dem Identitäts- und Widerspruchssatz zu erfolgernde Identität, in den vom "Ich denke" verschiedenen Vorstellungen möglich sein: "die analytische Einheit der Apperzeption ist nur unter Voraussetzung irgendeiner synthetischen möglich." (B 133)

Den (allen) Vorstellungen muß die analytische Einheit des Bewußtseins anhängen. Daher der conceptus communis als Funktionär der Apperzeptionseinheit gegebener Vorstellungen, handle es sich um Anschauungsmaterial oder um selbst schon logisch präparierte Erkenntnisse. Als Grund aber dafür, daß Vorstellungen in einem objektiv gültigen Verhältnis stehen, ist der Begriff "Erkenntnisgrund." Er reflektiert die Einfachheit und Allgemeinheit des "Ich denke" in concreto, und zwar im Gegensatz zur intuitiven Erkenntnis eines Ganzen (der "synthetischen Allgemeinheit" des §76 der "Kritik der Urteilskraft") als eigentümlich diskursive Erkenntnisart.

Wenn mehrere Begriffe gegeben sind, so werden sie im Verhältnis einer gestuften Allgemeinheit stehen ("Subordination").

Die Differenz Inhalt - Umfang erklärt sich aus der Doppelnatur des Begriffs als dem Vorstellungsmaterial zugehörige Teilvorstellung und als analytischer Erkenntnisgrund.

Auf der Grundlage der abgeleiteten Prinzipien der Verstandeserkenntnis ist die Definition des "Urteils" möglich, die Kant in §19 der "Deduktion" von 1787 gibt, es sei seiner logischen Form nach die "objektive Einheit der Apperzeption der darin enthaltenen Begriffe." Diese Definition muß ihrerseits Grundlage einer Ableitung der Funktionsmomente der Einheit in Urteilen, wie sie in der Urteilstafel zusammengestellt sind, einschließlich ihrer Vollständigkeit sein.

Schon mit dem ersten Hauptschritt seiner Interpretation verfällt Reich in ein proton pseudos. Reich ist bemüht, eine "Urteils"definition im Rückgang auf die objektive Apperzeptionseinheit zu gewinnen. Er vermischt aber die Betrachtungsweisen der formalen und der transzendentalen Logik. Gemäß der transzendentallogischen Betrachtungsweise müßte aus der objektiven Einheit der Apperzeption auf das Urteil als Apperzeptionsform unmittelbar gefolgert werden. Gemäß der formallogischen Betrachtungsweise setzt das Urteil ein logisch aufbereitetes Material voraus. Reich vermengt die Herleitung des Urteils aus der Apperzeption und die Erklärung des Urteils als Begriffs- bzw. Urteilsverbindung, indem er aus der Apperzeptionseinheit zuerst den "Begriff" für sich als vorstellungsimmanente "analytische Einheit" ableitet, d.h. als urteilskonstitutives Element.

*

In der zweiten Abteilung seiner Interpretation versucht Reich als Überleitung zu einer philologisch detaillierten Rekonstruktion eine Ableitung der Urteilsformen aus den erschlossenen Prämissen "auf eigene Faust." Die "Modalität", die logische Wirklichkeit des Urteils, erhellt daraus, daß in der Möglichkeit des Urteils die Möglichkeit der Wahrheit beruht, soweit der Verstand allein dazu beiträgt. Die "Relation" ergibt sich der Überlegung, daß Begriffe zum Erkenntnisgebrauch des Urteils allererst qualifiziert werden müssen, denn der Begriff für sich ist bloß analytische Einheit im Bewußtsein meiner Vorstellungen und also in Bezug auf objektive Einheit nicht bestimmt. Da in der formallogischen Perspektive Begriffe die elementare Urteilsmaterie bereitstellen, kann der Erkenntnisgebrauch eines Begriffs nur wieder durch einen Begriff ermöglicht werden. Ein Begriff fungiert als "Bedingung", d.i. als "Subjekts"begriff, für einen anderen Begriff, d.i. der "Prädikats"begriff.

Der Fortgang der Überlegung bestätigt die Diagnose einer Verwirrung von transzendentallogischer und formallogischer Betrachtungsweise. Reich leitet das kategorische Urteil aus der apperzeptionsgemäßen Notwendigkeit einer Begriffsverbindung ab. Für Kant dirigiert im apperzeptionstheoretischen Verständnis des Logischen die kategorische Denkfunktion bereits die Begriffsproduktion: Alles Mannigfaltige, sofern es im Bewußtsein gegeben ist, steht unter den elementaren Denkfunktionen. Die apperzeptionstheoretische Grundlegung der formalen Logik führt bei Reich zu einem eklektischen Konfusionsgebilde. Wenn sie überhaupt durchführbar ist, so müßte sie einen noch ganz anderen Weg gehen.

Über das "kategorische Urteil" führt nach Reich die Reflexion hinaus, daß mehrere kategorische Urteile auch wieder verlangen, im Verhältnis von Bedingung und Bedingtem (Grund und Folge) synthetisiert zu werden. Daher das "hypothetische Urteil" und, als in ihm impliziert, die Urteilsfunktion der "Modalität", beginnend mit dem "problematischen Urteil", als welches die noch nicht gemäß der Grund-Folge-Einheit gedachten kategorischen Urteile je für sich gedacht werden. Da aber auch die problematischen Urteile in Beziehung zur objektiven Einheit der Apperzeption, zu Wahrheit und Falschheit, zu stehen haben, müssen sie sich - vergleichbar den ein Bedingungsverhältnis eingehenden Begriffen - wechselseitig so bestimmen, daß dadurch die wahre Erkenntnis eines

Objekts bestimmt ist. Daher das "disjunktive Urteil", die Denkform des Ganzen als Bedingung und der problematischen Teilurteile, die durch es bedingt es bestimmen, nicht zwar als seine Prädikate, doch vergleichbar der Rolle des bedingt-bestimmenden Prädikats im kategorischen Urteil.

Mit dem disjunktiven Urteil kann das "apodiktische Urteil" als abgeleitet gelten: das Bestimmtsein der Wahrheit eines Gedankens bloß durch die problematische Geltung unter gegebenen Bedingungen.

Die noch fehlenden Titel der Qualität und Quantität lassen sich aus der inneren Form des Urteils ermitteln. Das disjunktive Urteil verlangt, ein Teilurteil zu *setzen,* alles weitere *aufzuheben.* Damit sind das "bejahende" und das "verneinende Urteil" abgeleitet. Und das disjunktive Urteil betrachtet auch jedes Glied als Ergänzungsstück des anderen zu einer ganzen Sphäre der Erkenntnis des Subjekts, d.h. es impliziert die Denkform des Gegensatzes von Allgemeinheit (universalitas) und Besonderheit (particularitas).

Die Willkür der Gleichsetzung der logischen Wirklichkeit des Urteils, seiner Teilhabe am Apperzeptionsgrund aller objektiven Realität und Gültigkeit, mit seiner "Modalität" ist keinem Reich-Kritiker entgangen. Weitere Deduktionsmängel aber liegen genauso offen vor Augen.

Für die Notwendigkeit mehrerer kategorischer Urteile wird, wie schon zuvor für die Notwendigkeit mannigfaltiger Begriffe, kein sachlich zwingender Grund genannt: "Wir können aber nunmehr dazu übergehen, ein solches Verhältnis und ein anderes ebensolches Verhältnis als gegeben, als Materie anzunehmen.." (48) Das Programm des stringenten Aneinanderschließens der Urteilsformen bedarf der Hilfestellung durch ergebnisorientierte Maßnahmen.

Das apodiktische Urteil wird auf einen Aspekt des disjunktiven Urteils festgelegt, gewiß in konsequenter Befolgung der intensionalistischen Konzeption der formalen Logik, in Distanz aber zur referentiellen Ambiguität der Kantischen Urteilsauffassung.

Reich leitet die Quantität aus der Disjunktivität ab, obwohl sich in den "Vorstellungen", im conceptus *communis* und v.a. mit den Urteilsfunktionen schon längst die Quantitätsfunktion zur Geltung gebracht hat. Mit dieser scheinbaren Inkonsequenz aber beweist Reich insofern Konsequenz, als er mit Kant Quantität und Qualität als eine Funktionsgruppe ansieht und von daher folgert, daß nur eine gemeinsame Ableitung in Frage komme. Dafür bietet das disjunktive Urteil nun in der Tat die erste Gelegenheit, weil das Urteil überhaupt und damit die Assertion im

Übergang von der Apperzeption zum conceptus communis ausgespart wurden und das kategorische und das hypothetische Urteil zwar die Assertion und die Quantitätsmomente der Singularität und Partikularität, nicht aber die Universalität auf verläßliche Weise einschlossen.

*

In der dritten Abteilung seiner Untersuchung belegt Reich die rein gedankliche Deduktion der Urteilsformen aus dem Grundgedanken der objektiven Einheit des Selbstbewußtseins mit "Stellen". Die textbezogenen Erläuterungen betreffen v.a. die von der Modalität zur Quantität führende Gedankenfolge und die "Bedingung" als den für die Gesamtaufstellung generativen Faktor. Die in der "Kritik" anzutreffende Reihenfolge wird auf die synthetische Darstellungsart bzw. auf eine entsprechende Angleichung an die Exposition der Kategorien und Grundsätze zurückgeführt. Das analytische Vorgehen wird als die natürliche Ermittlungsart angesehen. Denn das Urteil realisiert seiner Begriffsbestimmung gemäß die objektive Einheit des reinen Selbstbewußtseins (vermittelst der analytischen Einheit) der Form nach; seine Momente also bilden einen systematischen Zusammenhang, welcher der objektiven Apperzeptionseinheit selbst angehört, als Koinzidenz von principium und principiatum, und von ihr aus, dem "modus formalis" des Urteils (nach einem Ausdruck der Meier´schen Logik), zu entfalten ist. Von der "logischen Wirklichkeit" ist auszugehen, von der Funktion, die nur den Wert der copula für das Denken überhaupt angeht.

Belege sind frühe Reflexionen ab der zweiten Hälfte der 60er Jahre, die den Titel "quaeitas" an der Spitze führen. Hauptstütze ist die Reflexion 5854 (80er Jahre): "Die Kategorie des Verhältnisses ist die vornehmste unter allen. Denn Einheit betrifft eigentlich nur das Verhältnis; also macht dieses den Inhalt der Urteile überhaupt aus." Reich: Sie ist die vornehmste wegen ihrer besonderen Beziehung zur Modalität.

Reich selbst aber, wie kritisch vermerkt werden muß, widerlegt in der nachfolgenden Stellensammlung zur systembildenden Rolle der "Bedingung" S.69, 70, 72 und 76 selbst die Rangordnung Modalität...Quantität, indem er hier der Funktion des Urteils überhaupt, objektive Einheit vermittelst der analytischen Begriffseinheit zu erzeugen, als erstes Moment die "Assertion" zuordnet, das Bejahen und Verneinen. Die "Bedingung", die Reich mit dem "Exponenten" des "Verhältnisses" identifiziert, versteht er selbst als "Bedingung der Assertion." Die mechanische Übertragung der kategorialen Nobilitätsstufen auf das Urteil und die ihm eigene Titelfolge erweist sich als voreilig.

Für die Nähe der Relation zur Modalität (dem modus formalis) werden weitere Belege beigebracht: in Gestalt der Zuordnung der Relationsmomente, der formalen Grundsätze und der Modalitätsmomente, und zwar anhand der Streitschrift gegen Eberhard, des diesbezüglichen Briefes an Reinhold vom 19. 5. 1789, des wohl aufschlußreichsten Dokumentes zu Kants Logik-Verständnis, und der Entwürfe zur Abhandlung über die Fortschritte der Metaphysik.

Wieder kann die Feststellung nicht unterbleiben, daß schwer zu erkennen ist, was diese Zuordnungen bezüglich der Erstabstammung der Relation vom modus formalis des Urteils besagen sollen. Eine abstammungstheoretische Suggestion wird mit dem Hinweis darauf hergestellt, daß das hypothetische Urteil als Begründungsoperation die "objektive Gültigkeit" des Begründeten denkbar macht. Aber verlangt nicht der modus formalis des Urteils - objektive Gültigkeit, logische Wirklichkeit, logische Wahrheit - vielmehr nach einem unmittelbaren Anschluß des disjunktiven Urteils, der Notwendigkeit und des Prinzips des von kontradiktorischen Gegensätzen ausgeschlossenen Dritten mit Implikation aller übrigen logischen Prinzipien?

Die Nähe der Relation zur Modalität findet nach Reich ihre Entsprechung in der Affinität der Qualität und Quantität, so daß sich insgesamt ein logisches Gegenstück zum "Schnitt" zwischen den mathematischen und dynamischen Kategorien bzw. Grundsätzen herausstellt. In der Tat läßt sich aus Reflexionen, wie R.5275, Ende der 70er Jahre, und schon R.3933, auf das Jahr 1769 datiert, belegen, daß Kant das "Urteil der Vergleichung" und das "Urteil der Verknüpfung" unterschieden hat.[39] Besonders signifikant erscheinen Reich auch die Reflexionen 3051 (um 1780) und 3053. Im "Amphibolie"-Kapitel stellt Kant fest: "Vor allen objektiven Urteilen vergleichen wir die Begriffe, um auf die Einerleiheit (vieler Vorstellungen unter einem Begriff) zum Behuf der allgemeinen Urteile, oder der Verschiedenheit derselben, zur Erzeugung besonderer, auf die Einstimmung, daraus bejahende, und den Widerstreit, daraus verneinende Urteile werden können usw." (B 317/18, dort mit Hervor-

---

[39] Vgl. die Leibnizsche Differenzierung der "relation" in "comparaison" und "concours" ("connexion d´existence") in den 1765 veröffentlichten "Nouveaux Essais sur l´entendement humain", IV,1,7. Es ließe sich behaupten, daß sie der "Locke´schen Urteilstafel" den "Schnitt" hinzugefügt hat, den Kant an der "Tafel der physiologischen Grundsätze" des reinen Verstandes erneuerte.

hebungen). Reich folgert: Modalität und Relation ermöglichen Qualität und Quantität. Urteile, so sie schon in der fundamentalen Relation der kategorischen Verknüpfung stehen, lassen die Unterschiede eines affirmativen oder negativen Verhältnisses von Subjekt und Prädikat und einer allgemeinen oder besonderen Bejahung oder Verneinung eines Prädikats von einem Subjekt zu.

Die Bindung der urteilskonstitutiven Funktionen der Qualität und Quantität an das disjunktive Urteil, die Reich im freien Vorentwurf der Funktionen ermittelt hatte, findet er in publizierten Texten und Nachlaßreflexionen zur Genüge ausgesprochen, z.B. in den Refl. 3063, 3066, sowie B 602: "Die logische Verneinung, die lediglich durch das Wörtchen: Nicht angezeigt wird, hängt eigentlich niemals einem Begriffe, sondern nur dem Verhältnisse desselben zu einem andern im Urteile an."

Reich vermag freilich nur zu folgern: Ich muß zuerst das Verhältnis denken, ehe ich die Verneinung denken kann (85). Auch eine Irritation durch die Reflexion 6324 (90er Jahre) ist nicht zu bemerken: "Sein und Nichtsein sind die einfachsten Begriffe, wenn sie das logische Verhältnis des Subjekts zum Prädikat in einem kategorischen Urteil ausdrücken." Müßte nicht gefolgert werden, daß Sein und Nichtsein das logische Bejahen und Verneinen repräsentieren, wie es in seiner einfachsten Form im kategorischen Urteil stattfindet?

*

Reich führt in der vierten Abteilung seiner Untersuchung den Vollständigkeitsbeweis, den Kant selbst der "ausführlich" zu gestaltenden "Transzendentalphilosophie" vorbehalten haben soll. Die Vollständigkeit der Titel soll durch den "Schnitt" in der Urteilstafel demonstrierbar sein, der bestätige, daß die Definition des "Urteils" erschöpft sei: "Urteil ist ein objektiv gültiges (Modalität) Verhältnis (Relation) von Vorstellungen, die Teilvorstellungen (Folge: Qualität) als analytische Erkenntnisgründe (Folge: Quantität) sind." (88)

Die Vollständigkeit der Momente soll sich gemäß den "artigen" Anmerkungen des §39 *Prolegomena* und insbesondere der Refl. 5854 (80er Jahre) dartun lassen: "Es sind darum drey logische Functionen unter einem gewissen Titel, mithin auch drey Categorien: Weil zwey derselben die Einheit des Bewustseyns an zween oppositis zeigen, die dritte aber beyderseits Bewustseyn wiederum verbindet. Mehr arten der Einheit des Bewustseyns lassen sich nicht denken. Denn es sey a ein Bewustseyn,

welches ein mannigfaltiges Verknüpft, b ein anderes, welches auf entgegengesetzte Art verknüpft: so ist c die Verknüpfung von a und b. "

Die Momente der Modalität, so Reichs Erläuterung, treten auf a) mit
der bloßen Begriffsmaterie des Urteils, b) als Beziehung der Begriffe auf
die ursprüngliche Apperzeption und die notwendige Einheit derselben, c)
als Verknüpfung beider Modi, d.h. als assertorische Gültigkeit, die
durch bloß problematische unter gegebenen Bedingungen bestimmt ist.

Die Momente der Relation treten auf a) als ein inneres Verhältnis
von Gedanken, sofern das Prädikat gedacht wird als zum Inhalt des Subjekts gehörig, welches seine Beziehung auf die objektive Einheit des
Bewußtseins bedingt, b) als äußeres Verhältnis von Gedanken, die beide
auf ein Objekt bezogen sein können, ohne die Notwendigkeit dieses Verhältnisses kraft der objektiven Einheit des Selbstbewußtseins bei sich zu
führen, c) als eine Verknüpfung der beiden ersten Verhältnisse, die ihre
innere Äußerlichkeit und äußere Innerlichkeit im Gedanken der gemeinschaftlichen Konstitution des objektiv gültigen Gedankens fundiert.

Auf die Momente der Qualität und Quantität läßt sich das trichoto-
mische Vollständigkeitsargument nicht anwenden. Innerhalb der reinen
und allgemeinen Logik ist die Erschließung der Bejahung und Verneinung, Allgemeinheit und Besonderheit aus der Disjunktivität erschöp-
fend.

Reichs Erläuterung der Vollständigkeit der Modalitätsmomente hat
die apperzeptionstheoretisch-formallogisch konfuse Annahme eines ur-
teilsvorgängigen Begriffsmaterials zum gedanklichen Hintergrund, auf
die schon hingewiesen wurde. Hier soll es überdies rein für sich, d.h.
ohne auf die urteilsgründende ursprüngliche Apperzeption bezogen zu
sein, das problematische Urteil abgeben.

Die Verbindung der Momente im dritten Moment müßte überhaupt
dem formallogischen Standpunkt gemäß anhand der Sequenz von bloßem
Urteil, Satz und gewisser Erkenntnis expliziert werden.

II.2.2 Zur Reich-Kritik von H. Lenk

Lenk[40] bewertet Reichs Interpretation als authentische Wiedergabe der
Kantischen Urteilslehre, die aber zu einer vielfältigen Kritik herausfor-
dere. Kant habe *erstens* insbesondere keine zwingende Notwendigkeit

---

[40] Vgl. Hans Lenk, Kritik der logischen Konstanten, 1968

dafür dargetan, daß nur das "Ich denke", eine "allzu intellektualistisch gesehene Verbindung der Vorstellungen", die formale Erkenntniseinheit tragen könne.[41]

Es erscheint seltsam, daß mit der Möglichkeit gerechnet wird, eine weniger intellektualistische Position könne mit zwingender Notwendigkeit die Apperzeptionseinheit der Vorstellungen und einen Satz entsprechender Urteilsformen legitimieren, scheint doch mit der Forderung einer "zwingenden Notwendigkeit" genau der intellektualistische Habitus eingenommen und ins Recht gesetzt zu werden. Über die Bedeutung der "zwingenden Notwendigkeit" gibt allerdings erst der nächste Einwand Aufschluß.

Kant hätte *zweitens* die intersubjektive und intrasubjektive Gültigkeit der "Ich denke"-Vorstellung beweisen müssen.

Auch diese Kritik ist auf den ersten Blick mit dem Intellektualismus-Vorwurf unvereinbar. Denn auch sie scheint einen Subjektsbegriff zugrundezulegen, der Subjektivität und die Fähigkeit, Beweise zu führen bzw. zu verstehen, identifiziert, und zugleich nach der Verständlichkeit und Überzeugungskraft genau dieses Begriffs von Subjektivität zu fragen. Als könne sich die Subjektivität des Denkens anders als durch Denken bestätigt finden. Konsistenz gewinnt sie aber dadurch, daß sie den Prinzipieninbegriff rationalen Verhaltens zu einem "psychischen Phänomen" vergegenständlicht und durch "Sprachgebrauch"- Empirismus aus dem Blick bringt.[42]

Kant ordne das erkennende Subjekt Personen zu. Dies sei, so wendet Lenk *drittens* ein, eine unbegründete und fragwürdige Voraussetzung.

Bei Kant erklärt die Theorie der "subjektiven Gültigkeit" der "Wahrnehmungsurteile" als der Vorstufe der Bildung von "Erfahrungsurteilen", interpretiert man sie als epistemologische Einsicht in die Einheitsstruktur von kategorialer *Konstitution* und experimenteller Selbst*organisation* der Erfahrungserkenntnis, die Notwendigkeit der individualisierten, empirischen Subjektivität.[43]

---

[41] A.a.O., 15

[42] Vgl. Malte Hossenfelder, Kants Konstitutionstheorie und die transzendentale Deduktion, 1978, 151, Anm.111.

[43] Die grundlegende Bedeutung der Differenz von "Konstitution" und konstitutionsgemäßer "Organisation" für Kants gesamte theoretische und praktische Philosophie, die im Vierten Stück der Religionsschrift auch ausdrücklich bezeichnet wird (AA VI 152, 180), reicht von den Negationsmomenten der Urteils- und Kategorientafel über die Wahr-Falsch-Differenz, die subjektive Gültigkeit, die Differenz von Erfahrungs- und Wahrnehmungsurteil, die regulative Idee und die Möglichkeit des radikalen Bösen bis zur Absicherung des ethikotheolo-

Kants transzendentallogisch-kategoriale Definition der "Gültigkeit", so lautet der *vierte* Einwand, lasse eine Grundlegung der Kategorienlehre aus der Urteilstafel nicht zu.

Die Kritik ist unhaltbar, wenn es zutrifft, daß die Evidenz der transzendentalen Apperzeption durch die formale Urteilsrealität vermittelt werden muß.

An den speziellen Ableitungen der Urteilsfunktionen moniert Lenk im *fünften* Hauptpunkte seiner Kritik a) die Vortäuschung einer rein formallogischen Ableitung des problematischen Urteils, das bei Reich zum disjunktiven Urteil weiterführt, weil diese Urteilsform ohne den Maßstab nichtformaler Regeln gar nicht denkbar sei, b) die Ungeklärtheit des "Bedingungs"gedankens im Zusammenhange von Kategorizität, Hypothetizität und Disjunktivität in der Hinsicht, daß Funktoren und Argumente, Subjekt und Prädikat, Antezedenz und Konsequenz, Teilsätze und Gesamtsatz einander wechselseitig bedingen, c) die abnorme Ableitung der Quantitätsfunktionen für den Prädikats- und nicht für den Subjektsbegriff im Rückgang auf das disjunktive Urteil (mit dem Spezialfall eines einzigen Subjekts).

Die unter a) und c) referierte Kritik trifft in einem gewissen Umfange die Kant-Interpretation von K. Reich, nicht aber Kant selbst. Reichs Analysen richten sich in der Tat einerseits an der "objektiven Gültigkeit" des Urteils aus, beachten andererseits aber der "formallogischen" Reinheit wegen allein seine intensionalen Aspekte. Reich gibt dem Kantischen Begriff der "allgemeinen und reinen Logik" eine Überbestimmung, mit der Normierung durch objektive Gültigkeit, und er unterschreitet ihn auf der anderen Seite damit, daß er das formallogisch relevante Regelsystem, die Gesetze des Verstandes, auf die i. e. Sinne formallogischen Grundsätze verkürzt. Hieraus erklärt sich insbesondere die Verortung der Quantitäts- und Qualitätsfunktionen im disjunktiven Urteil, die mit Kant schon für das kategorische Urteil, und zwar mit Einschluß seiner externen Referenz, zu veranschlagen wären.

Die unter b) referierte Kritik, Reich lasse es an einer sorgfältigen Erläuterung des Bedingungsgedankens fehlen und favorisiere daher einseitige Bedingungsverhältnisse, führt vor eine Ermessensfrage. Vielleicht tritt bei Reich die hauptwesentliche Leistung des Urteils, das Bestimmen

---

gischen Stufen-Entwurfs eines ethischen Gemeinwesens durch die Idee des zu erhoffenden "Beistandes" der moralisch notwendigen Verwirklichung des höchsten abgeleiteten Gutes.

durch Bedingungsverhältnisse der Subordination, dem abstrakten Bedingungsgedanken gegenüber nicht deutlich genug hervor. Kant aber nimmt Wechselbedingungsverhältnisse an, wenn auch so, daß er ihnen zugleich den eindeutigen, jeweils qualitativ differenten Richtungssinn gibt, vom Prädikat zum Subjekt, vom Grund zur Folge und von den Teilsätzen zum Gesamtsatz zu gehen. Das, dem die Bestimmung gilt, darf einen thematischen Vorrang beanspruchen, obwohl es durch Unterordnung unter anderes und also durch ein Bedingtsein seine Bestimmung erfährt (Caius im Verhältnis zur Menschheit, die Straßennässe im Verhältnis zum Regen, die Welt im Verhältnis zu den alternativen Möglichkeiten ihres Ursprungs).

Lenk bezweifelt im übrigen aus dem Standpunkt der wahrheitsfunktionalen Junktorenlogik die Vollständigkeit der Urteilstafel mit Hinweisen auf die Entbehrlichkeit des unendlichen Urteils und des ganzen Titels der Modalität, auf die Fehlbewertung des singulären Urteils, das sich (mengenlogisch) durchaus anders als das reflexive und transitive allgemeine Urteil verhalte und seine Aufnahme in die Tafel aus formallogischen Gründen verlange, und auf weitere Titel und Momente, wie Adjunktion und Konjunktion, die ebenso aufzuführen wären.

Die in diesem Band enthaltene Abhandlung von Ralf Wingendorf zeigt die Möglichkeit einer junktorenlogischen Interpretation der Kantischen Urteilstafel auf.

II.2.3 Zur Reich-Kritik von R. Brand

R. Brandt hat Reichs Versuch a.a.O. S.15-37 einer eingehenden Kritik unterzogen. Mit ihrer Besprechung dürfte der gegenwärtige Stand des Problems der Kantischen Urteilstafel überschaubar werden.

Die Haupteinwände, die Brandt gegen Reich vorbringt, lassen sich in einer Reihe von Feststellungen zusammenfassen. 1. Reich entmündigt den Autor und den Leser, indem er das Leitfaden-Kapitel für an sich selbst eher unverständlich erklärt, weil Kants Auffassung der allgemeinen und reinen Logik erst in der B-Deduktion der reinen Verstandesbegriffe und aus den Nachlaßreflexionen deutlich werden soll. 2. Wenn Reich den Vollständigkeitsbeweis der endgültigen Systemfassung der "Transzendentalphilosophie" überträgt, so verwechselt er die vollständige Ermittlung der Denkfunktionen mit der vollständigen Erläuterung der reinen Verstandesbegriffe. 3. Reichs Ausgangspunkt bei der inhaltlichen

Herleitung der Denkfunktionen ist die "Urteils"definition aus §19, es bringe Erkenntnisse zur objektiven Einheit der Apperzeption. Diese Definition schließt subjektiv gültige Urteile aus der allgemeinen Logik aus. Nun fungiert aber die Urteilstafel als Leitfaden in die Kategorienlehre, also ist Kants Logik in der Darstellung, die Klaus Reich ihr gibt, zirkulär.

Brandts dritter Einwand ist im Unterschied zu den ersten unverständlich. Inwiefern schließt der apperzeptionstheoretische Urteilsbegriff das subjektiv gültige Urteil aus, wenn es sich dabei um einen modus deficiens des Urteils handelt, dem aber, wie es für das Wahrnehmungsurteil zutrifft, die wohldefinierte epistemische Funktion zugesprochen werden kann, die Forschung nach besonderen, empirischen Gesetzen einzuleiten?

Wie Brandt *viertens* feststellt, kann Reich die weitgehende Übereinstimmung der apperzeptionslogisch deduzierten Urteilstafel mit der historischen Realität der formallogischen Urteilskataloge nicht erklären.

Die Erklärung, die mit der Identifizierung der Urteilsrealität als Realisationseffekt der funktionalen Apperzeptionseinheit gegeben werden kann, wäre auch Reich grundsätzlich möglich.

Brandts Reich-Kritik umfaßt *fünftens* die Feststellung, die Trennnung der Begriffe als analytische Einheiten *unter* Vorstellungen, der Urteile, einzeln genommen, als Einheitsfunktionen ebenfalls *unter* Vorstellungen und der Urteile als Funktionen der Einheit *in* Urteilen befinde sich in Distanz zum Kantischen Text und erscheine auch an sich selbst wenig plausibel. Der Text A 67-69 besage, daß durch die Funktionen der Einheit in den Urteilen letztere befähigt werden, Einheit unter unseren Vorstellungen zu erzeugen. Reichs Differenzierung zwischen Begriffen als analytischer Einheit und Urteilen als objektiver Einheit, die auf einer Synthesishandlung beruhe, werde durch den Leitfadentext nicht gestützt. Die "analytische Einheit" des Bewußtseins, die laut §16 (B 133f.) "allen Begriffen anhängt", müsse nicht mit der "analytischen Einheit" identisch sein, vermittelst deren der Verstand laut A 79/B 105 die logische Form eines Urteils zustandebringt.

Es trifft zu, daß das Leitfaden-Kapitel noch nicht auf die analytische Einheit des Bewußtseins anspielt, d.h. auf die Präsenz des Selbstbewußtseins in allem Bewußtsein und auf den Begriff, sei er reiner Verstandesbegriff oder empirischer conceptus communis, als den funktionalen Repräsentanten dieser durchgehenden objektiven Einheit der reinen Apperzeption. Im Zentrum der Kritik aber müßte die Art stehen, in der Reich die objektive Synthesis des Urteils mit seinen nichtempirischen und empirischen conceptus communes einerseits aus der Apperzeptionseinheit unmittelbar deduziert und andererseits aus den vermeintlich apperzeptionslogisch vorgängigen Begriffen und ihren analytisch auffindbaren Einheitsverhältnissen ermöglicht findet, so daß eine genetische Ableitung der Urteilsformen im Ausgang vom Begriffsmaterial durchführbar sein soll.

Brandt bringt an 6. *Stelle* vor, Reichs Deduktion "auf eigene Faust" verwandle mit reiner Willkür die apperzeptionstheoretische Definition des "Urteils" in eine Bestimmung seiner "Modalität", um aus derselben zunächst die "Relation" der Begriffe zu explizieren.

Der Einführung des "hypothetischen Urteils" als der Verknüpfung kategorischer Urteile hält Brandt die Frage entgegen, inwiefern nicht auch der kategorische Syllogismus hierfür geeignet sein sollte.

Die letztere Kritik übersieht den systembildenden Faktor, den Reich mit dem "Bedingungs"prinzip im Blick auf die "objektive", weil "ursprünglich-synthetische" Einheit der Apperzeption zur Geltung bringt: Der Gedanke der objektiv gültigen Synthesis impliziert die Notwendigkeit, das Vorstellungsmaterial in Bedingungsverhältnissen zu ordnen, d.h. ein Subjekt, einen Grund und ein Ganzes disjunkter Urteilsmöglichkeiten einzuführen.

Reichs mit Textzeugnissen unterlegte Deduktion erfährt *siebtens* eine ebenso detaillierte Kritik. Die Zusammenfassung von Modalität und Relation unter dem Titel "Quaeitas" (betreffend eine Differenz des "reinen" und des "modalen" Urteils) wird als irrelevant, weil durch die transzendentale Vernunftkritik als überholt mit Recht abgewiesen. Die Identifikation von Modalität und Art (modus) im Blick auf die Bestimmung des "Urteils" in §19 ("Art, gegebene Erkenntnisse zur objektiven Einheit der Apperzeption zu bringen") wird als suggestiv und inkonsequent, weil die Qualität nicht einbeziehend, erkannt.

Wenn Kant nach Reich den "Exponenten" als Vermittlungsglied zwischen dem "modus formalis" als der logischen Wirklichkeit und folglich der ursprünglichen "Modalität" und der Relation benutzt, so ist mit Brandt festzustellen, daß Kant jene ursprüngliche "Modalität" gar nicht kennt und daher daran mittels des "Exponenten" auch nichts anschließt.[44]

Brandt hat im 8. Einwand geringe Mühe zu zeigen, daß die von Reich angeführten Reflexionen 2154, 5562 und 6209 keineswegs die Relations- und Modalitätsunterschiede über ihre gemeinsame Zuordnung zu den logischen Grundsätzen einander annähern. Entweder spricht hier Kant gar nicht von der Modalität oder er orientiert sich noch an der Merkmalslogik, die er in der "Kritik" zugunsten der Logik des Erkenntnisurteils aufgeben wird.

Der Brief Kants vom 19. 5. 1789 aber scheint weder bei Reich noch bei Brandt die ihm zustehende Beachtung zu finden. Brandt hält der vermeintlichen Zusammenstellung von Widerspruchssatz, kategorischem und problematischem Urteil, von Satz des zureichenden Grundes, hypothetischem und assertorischem Urteil und von Satz des ausgeschlossenen Dritten, disjunktivem und apodiktischem Urteil die Lehre der "Kritik" entgegen, der gemäß für jedes Urteil alle Momente der Relation und Modalität in Betracht zu ziehen sind.

Der Erläuterungstext der Urteilstafel A 75/B 101 soll auch aussagen, daß die logische Möglichkeit, Wirklichkeit und Notwendigkeit durch "Verortung in hypothetischen oder disjunktiven Schlüssen gewonnen" werde.

Im Text findet sich nur der hypothetische Vernunftschluß erwähnt, und zwar lediglich aus Gründen der Beispielseffektivität, ohne jeden Gedanken an ein "Gewinnen" durch "Verorten": Er erlaubt eine Verdeutlichung des problematischen und assertorischen Modus an einem und demselben Urteil.

Die Argumentation, mit der Reich nach der zweiten Urteilsfunktion einen "Schnitt" zwischen Vergleichung und Verknüpfung ansetzt, greift Brandt 9.) auf verschiedenen Ebenen an.

Reich stützt die These von der zweigeteilten Urteilstafel mit dem Textbefund A 262, der besagen soll, daß Kant den beiden Funktionsgruppen das "Vergleichen" und das "Verknüpfen" als Operationsformen

---

[44] Einen "Vorrang" der Modalitätsgrundsätze behauptet in formallogisch analogisierbarer Weise Heidegger in "Die Frage nach dem Ding" (1975, 187), sofern sie "das ganze durch die drei ersten Grundsätze bestimmte Wesen des Gegenstandes" "in seinem möglichen Verhältnis zum Subjekt und zu dessen Weisen des anschauend-denkenden Vorstellens" *setzen*: "Das in diesen Gesagte setzt die Modalitäten voraus." Heidegger verkehrt das Bedingungsverhältnis der objektiv-synthetischen und der sie "nur" potenzierenden subjektiv-synthetischen Reflexivität.

zuordnet: "Vor allen objektiven Urteilen vergleichen wir die Begriffe, um auf die Einerleiheit (vieler Vorstellungen unter einem Begriffe) zum Behuf der allgemeinen Urteile, oder der Verschiedenheit derselben, zur Erzeugung besonderer, auf die Einstimmung, daraus bejahende, und den Widerstreit, daraus verneinende Urteile werden können usw." Brandt stimmt mit Reich in der Beurteilung des "usw." als urteilstheoretisch unausführbar überein, folgert aber, Kant *habe* das "Vergleichen" für alle vier Titel angenommen, so daß Reichs "Schnitt" widerlegt sei, jedenfalls nicht als Kants eigene Auffassung angesehen werden könne.

Kant kommt A 279/B 353 auf das Vergleichen der Begriffe zurück, und zwar so, daß sich zusammen mit den sog. "logischen Gesetzen" die Assoziation der Relations- und Modalitätstitel einstellt: "Wenn wir bloß logisch reflektieren, so vergleichen wir lediglich unsere Begriffe untereinander im Verstande, ob beide eben dasselbe enthalten, ob sie sich widersprechen oder nicht, ob etwas in dem Begriffe innerlich enthalten sei, oder zu ihm hinzukomme, und welcher von beiden gegeben, welcher aber nur als eine Art, den gegebenen zu denken, gelten soll."

Ist nun aber mit dieser urteilsermöglichenden Funktion des Vergleichens der "Schnitt" widerlegt, den Reich in der Tafel erkennt? Achtet man auf den kategorialen Unterschied des Vergleichens von Gleichartigem in den beiden ersten Fällen und des Vergleichens von Ungleichartigem in den anderen Fällen, so wird man die Notwendigkeit, zwischen einem Vergleichen i.e.S. und einem Verknüpfen in Analogie zur mathematisch-dynamischen Differenzierung der Kategorien und Grundsätze urteilstheoretisch zu unterscheiden, am Ende doch nicht in Frage stellen. Eine sichere Schlußfolgerung freilich zugunsten der Vollständigkeit der Urteilstafel wird sich hieraus nicht ziehen lassen.[45]

Wenn Reich darauf hinweist, daß Kant an mehreren Stellen (Prolegomena §39, K.d.r.V. A 77/B 110) den dualen Charakter der dynamischen Kategorien herausstreicht und gelegentlich bemerkt, dafür müsse

---

[45] Für das Problem der Vollständigkeit der Urteilstafel verliert zusammen mit dem "Schnitt" die Frage, die Reich und Brandt mit Bezug auf die Reflexionen 3051 und 3053 erörtern, an Bedeutung: ob Kant zwischen der erkenntnisgültigen Subordination von Begriffen als dem Wesen des Urteils und subordinierten Begriffen als bloßem Urteilsmaterial und insofern als einer "subjektiven" Bedingung des Urteilens unterscheide. Es dürfte der Kantischen Urteilsauffassung entsprechen, die in Urteile eingehenden Begriffe als Urteilsabbreviaturen anzusehen und das Urteil als objektiv gültige Subordination rein begrifflicher Subordinationen zu verstehen, zu der sich das subjektiv gültige Urteil als modus deficiens verhält. Vgl. Kants Brief an Beck vom 3. 7. 1792 mit der oft zitierten Unterscheidung zwischen bestimmtem Begriff und urteilserzeugender Bestimmung des Begriffs, AA XI 347.

es doch einen Grund im Verstand geben, so erwidert Brandt, daß a) weder Kant noch Reich diesen Grund nennen und b) zumindest der Grund der dualen Struktur der Relationsfunktionen auch ganz unerfindlich sei.

Man wird den Grund ohne den Rekurs auf das Apperzeptionsprinzip nicht herausfinden, der dem perspektivischen Sich-Eingrenzen auf eine abstrakte ("metaphysische") Gegebenheit fernliegt, der Logik aber natürlich erscheint, ist sie erst einmal dahin gelangt, die formale Urteilsrealität als Realisationsform der transzendentalen Apperzeptionssynthesis zu verstehen. Denn dieser Grund könnte mit der Komplementarität von Spontaneität und Rezeptivität bzw. Rezeptivitätsform gegeben sein, sofern die Rezeptivität zwar das gleichgültige Nebeneinander der Eindrücke, die Rezeptivitätsform überhaupt aber die Gleichartigkeit der Vorstellungen bedingt, so daß ein apperzeptives Verknüpfen eines zugleich gleichartigen und ungleichartigen Erkenntnismaterials gemäß je eigenen Verknüpfungsfunktionen statthat.

Das Generalisieren und Spezifizieren, das Affirmieren und Negieren, das Konstatieren, die Hypothesenbildung und das vollständige Disjungieren bzw. das Modalisieren im Subjekt-Objekt-Verhältnis teilen sich vor diesem theoretischen Hintergrund von selbst in zwei Funktionsgruppen, und zwar so, daß die zweite Gruppe duale Strukturen umfaßt: Subjekt-Prädikat, Antezedenz-Konsequenz, Inklusion-Exklusion und die in sich gegensätzliche Modalbestimmung, die dem Fortgang von der Bestimmungsinitiation des bloßen Urteils über den schon bestimmungsreflexiven Satz zur verstandesgesetzlich vollendeten, alle Bestimmungsstufen einschließenden logischen Reflexion entspricht. Der "Schnitt", den Reich zwischen der zweiten und dritten Urteilsfunktion konstatiert, kann als erweisbar aus Gründen gelten, die Reich selbst nicht benennt.

Reichs Ableitung der Qualität und Quantität aus den Funktionen der Modalität und Relation stößt bei Brandt im 10. Hauptpunkte seiner Kritik auf die beiden Haupteinwände, sie operiere mit der Abstrusität eines disjunktiven Urteils, das keine Qualitäts- und Quantitätsfunktionen einschließe, und sie identifiziere im Rekurs auf Refl.3063 das disjunktive Urteil mit dem Prinzip des ausgeschlossenen Dritten.

Nur die generelle unsystematische Stratifizierung des Logischen in Grundsätze und Funktionen kann zu dem zweiten Einwand führen. Der erste Einwand andererseits wird zwar genau durch die Ableitung der Qualität und Quantität aus der Disjunktivität ad absurdum geführt, doch erscheint das Unbehagen darüber, daß nicht schon der "modus formalis", d.h. die Begriffsbestimmung des Urteils die beiden Titel hergeben soll, nicht unbegründet. Mit der Definition ist eine lineare Ableitungsfolge nicht leicht in Einklang zu bringen, die auch durch die Charakterisierung des Apperzeptionsbezuges des Urteils als Identität von Prinzip und Prinzipiat ausgeschlossen zu werden scheint.

Faßt man die Haupteinwände zusammen, die gegen Reichs apperzeptionstheoretische Deduktion der Urteilsfunktionen und gegen seine Vollständigkeitsargumentation vorgebracht werden konnten, so ergibt sich die folgende Reihung: Vermengung von transzendentaler und formaler Logik aufgrund der unmittelbaren Ableitung der analytischen Einheit des conceptus communis und einer hieran bloß angeschlossenen Ableitung des Urteils; von Kant abweichender Intensionalismus der formalen Logik; subreptive Einführung der "Modalität"; subreptive Einführung des Pluralismus der Begriffe und Urteile; unplausible Ableitung der mathematischen Urteilsfunktionen aus der Disjunktivität in Konsequenz der Dilation des Urteils überhaupt mit allen seinen Funktionen im ersten Deduktionsschritt; unzulängliche, allzu sehr am subjektiven Vermögen und Unvermögen orientierte Vollständigkeitsargumentation insbesondere bezüglich der Titel; Untauglichkeit der Interpretation insgesamt, die Aufnahme des Leitfaden-Kapitels in die transzendentale Vernunftanalyse zu erklären; Substitution des Kantischen Leitfaden-Kapitels durch Konstruktion des Systems der Denkfunktionen unter bloßer Anerkennung der abstrakten Leitfaden-Idee; systemgeschichtlich ungeordnete und inhaltlich unhaltbare Belegstellen-Auswertung.

Ralf Wingendorf, Bonn

Verknüpfungslogische Interpretation der Kantischen Urteilstafel im Anschluß an W. Bröcker

Walter Bröcker beschäftigt sich in Kapitel 7 seines Buches "Kant über Metaphysik und Erfahrung" (1970) mit der "Metaphysischen Deduktion der Kategorien". Deren Aufgabe sei es, "sich einer vollständigen Tafel der Kategorien zu versichern", was "nach Kant deswegen ganz leicht gelöst werden" kann, "weil die Kategorien in genauer Entsprechung stehen zu den Formen der Einheit im Urteil, deren vollständige Liste aus der formalen Logik bekannt ist" (Bröcker, S. 42). Aufgrund dieses Ansatzes muß sich Bröcker mit naheliegenden Kritikpunkten auseinandersetzen, die entfallen wären, wenn er die formale Logik für die Kantische "Urteilstafel" nicht in Beweispflicht genommen hätte: "Bald jedoch wurde das Prinzip der Deduktion, eben die Urteilstafel, verdächtigt, zufällig zu sein, abhängig von dem geschichtlich bedingten Stand der logischen Forschung zur Zeit Kants, der inzwischen überholt sei, oder gar abhängig von der geschichtlich bedingten Struktur der Sprache, in der Kant spricht, der deutschen, der lateinischen, jedenfalls der indogermanischen Sprache" (Bröcker, S. 42).

Zunächst verweist Bröcker zurecht darauf, daß es "zwar viele Sprachen, aber nur eine Logik" geben könne. Wie aber sieht es mit der logischen Fundierung der Urteilstafel aus? Bröcker meint, daß sie "zwar nicht ganz fehlerfrei", aber grundsätzlich zutreffend sei. Um diese Behauptungen zu begründen, bleibt ihm alsdann aber kein anderer Weg, als der des Vergleichs der Kantischen Tafel mit den Ergebnissen eigener formallogischer Untersuchungen: "Wir machen den Versuch, unabhängig von Kants Ansatz diejenigen Formen der Einheit aufzufinden, die sich aus dem Begriff des Urteils als solchem ergeben" (Bröcker, S. 42). Dabei versucht Bröcker auch Ergebnisse der modernen Logik einzubringen. Den Ansatzpunkt seiner Überlegungen aber bildet das "Wesen des Urteils". Zu ihm "gehört erstens unabdingbar die Synthese von Subjekt und Prädikat, anders gesagt, die Subsumtion eines Gegenstandes unter einen Begriff" (vgl. Bröcker, S. 42). Bemerkenswert ist, daß auch Kant im ersten Abschnitt des Leitfadenkapitels versucht, den Begriff des Urteils zu klären: "Das Urteil ist also die mittelbare Erkenntnis eines Gegenstandes, mithin die Vorstellung einer Vorstellung desselben" (A 68

/ B 93). Diese Aussage fußt allerdings nicht auf einer formalen Betrachtung des gegenseitigen Verhältnisses der in einem Urteil enthaltenen Begriffe. Vielmehr geht ihr die Bestimmung des Verstandes als eines "Erkenntnisvermögens durch Begriffe" voraus. Der Funktionscharakter, der den Begriffen im Gegensatz zu Anschauungen zukommt (welche, auf Affektionen beruhend, die einzigen Vorstellungen sind, die sich unmittelbar auf Gegenstände beziehen), sowie die Einsicht, daß Begriffe ausschließlich in Urteilen zur Erkenntnis der Gegenstände gebraucht werden können, werden von der oben zitierten Urteilsbestimmung bereits vorausgesetzt. Kant stellt hier Betrachtungen über "den logischen Verstandesgebrauch überhaupt" an, die den Rahmen des formallogischen sprengen, bzw. nicht als voraussetzungslose Analyse des "Wesens des Urteils" angesehen werden können. So gelangt Bröcker bei seiner Vorgehensweise auch nicht zu einem derart differenzierten Ergebnis, sondern stellt den Gedanken der Subsumtion (Synthese von Subjekt und Prädikat) als den entscheidenden heraus. "Zu der Subsumtion gehört die Gegenmöglichkeit, festzustellen, daß etwas nicht unter einen Begriff fällt. Was wir so gewinnen, ist die affirmative und negative Copula, bei Kant die beiden ersten Momente des Titels Qualität" (Bröcker, S. 43). Es ist kein Zufall, daß die Qualität zuerst erörtert wird, da Bröcker auch die anderen Momente auf eine Synthese zurückführt: "Und nun ist der Rest leicht. Denn offenbar kann es nun noch geben 2. die Synthese von Subjekten, 3. die Synthese von Prädikaten, 4. die Synthese von Urteilen und 5. die Synthese mit dem urteilenden Ich" (Bröcker, S. 43). Diese Aufzählung der Titel wird in ihrer Vollständigkeit nicht weiter begründet. Bezüglich der Ziffern 2 und 3 kann sich Bröcker noch auf das Wesen des Urteils berufen, da Subjekt und Prädikat die Elemente der Synthesis ausmachen. Aber inwiefern sollen sich die unter 4 und 5 genannten Möglichkeiten "offenbar" ergeben? Es wird an dieser Stelle ebenfalls nicht erörtert, warum keine weiteren Titel existieren.

Bröcker fährt fort: "Die Synthese der Subjekte hat die beiden Möglichkeiten, daß das Prädikat entweder für alle oder für einige Subjekte gilt. Wir erhalten so die beiden ersten Momente des kantischen Titels der Quantität. Die logischen Formbegriffe, die wir so gewonnen haben, nennt die heutige Logik Quantifikatoren" (Bröcker, S. 43). Auch hier wird nicht begründet, warum es nicht noch eine weitere Möglichkeit (einzelne Urteile) geben kann (nämlich dann, wenn keine weiteren Subjekte zur Verfügung stehen, d. i. unter den Begriff des Prädikats fallen, und daher gar keine Synthese unterschiedener Subjekte stattfindet). Auch die Berufung auf die heute gebräuchlichen "Quantifikatoren" (All- bzw. Existenzquantor) kann nichts hierzu beitragen.[1] Die Ziffern 3 und 4 faßt Bröcker zusammen (sie korrespondieren dem Kantischen Titel der "Relation"): "Der 3. und 4. Fall ergibt dann das, was die heutige Logik Junktoren nennt. Daß hier dieselben Verknüpfungsformen für Urteile und Prädikate gelten, hat seinen einfachen Grund darin, daß Prädikate nichts anderes als Urteile mit unbestimmtem Subjekt (oder in der Sprache der heutigen Logik: Satzfunktionen) sind" (Bröcker, S. 43). Auf der Grundlage dieses Satzbegriffes führt Bröcker eine bisher allzu wenig beachtete Interpretation der "Junktoren" als zweistelliger Wahrheitsfunktionen durch. Diese Analyse ermöglicht es erstmals, den Ausschluß des kopulativen Urteils in einem ganzheitlichen Zusammenhang zu betrachten, nachdem die Begründung anhand der fehlenden Wahrheitsfunktionalität schon von mehreren Interpreten vorgebracht wurde.

"Wenn man die satzverknüpfenden Junktoren als Wahrheitsfunktionen deutet, so sind zwischen ihnen 16 Verknüpfungsformen möglich" (Bröcker, S. 43). Zunächst wird, wie bereits gesagt wurde, davon abgesehen, ob es sich beim zu verknüpfenden Material um Prädikate oder Urteile handelt. Desweiteren soll für die Überlegungen nur relevant sein, ob der Wert "wahr" oder "falsch" vorliegt (Abstraktion von allem Inhalt). Wenn nun zwei "Sätze" bloß hinsichtlich ihres Wahrheitswertes miteinander verknüpft werden sollen, so ergeben sich aus Gründen der Kombinatorik 16 Möglichkeiten. Bröcker erläutert diesen Zusammenhang nicht näher. Man kann sich den Sachverhalt aber auf einfache Weise klarlegen: Jede Verknüpfungsform definiert sich aus der Zuordnung eines Wahrheitswertes bezüglich 4 verschiedener Fälle. So können beide Teilsätze wahr sein (1. Fall: ww); oder nur der erste bzw. nur der zweite Teilsatz ist wahr (2. Fall: wf / 3. Fall: fw); schließlich gibt es noch die Möglichkeit, daß keiner der beiden Teilsätze wahr ist (4. Fall: ff). Eine beliebige Verknüpfungsform kann nun durch die 4 Wahrheitswerte definiert werden, welche sie diesen 4 Fällen zuordnet. So ist z. B. die Form des hypothetischen Urteils durch die Folge w,f,w,w eindeutig bestimmt, da das Urteil "wenn a, dann b" wahr ist, wenn a und b wahr

---

[1] Einerseits ist auch die heutige Logik nicht über den Verdacht historischer Kontingenz erhaben, und andererseits finden sich auch Formalisierungen des einzelnen Urteils (etwa durch Hinzufügung eines Ausrufungszeichens hinter den Existenzquantor: "∃!").

sind (1. Fall), falsch, wenn a wahr und b falsch ist (2. Fall), wahr, wenn a falsch und b wahr ist (3. Fall), und schließlich wahr ist, wenn a und b falsch sind (4. Fall). Die Frage, wieviele Verknüpfungsformen (zweistellige Wahrheitsfunktionen) es insgesamt geben kann, fällt also mit der Frage zusammen, wieviele solcher "zweiwertiger Viererfolgen" es gibt. Diese Aufgabe ist eindeutig lösbar, indem man die folgenden Fälle unterscheidet:

1. Alle vier Folgeglieder sind wahr. Dafür gibt es nur eine Möglichkeit:

(w,w,w,w)

2. Drei der Folgeglieder sind wahr. Hier egeben sich vier Möglichkeiten:

(w,w,w,f; w,w,f,w; w,f,w,w,; f,w,w,w)

3. Zwei der Folgeglieder sind wahr. Man erhält dabei sechs Möglichkeiten:

(w,w,f,f; f,f,w,w; w,f,w,f; f,w,f,w;
w,f,f,w; f,w,w,f)

4. Nur eines der Folgeglieder ist wahr. Hierfür gibt es wieder vier Möglichkeiten:

(w,f,f,f; f,w,f,f; f,f,w,f; f,f,f,w)

5. Kein Folgeglied ist wahr. Es gibt nur eine entsprechende Möglichkeit:

(f,f,f,f)

Hieraus ersieht man also, daß es sechzehn (1 + 4 + 6 + 4 + 1 = 16) verschiedene Verknüpfungsformen, d. h. Wahrheitswertzuweisungen bzgl. zweier Teilsätze, geben kann. "Von diesen sind aber ein Teil 'unecht'. Die unechten Verknüpfungen sind dadurch gekennzeichnet, daß

hier aus der Konjunktion des ganzen Urteils mit einem der beiden Teilurteile oder seiner Verneinung niemals mehr folgt, als aus dem ganzen
Urteil allein" (Bröcker, S. 44). Bröcker bemüht hier interessanterweise
das Prinzip des Schlusses (allerdings ohne dies ausdrücklich zu erwäh-
nen). So sind für das hypothetische Urteil A ⇒ B (: = A impliziert B)
(Major) in der Tat beide Teilsätze relevant: Der erste Teilsatz führt
mittels Konjunktion seiner affirmativen Form A (Minor) zur Conclusio
B, welche in A ⇒ B allein nicht enthalten war. Dies läßt sich anhand
unseres Schemas wie folgt verdeutlichen: Das Wissen um A ⇒ B ist
gleichbedeutend mit der Einsicht, daß diesem ganzen Urteil gemäß der
Zuordnungsvorschrift der Wert "wahr" zugeteilt wird. Wird nun zusätzlich erkannt, daß A der Fall ist (Konjunktion mit A), so scheiden von
den oben beschriebenen vier Fällen der dritte (fw) und vierte (ff) aus. Es
bleiben also noch die erste und zweite Möglichkeit (ww bzw. wf), d. h.
B kann wahr oder falsch sein. Doch wenn B falsch ist (zweite Möglichkeit: wf), so weiß ich aufgrund der Zuordnungsvorschrift, daß auch A ⇒
B falsch ist (denn das zweite Folgeglied aus w,f,w,w ist ein f). Dies
widerspricht jedoch meinem ursprünglichen Wissen von der Wahrheit
des Urteils A ⇒ B (erstes Konjunktionsglied). Also muß B wahr sein,
welches aus A ⇒ B allein nicht erhellen würde.[2] Für den zweiten Teilsatz ist die Konjunktion mit seiner Negation ¬B (Minor) bedeutsam. Sie
führt zur Conclusio ¬A. Eine "echte" Verknüpfung im Sinne Bröckers
muß also eine Beziehung zwischen den beiden Teilsätzen stiften: Die
Geltungsdifferenz jedes Teilsatzes muß für die Geltung des ganzen Urteils relevant sein. "'Unecht' sind folgende Verknüpfungen:
    1. diejenigen 2, die von keinem der beiden Teilsätze abhängen"
(Bröcker, S. 44). Damit sind die unter Ziffer 1 und 5 genannten Folgen
w,w,w,w und f,f,f,f gemeint. Gleich welche Erkenntnis über den Wahrheitswert eines der beiden Teilsätze auch hinzukommen mag, es folgt
daraus niemals mehr, "als aus dem ganzen Urteil allein". Wenn bezüglich der ersten Verknüpfungsform (w,w,w,w) A wahr bzw. falsch ist, so
kann B in beiden Fällen wahr oder falsch sein und umgekehrt. Ist A
bezüglich der zweiten Verknüpfungsform (f,f,f,f) wahr bzw. falsch so
kann B in beiden Fällen weder wahr noch falsch sein und umgekehrt.
Für diese Verknüpfungsformen hat die Geltungsdifferenz beider Teilsätze

---

[2] Auch hier wird wieder die grundlegende Funktion der Konjunktion deutlich. Damit werden wir uns nachher
beschäftigen müssen.

also keine Auswirkung auf die Gültigkeit des ganzen Urteils, weshalb auch nichts über den Wahrheitswert des jeweils anderen Teilsatzes ausgemacht werden kann, d. i. die entsprechende Verknüpfungsform ist keine Schlußform (sie ist im Bröckerschen Sinne "unecht").

"2. diejenigen 4, die nur von einem der Teilsätze abhängen" (Bröcker S. 44). Dies trifft auf die ersten vier unter Ziffer 3 genannten Folgen zu (w,w,f,f; f,f,w,w; w,f,w,f; f,w,f,w). So ist die durch w,w,f,f gekennzeichnete Verknüpfung wahr, wenn A wahr (die ersten beiden Folgeglieder) und falsch, wenn A falsch ist (die letzten beiden Folgeglieder). Die Erkenntnis des Wahrheitswertes von B (also eine Konjunktion mit B oder mit ¬B) hat dagegen überhaupt keinen Einfluß auf die Gültigkeit des ganzen Urteils, mithin läßt sich alsdann auch nichts über die Geltung des ersten Teilsatzes ausmachen. Diese Verknüpfungsform ist also unecht, da sie keine wirkliche Beziehung der Teilsätze untereinander stiftet, sondern bloß auf den ersten achtgibt. Dasselbe geschieht auch unter der durch f,f,w,w definierten Form, allerdings wird hierbei das ganze Urteil falsch, wenn A wahr ist und wahr, wenn A falsch ist. Analog verhalten sich die Verknüpfungen, welche den Formen w,f,w,f bzw. f,w,f,w korrespondieren. Sie achten jedoch ausschließlich auf den Wahrheitswert des zweiten Teilsatzes. So ordnet die erste Funktion dem ganzen Urteil den Wahrheitswert zu, der B entspricht (B wahr = erstes und drittes Folgeglied = w; B falsch = zweites und viertes Folgeglied = f), während die zweite Funktion es auf den Wahrheitswert abbildet, der demjenigen von B entgegengesetzt ist (denn das erste und dritte Folgeglied ist f, das zweite und vierte w).

"3. diejenigen 4, die nur bei einer einzigen Wahrheitswert-Zuteilung auf die Teilsätze den Wahrheitswert 'wahr' ergeben. Sie verknüpfen gar nicht die Teilsätze, sondern teilen jedem von ihnen einen Wahrheitswert zu. Zu dieser Gruppe gehört die Konjunktion" (Bröcker, S. 44). Wir sind hier also an einem wichtigen Punkt angelangt. Bröcker beansprucht für seine Überlegungen, daß sie den "unechten" Charakter des kopulativen Urteils eindeutig entlarven. Es handelt sich dabei um die erste der unter Ziffer 4 genannten Verknüpfungen (w,f,f,f; f,w,f,f; f,f,w,f; f,f,f,w). Wie man der Aufstellung leicht entnehmen kann, ordnen alle diese Abbildungen jeweils nur einem einzigen Fall den Wert "wahr" zu. So gilt das kopulative Urteil w,f,f,f nur für den Fall, daß sowohl A als auch B zutreffen (erstes Folgeglied). Wie ist diese Form anhand des "Schlußkriteriums" zu bewerten? Dazu müssen wir uns fragen, ob aus "der Konjunktion des ganzen Urteils mit einem der beiden Teilurteile oder seiner Verneinung mehr folgt als aus dem ganzen Urteil allein (vgl. Bröcker, S. 44). Sei also A ∧ B (:= A et B) als Major vorausgesetzt. Aus der Konjunktion mit A (Minor) folgt B (Conclusio). Daß B der Fall ist, war auch schon zu Beginn bekannt, da dies bereits "aus dem ganzen Urteil allein" folgte. Dies ist gewiß nicht als echter Schluß zu bezeichnen, da B nicht erst erschlossen wurde, sondern bereits vorausgesetzt war. Es bleibt noch die Konjunktion mit ¬A. Aus dieser läßt sich allerdings gar nichts folgern, da sie sich im kontradiktorischen Widerspruch zur Prämisse befindet, derzufolge A ja der Fall ist. Das gleiche Schicksal erleiden die Konjunktionen des ganzen Urteils mit B (es folgt A, was aber nichts Neues ist) bzw. ¬B (Kontradiktion mit der Prämisse). Einen kopulativen Vernunftschluß kann es also nicht geben, da die "Major" A ∧ B gar keinen Spielraum für ein weiteres Schließen (sondern nur für eine Reduktion) läßt. Die Geltungsdifferenz sowohl von A als auch von B ist dadurch bereits entschieden. So ist das kopulative Urteil ja auch gar nichts anderes als die *Konjunktion* von A und B, mithin eine Funktion, die zur Schlußbildung bereits vorausgesetzt wird! Wenn aber die Relationsmomente den Schlußformen zugeordnet werden können (wie Kant dies im zweiten Abschnitt des ersten Buchs der transzendentalen Dialektik ausdrücklich tut), so darf das kopulative Urteil dort klarerweise nicht berücksichtigt werden. Genauso verhält es sich mit den anderen drei Verknüpfungsformen (f,w,f,f; f,f,w,f; f,f,f,w). Sie stehen für weitere Schlußfolgerungen ebensowenig zur Verfügung, wie das kopulative Urteil, da auch sie bezüglich der Geltug ihrer Teilsätze bereits festgelegt sind. Es sind dies im einzelnen die Behauptungen A ∧ ¬B, B ∧ ¬A und ¬A ∧ ¬B. Die Konjunktion ist also nicht bloß eine unter diesen vier Formen (wie Bröcker sagt); vielmehr ist sie das eigentliche Prinzip dieser Gruppe, deren Elemente das Charakteristikum aufweisen, daß "sie gar nicht die Teilsätze verknüpfen, sondern jedem von ihnen einen Wahrheitswert zuteilen" (vgl. obiges Zitat). So versteht man unter der Konjunktion auch weniger eine besondere Form der Verbindung, als vielmehr die Verbindung selbst.[3] Dies würde dann auch erklären, warum man sich zur Analyse von Schlüssen der kopulativen Verknüpfung bedienen kann. Auch die Begrifflichkeit unseres Verstandes (der ein Vermögen der Erkenntnis durch Begriffe ist (vgl. A 68 / B 93))

---

[3] Darauf hat bereits Peter Schulthess hingewiesen (Relation und Funktion, Berlin / New York 1981, 280).

beruht letztendlich auf der Konjunktion der Elemente, die unter einen conceptus communis fallen. So kann der Verstand auch allgemein als Verbindungsvermögen (=Konjunktionsvermögen) bestimmt werden. Alsdann ist die Konjunktion weder eine ungerechtfertigte Voraussetzung (denn sie ist die allgemeine Form des Verstandes), noch wurde sie in der Urteilstafel fälschlicherweise übergangen (denn sie ist keine besondere Form des Verstandes). Bis hierher konnte sich der Bröckersche Vorschlag also gut bewähren. Wie aber sieht es mit der Auffindung der echten Formen aus? "So bleiben 6 echte Verknüpfungsformen, nämlich

1. die hinreichende Bedingung (das 'wenn'),
2. die notwendige Bedingung (das 'nur wenn'),
3. die Disjunktion (das ausschließliche 'oder'
   = aut),
4. die Adjunktion (das nicht ausschließliche
   'oder' = vel),
5. die Unverträglichkeit ('nicht beide wahr'),
6. die Äquivalenz ('wenn und nur wenn')" (Bröcker, S. 44).

Zunächst wollen wir die sechs verbliebenen Folgen aus unserer Aufstellung (die vier unter Ziffer 2 genannten Folgen und die beiden letzten Folgen aus Ziffer 3) den Verknüpfungsformen Bröckers zuordnen. So entspricht dem "wenn" die Folge w,f,w,w (s. o.), dem "nur wenn" w,w,f,w, dem "aut" f,w,w,f, dem "vel" w,w,w,f, dem "nicht beide wahr" f,w,w,w und schließlich entspricht dem "wenn und nur wenn" die Folge w,f,f,w.

"Wie man sofort sieht, ist die Äquivalenz nichts anderes als die Konjunktion von notwendiger und hinreichender Bedingung. Da die Konjunktion aber schon als unechte Verknüpfung ausgeschieden wurde, fällt auch die Äquivalenz" (Bröcker, S.44). Dieser Beweis erscheint kurz und schlagend. Er läßt sich auch anhand der korrespondierenden Folgen gut nachvollziehen. Die hinreichende Bedingung ("wenn") $A \Rightarrow B$ wird falsch, wenn A der Fall ist, ohne daß B eintritt. Das f befindet sich also an der zweiten Stelle der Folge (w,f,w,w). Die notwendige Bedingung ("nur wenn") $A \Leftarrow B$ ($:= B$ impliziert A) wird hingegen dann falsch, wenn B eintritt, ohne daß A der Fall ist. Hier steht das f also an dritter Stelle (w,w,f,w). Die Äquivalenz ("wenn und nur wenn") $A \Leftrightarrow B$ ($:= A$ impliziert B und umgekehrt) berücksichtigt nun beide Bedingungen. Sie ist wahr, wenn sowohl $A \Rightarrow B$ als auch $A \Leftarrow B$ wahr sind, mithin im ersten und vierten Fall (w,f,f,w). Die entsprechenden Folgen bestätigen also Bröckers Überlegung. Es gilt A ⇔ B = (A ⇒ B) ∧ (A ⇐ B). Im weiteren Verlauf unserer Untersuchung wird sich jedoch zeigen, daß eine konsequente Anwendung dieser Argumentation (Darstellung einer Verknüpfungsform als Konjunktion zweier anderer) zu völlig anderen Ergebnissen führt, als dies bei Bröcker der Fall ist. Doch zunächst wollen wir Bröcker im Zusammenhang darstellen.

"Die Unverträglichkeitsbehauptung besagt mit anderen Worten, daß der eine oder der andere oder beide Teilsätze falsch ist. Die Unverträglichkeit ist also die Adjunktion in Anwendung auf negierte Teilsätze. Die Adjunktion aber erkennt man leicht als einen Spezialfall der Disjunktion. Denn 'a vel b' = 'aut a aut b aut (a et b)'" (Bröcker, S. 44). Diese Argumentation steht nun allerdings im Gegensatz zu Bröckers bisheriger, sehr unvermittelter Verfahrensweise. Sie erscheint als zu konstruiert, zu sehr vom vorgegebenen Ziel (Ausscheidung von Unverträglichkeit und Adjunktion, sowie Gewinnung der Disjunktion als "echter" Verknüpfungsform) bestimmt. Konsequenter wäre eine zur Äquivalenz analoge Überlegung gewesen: Auch die Disjunktion A ⊻ B (:= aut A aut B) ist nämlich das Ergebnis einer Konjunktion. Die entsprechende Folge (f,w,w,f) ergibt sich nämlich aus der Forderung, daß sowohl die Bedingung der Adjunktion A ∨ B (:= A vel B, mit der zugehörigen Folge w,w,w,f) als auch die der Unverträglichkeit ("nicht beide wahr") ¬(A ∧ B) (mit der zugehörigen Folge f,w,w,w) erfüllt ist. Diese Überlegung besitzt aber die unangenehme Konsequenz, daß sich auch die Disjunktion aus dem Kreise der "echten" Verknüpfungsformen verabschieden muß. Doch auch das hier genannte Argument hat "unangenehme" Auswirkungen, wenn man es nur weiter verfolgt, als Bröcker es tut: Behauptet wird die Rückführbarkeit der Unverträglichkeitsverknüpfung auf die Adjunktion, welche jedoch nichts anderes sei, als ein "Spezialfall" der Disjunktion. Ersteres wird damit begründet, daß die Unverträglichkeit die Adjunktion in Anwendung auf negierte Teilsätze sei (¬(A ∧ B) = ¬A ∨ ¬B). In diesem Sinne lassen sich aber auch die notwendige und die hinreichende Bedingung auf die Adjunktion (nämlich in Anwendung auf je einen negierten Teilsatz) zurückführen. So ist die notwendige Bedingung ("nur wenn") A ⇐ B gleichbedeutend mit der Adjunktion A ∨ ¬B, da beide nur im 3. Fall (A falsch, B wahr) falsch werden. Sie lassen sich also beide durch ¬(¬A ∧ B) kennzeichnen. Die hinreichende Bedingung ("wenn") A ⇒ B stimmt hingegen mit der Adjunktion ¬A

∨ B vollkommen überein. Beide Verknüpfungen werden genau dann falsch, wenn A der Fall ist, ohne daß B eintritt (2. Fall).

Wir sahen also: Wenn man die Unverträglichkeitsbehauptung auf die Adjunktion zurückführen will (mittels negierter Teilsätze), so muß man auch bezüglich der übrigen Elemente der bei uns unter Ziffer 2 genannten Gruppe auf dieselbe Weise verfahren. Dies hat seinen einfachen Grund darin, daß alle vier dort aufgeführten Folgen (also die der Unverträglichkeitsbehauptung, der hinreichenden Bedingung, der notwendigen Bedingung und eben auch der Adjunktion) nur eine einzige Position aufweisen, an der sie falsch werden. Daher lassen sie sich insgesamt durch eine Umschreibung kennzeichnen, bei der der entsprechende Fall ausgeschlossen wird (z. B. $A \Rightarrow B = \neg(A \wedge \neg B)$). Diese Umschreibung ist im Grunde nichts anderes als die korrespondierende Folge, da die Position, an der das f auftritt, durch den Ausdruck in der Klammer (der ausgeschlossen bzw. verneint wird) bezeichnet wird. Deshalb kann man zwar jedes beliebige andere Element der Gruppe auf die Adjunktion zurückführen (Bröcker beschränkt sich bekanntlich auf die Unverträglichkeit), indem man die Adjunktion auch auf negierte Teilsätze anwendet, aber dadurch ist die Adjunktion innerhalb der Gruppe nicht im mindesten ausgezeichnet. Jedes der Elemente kann auf jedes andere zurückgeführt werden, wenn man nur die Teilsätze desselben entsprechend negiert. So hätte Bröcker mit dem gleichen Recht behaupten können, daß die Adjunktion nichts anderes ist, als die Unverträglichkeitsbehauptung in Anwendung auf negierte Teilsätze ($A \vee B = \neg(\neg A \wedge \neg B)$). Alsdann lassen sich auch alle Elemente dieser Gruppe auf die Disjunktion zurückführen: So ist die hinreichende Bedingung ("wenn") $A \Rightarrow B$ gleichbedeutend mit $\neg A \veebar (A \wedge B)$. Und zu guter letzt lassen sich auch Äquivalenz und Disjunktion noch ineinander überführen: $A \Leftrightarrow B = (A \wedge B) \veebar (\neg A \wedge \neg B)$. Gibt es am Ende etwa nur eine einzige "echte" Verknüpfungsform?

Bröcker gelangt in Ermangelung dieser Überlegungen zu einem anderen Ergebnis: "Es bleiben also als elementare Verknüpfungsformen übrig: notwendige Bedingung, hinreichende Bedingung und Disjunktion. Eben diese drei Verknüpfungsformen statuiert Kant und legt sie (in der zuletzt angeführten Reihenfolge) den Kategorien der Substanz, der Kausalität und der Wechselwirkung zu Grunde. Allerdings entspringt die erste der Anwendung auf Prädikate, die zweite der Anwendung auf zwei und die dritte der Anwendung auf mehrere Sätze, ohne daß die Zuteilung der einen Dreiheit auf die andere hinreichend begründet worden wäre" (Bröcker, S. 44 f.). Bröcker bedient sich seiner mühsam errungenen Dreiheit, um sie sogleich den Kantischen Kategorien zuzuordnen. Es ist aber keineswegs unmittelbar klar, daß Kant gerade "diese drei statuiert". Vor allem die Identifikation der notwendigen Bedingung ("nur wenn") A ⇐ B mit der Relation des Prädikats zum Subjekt im kategorischen Urteil ist nicht sehr einleuchtend. Spätestens an diesem Punkt wird auch die Deutung der Prädikate als "Satzfunktionen" fragwürdig. Kant hat im ersten Abschnitt des Leitfadenkapitels seine Auffassung vom Urteil unmißverständlich dargelegt. Demnach werden Begriffe ausschließlich in Urteilen zur Erkenntnis gebraucht, indem sie (als Prädikate) andere Vorstellungen unter sich enthalten, vermittelst derer sie sich auf Gegenstände beziehen können. Das Verhältnis des kategorischen Urteils (gemäß A 72 / B 99 das Verhältnis des Prädikats zum Subjekt) ist also das Subordinationsverhältnis. Die Funktion dieses Elementarurteils ist ganz auf den conceptus communis abgestimmt. Ihr über den Ansatz zweiwertiger Wahreitsfunktionen auf die Spur kommen zu wollen, ist ein hoffnungsloses Unterfangen, da solche Verknüpfungen das kategorische Elementarverhältnis immer schon voraussetzen. Gerade so, wie das Urteil in der Relation von Prädikat und Subjekt Grundlage einer jeglichen Urteilsverknüpfung ist, ist übrigens auch die Kategorie der Substanz Voraussetzung für die Grundsätze der Kausalität und der Wechselwirkung, denn eine jede Veränderung setzt ein identisches Subjekt, mithin Substanz, voraus[4] und auch das Verhältnis der Wechselwirkung kann nur als (mittelbares) Verhältnis von Substanzen gedacht werden.[5]

Im Gegensatz also zur abschließenden Herleitung der Ergebnisse sind Bröckers grundsätzliche Überlegungen bezüglich der möglichen Urteilsverküpfungen (Wahrheitstafel), besonders was die Ausschaltung des kopulativen Urteils betrifft, durchaus überzeugend. Zum einen bieten sie die Möglichkeit, alle denkbaren Verknüpfungsformen aufzuzählen und zum anderen erheben sie das Schlußprinzip zum Auswahlkriterium, was sich mit den Ausführungen Kants gut in Einklang bringen läßt. Wenn man also einmal davon absieht, daß die Relation des kategorischen Urteils auf diese Weise prinzipiell nicht zu finden ist, da sie kein Verhältnis von Urteilen, sondern von Begriffen ist, und wenn man sich ferner

---

[4] vgl. B 232
[5] vgl. B 257 f.

darauf beschränkt, daß auch die Disjunktion zunächst nur zwei Urteile betreffen soll (eine Forderung, die Bröcker selbst nicht durchhält[6]), so hat man noch immer eine tragfähige Grundlage, die durchaus ein weiteres Fortschreiten erlaubt.

*

Die Verknüpfungsmöglichkeiten, die Bröcker konstatiert, sind vollständig. Dies ergibt sich aus rein kombinatorischen Überlegungen: Die Anzahl der möglichen n-Tupel einer m-elementigen Menge ist m^n. In unserem Zusammenhang waren es zunächst zwei Elemente ("wahr" und "falsch"), die in einem 2-Tupel auftraten (die zwei Teilsätze A und B). Es ergaben sich also $2^2 = 4$ verschiedene Möglichkeiten (die vier Fälle). Dann wurde untersucht, wieviele Möglichkeiten es gibt, diesen vier Fällen die beiden Wahrheitswerte "wahr" und "falsch" zuzuordnen (der Wahrheitswert der Verknüpfung). Es handelte sich dabei also um die Anzahl der möglichen 4-Tupel einer 2-elementigen Menge. Die Lösung ist $2^4 = 16$ Möglichkeiten. Man sieht: die ganze Überlegung hat bisher noch nichts mit logischen Formen zu tun, die aus irgendwelchen Vermögen deduziert oder in der Sprache vorgefunden worden sind. Es wird lediglich davon ausgegangen, daß Urteile wahr oder falsch sein können und daß die Verknüpfung zweier Urteile wiederum entweder wahr oder falsch ist. Allein diese Voraussetzungen sind hinreichend für die Aufstellung der sechzehn möglichen Verknüpfungsformen. Diese Grundlage läßt sich im übrigen mit dem Denken Kants in gute Übereinstimmung bringen. Erstens gehört die Frage nach der objektiven Gültigkeit (Wahrheit) grundlegend zum Urteil überhaupt, da nämlich der Gebrauch der Begriffe, welcher allein in Urteilen stattfindet, ein Erkenntnisgebrauch ist. Es liegt also unmittelbar in der Natur des Urteils, auf ein Objekt bezogen zu sein, d. i. eine Gültigkeit für dasselbe besitzen zu können. Hinsichtlich des theoretischen Vernunftgebrauchs ist die Geltungsfrage (Frage nach dem "Wahren") genauso grundlegend wie in der praktischen Philosophie (Frage nach dem "Guten"). Da nun das Urteil "das" Erkenntnisinstrument des Verstandes ist, muß es als der eigentliche Ort der theoretischen Geltungsfrage angesehen werden. Diese läßt sich aber hier, ebensowenig wie im Praktischen, mit einem "teils-teils" beantworten. Entweder stimmt die Vorstellung mit dem Gegenstand überein oder nicht

---

[6] wie die Deutung "'a vel b' = 'aut a aut b aut (a et b)'" (Bröcker, S. 44) beweist.

- tertium non datur. So kann also zweitens auch der Ansatz einer zwei-
wertigen Logik für Kant gerechtfertigt werden.

Es bleibt noch das Problem, daß Bröcker bei seinen Überlegungen
auschließlich von der Verknüpfung zweier Teilsätze ausgeht, während
Kant bezüglich der disjunktiven Verstandesfunktion von einem Verhältnis
zweier oder mehrerer Urteile spricht.[7] Dies birgt jedoch weiter keine
Schwierigkeit, da sich alle Verknüpfungen mehrerer Urteile auf Zweier-
verbindungen zurückführen lassen. Denn ein Verhältnis, welches mehrere Urteile umfassen soll, betrifft daher immer auch zwei Urteile (so, wie
sich eine zweigliedrige Disjunktion denken läßt). Daher sind über die
besagten sechzehn Verknüpfungsformen hinaus keine weiteren mehr
möglich, auch wenn man mehr als zwei Urteile in ein Verhältnis setzen
möchte. Der Begriff eines Verhältnisses überhaupt läßt sich an zwei
Subjekten bereits vollständig erfassen und es tritt nichts wesentlich Neues
hinzu, wenn man die Relation auf weitere Glieder ausdehnt.

Das Kriterium nun, welches Bröcker gebraucht, um die "echten"
Formen ausfindig zu machen, ist sinnvoll, mit eindeutigem Ergebnis
anwendbar und steht in Zusammenhang mit den Ausführungen Kants. Es
führt zur Auswahl der sechs "echten" Verknüpfungsformen, die Bröcker
durch die Ausdrücke "wenn", "nur wenn", "oder (=aut)", "oder
(=vel)", "nicht beide wahr" und "wenn und nur wenn" zutreffend kennzeichnet. Wie wir oben gesehen haben, sind seine weiteren Ausführungen problematisch. Daher möchte ich nun prüfen, ob der im Prinzip
vielversprechende Ansatz durch eine ausführlichere Darstellung und
konsequentere Verfahrensweise für unseren Zusammenhang nicht doch
noch fruchtbar gemacht werden kann.

*

Zunächst wollen wir alle möglichen Schlüsse in einer Tabelle aufführen,
indem wir die sechzehn Verknüpfungsformen nacheinander jeweils mit
A, ¬A, B und ¬B konjugieren. Dabei ergeben sich vier mögliche Resultate:

1. ? := Die Konjunktion führt zu keinem Ergebnis. Beispiel: Man
konjugiert die Verknüpfung mit A und kommt zu dem Ergebnis, daß
sowohl B als auch ¬B möglich ist. Die Möglichkeit einer Schlußfolgerung ist in diesem Fall also nicht gegeben.

---

[7] vgl. A 73 / B 98 f.

2. X := Die Konjunktion ist aufgrund eines direkten Widerspruchs zur Verknüpfung gar nicht möglich. Beispiel: Man konjugiert eine Verknüpfung mit A, welche sowohl für den Fall A ∧ B (1. Fall) als auch für den Fall A ∧ ¬B (2. Fall) falsch ist.

3. t A, t ¬A, t B, t ¬B := Die entsprechende Behauptung wird trivial (deshalb die Abkürzung t) gefolgert, da sie sich bereits aus der Verknüpfung allein ergibt. Beispiel: Man konjugiert eine Verknüpfung mit A, die nur für A ∧ B (1. Fall) und ¬A ∧ B (3. Fall) wahr ist. Die Schlußfolgerung B stand also schon a priori fest und ergab sich nicht erst aus der Konjunktion der Verknüpfung mit A.

4. A, ¬A, B, ¬B := Die entsprechende Behauptung ist eine echte Folgerung aus der Konjunktion der Verknüpfung mit einem der beiden Teilsätze oder seiner Verneinung. Beispiel: Man konjugiert eine Verknüpfung mit A und es ergibt sich B, obwohl die Verknüpfung auch in einem Fall, der die Behauptung ¬B enthält, wahr ist. Mithin stand die Schlußfolgerung B nicht von vornherein fest, sondern es liegt eine echte Abhängigkeit vom Wahrheitswert des anderen Teilsatzes vor. Hier zeigt sich noch einmal, daß Bröckers Kriterium "echter" Verknüpfungsformen trefflich gewählt wurde. Wie eindeutig sich diese Gruppe von den anderen Funktionen absondert, kann man der folgenden Tabelle entnehmen. Darin wird zunächst die entsprechende Verknüpfungsform genannt (waagerecht) und darunter sind die Ergebnisse der Konjunktion derselben mit A, ¬A, B und ¬B in ebendieser Reihenfolge aufgeführt (senkrecht).

w,w,w,w	f,f,f,f
?	X
?	X
?	X
?	X

w,w,f,f	f,f,w,w	w,f,w,f	f,w,f,w
?	X	t B	t ¬B
X	?	t B	t ¬B
t A	t ¬A	?	X
t A	t ¬A	X	?

w,f,f,f	f,w,f,f	f,f,w,f	f,f,f,w
t B	t ¬B	X	X
X	X	t B	t ¬B
t A	X	t ¬A	X
X	t A	X	t ¬A

w,w,w,f	w,w,f,w	w,f,w,w	f,w,w,w
?	?	B	¬B
B	¬B	?	?
?	A	?	¬A
A	?	¬A	?

w,f,f,w	f,w,w,f
B	¬B
¬B	B
A	¬A
¬A	A

Die sechs zuletzt aufgeführten Formen treten deutlich hervor. Es sind die einzigen, die einen der Teilsätze in Abhängigkeit des anderen aussagen und umgekehrt. Der modus tollens gilt übrigens ganz allgemein: Wenn z. B. die Konjunktion mit A zur Behauptung von B führt, so folgt aus der Konjunktion mit ¬B unweigerlich ¬A und so in allen übrigen Fällen. Desweiteren sind diese sechs Formen die einzigen, die zu keinerlei

Widerspruch führen. Sie sind also offen für die Konjunktion mit jedem der beiden Teilsätze oder seiner Verneinung, während die anderen Formen diesbezüglich schon festgelegt sind.[8] Eine Ausnahme bildet hier allerdings die erstgenannte Form (w,w,w,w). Doch da sie unabhängig vom Wahrheitswert beider Teilsätze immer wahr ist, fruchtet sie für eine mögliche Schlußfolgerung ebensowenig wie die daneben angeführte Verknüpfung (f,f,f,f), die bei jeglicher Konjunktion zum Widerspruch führt.

Die Tafel hat also noch einmal gezeigt, wie eindeutig sich das Kriterium Bröckers anwenden läßt. Den sechs ausgewählten Formen gab Bröcker dann formallogische Bezeichnungen und ordnete ihnen sprachliche Ausdrücke zu. Zuvor bemerkte er jedoch noch, daß auch die Konjunktion (das "und") zur Gruppe der "unechten" Verknüpfungsformen gehört. Wie ist nun diese "Namengebung" zu bewerten? Grundlage der Auswahl echter Verknüpfungsformen waren bloß die Zweiwertigkeit der Logik und das Wesen einer Verknüpfung überhaupt, zunächst eine Relation von zwei Subjekten zu sein. Wenn nun aber diese Bedingungen auf die Sprache zutreffen, d. h. wenn eine sinnvolle Ausdrucksweise nur auf dieser Grundlage möglich ist, dann ist davon auszugehen, daß die Sprache über Äquivalente dieser Formen verfügt. Zwar kann es sein, daß manche Sprachen für die eine oder andere Verknüpfung keine oder mehrere Worte besitzen; niemals aber kann alsdann ein Ausdruck der Verknüpfung vorkommen, für den es in dieser Tafel keine Entsprechung gibt. Da Bröcker mit Kant der Meinung ist, die Sprache liege in notwendigen Verstandesregeln begründet, kann er getrost die sprachlichen Formen aufsuchen, welche den abstrakt gewonnenen Verknüpfungen entsprechen. Im Falle des ausschließlichen bzw. nicht ausschließlichen "oder" sieht er sich sogar genötigt, auf Ausdrücke der lateinischen Sprache zurückzugreifen, da das Deutsche hier nicht hinreichend differenziert.[9]

Man sieht: Argumente gegen eine solche Verfahrensweise können sich nur aus der Bezweiflung der elementaren Voraussetzungen ergeben. Diese sind jedoch so minimal (im Sinne Ockhams), daß ihre Widerlegung m. E. unmöglich ist. Denn die Werte "wahr" und "falsch" bezie-

---

[8] In der entsprechenden Spalte tritt an mindestens einer Stelle X auf.

[9] Manche Autoren verweisen in diesem Zusammenhang auf den Unterschied zwischen dem einfachen "oder" und dem "entweder oder".

hen sich bloß auf die Geltung einer Aussage von einem Gegenstand, die entweder gegeben ist oder nicht. Wann immer die Sprache Anspruch auf die Wiedergabe objektiver Sachverhalte erhebt, müssen ihre Sätze diese Geltungsdifferenz aufweisen. Die beiden Teilsätze A und B stehen für die Grundkonstituentien einer jeglichen Relation, deren mögliche Formen hier ja dargestellt werden sollen. Für jede Verknüpfung braucht man zumindest zwei Subjekte, und alle Verknüpfungen mehrerer Subjekte verknüpfen auch derer zwei. Wenn schließlich die Verknüpfung ebenfalls zur Erkenntnis gebraucht werden soll, mithin von derselben Art wie die Gegenstände der Verknüpfung sein soll (und Satzverknüpfungen sind in der Tat wiederum Sätze), dann muß auch sie dieselbe Geltungsdifferenz aufweisen.

Wie sind nun aber die sechs verbliebenen Verknüpfungen zu bewerten? Wir erinnern uns: Es sind dies die einzigen Formen, bei denen die Konjunktion mit der Behauptung der Wahrheit bzw. Falschheit eines der beiden Teilsätze zur Erkenntnis des Wahrheitswertes des anderen führte, ohne daß dieser bereits aus der Verknüpfung selbst erhellte. Haben wir es nun in der Tat mit sechs verschiedenen Formen zu tun, oder läßt sich eine weitere Reduktion vornehmen? Wir sahen, daß Bröcker bemüht war, die drei Kantischen Relationsmomente herauszufiltern. Seine Überlegungen erwiesen sich jedoch als äußerst inkonsequent. Dies bedeutet jedoch nicht, daß das Instrumentarium, dessen er sich zur Reduktion bediente, unbrauchbar ist. Vielmehr kann es uns dabei helfen, größere Klarheit über die Verflechtung der verschiedenen Formen zu gewinnen. So führt Bröcker die Unverträglichkeitsbehauptung "nicht beide wahr" (f,w,w,w) auf die Adjunktion "oder = vel" (w,w,w,f) zurück, indem er letztere auf negierte Teilsätze anwendet: $\neg(A \land B) = \neg A \lor \neg B$. Diese Umformung ist korrekt, doch was genau geht dabei vor?

Wir gelangten zu unseren sechzehn Viererfolgen, indem wir jeweils die vier Fälle (1. A wahr und B wahr; 2. A wahr und B falsch; 3. A falsch und B wahr; 4. A falsch und B falsch) betrachteten und auf den Wahrheitswert sahen, welchen die Verknüpfungsform in diesen vier Fällen annimmt. Die vier Folgeglieder geben dabei den Wahrheitswert der Verknüpfung für den ersten, zweiten, dritten und vierten Fall in ebendieser Reihenfolge an. Wenn man nun (wie Bröcker) eine Form auf negierte Teilsätze anwendet, so vertauscht man diese Reihenfolge. Setzt man nämlich in die vier geschilderten Fälle statt A $\neg$A und statt B $\neg$B ein, so ergibt sich:

1. Fall: ¬A wahr und ¬B wahr = A falsch und B falsch (= 4. Fall der ursprünglichen Reihenfolge)
2. Fall: ¬A wahr und ¬B falsch = A falsch und B wahr (= ursprünglicher 3. Fall)
3. Fall: ¬A falsch und ¬B wahr = A wahr und B falsch (= ursprünglicher 2. Fall)
4. Fall: ¬A falsch und ¬B falsch = A wahr und B wahr (= ursprünglicher 1. Fall)

Die Anwendung einer Verknüpfungsform auf negierte Teilsätze (statt auf A und B auf ¬A und ¬B) führt also zu einer Vertauschung von erstem und viertem und von zweitem und drittem Fall. Dies bedeutet aber, daß wir auch unsere Viererfolgen entsprechend verändern müssen, da sie sich ja auf die vier Fälle (Wahrheitswert-kombinationen von A und B, nicht aber von ¬A und ¬B) in ebendieser Reihenfolge beziehen. So wird also z. B. aus f,w,w,w (Unverträglichkeit) w,w,w,f (Adjunktion). Wir sehen hier die Richtigkeit der Bröckerschen Umformung noch einmal bestätigt.

Unsere Überlegungen haben uns aber einen von Bröcker unberücksichtigten Aspekt aufgezeigt: Wir erkannten die Anwendung einer Verknüpfungsform auf negierte Teilsätze als eine Vertauschungsoperation. Wieviele solcher Vertauschungen kann es nun aber geben? Bröcker nannte nur die Anwendung auf ¬A und ¬B (anstatt auf A und B) und vertauschte damit die Fälle 1 und 4, sowie 2 und 3 miteinander. Es lassen sich jedoch noch zwei weitere Möglichkeiten denken: Erstens die Vertauschung von 1 und 2, sowie 3 und 4 miteinander und zweitens können auch noch 1 und 3, sowie 2 und 4 vertauscht werden. Diese Permutationen entsprechen übrigens der Anwendung einer Verknüpfungsform auf A und ¬B, bzw. ¬A und B, also der Negation nur jeweils eines Teilsatzes. Einen ausführlichen Beweis dieser Zuordnung erspare ich mir, da er sich zur Analyse der Bröckerschen Vertauschung (s. o.) völlig analog verhält. Zur besseren Übersicht gebe ich an dieser Stelle einen tabellarischen Überblick über die Vertauschungen.

Anwendung auf:	Reihenfolge der vier Fälle:
A und B	1,2,3,4
A und ¬B	2,1,4,3
¬A und B	3,4,1,2
¬A und ¬B	4,3,2,1

Mehr Vertauschungen kann es nicht geben, wie man leicht erkennen kann, wenn man die senkrechten Spalt2en der Viererfolgen in der Tabelle beachtet. Die erste Spalte zeigt uns z. B. an, welche Fälle an die erste Stelle treten, d. i. mit dem ersten Fall vertauscht werden. Es sind dies im einzelnen: der erste (die unveränderte Reihenfolge), zweite, dritte und vierte. Damit sind alle Möglichkeiten erschöpft und so verhält es sich auch in den übrigen Spalten.

Es bleibt noch anzumerken, daß der Fall einer einfachen Transposition (beispielsweise die Vertauschung von 1 und 2, wobei die Reihenfolge von 3 und 4 unverändert bliebe) ebenso wie des Ringtauschs (z. B. 1 geht auf 2, 2 auf 3 und 3 auf 1) ausgeschlossen werden muß. Dies folgt aus der Konstitution unseres Systems: Die Negation eines der beiden oder beider Teilsätze führt stets zu einer Transposition zweier Fälle, welche die Transposition der beiden anderen nach sich zieht. Auch den diesbezüglichen Beweis erörtere ich an dieser Stelle nicht, da er einerseits wiederum einigen formalen Aufwand erfordert, der hier nicht am Platze ist, andererseits aber in seinen Grundzügen schon anhand der Analyse der Bröckerschen Umformung (s. o.) eingesehen werden kann.

Kommen wir nunmehr zu dem für uns bedeutsamen Resultat dieser Betrachtungen. Wir sahen anhand der Bröckerschen Umformung, daß sich eine Verknüpfung in eine andere überführen läßt, wenn man bloß den Wahrheitswert der Teilsätze verändert. Mithin unterscheiden sich derartige Verknüpfungen nur, wenn man an einer identischen Verteilung der Wahrheitswerte auf die beiden Teilsätze festhält. Dieses Konstituens unserer Wahrheitstafel (Anwendung der Verknüpfungsformen auf A und B, also nicht etwa auf ¬A und ¬B etc.) ist jedoch eine willkürliche Festlegung, welche, wie wir sahen, bloß die Reihenfolge der Wahrheitswerte der Verknüpfung betrifft. Die innere Beschaffenheit dieser Verknüpfung (Abängigkeit der Geltung des einen Gliedes der Verknüpfung von der des anderen) bleibt durch eine Veränderung der Reihenfolge vollkommen unberührt. Gemäß dem Kriterium echter Verknüpfungsformen ist es nur von Bedeutung, ob die Teilsätze in eine für ihre Geltung relevante Relation gestellt sind oder nicht. Dieser Umstand wird von den genannten Vertauschungsoperationen respektiert, d. h. sie überführen niemals eine echte Verknüpfungsform in eine unechte oder umgekehrt. Dies ist auch nicht weiter verwunderlich, denn eine (im Sinne des Bröckerschen Kriteriums) echte Verknüpfung zweier Teilsätze bleibt eine solche, unabhängig davon, ob man sie auf A und B oder auf ¬A und ¬B (etc.) anwendet.

Wenn sich also die echte Verknüpfungsform der Unverträglichkeitsbehauptung (f,w,w,w), angewandt auf A und B, durch die echte Verknüpfungsform der Adjunktion (ursprünglich die Folge w,w,w,f) bezüglich ¬A und ¬B (durch die korrespondierende Vertauschungsoperation abgebildet auf f,w,w,w) darstellen läßt, so ist gegen eine Identifikation der beiden Formen nichts einzuwenden. Denn die relationsstiftenden Zusammenhänge zwischen den beiden Teilsätzen konnten isomorph abgebildet werden, d. i. die Menge der möglichen Schlußfolgerungen, die der Unverträglichkeitsbehauptung entstammen, ist mit derjenigen der Adjunktion identisch. Mit anderen Worten: Die Negation eines Teilsatzes (oder beider) betont das Wesen einer Verknüpfung, indem die zugehörige Vertauschung gerade diese innere Beziehung unberührt läßt, während sie den willkürlich gewählten Gegenstand (auf den die jeweilige Form angewandt wird) variiert.

Damit ist diese Umformung für unseren Zusammenhang als berechtigt ausgewiesen. Bröcker bediente sich ihrer nur, um die Unverträglichkeit auf die Adjunktion zurückzuführen. Wir wollen nun untersuchen, welche weiteren Reduktionen sich vornehmen lassen. Das Instrumentarium liegt in abgesicherter Vollständigkeit zugrunde. Es sind die Abbildungen von 1,2,3,4 auf 2,1,4,3 (Negation von B), 3,4,1,2 (Negation von A) und schließlich auf 4,3,2,1 (Negation beider Teilsätze). Sehen wir, wie dieses Instrumentarium auf der Menge unserer 16 Verknüpfungsformen operiert:

Zunächst stellen wir fest, daß die beiden logisch unsinnigen Formen w,w,w,w und f,f,f,f durch unsere Vertauschungen stets auf sich selbst abgebildet werden; w,w,w,w geht immer in w,w,w,w über und f,f,f,f wird stets auf f,f,f,f abgebildet. Der eigentümliche Widersinn, den diese

Gebilde ausdrücken, kann durch keine der anderen Formen dargestellt werden.

Die Konjunktionsfolge w,f,f,f wird dagegen durch die drei Vertauschungen auf die folgenden Verknüpfungen abgebildet: f,w,f,f, f,f,w,f und f,f,f,w. Hier findet sich die bereits früher[10] geäußerte Vermutung bestätigt, wonach es sich bei all diesen Formen eigentlich um Konjunktionen handelt. Wir sehen: Die Vertauschungsoperation und der daraus resultierende Schluß auf die Identität der ineinander überführten Formen ist legitim, denn eine Konjunktion bleibt eine Konjunktion, unabhängig davon, ob sie nun A und B (w,f,f,f) oder z. B. A und ¬B (f,w,f,f) miteinander verbindet. Es ist derselbe Sachverhalt, und daher läßt sich die Folge w,f,f,f auch in f,w,f,f überführen. Mit der Negation der Teilsätze verändert man also nur die Position der Wahrheitswerte der Verknüpfung, nicht aber die relationale Verfaßtheit selbst, aus der sie resultieren.

Die nächste abgeschlossene Klasse von Verknüpfungsformen, die durch die drei Vertauschungsoperationen aufeinander abgebildet werden, enthält neben der Unverträglichkeitsbehauptung (f,w,w,w) und der Adjunktion (w,w,w,f) auch die notwendige und hinreichende Bedingung (w,w,f,w bzw. w,f,w,w). Bröcker hätte also diese Formen in seine Reduktion mit einschließen müssen, da sie insgesamt auf ein und demselben Modus der Verknüpfung beruhen. Dies hat aber zur Folge, daß eine getrennte Zuordnung der notwendigen Bedingung zum kategorischen Urteil und der hinreichenden Bedingung zum hypothetischen Urteil nicht mehr möglich ist. Die Anwendung auf negierte Teilsätze hat die Identität der oben genannten Formen bewiesen. Dies ist auch nicht weiter verwunderlich, wenn man z. B. die Relationen A ⇒ B (hinreichende Bedingung) und A ⇐ B (notwendige Bedingung) betrachtet. Sollen hier wirklich zwei wesentlich voneinander verschiedene Verknüpfungsmuster vorliegen? Schon die gebräuchliche Notation legt die Vermutung nahe, daß es sich um einen bloß positionalen Unterschied handelt. Und in der Tat zeigen unsere Überlegungen, daß sich der Zusammenhang der hinreichenden Bedingung (w,f,w,w) in denjenigen der notwendigen Bedingung (w,w,f,w) überführen läßt, wenn man letztere auf negierte Teilsätze anwendet (1,2,3,4 → 4,3,2,1): A ⇒ B = ¬A ⇐ ¬B. Dieser Zusammenhang kommt uns vom modus tollens her bekannt vor, und es sind

---

[10] sc. bei der Besprechung der sechzehn möglichen Verknüpfungsformen.

auch gerade diese grundlegenden Schlußgehalte, die durch unsere Vertauschungen hervorgehoben werden. Die Konvertierbarkeit von Unverträglichkeitsbehauptung und Adjunktion hat Bröcker bereits plausibel gemacht. Sie beruhte ebenfalls auf der Negation beider Teilsätze (1,2,3,4 → 4,3,2,1). Die beiden anderen Operationen (Negation von A bzw. von B) ermöglichen es schließlich, auch die übrigen Identifikationen darzustellen. So besteht auch zwischen Adjunktion und notwendiger bzw. hinreichender Bedingung kein Unterschied, der zu zwei verschiedenen Schlußarten führen würde. Im Gegenteil: Die Beziehungen der Teilsätze in einer Adjunktion, sind mit denen in der notwendigen bzw. hinreichenden Bedingung vollkommen identisch. So könnte die Major eines hypothetischen Vernunftschlusses statt $A \Rightarrow B$ z. B. auch $\neg A \lor B$ lauten, ohne daß sich die mindeste Differenz ergäbe. Wir haben somit vier der echten Verknüpfungsformen auf einen einzigen Relationsgehalt reduzieren können. Wie wir diese Urform bezeichnen wollen, soll im Zusammenhang mit den anderen Ergebnissen dieser Reduktion erörtert werden.

Den abschließenden und interessantesten Teil dieser Untersuchung bilden die sechs Verknüpfungsformen, deren zugehörige Folgen je zweimal den Wert w und zweimal f aufweisen. Wie bei allen bisherigen Gruppen (die ebenfalls eine identische numerische Verteilung der Wahrheitswerte aufwiesen) könnte man auch hier vermuten, daß die Vertauschungen all diese Formen ineinander überführen. Tatsächlich aber zerfällen sie diese Gruppe in drei Klassen, deren eine aus den beiden echten Verknüpfungsformen besteht. So erweisen sich Äquivalenz (w,f,f,w) und Disjunktion (f,w,w,f) als identische Formen, indem man entweder den ersten oder den zweiten Teilsatz verneint (1,2,3,4 → 3,4,1,2 bzw. 2,1,4,3). Wendet man schließlich die Vertauschung an, welche der Negation beider Teilsätze (1,2,3,4 → 4,3,2,1) entspricht, so werden diese Verknüpfungen auf sich selbst abgebildet. Keine unserer Vertauschungsoperationen ist also in der Lage, eine Verbindung zu einem Element aus einer der anderen Klassen (unechte Verknüpfungsformen mit je zwei w- und f-Werten: w,w,f,f, f,f,w,w, w,f,w,f, f,w,f,w) zu erstellen. Ein ähnliches Bild ergibt sich, wenn wir die Form w,w,f,f betrachten. Es ist diejenige Verknüpfung, die genau dann wahr ist, wenn A wahr ist. Was geschieht nun, wenn wir einen der beiden oder beide Teilsätze negieren? Die Anwendung auf negierte Teilsätze führt zur Form f,f,w,w. Diese Form ist genau dann wahr, wenn A falsch ist. Sie hängt also ebenfalls nur vom Wahrheitswert des ersten

Teilsatzes ab. Es ist klar, daß die Anwendung auf negierte Teilsätze (also insbesondere auf ¬A) zu diesem Ergebnis führen mußte. Die Negation bewirkte bloß, daß die für diese Verknüpfung entscheidenden Stellen, an denen A wahr ist, ihre Position veränderten. Der charakteristische Zusammenhang, daß nur der Wahrheitswert des ersten Satzes beachtet wird, blieb davon jedoch unberührt. Aus demselben Grund liefert auch die Negation bloß des ersten Teilsatzes (also die von A) dieses Ergebnis (w,w,f,f → f,f,w,w). Schließlich bildet die Vertauschung, welche aus der Negation des zweiten Teilsatzes resultiert (1,2,3,4 → 2,1,4,3), die Form w,w,f,f auf sich selber ab. Es spielt für diese Verknüpfung ja auch keine Rolle, ob sie auf B oder ¬B angewandt wird. Ein völlig analoges Bild erhält man für die Form w,f,w,f, welche allein vom Wahrheitswert des zweiten Teilsatzes abhängt. Diejenigen Vertauschungsoperationen, von denen B betroffen wird, überführen w,f,w,f in die Komplementärform f,w,f,w. Diejenige, welche bloß aus der Negation von A resultiert, bildet w,f,w,f auf sich selber ab.

Um die Schärfe des Vertauschungskriteriums noch einmal vor Augen zu führen, folgt eine tabellarische Übersicht der einzelnen Klassen. Aufeinander abgebildet (identifiziert) werden folgende Verknüpfungsformen:

1. w,w,w,w
Unabhängig von beiden Teilsätzen wahr.
2. f,f,f,f
Unabhängig von beiden Teilsätzen falsch.
3. w,f,f,f   f,w,f,f   f,f,w,f   f,f,f,w
Die Behauptung eines bestimmten Falls.
4. w,w,w,f   w,w,f,w   w,f,w,w   f,w,w,w
Schlußfolgerungen bedingt möglich.
5. w,f,f,w   f,w,w,f
Schlußfolgerungen unbedingt möglich.
6. w,w,f,f   f,f,w,w
Abhängig vom ersten Teilsatz.
7. w,f,w,f   f,w,f,w
Abhängig vom zweiten Teilsatz.

Eine genauere Differenzierung als die so geleistete ist gar nicht mehr möglich: Nicht, daß bloß die echten von den unechten Formen getrennt worden wären; selbst die unechten Verknüpfungen wurden noch einmal in ihrer jeweiligen Besonderheit dargestellt. Diejenigen, welche nur von einem der beiden Teilsätze abhängen, wurden sogar noch einmal aufgespalten, je nachdem, ob nun der erste oder der zweite Teilsatz maßgeblich ist. Sollte ein Reduktionskriterium, welches selbst diese Differenz beachtet, bei der Behandlung echter Verknüpfungsformen weniger effizient sein? Wir haben, wie oben bereits dargelegt wurde, allen Grund anzunehmen, daß die hierbei vorgenommenen Identifikationen korrekt sind.

Für die Gruppe der unechten Verknüpfungsformen birgt dies auch weiter kein Problem, da z. B. der identische Charakter der vier Konjunktionsformen auch schon früher vermutet wurde. Wie aber soll man sich beispielsweise die gemeinsame Wurzel des "oder" (= vel) und des "wenn" vorstellen. Vom sprachlichen Gebrauch her wird man hier verschiedene Operationen unterstellen wollen. Auch erscheint eine Beziehung zum exklusiven "oder" (= aut) bzw. zum "wenn und nur wenn" näherliegend. Diese ist durch unsere Tafel jedoch gerade verneint worden. Was also ist die Gemeinsamkeit, auf der obige Einteilung beruht? Wir müssen sie gemäß der Eigenart des Kriteriums, durch welches wir zu dieser Zuordnung gelangten, in der spezifischen Beschaffenheit des Verknüpfungszusammenhangs der einzelnen Formen suchen, wobei von deren positionaler Verfaßtheit zu abstrahieren ist. Letzteres geschieht in der Sprache offensichtlich nicht. Es macht dort einen Unterschied, ob beispielsweise der vierte Fall ($\neg A \land \neg B$) ausgeschlossen wird ("oder" (= vel)) oder aber der zweite ($A \land \neg B$) ("wenn"). Handelt es sich deshalb schon um verschiedene Momente des Denkens? Beide Formen konstituieren eine Abhängigkeit der Teilsätze voneinander (deshalb sind es echte Verknüpfungen), jedoch nicht so, daß, wie auch immer es sich mit der Wahrheit des einen Satzes verhalten möge, d. i. ob dieser gesetzt werde oder nicht, die Geltungsbestimmung des anderen sich daraus ergibt. Vielmehr führt nur jeweils eine der beiden Möglichkeiten (Setzung oder Aufhebung) des einen Teilsatzes zur Erkenntnis des Wahrheitswertes des jeweils anderen. So kann ich bei der "oder"-Verbindung (= vel) nur dann zum sicheren Schluß auf B gelangen, wenn $\neg A$ vorausgesetzt wird und umgekehrt. Ist aber A bzw. B gesetzt, so ist es nicht möglich, die Gültigkeit des anderen Teilsatzes zu ermitteln. Auch die "wenn"-Verbindung erlaubt mir nur für den Fall von A einen Schluß auf die Wahrheit von B. Wird jedoch $\neg A$ erkannt, so ist es nicht mehr möglich, irgendetwas über die Geltung von B auszusagen. Schließlich folgt auch hier mit dem modus tollens, daß nur wenn B aufgehoben ist, auf ¬A geschlossen werden kann. Dagegen ist die Setzung von B hinsichtlich der Geltung von A nicht aufschlußreich.

Nur unter einer bestimmten Voraussetzung tritt die jeweilige Behauptung also in Kraft. Die beiden Teilsätze sind hier zwar in ein gegenseitiges Bedingungsverhältnis gestellt, aber nicht so, daß ihre Geltungsdifferenz *allein* konstitutiv für den Wahrheitswert des jeweils anderen Satzes ist. In der Hälfte der Fälle muß der Grund für die Wahrheit oder Falschheit dieses Teilsatzes außerhalb des durch diese Verknüpfung zum Ausdruck gebrachten Zusammenhangs gesucht werden. Hier liegt der Gegensatz zur Gruppe der Disjunktion und Äquivalenz. In diesen Formen hat die gegenseitige Bedingung ihre Vollendung erreicht: Der Wahrheitswert des einen Teilsatzes kann in allen Fällen aus demjenigen des anderen erschlossen werden. In dieser Relation sind die Bestimmungsgründe vollständig versammelt. Es können keine externen Faktoren mehr zu dem in dieser Form fixierten Sachverhalt hinzutreten. Die "ganze Sphäre der Erkenntnis"[11] ist damit ausgeschöpft.

Wir haben somit zwei Funktionsarten gefunden, mit denen Elementarurteile vom Typ S ist P in einen erkenntnisrelevanten Zusammenhang gestellt werden können: Zum einen kann die Relation *in einer bestimmten Hinsicht*, zum anderen *schlechthin* bedeutsam sein. Die erste Funktionsart nennt jeweils einen ausgewählten Aspekt, der den Erkenntniszusammenhang konstituiert ("Grund" des hypothetischen Urteils), während die zweite alle möglichen Fälle einer Erkenntnis einschließen muß ("Glieder der Einteilung" im disjunktiven Urteil).

Die konsequente Durchführung des Bröckerschen Ansatzes liefert also ein Ergebnis, welches mit den Relationsmomenten Kants kompatibel ist. Abschließend sei noch bemerkt, daß sich eine weitere Reduktion nun nicht mehr vornehmen läßt. Das Bröckersche Kriterium schied die echten von den unechten Verknüpfungsformen. Mit Hilfe einer konsequenten Anwendung des schon von Bröcker verwandten Vertauschungskriteriums konnten die sechs echten Formen auf zwei Grundstrukturen reduziert werden, die auch bei Kant auftreten (hypothetische und disjunktive Urteilsform). Zuerst wurde also danach gefragt, ob die beiden Teilsätze überhaupt in einer Beziehung zueinander stehen und anschließend wurde

---

[11] vgl. A 74 / B 99

diese auf ihre Beschaffenheit hin untersucht. Weiter läßt sich die Analyse jedoch nicht treiben (wie übrigens auch die letzte Tabelle vermuten läßt), denn die Position der Wahrheitswerte, d. i. die Abfolge der vier möglichen Fälle ist das einzige willkürliche Moment des Konstrukts einer geltungsdifferenten Verknüpfung zweier geltungsdifferenter Subjekte. Alle weiteren Überlegungen greifen in die konstitutiven Voraussetzungen der Aufstellung ein und werden somit zirkulär: So spricht Bröcker davon, daß die Adjunktion als Disjunktion mehrerer Teilsätze aufgefaßt werden kann. Aber jede der sechzehn Verknüpfungsformen ist per definitionem schon als Disjunktion darstellbar, da sie alle durch ihre zugehörige Viererfolge, sprich: eine vollständige Disjunktion (entweder A und B - oder A und nicht B - oder nicht A und B - oder nicht A und nicht B), bestimmt werden. Hier zeigt sich eine fundamentale Eigenschaft der Urteilsformen, auf die Kant hingewiesen hat: Sie lassen sich nicht definieren, da sie zu einer Definition immer schon vorausgesetzt werden. Auch das Konstrukt der Wahrheitstafel wird in diesen logischen Funktionen zuerst generiert. So läßt sich der Sachverhalt der *vollständigen* Ausschöpfung aller kombinatorischen Möglichkeiten gar nicht anders als in der *Disjunktion* der vier Fälle denken. Sich nun aber dieser Konstituentien zu bedienen, um sich über die Eigenschaften des Konstituierten klar zu werden ist nichts weniger als eine petitio principii. Diese Einsicht läßt alle weiteren Bemühungen hinfällig werden.

*

Abschließend stellen wir dem verknüpfungslogischen Aufweis der Urteilsfunktionen die bestimmungslogische Argumentation[12] gegenüber. So unterschiedlich auch der Ansatz dieser beiden Lösungsversuche zur Vollständigkeitsproblematik sein mag, zeichnen sie sich doch durch ein hohes Maß an Vereinbarkeit aus. Beiden Vorschlägen ist gemein, die Grundfunktion des Denkens in der kategorischen Form zu lokalisieren. Die verknüpfungslogische Argumentation muß dies tun, um überhaupt eine Materie zur Verfügung zu haben, die alsdann in ein Verhältnis gesetzt werden kann, dessen mögliche Arten es zu untersuchen gilt. Der bestimmungslogische Ansatz benötigt das kategorische Urteil, da in ihr das Bestimmungsdenken zuerst seine Form (die des Bedingungsverhältnisses) erhält. Die kategorische Urteilsfunktion ist in der Tat beides:

---

[12] vgl. den voranstehenden Beitrag von Peter Baumanns

Bedingung von Vorstellungsbestimmung überhaupt (im Sinne einer Zuspruchsgesetzlichkeit) und Objekt aller gedanklichen Verknüpfung.

Daß das Bedingungsdenken im hypothetischen Urteil explizit wird, bedeutet aus verknüpfungslogischer Perspektive, daß hier im Gegensatz zum kategorischen Urteil zuerst eine Verbindung sichtbar wird. Es existiert aber noch keine Zuweisungsregel, die das Bedingungsverhältnis eindeutig macht. Auch dieser Gedanke besitzt ein verknüpfungslogisches Äquivalent in der Tatsache des Wechselspiels zwischen hinreichender und notwendiger Bedingung: "Wenn es regnet, wird die Straße naß"; der Regen ist eine hinreichende Bedingung für Straßennässe, die Straßennässe in *demselben* Urteil eine notwendige Bedingung für den Regen, denn nur wenn die Straße naß wird, kann es sein, daß es regnet. Hier bestätigt sich die Entscheidung, die Verknüpfungsformen der hinreichenden (A ⇒ B) und notwendigen Bedingung (A ⇐ B) miteinander zu identifizieren, da sie einen bloß positionalen Unterschied betreffen. Zum anderen erkennt man die Notwendigkeit einer weiteren Denkfunktion, durch die das Bedingungsdenken bestimmt wird.

Die Disjunktion wurde in bestimmungslogischer Hinsicht als die Denkfunktion der Vollständigkeit begriffen. Ein Blick auf unsere verknüpfungslogische Tafel weist sie als diejenige Funktion aus, die *alle denkbaren Fälle* einem *eindeutigen* Ergebnis zuführt (während uns die hypothetische Funktion in einigen Fällen im Stich ließ). Sie läßt sich als *totale Zuweisungsregel* für die Wahrheitswerte ihrer Teilsätze begreifen.

In umgekehrter Richtung wurden die anderen Momente im disjunktiven Urteil lokalisiert. Auch dafür läßt sich eine verknüpfungslogische Entsprechung finden. Die hypothetische Funktion weist sich nicht nur durch die Reduktion "wenn dem Subjekt nicht A zukommt, dann B" als im disjunktiven Urteil enthalten aus. Auch die in dieser Arbeit vorgenommene Identifikation der Disjunktion mit der Äquivalenz[13] ("wenn und nur wenn") mag diesen Sachverhalt verdeutlichen, denn in letzterer liegt die Form des hypothetischen Urteils offen am Tage.

Beide Sichtweisen führen zum Ausschluß des kopulativen Urteils. Diese Form bestimmt gar kein Verhältnis, sondern reiht nur aneinander, was je für sich schon bestimmt sein muß. Verknüpfungslogisch kommt

---

[13] So ordnet auch Kant der disjunktiven Urteilsform die Kategorie der "Wechselwirkung" (d. i. A verursacht B und umgekehrt, mithin der Gedanke der Äquivalenz) zu (vgl. z. B. A 80 / B 106, oder auch die dritte Analogie der Erfahrung, B 257).

dies dadurch zum Ausdruck, daß diese Funktion die bei allen Funktionen schon immer zugrundeliegende Setzung der - kategorischen - Teilsätze bloß wiederholt, ohne ihnen eine neue Dimension hinzuzufügen (indem sie diese nunmehr *in Beziehung auf andere* setzte).

Die Vollständigkeit der Urteilstafel können beide Argumentationen beweisen, wenn auch so, daß die verknüpfungslogische Analyse notwendig am äußeren Phänomen (der Peripherie der Apperzeptionsstruktur) verhaftet bleibt und die innere Evidenz des Leitfadens erst unter Berücksichtigung der transzendentallogischen Komponente des Kantischen Gedankens erhellt.

Hans Wagner, Bonn

Kants ergänzende Überlegungen
zur Möglichkeit von Freiheit im Rahmen der Auflösung der dritten Antinomie (Kr.d.r.V., AA III 366-377)

Die dritte Antinomie erhält zunächst wie jede andere die angekündigte Auflösung, und dies auch dem erwartbaren Umfang nach (362.25-366.4); dann aber schließen sich mit Ausführlichkeit ergänzende Überlegungen an (366.5-377.31).

Jede der vier Antinomien wäre, wenn sie jeweils das letzte Wort darstellte, ein unerträglicher Skandal für unsere Vernunft; sie alle beruhen auf der gemeinsamen Voraussetzung, daß unsere Welt mit allen ihren Verhältnissen wie ein Ding *an sich selbst* bestehe; eben dieser Skandal der Antinomien fällt aber weg und fällt nur dann weg, wenn jene gemeinsame Voraussetzung durch ihr Gegenteil ersetzt wird: daß unsere Welt mit allen ihren Verhältnissen für uns den Charakter *bloßer Erscheinung* hat. Geht man zu dieser letzten Voraussetzung - vom Dogmatismus eines transzendentalen Realismus zum kritischen transzendentalen *Idealismus* - über, so ist es sofort möglich, jenen Skandal zu beseitigen, d.h. jede der vier Antinomien einer *kritischen Auflösung* zuzuführen und so die skandalträchtige dogmatische Metaphysik durch die Möglichkeit einer *kritischen Metaphysik* zu ersetzen. - Die kritische Auflösung gibt also zwar einerseits allen acht in den vier Antinomien zum Ausdruck kommenden Metaphysiksätzen in gleicher Weise definitiven Abschied, bringt aber andrerseits für die ersten beiden (die "mathematischen") Antinomien einen andersartigen kritischen Ersatz als für die letzten beiden (die "dynamischen"). Der die Auflösungen ermöglichende transzendentale Idealismus führt für die ersten zwei Antinomien in gleicher Weise jeweils zur Negation sowohl ihrer Thesis wie ihrer Antithesis (beide möchten für unsere Welt gelten, scheitern aber eben infolge ihres Dogmatismus, diese Welt statt als bloße Erscheinung vielmehr als an sich bestehend zu nehmen, so daß sie beide weder so noch so zutreffend sein können); der die Vernunft erlösende transzendentale Idealismus führt aber andrerseits für die beiden "dynamischen" Antinomien in der Form zur Auflösung, daß bezüglich unserer Welt, wenn sie eben bloß Erscheinung ist, neben dem, was jeweils in dem einen Kosmologiesatz als Wahrheit vertreten wird, doch *auch* das zutreffen kann, wofür jeweils der *entgegengesetzte* Satz steht. Für die dritte Antinomie (mit welcher allein wir es hier zu tun haben) besagt dies nun folgendes: einerseits gilt, daß alles Geschehen in der Welt durchwegs *naturgesetzlicher* Kausalität folgt (so die Antithesis: 309.3-5), andrerseits kann aber (sogewiß der transzendentale Idealismus zurecht besteht) doch gleichzeitig auch dies gelten, daß für gewisse Erscheinungen unserer Welt die Erklärung eine Kausalität *durch Freiheit* fordert (so die Thesis: 308.3-7).

Begründbare Vereinbarkeit nun einer in unserer Welt möglichen *Freiheitskausalität* mit der in unserer Welt durchgängigen *Naturkausalität* stellt das riesige Problem dar, mit dem (als dem Resultat aus der Auflösung der dritten Antinomie) Kant fortab zu ringen hat. Und mehr als alles andere ist es das Problem einer uns in unserem *Wollen und Handeln* möglichen Freiheit (Freiheitskausalität), was Kant so sehr und lange umtreibt.

*

Es ist beeindruckend, zu sehen, wie Kant sich über lange Zeit hinweg immer nocheinmal um eine ihn voll befriedigende Begründung für seine Überzeugung von unserer Freiheit im Wollen und Handeln bemüht. Er bleibt sich einer fast unüberwindbaren Schwierigkeit bewußt, für unser Wollen und Handeln Freiheit als objektive Realität zu beweisen, wenn doch das gesamte Geschehen in unserer empirischen Welt von Naturkausalität und ihrer (jeweiligen) Gesetzlichkeit unverbrüchlich bestimmt ist, - und Kant ist von letzterem überzeugt.

Unter den neueren Naturphilosophen, Ethikern und Theologen haben wohl einige diese angestrengte Bemühung Kants als überflüssig beiseite geschoben, da sie meinten, der von Kant vertretene Weltkausalismus sei übertrieben und irrig, von neuerer Wissenschaft widerlegt und überwunden: Weltprozesse, meinten sie, ließen schließlich doch manchen wissenschaftlich erwiesenen Spielraum für unsere Freiheit. Sie zogen da die eine und andere naturwissenschaftliche Einsicht bei, wie etwa die in der Theoretischen Physik entdeckte Unschärfe- oder Unbestimmtheitsrelation (in Meßwerten physikalischer Prozesse) oder auch das (für die biologische Evolution grundlegende) Faktum des konstitutiven Zusammenspiels von "Notwendigkeit und Zufall"; neuerdings scheinen sich einige auch über das zu freuen, was sich gegen den Weltkausalismus aus der sich gerade erst ausbildenden (halbmathematischen) Chaostheorie einmal ergeben könnte.

Mag sich manch ein Freiheitsgläubiger *solcher* Art dann etwa glücklich fühlen, daß die in ihm hausende Unbestimmtheit ausreiche, um ihm die Freiheit zu lassen, auch fromm und gut zu sein, man kann ihm seinen Glauben zugestehen, doch muß man ihm das eine sagen, daß *Kant* unter dem Titel Naturkausalität (naturgesetzliche Kausalität) erstens nicht genau das und zweitens nicht allein das gemeint hat, was wir Heutige wohl in der Regel unter diesem Titel denken: das Spezielle einer in jedem Fall exakt meßbaren und so auch voraussagbaren Kausalwirkung. Daß wir Naturkausalität mittlerweile nur so und nicht anders mehr zu denken gewohnt sind, das war es ja, was manche von uns angesichts jener entdeckten Unschärferelation eine Zeit lang so aufgeregt und verwirrt hat reagieren lassen. Dabei aber ist es doch erst seit etwa anderthalb Jahrhunderten zu solch präzisierter und auch eingeengter Fassung dieses Grundbegriffs von naturgesetzlicher Kausalität gekommen; aber da hat man denn doch auch alle statistische *Gesetzlichkeit* wie auch das *Gesetz* der (evolutionären) Zufälligkeit, als zeugten auf ihre Weise nicht auch sie von einem *gesetzlichen* Sonderspiel beteiligter Kausalfaktoren. So wichtig sind wir Menschen in dieser Welt offenbar nicht, daß dafür gesorgt wäre, daß restlos alles so, wie wir es gerne hätten, für uns auch stets scharf bestimmbar und genau prognostizierbar wäre.

Gewiß nun hat Kant, wenn er von Naturgesetzlichkeit und von Naturkausalität sprach, davon ganz ähnlich so wie seine naturwissenschaftlich aufgeklärten Zeitgenossen gesprochen: Unverbrüchlichkeit, Durchgängigkeit gehörte allemal dazu. Aber dabei darf man dies eine nicht übersehen: Unter diesen beiden Titeln setzte er neben ihre Geltung für ihre materielle Naturwelt ausdrücklich *gleiche* Geltung auch für unsere eigene *seelische* Welt an; ganz analog zu den materiellen Faktoren (Ursachen), welche nach ihren besonderen Naturgesetzen die materiellen Naturprozesse beherrschen, beherrschen nach Kant *seelische* Faktoren (seelische Ursachen) nun *ihren* spezifischen Naturgesetzen zufolge die in uns spielenden seelischen Prozesse. Das war ihm ein Punkt von ausschlaggebender Bedeutung: nämlich für die Frage nach der Möglichkeit von *Moralität* wie für die nach der Möglichkeit von *Freiheit* (unseres Wollens und Handelns).

Für jenen Bereich unseres seelischen Lebens, der es unmittelbar mit unserem Wollen und Verhalten zu tun hat, ist die *entscheidende* Naturkausalität diejenige unserer Vorstellungen von unseren Lebensbelangen und Lebensbedürfnissen und dann unserer eben darauf gehenden "Antriebe und Neigungen"; das sind reale Ursachen, sie wirken strikt und unverbrüchlich, wie es allen Naturursachen eigen ist; sie wirken ein auf unsere Fähigkeit zu Wollen und Handeln und sind so *Ursachen* für unsere Akte des Wollens und des Tuns und Lassens.

Darum lauten die moralphilosophischen (ethischen) Grundfragen schlicht und einfach so: Darf man mich für mein Wollen, Tun und Lassen moralisch *verantwortlich* machen? Weiß ich mich *zurecht* dafür vor dem Moralgesetz (vor meinem moralischen Gewissen) verantwortlich? Bin ich also in meinem Wollen und Verhalten *frei* genug, um mir unabhängig von und entgegen den in mir als einem Naturwesen wirksamen Antrieben, Bedürfnissen, Neigungen *unbedingt gültige moralische* Zwecke und Aufgaben setzen und mein tatsächliches Wollen, Tun und Lassen nach *diesen* bestimmen zu können.

Philosophie*systematisch* wird man anmerken müssen, daß die Bedeutung dessen, was Kant in seinen langen, bohrenden Analysen da erarbeitet hat, *nicht* davon abhängig ist, ob Kants strikter Naturkausalismus durchunddurch den Tatsachen entspricht. *Systematisch* wird man vielmehr sagen: *Umso besser* für Kants Freiheitsapologie, wenn sie sich auch gegen einen solchen strikten Naturkausalismus zu behaupten vermag.

*

Im Studium der Texte zur dritten Antinomie und deren Auflösung (308 -313; 362-377) erkennt man schnell, daß es Kant viel mehr noch als um die Möglichkeit einer gegen alle Naturkausalität stehenden *kosmologischen* Spontan- oder Freiheitskausalität um die Möglichkeit *moralischer* Freiheit für unser menschliches Handeln geht. So marschiert er denn schon in seiner Anmerkung zur Thesis (310.9ff.) geradewegs und locker auf das Problem der Möglichkeit *solcher* Freiheit für uns zu: weil ja nach der Thesis schon die (kosmologische) Möglichkeit einer den Weltprozeß eröffnenden *Spontankausalität* bewiesen sei, sei es "uns auch erlaubt, mitten [!] im Laufe der Welt verschiedene Reihen der Kausalität nach von selbst anfangen zu lassen und den Substanzen derselben ein Vermögen beizulegen, aus Freiheit zu handeln" (312.2-4). Um unsere *Handlungsfreiheit* ist es Kant mehr als um alles andere zu tun und um diese wiederum, insofern in ihr unsere *moralische Freiheit* auf dem Spiele steht; auch dies ist aus den Texten evident, und wenn Kant hier, in der Kosmologie, auf die Begründbarkeit möglicher kosmologischer Spontankausalität so ausführlich eingeht, so tut er dies, um die kosmologische *Möglichkeit* einer *moralischen* Spontankausalität, d.h. der *moralischen* Freiheit, nachzuweisen. Er sagt dies auch einmal unmittelbar mit seiner Bemerkung, daß sich die *praktische* Freiheit auf die Idee der *kosmologischen* gründe und daß man mit den Schwierigkeiten, welche in der kosmologischen Freiheit liegen, fertig werden müsse, wenn die Möglichkeit der praktischen Freiheit erweisbar sein soll (vgl. 363.25-28).- Im näheren kann keinerlei Zweifel darüber bestehen, daß es tatsächlich die *moralische* Freiheit ist, die er da im Auge hat, wenn er diese auch zunächst nur "Freiheit im praktischen Verstande" nennt; denn sogleich definiert er diese, wie aus seinen Ethikschriften wohlbekannt, als "die Unabhängigkeit des Willens von der *Nötigung* durch Antriebe der Sinnlichkeit" (363.28-30) und als Vermögen des Menschen, sich in solcher Unabhängigkeit "von selbst zu bestimmen" (364.2-3).

*

Auf *dieser* Basis und aus *solchem* Interesse geschieht es, daß er denn auch dem Freiheitsproblem die langen Ausführungen widmet: 366.5 - 368.13 und, nochmals, 368.14 - 377.31. Er ist entschlossen, die Aufklärung darüber zu erreichen, wie mit dem durchgängigen Weltgesetz der *Naturnotwendigkeit* eine Kausalität aus *Freiheit* zusammenbestehen kann.

Als ersten Überlegungsschritt unternimmt Kant die fürs weitere grundlegende Unterscheidung zwischen zwei Seiten unserer Handlungskausalität: *intelligible* Kausalität für unsere Handlung als solche, als Leistung unser selbst als Noumena, und *sensible* (in der Welt wahrnehmbare) Kausalität für das, was von unserer Handlung in dieser Welt an Geschehen und Folgen derselben bewirkt wird. Wir denken uns demnach auch eine Kausalität zu, die *nicht* Erscheinung ist, deren *Auswirkung* aber doch in Erscheinungsform in unserer Welt feststellbar ist.- Wenn wir nun daran denken, daß es kein Handeln ohne *Gesetzmäßigkeit* gibt und geben kann, dann werden wir einen Schritt weitergehen und als Grund unserer Handlungen einen *doppelten* uns eigenen "*Charakter*" ansetzen, dessen beide Momente je eine *Gesetzmäßigkeit* für unser Handeln (d.i. für die Ausübung der einen wie auch der anderen Kausalität) enthalten: unser "empirischer Charakter" prägt nach Gesetzesart unsere Handlungen in ihrem naturgesetzlichen Status; unser "intelligibler Charakter" ist "zwar die Ursache jener Handlungen", die wir in unserer Erfahrungswelt als auftretende Erscheinungen feststellen, selber jedoch nicht etwa auch Erscheinung, die irgendwelchen Bedingungen unserer sinnlichen Erfahrung unterworfen wäre (vgl. 367.1-3); vielmehr steht dem zufolge die Kausalität dieses intelligiblen Charakters *neben und außerhalb* der gesamten Bedingungsreihe, welche es *empirisch notwendig* macht, daß diese oder jene unserer Handlungen geschieht; so bleibt unser intelligibler Charakter denn auch, wie alle Dinge an sich, bei aller Erfahrung, die wir über unser Handeln gewinnen mögen, für uns inhaltlich unbestimmbar und unerkannt.

Jeder von uns wäre also nach seinem *empirischen* Charakter als Erscheinung der allgemeinen Kausalgesetzlichkeit unterworfen, in seinem Handeln also sowohl durch die Kausalwirkung der ihn umgebenden äußeren Weltumstände wie auch durch die Kausalität seines empirischen Charakters bestimmt (durch ein Zusammenspiel dieser beiden Kausalitäten). Gleichzeitig jedoch wäre jedermann nach seinem *intelligiblen* Charakter in seinem Handeln frei, d.h. unabhängig von aller Naturnotwendigkeit, die einerseits alle Sinnenwelt durchgängig beherrscht, andrerseits aber auch ganz auf diese beschränkt ist.

Ganz im Einklang mit Kant würde ich dem Doppelverhältnis meines Handelns zufolge von mir als Handelndem sagen: a) Ich *eröffne* als das Noumenon, das ich bin, die Wirkungen, welche mein Handeln in unserer Welt hat, tatsächlich *aus mir selber*; b) anders als diese Wirkungen, die mein Handeln in das Weltgeschehen hinein eröffnet, haben indes meine Handlungen *in mir selber*, so gewiß sie in meinem intelligiblen Charakter ihren Ursprung haben, *keinen* Anfang in einer Zeit; c) was als Wirkung meiner Handlungen in dieser unserer Welt *zustande kommt*, hat seinerseits natürlich niemals einen spontanen Anfang; es ist Folge aus der Reihe dessen, was ihm an Naturursachen vorausgegangen ist.

Für das bislang von ihm Entwickelte wagt Kant dann das von ihm erstrebte Facit: In meinem Handeln findet sich jeweils *beides* zusammen: intelligible wie sensible Kausalität, Freiheit und Naturnotwendigkeit (vgl. 368.2-13).

*

In dem neuen Anlauf, der "Erläuterung", die er in 368ff. anschließt, fragt nun Kant, in einer Art *Umkehrung* der Überlegungsrichtung, die zum vorstehenden Ergebnis geführt hat, wieso es denn ausgeschlossen sein soll, daß die empirische Kausalität (als durchgehender Nexus von Erscheinung zu Erscheinung) *ihrerseits selber Wirkung*, und zwar einer *intelligiblen* Kausalität sei. Als die "causa *phaenomenon*" seiner Handlungen wäre der Mensch gewiß mit der Natur und ihrer Gesetzlichkeit "verkettet", nur wäre er als das *Subjekt* dieses Handelns, welches darin erscheint, gleichzeitig Träger gewisser *intelligibler* Bedingungen für dieses Handeln, und dies würde ihm dafür die Stellung *intelligibler* Kausalität verleihen (vgl. 370.12-18).

Nun wird Kant hinsichtlich dessen, was ihn *eigentlich* umtreibt, ganz deutlich: der Mensch weiß sich sowohl als Phaenomenon in der Welt wie aber auch - dank der ihm eigenen *Vernunft* - als Noumenon. Als letzteres weiß er sich, sogewiß er von eigenartigen *Imperativen* und einem eigenartigen *Sollen* weiß; jene nun und dieses letztere gehören ganz und gar *nicht* zur Natur (und zu dessen Art von Notwendigem); da ist im Menschen vielmehr seine Vernunft am Werk; sie urteilt und bestimmt über die Handlungen und erklärt aufschlußreicherweise Handlungen für *notwendig*, die sich doch hinsichtlich der Zusammenhänge im Weltgeschehen evidentermaßen so wenig als notwendig erweisen, daß sie gerade *nicht* geschehen, *nicht* geschehen sind und gar auch *nicht* geschehen werden; als notwendig demnach in ganz anderer Hinsicht: im Fall nämlich einer tatsächlich zur Wirkung kommenden Kausalität eben der *Vernunft* auf das konkrete menschliche Wollen und Handeln; solche im Weltlauf zur Wirkung gelangte *Vernunftkausalität* nehmen wir als Tatsache immer dann an, wenn faktische und in unserer Welt feststellbare Handlungen durch einen Menschen geschehen (oder geschehen sind), für die wir als im Ausschlag *bestimmend* "Gründe der Vernunft" (d.h. Gründe aus reiner praktischer Vernunft) annehmen müssen, sogewiß empirische Ursachen dafür keine Erklärung bieten (vgl. 373.15/6).

Eines jeden Menschen Willkür steht sicherlich unter der Gesetzlichkeit seines (jeweiligen) empirischen Charakters, so daß alle seine Handlungen in ihrer Erscheinung zweifach bestimmt sind: einmal eben durch diesen (jeweiligen) individuellen empirischen Charakter, der eine *Regel* für sein Willkürhandeln darstellt, dann auch nach der Naturordnung durch die mitwirkenden äußeren und inneren Geschehensursachen; weder diese letzteren Ursachen noch der Anteil des empirischen Charakters gibt dem menschlichen Handeln Freiheit.- Wenn es nun aber geschieht, daß Gründe der *Vernunft* (Vernunftideen) Kausalität für unsere in der Erscheinung geschehenden Handlungen gewinnen, dann erweist es sich, daß der empirische Charakter des Menschen durch seinen *intelligiblen* Charakter *bestimmbar* ist; dieser intelligible Charakter hat für die menschliche Handlung die spezielle Bedeutung, daß er der (unzeitliche und unsinnliche) *Grund* dafür ist, daß überhaupt jene *sinnliche Bedin-*

gung auftreten kann, mit welcher dann die empirische Wirkungsreihe ihren *Anfang* nimmt und in Gang kommt. Diese auslösende Bedingung ist einerseits also selber sinnlicher Art, ist aber andrerseits, wie gesagt, doch *intelligibel* bedingt, demnach *"empirisch unbedingt"*, d.h. empirischen (sinnlichen) Bedingungen *nicht* unterworfen, solchen gegenüber also *frei*.

Es stellt sich demnach das komplizierte Verhältnis in der Analyse Kants nunmehr so dar: a) Alle unsere in der Erscheinungswelt geschehenden Willkürhandlungen sind von unserem (jeweiligen) *empirischen* Charakter (vor ihrem Geschehen bereits) vorherbestimmt; b) sie sind gleichzeitig *auch* "die unmittelbaren Wirkungen des *intelligiblen* Charakters der reinen Vernunft, welche mithin *frei* handelt" (374.36f.); c) während in dieser Vernunft selbst *nichts* anfängt, ist sie dank ihrer Freiheit dazu fähig, *von selbst* eine Begebenheitsreihe in unserer Welt anzufangen (zu eröffnen); was da dann anfängt (beginnt), sind ihre, der Vernunft, *Wirkungen* in dieser Erscheinungsreihe; d) dieses Anfangen (Beginnen) der Wirkungen ist natürlich kein schlechthin erstes Anfangen (Beginnen); e) so fängt denn auch *keine unserer* in der Erscheinung geschehenden Handlungen *schlechthin* von selbst an (vgl. 374.22-24).

Wie sehr Kant immerzu das Problem der Möglichkeit von Moralität im Auge behält, bestätigt sich auch in der Tatsache, daß er zwecks Erläuterung der komplizierten *kosmologischen* Sachlage die Analyse einer moralisch differenten Handlung - nämlich eines bösartigen Lügens - wählt (375.13ff.). Da sagt er: Auch wenn wir ein solches Geschehen empirisch erklärt zu haben meinen (erklärt nach der Art, wie man überhaupt die bestimmenden Ursachen für eine Naturwirkung erforscht), werden wir dennoch den Lügner *tadeln*, weil wir sein Lügen trotz allen solchen Ursachen doch *nicht* als etwas betrachten, wozu ihn die Fülle dessen, was um ihn herum und in ihm vorausgegangen ist, hätte führen müssen, vielmehr betrachten wir, im Gegenteil, dieses Lügen des Lügners als etwas, womit dieser - umgekehrt - und zwar *von sich aus* eine Reihe von *Folgen eröffnet* hat (statt etwa dabei in der Folge vorausgegangener Faktoren deren *Opfer* geworden zu sein). Wir rekurrieren damit auf die (reine praktische) *Vernunft* dieses Lügners, welche dessen Verhalten sehr wohl *ganz anders* - nämlich so wie *gesollt* - hätte bestimmen können, und messen also das Lügen "trotz allem" doch allein entscheidend seinem *intelligiblen* Charakter (d.h. seiner doch völlig freien *Vernunft*) zu.- Nicht zu leugnen ist, daß uns diese Auskunft freilich vor die unheimliche, unbeantwortbare Frage zu bringen droht: warum hat in diesem Fall und bei diesem Menschen die Vernunft die feststellbaren Erscheinungen (das Geschehen) so (nämlich zu diesem Lügen) und vielmehr nicht anders geraten lassen?

*

Am Ende seiner komplizierten und mühseligen Überlegungen fragt sich Kant eigens noch: Was war denn das überhaupt, um dessen Klärung es hier ging? - Es war die Frage, ob in einer und derselben unserer Handlungen ein unaufhebbarer Widerstreit zwischen der in unserer Welt durchgängigen *Naturnotwendigkeit* und einer moralisch anzunehmenden *Freiheit* unseres Wollens und Handelns bestehen bleiben muß oder ob nicht doch *die beiden* voneinander unabhängig und ungestört statthaben können (377.5-12). Und Kant erklärt jetzt zum Abschluß (377.13ff.): a) Er wollte hier nicht etwa (was da auch nicht hätte gelingen können) die *Wirklichkeit* der Freiheit (als einer Ursache von Erscheinungen in der Sinnenwelt) dartun; b) er wollte nicht einmal die *ontologische Möglichkeit* von Freiheit beweisen; c) nur als *transzendentale* Idee der Vernunft hat er hier die Freiheit behandelt: in dieser Idee denkt sich die Vernunft ein *sinnlich schlechthin Unbedingtes* am Anfang jener Reihe, welche die Bedingungen in der Erscheinung enthalten soll; nun geschieht es aber, daß sich die Vernunft dabei "in eine *Antinomie* mit ihren eigenen Gesetzen" verwickelt, nämlich gerade mit denen, welche sie doch *zwecks Möglichkeit von Erfahrung überhaupt* dem empirischen Gebrauch des Verstandes *selber vorschreibt*. Dies war es, so gibt Kant zu verstehen, was so nicht stehen bleiben konnte. Man mußte also zusehen, ob die Antinomie nicht doch bloß *Schein* sei. In der Tat ließ es sich dann auch zeigen, "daß Natur der Kausalität aus Freiheit *wenigstens nicht widerstreite*" (377.28/9).

Was soll der (zur Voraussetzung moralischer Freiheit gezwungene) Ethiker zu diesem kosmologischen Ergebnis sagen? Er kann sich mit ihm wie mit einer Vorleistung fremder Hand zufriedengeben: zur vollen Befriedigung seines Belangs wird er freilich erst kommen, wenn er mit *seinen* Mitteln, darauf aufbauend, zur Gewißheit gelangt, daß die für eine Möglichkeit der Moralität des Menschen erforderliche Art von Freiheit schließlich für die reine praktische Vernunft *sicheres Faktum* ist.

*

Kants Überlegungen bezeugen eindrucksvoll die methodische Strenge, mit der er einerseits, wo es ihm systematisch notwendig erscheint, einen

Schritt in Erfahrungsjenseitiges (in die Metaphysik) tut, sich aber andrerseits sofort auch mit diesem einen Schritt begnügt: der gilt ihm als unerläßlich, als gerechtfertigt.

Ausgangspunkt ist dabei natürlich jeweils etwas, was er als gesichert betrachtet, und nun sucht er dazu die Bedingung, ohne welche dieses als gesichert Geltende nicht möglich wäre und welche dafür auch, positiv, den zulänglichen Grund abgibt. Aber über die *Feststellung* dieser Bedingung geht Kant auch nicht hinaus; in aller Strenge läßt er es dabei bewenden. Mag unsere so geweckte Neugierde noch so groß sein, die gerne wissen möchte, was da um die festgestellte Bedingung herum an weiterem Erfahrungsjenseitigem im Spiel sein möchte, - Kant läßt das Erreichte *für sich allein* stehen: als das gesicherte, aber da auch allein gesicherte metaphysische Stück.

Was nun speziell die hier skizzierten Überlegungen Kants angeht, so führen sie über den *empirischen* unser Handeln bestimmenden Bedingungskomplex (d.h. über die äußeren Naturbedingungen und den persönlichen empirischen Charakter) hinaus auf das Metaphysische des *intelligiblen* Charakters. Außer dem einen, daß dieser eine Art intelligibles Analogon zum empirischen Charakter ist, erbringen die Überlegungen keinerlei Wissen über diesen intelligiblen Charakter. - *Warum, wozu* wird er überhaupt angesetzt? Weil er die unerläßliche Bedingung dafür ist, daß unser Handeln nicht bis zuletzt ausschließlich der Notwendigkeit nach Natur und empirischem Charakter unterliegt, daß es vielmehr letztlich eben doch *freies* Handeln sein kann; freies Handeln aber *muß* uns möglich sein, damit *moralisches* Handeln (Handeln auch gegen die Natur, nach unbedingten Pflichtimperativen unserer praktischen Vernunft) uns möglich ist. Von unserer Verpflichtung zu solchem moralischen Handeln wissen wir mit absoluter Gewißheit; dieses Wissens wegen begreifen wir, daß es jenes intelligiblen Charakters in uns bedarf als der unerläßlichen, aber auch zureichenden *Bedingung* für jenes freie Können, das in unserem moralischen Handeln *Tatsache* ist.

Jedesmal sind es bloße und vereinzelt stehenbleibende *Stücke* metaphysischer Natur, deren Bejahung Kant als unausweichliche und gerechtfertigte wagt, auf deren Bejahung er sich aber auch streng beschränkt.

Denken wir da etwa an Kants metaphysisches Postulat unserer persönlichen Unsterblichkeit: sie gilt ihm als die unerläßliche Bedingung für die Möglichkeit einer in der Idee der Sittlichkeit implizierten, über unseren physischen Tod hinweg unbegrenzt weitergehenden Heiligung unseres Willens; aber nichts wissen wir weiter über diese unsere Unsterblichkeit.

Oder denken wir an Kants Überzeugung, daß es neben unserer auf empirische Zeitlichkeit beschränkten Dauer (der physischen Existenz) für uns auch eine "duratio Noumenon" gibt (VIII 327.7-11): kein Zweifel für Kant, daß sie Tatsache ist; aber keinerlei Wissen darüber ist uns zugänglich, was und wie sie ist.

Kant weiß, was *kritische Metaphysik* an methodischer Strenge verlangt.

Josef Simon, Bonn

Liebe und Natur
im System der Sittlichkeit bei Kant und Hegel

Angesichts neuer wissenschaftlicher und technischer Möglichkeiten ergibt sich ein zunehmendes Bedürfnis nach ethischer Orientierung, und damit stellt sich die Frage einer "Rehabilitierung der praktischen Philosophie". Aber wenn auch ganz offensichtlich solch ein Bedürfnis besteht, ist damit noch nicht gesagt, daß es so, wie es besteht, auch befriedigt werden kann. Einer Forderung nach Rehabilitierung liegt ein Urteil voraus, und es wäre zunächst zu überprüfen, inwieweit es berechtigt war. Die Philosophie ist seit Kant kritisch im Bezug auf ihre eigenen Möglichkeiten geworden - einer vorherrschenden Auffassung entgegen auch auf dem Gebiet der praktischen Philosophie, wie es eigentlich schon der Titel einer "Kritik" der praktischen Vernunft belegt - und sie muß es auch bleiben, wenn sie nicht hinter einen erreichten philosophischen Reflexionsstand zurückfallen soll. Sie darf sich nicht durch die Nachfrage nach einer "neuen" ethischen Orientierung aus ihrer kritischen Behutsamkeit und eigenen Gewissenhaftigkeit evozieren lassen, denn gerade dann könnte sie nicht die Erwartungen erfüllen, die an sie gestellt werden. Es besteht die Gefahr dogmatischer Lösungen, wenn die Frage nach der Möglichkeit und eventuell nach *Bedingungen der Möglichkeit* einer nicht dogmatischen, sondern vor der Vernunft eines jeden begründeten und allein deshalb auch für alle geltenden Ethik unterbleibt.

I

Dieser kritische Punkt soll zunächst bei Kant aufgezeigt werden. Kant hat einerseits betont, "alles" liefe "zuletzt aufs Praktische hinaus"[1], aber zugleich die begrenzte Reichweite praktischer *Philosophie* aufzuzeigen versucht. Der "Primat der praktischen Philosophie" entzieht sie noch nicht der Kritik. Den obersten *Grundsatz* der praktischen Philosophie Kants sieht man im allgemeinen zu Recht im "kategorischen Imperativ". Er ist die Antwort auf die Frage, wie Ethik überhaupt als möglich gedacht werden kann. Ethik formuliert sich in Sollenssätzen. Da es nicht

---

[1] Kant, Logik (ed. Jäsche), Akademie-Ausgabe (AA) IX 87

möglich ist, aus Sätzen, die noch kein Sollen beinhalten, z.B. aus des-
kriptiven Sätzen, in reiner Vernunft Sollenssätze zu begründen, müssen
ethische Überlegungen bei Sätzen ihren Ausgang nehmen, die selbst
schon Sollenssätze, aber doch noch keine (in reiner Vernunft) *begründeten* ethischen Sätze sind. Solche Sätze sieht Kant in den subjektiven
Handlungsmaximen, die Menschen sich selbst zur Richtschnur ihres
Handelns gemacht oder mit ihrer ethischen Erziehung oder auf irgendwelchen anderen Wegen übernommen haben. Sie dienen diesen Menschen zur Orientierung im Handeln und zur Ausrichtung ihrer Freiheit.
Ethische Sätze sollen aber für alle gelten, und deshalb ist zur vernünftigen Begründung einer Ethik zu fragen, welche von diesen subjektiven
Handlungsmaximen, d.h. von den Sollenssätzen, die man als Richtlinien
des *eigenen* Handelns schon hat, so beschaffen sind, daß sie "jederzeit
zugleich" auch *allgemein* oder für alle gelten könnten.

Man erhält auf diese Weise eine Auswahl von Maximen, die ethische
Sätze sein können. Von hier aus ist Ethik möglich, d.h. denkbar. Ethik
ist also insoweit möglich, als bestimmte subjektive Maximen "zugleich"
ethische Gesetze sein können. Eine "wirkliche" Ethik ergibt sich damit
aber noch nicht. Daß Sätze als subjektive Maximen zugleich ethische
Gesetze sein können, ist eine notwendige, aber noch keine zureichende
Bedingung für die Möglichkeit von Ethik. Damit ist nämlich noch nicht
einmal gesagt, daß auch nur zwei Menschen dieselben Maximen hätten.
Geht man davon aus, daß sie keine subjektive Maxime gemeinsam haben
- und das ist vom Begriff der subjektiven Maxime her immerhin *denkbar* -, dann haben sie auch keine gemeinsame Ethik, denn dies setzte
gemeinsame Maximen, die zugleich als allgemeines Gesetz gedacht
werden können, voraus. Ethik soll ihrem vorgefaßten Begriff nach aber
etwas den Menschen Gemeinsames sein, und eine in der Vernunft begründete Ethik soll *allen* Menschen gemeinsam sein, so daß auch jeder
sie vor der Vernunft eines *jeden* anderen begründen könnte und sie vor
anderen nicht dogmatisch vertreten müßte. Die Forderung nach Begründung zielt auf die Voraussetzung der Gemeinsamkeit.

Der "kategorische Imperativ" ist *kategorisch*, weil er unbedingt zu
befolgen ist, wenn eine undogmatische Ethik überhaupt *möglich* sein
soll. Darin liegt sein ganzes sittliches Gewicht. Aber er genügt damit
noch nicht zum "Vorhandensein" einer Ethik. Da man nicht wissen
kann, ob er zum wirklichen Beweggrund im Handeln wird, d.h. ob
bestimmte Personen wirklich so handeln, "daß die Maxime", nach der

sie ihr Handeln ausrichten, als Maxime ihres "Willens jederzeit zugleich als Prinzip einer allgemeinen Gesetzgebung gelten könne"[2], kann man auch nicht wissen, ob allgemeinverbindliches ethisches Handeln "vorhanden" ist und ob die Welt durch das "Vorhandensein" von Ethik in den Fugen gehalten werden kann.

Der "kategorische Imperativ" führt allein noch nicht zur Tugend einzelner. Tugend ist nach Kant "Tapferkeit ... in Ansehung des Gegners der sittlichen Gesinnung *in uns*" selbst.[3] Sie ist "Kampf" gegen das Bestreben, nach Maximen zu handeln, die *nicht* zugleich allgemeines Gesetz sein können. Denn damit, daß man sich solche Maximen für das eigene Handeln "herausnimmt", zerstört man die Hauptbedingung der Ethik, nach Maximen zu handeln, nach denen auch dann noch gehandelt werden könnte, wenn sie für alle gelten würden. Positiv gesagt ist die Tugend Kampf um der Möglichkeit von Ethik willen. Ob eine konkrete Handlung aber wirklich aus diesem Beweggrund oder aus irgendeinem anderen getan wird, ist nicht feststellbar, nicht einmal für den Handelnden selbst. Es ist kein Gegenstand möglicher Erkenntnis.

Der "kategorische Imperativ" ist für jedes vernünftige Denken einsichtig, aber er berührt doch "praktisch" nur diejenigen, denen selbst daran *gelegen* ist, daß Ethik möglich ist. Kant spricht in diesem Zusammenhang von "moralischen Beschaffenheiten". "Wenn man sie nicht besitzt", kann "es auch keine Pflicht geben", "sich in ihren Besitz zu setzen. - Sie sind das *moralische Gefühl*, das *Gewissen,* die *Liebe* des Nächsten und die *Achtung* vor sich selbst".[4] Das *Interesse* daran, daß Ethik überhaupt (möglich) sein soll, ist also auch nach Kant nicht "im kategorischen Imperativ" begründet, sondern in diesen "moralischen Beschaffenheiten" bestimmter Menschen. Man kann es nicht zur "Pflicht" machen, "sich in ihren Besitz zu setzen", denn von diesen "Beschaffenheiten" her hat man überhaupt erst eine moralische Empfänglichkeit und *von daher* auch erst ein Interesse an der Möglichkeit von Ethik und ihrer vernünftigen, undogmatischen Begründung, und nur von daher *will* man wirklich so handeln, wie es der "kategorische Imperativ" vorschreibt.

---

[2] Kant, Kritik der praktischen Vernunft § 7
[3] Kant, Metaphysik der Sitten, Tugendlehre, Einleitung I., 380
[4] ebd., Einleitung XII., 399

Die Ethik kann sich, von der Möglichkeit ihrer vernünftigen oder *philosophischen* Begründung her gedacht, ohnehin nicht auf (einzelne) "*Handlungen*" beziehen, "denn das tut das *Ius*", sondern nur auf "die *Maximen* der Handlungen".[5] Das Recht findet seine Begründung in der Vernunft geradezu in dieser Abgrenzung durch die *Grenzen* einer vernünftig zu begründenden Ethik. Da eine in der Vernunft begründete Ethik nur bis zu den Maximen reichen kann, muß das Recht dafür sorgen, daß "die Freiheit der Willkür eines jeden mit jedermanns Freiheit nach einem allgemeinen Gesetze zusammen bestehen kann"[6]. Im Unterschied zu den Gesetzen der Ethik sollen die Rechtsgesetze mit einer "Befugnis zu zwingen"[7] sicherstellen, daß in der *Erfüllung* dieses Grundsatzes bestimmte einzelne Handlungen ungeachtet der subjektiven Beweggründe tatsächlich erfolgen oder unterlassen werden.

Diese Ergänzung der Ethik durch das Recht ist nach Kant notwendig, aber immer noch nicht hinreichend. Seine Gewalt ist nicht allgegenwärtig, und es bestimmt die Menschen von seiner vernünfigen Begründung her ja gerade *nicht* in ihrem "Inneren", so daß trotz seiner Zwangsmittel auch es noch nicht die Wirklichkeit eines sittlichen Zusammenlebens einrichten kann. Denn "wenn es nicht bloß auf Pflichtvorstellung, sondern auch auf Pflichtbefolgung ankommt, wenn man nach dem *subjektiven* Grunde der Handlungen fragt, aus welchem, wenn man ihn voraussetzen darf, am ehesten zu erwarten ist, was der Mensch *tun werde*, nicht bloß nach dem objektiven, *was er tun soll*: so ist doch die Liebe, als freie Aufnahme des Willens eines anderen unter seine Maximen, ein unentbehrliches Ergänzungsstück der Unvollkommenheit der menschlichen Natur (zu dem, was die Vernunft durchs Gesetz vorschreibt, genötigt werden zu müssen): denn was einer nicht gern tut, das tut er so kärglich, auch wohl mit sophistischen Ausflüchten vom Gebot der Pflicht, daß auf diese als Triebfeder ohne den Beitritt jener nicht sehr viel zu rechnen sein möchte"[8].

Erst hiermit vollendet sich der Kreis des Sittlichen. Liebe war schon unter den "moralischen Beschaffenheiten" als eine *Voraussetzung* der moralischen Empfänglichkeit genannt worden. Damit ist sie indirekt auch

---

[5] ebd. VI., 388
[6] ebd., Rechtslehre, Einleitung § C
[7] ebd. § D
[8] Kant, Das Ende aller Dinge, AA VIII 337 f.

Voraussetzung für eine vernünftige Ergänzung der "inneren" Moral durch das "äußere" Recht, wenn sie natürlich auch weder Rechtsquelle noch Begründung für eine ethische Tugend sein kann. Z.B "ein vermeintes Recht", "aus Menschenliebe zu lügen"[9], würde die eigentliche Rechtsquelle, d.i. die Vernunft, zerstören, weil damit etwas, dessen Vorhandensein man nicht allgemein voraussetzen kann, in die *Begründung* des Rechts einginge. Das wäre auch der Fall, wenn Liebe als Begründung für ein Recht auf Wahrhaftigkeit oder auch für die Tugend der Wahrhaftigkeit gelten sollte. Sie kann nicht als allgemein vorhanden vorausgesetzt oder gefordert werden und deshalb auch nichts allgemein begründen, und insofern hängt die "unentbehrliche" Ergänzung von Ethik und Recht durch Liebe vom Zufall ab. Das ganze System des Sittlichen hängt davon ab, daß Liebe *"da"* ist.

Kant läßt es deshalb auch dabei bewenden, Liebe als ein von Ethik und Recht und ihren Begründungen in reiner Vernunft unabhängiges Drittes zu dem, "was die Vernunft durchs Gesetz" ethisch vorschreibt, und zu dem, wozu das Recht nötigt, zu *nennen*. Sie läßt sich auch nicht näher auf einen (allgemeinen) "Begriff" bringen und deshalb auch weder durch Vernunft vorschreiben noch durch Gewalt bewirken. Sie ist da ("vorhanden") oder nicht da, und philosophisch läßt sich nicht mehr dazu sagen, als *daß* sie ein (selbst nicht weiter begründbares) "unentbehrliches Ergänzungsstück" zu dem sei, was sich überhaupt als "Moral" und als "Recht" philosophisch begründen läßt. In der traditionellen philosophischen *Einteilung* in "Geist" und "Natur" läßt sie sich begrifflich nicht unterbringen. Im Vergleich mit dem, was traditionell zum Geist gehört, ist sie Natur, und von dem her gesehen, was traditionell die Bestimmung der Natur ausmacht, ist sie Geist.

II

Das ist nun aber gerade der Punkt, der *Hegels* Denken schon früh bewegt hat. Es geht in ihm um die "Wirklichkeit" der Freiheit über ihren reinen *Begriff* hinaus, in dem sie von der Natur unterschieden wird.[10] Es geht ihm um das wirkliche Zusammenbestehenkönnen frei handelnder

---

[9] Vgl. Kant, Über ein vermeintes Recht, aus Menschenliebe zu lügen, AA VIII 423 ff.
[10] Die "Einheit des Innern und Äußern ist die *absolute Wirklichkeit*." (Hegel, Wissenschaft der Logik, ed. Lasson, II, 156)

Wesen, um das Erfülltsein *aller* Bedingungen dafür oder um das "Dasein" der Freiheit unter ihren Gesetzen im Unterschied zum "Dasein" der Natur unter Naturgesetzen. In diesem Zusammenhang spricht Hegel von der "*Idee* der Freiheit" als der Einheit ihres "Begriffs" und ihres "Daseins". Ethik und Recht können weder je für sich noch zusammenwirkend ihren Begriff zum "Dasein" bringen, um Sollen und Sein zu vereinen; aber ohne selbst zum "Dasein" gekommen zu sein, können sie überhaupt nicht wirken und also auch nicht, wie ihr jeweiliger *Begriff* es verlangt, zusammenwirken.

In der Ethik sind Gesetze als Gesetze der Freiheit denkbar, wenn man, wie Kant es tut, zu ihrer Bestimmung bei dem Sollen der subjektiven Maximen ansetzt und dann noch fragt, welche davon "zugleich" als *allgemeine* Gesetze gedacht oder vernünftigerweise als solche gewollt werden können. Aber damit gibt es noch keine allgemein nachvollziehbare Verbindung von den Maximen der Handlungen zu den wirklichen Handlungen als den "*Erscheinungen* der Freiheit"[11]. Man hat kein sicheres *Beispiel* für ethisch motiviertes Handeln als Erfüllung seines Begriffs, und so bleibt nur der "Begriff" (der Möglichkeit) davon. - Im Recht kann das Tun oder Unterlassen einzelner Handlungen zwar von außen her nach positiven Gesetzen erzwungen werden, aber auch damit ist es noch nicht getan, weil damit die Freiheit entgegen ihrem Begriff nur ein äußerliches, erzwungenes "Dasein" erhält und auch dies nur, soweit die Macht des Gesetzes tatsächlich reicht. Es kann wohl ohne Recht keine Freiheit geben, weil die Ethik allein sich nicht verläßlich verwirklicht, aber diese notwendige Bedingung der Freiheit ist noch nicht zureichend, und erst "*wenn alle Bedingungen einer Sache vorhanden sind*, so tritt sie in die Existenz"[12].

Wenn Hegel die Einheit von "Begriff" und "Dasein" nun "Idee" nennt, ist das zunächst eine Aufnahme des Platonischen Begriffs der Idee, in dem sie das wahrhaft Wirkliche (gegenüber den "Erscheinungen") ist. Ob die praktische Orientierung nun faktisch zunächst von der Ethik oder vom Recht ausgeht, um dann die jeweils andere Seite als Ergänzung zu begreifen und demnach das Recht als Ergänzung zur Moral und die Moral als Ergänzung zum Recht zu fordern: der wahrhaft systematische Anfang ist auf der erreichten Stufe dieser Reflexion der

---

[11] Vgl. Kant, Idee zu einer allgemeinen Geschichte in weltbürgerlicher Absicht, AA VIII 17
[12] Hegel, Wissenschaft der Logik II 99

Möglichkeit praktischer Philosophie nunmehr bei der "Idee" zu machen, denn ohne sie als "Einheit" fällt das Sittliche in "Begriff" und "Dasein" auseinander, d.h. es besteht nicht wirklich. Die "Idee" ist das wirkliche Bestehen der Freiheit, also ihr Bestehen *aus* Freiheit und nicht nur die Herstellung einer äußerlichen Rechtsordnung in vermeintlicher Entsprechung zu einer bestimmten Moral. Eine solche positive "Entsprechung" könnte sich nur auf eine dogmatisch aufgefaßte Moral beziehen. Ihre Vorstellung geht notwendig von bestimmten subjektiven Moralvorstellungen aus, die durch rechtliche Gewalt zu "verwirklichen" seien. Sie setzt damit voraus, daß Subjekte genötigt werden sollen, bestimmte Maximen als Maximen ihres "Willens" zu haben, und damit setzt die Vorstellung einer positiven Entsprechung von Moral und Recht etwas Unvernünftiges, weil in sich Widersprüchliches und damit auch Unmögliches voraus.

Die "Idee" als das wirkliche "Vorhandensein" der Einheit von "Begriff" und "Dasein" kann also nicht solch eine positive Entsprechung bedeuten. Während eine Person ethisch "tapfer" und damit tugendhaft sein *wollen* und auf der anderen Seite die Rechtsgewalt sich alle *Mühe* geben kann, es so einzurichten und notfalls von außen her oder physisch zu erzwingen, daß die Freiheit des einen neben der eines jeden anderen bestehen kann, kann die "Idee", als das gedacht, was Moral und Recht wirklich zusammen bestehen läßt, selbst *nicht* intendiert werden. In Hegels späteren Texten tritt wohl auch aus diesem Grund der Ausdruck "Liebe" hinter den der "Idee" zurück. Dem Wort "Idee" fehlt die Konnotation des "nur" Subjektiven, die dem Wort "Liebe" anhaften kann. Es hat eher die Konnotation einer systematischen Mitte, die "Bedingungen" erst zu hinreichenden verbindet, aber selbst nicht subjektiv intendiert oder hergestellt werden kann. Sie muß immer schon "erfüllt" sein, damit der *moralische Wille* und die *rechtliche Institution* überhaupt zur Wirkung und damit auch erst zu dem Zusammenwirken kommen können, mit dem sie ihren Begriff erfüllen. Diese Mitte muß "dasein", wenn denn das Sittliche nicht in eine "nur innerliche" Moral ohne Dasein und ein "nur äußerliches" Recht ohne Erfüllung des Begriffs des Rechts auseinanderfallen soll. Im Begriff der so in der Notwendigkeit ihres Daseins begriffenen "Idee" ist aber ebenfalls mitgedacht, daß sie als Vermittlung die zu vermittelnden Extreme, die Tugend und das Rechtsbewußtsein, auch voraussetzt. Sie "soll" und "kann" nicht an ihre Stelle treten, sondern vermittelt beide Seiten als notwendige Momente zum

Dasein: die Moral zur Verwirklichung und das positive, daseiende Recht
zur Übereinstimmung mit dem Begriff der Gerechtigkeit.

Es ist aber festzuhalten, daß diese Vermittlung nicht in einer positiven Entsprechung der beiden zu vermittelnden Seiten bestehen kann. In
der "Idee" ist der Begriff der Freiheit "*zur vorhandenen Welt*" geworden.[13] Aber das ist die Welt, in der Menschen als solche, d.h. frei und
nicht nur als Naturwesen leben können. Das kann keine Freiheit nach
einem subjektiv-abstrakten Begriff von Freiheit sein, den es zu "verwirklichen" gelte. Das (moralisch) Gute ist Menschen nur als Imperativ
aufgegeben und "besteht" nur in der "Tapferkeit" der Tugend gegen den
"Gegner der sittlichen Gesinnung in uns" selbst, und ihren "Bestand" in
der Welt findet die Tugend nach diesem kritischen Begriff von ihr nicht
durch sich selbst, sondern nur unter dem Schutz des Rechts. "Freiheit"
kann hier nur die jeweils unter diesen Bedingungen zum Dasein gelangte
Freiheit sein. Sie kann nur soweit "Dasein" haben, wie sie zu einer *bestimmten Zeit* unter den jeweiligen Bedingungen einer bloß "innerlichen"
Tugend und eines bloß "äußeren" positiven Rechts in ihrem *Gegensatz*
gegeneinander möglich ist.[14] Es ist die unter diesen existierenden Bedingungen und gerade an diesem Gegensatz jeweils *erfahrbare* Freiheit.
Die Tugend setzt als (sich nicht realisieren könnende) "Tapferkeit" diesen *Gegensatz* ebenso voraus wie das Recht, insofern zu seinem Begriff
die "Befugnis zu zwingen" gehört.

Zu dieser "vorhandenen Welt" gehört damit durchaus auch das "Bewußtsein des Unterschieds"[15] der Momente des Seins und des Sollens
oder des Rechts und der Moral. Zur gerade jetzt möglichen Freiheit
gehört essentiell die Freiheit, sich *mehr* Freiheit *vorzustellen* und mehr
Freiheit zu *wollen*, als jetzt gerade wirklich und von der Bestand vermittelnden "Idee" her möglich ist. Von Kant her gesehen, können wir
sagen: Zu ihr gehören einerseits die positiven Gesetze in ihrer Positivität, die, soweit die rechtliche Gewalt reicht, die Freiheit eines jeden im
Interesse der Freiheit aller nach allgemeinen Gesetzen eingrenzen und
somit überhaupt Freiheit *bestehen* lassen. Zu ihr gehört aber auch die
Moral als die Tugend einzelner, die dieser Positivität des Bestehenden
gegenüber "in sich reflektiert" sind und sie dadurch so, wie sie gerade

---

[13] Hegel, Grundlinien der Philosophie des Rechts § 142
[14] "Bestimmte Zeit" war schon bei Kant das Schema der "Wirklichkeit".
[15] Hegel, Grundlinien der Philosophie des Rechts § 143

jetzt ist, in Frage stellen. Die äußeren Bedingungen der Freiheit werden in diesem Gegensatz als etwas *Notwendiges* und zugleich *Zeitliches* begriffen. Zur "Idee" gehört, daß *zu jeder gegebenen Zeit* die Bedingungen der Freiheit hinreichend erfüllt sind. Ihr Erfülltsein hat von der "Idee" her den Charakter der Zeitlichkeit.

Das gilt für die "Tugend", die als Tapferkeit und Kampf ihr Ziel von sich allein aus nicht erreicht und insofern in sich selbst zeitlich ist, und auf der anderern Seite für die "*an und für sich seienden Gesetze* und *Einrichtungen*"[16]. Sie sind "*an* sich", insofern es sie positiv gibt, d.h. *soweit* sie sich, wenn nötig, mit Zwang behaupten und *solange* sie dies können. Sie sind "*für* sich", insofern die Menschen, die unter den jeweiligen Gesetzen und in den bestehenden Institutionen leben und von daher ihre Lebensformen bis in die Charakterprägung hinein gefunden haben, sich einerseits bewußt an sie *halten*, sie andererseits aber doch nicht wie etwas Natürliches hinnehmen, sondern sie unter ethischem Aspekt kritisieren und fortentwickeln *wollen*. Dieser *Gegensatz* hat als solcher von sich aus keinen Bestand. Insofern er aber dennoch und damit Freiheit unter "gegebenen Bedingungen" besteht, ist die "Idee" als ein Drittes gegenüber den Seiten des Gegensatzes erfüllt, und von daher ist dann erst die sittliche Welt ein zusammenhängendes "System" und "zureichend" begriffen.

Bei diesem Begriff des "Systems" ist also weder an ein subjektiv "ausgedachtes" philosophisches System noch an einen objektiv *für alle Zeit* festen Zusammenhang der Teile zu denken. Die Tugend könnte sich ohne den Gedanken der Veränderlichkeit der Objektivität des bestehenden Systems *mit der Zeit* selbst nicht begreifen, und das Recht könnte seinen Zwangscharakter nicht legitimieren, wenn es sich in seiner erscheinenden Positivität nicht von der "Idee" des Rechts her und damit in seiner Erscheinung ebenfalls als zeitlich verstünde. Das "Ergänzungsstück", das den Gegensatz erst zu einem bestehenden System verbindet, muß deshalb selbst als zeitlich gedacht werden. Es muß sich zeitlich verändernde Extreme *zu jeder Zeit* so aufeinander beziehen, daß sie sich wirksam ergänzen oder zu einem "Ganzen" fügen. Das wenigstens ist in dem philosophisch "nicht weiter" zu begreifenden "Begriff" der Liebe mitzudenken. In ihrem Bezug aufeinander entziehen sich sowohl der

---

[16] ebd. § 144

"Begriff" Liebe wie der der Zeit dem subsumierenden Begriff[17], mit
dem man mit anderen Worten sagen könnte, "was" sie jeweils *seien*.

"Daß das Sittliche das *System* dieser Bestimmungen der Idee ist",
also der systematische Charakter, macht nun nach Hegel gerade "die
Vernünftigkeit desselben aus". Nur als *System* ist das Sittliche vernünftig,
denn so ist "die Freiheit oder der an und für sich seiende Wille als das
Objektive". In diesem System ist der Wille über die Objektivität der In-
stitutionenen hinaus auf ein Ganzes bezogen, in dem allein er sich selbst
verwirklichen kann, in dem er zugleich aber auch schon in einem Verhältnis der *besonderen* Willen verschiedener Personen zueinander besteht. In diesem bestehenden Verhältnis zu *anderem* Willen "wollen" die
einzelnen Willen sich in ihrem Interesse an der Möglichkeit von Ethik
überhaupt *selbst* ("tugendhaft") einschränken und sich *zugleich* aber auch
(unter dem Zwang des Rechts) im Interesse des Zusammenbestehenkön-
nens inhaltlich verschiedener subjektiver Moralvorstellungen über den
bloßen "guten" Willen hinaus "von außen her" einschränken lassen, um
schon *jetzt zusammen-* und damit auch *überhaupt bestehen* zu können.

Insofern ist die Freiheit in diesem System nicht nur die "subjektive"
Freiheit, die der einzelne hat, indem er sie sich mit dem Handeln nach
Maximen, die *nicht* zugleich als allgemeine Gesetze denkbar sind, "für
sich" herausnimmt; sie ist vielmehr auch "das Objektive" oder "an sich",
weil ein "Kreis der Notwendigkeit" besteht, "dessen Momente die *sittlichen Mächte* sind, welche das Leben der Individuen regieren und in
diesen als ihren Akzidentien, ihre Vorstellung, erscheinende Gestalt und
Wirklichkeit haben"[18].

Im "System der Sittlichkeit" nach Hegel handelt es sich um ein "System" oder einen "Kreis der Notwendigkeit", in dem keines der Momente
fehlen darf, damit er sich schließt und den Teilen dadurch erst Bestand
gibt. Moral, Recht und Liebe müssen in ihm gerade soweit Wirklichkeit
haben und zusammenwirken, wie es erforderlich ist, damit das Ergebnis
genau die "Welt" ist, die zu einer gegebenen *Zeit* tatsächlich "vorhanden" ist, und Liebe bildet dabei den Zusammenschluß über den *Gegensatz* von Moral und Recht hinweg. In ihrem sich gegenseitig stützenden
Gleichgewicht sind diese drei Momente Bedingungen der Möglichkeit

---

[17] Von anderen Voraussetzungen her gelangt Emmanuel Lévinas zu einer Beziehung zwischen der "Zeit" und
dem "Anderen".

[18] Hegel, Grundlienen der Philosophie des Rechts § 145

eines menschlichen Lebens, in dem die Freiheit jedes einzelnen sich gerade soweit verwirklichen kann, wie es nach geltenden Rechtsgesetzen, aber auch nach entwickelten Moralvorstellungen und im Maße vorhandener Liebe möglich ist.

Dieses "System" ist wegen der Komponente des *Bewußtseins* der Individuen in ihm ein sich permanent veränderndes System. Es besteht zwar so, wie es besteht, in einem zu der jeweiligen *Zeit* hinreichenden Zusammenstimmen seiner Kompenenten, aber diese Zeitlichkeit bedeutet auch, daß es *nur* für eine bestimmte *Zeit* in dieser Weise besteht. Weil die Komponente des Rechts den Individuen in ihrem "inneren" ethischen Selbstbewußtsein als eine nur positive Äußerlichkeit und damit als Gegenstand des Sollens und der Arbeit an besseren positiven Gesetzen erscheint, also eigentlich wegen der Spannung zwischen dem subjektiven "Begriff" der Gerechtigkeit und ihrem erscheinenden "Dasein" in den geltenden Gesetzen, ist das Gleichgewicht der Komponenten der Sittlichkeit zu jeder Zeit ein fließendes Gleichgewicht. Das "System" ist auch im Sinne der *vergehenden* Zeit "zeitlich", nicht nur im Sinne der *bestehenden*. Die Individuen sind zwar einerseits seine bloßen "Akzidentien", auf der anderen Seite hat es aber *nur in ihnen* seine "Vorstellung", "erscheinende Gestalt" und "Wirklichkeit". Ohne seine Wirklichkeit in der Vorstellung von Individuen zu haben, ist es nicht da, und in seinem bewußten Dasein in den Individuen ist es umgekehrt Bedingung für das Sein der Individuen als freier Wesen. In diesem Sinne ist das System ihre "Substanz". "Substanz" ist hier "Kategorie der Freiheit".[19]

Es ist damit eine Substanz mit *"wirklichem Selbstbewußtsein"*[20], und dieses Selbstbewußtsein hat das "System" in jedem Individuum als Akzidens dieser Substanz. Es als "System" hat seine Substanzialität gerade darin, *daß* die Individuen sich in ihm aus der Subjektivität des individuellen Wollens dadurch zurücknehmen, daß sie sich um der Bedingung der Möglichkeit einer Ethik willen fragen, ob ihre subjektiven Maximen zugleich als allgemeine Gesetze denkbar wären, aber sich doch zugleich auch dadurch rechtlich verhalten, daß sie die Gesetze des Rechts in ihrer *jeweiligen* Positivität beachten. Sie denken als moralisches Bewußtsein

---

[19] Vgl. dazu die "Kategorien der Freiheit" bei Kant, Kritik der praktischen Vernunft, 117. Die Stelle der Substantialität unter den Relationskategorien nimmt hier die Relation "auf die Persönlichkeit" ein.

[20] Hegel, Grundlinien der Philosophie des Rechts § 146

über bessere Gesetze *für "später"* nach, und damit denken sie die Zeitlichkeit der bestehenden, die ihnen dennoch *jetzt* heilig sind.

Sie sind ihnen *jetzt* heilig, obwohl sie sich jetzt schon bessere "vorstellen", denn sie verstehen zugleich, daß sie mit dieser Vorstellung zusammen mit anderen, die andere Vorstellungen von Gesetzen der Zukunft haben mögen, nur unter jetzt bestehenden, positiven Gesetzen zusammen bestehen können. *Nur wenn es wirklich so ist*, schließt sich das "System", und nur unter dieser weiteren Bedingung haben Moral und Recht ihr Dasein in ihrem Bezug aufeinander. "An sich" sind es Gegensätze. In jedem Individuum spiegelt sich in dieser *zeitlichen* Struktur seines Bewußtseins das Ganze als "System" als ein von seiner vermittelnden Mitte her fließendes System. "Das Ganze" ist nach Hegel zwar "das Wahre", aber es ist ein Ganzes, das sich unter den Bedingungen zu verändernder positiver Gesetze und einem sich gegenüber diesen Gesetzen, wie sie gerade *sind*, jeweils auch anders artikulierenden moralischen *Sollen* immer wieder neu in der vermittelnden Liebe zu einem Ganzen "vermitteln" muß: Jedes Individuum spiegelt das System, aber nicht allein dadurch, daß es *ist*, sondern darin, daß es nur ist, indem es zugleich für andere ist und deren *anderen* Willen in seine Maximen aufnimmt.

Das "System" ist darüberhinaus im Bewußtsein der Individuen auch "Objekt des Wissens", aber nur dadurch, daß jedes es auf seine eigene, individuelle Weise in jedem anderen weiß. Die Paradoxie eines "individuellen Wissens" als eines Bezuges von einzelnem auf einzelnes *als* einzelnes ist, systematisch gedacht, die das Ganze ohne weiteren Begriff einer Möglichkeit davon vermittelnde Liebe. Ohne ihr vermittelndes Dabeisein wären das Ganze und damit auch seine Teile nicht "vorhanden", und damit bewahrt jedes Individuum zugleich seine Freiheit gegenüber dem Ganzen in der Vorstellung eines Ganzen als einer den Individuen vorgegebenen Substanz. In seinem individuellen "Wissen" des Ganzen veräußert es nicht seine Individualität, sondern findet sie erst.

Es findet sich als Wissen in der Beziehung auf *anderes* Wissen. Es ist nicht, wie die Tradition dachte, nur als Materie, sondern gerade als Wissen individuell. Nur darin, daß die Individuen in den "Gesetzen und Gewalten" ihre eigenen Existenzbedingungen, nicht als natürliche, sondern als freie Wesen erfahren, haben diese "Gesetze und Gewalten" für die Subjekte "das Verhältnis, daß *sie sind*". Sie "sind" für sie gerade dadurch "im höchsten Sinne der Selbständigkeit", und die Individuen haben in ihnen "eine absolute, unendlich festere Autorität und Macht" vor sich als im "Sein der Natur"[21].

Dieses "Sein" der sittlichen Mächte wird von Hegel in einer anschaulichen Weise näher erläutert. "Die Sonne, Mond, Berge, Flüsse, überhaupt die umgebenden Naturobjekte *sind*, sie haben für das Bewußtsein die Autorität nicht nur zu *sein*, sondern auch eine besondere Natur zu haben, welche es gelten läßt." Die Menschen als freie Wesen verhalten sich so zu den Objekten der Natur, daß sie sie in ihrer jeweiligen Besonderheit verstehen und *bestehen* lassen. Sie verhalten sich in ihrer "Beschäftigung mit ihnen und in ihrem Gebrauche" so zu ihnen, daß sie sie dadurch in ihrer Besonderheit und nicht nur als "Seiendes überhaupt" begreifen. "Es kann für den Gedanken dem Gehalte nach nichts Geringeres geben als *Sein*."[22] Sie haben in ihrer Besonderheit und nicht nur als "Seiendes als solches" für die Menschen "Autorität". Sie sind nicht als Materie *beliebiger* Behandlung und Gestaltung da, sondern eben selbst "Gestalt": die Sonne *als* Sonne, der Mond *als* Mond, Berge *als* Berge und Flüsse *als* Flüsse.

Das erscheint angesichts gegenwärtiger Zerstörungen wohl doch als ein zu unrealistisches Bild. Hier ist aber festzuhalten, daß Hegel eine solche "Autorität" besonderer Naturgestalten nicht als Feststellung dessen, was ist, sondern im Zusammenhang mit der "Idee" einer "vorhandenen" sittlichen Welt anführt. "Autorität" ist ein sittlicher und nicht ein naturwissenschaftlicher Begriff. Das Selbstverständnis des Menschen als Subjekt der Natur ist damit eingeschränkt. Es ist bedacht, daß die Natur in einer Selbstartikulation in "besondere Naturen", die für die Menschen in ihrer "Beschäftigung mit ihnen und ihrem Gebrauche" *Autorität* haben und nicht nur als Mittel gebraucht werden dürfen, mit zu den Existenzbedingungen des Menschen gehört und in ihrem je in seiner Gestalt geachteten Sein dem Sein der Menschen zugrunde liegt. Auch den "besonderen Naturen" gegenüber ist um des eigenen freien Lebens willen die eigene Willkür einzuschränken. Der Mensch wird, wenn er von der systematischen Mitte der Sittlichkeit als einem Ganzen im "Fluß" der Zeit her und damit aus einem jeweils individuellen Gesichtspunkt begriffen wird, in dem Maße, in dem er diese Autorität mißachtet, selbst unfrei. Er nimmt sich selbst und anderen damit Möglichkeiten, denn zur

---

[21] ebd.
[22] Hegel, Enzyklopädie von 1830, § 51

Erhaltung eines Gleichgewichts der Bestimmungen des sittlichen Systems bedarf es dann zuzätzlicher *notwendiger* Arbeit und entsprechender Einschränkungen nach der "Natur der Sachen" und der dementsprechenden erzwungenen Regelungen. Wir erfahren das heute an Umweltgesetzen im weitesten Sinn.

Doch die Hegelsche Erörterung der Bedeutung der "Autorität" der besonderen Naturgestalten geht noch weiter, wenn er sie gegen die höhere "Autorität der sittlichen Gesetze" abgrenzt: "Die Autorität der sittlichen Gesetze ist unendlich höher, weil die Naturdinge nur auf die ganz *äußerliche* und *vereinzelte* Weise die Vernünftigkeit darstellen, und sie unter die Gestalt des Zufälligen verbergen."[23]

Immerhin stellen aber zunächst auch die "Naturdinge" nach Hegel "die" Vernünftigkeit dar, wenn auch auf eine andere Weise als die "sittlichen Gesetze". Durch die Bestimmung dieser Art und Weise wird erst die "höhere" Stelle der "sittlichen Mächte" im "System" bestimmt. In ihrer "erscheinenden Gestalt" sind die "Naturdinge" wie die sittlichen Mächte Momente in dem "Kreis der Notwendigkeit", der die Totalität der Existenzbedingungen freier Wesen ausmacht. Somit erscheint auch in diesen *natürlichen* Gestaltungen die Freiheit[24]. Sie sind in ihrer Gestalt Zeichen der Freiheit, insofern der Mensch sie, im Unterschied zum "Seienden als solchen", in dieser Gestalt durchaus "willkürlich" zerstören kann, so wie er sittliche Gesetze übertreten, Institutionen verletzen und überhaupt Autoritäten mißachten kann, es aber dann doch nicht ungehemmt tut, weil sie eben Autoritäten für ihn sind, die *tatsächlich* geachtet werden. Auch in dieser Achtung hat die Freiheit ihre Existenz und ist als freie Achtung Ursache ihrer selbst, indem sie zur Natur und damit zu ihren natürlichen Existenzbedingungen nicht nur ein natürliches, die Natur in Begriffen bestimmendes, sondern vor allem ein *sittliches* Verhältnis hat.

Wenn es bei Hegel heißt, die Autorität der sittlichen Mächte sei "unendlich höher" als die der Natur, bezieht sich das ausdrücklich auf die *Darstellung* der Vernünftigkeit. Während die sittlichen Mächte als ein "Kreis der Notwendigkeit" in ihrem Zusammenwirken, in dem keine ohne die andere mächtig ist, *gewußt* sind, ist die Natur in ihrem Zusam-

---

[23] ebd.

[24] Vgl. die Kantische Bestimmung der "schönen" Natur als "Symbol der Sittlichkeit", Kritik der Urteilskraft § 59.

menwirken *nicht* gewußt. Sie ist kein gewußtes viertes Moment in diesem "System". Sie ist in unaufhebbarer Weise das "Andere des Geistes", wieviel auch immer *von* ihr gewußt bzw. *als* gewußt in Handlungen ihr gegenüber beansprucht sein mag. In seinem Bezug auf die Natur bleibt sich der Geist (in seinen Bedingungen) selbst ein anderes, Fremdes, denn sie ist der Gegenstand, an dem ihm deutlich oder gezeigt wird, daß er zu *keiner* Zeit alle Bedingungen seiner Existenz durchschaut und folglich auch nicht beherrscht.

So kann man sagen, die Autorität der besonderen Naturdinge bestehe gerade darin, daß angesichts ihrer der Mensch seine Abhängigkeit von etwas erfährt, das ihm zugleich fremd und äußerlich bleibt. In der Erfahrung der Abhängigkeit von der Natur in ihren besonderen Gestalten in der "Beschäftigung mit ihnen und ihrem Gebrauche" (und nicht nur von "der" Natur überhaupt) bleibt für den Geist "unter der Gestalt der Zufälligkeit" verborgen, wie diese Naturgestalten als diese zu erhaltenden Besonderheiten ebenfalls einen "inneren" Zusammenhang untereinander bilden. Solch ein Zusammenhang *stellt* sich für den Geist nicht *dar*. Gerade in der Auffassung der Natur als Dasein unter "verstandenen" Gesetzen bleibt er verborgen.

An den besonderen Naturdingen zeigt sich etwas, was sich zugleich verbirgt. Der "Grund" ihrer Autorität bleibt verborgen, und das schmälert diese Autorität "unendlich". Denn somit *wissen* die Menschen nicht, *wie und wieweit* "die Beschäftigung mit ihnen und ihr Gebrauch" einzuschränken sind, damit sie möglich bleiben und zugleich die entsprechende Freiheit bestehen bleibt. Sie wissen es zumindest nicht in der Weise, in der sie es von den sittlichen Mächten wissen können. Diese Mächte werden unmittelbar *als Gesetze* erfahren, während Gesetze der Naturdinge nicht nur nicht definitiv erkannt werden können, sondern weil darüberhinaus auch nur in Analogie zu sittlichen Gesetzen von Naturgesetzen überhaupt die Rede sein kann. Wenn Naturgesetze Hypothesen sind, dann ist auch die Voraussetzung der Gesetzlichkeit der Natur hypothetisch. Deshalb sind die Naturdinge in ihren Besonderheiten auch verletzlicher als die sittlichen Mächte, die ja ihren Bestand unmittelbar darin haben, daß sie sich permanent reformieren und verändern.

Die sittlichen Mächte *"sind"* für den Menschen, weil sie Bedingungen seines eigenen Seins in Freiheit sind, "nicht ein *Fremdes*", sondern er gibt "das *Zeugnis des Geistes* von ihnen als von *seinem eigenen Wesen*, in welchem" er "sein *Selbstgefühl* hat, und darin als seinem von sich unterschiedenen Elemente lebt". Die Natur ist dagegen nicht ein solches unterschiedenes, sondern in ihrer Undurchdringlichkeit eher ein für uns "in sich" ununterschiedenes Element des Lebens. Von daher ist das "Leben" ein natürliches und nicht ein geistiges Leben. Das geistige Leben reflektiert in der Spannung zwischen Sollen und Sein oder ethischem Selbstbewußtsein der Individuen und geltendem Recht zu jeder Zeit die Güte seiner Bedingungen und arbeitet an ihrer Verbesserung nach eigenen Vorstellungen.

Dieses geistige Verhältnis vermittelt sich beständig in und durch sich selbst. Hegel nennt es deshalb "unmittelbar" und "noch identischer, als selbst *Glaube* und *Zutrauen*[,] ist". Das sittliche Leben ist "die wirkliche Lebendigkeit des Selbstbewußtseins". Es ist sie unmittelbar. Das selbstbewußte Individuum lebt im Unterschied zu seinem Leben *in* der Natur nicht *in* einer sittlichen Welt, sondern es lebt sie selbst und sie *ist* nur, *indem* es sie lebt, auch wenn dieses unmittelbare Leben als Leben des Geistes "in ein Verhältnis des Glaubens und der Überzeugung, und in ein durch *weitere Reflexion* vermitteltes übergehen" kann, nämlich in eine "Einsicht durch Gründe"[25].

Dies ist gegenüber der "unergründlichen" und nur hypothetisch bestimmbaren Natur nicht möglich. Nur die sittlichen Mächte können *begründete* Autoritäten werden. Sie sind in ihrer Autorität *reflektierbar*, und insofern kann ihre unmittelbare Geltung jederzeit vernünftig vermittelt werden. Diese Möglichkeit gehört zu ihnen selbst und ist ihnen nicht äußerlich, und damit sind sie im Unterschied zu Naturgesetzen, die ihrem Begriff nach als unveränderlich gedacht sind, zugleich auch in der Zeit (auf eine vor der Vernunft zu rechtfertigende Weise) veränderlich. Ihre Veränderlichkeit gehört zu ihrem vernünftigen Begriff. Sie können reflektierend in Frage gestellt werden, aber gleichwohl ist es notwendig, daß sie zu gegebener Zeit "praktisch" nicht in Frage gestellt werden, sondern "praktisch" gelten und befolgt werden. Die sittlichen Mächte machen sich als den Willen in der Vernunft bindende "*Pflichten*" verbindlich, als etwas, das man um seines Bestandes und des eigenen Lebens in Freiheit willen im Maße der eigenen Vernünftigkeit anerkennt. Das Verhältnis zu ihnen ist in seiner Unmittelbarkeit zugleich ein *freies* Verhältnis.

---

[25] Hegel, Grundlinien der Philosophie des Rechts § 147

"Als *Beschränkung* kann die bindende Pflicht nur gegen die unbestimmte Subjektivität oder *abstrakte*[26] Freiheit, und gegen die Triebe des natürlichen, oder des sein unbestimmtes Gute aus seiner Willkür bestimmenden moralischen Willens erscheinen."[27] Der "moralische" Wille wird in dieser Beziehung mit dem "natürlichen" gleichgesetzt[28], weil er als moralischer noch nicht seine *sittlichen* Voraussetzungen reflektiert, in die er als ein bloßes Moment, als *eine* Voraussetzung der bestehenden Sittlichkeit unter weiteren Voraussetzungen, die auch noch erfüllt sein müssen, eingebunden sein muß, wenn es ihn selbst "wirklich geben" soll. In dieser Ablösung vom Sittlichen erscheint er selbst wie etwas Natürliches und als bloßer "Trieb", also als das Gegenteil dessen, was er unmittelbar sein will.

So ist die sittliche Pflicht gegen die moralische gesetzt. Die sittliche Pflicht ist nur in ihrem Mißverständnis *als* moralische eine Beschränkung, d.h. nur dann, wenn sich die moralische absolut nimmt und sich selbst nicht von ihren anderen sittlichen Bedingungen her versteht. In ihrer "ganzen" Wahrheit ist die *sittliche* Pflicht keine Beschränkung, weil hier die Einhaltung der Pflicht als die Grundlage der Existenz begriffen ist und nicht mehr als etwas, was ein ohnehin existierendes und in diesem Sinne "natürliches" Wesen außerdem noch durch Selbstbeschränkung tun soll, so daß das Sollen als eine äußerliche Forderung an es erscheinen muß. Sittlichkeit "besteht" in der Achtung der Autorität der sittlichen Macht, d.h. darin, daß diese Macht um der "Vorhandenheit" von Freiheit willen frei geachtet und nicht - wie es unter dem Aspekt einer bloßen Natürlichkeit "möglich" wäre - vernichtet wird.[29]

Die Naturdinge, der Mond, die Berge, Flüsse und Wälder sind natürliche, d.h. nicht *begründbare* Autoritäten. Der Gesamtzusammenhang, in dem sie es sind, bleibt als der Zusammenhang der Natur "in sich" wesentlich undurchschaut. Insofern kann ihre Achtung nicht zur unmittelbar erscheinenden Pflicht werden. Es handelt sich hier nicht um die Natur als Gegenstand wissenschaftlicher Bestimmung, sondern um die Natur unter "eigenen" Bestimmungen, um die Natur in ihren Besonder-

---

[26] Hervorhebung v. Vf.

[27] Hegel, Grundlinien der Philosophie des Rechts § 149

[28] Das "oder" im Text drückt nur eine Variante der Benennung aus.

[29] Nach Nietzsche gibt es *"im Geistigen keine Vernichtung"*. Kritische Gesamtausgabe, Werke, Nachlaß VIII 7 [53]

heiten, als die sie dem Menschen unter *Namen* wie "Mond", "Wald" usw. *erscheint*. Es geht um die Frage, ob diese Namen ihm "etwas" bedeuten, das im System der Sittlichkeit zu erhalten ist, und damit um die Frage, wie dies zu denken ist, wenn wir doch Zusammenhänge der Natur nur als konsistente Zusammenhänge unserer *Vorstellungen* von ihr verstehen können.

Hegels Philosophie der Sittlichkeit kann dazu verhelfen, wenigstens solche Fragen als *Fragen* zu verstehen, statt im Begriff "Natur" ohne weiteres an "etwas" zu denken, was in seinen Gestaltungen auflösbar und "nur" Materie zur willkürlichen Gestaltung sei, d.h. an "nichts" "Besonderes". Gerade der Hinweis auf die Unentbehrlichkeit der Liebe im "System der Sittlichkeit" legt es nahe, mit ihr in diesem "System" selbst eine Komponente zu entdecken, die *nicht intendierbar* und doch ein "unentbehrliches Ergänzungsstück" zur Unvollkommenheit der *sittlichen* Natur des Menschen ist. "Liebe" ist eine nicht intendierbare Bedingung und insofern die natürliche Komponente in der Sittlichkeit. Auch gegenüber "Personen" bezieht sie sich auf "undurchdringliche, atome Subjektivität"[30]. Wir beziehen uns auf andere in ihrer Andersheit, indem wir ihren Willen auch als einen *uns selbst* unverständlichen Willen in die eigene Maxime aufnehmen.

Damit erscheint Natur schließlich doch noch als die vierte Komponente im "Kreis" des Sittlichen. In der Natur hängt alles Natürliche und damit auch der "Gegenstand" der "natürlichen" Liebe als der Liebe zu anderen *als* anderen und als das Fremde gegenüber dem eigenen Verstehen auf eine undurchschaubare Weise zusammen. Das "andere des Geistes" innerhalb des Geistes, die Natur im Geist ist Liebe als das natürliche, d.h. nicht definitiv nach Gesetzen bestimmbare, aber "unentbehrliche Ergänzungsstück" des Geistes. Damit ist auch die Zeitlichkeit des sittlichen Geistes selbst gegeben: Denn der Bezug auf andere Personen in ihrer nicht auf einen allgemeinen Begriff zu bringenden Andersheit läßt sich ebenfalls nicht über die Zeit hinweg in Begriffen festhalten und sicherstellen.

*

---

[30] Vgl. Hegel, Wissenschaft der Logik, II 484. - In der "Wissenschaft der Logik" wird die "Idee" auch "der" Begriff genannt, nicht im Sinne von Begriffen, die man subjektiv "hat", sondern als der Begriff, der man "ist", indem man andere Subjektivität (und damit auch anderes Begreifen nach allgemeinen Abstraktionsbegriffen) und darin *"seine eigene* Objektivität zum Gegenstande hat". Diesen als "individuelle *Persönlichkeit"* (ebd. und Logik, II 220) begriffenen Begriff hat Hegel dann auch wieder direkt "Liebe" genannt (vgl. ebd. 242).

Die Philosophie kann die Forderungen nach einer (neuen) Ethik nicht erfüllen, wenn unter "Ethik" ein Instrument zur Sicherstellung des Lebens verstanden wird. Dies gilt in besonderer Deutlichkeit, wenn die geforderte Ethik die Verantwortung gegenüber der Natur einbeziehen soll. Die Philosophie kann aber darauf verweisen, daß umgekehrt die Natur in einer sich selbst gegenüber kritischen praktischen Philosophie - sowohl bei Kant wie auch bei Hegel - ein Moment, ja sogar ein unentbehrliches "Ergänzungsstück" ist. Sie nimmt die Stelle ein, der gegenüber die praktische Philosophie sich in kritischer Einstellung in ihren Möglichkeiten vernünftigen Begründens zurücknehmen muß und nur auf Behutsamkeit als allgemeine Gewissenstugend verweisen kann. Dann kann die Natur des anderen um einer bestehenden Sittlichkeit willen ihre eigene "Autorität" gegenüber der Autorität der Vernunft erhalten.

So verweist die Philosophie darauf, daß die Vorstellung ungehinderter *technischer Machbarkeit* nicht durch die Vorstellung *ethischer Beherrschbarkeit* kompensiert werden kann. Praktische Philosophie zeigt in doppelter Weise über die Ethik hinaus: Ohne das Recht hat die Ethik über das "Innere" hinaus kein "Gebiet" als Reichweite ihrer "Verwirklichung", aber auch das Recht bleibt in seiner Macht seinem Begriff nach beschränkt, und Liebe ist das dritte "Ergänzungsstück" zum Zusammenwirken von Ethik und Recht. Sie läßt sich nicht bewirken, wenn sie nicht schon wirklich ist.

Hermann Weidemann, Bonn

Zum Problem der Wahrheit bei Gottlob Frege

Die Art und Weise, in der die Philosophie nach der Wahrheit fragt, ist für die Eigenart philosophischen Fragens in besonderem Maße aufschlußreich. Im Gegensatz zu den Einzelwissenschaften, die danach fragen, ob bestimmte auf ihren Gegenstandsbereich bezogene Aussagen wahr sind, stellt die Philosophie die Frage nach der Wahrheit in der Weise, daß sie danach fragt, was es für eine wahre Aussage heißt, wahr zu sein. Sie stellt die Wahrheitsfrage also nicht in der Weise, daß es ihr um die Wahrheit über diesen oder jenen Bereich von Gegenständen — etwa um die Wahrheit über die Dinge der Natur oder um die Wahrheit über die Ereignisse der Geschichte — ginge, sondern in der Weise, daß es ihr sozusagen um die Wahrheit über die Wahrheit selbst geht. Damit setzt sie nicht einfach nur, wie die anderen Wissenschaften, voraus, daß es so etwas wie Wahrheit gibt, sondern sie reflektiert auf diese Voraussetzung, indem sie fragt, was Wahrheit ist, womit sie in der ihr eigentümlichen Gestalt einer Reflexionswissenschaft auftritt.[1]

Für Gottlob Frege, mit dessen Beitrag zu einer Beantwortung der philosophischen Frage nach der Wahrheit ich mich im folgenden beschäftigen möchte[2], bildet die Logik den Rahmen, innerhalb dessen eine Antwort auf diese Frage zu suchen ist. "Wie das Wort 'schön' der Ästhetik und 'gut' der Ethik", erklärt er zu Beginn seines 1918 erschienenen Aufsatzes "Der Gedanke", "so weist 'wahr' usw.[3] der Logik die Richtung. Zwar haben alle Wissenschaften Wahrheit als Ziel; aber die Logik beschäftigt sich noch in ganz anderer Weise mit ihr. Sie verhält sich zur Wahrheit etwa so, wie die Physik zur Schwere oder zur Wärme.

---

[1] Zum Begriff der Reflexionswissenschaft vgl. G. Prauss, Einführung in die Erkenntnistheorie, Darmstadt 1980 (²1988), 10-27. Ich verdanke diesem Buch wertvolle Anregungen zu den im vorliegenden Beitrag angestellten Überlegungen. Für kritische Bemerkungen zu einer früheren Fassung dieses Beitrags, die der vorliegenden Fassung zugute kamen, habe ich Herrn Dr. Ulrich Nortmann (Bonn) zu danken.

[2] Die im folgenden herangezogenen Arbeiten Freges werden unter Verwendung der Siglen G ("Der Gedanke"), V ("Die Verneinung"), FB ("Funktion und Begriff") und SB ("Über Sinn und Bedeutung"), die sich jeweils auf die Originalpaginierung beziehen, zitiert nach: Gottlob Frege, Kleine Schriften; 2. Auflage. hg. und mit Nachbemerkungen zur Neuauflage versehen von I. Angelelli, Hildesheim/Zürich/New York 1990. Auf die Paginierung dieser Ausgabe wird jeweils in Klammern unter Verwendung der Sigle KS verwiesen.

[3] Der Zusatz "usw." ist weggelassen in dem Abdruck, der erschienen ist in: Gottlob Frege, Logische Untersuchungen, hg. und eingeleitet von G. Patzig; 3., durchgesehene und bibliographisch ergänzte Auflage, Göttingen 1986 (S. 30).

Wahrheiten zu entdecken, ist Aufgabe aller Wissenschaften; der Logik kommt es zu, die Gesetze des Wahrseins zu erkennen."[4] "Um jedes Mißverständnis auszuschließen und die Grenze zwischen Psychologie und Logik nicht verwischen zu lassen", fügt Frege wenig später hinzu, "weise ich der Logik die Aufgabe zu, die Gesetze des Wahrseins zu finden, nicht die des Fürwahrhaltens oder Denkens. In den Gesetzen des Wahrseins wird die Bedeutung des Wortes 'wahr' entwickelt."[5]

Da sich die Bedeutung des Wortes "wahr" nach Frege nicht etwa durch eine Definition bestimmen, sondern nur in den "Gesetzen des Wahrseins" entwickeln läßt, die zu finden Aufgabe der Logik ist, liegt es nahe, Freges Wahrheitskonzeption aus der Rolle zu ermitteln, die der von ihm als Grundbegriff der Logik eingeführte Begriff des Wahrheitswertes bei ihm spielt. Dies werde ich im folgenden zunächst zu tun versuchen, um mich sodann mit der auf diesem Wege ermittelten Wahrheitskonzeption Freges kritisch auseinanderzusetzen.

I

Ausgehend von dem, "was in der Mathematik Funktion genannt wird"[6], zeigt Frege in seinem aus dem Jahre 1891 stammenden Aufsatz "Funktion und Begriff" auf, "wie eng das, was in der Logik Begriff genannt wird, zusammenhängt mit dem, was wir Funktion nennen"[7]. Für eine Funktion im mathematischen Sinne dieses Wortes ist es kennzeichnend, daß sie "für sich allein", wie Frege sagt[8], "unvollständig, ergänzungsbedürftig oder ungesättigt" ist. Während man das, was eine Funktion vervollständigt, sättigt oder ergänzt, als das Argument der betreffenden Funktion bezeichnet, nennt man "das, wozu die Funktion durch ihr Argument ergänzt wird, den Wert der Funktion für dies Argument"[9]. Das besondere Interesse Freges gilt nun denjenigen Funktionen, bei

---

[4] *G* 58 (*KS* 342).

[5] *G* 59 (*KS* 343).

[6] *FB* 1 (*KS* 125).

[7] *FB* 15 (*KS* 133).

[8] *FB* 6 (*KS* 128).

[9] *FB* 8 (*KS* 129). "So ist z.B.", erläutert Frege, "3 der Wert der Funktion $2 \cdot x^2 + x$ für das Argument 1, weil wir haben $2 \cdot 1^2 + 1 = 3$" (ebd.). Dabei "ist x nicht als zur Funktion gehörig zu betrachten, sondern dieser Buchstabe dient nur dazu, die Art der Ergänzungsbedürftigkeit anzudeuten, indem er die Stellen kenntlich macht, wo das Zeichen des Arguments einzutreten hat" (*FB* 7f. [*KS* 129]).

denen man, wenn man an der Argumentstelle des sie bezeichnenden
Funktionsausdrucks eine Einsetzung vornimmt, einen Ausdruck erhält,
der entweder wahr oder falsch ist. Von diesen Funktionen sagt Frege,
ihr Wert sei für ein gegebenes Argument jeweils ein "Wahrheitswert",
wobei er von den beiden Wahrheitswerten, zwischen denen er unterscheidet, "der Kürze halber den einen das Wahre, den andern das Falsche"[10] nennt.

Ist der Wert einer Funktion $f(x)$ für ein Argument a einer der beiden
Wahrheitswerte, so besteht zwischen a und $f(x)$ eine Beziehung, die sich
nach Frege in dem Sinne umschreiben läßt, daß je nachdem, welchen der
beiden Wahrheitswerte die Funktion $f(x)$ für das Argument a als Wert
erhält, der Gegenstand a entweder unter den Begriff $f(x)$ fällt oder nicht
unter ihn fällt. Frege kann daher mit Hilfe des Funktionsbegriffs den
Begriff des Begriffs selbst definieren, indem er sagt, ein Begriff sei
"eine Funktion, deren Wert immer" — d.h. "für jedes Argument" —
"ein Wahrheitswert ist"[11]. Die Erweiterung des mathematischen Funktionsbegriffs, die Frege mit dieser Definition vornimmt, bringt es mit
sich, daß als Argumente von Funktionen "nicht mehr bloß Zahlen zuzulassen (sind), sondern Gegenstände überhaupt, wobei ich allerdings",
bemerkt Frege, "auch Personen zu den Gegenständen rechnen muß"[12].

Frege betrachtet nun den Wert, den eine bestimmte Funktion für ein
bestimmtes Argument erhält, als die Bedeutung desjenigen Ausdrucks,
zu dem das Zeichen dieses Arguments den Ausdruck jener Funktion
ergänzt. Daher bedeutet z.B. der Satz "Caesar eroberte Gallien", zu dem
der Funktionsausdruck "x eroberte Gallien" durch den Namen "Caesar"
als Argumentzeichen ergänzt wird, für Frege ebenso den Wahrheitswert
des Wahren, wie der Ausdruck "die Hauptstadt von England", zu dem
der Funktionsausdruck "die Hauptstadt von x" durch den Namen "England" ergänzt wird, die Stadt London bedeutet oder wie der Ausdruck "2
+ 2", zu dem der Funktionsausdruck "$x + 2$" durch das Zahlzeichen
"2" ergänzt wird, die Zahl 4 bedeutet.[13] Daß der Gedanke, den ein
Behauptungssatz als "Sinn" enthält, "im allgemeinen wahr oder falsch"
ist, heißt nach Frege: "dieser Gedanke ... hat im allgemeinen einen

---

[10] *SB* 34 (*KS* 149); vgl. *FB* 13 (*KS* 132).
[11] *FB* 15, 16 (*KS* 133).
[12] *FB* 17 (*KS* 134).
[13] Vgl. *FB* 16f. (*KS* 133f.).

Wahrheitswert, der ebenso als Bedeutung des Satzes aufzufassen ist, wie
etwa die Zahl 4 die Bedeutung des Ausdruckes '2 + 2' ist, oder wie
London die Bedeutung des Ausdruckes 'Englands Hauptstadt' ist."[14]

Die an der zuletzt zitierten Stelle angedeutete Unterscheidung, die er
zwischen dem Sinn und der Bedeutung eines sprachlichen Ausdrucks
macht, hat Frege in seinem 1892 erschienenen Aufsatz "Über Sinn und
Bedeutung" thematisch behandelt. Frege geht in diesem Aufsatz von der
Überlegung aus, daß Sätze der Form "$a = a$" auf der einen und Sätze
der Form "$a = b$" auf der anderen Seite "Sätze von verschiedenem
Erkenntniswerte" sind[15]: "$a = a$ gilt a priori und ist nach Kant analytisch zu nennen, während Sätze von der Form $a = b$ oft sehr wertvolle
Erweiterungen unserer Erkenntnis enthalten und a priori nicht immer zu
begründen sind."[16] Nach Frege kann eine Verschiedenheit des Erkennt-
niswertes zweier Sätze, von denen der eine die eine und der andere die
andere der beiden genannten Formen aufweist, "nur dadurch zustande
kommen, daß der Unterschied des Zeichens einem Unterschiede in der
Art des Gegebenseins des Bezeichneten entspricht"[17]. Daher erscheint
es ihm naheliegend, zwischen dem, was er die Bedeutung, und dem, was
er den Sinn eines sprachlichen Zeichens nennt, zu unterscheiden. "Es
liegt nun nahe", erklärt er, "mit einem Zeichen (...) außer dem Bezeichneten, was die Bedeutung des Zeichens heißen möge, noch das verbunden zu denken, was ich den Sinn des Zeichens nennen möchte, worin die
Art des Gegebenseins enthalten ist."[18]

Auf die Frage, was als der Sinn und was als die Bedeutung derjenigen sprachlichen Zeichen anzusehen ist, die wir Aussage- oder Be-
hauptungssätze nennen, gibt Frege, wie bereits angedeutet wurde, folgende Antwort: Ein Behauptungssatz drückt als seinen *Sinn* den *Gedanken* aus, den er enthält, und bezeichnet als seine *Bedeutung* den *Wahrheitswert*, den er oder, genauer gesagt, der in ihm enthaltene Gedanke
besitzt.[19] Dabei ist dreierlei zu beachten: Erstens will Frege unter dem
in einem Satz enthaltenen und als Sinn dieses Satzes ausgedrückten

---

[14] *FB* 16 (*KS* 133f.).
[15] *SB* 25 (*KS* 143).
[16] Ebd.
[17] *SB* 26 (*KS* 143f.).
[18] *SB* 26 (*KS* 144).
[19] Vgl. *SB* 31-34 (*KS* 147-149).

Gedanken, wie er selbst sagt, "nicht das subjektive Tun des Denkens" verstanden wissen, "sondern dessen objektiven Inhalt, der fähig ist, gemeinsames Eigentum von vielen zu sein"[20]. Zweitens hat ein Satz nach Frege nur insofern einen Wahrheitswert, als der Gedanke, den er als seinen Sinn ausdrückt, wahr oder falsch ist; denn "wenn wir einen Satz wahr nennen, meinen wir eigentlich seinen Sinn".[21] Und drittens ist zu beachten, daß Frege die beiden Wahrheitswerte des Wahren und des Falschen als zwei "Gegenstände" und die einzelnen Sätze, die wahr oder falsch sind, als "Eigennamen" dieser Gegenstände auffaßt.[22] Um welche Art von Gegenständen es sich nach Frege im Falle der beiden Wahrheitswerte handelt, geht aus folgender Erläuterung hervor: "Ich verstehe unter dem Wahrheitswerte eines Satzes den Umstand, daß er wahr oder daß er falsch ist."[23]

II

Freges gegenständliche Wahrheitskonzeption, der zufolge sowohl unter der Wahrheit eines wahren als auch unter der Falschheit eines falschen Satzes ein von dem jeweiligen Satz bezeichneter Gegenstand zu verstehen ist, fordert ihrem offensichtlichen Mangel an Plausibilität wegen zur Kritik geradezu heraus.[24] Ich möchte diese Kritik im folgenden nicht von außen an Frege herantragen, sondern seine Konzeption gewissermaßen von innen her aufzubrechen versuchen, indem ich an die Überlegungen anknüpfe, die er bei seiner Auseinandersetzung mit der Übereinstimmungstheorie der Wahrheit in seinem Aufsatz "Der Gedanke" anstellt.

---

[20] *SB* 32 (*KS* 148), Anm. 5.

[21] *G* 60 (*KS* 344).

[22] Vgl. *SB* 34 (*KS* 149). "Gegenstand ist alles, was nicht Funktion ist, dessen Ausdruck also keine leere Stelle mit sich führt", erklärt Frege bereits in "Funktion und Begriff" (*FB* 18 [*KS* 134]) und fährt fort: "Ein Behauptungssatz enthält keine leere Stelle und darum ist seine Bedeutung als Gegenstand anzusehen. Diese Bedeutung aber ist ein Wahrheitswert. Also sind die beiden Wahrheitswerte Gegenstände" (ebd.).

[23] *SB* 34 (*KS* 149).

[24] "Ich kann mich nicht überzeugen", schreibt Russell in einem vom 12. Dezember 1902 datierenden Brief an Frege, "dass das Wahre oder das Falsche die Bedeutung eines Satzes sei im selben Sinne [wie] z.B. ein gewisser Mensch die Bedeutung des Namens Julius Cäsar ist" (Gottlob Frege, *Wissenschaftlicher Briefwechsel*; hg., bearbeitet, eingeleitet und mit Anmerkungen versehen von G. Gabriel, H. Hermes, F. Kambartel, Ch. Thiel, A. Veraart, Hamburg 1976, 233). Zu dem von ihnen eingeklammerten "wie" merken die Herausgeber an, es sei im Original "unleserlich" (ebd., Anm. 3).

Bei seinem Versuch, "das Gebiet enger abzugrenzen, auf dem die
Wahrheit ausgesagt werden, wo überhaupt Wahrheit in Frage kommen
könne"[25], stellt Frege fest, man finde "die Wahrheit ausgesagt von Bildern, Vorstellungen, Sätzen und Gedanken"[26]. Was die nach ihm "mißbräuchlich" so genannte "Wahrheit von Bildern und Vorstellungen"[27]
anbetrifft, so gelangt Frege zu folgendem Urteil: "Offenbar würde man
das Bild nicht wahr nennen, wenn nicht eine Absicht dabei wäre. Das
Bild soll etwas darstellen. Auch die Vorstellung wird nicht an sich wahr
genannt, sondern nur im Hinblick auf eine Absicht, daß sie mit etwas
übereinstimmen solle. Danach kann man vermuten, daß die Wahrheit in
einer Übereinstimmung eines Bildes mit dem Abgebildeten bestehe."[28]
Gegen die Richtigkeit dieser Vermutung spricht nach Frege, daß eine
Übereinstimmung eine Beziehung zwischen zwei Größen ist, die miteinander übereinstimmen, so daß das Wort "wahr", wenn die Wahrheit in
der Übereinstimmung eines Bildes mit dem bestünde, was es abbildet,
eine Beziehung zwischen Bild und Abgebildetem zum Ausdruck bringen
müßte, was aber keineswegs der Fall ist. "Eine Übereinstimmung", so
Frege, "ist eine Beziehung. Dem widerspricht aber die Gebrauchsweise
des Wortes 'wahr', das kein Beziehungswort ist, keinen Hinweis auf
etwas anderes enthält, mit dem etwas übereinstimmen solle. Wenn ich
nicht weiß, daß ein Bild den Kölner Dom darstellen solle, weiß ich
nicht, womit ich das Bild vergleichen müsse, um über seine Wahrheit zu
entscheiden."[29] Was Frege anhand dieses Beispiels klarmachen will,
geht aus einer anderen Stelle deutlicher hervor, an der er folgendes zu
bedenken gibt: "Wenn man Wahrheit von einem Bilde aussagt, will man
eigentlich keine Eigenschaft aussagen, welche diesem Bilde ganz losgelöst von anderen Dingen zukäme, sondern man hat dabei immer noch
eine ganz andere Sache im Auge und man will sagen, daß jenes Bild mit
dieser Sache irgendwie übereinstimme."[30]
Wenn beispielsweise die Vorstellung, die ich mir vom Kölner Dom
mache, in dem Sinne wahr ist, daß das Bild, in dessen Gestalt ich mir

---

[25] G 59 (*KS* 343).
[26] Ebd.
[27] G 60 (*KS* 344).
[28] G 59 (*KS* 343).
[29] G 59f. (*KS* 343).
[30] G 60 (*KS* 344).

den Kölner Dom vorstelle, mit dem Kölner Dom übereinstimmt, so ist diesem Bild die Absicht, daß es mit dem Kölner Dom übereinstimmen soll, nicht anzusehen. Die Wahrheit, die in der Übereinstimmung dieses Bildes mit dem Kölner Dom besteht, ist daher eigentlich gar keine Eigenschaft, die diesem Bild selbst zukäme, sondern eine Eigenschaft, die dem Satz zukommt, der besagt, daß dieses Bild mit dem Kölner Dom übereinstimmt. Dies scheint Frege jedenfalls behaupten zu wollen, wenn er nach den zuletzt zitierten Worten fortfährt: "'Meine Vorstellung stimmt mit dem Kölner Dome überein' ist ein Satz, und es handelt sich nun um die Wahrheit dieses Satzes. So wird, was man wohl mißbräuchlich Wahrheit von Bildern und Vorstellungen nennt, auf die Wahrheit von Sätzen zurückgeführt."[31]

Wie bereits erwähnt, wird die Wahrheit eines Satzes von Frege ihrerseits auf die Wahrheit dessen zurückgeführt, was ein Satz als seinen Sinn ausdrückt. Das Wahrsein des Sinnes eines Satzes besteht nun aber, wie Frege betont, "nicht in der Übereinstimmung dieses Sinnes mit etwas anderem; denn sonst wiederholte sich die Frage nach dem Wahrsein ins Unendliche."[32] Der "Versuch, die Wahrheit als eine Übereinstimmung zu erklären", "scheitert" nach Frege daran, daß die Frage, ob etwas mit etwas anderem — etwa "eine Vorstellung" mit "etwas Wirklichem" — übereinstimmt, stets auf die Frage zurückführt, ob es wahr ist, daß das eine mit dem anderen übereinstimmt.[33]

III

Freges Kritik an der Übereinstimmungstheorie der Wahrheit, die ihn zu dem negativen Ergebnis führt, es sei "wahrscheinlich, daß der Inhalt des Wortes 'wahr' ganz einzigartig und undefinierbar ist"[34], enthält einen von ihm selbst offenbar nicht bemerkten Ansatz zu einer positiven Bestimmung dessen, was das Wort "wahr" bedeutet, der seiner anfangs skizzierten gegenständlichen Wahrheitskonzeption zuwiderläuft und den ich nun herausarbeiten möchte.

---

[31] Ebd.
[32] Ebd.
[33] Vgl. ebd.
[34] Ebd.; vgl. auch *G* 61: "Die Bedeutung des Wortes 'wahr' scheint ganz einzigartig zu sein" (*KS* 345).

Wie Frege an einer bereits zitierten Stelle bemerkt, "würde man das Bild nicht wahr nennen, wenn nicht eine Absicht dabei wäre. Das Bild soll etwas darstellen."[35] Dies gilt nun aber auch für einen Satz (genauer gesagt: für einen Behauptungssatz), mit dem charakteristischen Unterschied allerdings, daß die Absicht, etwas mit ihm darzustellen, im Hinblick auf die man ihn wahr oder falsch nennt, zu einem Satz nicht als etwas ihm Äußerliches hinzukommt, sondern mit ihm deshalb, weil er als seinen Sinn ausdrückt, was er darstellen soll, innerlich verbunden ist. Einem Gemälde, auf dem eine gotische Kathedrale mit zwei Türmen zu sehen ist, sieht man nicht ohne weiteres an, in welcher Absicht es gemalt ist, so daß man es, falls man es überhaupt wahr oder falsch zu nennen bereit ist, je nachdem, welche Absicht man dem Maler unterstellt, ebensogut für ein wahres Bild des Kölner Doms wie für ein falsches Bild des Freiburger Münsters halten kann. Hingegen drückt der Satz "Der Kölner Dom hat zwei Türme" als seinen Sinn aus, was jemand, der ihn ausspricht, mit ihm darzustellen beabsichtigt, so daß man, wenn man seinen Sinn versteht, weiß, was er darstellen soll.

Was soll dieser Satz nun darstellen? Im Gegensatz zu einem Bild des Kölner Doms soll der Satz "Der Kölner Dom hat zwei Türme" offenbar nicht den Kölner Dom darstellen, sondern er soll darstellen, wie es sich mit dem Kölner Dom hinsichtlich der Anzahl seiner Türme verhält; das heißt, er soll einen als Tatsache bestehenden Sachverhalt darstellen. Demnach könnte man vermuten, man müsse diesen Satz, um zu entscheiden, ob er wahr oder falsch ist, ebenso mit dem auf seiten des Kölner Doms hinsichtlich der Anzahl seiner Türme tatsächlich bestehenden Sachverhalt vergleichen, wie man ein Bild, das den Kölner Dom darstellen soll, mit dem Kölner Dom vergleichen muß, um, wie Frege sagt, "über seine Wahrheit zu entscheiden"[36]. Mit dem auf seiten des Kölner Doms hinsichtlich der Anzahl seiner Türme tatsächlich bestehenden Sachverhalt könnte man den Satz "Der Kölner Dom hat zwei Türme" aber nur dadurch vergleichen, daß man ihn mit einem anderen Satz vergliche, der diesen tatsächlich bestehenden Sachverhalt darstellt. Der Versuch, die Wahrheit eines Satzes als eine durch einen Vergleich festzustellende Übereinstimmung des betreffenden Satzes mit etwas anderem — nämlich einem als Tatsache bestehenden Sachverhalt — zu erklären,

---

[35] G 59 (KS 343).
[36] G 60 (KS 343).

erweist sich damit erneut als zum Scheitern verurteilt; denn er läuft darauf hinaus, die Wahrheit eines Satzes im Rückgriff auf die Wahrheit eines mit ihm äquivalenten anderen Satzes zu erklären.

Die Absicht, daß er einen als Tatsache bestehenden Sachverhalt darstellen soll, ist mit einem Behauptungssatz nicht als die Absicht verbunden, daß er mit einer Tatsache übereinstimmen soll wie ein Bild mit einer Sache, sondern als die Absicht, daß das, was mit ihm behauptet wird, zutreffen soll. Die Rede vom Zutreffen dessen, was mit einem Satz behauptet wird, ist insofern aufschlußreich, als die in ihr enthaltene Metapher des Treffens den Weg zum richtigen Verständnis dessen weist, was es mit der Wahrheit eines Satzes auf sich hat. "Bildliche Ausdrücke, mit Vorsicht gebraucht, können" ja, wie Frege einmal sehr schön bemerkt, "immerhin etwas zur Verdeutlichung beitragen."[37] Lassen wir uns also von der Metapher des Treffens ein Stückweit führen.

Wie man, um etwas treffen zu können, das anzielen muß, was man treffen will, so muß man es sich, um etwas Zutreffendes behaupten zu können, zum Ziel setzen, von einer bestimmten Sache zu sagen, wie es sich mit ihr in einer bestimmten Hinsicht verhält, beispielsweise vom Kölner Dom, wie es sich mit ihm hinsichtlich der Anzahl seiner Türme verhält. Um dieses Ziel zu erreichen, muß man ebenso, wie man beispielsweise, um den mit einem Wurf angezielten Punkt zu erreichen, nach diesem Punkt werfen muß, einen Sachverhalt entwerfen — in unserem Beispiel etwa den Sachverhalt, daß der Kölner Dom zwei Türme, oder den Sachverhalt, daß er einen Turm hat —, indem man diesen Sachverhalt in einem Satz aussagt. Wie ein Wurf dann als Treffer gilt, wenn der beim Werfen angezielte Punkt nicht verfehlt, sondern erreicht wird, so gilt der Entwurf eines in einem Satz ausgesagten Sachverhaltes und damit die mit dem Satz aufgestellte Behauptung dann als zutreffend, wenn das Ziel des Entwurfs, den auf seiten einer bestimmten Sache in einer bestimmten Hinsicht tatsächlich bestehenden Sachverhalt zu entwerfen, erreicht wird, wenn der in dem Satz ausgesagte und als Tatsache *behauptete* Sachverhalt also eine Tatsache *ist*.

Wahr, können wir nun sagen, ist das, was mit einem Satz behauptet wird, und damit auch der Satz selbst dann, wenn der Entwurf des in dem Satz ausgesagten Sachverhalts in dem Sinne ein erfolgreicher Entwurf

---

[37] V 157 (*KS* 377).

ist, daß das mit ihm beabsichtigte Ziel, einen als Tatsache bestehenden Sachverhalt zu entwerfen, nicht verfehlt, sondern getroffen wird.

Der Begriff des Erfolgs, der hier ins Spiel kommt, führt uns zu Frege zurück, der uns mit dem Begriff der Absicht den Leitbegriff für die soeben angestellten Überlegungen an die Hand gab. "Beachtenswert ist es auch", lesen wir in seinem Aufsatz "Der Gedanke", "daß der Satz 'ich rieche Veilchenduft' doch wohl denselben Inhalt hat wie der Satz 'es ist wahr, daß ich Veilchenduft rieche'. So scheint denn dem Gedanken dadurch nichts hinzugefügt zu werden, daß ich ihm die Eigenschaft der Wahrheit beilege. Und doch!", fährt Frege fort, "ist es nicht ein großer Erfolg, wenn nach langem Schwanken und mühsamen Untersuchungen der Forscher schließlich sagen kann 'was ich vermutet habe, ist wahr'?"[38]

Die Einsicht, die in diesen Worten Freges zum Ausdruck kommt, steht in einem merkwürdigen Kontrast zu Freges Auffassung, daß der Wahrheitswert des in einem Satz ausgedrückten Gedankens ein von dem betreffenden Satz bezeichneter Gegenstand ist. Ein beliebiger Behauptungssatz 'p'[39] hat ja nicht nur dann denselben Inhalt wie der Satz "Es ist wahr, daß p", wenn der in ihm ausgedrückte Gedanke tatsächlich wahr ist, sondern auch dann, wenn dieser Gedanke falsch ist. Es liegt daher in der Konsequenz der von Frege vertretenen Auffassung, daß ein falscher Satz 'p' als seinen *Sinn* zwar den Gedanken ausdrückt, daß es *wahr* ist, daß p, als seine *Bedeutung* aber den Umstand bezeichnet, daß es *falsch* ist, daß p.

Die Fragwürdigkeit dieser Konsequenz ist ein untrügliches Anzeichen dafür, daß der Unterschied zwischen der *Absicht*, mit einem Satz einen Gedanken auszudrücken, der wahr ist, und dem *Erfolg* oder *Mißerfolg*, der darin besteht, daß diese Absicht erreicht bzw. verfehlt wird, ein Unterschied ist, der mit dem Unterschied zwischen dem Sinn und der Bedeutung eines Satzes nicht etwa zusammenfällt, sondern gewissermaßen quer zu ihm verläuft.

Der Umstand, daß der in einem Behauptungssatz ausgedrückte Gedanke wahr ist, ist ebenso wie der Umstand, daß der in einem solchen

---

[38] *G* 61 (*KS* 345).

[39] Zur Unterscheidung von der Erwähnung des Buchstabens "p" kennzeichne ich die Erwähnung des Satzes 'p', den dieser Buchstabe vertritt, durch einfache Anführungszeichen. Entsprechendes gilt für die Erwähnung des durch den Buchstaben "A" vertretenen Ausdrucks 'A' in der übernächsten Anmerkung.

Satz ausgedrückte Gedanke falsch ist, nicht als ein Gegenstand aufzufassen, den der jeweilige Satz bezeichnet, sondern als ein Umstand, der mit der besonderen Art und Weise verknüpft ist, in der ein Behauptungssatz als Zeichen fungiert. Geht man davon aus, daß ein Behauptungssatz in der Weise als Zeichen fungiert, daß er einen Sachverhalt darstellt, beschreibt oder aussagt, so ist unter dem Umstand, daß der in einem solchen Satz ausgedrückte Gedanke wahr ist, nichts anderes zu verstehen als der Umstand, daß der in dem Satz ausgesagte Sachverhalt als eine Tatsache besteht. Wenn wir von der Wahrheit eines Satzes sprechen, so meinen wir damit schlicht und einfach den Umstand, daß es sich tatsächlich so verhält, wie der Satz sagt, und nicht etwa einen Gegenstand, den der Satz dann, wenn es sich tatsächlich so verhält, wie er sagt, bezeichnet oder bedeutet. Die Annahme, daß ein Behauptungssatz als seine Bedeutung den Wahrheitswert bezeichnet, den er hat, d.h. "den Umstand, daß er wahr oder daß er falsch ist"[40], ist nicht minder fragwürdig, als es die Annahme wäre, ein Befehlssatz bezeichne als seine Bedeutung den Umstand, daß der in ihm ausgedrückte Befehl befolgt oder daß er nicht befolgt wird.

IV

Nach Frege ist im Sinn eines sprachlichen Ausdrucks die Art und Weise enthalten, in der die Bedeutung des betreffenden Ausdrucks jemandem, der diesen Ausdruck versteht, gegeben ist[41]. Was uns in einer bestimmten Weise gegeben ist, wenn wir einen Behauptungssatz verstehen, ist nun aber nicht der Umstand, daß der Satz wahr oder daß er falsch ist, sondern gegeben sind uns in diesem Falle die Umstände, die vorliegen müssen, damit der Satz wahr ist. Es legt sich daher nahe, anstelle des Wahrheitswertes, den ein Behauptungssatz hat, den Sachverhalt, dessen

---

[40] *SB* 34 (*KS* 149).

[41] Vgl. M. Dummett, *The Interpretation of Frege's Philosophy*, London 1981, 480 ("the sense of an expression is the way in which its reference is given to us"). Die, soweit ich sehe, von Frege offengelassene Frage, was es genau heißt, daß im Sinn eines sprachlichen Ausdrucks oder Zeichens "die Art des Gegebenseins" — nämlich die "Art des Gegebenseins des Bezeichneten" — "enthalten ist" (*SB* 26 [*KS* 143f.]; vgl. *G* 65f. [*KS* 350]), läßt sich unter der Voraussetzung, daß man unter dem Sinn eines Ausdrucks 'A' die Funktion $A(w)$ versteht, die jeder möglichen Welt w das zuordnet, was der Ausdruck 'A' in ihr bezeichnet oder bedeutet, folgendermaßen beantworten: Daß im Sinn des Ausdrucks 'A' die Art und Weise enthalten ist, in der die Bedeutung von 'A' jemandem, der 'A' versteht, gegeben ist, heißt, daß jemand, der 'A' versteht, die Bedeutung von 'A' als der Wert gegeben ist, den die Funktion $A(w)$ für die wirkliche Welt als Argument erhält.

Bestehen oder Nicht-Bestehen die Wahrheit bzw. Falschheit des Satzes bedingt, als das aufzufassen, was Frege zur Unterscheidung vom Sinn des Satzes dessen Bedeutung nennt.

Eine solche Korrektur an der Auffassung Freges ist allerdings dem Einwand ausgesetzt, daß die Art und Weise, in der Frege den Begriff der Tatsache bestimmt, den in einem Satz ausgesagten Sachverhalt von dem Gedanken, den der Satz als seinen Sinn ausdrückt, nicht zu unterscheiden erlaubt. Auf die Frage "Was ist eine Tatsache?", die er sich in seinem Aufsatz "Der Gedanke" stellt, gibt Frege nämlich die Antwort: "Eine Tatsache ist ein Gedanke, der wahr ist".[42] Wenn eine *Tatsache*, die ja ein *bestehender* Sachverhalt ist, ein *wahrer* Gedanke ist, so ist ein *Sachverhalt* nichts anderes als ein *Gedanke*.

Nun ist der in Freges Tatsachenbegriff implizierte Begriff des Sachverhalts, der sich in der heutigen Philosophie weitgehend durchgesetzt zu haben scheint, freilich nicht der einzig mögliche. Statt ihn als den Gedanken zu begreifen, den ein Satz als seinen Sinn ausdrückt, kann man einen Sachverhalt ebensogut als dasjenige auffassen, was durch den in einem Satz ausgedrückten Gedanken jemandem, der den Sinn des Satzes versteht, in einer bestimmten Weise gegeben ist. Diese Auffassung, die ich hier vertreten möchte, scheint allerdings durch folgende Überlegung, die Frege in seinem Aufsatz "Über Sinn und Bedeutung" anstellt, als unhaltbar erwiesen zu werden. "Wenn unsere Vermutung richtig ist", schreibt er in diesem Aufsatz[43], "daß die Bedeutung eines Satzes sein Wahrheitswert ist, so muß dieser unverändert bleiben, wenn ein Satzteil durch einen Ausdruck von derselben Bedeutung, aber anderm Sinne ersetzt wird. Und das ist in der Tat der Fall", fügt er hinzu, um nach einem kurzen Hinweis auf Leibniz die rhetorische Frage zu stellen: "Was sonst als der Wahrheitswert könnte auch gefunden werden, das ganz allgemein zu jedem Satze gehört, bei dem überhaupt die Bedeutung der Bestandteile in Betracht kommt, was bei einer Ersetzung der angegebenen Art unverändert bliebe?"[44]

Freges Auffassung, daß in einem Behauptungssatz, in dem ein Ausdruck durch einen gleichbedeutenden, aber sinnverschiedenen anderen ersetzt wird, von dieser Ersetzung außer dem Wahrheitswert des Satzes

---

[42] *G* 74 (*KS* 359).
[43] *SB* 35 (*KS* 150).
[44] Ebd.

nichts "unberührt bleibt"[45], dürfte jedoch kaum haltbar sein.[46] Was gegen sie spricht, läßt sich am Beispiel der beiden von Frege angeführten Sätze "der Morgenstern ist ein von der Sonne beleuchteter Körper" und "der Abendstern ist ein von der Sonne beleuchteter Körper"[47] leicht zeigen. Diese beiden Sätze drücken zwar, wie Frege mit Recht bemerkt, insofern verschiedene Gedanken aus, als der Sinn des Wortes "Morgenstern" verschieden ist vom Sinn des Wortes "Abendstern"; da diese beiden Wörter jedoch dieselbe Bedeutung haben, d.h. denselben Gegenstand bezeichnen, haben die beiden genannten Sätze, in denen sie vorkommen, nicht nur denselben Wahrheitswert, sondern auch dieselben Wahrheitsbedingungen.[48] Jeder dieser beiden Sätze ist nämlich genau dann wahr, wenn der durch die beiden Wörter "Morgenstern" und "Abendstern" bezeichnete Gegenstand unter den Begriff fällt, den der Begriffsausdruck "(ein) von der Sonne beleuchteter Körper" bezeichnet. Das Bestehen des Sachverhaltes, daß jener Gegenstand unter diesen Begriff fällt, ist — unabhängig davon, mit welchen Worten dieser Sachverhalt ausgesagt wird — die Bedingung dafür, daß die Worte, mit denen er ausgesagt wird, wahr sind. Was die beiden genannten Sätze, deren Sinn ebenso verschieden ist wie ihr Wortlaut, über ihren Wahrheitswert hinaus gemeinsam haben, ist der in ihnen mit verschiedenen Worten von verschiedenem Sinn ausgesagte Sachverhalt, daß ein bestimmter Gegenstand unter einen bestimmten Begriff fällt. Dieser Sachverhalt bleibt derselbe, wenn in einem Satz, in dem er ausgesagt wird, "ein Satzteil durch einen Ausdruck von derselben Bedeutung, aber anderm Sinne ersetzt wird"[49], so daß es sich nahelegt, zwischen dem in einem Behauptungssatz ausgedrückten Gedanken und dem in ihm ausgesagten Sachverhalt eine Unterscheidung zu machen, die auf folgenden

---

[45] Vgl. *SB* 36 (*KS* 151).

[46] Vgl. hierzu meinen Aufsatz "Aussagesatz und Sachverhalt. Ein Versuch zur Neubestimmung ihres Verhältnisses", in: *Grazer Philosophische Studien* 18 (1982), 75-99.

[47] *SB* 32 (*KS* 148).

[48] Zur Vermeidung von Mißverständnissen sei darauf hingewiesen, daß hier unter den Wahrheitsbedingungen eines Satzes nicht etwa all das verstanden wird, was in unserer *wirklichen* Welt *oder* in irgendeiner der relativ zu ihr *möglichen* Welten genau dann der Fall ist, wenn der betreffende Satz in ihr wahr ist, sondern lediglich das, was in unserer *wirklichen* Welt genau dann der Fall ist, wenn der betreffende Satz in ihr wahr ist, d.h. die Summe derjenigen Bedingungen, für die gilt, daß jede von ihnen notwendig und sie alle zusammen hinreichend dafür sind, daß der betreffende Satz *unter den tatsächlich gegebenen Umständen* wahr ist. Diese Bedingungen lassen sich zu einer einzigen Bedingung zusammenfassen, die für das Wahrsein des betreffenden Satzes in unserer wirklichen Welt sowohl notwendig als auch hinreichend ist.

[49] *SB* 35 (*KS* 150).

Identitätskriterien beruht: Die in zwei Sätzen ausgesagten *Sachverhalte* sind genau dann identisch, wenn die beiden Sätze unter denselben Bedingungen wahr sind. Die in zwei Sätzen ausgedrückten *Gedanken* hingegen sind genau dann identisch, wenn jemandem, der die beiden Sätze versteht, die Bedingungen ihrer Wahrheit in derselben Weise gegeben sind.[50]

Der in einem Satz ausgesagte Sachverhalt läßt sich ebensowenig wie der in einem Satz ausgedrückte Gedanke als eine Größe auffassen, die in einem sowohl von der Außenwelt der sinnlich wahrnehmbaren Dinge als auch von der Innenwelt der Sinneseindrücke verschiedenen "dritten Reich", wie Frege es nennt[51], selbständig existiert. Vielmehr ist der in einem Satz ausgesagte Sachverhalt einerseits als ein von jemandem, der ihn aussagt, entworfener Sachverhalt vom erkennenden Subjekt und andererseits als ein auf seiten der Sache, die Gegenstand der Aussage ist, entweder bestehender oder nicht bestehender Sachverhalt vom erkannten Objekt abhängig und stellt damit eine zugleich subjektive und objektive Größe dar, während der in einem Satz ausgedrückte Gedanke nichts anderes ist als die Art und Weise, in welcher der in dem Satz ausgesagte Sachverhalt denjenigen, die den Satz verstehen, gegeben ist.

---

[50] Näheres hierzu in dem oben (Anm. 46) genannten Aufsatz. Vgl. auch K. Berka/L. Kreiser, "Eine grundsätzliche Erweiterung der Semantik G. Freges", in: *Deutsche Zeitschrift für Philosophie* 16 (1968), 1228-1239. Berka und Kreiser machen den Vorschlag, Freges "zweidimensionale Semantik" von Sinn und Bedeutung durch eine auf der Ebene der Bedeutung vorzunehmende Unterscheidung zwischen "Designat" und "Denotat" zu einer "dreidimensionalen Semantik" zu erweitern (vgl. 1230f.). Nach ihrer Theorie, mit der die von mir vertretene Auffassung nur teilweise übereinstimmt, drückt ein Aussage- oder Behauptungssatz als sein "Signifikat" (d.h. als seinen Sinn) eine *Proposition* aus, bezeichnet als sein "Designat" einen *Sachverhalt* und bedeutet als sein "Denotat" einen *Wahrheitswert* (vgl. ebd.).

[51] Vgl. *G* 69 (*KS* 353).

Bernward Grünewald, Bonn

Positionalität und die Grundlegung einer philosophischen Anthropologie bei Helmuth Plessner

Helmuth Plessners Werk, "Die Stufen des Organischen und der Mensch", das zuerst 1928 erschien[1], ist damals vom Publikum wenig beachtet worden. Das hat seinen Grund sicher nicht nur darin, daß etwa Heideggers "Sein und Zeit" alles andere im Bewußtsein der Zeitgenossen verdrängte (worauf Plessner selbst hingewiesen hat); das hat seinen Grund vor allem auch in Plessners Werk selbst: Es ist auf ungeschickte Weise schwer geschrieben, überlastet den Leser mit einer Unmenge von Referaten der zeitgenössischen wissenschaftlichen Literatur und benutzt insbesondere dort, wo der Leser dringend *exakte Begriffe* braucht, *Metaphern, Bilder,* und *präpositional überfrachtete Termini*, die uns zwar ahnen lassen, daß der Autor ganz entscheidende und wertvolle Gedanken entwickelt, uns aber doch immer wieder das Gefühl geben, daß wir über die bloße Ahnung des Gedankens nicht hinauskommen.

Meine Aufgabe sehe ich deshalb vor allem darin, einige *Grundgedanken* der Plessnerschen Konzeption *begrifflich* so weit zu verdeutlichen, daß ihr philosophischer Wert für eine *Theorie des Organischen* und - in weiterer Folge - auch für die Grundlegung einer *Anthropologie* und eine Theorie des konkreten Subjekts erkennbar wird.

Die Crux einer jeden Theorie der konkreten Subjektivität beruht ja darauf, daß da ein *in* der Natur vorkommendes Wesen unter Prinzipien stehen soll, die *nicht* Prinzipien der Natur sind. - "Der Mensch ist nie nur vorhanden, sondern ... birgt auch Existenz, ist nicht nur innerweltlich, sondern konstituiert auch Welt." sagt Plessner später einmal, sich an die Heideggersche Terminologie anlehnend (wonach 'Existenz' das

---

[1] Helmuth Plessner, Die Stufen des Organischen und der Mensch. Einleitung in die philosophische Anthropologie (2. Aufl. 1966, 3. Aufl. 1975 [Sammlung Göschen 2200]) jetzt in: Gesammelte Schriften, hrsg. v. G. Dux, O. Marquard u. E. Ströker, Bd. IV, Frankfurt a. M. 1981 - im Folgenden zitiert als 'ST', gefolgt von der Seitenzahl; in eckiger Klammer füge ich die Seitenzahl der leichter zugänglichen Ausgabe der 'Sammlung Göschen' hinzu. - Das Werk ist seit der 2. Aufl. durch ein zweites Vorwort und einen Nachtrag ergänzt. - Statt auf weitere Sekundärliteratur verweise ich ganz allgemein auf die vorzügliche neue Analyse des Plessnerschen Werkes von Stephan Pietrowicz, Helmuth Plessner. Genese und System seines philosophisch-anthropologischen Denkens, Freiburg/München 1992; dort findet der Leser auch eine ausführliche Bibliographie.

Wesen des - menschlichen - 'Daseins' bezeichnet).[2] Wie ist solche Doppelbestimmtheit möglich? - Ein *Dualismus* zweier wesensverschiedener *Substanzen* hat sich, weil deren Verknüpfung miteinander letztlich kaum erklärbar ist, als höchst unbefriedigend erwiesen (vgl. insbes. ST 78ff. [38ff.]); nicht besser wird man von Versuchen der Naturalisierung von Geltungsprinzipien, neuerdings etwa in einer sogenannten 'evolutionären' oder 'biologischen Erkenntnistheorie' als große Lösung angepriesen, denken können (vgl. dazu Plessners Referat schon der Bergsonschen Kritik an der zirkelhaften Erklärung der Kategorien bei H. Spencer, ST 41 [6ff.]).

Plessner nun versucht in seinem Werk den Dualismus von Natur und Geist zu überwinden, indem er den Doppelaspekt der naturalen und der geistigen Existenz des Menschen auf ein einziges Prinzip zurückführt; näherhin, indem er das Geistige 1. nicht unmittelbar mit dem *Bloß*-Physischen in Beziehung setzt, sondern mit dem Organischen, also einem *Auch*-Physischen, und 2. indem er es als Abwandlung (Stufe) dieses Auch-Physischen begreift.

In einer philosophischen Theorie des Organischen also möchte Plessner ein Fundament für die Anthropologie legen. "Die Frage lautet: Welche Bedingungen müssen erfüllt sein, damit die Dimension der Existenz von der des Lebens fundiert wird?" (AW 344). - Mit dieser 'transzendental' zu verstehenden Frage grenzt sich Plessner sowohl gegen eine rein empirisch konzipierte Anthropologie (im Sinne A. Gehlens[3]) als auch gegen einen schlichten ontologischen Ansatz beim Modell des Aufruhens (wie es N. Hartmann benutzte), schließlich aber auch gegen den fundamentalontologischen Weg Heideggers ab: Die erstgenannte Konzeption operiert (da stimmt Plessner offenbar Heidegger zu) in ihrer "Kontrastierung des Menschen als einer zoologischen Spezies zum Tier

---

[2] H. Plessner, Der Aussagewert einer philosophischen Anthropologie, in: Wirklichkeit und Reflexion. Walter Schulz zum 60. Geburtstag, hrsg. v. H. Fahrenbach, Pfullingen 1973 (S. 335-353) S. 341 - im Folgenden zitiert als 'AW'; der Aufsatz holt die in den 'Stufen' aus Zeitgründen noch fehlende Auseinandersetzung mit Heidegger nach, wie ansatzweise auch schon das Vorwort zur 2. Aufl. der 'Stufen'. Plessner gesteht dort zu, daß er damals "in Unkenntnis von 'Sein und Zeit' ... eine Stufe der Reflexion ... übersprungen" habe, und möchte nun jene Frage stellen, mit der "sich in den letzten Jahrzehnten niemand ... befaßt hat - weil sie für Heidegger und seine Schule tabu war", wiewohl die Antwort in den 'Stufen' vorliege: die Frage "Was fundiert Existenz" (vgl. AW 344).

[3] Vgl. Arnold Gehlen, Der Mensch. Seine Natur und seine Stellung in der Welt, ([1]1940) - Frankfurt [9]1976. Um zu erkennen, worauf dieser biologistische Empirismus ursprünglich hinauswill, sollte man immer auch die 1. oder 2. Auflage dieses Werkes studieren (in denen der Begriff der *Führung* noch nicht durch den der *Institutionen* ersetzt ist).

nicht nur mit zwei unbekannten Größen, sondern täuscht eine Ver-
gleichsmöglichkeit zwischen vorhandenen Größen vor" (vgl. AW 336)
und ist nicht in der Lage, die kontrastierten Konkretionen "auf einen
gemeinsamen Grund", eine 'übergreifende Dimension' zu beziehen.
Denn ein "biologisches Verhaltensmodell", das die Herdersche These
vom Mängelwesen strapaziert, bringt diese "an die Grenze ihrer Tragfähigkeit", sobald es auf die "Emanzipation des menschlichen Verhaltens
vom biologisch eindeutigen Handeln" stößt (vgl. ST 23 u. 27 [XIV u.
XVIII]); und Begriffe wie derjenige der Entlastung erklären letztlich
nichts, weil sie allzu leicht darüber hinwegtäuschen, daß "jeder Entlastung durch Sparen an körperlichem Arbeitsaufwand ... ein Zuwachs an
Last durch die steigende Indirektheit sprachgeleiteten Verhaltens" gegen-
übersteht (vgl. ST 25 [XVI]).

Der von N. Hartmann gewählte schichtenontologische Ansatz bringt
mit seinem Modell des Aufruhens nach Plessner wie "alle, immer wieder
erneuerten Traditionen der Philosophie ... das Problem in eine fatale
Nähe zum psycho-physischen Realismus oder Parallelismus" (vgl. AW
343). - Die Methode seiner philosophischen Anthropologie hält Plessner
schließlich "anderen, auch existenzphilosophischen" Fragestellungen für
überlegen, weil sie die Frage nach dem Sinn von Sein zwar bedacht
habe, aber in die umfassende Lebensperspektive mit einschließe (vgl.
AW 352). Ein fundamentalontologischer Ausgang allein von der Existenz des Menschen bleibt "der Interpretation von phänomenologischen
Strukturen als Sinnstrukturen verhaftet" (vgl. AW 343), d. h. sie spricht
statt von den Bedingungen der Möglichkeit eines sich zur 'Existenz'
differenzierenden Lebens nur vom Seinsverständnis des existierenden
Daseins. So scheint dann Leben "nur privativ, vom existierenden Dasein
her zugänglich" zu sein. Die Verabsolutierung dieses Weges jedoch läßt
"die Methode ... über die Sache triumphieren. Hat man sich einmal von
der Unmöglichkeit einer freischwebenden Existenzdimension überzeugt,
so tut sich die Notwendigkeit ihrer Fundierung auf." (ST 22 [XIV; vgl.
auch ST 20 [XII f.]).

Demnach stellt sich Plessner zwei Hauptaufgaben, denen auch meine
Darstellung folgen muß: *Zum einen* ist die Differenz zwischen dem
Organischen und dem *Bloß*-Physischen zu erklären und damit das Prinzip, der 'gemeinsame Grund' alles Lebendigen aufzudecken - und zwar
ohne irgendwelche Zuflucht zu einem *nicht*-physischen Seienden zu
nehmen. Ich werde also in einem *ersten* Schritt Plessners Theorie des

Organischen überhaupt darzustellen haben. *Zum anderen* ist die *Differen-zierung des Organischen* zu erklären, und zwar so, daß auch der Mensch und das an ihm, was wir Geist nennen, als *Konkretion* eben jenes *Prin-zips* erkennbar wird, das in der generellen Theorie des Organischen angesetzt worden ist. Dies wird den *zweiten* Schritt meiner Darstellung ausmachen.

Das Problem einer jeden neuzeitlichen Theorie des Organischen überhaupt besteht darin, das offensichtliche *Phänomen* echter *Ganzheit* und *Zweckmäßigkeit* organischer Gebilde theoretisch zu begreifen, ohne dabei die unaufhaltsam fortschreitende chemisch-physikalische Kausaler-klärung organischer Prozesse durch den Rückgriff auf irgendeine inner- oder außerweltliche Zweck*setzung* theoretisch einzuschränken. - Kant hatte in der "Kritik der Urteilskraft" das Problem dadurch zu lösen versucht, daß er zwischen ursächlicher Erklärung nach gegenstands*kon-stitutiven* Prinzipien der *bestimmenden* Urteilskraft und bloß *reflek-tierender Beurteilung* unterschied und nur der letzteren das Recht ein-räumte, den Zweckbegriff als *heuristisches* und *regulatives* Prinzip der Forschung zu verwenden: Wir müssen demnach, um Zusammenhang und Einheit in unsere Forschung zu bringen, organische Gegenstände und schließlich die Gesamtnatur so beurteilen, *als ob* eine intelligente Zweck-setzung sie zu einem Ganzen organisiert hätte. Wir verfahren dabei nach einer Analogie mit der bei uns Menschen erfahrbaren Zwecksetzung.

Dieses kritische Verfahren ist sicherlich erkenntnistheoretisch legitim und wissenschaftstheoretisch notwendig. Auch *Plessner* benutzt den Begriff der 'Zweckmäßigkeit ohne Zwecksetzung' dem Sinne nach dur-chaus.[4] Nach seiner "Überzeugung sind die Zeiten des Vitalismus für immer vorbei", wie es zu Anfang des 'Nachwortes' heißt (vgl. ST 426 [349] und schon ST 160ff. [109ff.]). - Da Plessner jedoch gerade erklä-ren will, worin die generellen organischen *Voraussetzungen* für so etwas wie ein zweck*setzendes* Bewußtsein bestehen, kann er sich nicht mit einer Als-ob-Reduktion des Organismus auf menschliche Zwecksetzung begnügen. Auch eine solche Reduktion interpretiert ja die 'phänomenolo-

---

[4] Vgl. etwa ST 201 [145] ("... gehört es zu seinem Wesen, erscheinungsmäßig zweckverursacht zu sein, ohne jedoch sein Dasein (mitsamt seinem Wesen) von ihm getrennten Zweckursachen ... zu verdanken") und ST 240 [180] ("... die Erfüllung ... ohne wirklich vorhergegangene bzw. zugeordnete Intention") sowie den 1. Ab-schnitt des V. Kapitels, ST 246 [185] ff., insbes auch ST 252 [190], wo von der "inneren Teleologie" des Le-bendigen die Rede ist. - Eine unmittelbare Auseinandersetzung mit der 'Kritik der Urteilskraft' enthalten die 'Stufen', trotz vielfältiger Anknüpfung an deren erkenntnistheoretischen Grundgedanken, allerdings nicht.

gischen Strukturen' nur 'als Sinnstrukturen'; und hier verstehen wir Plessner wohl nicht falsch, wenn wir einen Satz, der unmittelbar auf die Unterscheidung zwischen dem Lebendigen und seinem Leben (als seinem Zweck) gemünzt ist, auch auf das Verhältnis zwischen dem Mechanismus der Verursachung und der erscheinenden Zweckmäßigkeit anwenden: Wenn in der lebendigen Wirklichkeit ein Seinskonflikt vorliege, so müsse "er im Sein und nicht nur in der Reflexion des Schriftstellers zum Austrag kommen" (vgl. ST 252 [191]). - Andererseits begnügt sich Plessner auch nicht mit einer mechanistischen Nivellierung des Organischen, etwa in der von Köhler vorgeschlagenen gestalttheoretischen Weise, nach welcher der organische Körper eine, allenfalls durch die *Anordnung* ihrer Teilmomente vor anderem Physischen ausgezeichnete, '*Gestalt*' wäre (vgl. ST 138ff. [89ff.]). "Es gilt die Fehler des Mechanismus und des Vitalismus gleichermaßen zu vermeiden." (ST 160 [108]). Plessner fragt sich daher, wie der Organismus als eine *echte*, übergestalthafte, *Ganzheit* zu begreifen sei - so daß eine höherstufige Entwicklung solcher Ganzheiten zu *bewußten* und *zwecksetzenden* Wesen denkbar wird.

Die Antwort kann nach Plessners Meinung nicht bei den Ursachen organischen Geschehens im Organismus ansetzen, sie kann überhaupt nicht bei der bloßen Betrachtung des organischen Gegenstandes selbst und dem, was an ihm empirisch feststellbar ist, ansetzen (vgl. ST 158 u. 160f. [106 u. 108f.]). Plessner geht vielmehr von zwei sich zunächst erkenntnistheoretisch gebenden Gedanken aus, überführt dann freilich jeweils eine *erkenntnistheoretische* Relation zwischen Subjekt und Objekt in ein *ontologisches* Verhältnis zwischen einem Seienden und seiner Umgebung. Die ist näher auszuführen:

Die Antwort auf die gestellte Grundfrage muß bei der '*Gegebenheit*' von Organismen *in der Anschauung*, bei ihrer '*Erscheinung*' ansetzen, wobei unter 'Anschauung' nicht die gewöhnlich so genannte sinnliche Anschauung (die auf 'feststellbare' und schließlich auch meßbare Gehalte geht), sondern eine im phänomenologischen Sinne 'ideierende' Anschauung, eine Wesenserschauung zu verstehen ist. Das heißt, daß 'Anschauung' hier immer schon eine *Auffassung* des Gegenstandes unter einer bestimmten 'Idee' impliziert (vgl. ST 171f. u. 124ff. [118f. u. 77ff.).[5] Plessners eigentümlich Wendung des phänomenologischen Anschauungs-begriff besteht nun darin, daß er mit diesem den an Kants Transzenden-talphilosophie anknüpfenden Gedanken der *Bedingungen der Möglichkeit von Erfahrung und Erfahrungsgegenständen* verbindet. Die Plessnersche Ausgangsfrage lautet demnach: Als was müssen Gegenstände gedacht werden, wenn sie uns wahrhaft als Ganzheiten 'erscheinen' sollen? - Es geht um "die Darstellung der Bedingungen, unter welchen Leben als Erscheinung möglich wird" (vgl. ST 428f. [351]). In dem dabei verwen-deten Begriff der *Erscheinung* ist der Bezug des Gegenstandes zu ande-rem, dem er erscheint, immer schon mitgedacht.

Plessner zieht nämlich einen Vergleich aus der Sinnesphysiologie zur Erläuterung heran: Das erscheinende Grün sei zwar nicht eine bloße Bestimmtheit des roten oder blauen Körpers, sondern entstehe aus dem Zusammenspiel von Subjekt und Objekt, sei deshalb aber keineswegs weniger wirklich und - dies ist das Entscheidende - weniger *wirksam* als der elektromagnetische Zustand der grünen Körperfläche (vgl. ST 158-161 u. 428f. [107-109 u. 351]). Genauso sei nun auch die *Erscheinung* des *organischen* Körpers ebenso wirklich und wirksam, wie seine ihm immanenten Bestimmtheiten und ihre chemisch-physikalisch bestimm-baren Ursachenzusammenhänge. Pflanzen etwa wirkten nicht nur auf uns, sondern auch auf die Tierwelt durch ihr Aussehen, ihr Erschei-nungsbild, obwohl dieses Erscheinungsbild mitverursacht sei durch die Rezeptionsorgane auf der Gegenseite (vgl. ST 428f. [350f.]). Das durch den organischen Körper *und* das Rezeptionsorgan gemeinsam produzierte Erscheinungsbild ist nur ein Sonderfall des Verhältnisses von Organis-men zu ihrer Umgebung. Wodurch ist dieses Verhältnis prinzipiell und schon *vor* dem Bezug zu speziellen Rezeptoren oder gar einem bild-pro-duzierenden Bewußtsein gekennzeichnet?

---

[5] Plessners weitgehend durch die Phänomenologie bestimmte Theorie der philosophischen Erkenntnis und Me-thode überhaupt, die ein 'materiales Apriori' erfassen will und etwas für die Theorie der Natur leisten will, was die empirische Wissenschaft nicht leisten kann, ist nur andeutungsweise aus den 'Stufen' zu entnehmen; vgl. dazu vor allem den 2. Teil der Abhandlung "Die Einheit der Sinne. Grundlinien einer Ästhesiologie des Geistes" (1923), in: Gesammelte Schriften III. Anthropologie der Sinne, Frankfurt 1980 - im folgenden: 'ES'. Wir können im Folgenden nur einige Aspekte dieser Theoriekonzeption streifen. Für die 'Stufen' von besonde-rer Wichtigkeit scheint uns Plessners Unterscheidung zwischen 'formaler' und 'materialer' Erkenntnistheorie zu sein: nur die 'formale' habe es, sagt Plessner, mit dem Geltungsproblem zu tun, die 'materiale' dagegen mit der Erklärung der Sinnesmodalitäten als Verbindungsmodalitäten zwischen Geist und Körper (vgl. ES 281); Zu Plessners eigentümlicher Weiterbildung der phänomenologischen Methode vgl. ES 63 ff., insbes. 70 ff..

Plessners Antwort lautet zunächst: dadurch, daß lebendige Körper 'in einem *Doppelaspekt* erscheinen'. Diese Ausdrucksweise bedarf der Erläuterung: Sie knüpft an das Problem an, das immer wieder zu dualistischen Lösungen verführt hat: das Problem des doppelten und divergierenden Erfahrungszugangs zur Realität des Menschen - in der Selbsterfahrung *einerseits* und der Fremderfahrung *andererseits*. Diesen besonderen Doppelaspekt führt Plessner nun *(erstens)* auf ein eine allgemeinere *Erscheinungsweise* zurück, dies nämlich, daß *alles Organische* 'im Doppelaspekt erscheint', und *(zweitens)* setzt er diese *Art* des Erscheinens in Beziehung zu dem generellen Sachverhalt, daß jedwedes Ding 'aufgrund' oder 'kraft' eines ontologischen Doppelaspektes erscheint. Das letztere soll heißen, daß ein jedes Ding nur aufgrund einer Relation zwischen Substanz und Eigenschaft, aufgrund des Verhältnisses von Subsistenz und Inhärenz erscheint, wobei jedoch nur (genauer: allenfalls) die Eigenschaften 'reell' (d. i. durch Empfindungsinhalte repräsentiert) erscheinen, also in einem unmittelbaren Sinne wahrnehmbar sind, während ihr Korrelat, das subsistierende Substrat, in der Erfahrung immer 'nur' vorausgesetzt wird: als nie erscheinender Einheitspol, als Qasi-'Innerlichkeit', als 'Kern', ohne den Erfahrung als Erfahrung nicht möglich ist (und also auch nicht Erscheinung von Gegenständen *als* Gegenständen). So wie der 'Kern' niemals reell erfahrbar ist, so natürlich auch nicht die (unräumlichen) prinzipiell divergierenden Beziehungen *einerseits* des Kerns zu seinen in Erscheinung tretenden Bestimmtheiten (Subsistenz), *andererseits* der Bestimmtheiten zum Kern (Inhärenz) (vgl. ST 128ff. [81ff.])[6]

Demgegenüber bedeutet 'Erscheinung *in* einem Doppelaspekt', daß eine prinzipiell divergente Außen-Innen-Beziehung selbst eine erfahrbare Bestimmtheit des Gegenstandes, eine seiner erfahrbaren Eigenschaften darstellt (und nicht bloß als Bedingung seiner Erscheinung zugrundeliegt). Die Außen-(oder Fremd-)Beziehung eines solchen Gegenstandes und seine Innen-(oder Selbst-)Beziehung divergieren in prinzipieller (nicht bloß räumlicher) Weise und zwar so, daß diese divergierenden Beziehungen selbst erfahrbar sind (vgl. ST 137f. [88f.]). - Können nun aus dieser so angesetzten Beziehungsstruktur die Grundfunktionen ent-

---

[6] Man sieht leicht, daß Plessner hier die Differenz zwischen den von Kant so genannten 'dynamischen' und 'mathematischen' Kategorien und Grundsätzen auf das Subsistenz-Inhärenz-Verhältnis bezieht - vgl. 'Kritik der reinen Vernunft' B 110 ff., 199 ff. und 220 ff.

wickelt werden, "*deren Vorhandensein am belebten Körper als charak-teristisch für ihre Sonderstellung geltend gemacht wird*", so ist nach Plessner der Seinsunterschied zwischen belebten und unbelebten Körpern nachgewiesen; freilich sei dies, so fügt der Autor hinzu, "*kein für sich, sondern nur in seinen Konsequenzen oder nur in seiner Erscheinung erfahrbarer Unterschied*" (vgl. ST 157f. [106] - auf die Verknüpfung des Begriffs der Erscheinung mit dem der Konsequenzen werden wir noch zurückkommen).

Die weitere Frage ist nun, wodurch eigentlich sich diese Beziehungs-struktur für die Anschauung verwirklicht. Die Antwort heißt: durch die *Realisierung einer Grenze*. Realisierung einer Grenze ist dabei etwas anderes als bloßes Zu-Ende-Sein an einer bestimmten Linie (die dann nur eine geometrische, keine reale, Begrenzung wäre, welche ebenso der einen wie der anderen Sphäre angehörte). Es ist vielmehr die Realisie-rung der Begrenzung durch den Körper selbst, wodurch die Grenze zu *seiner* realen Bestimmtheit wird. *Realisierung einer Grenze* ist nach Plessner *die* Minimalbedingung, durch welche ein physischer Körper zu einer Ganzheit wird (vgl. ST 149ff. [99ff.]).

Wir könnten nun den Verdacht haben, daß wir uns nur im Kreise gedreht hätten: Was ist denn mit dem Begriff der Grenzrealisierung - gegenüber dem traditionellen Begriff der Ganzheit - gewonnen? Der Vorzug des Begriffs der Grenzrealisierung ist es, daß in ihm schon ein Moment gedacht wird, das üblicher Weise im Begriff der Ganzheit *nicht* enthalten ist: die Beziehung zum anderen dieses Ganzen, zu seiner Um-gebung. Das Ganze, um das es hier geht, ist ja kein von allem anderen isoliertes Ganzes und erst recht keine absolute Totalität, sondern nur ein endliches und relatives Ganzes; aber eben ein Ganzes, das seine Grenze nicht einfach in der Umgebung '*findet*', sondern sie an sich selbst als Eigenschaft '*hat*' (vgl.. ST 152ff. [101ff.]), in concreto etwa in der Form einer 'Haut'. Das heißt nichts anderes, als daß es die Art seines Kontakts zur Umgebung durch diese zu ihm gehörige Grenze selbst determiniert; daß es von dieser durch den lebendigen Körper selbst realisierten Grenze abhängt, in welcher *Art von Wechselwirkung* er zu seiner Umgebung steht.

Was ist also aus dem 'Erscheinungsverhältnis' in der näheren Erläu-terung geworden? - Ein ganz spezielles Wechselwirkungsverhältnis, in welchem ein physischer Körper seine Grenze gegenüber einer Umgebung realisiert und stabilisiert und so für seine Umgebung zu einem von ihr prozessual unterschiedenen Besonderen wird; aus dem 'Erscheinen für das erfahrende Subjekt' ist damit zunächst ein allgemeineres 'Erscheinen' im Sinne eines bloßen 'In Erscheinung-Tretens' für irgendeine Umgebung geworden. Aber dieses 'In Erscheinung-Treten' ist dennoch keine bloße Metapher. Denn unter der Bedingung, daß es Rezeptoren auf der Gegenseite gibt, können sich dem Wechselwirkungsverhältnis Erscheinungsmomente im eigentlichen Sinne einordnen; das (in sich) Unter*schiedene* wird zum (durch andere rezipierende Organismen) Unterscheid*baren* und auch durch seine Unterscheidbarkeit Wirksamen.

Plessners These lautet also: *Leben heißt Grenzrealisierung*. Die Bedingungen der Möglichkeit der Grenzrealisierung nennt Plessner 'Kategorien des Lebens' (oder auch 'apriorische', 'konstitutive Wesensmerkmale' des Lebendigen, schließlich auch: 'organische Modale' - vgl. etwa ST 158; 165 [107; 114]). - Der Gebrauch des Kategorienbegriffs verdient eine Erläuterung. Kategorien, so heißt es zunächst, seien im philosophischen Sprachgebrauch Formen, denen sich die Erfahrung füge, weil sie die Bedingungen des 'Übergreifens' der Aktsphäre des Subjekts auf die Sphäre des Objekts seien. Löse man nun die Funktion der Kategorien "aus ihrer besonderen Zuspitzung zu Denk- und Erkenntnisformen" so ergebe sich ein *allgemeinerer* Begriff von Kategorien als "Bedingungen der Möglichkeit des Übereinkommens und der Eintracht zweier wesensverschiedener und voneinander unabhängiger Größen, so daß diese weder durch eine unüberbrückbare Kluft getrennt sind noch direkt aufeinander Einfluß haben" (vgl. ST 110 [65] - wir wollen dieses methodologisch abstrakt gedachte Verhältnis im folgenden kurz als *'Transzendierung'* bezeichnen). Wende man diesen Begriff nun, statt auf die Erkenntnis-Beziehung, "deren Glieder Intellekt und Gegenstand sind", auf die "primitiveren oder fundamentaleren Existenzschichten" der Organismen überhaupt an, erhalte man den Begriff der *Vitalkategorien*, als der 'vorbewußten' Formen, "auf denen das Zueinander und Miteinander des Organismus und der Umwelt" beruhe (vgl. ST 110f. [65f.]).

Plessner versucht also schon diese elementaren Strukturen für die Möglichkeit einer Erkenntnis a priori in ähnlicher Weise zu nutzen, wie Kant dies gemäß dem 'obersten Grundsatz der synthetischen Urteile a priori' mit den Bedingungen der Möglichkeit der *Erfahrung* (aufgrund eines sozus. 'transzendentalen Transzendierungsverhältnisses') tut. Demnach wären schon die Bedingungen der Möglichkeit jener elementaren *Beziehungen* zwischen einem Organismus und seiner Umwelt zugleich die Bedingungen der Möglichkeit des *Lebens des Organismus selbst*. So heißt es denn auch von den Vitalkategorien: "Den Wert von Kategorialfunktionen hätten sie jedenfalls, da sie, obzwar weder von der Gegenwelt hergenommen noch auf die Gegenwelt vom Lebenssubjekt übertragene Formen, die Struktur dieser Gegenwelt zugleich mit der Struktur des Lebenssubjekts, das in sie eingepaßt ist, bestimmen." (ST 110 [66])

Plessners methodologische Reflexion auf sein eigenes Vorgehen ist nicht in jeder Hinsicht befriedigend. Hier scheint eine merkwürdige Verschränkung von *Spezifizierung* und *Generalisierung* von Prinzipien vorzuliegen, je nachdem, ob man die Kategorien als Gegenstandsbedingungen oder als Erkenntnisbedingungen betrachtet: Gegenüber den Bedingungen der Möglichkeit der *Gegenstände* der Erfahrung können die 'Kategorien des Lebens' nur *Spezifikationen* sein; betrachten wir diese selben Kategorien jedoch als Bedingungen der Möglichkeit der *Erfahrung* so können die Kategorien des Lebens qua Bedingungen der Möglichkeit der Grenzrealisierung als fundamentalere und *generellere* Formen des 'Übereinkommens zweier wesensverschiedener Größen' gedacht werden. Dies scheint auch Plessners, in der zitierten Passage zum Ausdruck kommende Einschätzung zu sein. - Genau besehen, scheint man bei einer solchen Einschätzung allerdings unbemerkt eine prinzipientheoretische Wendung von einer erkenntnistheoretischen zu einer (subjekts-) ontologischen Überlegung vollzogen zu haben (so, als würden in der 'Kritik der reinen Vernunft' nicht die *objektiven* 'Begriffe von einem Gegenstand überhaupt', sondern etwa die *subjektiven* Synthesisleistungen als Kategorien bezeichnet). Grenzrealisierung muß sich in der Folge als *Seins*bedingung auch der Erfahrung erweisen.

Freilich scheint mir diese prinzipientheoretische Wendung durchaus noch plausibler gemacht werden zu können: Wir müssen uns das Verfahren ja nicht so denken, daß wir von den subjektiven Erfahrungsbedingungen ausgehen, um naiv-ontologisch nach deren Seinsbedingungen zu fragen. Das zugrundeliegende Problem lautet vielmehr, wie denn in der Welt der *Gegenstände*, zu der ja *auch* erkennende Subjekte gehören, so etwas wie Erkenntnis vorkommen kann. Das heißt aber im erkenntnistheoretischen Rahmen: es ist zu fragen, wie denn dasjenige, *als was* Erfahrungs-Gegenstände gedacht werden müssen (um in der Erfahrung objektiv bestimmbar zu sein), so differenzierbar ist, daß darin auch ein erkennendes *Verhältnis zu* Gegenständen denkbar wird. Dies aber erfordert es, daß Organismen nicht einfach "als seiende Objekte, sondern als lebende Subjekte verstanden" werden (vgl. ST 110 [66]). Die 'onto-logische' Fragestellung resultierte dann lediglich aus einer Abstraktion vom erkenntnistheoretischen Ausgangspunkt (ganz wie der Gebrauch des Terminus 'Ontologie' in der Methodenlehre der 'Kritik der reinen Vernunft'). Damit klärt sich zugleich die Verschränkung von Spezifikation und Generalisation auf: Die Kategorien des Lebens und in der Folge deren Besonderungen sind ebenso Spezifikationen der (generellen Gegenstands-) Kategorien wie die Formen eines erkennenden *Gebrauchs* von (generellen) Kategorien Spezifikationen der Kategorien des Lebens (und der generellen Kategorien) sind. Der springende Punkt ist die Entdeckung eines schließlich zum erkenntniskonstitutiven Verhältnis[7] differenzierbaren 'Transzendierungs'-Verhältnisses auf der ('mundanen', 'ontischen') Gegenstands-Seite des 'absoluten', *transzendentalen* Transzendierungsverhältnisses. Ich verdeutliche die Sachlage in einem Schema, bei dem ich der Einfachheit halber die noch zu behandelnden Zwischenschritte zwischen dem elementaren Prinzipienverhältnis der Organismen und demjenigen der Erkenntnissubjekte übergehe:

---

[7] Das 'erkenntniskonstitutive Verhältnis', von dem wir hier sprechen, ist (wie das 'Transzendierungsverhältnis') als *Verhältnis von Prinzipien*, näherhin als das von die Erkenntnis selbst ermöglichenden und die Erkenntnisgegenstände ermöglichenden Prinzipien, zu denken, nicht als die konkrete Erkenntnis selbst und als ihr Sich-Beziehen auf die Gegenstände. - Dies ist zum besseren Verständnis des weiter unten einzuführenden Begriffs der *Referenz* von Bedeutung.

Transzendierungsverhältnisse[8]

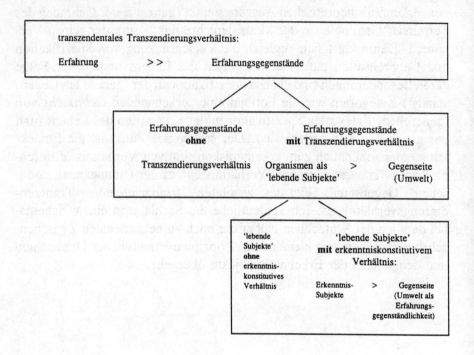

Selbst wenn wir die Plessnerschen Überlegungen auf ihren ontologischen Gehalt reduzieren, so haben wir doch einen ontologischen Gehalt von besonderer Art vor uns: Es geht in ihm nicht um die bloße Binnenstruktur des jeweiligen Ganzheitsgebildes, sondern um seine Außenrelationen, genauer um die realen Beziehungen des Ganzen zu seiner Umwelt, d.h. um die *Wechselwirkung* zwischen dem betreffenden Ganzen und seiner Umwelt. Dennoch ergibt sich aus diesem Ansatz gerade auch etwas Spe-

---

[8] Die waagerechten Pfeilspitzen symbolisieren die Transzendierungsverhältnisse (wobei das transzendentale Verhältnis durch eine doppelte Pfeilspitze hervorgehoben wurde), die abwärts auseinanderstrebenden Schrägstriche symbolisieren ein Gattung-Art-Verhältnis. - Die Rede von 'transzendentalen' und 'mundanen' Relationen mag andeuten, daß hier nicht nur an die *Kantische* Transzendentalphilosophie, sondern auch an die *Husserlsche* anzuknüpfen wäre: Plessner unternimmt es in der Tat, ein Problem zu lösen, das in beiden Varianten der Transzendentalphilosophie noch nicht recht gelöst worden ist (man vergleiche Kants Behandlung der 'denkenden Natur' in der Vorrede der »Metaphysischen Anfangsgründe der Naturwissenschaft« einerseits und Husserls Theorie von der Konstitution der geistigen Welt im zweiten Band der 'Ideen').

zifisches für die *Binnen*struktur des jeweiligen Ganzen: Die Realisierung einer Grenze bedeutet ja für einen physischen Gegenstand nicht nur eine besondere Art von Fremdbezug, einen reduzierten und spezialisierten Kontakt zu seiner Umgebung; sie bedeutet auch einen *Schutz* der Eigensphäre vor gewissen Fremdeinflüssen und die Ermöglichung von gewissen *anderen* Einflüssen und damit wiederum eine Spezialisierung derjenigen Wechselwirkungsprozesse, die *innerhalb* des begrenzten Körpers ablaufen können. Realisierung einer Grenze ist nur möglich als Stabilisierung einer Divergenz zwischen der äußeren und der inneren Wechselwirkung. Der lebendige Körper tritt, mit anderen Worten, durch die Realisierung einer Grenze sowohl zu seiner Umgebung als auch zu sich selbst in eine besondere Beziehung. Sofern der Körper seine Grenze selbst realisiert und auf eine gewisse Dauer stabilisiert, *erhält* er sich selbst. Das bedeutet: sein Sein geht nicht auf in dem Inbegriff aktuell feststellbarer Bestimmtheiten, sondern es enthält zugleich eine *Beziehung zu* diesem Sein, die sich nur in der zeitübergreifenden Einheit des gesamten Lebensvollzugs erweist.

Dem seienden Körper tritt, wie Plessner formuliert, durch das Sein der Grenze sein eigenes Sein gegenüber. Das Sein dieses Körpers sei daher ein '*In-ihm-gesetzt-Sein*', d.i. ein In-Beziehung-gesetzt-Sein, und zwar sowohl zu ihm *selbst* als auch (in ganz anderer Weise) zum *Anderen* seiner selbst, zu seiner Umgebung. Diese divergente Beziehungsstruktur nun, die den lebendigen Körper als grenzrealisierenden vor dem *bloß*-physischen Körper auszeichnet, nennt Plessner '*Positionalität*' (vgl. ST 181 [127ff.]). - Sie ist die gegenständliche (ontische) Bedingung des von uns so genannten Transzendierungsverhältnisses und damit *das* Grundprinzip des Organischen, das sich in den verschiedenen Stufen des Organischen, im pflanzlichen, tierischen und schließlich im menschlichen Sein abwandelt.

In welchem Verhältnis stehen die Begriffe der Grenzrealisierung und der Positionalität? Der letztere ist offensichtlich der abstraktere und weniger 'anschauungsnahe' Begriff. Er enthält keine unmittelbare Bezugnahme zu einer räumlichen oder zeitlichen Ordnung, während der Begriff der Grenzrealisierung unmittelbar auf das räumliche Nebeneinander von lebendigem Körper und seiner Umgebung, von *zum Körper* gehörigen und *nicht zu ihm* gehörigen Prozessen, bezogen ist. Er meint die unmittelbar phänomenale Struktur der Positionalität in ihrer elementaren (in allen Organismen realisierten) Form.

*

Bevor ich den *Begriff* der Positionalität einer weiteren kritischen Analyse unterziehe, möchte ich in groben Zügen seine *Anwendbarkeit* im einzelnen verdeutlichen. Hierzu müssen wir uns einige 'Bedingungen der Möglichkeit der Grenzrealisierung', also einige 'Kategorien des Lebens' vor Augen führen. - Ich wähle zunächst die Kategorien der Typizität, der Autonomie, der Assimilation und Dissimilation, der Anpassung und des Lebenskreises.

Jedes physische Ding steht nach physikalischen und chemischen Gesetzen in Wechselwirkungsprozessen mit seiner Umgebung, in denen Energien und Stoffe ausgetauscht werden. - Sollen diese Prozesse beim lebendigen Ding nun nicht einfach zu einer Auflösung führen, soll es eine dauerhaft erscheinende Grenze realisieren, obwohl es substantiell-stofflich keineswegs mit sich identisch bleibt, so ist dies nur möglich unter der Bedingung einer sich erhaltenden *Typizität* seiner Gestalt. - Als physische Gestalt unter einem *Typus* ist der lebendige Körper zugleich von sich (als substantiellem Bestand) *abgehoben* und *zu sich* (als einem Typus) *und* zum *Anderen* seiner selbst (zu seiner Umgebung, gegen die er sich abgrenzt und aus der er sich doch Stoffe und Energien zur Selbsterhaltung holt) *in Beziehung* gesetzt (vgl. ST 191ff. [136f.]). Dies heißt es eben, wenn Plessner sagt, er gewinne positionale Beziehungsstruktur.

Realisierung einer Grenze bedeutet zwar eine weitgehende *Autonomie*, aber keine *Autarkie* des lebendigen Körpers. Autonomie, insofern "nichts auf ihn und in ihm Einfluß gewinnt, das er nicht dem Gesetz des begrenzt-grenzhaften Systems unterwirft", und zwar durch seine Organe (vgl. ST 255 [193). Aber das bedeutet eben keine *Autarkie*; denn die Vermittlung der Einheit seiner Organe zur Ganzheit seiner selbst ist nur durch den Kontakt mit anderem, mit dem 'Positionsfeld', wie Plessner die Umwelt nennt, möglich. Denn nur durch den Transport von Stoffen und Energien *innerhalb* des Organismus ist solche Einheit herstellbar; für diese Prozesse aber müssen durch *Dissimilation intern* schon vorhandener Stoffe Energien gewonnen werden, was wiederum die *Assimilation externer* Stoffe und Energien notwendig macht (vgl. ST 258ff. [196ff.]). "Als Ganzer", so formuliert Plessner paradoxer Weise, "ist der Organismus ... nur die Hälfte seines Lebens" (vgl. ST 255 [194]). Leben ist demnach die Prozeß*gesamtheit* von innerer *und* äußerer Wechselwirkung. Autark ist nicht das Lebewesen, sondern nur der Lebens*kreis*, die Einheit von Organismus und Positionsfeld, an das der Organismus 'an-

gepaßt' sein muß; eine Einheit, die freilich insgesamt nur durch den Organismus und seine Teilorgane, also durch die innere Wechselwirkung, organisiert wird (wenn wir von der Verklammerung mehrerer Organismen zu einem Lebenskreis zunächst noch absehen). Das bedeutet, daß sozusagen über dem bloß chemisch-physikalischen Kontakt, gegen den sich das organische System nicht nur durch das *Abgrenzungsorgan* 'Haut', sondern allgemein dadurch bewahrt, daß es ihm in seiner *Anpassung* Rechnung trägt, ein *organisierter* Kontakt hergestellt wird, der die *Selbst*erhaltung ermöglicht (vgl. ST 263ff. [200ff.]). Darin besteht die 'In-ihm-Gesetztheit', die Positionalität des organischen Körpers gegenüber dem *Positionsfeld* und mit Bezug auf *sich selbst.*

Positionalität ist die spezifisch organische Überformung des Wechselwirkungsprinzips: die Verknüpfung der äußeren und einer von dieser grundverschiedenen *inneren* Wechselwirkung eines physischen Körpers, und zwar so, daß die Form der *inneren* Wechselwirkung als relativ stabiles System erhalten bleibt. Damit ist freilich der Begriff der Positionalität noch nicht zureichend geklärt. Zwei Fragen sind noch unbeantwortet: Was macht eigentlich seinen *Vorzug* gegenüber dem traditionellen Begriff der organischen *Zweckmäßigkeit* aus? - und: wie sollen wir eigentlich den dabei benutzten *Setzungs*begriff verstehen?

Wenn wir einen Augenblick an den Kantischen Ansatz zurückdenken, so können wir feststellen, daß dort, im Ausgang vom Begriff der *menschlichen Zwecksetzung*, das Setzungsmoment (und damit das Vorstellungsmoment) für den Organismus eingeklammert und die Analogie auf bloße *Zweckmäßigkeit* reduziert wurde; das Setzungsmoment wurde sozusagen in die 'Als-ob'-Vorstellung von einem intelligenten Welturheber abgedrängt, welche vielleicht moralphilosophisch sinnvoll, aber naturwissenschaftlich unfruchtbar ist. - Hier scheint in gewissem Sinne das Umgekehrte zu geschehen: Es wird ein Setzungsmoment zum Prinzip des Organischen erhoben, ohne daß - zunächst jedenfalls - von Zwecken und von Zweckmäßigkeit die Rede wäre. - Natürlich bestreitet auch Plessner nicht, daß wir die Einzelmomente organischer Prozesse und die Einzelteile des organischen Ganzen als zweckmäßig beurteilen können; nur wird der Begriff des Zweckes bzw. der Zweckmäßigkeit nicht als Erklärungs*prinzip* des organischen Seins herangezogen. Statt dessen muß Zweckmäßigkeit ein prinzipiell erklärbares Folgephänomen werden. - Das macht freilich die Klärung des im Begriff der Positionalität enthaltenen *Setzungs*momentes um so dringender: Wer oder was 'setzt' hier eigentlich? - und was wird hier gesetzt? Das letztere ist relativ leicht zu beantworten: Das *Gesetzte* ist das Sein des organischen Ganzen, das in nichts anderem besteht als in einer besonderen, seine Struktur (und dabei insbesondere seine Grenze, als das für die Erscheinung nach außen entscheidende Kriterium) stabilisierenden Wechselwirkung zwischen dem Organismus und seiner Umwelt sowie zwischen den Elementen und Funktionen des Organismus selbst. - Dieses *Gesetzte*, diese spezielle, systemerhaltende Wechselwirkung ist es, die wir als zweckmäßig beurteilen.

Um zu erkennen, daß Zweckmäßigkeit hier kein Erklärungsgrund oder Prinzip darstellt und daß daher nicht irgendeine Zweck*setzung* als Ursache gedacht werden muß, machen wir uns ein wenig klar, wie diese als zweckmäßig zu beurteilende Wechselwirkung zustandekommt[9]: Die Grenzrealisierung kann sich nicht als statische Abgrenzung, sondern nur als Entwicklung vollziehen. In diesem Begriff liegt eine nicht umkehrbare Prozeßrichtung von einem *Ausgangszustand*, in dem das Lebewesen in gewissem Sinne alles das schon enthalten muß, was es auf dem Wege der Assimilation von Umweltmaterial werden kann, zu einem *Endzustand*, in dem es all das entfaltet hat, was an Potenzen in ihm lag. "Infolgedessen", so drückt sich Plessner aus, "gehört es zu seinem inneren Wesen, erscheinungsmäßig zweckverursacht zu sein, ohne jedoch sein Dasein (mitsamt seinem Wesen) von ihm getrennten Zweckursachen, d. h. dem System des sich entwickelnden Körpers selbst nicht angehörenden Bedingungen zu verdanken." (ST 201 [145]) Denn in der Entwicklung als solcher, in der Entwicklung des *Individuums*, liegt an sich nichts von Zweckmäßigkeit, weil "das Verhältnis der Anpassung" (das die Bedingung einer zweckmäßigen Entwicklung darstellt) "ein labiles, d.h. *ein der Form nach in seinem Gelingen vorgegebenes, dem Inhalt nach aber ein gelingendes oder mißlingendes* ist" (vgl. ST 270 [207]). - 'Dem

---

[9] Diese Frage wird uns, freilich auf weite Strecken durchaus am Leitfaden des Plessnerschen Textes, ein wenig über die Grenzen, die Plessner selbst seiner Untersuchung ziehen wollte, hinausführen - in den Kompetenzbereich der Naturwissenschaften: "Worauf es der Untersuchung ankommt, ist die Darstellung der Bedingungen, unter welchen Leben als Erscheinung möglich wird. Seine Wirklichkeitsbedingungen ermitteln die Naturwissenschaften." heißt es im 'Nachtrag' (ST 428f. [351]). Aber wegen der logischen Relationen, die zwischen Möglichkeit und Wirklichkeit herrschen, kann die Aufgabe nicht sein, vor den empirischen Wirklichkeitswissenschaften die Augen zu verschließen, sondern deren Ergebnisse auf ihre impliziten Möglichkeitsprinzipien zu befragen; denn einerseits ist die empirische Forschung schon aufgrund einer vorgängigen Fragestellung auf den Weg gekommen, die durch solche Möglichkeitsbedingungen umgrenzt ist, andererseits ist es allein diese Umgrenzung, die bei widerstreitenden neuen Beobachtungen eine kritische Korrektur der (hypothetischen) 'Ergebnisse' möglich macht.

Inhalt nach' - das heißt: *faktisch* kommt bei der Unzahl von Mutationen *sowohl* das Mißlingen *als auch* das Gelingen vor; 'der Form nach' - das heißt: was das Leben als *sich erhaltende* Prozessualität ausmacht, hat *zur Voraussetzung a priori* das *Gelingen* der Anpassung; andernfalls geht das betreffende Individuum und geht seine Art einfach unter. Mit anderen Worten, die Zweckmäßigkeit des Individuums ist erst auf dem Hintergrund relativ *invarianter Reproduktion* der Art einerseits und der *Störung* der Invarianz durch *Mutation* andererseits verständlich: Die *Tatsache*, daß in der Folge der Generationen nur das zweckmäßig sich Entwickelnde überhaupt übrig bleibt, mithin die *Selektion*, ist der Grund des Sachverhalts, daß das Leben 'erscheinungsmäßig zweckverursacht' ist.

In dem Ausdruck 'erscheinungsmäßig' können wir *wiederum* einen Übergang von einem erkenntnistheoretischen zu einem ontologischen Begriff entdecken. - Auf lange Sicht nämlich 'tritt' nur noch das Zweckmäßige, das Gelungene, 'in Erscheinung', und zwar durchaus auch für ein erkennendes Subjekt, so daß scheinbar (so müssen wir das 'erscheinungsmäßig' *nun* auffassen) sogar Zweckverursachung vorliegt. Aber der Subjektsbezug des 'Erscheinens' ist lediglich eine völlig sekundäre Folge dessen, daß sich nur das Gelingende erhält; daß nur das Gelingende als Dauerresultat auftritt ('erscheint' im nur metaphorischen Sinne des bloßen 'Auftretens', ohne Relativität auf ein Erkenntnissubjekt)[10]. Wir haben es also primär mit einem durchaus seienden (ontischen) *Resultat* zu tun. Demgemäß geht es auch um ein *seiendes* Grund-Folge-Verhältnis zwischen der Selektion und der erscheinenden, besser: resultierenden, Zweckmäßigkeit. *Resultierende Zweckmäßigkeit ist die notwendige Struktur desjenigen Zufalls, den wir Leben nennen.*

Damit haben wir jedoch noch nicht unsere zweite mit dem Begriff der Positionalität verbundene Frage beantwortet, die nach dem Setzungsverhältnis, das im Begriff der Positionalität gemeint sein könnte, über das wir jedoch bei Plessner selbst keine exakte Auskunft erhalten. Hierzu müssen wir den *individuellen* Entwicklungsprozeß des Organismus noch ein wenig genauer analysieren und einen Gedanken, der bei Plessner selbst zwar vorkommt, aber nicht in seiner prinzipiellen Bedeutung

---

[10] Vgl. auch Plessners Hinweis im 'Nachtrag': "... Erscheinung ist nicht Schein. Darum sollte der Leser auch nicht stutzen, wenn Erscheinung und Sein - hier nur im Sinne von seiend gemeint - äquivok gebraucht werden. Es handelt sich stets um das Phänomen als solches ohne Reflexion auf den Bewußtseinshorizont, innerhalb dessen es sich konstituiert, und ohne Berücksichtigung eines transphänomenalen 'Seins', also der Ontologie eines An Sich, einerlei, ob man sie für möglich hält oder nicht." (ST 428 [351]).

für den Begriff der Positionalität herausgearbeitet wird, präziser fassen. Ausgangspunkt der organischen Entwicklung sind die Keimzellen, die, so schreibt Plessner, "im Verhältnis zum Gesamtkörper das Maximum an unentfalteten Potenzen bergen" (vgl. ST 277 [213]). Nun ist das Verhältnis zwischen einem Chromosomensatz und der Makrostruktur des Gesamtkörpers ja nicht bloß irgendein Entwicklungsverhältnis, sondern auch ein Verhältnis der relativ weitgehend eindeutigen Zuordnung von Bestimmtheiten in der Weise, daß die einzelnen Gene Eigenschaften des Gesamtkörpers - wie Plessner dies ausdrückt -'repräsentieren' (vgl. ST 278 [214]); oder (wie man heute sagt) die Gene enthalten 'Informationen', welche die Eigenschaften des Makroorganismus determinieren und als Determinanten im Individuum erhalten bleiben, so daß Restitution kleinerer Schäden (bei gewissen Organismen sogar ganzer Gliedmaßen) und Vererbung möglich wird. Determination späterer Entwicklungsphasen durch frühere mit dem Mittel genetischer 'Repräsentation' oder 'Information' ist offenbar - so können wir den Plessnerschen Begriff nun präzisieren - die der Positionalität zugrundeliegende *Setzungsrelation*. Mittels genetischer Information ist das organische Ganze zu sich selbst und zu seinem Positionsfeld in Beziehung gesetzt - und zwar in der Weise, daß durch diese Information eine Makrostruktur des Organismus, und damit bestimmte Arten innerer und äußerer Wechselwirkung vorgeschrieben sind. Dabei ist es wichtig, keinerlei Erkenntnis- und geltungstheoretische Momente mit dem Begriff der Information zu vermengen, sondern ihn auf nichts anderes zu beziehen als auf die primäre Grundstruktur der spezifisch biologischen (letztlich -wie uns die neuere empirische Forschung lehrt - stereospezifischen) Wechselwirkung, insbesondere zwischen dem genetischen Material und seiner stofflichen Umgebung, die durch es geprägt wird und die auf dessen Aktivität zurückwirkt. Neben die '*gesetzte*' organische Wechselwirkung des *Gesamt*organismus also tritt eine '*setzende*' organische Wechselwirkung der *genetischen Information*.[11] Wir haben damit schon in der elementaren Struktur, die allen Organismen gemeinsam ist, ein Verhältnis von Selbst-

---

[11] Bei allen Begriffen, die wir unter Rückgriff auf die empirischen Wissenschaften ins Spiel bringen, sollten wir uns gemäß in der obigen Fußnote Gesagten bewußt bleiben, daß wir sie hier nicht mit all dem empirischen Inhalt gefüllt denken dürfen, den die empirische Wissenschaft ihnen verleiht, und dies nicht nur, weil sie diesen Inhalt laufend fortbildet und u. U. radikal korrigieren muß. Wir haben diesen Inhalt im Sinne des zitierten Plessnerschen Hinweises auf die *Möglichkeits*bedingungen des 'Erscheinens' von Leben zu reduzieren, u. a. damit wir begreifen können, was denn eigentlich das Problem ist, das die Biologie und die Biochemie zu lösen haben.

und Fremdbezug entdeckt, in dem der erstere, hier die genetische Selbstrepräsentation, den letzteren, hier den Umweltbezug (im Stoff- und Energie-Austausch), determiniert. - Wir wollen die bloße formale Struktur dieses durch Selbstbezug determinierten Fremdbezugs 'Referenz' nennen.[12] Sie ist die strukturelle Bedingung für die reale Existenz eines von uns so genannten Transzendierungsverhältnisses auf der Seite der *Gegenstände*, mithin für die Realisierung von *Positionalität*.

All dies hat aber erst unter den Bedingungen der *Selektion* etwas mit *Zweck*mäßigkeit zu tun: nur *wenn* ein Organismus an seine Umwelt angepaßt ist, indem er sich durch Assimilation von Stoffen und Energien aufbaut und erhält, *erweist* sich seine Organisation und, indirekt, seine genetische Information als zweckmäßig und bleibt diese Information und die Art des Organismus erhalten. - Der *Vorzug* des (so präzisierten) Begriffs der *Positionalität* gegenüber dem traditionellen Begriff der *organischen Zweckmäßigkeit* ist es demnach, daß er es erlaubt, die Zweckmäßigkeit als ein *bedingtes* Resultat von seinen *Bedingungen* (genetische Information, relative Invarianz der Reproduktion, Mutation und Selektion) mithin *das Bedingte und das Bedingende im Begriff des Organischen* klar zu unterscheiden. - Wir haben damit unsere *erste* Aufgabe erfüllt, die Plessnersche Theorie des *Organischen überhaupt* begrifflich zu klären.

*

Es bleibt nun noch die Frage, wie unter dem Prinzip der Positionalität eine prinzipielle Differenzierung und Stufung denkbar wird. Positionalität überhaupt ist jene Relationsstruktur organischer Wechselwirkung, durch die der lebendige Körper von seinem substantiellen Bestand abgehoben und zu sich selbst (als einem bestimmten Organisationstyp) und zu seiner Umgebung (dem Positionsfeld) in prinzipiell divergente Beziehung gesetzt ist.

Plessner unterscheidet nun zwei Haupttypen der Organisation und der Grenzrealisierung: die offene und die geschlossene Form. Die offene Organisationsform, die der Pflanze, ist durch das Überwiegen und die

---

[12] Der Terminus 'Referenz', der in der analytischen Philosophie auch für die Beziehung logischer und sprachlicher Einheiten auf einen Gegenstand benutzt wird, scheint mir gefahrloser auf diese viel elementarere Relation übertragbar zu sein als etwa der Ausdruck 'Intentionalität', bei dem Phänomenologen kaum von psychischen Momenten und angelsächsisch beeinflußte Theoretiker noch spezieller kaum von Absichts-Momenten abstrahieren könnten. - Zum Verhältnis des hier eingeführten Referenzbegriffs zu dem oben benutzten der Transzendierung bedenke man, daß das Transzendierungsverhältnis als ein Verhältnis von Prinzipien, nicht von Konkreta gedacht ist (vgl. auch die obige Fußnote 7 zum Begriff des erkenntniskonstitutiven Verhältnisses').

Allseitigkeit von Übergangsfunktionen zwischen Organismus und Umwelt gekennzeichnet, die geschlossene Organisationsform, die des Tieres, dagegen durch das Überwiegen der Abgrenzung gegenüber der Umwelt und die Spezialisierung der Übergangsfunktionen auf bestimmte Organe (vgl. ST 282ff. u. 291ff. [218ff. u. 226ff.]). Neben die Organe der Stoff- und Energieaufnahme treten beim Tier vor allem Organe der Umwelt- und Selbstrepräsentation (Sensorik) und der Selbstbewegung (Motorik), die nur *mittelbar* den Funktionen der Stoff- und Energieaufnahme dienen. Diese nur mittelbar selbsterhaltenden Funktionen erzeugen nun nach Plessner eine neue Beziehungsstruktur. Die Struktur der Positionalität wird um die 'reflexive' Beziehung zu dieser Positionalität erweitert. Das Lebewesen steht nicht einfach zu sich selbst und dem Positionsfeld in divergenten Beziehungen, sondern es setzt sich durch Umwelt- und Selbst*repräsentation* und durch Selbst*bewegung* in der und mit Bezug auf die Umwelt zusätzlich auch noch in Beziehung zu dieser positionalen Beziehungsdivergenz (vgl. ST 303ff. [237ff.]). - Das Stufungsgesetz besteht darin, daß das Prinzip der Positionalität 1.) als schlichtes Moment erhalten bleibt, 2.) aber zum Konstitutionsprinzip der neuen Stufe wird: Es wird sozusagen noch einmal auf sich selbst angewandt (vgl. ST 362 [290]), so daß wir von einer Umwelt-Referenz 2. Ordnung sprechen könnten, deren passiver Aspekt in der Sensorik und deren aktiver Aspekt in der Motorik bestünde.

Dieses Gesetz bestimmt auch die weitere Aufstufung: Während die *dezentral* organisierten 'niederen' Tiere nur der augenblicklichen Repräsentation und unmittelbaren Bewegungssteuerung fähig sind und 'Merksphäre' und 'Wirksphäre' nur im Reiz-Reaktions-Schema miteinander verbunden sind (der Seeigel als Beispiel einer 'Reflexrepublik' - vgl. ST 312ff. [245ff.]), ermöglicht das *Zentralorgan* den höheren Tierarten, "Reiz und Reaktion bewußt einander zuzuordnen" (vgl. ST 319 [251]). Plessner unterscheidet die beiden Fälle als Reiz-Reaktions-Zuordnung "bei ausgeschaltetem Subjekt" ("Ausschaltung des Bewußtseins") einerseits und Zuordnung "durch das Subjekt" ("Ausgestaltung des Bewußtseins") andererseits (vgl. ST 312 u. 316 [245 u. 249]).

Bei zentraler Organisation erhalten die Elemente der Umwelt über den Augenblick hinaus die 'Haltbarkeit von Dinggebilden' und zwar aufgrund ihrer "Schematisiertheit auf die vitale Aktion" (vgl. ST 323 [254]). Das aber bedeutet, daß das zentral organisierte Tier, so sehr es im Hier und Jetzt aufgeht (vgl. ST 360 [288]), aus seinem Reiz-Reaktions-Feld ein Feld konkreter Gegenwart[13], ein Feld dauerhafter Anschauung und ein Aktionsfeld von 'Möglichkeiten' macht (vgl. ST 320f. [252f.]). "In der Griffigkeit der Dinge seines Umfeldes ist das Lebewesen ihm selbst vorweg", formuliert Plessner in einer stark an Heideggers Analysen in "Sein und Zeit" erinnernden Passage und verbessert dann: "Weil es selber aber in der Weise ist, daß es 'sich' (als Leib) und das Positionsfeld 'hat', so muß man dem Satz die Form geben: In der Empfindung der Griffigkeit der Dinge *hat* das Lebewesen sich und sein Positionsfeld vorweg." (ST 323 [254])[14]. Auch wenn Plessner nicht völlig deutlich macht, ob er die zentrale Organisationsform als eine eigene, dritte Positionalitätsstufe zählen möchte, so müssen wir doch sagen: Damit ist ein solches Lebewesen zum unmittelbar Vergangenen und unmittelbar Zukünftigen, mithin zu seiner elementaren Repräsentation und Motorik (die schon bei dezentraler Organisation als auf die positionalen Selbst- und Fremdbezüge relative Beziehungstrukturen fungieren) durch deren imaginative Repräsentation noch einmal in Beziehung gesetzt.[15] Das umgebende Medium und der eigene Körperleib sind dem zentral organisierten Tier so gegeben, daß sie "auf die positionale Mitte, das absolute Hier-Jetzt bezogen sind" (vgl. ST 360 [288]). Dies ist die Voraussetzung auch dafür, daß für die tierische Aktivität eine 'historische

---

[13] Husserl hat deutlich gemacht, daß das Erlebnis konkreter Gegenwart sowohl eine auf die unmittelbare Erlebnis-Vergangenheit bezogene Retention (wohl zu unterscheiden von mittelbarer Erinnerung) als auch eine auf die unmittelbare Zukunft bezogene Protention (wohl zu unterscheiden von mittelbarer Erwartung) impliziert. Wir können sicherlich annehmen, daß diese Struktur auch schon dem tierischen Bewußtsein eignet. Die Beiziehung der Husserlschen Analysen würde noch klarer die Aufstufung der positionalen Beziehungsstrukturen kenntlich machen: Protention und Retention sind ja ihrerseits Beziehungen auf die elementaren Beziehungen in unmittlbarer Repräsentation und Motorik. - Wie Heideggers "Sein und Zeit" so konnte Plessner offenbar auch Husserls Zeitanalysen in den von Heidegger (1928) herausgegebenen "Vorlesungen zur Phänomenologie des inneren Zeitbewußtseins" (jetzt Husserliana Bd. X) nicht mehr für die 'Stufen' benutzen.

[14] Man ist versucht in dieser Passage und dem ganzen Zusammenhang (vielleicht auch in manchem den Primat der Objektivität in der menschlichen Kultur herausstellenden Gedanken des letzten Kapitels) einen Beleg dafür zu sehen, daß Plessner, gegen seine Versicherung, doch schon eine gewisse Kenntnis von "Sein und Zeit" hatte, bevor er die 'Stufen' abschloß (und daß ihm lediglich nicht mehr die Zeit zu einer grundsätzlichen Auseinandersetzung zur Verfügung stand). Wie dem auch sei: wer ohnehin daran zweifelt, daß die Heideggersche Rückführung der Geltungsfragen auf den Umgang mit dem 'Zuhandenen' der Lösung etwa des Wahrheitsproblems dienlich sei, findet hier bei Plessner Anlaß genug zu der Vermutung, daß manches, was in "Sein und Zeit" als Bestimmtheit des (menschlichen) 'Dasein' herausgestellt wird, durchaus schon zu (unserer) Animalität gehört.

[15] Wenn Plessner im Rückblick des letzten Kapitels die vorangehenden 'Stufen' rekapituliert, spricht er zunächst nur von drei Stufen; dies hat offenbar mit der Disposition des vorangehenden Kapitels über "die Sphäre des Tieres" zu tun, in welchem der dezentrale Organisationstyp der niederen Tiere als Reiz-Reaktions-Zuordnung "bei ausgeschaltetem Subjekt" beschrieben wird: so als sei die elementarere Form sozusagen eine privative Form der höheren (vgl. ST 360f. [288f.]). An einer späteren Stelle (ST 399f. [324f.]) steht dann aber wieder die vierstufige Differenzierung der Positionalität im Vordergrund.

Reaktionsbasis', wie Plessner mit Driesch die Vorstufe der Erfahrung nennt, und damit die Möglichkeit der 'Dekomposition' und Assoziation von erlebten Momenten zur Verfügung stehen (vgl. ST 349ff. [278ff.] und 355ff. [283ff.]). Die Aktivität des zentral organisierten Tieres wird zur echten 'Handlung', insofern dieser Begriff "die Korrigierbarkeit der Bewegungsreaktionen durch die individuelle Vergangenheit des Organismus" impliziert (vgl. ST 350 [279]), wobei die Triebrichtung als "Selektionsprinzip des Gedächtnisses" fungiert (Plessner spricht gar metaphorisch und mit Anführungszeichen von einer "Einheit der Apperzeption" - vgl. ST 357 [285]).

Zentrale Organisation ermöglicht den Aufbau einer reproduktiven Innerlichkeit (Psychizität), welche nach unserem obigen Wortgebrauch eine Referenz 3. Ordnung darstellt, mit dem passiven Aspekt einer gestalthaften Wahrnehmung und dem aktiven eines imaginativen Vorgriffs auf die eigene Aktivität in der Umwelt (Begehren). Dabei kommt das Tier allerdings nicht über die *Frontalität* gegenüber dem Positionsfeld hinaus: Das Tier ist sich noch nicht als ein 'Selbst' gegeben: "Sein Existieren im Hier-Jetzt ist nicht noch einmal bezogen, denn es ist kein Gegenpunkt für eine mögliche Beziehung da." Wenig später heißt es: "... es bildet ein auf sich selber rückbezügliches System, ein Sich, aber es erlebt nicht - sich." (ST 360 [288]).

Die Möglichkeit einer 'positional höheren Stufe' liegt jedoch latent in der (zentral-) geschlossenen, tierischen Organisationsform, ebenso wie die Möglichkeit des Organismus, "zu seiner Positionalität in Beziehung 'gesetzt'" zu sein, schon in der positionalen Beziehungsstruktur der Pflanze latent liegt: als Möglichkeit, die Beziehungsstruktur der niederen Stufe noch einmal auf sich selbst anzuwenden (vgl. ST 360f. [288f.]) Die "Grundbedingung" für eine neue Stufe ist "die, daß das Zentrum der Positionalität, auf dessen Distanz zum eigenen Leib die Möglichkeit aller Gegebenheit ruht, zu sich selbst Distanz hat" (vgl. ST 361 [289]).- Wie kann diese Distanz erzeugt werden? "Der raumzeithafte Punkt des absoluten Hier-Jetzt kann ... unmöglich von sich selbst abrücken, sich selbst verdoppeln" (ebda). Plessners Antwort lautet: Das Lebewesen muß die Beziehungsstruktur der niederen Stufe als Moment beibehalten und zugleich "als Prinzip gefaßt" realisieren, in der Beziehung auf diese Momente "nach Maßgabe der positionalen Momente des Tieres konstituiert" sein (vgl. ST 362 [290]). Die neue Stufe verwirklicht "die Möglichkeit, das reflexive Gesamtsystem des tierischen Körpers nach dem Prinzip der Reflexivität zu organisieren und das, was auf der Tierstufe das Leben nur ausmacht, noch in Beziehung zum Lebewesen zu setzen. Eine weitere Steigerung darüber hinaus ist unmöglich, denn das lebendige Ding ist jetzt wirklich hinter sich gekommen." (ST 363 [291]). In Plessners abstrakter und gleichwohl bildlicher Ausdrucksweise heißt das: "Dieses Individuum ist in das in seine eigene Mitte Gesetztsein gesetzt, durch das Hindurch seines zur Einheit vermittelten Seins. Es steht im Zentrum seines Stehens." (ST 362 [290]).

Dies sind, wie der weitere Text zeigt, nur Bilder für das reine Selbstbewußtsein, das "unobjektivierte", "reine Ich" (vgl. ST 364 [292]) oder, wie wir wohl, gestützt auf die zitierte metaphorische Vordeutung des vorangehenden Kapitels, sagen dürfen, für die Struktur[16] der transzendentalen Apperzeption, Prinzip einer Referenz 4. Ordnung: "Obwohl auch auf dieser Stufe das Lebewesen im Hier-Jetzt aufgeht, aus der Mitte lebt, so ist ihm doch die Zentralität seiner Existenz bewußt geworden." (ST 363 [290]). Damit ist es in der Lage, "sich von sich zu distanzieren, zwischen sich und seine Erlebnisse eine Kluft zu setzen. Dann ist es diesseits und jenseits der Kluft, gebunden im Körper, gebunden in der Seele und zugleich nirgends, ortlos außer aller Bindung von Raum und Zeit und so ist es Mensch." (ST 363 [291]).

Dieses reine Selbstbewußtsein ist der Grund der besonderen Positionalität des Menschen. Sein Standpunkt kann gegenüber der animalischen Zentralität nicht etwa noch weiter nach innen verlegt werden, "... so ist das Leben des Menschen, ohne die Zentrierung durchbrechen zu können, zugleich aus ihr heraus, exzentrisch. *Exzentrizität* ist die für den Menschen charakteristische Form seiner frontalen Gestelltheit gegen das Umfeld." (ST 364 [291f.]).

Blicken wir von hier aus auf das oben als Ausgangsproblem der Plessnerschen Anthropologie herausgestellte Problem des Dualismus zurück, so ergibt sich zunächst statt einer Zwei- eine Dreigliedrigkeit: eine "Spaltung in Außenfeld, Innenfeld und Bewußtsein" (ST 363 [291]). "Positional liegt ein Dreifaches vor: das Lebendige ist Körper, im Körper (als Innenleben oder Seele) und außer dem Körper als Blickpunkt, von dem aus es beides ist. Ein Individuum, das derart dreifach charak-

---

[16] Ich spreche hier mit Bedacht nur von der *Struktur* der transzendentalen Apperzeption, nicht schlicht von der transzendentalen Apperzeption selbst, weil wir uns nicht im transzendentalphilosophischen, sondern im anthropologischen Zusammenhang befinden. Das bedeutet: diese Struktur kommt hier nur als Seinsbedingung der menschlichen Existenz, nicht als Geltungsbedingung in Betracht.

terisiert ist, heißt *Person.*" (ST 365 [293]) - Aber wir können natürlich
nicht annehmen, daß Plessner den Fehler des ontologischen Dualismus
durch eine ontologische Trichotomie wettmachen möchte. Keine der drei
Positionen ist ein Seiendes, jede der drei ist nur als eine Art von 'Standpunkt' in der positionalen Beziehungs-Stufung und 'Blickpunkt', wie
Plessner im letzten Fall gesagt hat, zu denken. Aber während die ersten
beiden 'Standpunkte' noch in einem gewissen Sinne lokalisierbar sind,
als pure Entgegenstellung eines grenzrealisierenden Körpers zu seiner
Umwelt und als welt- und leib-repräsentierendes Zentrum (die mögliche
Differenzierung zwischen animalischer Zentralorganisation und dezentraler Verknüpfung bloßer Reize und Reflexe vernachlässigt Plessner an
dieser Stelle), ist der dritte Standpunkt, wie wir schon sahen, 'ortlos'
und 'zeitlos', Exzentrizität ermöglicht denn auch keineswegs eine neue
Organisationsform des Körpers (vgl. ST 365 [293]): "Seine Existenz ist
wahrhaft auf Nichts gestellt." (ebda). Der Personcharakter wird daher
von Plessner vielmehr durch das Subjektsverhältnis zu seinen Akten erläutert: "Es ist das Subjekt seines Erlebens, seiner Wahrnehmungen und
seiner Aktionen, seiner Initiativen. Es weiß und es will." (ebda). - Wir
werden bei der Analyse dieser beiden Sätze wohl nicht fehlgehen, wenn
wir sie als Andeutung des Verhältnisses von exzentrischem Person-Sein
und jenem schon in der animalischen Frontalposition realisierten psychischen Funktionen auffassen. 'Erleben' wäre dann die Gesamtheit sowohl
des passiven ('Wahrnehmen') wie des aktiven ('Aktionen', 'Initiativen')
psychischen Welt- und Selbstverhältnisses; 'Wissen' und 'Wollen' wären
die beiden 'exzentrischen', auf ein Ich-Subjekt bezogenen Stufen dieser
passiven und aktiven Welt- und Selbstverhältnisse; das die Passivität
überformende Wissen würde dabei freilich trotz seiner die Rezeptivität
bewahrenden Funktion die bloße Passivität, wie wir noch sehen werden,
'aufheben'.

Wie nicht anders zu erwarten, weist das Resultat der Plessnerschen
Überlegungen auf deren methodologischen Ausgangspunkt zurück. Weil
das Korrelat der *exzentrischen* Position eine *objektive* Welt ist, erscheint
der Mensch sich selbst - genauer sogar seine dreifache Existenzweise
dem Menschen jeweils - in einem unaufhebbaren *Doppelaspek*t: einerseits als *zentraler Bezugspunkt* eines 'Feldes', das andererseits zugleich
als *beliebiger Teil* in die objektive Welt eingeordnet wird. So ist der in
das Außenfeld hineingestellte *Subjektsleib* zugleich *Körper* in einer objektiven Außenwelt, und zwar aufgrund der "Leerformen Raum und

Zeit", der weltkonstitutiven Manifestationsweisen des Nichts (vgl. ST
365ff. [293ff.]). Ebenso aber erscheint die Innenwelt dem Menschen in
einem Doppelaspekt einerseits von 'durchzumachendem' *Vollzug und
Erlebnis* und andererseits von '*Seele* als vorgegebener Wirklichkeit von
Anlagen' (vgl. ST 368ff. [295ff.]). Schließlich muß der Mensch als
"Person an sich selbst individuelles und 'allgemeines' Ich unterscheiden": Einerseits steht das individuelle Ich vor dem 'Anderen', dem Du
und dem Er als einer Person von 'schlechthin individueller Realität',
"deren Innenwelt mir primär so gut wie ganz verborgen ist und durch
verschiedene Arten der Deutung erst aufgeschlossen werden muß",
andererseits faßt es sich immer schon als Glied einer Mitwelt, einer
'Wirsphäre' auf, und zwar aufgrund seiner exzentrischen Position, nicht
erst aufgrund besonderer Akte der Einfühlung (vgl. ST 373ff. [300ff.]).
Denn diese Wirsphäre, welche im Unterschied zu Seele und Bewußtsein
"allein in aller Strenge Geist heißen darf" (vgl. ST 377 [303]), ist "die
Voraussetzung der Konstitution einer Wirklichkeit" im Sinne einer von
aller Bewußtseinskonstitution unabhängigen Welt (vgl. ST 378 [304]).[17]
Die letzten drei Abschnitte der 'Stufen' wollen die 'Grundmerkmale'
herausarbeiten, welche die Existenz eines Wesens mit exzentrischer
Position annehmen muß, um seiner Lebenssituation gerecht zu werden.
Plessner formuliert sie als drei 'anthropologische Grundgesetze'. Das
erste, das der "natürlichen Künstlichkeit" bezeichnet die sich aus der
exzentrischen Position für den Menschen ergebende Notwendigkeit,
"sich zu dem, was er *schon ist, erst machen*" zu müssen, weil ein Wesen, das sich seiner selbst, seines Leibes wie seiner Erlebnisse, bewußt
ist, nicht seinen Handlungsimpulsen fraglos folgen kann, sondern immer
wieder unausweichlich vor der Frage steht: "… was soll ich tun, wie soll
ich leben, wie komme ich mit dieser Existenz zu Rande" (vgl. ST 383
[304]). Dieser "wesenstypische Ausdruck der Gebrochenheit oder Exzentrizität", die durch die exzentrische Position erzwungene Unterbrechung
des Lebenskreises, bedeutet *zum einen* "Ergänzungsbedüftigkeit" und ist,

---

[17] Der Terminus 'Doppelaspekt' wird im Text nur im Zusammenhang der Analyse der Außenwelt- und Innen-
welt-Sphäre ausdrücklich benutzt, nicht im Zusammenhang der Analyse der personalen Sphäre, wie auch die
Entgegensetzung der beiden Aspekte (des perspektivischen und des objektiv-welthaften) hier weniger deutlich
herausgearbeitet wird. Wiederum wünschte man sich, Plessner hätte schon die einschlägigen, erst später veröffentlichten Analysen Husserls zur Intersubjektivität nutzen (und kritisch weiterentwickeln) können (insbes. die
Fünfte der 'Cartesianischen Meditationen' Husserls). - Gerade dort ist die Zusammenhang beider Aspekte vor-
züglich durchgeführt, freilich unter Vernachlässigung der von Plessner herausgestellten Abhängigkeit des individuellen Ich (und seiner 'primordialen' Sphäre) vom 'allgemeinen Ich', der Wirsphäre.

"das Movens für alle spezifisch menschliche, d. h. auf Irreales gerichtete und mit künstlichen Mitteln arbeitende Tätigkeit, der letzte Grund für das *Werkzeug* und dasjenige, dem es dient: die *Kultur*" (vgl. ST 383 u. 385 [309 u. 311]). *Zum anderen* bedeutet sie aber auch *Freiheit*, welche Grund der Differenz von *Sein* und *Sollen*, Naturgesetz und Sittengesetz (vgl. ST 391f. [316f.]) ist: "Durch die Exzentrizität seiner Positionsform ist der Mensch ein Lebewesen, das Anforderungen an sich selbst stellt. ... Er kann ohne Sitte und Bindung an irreale Normen ... nicht existieren" (vgl. ST 392 [317]). - Mit dem Gesetz der natürlichen Künstlichkeit ist also die anthropologische Grundlage vor allem des *Wollens* (des *aktiven* Welt- und Selbstverhältnisses nach unserer obigen Analyse) gemeint und damit nicht nur die positionale Grundlage der instrumentellen Vernunft, sondern auch der ein unbedingtes Sollen und praktische Geltungsdifferenz hervorbringenden Vernunft.

Das *Wissen*, jene auf der *passiven*, rezeptiven Seite des Welt- und Selbstverhältnisses aufbauende Funktion der exzentrischen Positionalität, wird vor allem durch das zweite der 'anthropologischen Grundgesetze' bestimmt, das "Gesetz der vermittelten Unmittelbarkeit", dem im Untertitel des Abschnittes "Immanenz und Expressivität" zugeordnet werden. Die beiden Gesetze stehen zueinander in Korrelation, wie Aktivität und Passivität und wie Wollen und Wissen zueinander in Korrelation stehen. Denn die 'natürliche Künstlichkeit', die Angewiesenheit auf das Erfinden von Werkzeugen und kulturellen Institutionen wäre sinnlos ohne deren 'Objektivität', schöpferisch kann der Mensch nur sein, "wenn ihm die spezifische Anpasssung an die objektive Welt gelingt" ; und die spezifisch exzentrische 'Anpassung' ist die durch die Objektivität des Wissens vermittelte (vgl. ST 396f. [321f.]). Auf der anderen Seite ist diese Anpassung, so sehr sie auf ein in gewissem Sinne *unmittelbares* Welt- und Selbstverhältnis zielt (insbesondere ein wahrhaftes Wissen von der *Welt selbst* und von *sich selbst*), nicht ohne *Vermittlung* durch eine Ausdrucksleistung möglich, die vielerlei Gestalt, von den technischen Hilfsmitteln über die Wortsprache zur euklidischen Geometrie und zur Musik annehmen kann (vgl. ST 398 [322f.]). So ist speziell "das Wissen vom Objekt ... die Vermittlung zwischen sich und ihm": zunächst, indem die "naive Direktheit mit der ganzen Evidenz, die Sache an sich gepackt zu haben", doch nur durch Vermittlung der Erscheinungen, damit aber durch die *Immanenz* des Subjekts, zustandekommt (vgl. ST 403f. [327f.]); dann aber auch, weil die Objektivität des Wissens dessen

Selbstobjektivierung in den sprachlichen Bedeutungen erfordert: "Die Sprache, eine Expression zweiter Potenz, ist deshalb der wahre Existentialbeweis für die in der Mitte ihrer eigenen Lebensform stehende und also über sie hinausliegende ortlose, zeitlose Position des Menschen." (ST 417f. [340]). Eine 'Expression zweiter Potenz' nennt Plessner die Sprache, so könnten wir vermuten, insofern sie mit den Bedeutungen allgemeine und verknüpfende *Regeln* für 'anschauliche' oder 'stoffliche' Expressionen von produktiven wie reproduktiven Welt- und Selbstbezügen ausdrückt.[18] So heißt es denn auch im Anschluß an das letzte Zitat: "In der seltsamen Natur der Aussagebedeutungen ist die Grundstruktur vermittelter Unmittelbarkeit von allem Stofflichen gereinigt und erscheint in ihrem eigenen Element sublimiert." (ebda). - Das aber heißt: wiewohl das Wissen auf dem ursprünglich *passiven* Aspekt des positionalen Welt- und Selbstverhältnisses aufbaut und die anschauliche Rezeptivität in sich aufbewahrt (welche freilich schon als Wahrnehmung imaginative, und damit in gewissem Sinne aktive Momente in sich aufnimmt), so ist doch Wissen und Erkennen keine *bloße* Passivität. An die Stelle des ursprünglichen Gegensatzes von 'Wirkung ausüben' und 'Wirkung empfangen' ist der Gegensatz von menschlichem Handeln und menschlichem Wissen getreten, d. i. der Gegensatz von *Weltbestimmung* nach Maßgabe subjektiver Prinzipien (nach Freiheitsbegriffen des Subjekts) und *Selbstbestimmung* nach Prinzipien der Objektivität (nach Begriffen vom Objekt).[19] - Auf diese Weise stehen mithin die Prinzipien des Lebenssubjekts in einem Transzendierungsverhältnis zur Welt, das wahrhaft erkenntniskonstitutiv sein kann.

Das dritte der 'anthropologischen Grundgesetze' ist "das Gesetz des utopischen Standorts" und wird durch die Stichworte "Nichtigkeit und Transzendenz" erläutert (ST 419 [341]). Plessner behandelt hier die metaphysische Stellung der exzentrischen Position, ihre paradoxe Bezo-

---

[18] Plessner verweist an dieser Stelle auf das Kap. III der "Einheit der Sinne" - vgl. dort etwa ES 169f., wo von der Allgemeinheit und der 'syntagmatischen' Funktion der Bedeutungen die Rede ist; insbes. ES 170: "Die Gliederung der Anschauung durch die syntagmatische Sinngebung ist das eigentliche Geheimnis der Sprache und ihre innere Form. ... Wie ist diese Gliederung möglich ... , da unsere Umgebung bereits gestaltet, durchgegliedert in Erscheinung tritt, ein gleichmäßiges Grundgepräge für jedes Wesen vom Typus Mensch besitzt?"

[19] Wir könnten, um den Rückbezug der Referenz 4. Stufe auf die vorangehenden Referenzleistungen der 3. Stufe deutlich zu machen, an Kantische Formulierungen anknüpfend, hier von einem 'Wahrnehmungsvermögen nach Begriffen' sprechen, wie wir das entscheidende Moment des menschlichen Handlungsvermögens als 'Begehrungsvermögen nach Begriffen' bezeichnen können. - Freilich würde durch die erstere Formulierung noch nicht die 'Aufhebung' der *bloßen* Passivität durch die begriffliche Erkenntnis deutlich.

genheit auf das Absolute, das gleichwohl notwendiger Weise in der Theorie wie in der Praxis unerreichbar bleibt. Der Mensch ist a priori durch Religion und durch die Sehnsucht nach der politischen Harmonie der 'Gemeinschaft'[20] bestimmt, und doch kann er nach Plessner nirgendwo eine letzte Erfüllung, eine geistige 'Heimat' finden, wenn er konsequent seinen durch die exzentrische Position aufgebrochenen Zweifeln folgt. Sein Standort ist die 'Utopie' im ursprünglichen Wortsinn der Ortlosigkeit. - Plessner hält, so könnten wir sagen, die *theoretische* Position der 'Transzendentalen Dialektik' Kants auch in der Dialektik der *praktischen* Vernunft fest: Der *Geist* kann auch im Glauben seinen Frieden nicht finden (vgl. ST 419-425 [341-346]).

Versuchen wir zum Abschluß die Stufung der Organisationsformen zu rekapitulieren und die Plessnersche Stufentheorie noch ein wenig schärfer zu konturieren, in dem wir nur die Korrelation der jeweils auf dem aktiven und auf dem passiven Aspekt des positionalen Welt- und Selbstverhältnisses aufbauenden Funktionen herausarbeiten.[21] Bezeichnen wir die allgemeine Form der positionalen Beziehungsstrukturen als (Selbstbezug implizierende) 'Referenz' eines Substrats auf seine Umwelt, so können wir mit Plessner vier aufeinander aufbauende Referenz-Stufen unterscheiden, wobei die jeweils höhere Stufe ihre Referenzfunktionen nur mittelbar erfüllt, dadurch daß sie sich auf die niedere Stufe (und nicht unmittelbar auf die Umwelt) zurückbezieht. Während die fundamentale Referenz auf die Umwelt, welche in der 'Positionalität der offenen Form' realisiert wird, einen durch genetische Selbstrepräsentation determinierten (und insofern grenzrealisierenden) *Stoff- und Energie-Austausch* leistet, mit dem 'passiven' Aspekt der Assimilation und dem 'aktiven' der Dissimilation, bezieht sich die Referenz 2. Ordnung, die der dezentral-geschlossenen Form der niederen Tiere, unmittelbar schon auf die Referenz 1. Ordnung zurück, insofern Sensorik (Passivität) und Motorik (Aktivität) aufgrund *nervöser* Prozesse und Impulse dem fundamentalen Assimilations- und Dissimilationsprozessen dienen und sie überformen. - Die zentral-geschlossene Organisationsform ermöglicht die *imaginative*, retentionale und protentionale, Verfügbarkeit unmittelbarer

---

[20] Plessner verweist hier auf das vierte Kapitel seines 1924 erschienen Werkes "Grenzen der Gemeinschaft", in: Gesammelte Schriften Bd. V. Macht und menschliche Natur, 7-133.

[21] Wir greifen dabei in freierer Weise auch auf gewisse bei Plessner nicht in den Vordergrund gestellte phänomenologische, erkenntnis- und handlungstheoretische Begriffe zurück, um die Fruchtbarkeit des Plessnerschen Ansatzes um so deutlicher werden zu lassen.

Außenweltrepräsentation und Eigenbewegung, so daß in der Referenz 3. Ordnung das passive Umweltverhältnis zur Gestaltwahrnehmung und das aktive zur begehrenden Vorwegnahme der eigenen Aktivität fähig wird. Schließlich wird in der exzentrischen Positionalität des Menschen in *noetischen* Prozessen durch die Allgemeinheit der Begriffe und die gegenstandskonstituierende Synthesis das imaginativ Verfügbare und Vorwegnehmbare *begriffen* (Referenz 4. Ordnung) und das Lebewesen endgültig zum Subjekt seines Welt- und Selbstbezugs.

Übersicht über die Organisationsformen:

Organisations-'Stufe'	Prozeßtypus	Passivität	Aktivität
Positionalität der offenen Form (Referenz 1. Ordnung)	grenzrealisierender Stoff- und Energie-Austausch	Assimilation	Dissimilation
Positionalität der dezentral-geschlossenen Form (Referenz 2. Ordnung)	nervöse Prozesse	sensorische Rezeptivität	motorische Aktivität
Positionalität der zentral-geschlossenen Form (Referenz 3. Ordnung)	imaginative Prozesse	Gestaltwahrnehmung, anschauliche Retention und Protention	Begehren als imaginative Vorwegnahme der Aktivität
Exzentrische Positionalität des Menschen (Referenz 4. Ordnung)	noetische Prozesse	Erkennen als Begreifen des imaginativ Verfügbaren	Wollen als begreifende Vorwegnahme der Aktivität

Mit dem Aufweis dieser aufeinander aufbauenden und aufeinander verweisenden Referenz-Relationen in der Stufung der Positionalität hoffe ich den entscheidenden Vorzug des Plessnerschen Ansatzes in der Anthropologie deutlich gemacht zu haben: Er besteht in der nicht-dualistischen und nicht-naturalistischen Erklärung der Möglichkeit, warum ein Weltwesen und Lebewesen ein der theoretischen und praktischen Geltungskonstitution fähiges Subjekt sein kann.

Gerhart Schmidt, Bonn

Heidegger und die Seinsfrage

"Das Sein" ist ein philosophischer Begriff der deutschen Sprache, der seinen griechischen Ursprung nicht verleugnet. Hätten wir von dem Sein je gesprochen ohne Parmenides, Platon, Aristoteles? Diesen Philosophen ist es zu verdanken, daß das Sein durch die Philosophiegeschichte geistert. Im 19.Jahrhundert hatte Hegel ihm letztmals Glanz verliehen, bevor es im Neuthomismus versandete.

In unserm Jahrhundert hat Heidegger diesen Gedanken wieder aufgenommen und dafür gesorgt, daß die Philosophie sich des Seins erinnerte. Der einprägsame Buchtitel "Sein und Zeit" hat Nachahmer gefunden, welche "Sein" mit einem anderen Wort als "Zeit" verbanden und dadurch explizit oder implizit zu Heideggers Werk Stellung bezogen: "Être et avoir" von Gabriel Marcel (1935), "Geist und Sein" von Herman Schmalenbach (1939), "Sein und Geist" von Max Müller (1940), "L'Être et le Néant" von Jean-Paul Sartre (1943), "Sein und Mensch" von Eugen Fink (postum, 1977). Fortschrittliche Theologen spürten Oberwasser, wenn sie dem Sein nähertraten. Wie stark sich der Seinsgedanke in den Köpfen festgesetzt hatte, zeigte noch die heftige Abwehrreaktion Adornos gegen Heideggers "Seinsfrömmigkeit" und "Seinskult"; er prangerte sie an als Hort der Reaktion.[1] Adornos Widersacher im "Positivismusstreit", die "kritischen Rationalisten", waren in dieser Hinsicht mit ihm eines Sinnes. Es war Heideggers Verdienst, daß "das Sein" wieder Kurswert an der Börse der philosophischen Gedanken gewonnen hat.

Anders verhält es sich mit der sogenannten "Seinsfrage", welche Heidegger aus der griechischen Philosophie aufgenommen und erneuert hat. Mit ihr läßt man sich ungern ein, sie wird verlegen übergangen. Selbst Heideggers begeisterte Anhänger mochten sie nicht zu einem philosophischen Anliegen machen.[2] Die Seinsfrage hatte an der neuen

---

[1] Adorno, Negative Dialektik, TB-Ausgabe 1975, 104ff.

[2] Zwei Titel zur Seinsfrage seien erwähnt: Karl Löwith, Zu Heideggers Seinsfrage: Die Natur des Menschen und die Welt der Natur, in: Sämtl.Schriften 8 (Stuttgart 1984), 276ff; und Karl Lehmann, Vom Ursprung und Sinn der Seinsfrage im Denken Martin Heideggers, Rom (Gregoriana) 1964. Bei Löwith kommt die Seinsfrage nur im Titel vor; von der zweiten, nach Angaben des Verfassers 1485 Seiten starken Dissertation ist nur ein Auszug erschienen, der über die Seinsfrage nichts verlauten läßt.

Scheinblüte der Ontologie im 20. Jahrhundert keinen Teil, Heidegger versuchte vergeblich ihre Dringlichkeit glaubhaft zu machen. Möglicherweise liegt hier ein echtes, schwerwiegendes Versäumnis der Gegenwartsphilosophie vor. Heidegger sah sich durch diese stumme Ablehnung bestätigt als der einsame Denker des Wesentlichen und klagte unverdrossen die Seinsvergessenheit der gegenwärtigen Philosophie an. Sie manifestiere sich "durch die nachtwandlerische Sicherheit, mit der sie an der eigentlichen und einzigen Frage von Sein und Zeit vorbeiging." Darin zeige sich "unsere Verlassenheit vom Sein."[3]

In "Sein und Zeit" geht es hauptsächlich um die Seinsfrage, Heidegger sagte es ausdrücklich. Wir erwarten daher, daß Heideggers Hauptwerk uns vor allem darüber aufklärt, was wir unter der Seinsfrage zu verstehen, wie wir ihr zu begegnen und was wir von ihr zu erwarten haben. Das Erste Kapitel von "Sein und Zeit" trägt in der Tat die Überschrift: "Notwendigkeit, Struktur und Vorrang der Seinsfrage." Aber es ist weniger hilfreich als verwirrend, wenn die Seinsfrage sogleich paraphrasiert wird durch "die Frage nach dem Sinn von Sein" (2).[4] Ist dies noch dieselbe Frage, nur präziser gefaßt, oder vielleicht eine Vorfrage dazu?[5]

Um fragen zu können, was das Sein *sei,* sollte man zuerst wissen, was Sein *bedeutet;* insofern hat die Frage nach dem Sinn von Sein eine klare, nachvollziehbare Zielsetzung. Heidegger brauchte sich ihretwegen nicht einmal selbst den Kopf zu zerbrechen, denn für die Bestimmung des Sinnes von Sein ist seit jeher zuständig die sogenannte Metaphysik, genauer die "Metaphysica generalis". Sie befaßt sich gewissermaßen von Amts wegen mit dem Seinsbegriff, der geklärt sein muß, bevor die "spezielle Metaphysik" mit den "interessanteren" Themen wie Freiheit und Unsterblichkeit, Gott und Welt das Sein in bestimmter Weise auslegt.

Aber Heidegger glaubte erkannt zu haben, daß die Metaphysik seit über zwei Jahrtausenden mit der Bedeutung von Sein nur befaßt war, um der Seinsfrage auszuweichen. Die Metaphysik war der "Seinsvergessenheit" verfallen und mit ihr all jene, welche ihr blind vertraut hatten.

---

[3] Einleitung zu: Was ist Metaphysik?, in: Wegmarken (1967) 207.

[4] Die Paragraphen- und Seitenzahlen ohne Spezifikation im Text oder in den Anmerkungen beziehen sich auf die Originalausgabe von Heideggers "Sein und Zeit" (1927).

[5] Gerd Haeffner verwendet in seinem Buch "Heideggers Begriff der Metaphysik" von 1974 (2.Aufl. 1981) die beiden Fragen promiscue; Heidegger scheint das selbst zu tun; vgl. Anm. 15.

Genau genommen ist die Metaphysik, Heidegger zufolge, nichts anderes als die zur Philosophie erhobene und begrifflich ausgebaute Seinsvergessenheit. Seit Platon sei es der Metaphysik überlassen gewesen, das Seiende als solches zu denken; die Folge davon war die Verdrängung der Seinsfrage.

Wie dachte, wie denkt die Metaphysik das Sein? "Sein" gilt ihr als der allgemeinste, selbstverständlichste, daher nichtssagende und fast leere Gedanke, der für den Menschen unergiebig und eigentlich überflüssig ist, den er getrost ignorieren kann. "Sein" ist bloß der allgemeinste Charakter aller Dinge, alles "Seienden". Die Metaphysik denkt das Seiende, um das ihm vorangehende Verstehen von Sein nicht leisten zu müssen; etwas gequält drückte das Heidegger 1949 auf einer hohen Reflexionsstufe folgendermaßen aus:
"Fast scheint es, als sei die Metaphysik durch die Art, wie sie das Seiende denkt, dahin gewiesen, ohne ihr Wissen die Schranke zu sein, die dem Menschen den anfänglichen Bezug des Seins zum Menschenwesen verwehrt."[6]
"Ohne ihr Wissen" bedeutet keinen mildernden Umstand: Die Metaphysik, welche durch und durch Wissen ist, hat nicht einmal bemerkt, was sie angerichtet hat. Es war gar nicht ihre Absicht, das Verhältnis von Sein und Mensch, Sein und Zeit zu trüben; aber dieser Leichtsinn wirkte sich schlimmer aus als die offene Zielsetzung.

Wie verhält sich nun die Seinsfrage zu der Frage nach dem Sinn von Sein? Beide haben ihren Ursprung in der antiken Philosophie, genauer in einer Sammlung kleiner Schriften des Aristoteles, welche lange nach dessen Tod den Titel "Metaphysik" erhielt. Die Seinsfrage wird in Buch Z (= 7) emphatisch beschworen: »Was ist das Seiend?« bezeichne das vor alters wie auch jetzt immerzu Gesuchte, womit man nie zu Rande gekommen sei. Aristoteles hat diese Frage nicht nur gestellt, sondern sogleich kühn den gordischen Knoten durchhauen mit der Entscheidung, welche der späteren Metaphysik das eigene Nachdenken abgenommen hat: Das Seiend sei soviel wie die Wesenheit.[7]

---

[6] Wegmarken (1967) 200.

[7] 1028b2-4. τί τὸ ὄν; darf nicht übersetzt werden mit "Was ist das Seiende?" Wie die Fortsetzung des Zitats zeigt, geht es nämlich nicht um Realia, sondern um den Gedanken "seiend" bzw. "sein".

Er hat auch den "Sinn von Sein" mustergültig erörtert, und zwar an mehreren Stellen der Metaphysik.[8] Er unterschied vier Grundbedeutungen von τὸ ὄν, welche sich übersetzen lassen in die metaphysischen Entgegensetzungen von Sein und Nichts, Sein und Werden, Sein und Schein, Sein und Denken.[9]

Heidegger hat selbst berichtet, daß er schon als Gymnasiast mit dieser aristotelischen Ontologie bekannt gemacht und davon fasziniert worden sei. Sein väterlicher Freund, der spätere Freiburger Erzbischof Gröber (er stammte wie Heidegger selbst aus Meßkirch) hatte ihm Franz Brentanos Dissertation "Von der mannigfachen Bedeutung des Seienden nach Aristoteles" geschenkt. Heidegger erzählt, daß er durch die Philosophie des Aristoteles zu den ersten Denkversuchen angeregt worden sei.[10]

Die geheimnisvolle Seinsfrage in beiderlei Gestalt, zunächst mehr erahnt als zu deutlichem Bewußtsein gebracht, ist ein esoterisches Problem der Altphilologie und der Philosophiegeschichte. Den jungen Heidegger reizte es, seinen Scharfsinn daran zu versuchen. Aber dann ließ das Seinsproblem Heidegger zeitlebens nicht mehr los. Mehr als äußere Lebensumstände[11] war m.E. dieses Problem der Grund dafür, das Studium der Theologie abzubrechen und sich mit ganzer Kraft einer andern brotlosen Kunst, der Philosophie zuzuwenden. Seine Habilitationsschrift über die Grammatica speculativa des Thomas von Erfurt, welche er der Überlieferung entsprechend Johannes Duns Scotus zugeschrieben hat, näherte sich der Seinsfrage auf dem Weg über das Kategorienproblem.[12] Das Buch "Sein und Zeit", von langer Hand vorbereitet durch die Vorlesungen, bedeutete einen Durchbruch in der Seinsfrage. Im Vorwort zur neuen Ausgabe seiner Frühschriften erklärte Heidegger: "Die damals nur dunkel und schwankend und hilflos sich regende Frage nach dem Einfachen des Mannigfaltigen im Sein *blieb* durch viele Umkippungen, Irrgänge und Ratlosigkeiten hindurch *der* unablässige Anlaß für die zwei Jahrzehnte später erschienene Abhandlung »Sein und Zeit«."

---

[8] Eigens thematisiert wurde die Frage nach der Bedeutung von τὸ ὄν in Buch Delta, c 7.

[9] Vgl. Vf., Subjektivität und Sein (Bonn 1979), 38ff.

[10] Zur Sache des Denkens ²1976, 81f.; vgl. Heideggers Vorwort zu Richardsons Heidegger-Buch (1962), XI

[11] Über sie berichtet zuverlässig Hugo Ott: Martin Heidegger, unterwegs zu seiner Biographie (1988), 67ff.

[12] Vgl. hierzu und zum Vorigen Heideggers Einführungsvortrag in der Heidelberger Akademie der Wissenschaften von 1959, bequem nachlesbar in dem Selbstzitat Heideggers aus dem Vorwort zur neuen Ausgabe der "Frühen Schriften" (1972): GA Bd.I, IXf.

Bei "Duns Scotus", heißt es dann, habe sich die Seinsfrage in der Gestalt des Kategorienproblems erhalten, die Frage nach der Sprache (d.h. nach den Bedeutungen des Worts seiend) in der Form der Bedeutungslehre. Aber ihre "Zusammengehörigkeit blieb im Dunkel. Die genannten Fragebereiche wiesen freilich überall auf Aristoteles zurück, in dessen Texten ich schon vor der Abfassung der vorliegenden Schriften unbeholfen genug das Denken zu lernen versuchte."[13]

Die Seinsfrage hatte für Heidegger längst aufgehört, ein nur philologisches und philosophiehistorisches Problem zu sein. Nach der Habilitation im Kriegsjahr 1916 wandte er sich jedoch einem ganz anderen Themenkreis zu, mit dem seine Vorlesungen eine wachsende Hörerschaft fesselten: der "Hermeneutik des Daseins". Die letzte Freiburger Vorlesung des Privatdozenten Heidegger (GA Bd.63) stellte jedoch eine Verbindung her zwischen den beiden Problemkreisen. "Dasein" hatte hier bereits den durch "Sein und Zeit" vertraut gewordenen Sinn: das bewußt erlebte menschliche Leben. Die "Hermeneutik" war streng an die, wie es damals noch hieß, "Jeweiligkeit" des Daseins gebunden, und ein noch einzuübendes "ontologisches Sehen" (51) hatte die "Weisen seines Seins" (35) zu enthüllen. Diese Vorlesung von 1923 (mit dem zufälliger Umstände wegen gewählten Titel "Ontologie") zielte, anders als das Denken des Aristoteles, nicht auf die Seinsweise des Dinges, sondern auf die paradoxe Seinsart des Menschen, auf den "Seinscharakter der Faktizität" (31, 35).

Die "Faktizität des Daseins" liegt in dessen "Jeweiligkeit" beschlossen, d.i., in der endlichen, unter der Todesdrohung stehenden individuellen Lebensdauer. Der Schatten des Todes liegt über dem erlebten menschlichen Leben, erkennbar an der "Sorge", welche unser ganzes Tun und Lassen, Lust und Leid bestimmt. In der Vorlesung von 1923 machte Heidegger die Sorgestruktur sichtbar, indem er vom "Besorgten" ausging (86f.), um das sich für uns alles dreht. Mit der "Hermeneutik des Daseins" ließ sich jene Weise des Seins erfassen, für welche in der dinglich ausgerichteten Metaphysik kein Raum war: die prekäre Seinsweise des "Daseins", die *"Existenz"* (16, 19). In dies gebrechliche Sein hat sich der Tod eingenistet.

Dem Dasein, das benommen ist von der Sorge, dem durchschnittlichen Dasein kommt die Seinsfrage im allgemeinen ebensowenig in den

---

[13] GA 1 (1978), Frühe Schriften, X, IX.

Sinn wie die Frage nach dem Seienden als solchen; die Seinsfrage wird gar nicht verstanden. Da es dem Dasein aber "in seinem Sein um sein Sein selbst geht", wird es von der Seinsfrage insgeheim begleitet. In einem Entwurf von 1922 steht ein wenig umständlicher, aber deutlicher als in "Sein und Zeit", daß das Dasein "in der konkreten Zeitigung seines Seins um sein Sein besorgt ist, und das auch dort, wo es sich selbst aus dem Wege geht."[14] Nicht weil das Dasein unphilosophisch ist, sondern weil es nicht an sein Ende erinnert werden will, meidet es die Seinsfrage; auch und gerade die Metaphysiker meiden sie.

Heidegger hielt es demnach für möglich und geboten, die antike Seinsfrage mit der Faktizität des Daseins zu verbinden. Der in seiner Person liegende Bezug war ontologisch relevant! Die drängenden Fragen der Gegenwart, denen sich Heidegger am Katheder stellte, trugen in ihrem Kern die Seinsfrage. Die condicio humana war damit unter dem neuen Titel "Faktizität des Daseins" nach dem Niedergang der alten, dogmatischen Metaphysik und dem Glaubwürdigkeitsverlust der neuen, wissenschaftlich eingestellten Philosophie zur legitimen Frage des philosophischen Denkens geworden. Die Vorlesung vom Wintersemester 1921/22 (GA 61) stellt einen energischen, fast gewaltsamen Versuch dar, die Heidegger bewegenden philosophischen Probleme in eine thematische Einheit zusammenzuzwingen.

Von der Wichtigkeit der Seinsfrage war Heidegger durchdrungen, aber nur er allein. Er ahnte und suchte den Zusammenhang zwischen der anerkannten Vordringlichkeit der Zeitfragen und der fahrlässigen Sorglosigkeit im Hinblick auf das Sein. Der Katzenjammer der Menschheit, welche in den Trümmern des großen Krieges ihre Fortschrittsideologie begraben sah, war die allen fühlbare Strafe für die Vernachlässigung des Seinsgedankens. Die Technikkritik des *späten* Heidegger machte erneut die Seinsvergessenheit zum Wesensgrund des menschlichen Unglücks, das manche in ihrer Verblendung immer noch als eine Errungenschaft ansehen. Die Seinsfrage war die noch nicht zum Bewußtsein gediehene Lebensfrage der Menschheit.

In den frühen zwanziger Jahren hatte Heidegger der Hermeneutik des Daseins zwar den Vorrang eingeräumt, daneben aber die Seinsfrage als

---

[14] Phänomenologische Interpretationen zu Aristoteles, veröffentlicht im "Dilthey-Jb." Bd.6 (1989), 238.

eine Art Erinnerungsposten aufrechterhalten.[15] Der lapidare Titel "Sein und Zeit" muß dann ein gewaltiger Durchbruch gewesen sein, denn er verschmolz die beiden Problembereiche. "Sein" bewahrte die Grundfrage der griechischen Philosophie, "Zeit" bezeichnete scharf die Geschichte und vor allem die Gegenwart mit ihren unguten Gärungsprozessen.

Der prägnante und suggestiv wirkende Titel war wie ein Katalysator, der den Verschmelzungsprozeß der zwei wichtigsten Anliegen Heideggers vorantrieb. Er scheint Heidegger relativ spät eingefallen zu sein, denn Ende 1924 fehlte er noch. Zu diesem Zeitpunkt stellte er nämlich Erich Rothacker, dem Mitherausgeber der neu gegründeten "Deutschen Vierteljahresschrift", auf dessen Wunsch einen Beitrag zur Verfügung, überschrieben mit "Der Begriff der Zeit". Die Gedanken der Hermeneutik des Daseins werden hier durch den Zeitbegriff gebündelt: "Das Dasein, begriffen in seiner äußersten Seinsmöglichkeit, *ist die Zeit selbst,* nicht *in* der Zeit."[16] Dagegen fehlt "Sein" im Titel des Aufsatzes, im Inhalt taucht die Seinsfrage nicht auf.[17]

Mit "Sein und Zeit" wurde die Seinsfrage erstmals aus der Hermeneutik des Daseins heraus entwickelt; die Hermeneutik avancierte zur Fundamentalontologie. Die Seinsfrage war nun demonstrativ auf die Tagesordnung gesetzt worden; wir fragen uns aber, ob Heidegger sie auch auf gültige und überzeugende Weise mit der "Faktizität des Daseins" verbunden hat. Das mit der Zeit zusammengeschlossene Sein ist weder das Seiende als solches noch das Sein dieses Seienden, sondern *die Existenz* als das je eigene Sein, um das sich das Dasein sorgt. Die Verbindung des "Daseins" mit der Seinsfrage scheint eher eine Absichtserklärung, ein Postulat zu sein als ein neuer, konstruktiver Gedanke. Die Frage nach dem Sein selbst ist in ihrer Tragweite und Härte nicht in das Thema der Existenz des "Daseins" eingearbeitet worden.

---

[15] In einer differenzierten Deutung, welche sich u.a. auf Gadamer als Zeitzeugen der Entwicklung Heideggers beruft, machte Manfred Riedel das von Heidegger erlittene Spannungsverhältnis zwischen Platons Idealismus und der Begründung des Menschlich-Guten durch Aristoteles zur Grundlage der zwischen Seinsfrage und Daseinshermeneutik auftretenden Spannung: Zwischen Plato und Aristoteles; Heideggers doppelte Exposition der Seinsfrage und der Ansatz von Gadamers hermeneutischer Gesprächsdialektik, in: Allg. Zs. für Philosophie, 11 (1986) H.3, 1ff. Riedels Aufsatz vermittelt viele wertvolle Einsichten. Wenn aber, vergröbert ausgedrückt, in "Sein und Zeit" Platon das Sein und Aristoteles die Zeit vertrat, so muß dagegen auf den großen Abstand hingewiesen werden, der die zeithafte Faktizität des Daseins von der aristotelischen Tugendlehre trennt.

[16] Der Begriff der Zeit (Tübingen 1989), 19.

[17] Theodor Kisiel, Why the first draft of Being and Time was never published, in: Journal of the British Society for Phenomenology, Bd.20 (1989).

Die antike Frage nach dem Sein ist im Vorspruch präsent durch das eindrucksvoll zur Geltung gebrachte Zitat aus Platons Sophistes; sie klingt in "Sein und Zeit" an verschiedenen Stellen leitmotivisch an. Bei genauerem Hinsehen zeigt sich jedoch, daß sie dem Anfang des Werks vorbehalten bleibt.

Der Text von "Sein und Zeit" beginnt mit den Worten: "Die < in der Kapitelüberschrift> genannte Frage ist heute in Vergessenheit gekommen..." Wohl wahr, niemand wollte von ihr etwas wissen. Rügte Heidegger damit nur das Vergessen der andern Philosophieprofessoren, etwa der neuen Positivisten oder der nach dem verlorenen Krieg sich zu Wort meldenden Jungmetaphysiker, welche das Sein bloß im Schilde führten, statt es zu denken? Vielleicht rief Heidegger sich damit selbst zur Ordnung. Er hatte die goldenen Worte des Aristoteles wie einen kostbaren Schatz in seinem Herzen bewahrt; die "Hermeneutik des Daseins" lenkte zunächst von der Seinsfrage ab; nun mußte sich der scheinbare Umweg als der rechte Weg zu ihr erweisen.

Aristoteles hatte von den mehrfachen Bedeutungen des Worts "seiend" gesprochen, die in den Umkreis der Seinsfrage gehörten. Heidegger machte daraus die "Frage nach dem Sinn von Sein", welche ihm zum Bindeglied zwischen Seinsfrage und Hermeneutik des Daseins wurde. Die Sinnfrage war ein Lebensnerv der labilen, zitternden abendländischen Menschheit, sie hatte schon das dekadente ausgehende 19. Jahrhundert beunruhigt und wurde von Philosophen, Dichtern und Literaten durchgespielt. Fragwürdig geworden war die Bedeutung des menschlichen Seinsverständnisses für die Philosophie. Den "Sinn von Sein" neu festzusetzen, war eine Menschheitsfrage. Seine Ambivalenz empfahl ihn als Brücke zwischen der alten, gelehrten Seinsfrage und den erregten Existenzproblemen der Gegenwart.

In "Sein und Zeit" schob sich daher vor die Seinsfrage die ähnlich lautende Frage nach dem "Sinn von Sein", weil sie der Hermeneutik des Daseins näher stand als die Seinsfrage.[18] Es ließ sich nicht vermeiden,

---

[18] Die aus zwei Kapiteln bestehende Einleitung ist überschrieben: "Die Exposition der Frage nach dem Sinn von Sein." Von ihr wird die "Seinsfrage", der sich das erste Kapitel widmet, gewissermaßen konsumiert.
Walter Schulz berichtet von einem Gespräch mit Heidegger im Jahre 1958 (das die Wendung zur "Wahrheit des Seins" voraussetzt). Heidegger habe aus begründetem Anlaß "gemerkt, daß die Frage nach dem Sein die Frage nach dem *Sinn* von Sein voraussetze, der unter Umständen vielfältig sei, wie Aristoteles sagt. Diese Einsichten hätten lange Zeit in ihm gewirkt, und er hätte erkannt, daß man den Sinn von Sein nicht konstruieren dürfe, wie es die Neukantianer taten; man müsse phänomenologisch auf das vorontologische Seinsverständnis zurückgreifen ..." Die Leser von "Sein und Zeit" hätten Heideggers Redewendung, er stelle die Seinsfrage, mißver-

daß die Seinsfrage dabei an den Rand gedrängt, wo nicht aus den Augen verloren wurde. In den nach dem Krieg erschienenen Schriften löste Heidegger aber den hermeneutischen Ausdruck "Sinn von Sein" ab durch das Synonym "die Wahrheit des Seins".[19] Denn nun sah Heidegger den subjektiven Stellenwert des "Sinnes von Sein" selbstkritisch. "Wahrheit des Seins" klingt metaphysisch und ist metaphysikkritisch zu verstehen.[20] Heidegger rückte ab von der subjektiven und geschichtlich bezogenen "Analytik des Daseins", um an deren Stelle das sich zum Menschen hin öffnende Sein zu setzen.

Der "Sinn von Sein" hat eine Doppelnatur und eine doppelte Aufgabe. Er ist zunächst in uns beschlossen, wir hegen ihn unbewußt wie einen kostbaren Besitz. Unser Bezug zum Sein wird durch ihn gestiftet. Die Daseinsanalytik hat dadurch Priorität. Der "Sinn von Sein" ist aber nicht nur daseinsgebundenes Seinsverständnis; er ist der Vorposten des Seins im Menschen, der weder durch die natürlichen noch die geschichtlichen Bedingungen des Daseins zur Disposition gestellt wird.

Im Spätwerk wird die zweite Bewandtnis zur ersten. Die "Wahrheit des Seins" ist überhaupt nicht subjektiv, sie offenbart sich uns, überwältigt und bedingt uns. Wir werden uns ihr, wenn wir ihrer innegeworden sind, freiwillig unterwerfen, wenn wir nicht verblendet sind von der Macht der rasenden technischen Entwicklung und der gesteigerten Macht des Menschen. Die "Wahrheit des Seins" ist zwar noch stärker geschichtlich und zeithaft als der "Sinn von Sein"; aber ihre Geschichtlichkeit hängt nicht vom Menschen ab, sondern kommt ihm entgegen, indem sie sich ereignet. Sie schwebt nicht in einem Ideenhimmel über den Köpfen der Menschen, sondern muß in Raum und Zeit, im geschichtlichen Leben des Menschen ausgetragen und verantwortet werden. Nur durch sie wird die "Seinsfrage" im Menschenleben wachgehalten.

Im Jahr 1956 ließ Heidegger seinen Beitrag zur Ernst-Jünger-Festschrift von 1955, "Über »Die Linie«", unter dem geänderten Titel "Zur

---

standen. "... die Leute könnten eben nicht lesen. Er hätte doch deutlich gesagt, daß er die Frage nach dem *Sinn* von Sein stelle, und ... daß er vom *Seinsverständnis des Daseins als dem Leitfaden* ausgehen müsse." (Die Aufhebung der Metaphysik in Heideggers Denken, in: Heideggers These vom Ende der Philosophie, hg.v.Fresco, van Dijk, Vijgeboom, Bonn 1989), 34.

[19] "»Sinn von Sein« und »Wahrheit des Seins« sagen dasselbe." (Wegmarken, 1967) 206.

[20] "... die eigene Art der in der Metaphysik und durch sie vergessenen Frage nach der Wahrheit des Seins..." Ebd., 153.

Seinsfrage" separat erscheinen.[21] Heidegger experimentierte hier mit
dem kreuzweis durchstrichenen "Sein", das dafür mit einfachem i statt
wie bei den späteren Schriften üblich mit y geschrieben wird. Im Vorspruch erläuterte Heidegger den Sinn der Umbenennung: "Der neue Titel
soll anzeigen, daß die Besinnung auf das Wesen des Nihilismus[22] aus
einer Erörterung des Seins als Sein herstammt." Die Seinsfrage sei "*die
Frage der Metaphysik*", ohne von dieser wirklich aufgenommen zu
werden.[23] - Von der Seinsfrage ist in dem Aufsatz allerdings nirgends
die Rede; Heidegger überläßt es dem Leser, sich einen Reim darauf zu
machen. Nun, die kreuzweise Durchstreichung des Seins aktiviert die
Seinsfrage insofern, als damit die laxe Denkgewohnheit der Metaphysik,
"das Sein" substantivisch zu fassen, umgestoßen wird.[24] Die Durchstreichung nicht mitzudenken ist die Seinsvergessenheit der Metaphysik;
das als unangemessene Substantivierung von "Sein" präzisierte Wesen
der Seinsvergessenheit aber ist die Erneuerung der Seinsfrage.

Kehren wir zurück zu "Sein und Zeit". Heidegger hatte hier eine
Entscheidung zur Methode getroffen. Die Frage nach dem "Sinn von
Sein", in der er den Schlüssel zur Seinsfrage sah, wurde vorgezogen:
Das Ziel der existenzialen Analytik des Daseins sei "die Ausarbeitung
der Seinsfrage überhaupt".[25] Die Seinsfrage selbst wird aber vertagt.
Im § 2 der Einleitung klärte Heidegger vorbereitend wenigstens die
Grammatik oder "die formale Struktur der Frage nach dem Sein".

Generell hat das Fragen in Heideggers Philosophie einen eigentümlichen Rang; man ist versucht, von einem Zauber der Frage zu sprechen.
Im normalen sprachlichen Umgang wird eine Frage durch ihre Beantwortung erledigt; so fragt der Ortsunkundige nach dem Weg, der Arzt
nach früheren Erkrankungen des Patienten. Es gibt aber auch pädagogi-
sche Fragen, Prüfungsfragen, rhetorische und lästige Fragen. Wir können das auf sich beruhen lassen, denn Heidegger geht darauf gar nicht

---

[21] 1967 wurde der Aufsatz in den Sammelband "Wegmarken" aufgenommen.

[22] Heidegger würdigt Ernst Jünger, weil dieser in der Gestalt des "Arbeiters" den Nihilismus gedeutet hat, ohne
jedoch, wie den zarten Andeutungen Heideggers zu entnehmen ist, zu erkennen, welch großartigen Fund er
damit gemacht hat.

[23] Wegmarken (1967), 213.

[24] Ebd., 239. Damit nicht genug: Außerdem habe die Durchstreichung auch eine positive Bedeutung, nämlich
die durch die Vierteilung sichtbar gemachte Seinsbedeutung "Geviert"; ebd.

[25] § 83, 436; vgl. § 2, 17: "Die so gefaßte Analytik des Daseins bleibt ganz auf die leitende Aufgabe der
Ausarbeitung der Seinsfrage orientiert." Vgl. aber 1: "Die konkrete Ausarbeitung der Frage nach dem Sinn von
»Sein« ist die Absicht der folgenden Abhandlung."

ein. Ihn interessieren nur die wesentlichen, die philosophischen Fragen. Er sieht in ihnen keineswegs ein Mittel zur Beschaffung von Antworten; ihre Ausarbeitung ist selbst das Ziel des Denkens! Bei den Griechen wurde das Philosophieren aus einer bestimmten Art des Fragens entwikkelt. Heidegger fand die rechte Art des Fragens in Husserls Phänomenologie wieder:

"Fragen sind keine Einfälle; Fragen sind auch nicht die heute üblichen »Probleme«, die »man« aus dem Hörensagen und aus Angelesenem aufgreift und mit der Geste des Tiefsinns ausstattet. Fragen erwachsen aus der Auseinandersetzung mit den »Sachen«. Und Sachen sind nur *da,* wo Augen sind." (GA 63, 5)

Er empfahl eine neue Fragekultur in das wissenschaftliche Studium einzuführen. In der Rektoratsrede von 1933 verkündete er:

"Das Fragen ist ... nicht mehr nur die zu überwindende Vorstufe zur Antwort als dem Wissen, sondern das Fragen wird selbst die höchste Gestalt des Wissens." (Neue Ausgabe 1983, 13.)

Heidegger verstand die Philosophie als einen Weg zur Ausarbeitung solcher Fragen, welche ihre Antworten überdauern. Der Mensch ist selbst wesentlich Frager, weil seine Existenz fragwürdig ist; sie ist nicht nur zerbrechlich, sondern vor allem würdig, befragt zu werden. Es geht hier um Wesensfragen, um Fragen, welche nicht erledigt werden können. Von solcher Art sind die philosophischen Fragen Kants: "Was kann ich wissen? Was soll ich tun? Was darf ich hoffen? Was ist der Mensch?"[26] In solchen Menschheitsfragen wird immer mitgefragt die Seinsfrage.[27] Bei Aristoteles trat sie in der Gestalt auf: "Was ist das Seiend?" Leibniz hat sie uns unter der Form überliefert: "Warum ist überhaupt Seiendes, und nicht vielmehr nichts?" Für die Gegenwart, die Zeit des Nihilismus formulierte sie Heidegger: "Wie steht es um das Sein?"[28]

"Sein und Zeit" ist das Buch, mit dem Heidegger nach eigener Aussage die Seinsfrage aktualisiert hat.[29] Vorbereitend erörtert er hier, wie gesagt, die generelle Struktur der Frage, wobei er die subjektiven Be-

---

[26] Akademie-Ausgabe IX 25.

[27] In der "Einführung in die Metaphysik" (1953), 5 heißt es von der Seinsfrage: "Unsere Frage ist die *Frage* aller wahrhaften, d.h. sich auf sich stellenden Fragen und sie wird, ob wissentlich oder nicht, in jeder Frage notwendig mitgefragt."

[28] Ebd., 1 u.ö.; 25. Wegmarken, 19.

[29] Vgl. Nietzsche II (1961), 194; Wegmarken 207.

stimmungen übergeht, den Frager nämlich und die Person, an welche die Frage sich richtet. Er nennt drei objektive, sachliche Momente der Frage: das *Befragte,* das *Erfragte* und das *Gefragte.* Die Aufstellung leuchtet nicht ohne weiteres ein; was er damit meint, erfahren wir erst bei der Anwendung auf die Seinsfrage: Das *Befragte* dieser Frage sei das Seinsverständnis des Daseins.[30] Das *Erfragte,* also das, was ich wissen will, sei der "Sinn von Sein"; und der "Sinn von Sein" sei das begrifflich ausgearbeitete Seinsverständnis, das Seinsverständnis in streng existenzialer Bedeutung.[31] Das *Gefragte* schließlich sei das Sein selbst.

Wir können mit dieser Auskunft nichts anfangen, solange uns die angedeutete "formale Struktur der < gewöhnlichen > Frage" dunkel bleibt. Das "Befragte" macht dabei keine Schwierigkeiten; befragt wird ein Mitmensch, häufig ein Lexikon, eine Landkarte oder eine Anschlagtafel; manchmal befrage ich sogar mich selbst. Aber wodurch unterscheidet sich das "Erfragte" vom "Gefragten"? "Befragen" wir einfach den großen Kommentar zu "Sein und Zeit" aus der Feder des bedeutenden Heidegger-Forschers v.Herrmann. Der bisher erschienene erste Band behandelt Heideggers Einleitung (40 Seiten) eingehend auf 400 Seiten und trägt damit dem Rang von Heideggers epochemachendem Werk Rechnung.

Der Verfasser kennzeichnet in seinem Standardwerk das "Erfragte" (d.i. das durch die Frage Intendierte) als die "Hinsicht", in der das Gefragte "fragend-suchend bestimmt werden solle".[32] Normale Fragen brauchen keine derartige "Hinsicht", da sie unmittelbar auf die Sache zugehen. Der Kommentator übergeht jedoch die Form der normalen Fragen mit Stillschweigen; so läßt er uns im Unklaren, ob und wie sich hier Gefragtes und Erfragtes unterscheiden. Er hat es offenbar eilig, zu dem "Erfragten", also dem "Sinn von Sein", zu kommen. Über das "Gefragte" der Seinsfrage, d.i. nach Heideggers Erklärung "das Sein", versieht er uns mit einer Auskunft, welche so geschickt aus Heidegger-

---

[30] Vgl. 14: "... daß mithin das Dasein als das grundsätzlich vorgängig auf sein Sein zu *befragende* Seiende fungiert." Im Handexemplar Heideggers heißt es dazu: "Dasein ist nicht ein Fall von Seiendem für die vorstellende Abstraktion des Seins, wohl aber die Stätte des Seinsverständnisses."

[31] Deshalb warnt Heidegger im Handexemplar: "Aber nicht wird an diesem Seienden der Sinn von Sein abgelesen."

[32] Friedrich Wilhelm von Herrmann, Hermeneutische Phänomenologie des Daseins. Eine Erläuterung von »Sein und Zeit«, Bd.I (Frankfurt 1987), 59.

schen Textstellen montiert wurde, daß sie unanfechtbar ist, aber zur Erhellung der Sachlage nichts beiträgt:
"Sein ist das Woraufhin unseres Verstehens des Seienden als des Seienden. Das Woraufhin können wir auch das Vonwoher nennen - Sein ist das, von woher wir Seiendes, zu dem wir uns verhalten, als Seiendes verstehen."[33]
Die Frage nach dem Sein mutet unserem Verstand demnach eine ungewohnte Zirkularität zu. Es ist jedoch denkbar, daß den Kommentator die Seinsfrage weder persönlich und existenziell beunruhigt, noch wissenschaftlich und existenzial herausfordert.[34] Sein Interesse gilt primär dem Werk Heideggers und erst in zweiter Linie der Sache, welcher Heidegger selbst nachging.

Wir müssen also selbst herauszufinden versuchen, wie sich gemeinhin Gefragtes und Erfragtes unterscheiden. Normalerweise ist das, wonach gefragt wird, in dem Wortlaut, mit dem gefragt wird, enthalten; etwa wenn wir angesprochen werden: "Können Sie mir sagen, wieviel Uhr es ist?" Unter welchen Bedingungen erscheint es sinnvoll, das Gefragte vom Erfragten zu unterscheiden? Wenn der Wortlaut der Frage sich nicht mit der Frageintention deckt. Es kann ja sein, daß die harmlose Frage nach der Uhrzeit die räuberische Absicht verfolgt festzustellen, ob der Befragte eine wertvolle Uhr bei sich hat. Auch beim Verhör eines Verdächtigen oder Beschuldigten fällt die Frageabsicht nicht immer mit dem Wortlaut zusammen; es werden "Fangfragen" gestellt, um Informationen zu erhalten, welche der Verhörte nicht preisgeben wollte. Ebensowenig fällt das Gefragte mit dem Erfragten zusammen bei der rhetorischen Frage. Denn hier gibt es gar keine Fragerichtung, kein "Erfragtes", sondern ein Vorwurf oder eine Bosheit wird in die harmlose Form einer Frage gekleidet.

Das *Gefragte* ist also der bloße Wortlaut einer Frage, dasjenige, *womit* gefragt wird. Die Seinsfrage indes ist weder hinterhältig noch rhetorisch. Wenn Heidegger bei ihr das Gefragte vom Erfragten ausdrücklich trennt, so muß eine der Umgangssprache unbekannte *Anomalie* vorliegen. Die Seinsfrage ist so geartet, daß sie einem die Sprache ver-

---

[33] Ebd., S. 60.
[34] v.Herrmann hat schon in seinem Aufsatz "Befindlichkeit und Verstehen in ihrer Stellung zur Seinsfrage" die Seinsfrage de facto der Frage nach dem "Sinn von Sein" subsumiert (welche allerdings, wie der Autor zurecht feststellt, das Grundproblem von "Sein und Zeit" ist): Philosophische Perspektiven V (1973), 162ff.

schlägt. Vielleicht ist sie eine Vexierfrage, die sich gar nicht beantworten läßt, auch wenn Heidegger eine Antwort für möglich hält.[35] Das Gefragte der Seinsfrage, sagt Heidegger abkürzend, sei "das Sein" (S. 6); der übersetzte Wortlaut der Frage besteht jedoch aus den vier Worten: "Was ist das Sein?" Das Gefragte und das Erfragte treten auseinander, weil der Fragesatz *paradox* ist. Er ist zunächst deswegen paradox, weil die Frage nach dem Was-es-ist die Kategorie der Substanz einbringt (wo doch "die Schemata der Kategorien nur *eine* der vier Bedeutungen des "seiend" ausmachen); die Frage ist vor allem paradox, weil wir nicht nach dem "Sein" fragen können, ohne das Verbum "sein" im Wortlaut der Frage zu benutzen.[36] "Sein" ist jenes Allerweltswort, das in jedem Satz zumindest impliziert ist, aber nie ausdrücklich wie ein Name gebraucht wird; es ist ein unselbständiger, ein "synkategorematischer" Ausdruck, kein "kategorematischer", um an eine Unterscheidung der älteren Sprachwissenschaft zu erinnern. "Sein" *nennt* nichts, denn die Flexionsformen "ist", "war", "bin", "sind" usw. fungieren bloß als Bindemittel von Nennungen. Die satzbildende Funktion, welche die "Copula" fast rein darstellt, ist auch in den Vollverben aktiv, so daß in ihnen allen Sein enthalten ist.

Soviel läßt sich feststellen, ohne daß nach den verschiedenen Bedeutungen von Sein gefragt wird. Ich kann überhaupt nichts sagen oder fragen, ohne "sein" ins Spiel zu bringen. Die stillschweigende Verwendung von "sein" ist solange unbedenklich, als man nach einem Eigennamen oder nach dem irgendeiner Spezies fragt, z.B. was eine Scheinzypresse "sei". Wir können aber nicht ohne zu stolpern fragen: "Was ist »ist«?" Denn nun ist "Sein" ein Gefragtes, das nicht zum Erfragten werden kann, weil es auch als Bestandteil der Frageform (und der einer möglichen Antwort) fungieren muß. Es läßt sich nicht rein darstellen.

In der Seinsfrage wird das "ist" zum Rohrkrepierer. Sie geht nach hinten los, weil man, um nach dem Sein zu fragen, um es zum Erfragten zu machen, "Sein" schon für das Fragen in Anspruch nimmt. Noch bevor wir die Frage nach dem Sein ausgesprochen haben, hat sich

---

[35] Vgl. 19, 26f.

[36] Im Griechischen ist das dank der ausgeprägten Fähigkeit zum Nominalsatz anders. Elegant, aber unkritisch fragte Aristoteles: τί τὸ ὄν; - "Was das Seiend?" Wenn das "ist" auch nicht mit*gesagt* werden muß, so muß es jedenfalls mit*gedacht* werden. Heidegger war sich dessen bewußt: "Aber schon wenn wir fragen: 'was *ist* »Sein«?' halten wir uns in einem Verständnis des »ist«, ohne daß wir begrifflich fixieren könnten, was das »ist« bedeutet." 5.

"Sein" eingenistet in dem, *womit* wir gefragt haben. Aus demselben Grund kann Sein auch nicht definiert werden.[37]

Die Seinsfrage ist zwar nicht hinterhältig, aber hintergründig: Auch bei ihr treten Gefragtes und Erfragtes auseinander. Heidegger versteifte sich nicht darauf, die Seinsfrage direkt zu beantworten, sondern sein Interesse galt der Herstellung von Voraussetzungen, unter denen die Seinsfrage wiederauflebt und behandlungsfähig ist: "... *die Zeit* ... muß als der Horizont alles Seinsverständnisses und jeder Seinsauslegung ans Licht gebracht und genuin begriffen werden." (17) Es ist aber nicht damit getan, die Zeitbedingung am Sein zu behaupten; denn das genuine Zeitverständnis wird noch durch das "vulgäre Zeitverständnis" (17) blockiert, das es fertigbringt, die Zeitlichkeit als Abgrenzung von Seinsregionen zu mißdeuten (18). Einleitend wird untersucht, was uns die Seinsfrage bedeutet und weshalb sie uns nicht gleichgültig läßt.

Das *Erfragte* der Frage, ihre wirkliche Zielsetzung ist, Heidegger zufolge, "der Sinn von Sein". Darunter versteht er jetzt nicht jene vier Bedeutungen von "seiend", welche Aristoteles entdeckt und entwickelt hat, sondern die innige Verbindung von Sein und Zeit, welche unserem geschichtlichen Seinsverständnis (dem "Befragten" also) entspricht. Die Seinsfrage soll den Felsen unserer Gleichgültigkeit gegenüber dem Sein sprengen. Wenn sich der aufgewirbelte Staub verzogen hat, steht der Fels zwar unerschüttert; aber dessen Struktur läßt sich nun erkennen. Die Frage nach dem Sinn von Sein ist also nicht die Vorfrage für die Seinsfrage, sondern sie erweist sich als deren Resultat. Die Kritik der verhängnisvollen Dingontologie (für welche Heidegger immer wieder Descartes und nicht etwa Aristoteles verantwortlich macht) nimmt ihren Anstoß von der Seinsfrage und befreit sich in den zeithaft ausgedeuteten "Sinn von Sein".

Heidegger hat aus der Not eine Tugend gemacht, indem er aus der Seinsfrage die Frage nach dem Sinn von Sein hervorgehen ließ und sie damit gewissermaßen abzugelten versuchte. Weil die Seinsfrage unvermeidlich in die Sinnfrage übergeht, erweckte er den Anschein, als wären sie ineinander konvertierbar.[38] Schon Aristoteles hat die Seinsfrage lose

---

[37] Heidegger hielt diese Einschränkung für einen Gemeinplatz ohne Erkenntniswert. § 1

[38] Vgl.: "§ 2. *Die formale Struktur der Frage nach dem Sein.* / Die Frage nach dem Sinn von Sein soll *gestellt* werden ..."

mit einer Darstellung des menschlichen Seinsverständnisses verbunden, wie er es verstand, nämlich mit der Lehre von der vierfachen Bedeutung des Worts "seiend". Er hat schließlich den "ontisch-ontologischen Vorrang des Daseins" bereits gesehen (14).

Heidegger traf ein existenzielles Seinsverständnis bei sich selbst und in seiner Umgebung an, das sich anders artikulierte als die aristotelischen Bedeutungen. Die gegenwärtige Frage nach dem "Sinn von Sein" kann mit der alten Unterscheidung von Daßsein, Wassein und Sosein nicht mehr abgespeist werden. Daß etwas ist und was etwas ist, wird in langweilig objektiven, von Heidegger geringgeschätzten Satzwahrheiten festgestellt, welche sich engstirnig an die Dinge halten ohne den hermeneutischen Voraussetzungen einen Blick zu gönnen. Der Positivismus baut ausschließlich auf die Satzwahrheit und fällt damit der Seinsvergessenheit anheim. Sein im vollen Sinne des Worts ist nicht Vorhandensein, sondern *Existenz,* subjektives Leben in Eigentlichkeit und Uneigentlichkeit.

Im Kantbuch von 1929 gab Heidegger die Frage nach dem Sinn von Sein als "die ursprünglichere" aus. Sie lautet nun: "Was bedeutet das in jener Frage [der Seinsfrage] schon vorverstandene Sein?"[39] "Bedeuten" besagt bereits: Bedeuten für uns. Heidegger schiebt die Fassung nach: "Was heißt Sein?"[40] Sie ist zweideutig, denn daraus wird im Spätwerk das Geheiß des Seins, das an den Menschen ergeht und das ihn zu denken heißt, weil es ihn braucht.[41]

Heideggers Erhebung über den "Sinn von Sein" hebt ab auf die innige Verbindung von Sein und Zeit, Sein und Mensch. Erst wenn es gelingt, die Seinsvergessenheit der modernen Umtriebigkeit zu durchbrechen, eröffnet sich die Wahrheit des Seins. Der Mensch existiert nur wahrhaft, wenn er in der "Wahrheit des Seins" (als dem von ihm verantworteten Sinn von Sein) geborgen ist. Ist er aber versessen auf die Naturbeherrschung und das schäbige Berechnen entseelter Bestände, so hat er sich wie einst Faust dem Teufel verschrieben. Heidegger wollte unsere Seele retten.

Die traditionale Philosophie (Metaphysik) vermochte den Menschen nicht vor dem Teufelspakt zu bewahren, im Gegenteil: Sie hat der Seins-

---

[39] Kant und das Problem der Metaphysik, ²1951, 201.
[40] Ebd., 202.
[41] Was heißt Denken? (1971), 80ff, 151f.

vergessenheit Vorschub geleistet. Heidegger forderte die "Wiederholung der Seinsfrage"[42] als Metaphysikkritik, als *"Destruktion* des überlieferten Bestandes der antiken Ontologie auf die ursprünglichen Erfahrungen, in denen die ersten und leitenden Bestimmungen des Seins gewonnen wurden." (22) Die Seinsfrage ist kein akademisches Problem, sondern das Zurückholen des Menschen in sein Eigenstes, dem er sich verweigert hat.

"Sein und Zeit" ist kein monolithischer Block; das zeigt schon der fragmentarische Charakter des Buches. Mit der Doppelheit von Seinsfrage und Frage nach dem Sinn von Sein geht ein Riß durch "Sein und Zeit"; das Buch ist nicht nur unvollendet, es ist auch in seiner Anlage uneinheitlich. Niemand hatte erwartet, daß Heidegger die Seinsfrage, nachdem er sie erneuert hatte, auch lösen würde; aber sogar ihr Fragesinn blieb ihm verschlossen. Er hatte als junger Privatdozent die "Wiederholung der Seinsfrage" zurückgestellt angesichts der drängenden Fragen der Zeit und der Frage nach der Zeit selbst. Durch die "Fundamentalontologie" von "Sein und Zeit" wurde die versprochene "Ausarbeitung der Seinsfrage" vorläufig abgegolten durch die Darstellung des "Sinnes von Sein"; vermutlich war das ein "Holzweg". "Sein und Zeit" konnte nicht vollendet werden.

Die Seinsfrage ließ Heidegger zeitlebens nicht los. Sie brachte ihn dazu, die "Seinsvergessenheit" tiefer zu denken und ihre geschichtliche Bedeutung auszuloten. Es ging nicht mehr um unsere Seinsvergessenheit oder diejenige von Professoren, Bibliothekaren, Kassierern und Ehefrauen, sondern um seine, Heideggers, eigene. Die Rede von der Seinsvergessenheit ist Anklage und Schuldbekenntnis zugleich: Heidegger fragte sich in der Mitte des Lebens, wie es kam, daß selbst er durch die Not der Zeit von der Seinsfrage abgelenkt werden konnte auf andere, vermeintlich vordringliche Probleme.[43]

Heidegger wurde sich in den dreißiger Jahren zunehmend selbst zum Problem. Die Verdrängung der Seinsfrage fand in seinem Spätwerk eine tiefsinnige Erklärung und Entschuldigung: die "Seinsgeschichte". Sein selbst ereignet sich vor alters wie auch jetzt: in der Form der alten Meta-

---

[42] § 1, Titel. Zur "Wiederholung" der aristotelischen Frage vgl. Kant und das Problem der Metaphysik (Frankfurt ²1951), § 39.

[43] Schaaf hat festgestellt, daß Heidegger zuletzt die Seinsfrage ad calendas graecas verschoben habe. "Die Seinsfrage bleibt somit restlos in der Schwebe …" Schaaf, Julius Jakob: Das Sein Heideggers als Beziehung, in: Perspektiven der Philosophie IX 1983, 35.

physik und als die Seinsvergessenheit, welche zugleich Seinsverlassenheit
ist. Das wissende Sich-Einhausen in einem geschichtlichen Seinsverständnis, in einer "geschickten Wahrheit des Seins"[44], "die Erinnerung
in die Geschichte des Seins" nannte der späte Heidegger "das Ereignis".
"Das Ereignis" ist die Epiphanie des "Seyns" und damit die wechselseiti-
ge Durchdringung von Zeit und Sein.

Zum Ereignis gehört die Seinsvergessenheit ebenso wie das wache
Bewußtsein der Seinsfrage. Heidegger nannte im Spätwerk die Seinsvergessenheit auch die "Verwahr-losung"[45] des technischen Machtwillens.
Sie besteht darin, die Seinsfrage nicht gebührend verwahrt, sondern
gewissermaßen verschlampt zu haben; ein Versäumnis, das etwa so
gravierend ist wie die Unachtsamkeit der Frau, die das Herdfeuer erlö-
schen ließ. Aber "Ereignis des Seins" in einem bestimmten, wenn auch
abträglichen Sinne ist auch noch diese "Verwahr-losung".

Die Seinsfrage war für Heidegger keineswegs der Leitstern, der ihm
auf dunklen Pfaden vorausleuchtete. Sie war das schwarze Loch, die
abgründigste Dunkelheit, welche nur derjenige einzuordnen versteht, der
keine Mühe im entsagenden, demütigen Denken gescheut hat. Wir aber,
ob wir die Philosophie gering- oder hochschätzen, haben der Seinsfrage
längst den Rücken gekehrt und hören Heidegger nicht zu, sobald er sie
auch nur erwähnt. Wir tun das sogar mit einem gewissen Recht, denn
die Seinsfrage ist (Heidegger selbst hat es verhüllt eingestanden) eine
unmögliche Frage.

---

[44] Nietzsche II (1961), 483.
[45] Ebd., 468.

Werner Stegmaier, Bonn

Experimentelle Kosmologie.
Zu Whiteheads Versuch, Sein als Zeit zu Denken

Whiteheads Philosophie ist die umfassendste und radikalste Philosophie der Zeit, die wir haben, und zwar der Zeit im doppelten Sinn, der Zeit überhaupt und der Zeit des 20. Jahrhunderts. Er beansprucht damit einen ähnlichen Rang wie Heidegger. Beide waren Zeitgenossen, Whitehead (1861-1947) achtzehn Jahre älter. Er trug sein Hauptwerk, "Process and Reality", jedoch erst spät, 1927/28, vor, als auch schon Heideggers "Sein und Zeit" erschien, das dann auf Jahrzehnte die Diskussion beherrschte, während derer Whiteheads Werk fast vergessen blieb. Whitehead kam von philosophischen Grundlagenproblemen der Mathematik und der Physik her, denen er seine ersten großen Werke, "Principia Mathematica" (zusammen mit Bertrand Russell) und "The Concept of Nature", gewidmet hatte, um dann in der "spekulativen" Philosophie "ein Gedankenschema zu entwerfen, das den allgemeinen Charakter des gegenwärtigen Entwicklungsstands des Universums wiedergibt".[1] Er nannte seine spekulative Philosophie zugleich "Metaphysik" und "Kosmologie". Auch nach Heidegger gehören Metaphysik und Kosmologie zusammen. Eine Metaphysik schließt, so Heidegger, eine Bestimmung des Seienden als solchen - eine Ontologie -, eine Bestimmung des Seienden im ganzen - eine Kosmologie - und eine Bestimmung des Seienden im höchsten - eine Theologie - ein. Dies gilt auch für die Metaphysik Whiteheads, sie enthält ebenfalls eine Ontologie und eine Theologie. Nach Heidegger ist Metaphysik jedoch eine Gestalt der Philosophie, die zu überwinden oder zu verwinden sei, weil sie das Sein *jenseits* der Zeit zu denken suche. Whitehead aber versuchte eine Metaphysik zu entwerfen, deren Grundgedanke es gerade war, Sein nicht jenseits der Zeit, sondern selbst *als* Zeit zu denken. Und eine solche Metaphysik des Seins als Zeit sollte erst zu seiner Zeit, auf dem Stand der Wissenschaften und der Philosophie seiner Zeit, möglich sein.

"Process and Reality" gilt als schwer durchdringlich. "Die Welt", hat man von ihr gesagt, "kann gar nicht so kompliziert sein wie das, was

---

[1] So in der kurzen erläuternden Schrift "The Function of Reason" (1929), Boston 1958 (zit. FR), 76; dtsch. Übers. v. E. Bubser, Stuttgart 1974, 62: "Cosmology is the effort to frame a scheme of the general character of the present stage of the universe."

Whitehead sich da ausgedacht hat."[2] Seine Philosophie wurde lange fast nur in Nordamerika und dort vorwiegend nach zunächst nur begrenzten Gesichtspunkten, nämlich entweder theologisch oder naturphilosophisch, aufgenommen. Dabei folgte man stärker den mitunter scholastischen Differenzierungen Whiteheads als seinen originären und radikalen Fragestellungen. Erst allmählich begann Whitehead auch in Europa und seit etwa einem Jahrzehnt auch im deutschen Sprachbereich und hier nun als eine Erste Philosophie zu wirken.[3] Das dürfte vor allem dem Umstand zu verdanken sein, daß die Zeit inzwischen zu einem leitenden Thema nicht nur der Ersten Philosophie, sondern auch einer ganzen Reihe von Wissenschaften geworden ist, die Whitehead in seinem Denken bereits aufs engste mit der Philosophie verbunden hatte. So scheint es sich immer mehr der Anstrengung wert zu erweisen, der Klärung seines Grundgedankens des Seins als Zeit näherzukommen.

Ziel der folgenden Abhandlung ist es, zunächst in Abgrenzung gegen Heidegger[4] den Problemhorizont zu umreißen, in den Whitehead sich

---

[2] "The world cannot be as complicated as all that." Zitiert von Victor Lowe, What Philosophers may learn from Whitehead, in: Revue internationale de Philosophie 15 (1961) 262.

[3] Vgl. etwa die starke Wirkung Whiteheads im Werk Niklas Luhmanns und jetzt in Oswald Schwemmer, Die Philosophie und die Wissenschaften. Zur Kritik einer Abgrenzung, Frankfurt am Main 1990. In seinem Versuch, Zeit als Sein zu denken, hat nun auch der Heidegger-Schüler Hans-Georg Gadamer Whitehead "richtungweisende Bedeutung" zugesprochen (Die Hermeneutik und die Dilthey-Schule, in: Philosophische Rundschau 38 [1991] 177). - Zu den Tendenzen der gegenwärtigen Whitehead-Forschung vgl. Werner Stegmaier, Klassiker Whitehead? Zu neuen Sammelbänden über Whiteheads Philosophie der Innovation, in: Allgemeine Zeitschrift für Philosophie 13.2 (1988) 61-77. Inzwischen sind drei neue Sammelbände mit Forschungen und Materialien erschienen: H. Holzhey, A. Rust u. R. Wiehl (Hgg), Natur, Subjektivität, Gott. Zur Prozeßphilosophie Alfred N. Whiteheads, Frankfurt am Main 1990; M. Hampe u. H. Maaßen (Hgg), Prozeß, Gefühl und Raum-Zeit, Materialen zu Whiteheads >Prozeß und Realität<, Bd. 1, und Die Gifford Lectures und ihre Deutung, Materialien zu Whiteheads >Prozeß und Realität<, Bd. 2, beide Frankfurt am Main 1991.

[4] Die systematischen Beziehungen der Philosophien Whiteheads und Heideggers wurden in den USA schon früh untersucht. Zunächst stellte man vor allem parallele Lehrmeinungen zusammen (vgl. Charles Mâlik, The Metaphysics of Time in the Philosophies of A.N. Whitehead and Martin Heidegger, unpublished Ph.D. diss. Harvard University 1937; weitere Literatur bei Friedrich Rapp, Zur Geschlossenheit metaphysischer Konzeptionen: Whitehead, Hegel und Heidegger, in: H. Holz u. E. Wolf-Gazo [Hgg], Whitehead und der Prozeßbegriff. Beiträge zur Philosophie A.N. Whiteheads auf dem Ersten Internationalen Whitehead-Symposium 1981, Freiburg/München 1984, 435; außerdem Donald F. Lewis, The Notion of Time in the Cosmology of A.N. Whitehead, unpublished Ph.D. diss., Southern Illinois University 1970). In den siebziger Jahren begannen mit David R. Mason, Time in Whitehead and Heidegger: Some Comparisons, in: Process Studies 5 (1975) 83-105, und Time and Providence. An Essay Based on an Analysis of the Concept of Time in Whitehead and Heidegger, Washington 1982, neue Versuche einer Verhältnisbestimmung. Als Kern der "similarities" zwischen Whitehead und Heidegger und ihres "considerable agreement" (1982: 310, 345) galt ihr gemeinsamer Rückgang hinter die Substanz-Ontologie zu einer fundamentaleren Ontologie der Bewegtheit und Zeitlichkeit. In seiner Antwort auf Mason stellte Peter P. Manchester, Time in Whitehead and Heidegger: A Response, in: Process Studies 5 (1975) 106-113, jedoch zu Recht fest, Heideggers 'Dasein' sei bei aller Bewegtheit und Zeitlichkeit, die es mit Whiteheads 'actual entity' teile, als 'fundamental entity' dennoch mißverstanden; denn Dasein sei zuerst Grund

stellt, dann die Schlüsselerfahrungen aufzusuchen, von denen er ausgeht, und die Methode zu skizzieren, nach der er verfährt. Von hier aus soll dann ein Vorschlag gemacht werden, Whiteheads Grundbegriff der actual occasion so auszulegen, daß daraus verständlich werden kann, wie er Sein als Zeit gedacht hat.[5]

1. Problemhorizont

Whitehead bewies ähnlich wie Heidegger einen genauen Blick für die philosophische Bedeutsamkeit alltäglichster Erfahrungen, die ausdauernde Kraft, sie systematisch zu verbinden, und auch den selbstkritischen Willen, die Abstraktionen, die das System verlangte, immer neu an Erfahrungen zu überprüfen. Er setzte sich nicht nur mit den Wissenschaften, sondern wie Heidegger auch mit der Entwicklung der europäischen Philosophie im ganzen auseinander, was auch bei ihm nicht ohne Ver-

---

von Zeitlichkeit überhaupt, insofern nicht selbst *in* der Zeit, und darum auch kein mikroskopisches Element in einer Welt, die mit ihm interagiere; als actual *entity* würden Sein und Zeit noch immer als Seiende verstanden, und auch Whitehead verharre so noch in dem Schema, das Heidegger mit den Begriffen der Vorhandenheit, Anwesenheit und Subjektivität als seins- und zeitvergessen charakterisierte. Hier, bei der 'ontologischen Differenz' von Sein und Seiendem, nicht mehr bei der Frage nach einem fundamentalen Seienden, setzte Raymond J. Devettere, Whitehead's Metaphysics and Heidegger's Critique, in: Cross Currents 30 (1980) 309-322, noch einmal an, um nun im einzelnen zu zeigen, daß Whiteheads Metaphysik der Metaphysik-Kritik Heideggers verfiel. Im 'crucial point' im Sinne Heideggers, ob Whitehead Sein als Seiendes bzw. von Seiendem her oder aber anders als Seiendes verstanden hatte, widersprach Devettere jedoch Lewis S. Ford, Whitehead and the Ontological Difference, in: Philosophy today 29 (1985) 148-155. 'Sein' ist bei Heidegger ein negativer Begriff, der Begriff dafür, daß Seiendes nicht schon das ist, was es 'an sich' oder 'als' es von uns bestimmt zu sein scheint, sondern daß es sich immer auch einem anderen, selbst nicht zu Bestimmtes verdankt. Auf eben diese Weise aber habe, so Ford, Whitehead 'creativity', seine 'Category of the Ultimate' (s.u. Anm. 42), von den 'self-creative' actual entities, seiner ersten 'Category of Existence', unterschieden. Auch wenn die ontologische Differenz nicht in Termini von Seiendem bestimmt werden dürfe, könne Sein doch nicht, solle es nicht ein völlig leerer Begriff sein, unabhängig vom Seienden verstanden werden. Actual entities seien insofern "accidents of creativity", sie exemplifizierten sie, ohne in der je individuellen Weise ihrer self-creation von ihr determiniert zu sein. Auch Whiteheads Begriff der Kreativität besagt danach, daß die Bestimmung von Seiendem aus einem nicht mehr zu bestimmenden Grund immer neu über sich hinausgetrieben wird. Erst wenn Kreativität von schon bestimmten actual entities aus gedacht wird, geht sie, so Ford, in das 'ontological principle' über, das bei Whitehead als Satz des zureichenden Grundes fungiert (s.u.). Auch Gott führe Whitehead nicht im Sinne der Heideggerschen Onto-Theologie als höchstes, alles übrige bestimmendes Seiendes ein, sondern als das Moment der Kreativität, das Ziele der Bestimmung bereitstellt und dadurch immer neue Gestaltungen der Welt ermöglicht. "Creativity", schließt Ford, "may not be Being [Sein], but it is more like Being than like beings [Seiendes]." Wir stimmen Ford weitgehend zu. Doch auch er führt die Diskussion noch abstrakt. Er vergleicht die grundlegenden Begriffsverhältnisse der beiden Philosophien, ohne nach den ursprünglichen Problemstellungen zu fragen, aus denen sie hervorgegangen sind und durch die sie darum auch nur fruchtbar aufeinander zu beziehen sind. Rapp (s.o.) geht es um eine allgemeine Typik "geschlossener metaphysischer Konzeptionen"; auch sie muß gegenüber den eigentümlichen Ansätzen Whiteheads und Heideggers entsprechend abstrakt bleiben.

[5] Um den Gedankengang so überschaubar wie möglich zu halten, werden nähere sachliche Erläuterungen, Querverweise im Entwurf Whiteheads und Berührungen mit anderen philosophischen Entwürfen neben den Hinweisen zur Forschung in den Anmerkungen mitgeteilt, die auf diese Weise breiter ausfallen als gewohnt.

engungen abging, und er sah in ihrem Beginn ebenfalls, so dankbar er ihr war, eine entscheidende Verfehlung, eine Verfehlung, die erst auf dem gegenwärtigen Stand des Denkens sichtbar geworden sei. Er ging darum bis zu ihrem maßgeblichen Anfang, der auch für ihn Platon war,[6] zurück und über ihn hinaus zu der Erfahrung Heraklits, daß alles fließe.[7]

Sein Ziel im Blick auf Heraklit aber war, dessen ursprünglicher Erfahrung nicht nur historisch-hermeneutisch nachzudenken, sondern sie auf dem Entwicklungsstand des Denkens im 20. Jahrhundert neu wiederaufzunehmen. Den Stand der, wie Whitehead ein Alterswerk überschreibt, "Weisen des Denkens" (Modes of Thought) liest er, anders als Heidegger, vor allem an der Mathematik und der Physik, aber auch an der biologischen Evolutionstheorie ab. Mathematik und Physik hatten in den Jahrzehnten zuvor mit einigen ihrer grundlegenden Dogmen gebrochen, die Mathematik mit den Dogmen eines einzigen, dreidimensionalen Raumes und der Ursprünglichkeit der Zahl, die Physik mit dem Dogma dinglicher Träger aller Bewegungen in der Elektrodynamik, dem Dogma der vollständigen Berechenbarkeit aller einzelnen Bewegungen in der Statistischen Thermodynamik, dem Dogma eines einzigen Raumes und einer einzigen Zeit aller Bewegungen in der Speziellen Relativitätstheorie, dem Dogma der Unabhängigkeit von Raum und Zeit von den Massen, die sich in ihnen bewegen, in der Allgemeinen Relativitätstheorie und schließlich den Dogmen der Kontinuität und einer von der Messung

---

[6] Whitehead wird am häufigsten mit seiner Bemerkung zitiert, die sicherste allgemeine Charakteristik der europäischen philosophischen Tradition sei, daß sie in einer Reihe von Fußnoten zu Platon bestehe. Er fährt dort jedoch fort, er meine nicht das systematische Gedankenschema ("systematic scheme of thought"), das Gelehrte ("scholars") in zweifelhafter Weise aus Platons Schriften extrahiert hätten. Er spiele vielmehr auf die Fülle von allgemeinen Ideen ("general ideas") an, die überall in ihnen verstreut seien (Alfred North Whitehead, Process and Reality. An Essay in Cosmology, corr. ed. by D.R. Griffin and D.W. Sherburne, London/New York: The Free Press 1979 [zit. PR], deutsche Übers. v. H.G. Holl, 2. überarb. Aufl. Frankfurt am Main 1984 [zit. d], 39/d91). Whitehead schätzt Platon nicht als Platonisten, sondern als Häretiker dessen, was als sein System erscheint: "When any eminent scholar has converted Plato in a respectable professor, by providing him with a coherent system, we quickly find that Plato in a series of Dialogues has written up most of the heresies from his own doctrines." (Alfred North Whitehead, Adventures of Ideas, London/New York: The Free Press 1967 [zit. AI], deutsche Übers. v. E. Bubser, Frankfurt am Main 1971 [zit. d], 105/d227). Er hält Platon für den größten Metaphysiker und den dürftigsten systematischen Denker ("the greatest metaphysician, the poorest systematic thinker", AI 166/d315).

[7] "That 'all things flow' is the first vague generalization which the unsystematized, barely analysed, intuition of men has produced. [...] Without doubt, if we are to go back to that ultimate, integral experience, unwarped by the sophistications of theory, that experience whose elucidation is the final aim of philosophy, the flux of things is one ultimate generalization around which we must weave our philosophical system." (PR 208/d385).

selbst unabhängigen Meßbarkeit aller Bewegungen in der Quantentheo-
rie.

Whitehead sieht den Kern dieser theoretischen Neuerungen im Bruch
mit dem Schema des Mechanismus, das die Klassische, Newtonsche
Physik leitete. Danach werden Bewegungen so gedeutet, daß ihnen in
Raum und Zeit absolut lokalisierbare und voneinander vollständig iso-
lierbare Körper zugrunde liegen und zwischen ihnen vollständig bere-
chenbare Kräfte übertragen werden, ohne daß sich die Körper selbst
dabei verändern. Raum, Zeit und Körper sind also so gedacht, daß sie 1.
voneinander und 2. von den an ihnen sich vollziehenden Bewegungen
unabhängig sind und auf diese Weise selbst unbedingte Bedingungen der
Bewegungen sein können. Um widerspruchsfrei so gedacht werden zu
können, setzen sie, wie Kant gezeigt hat, ein Subjekt voraus, das Körper
aus dem Fluß des Geschehens isoliert, die Anschauung eines Raumes
und einer Zeit vorgibt, die Körper darin lokalisiert und miteinander als
Ursache und Wirkung verknüpft, also wiederum eine Instanz, die vom
Geschehen nicht bedingt sein soll, damit sie seine Ordnung konstituieren
kann.

Der Gedanke, den Fluß des Geschehens so zu deuten, daß etwas von
ihm Unabhängiges aus ihm herausgehoben und ihm dadurch entzogen
wird, geht vor allem auf Platon und Aristoteles zurück. Sie lösten die
Paradoxie, daß alles zeitlich sei, auch das, wodurch das Zeitliche zu
verstehen sei, indem sie das Zeitliche von Nicht-Zeitlichem aus verstanden, durch die Einführung von Wesenheiten (idéa, eîdos, ousía), die der
Zeit entzogen sein sollten. Ihre Lösung des heraklitischen Problems
bestimmte, hier kommen Whitehead und Heidegger wieder zusammen,
das ganze abendländische Denken und verstellte ihm ein radikales Denken der Zeitlichkeit.[8] Platons und Aristoteles' Rückgang auf nicht-zeit-
liche Wesen in allem Zeitlichen ist unserem Denken so selbstverständlich, so sehr zum Schema geworden, daß es zum Schwersten gehört, hier
anders und umzudenken. "Fast alle wirklich neuen Gedanken", schreibt
Whitehead in "Science and the Modern World", haben im Vergleich zu
den gewohnten "einen gewissen Aspekt von Verrücktheit, wenn sie

---

[8] Heidegger spricht von "Subiectität" als "Wesenszug" des "Seins [...] in seiner Geschichte als Metaphysik" (Nietzsche, Bd. II, Pfullingen 1961, 451).

zuerst vorgebracht werden."[9] Der entscheidende Anstoß, die Dinge im Fluß des Geschehens anders zu denken als durch Begriffe nicht-zeitlicher Wesen, kam erst am Ende des 19. Jahrhunderts durch die biologische Evolutionstheorie, der Whitehead große Beachtung schenkt.[10] Neue philosophische Gedanken können sich für ihn jedoch nicht allein auf wissenschaftliche Gedanken stützen. Sie müssen sich, um im alltäglichen Bewußtsein den Anschein von 'Verrücktheit' zu verlieren, zugleich auf Selbstverständlichkeiten in den alltäglichsten Erfahrungen berufen können, die, wenn man sie gegen die gewohnten Selbstverständlichkeiten hält, diese in Frage stellen und zugleich die neuen wissenschaftlichen Erfahrungen verständlich machen können.[11]

2. Alltägliche Schlüsselerfahrungen

Solche schlichtesten, alltäglichsten Erfahrungen, auf die Whitehead sich beruft, sind, daß (1) alles mit allem zusammenhängt, (2) immer alles anders wird und (3) dennoch Einzelnes als Bleibendes, wenn auch nur als Bleibendes auf Zeit erlebt wird.

(1) Daß wir beständig erfahren, daß nichts unabhängig von anderem existiert, sondern daß alles in unserer Erfahrung von allem übrigen, freilich auf verschiedenste Weise und in verschiedensten Graden, voneinander abhängig ist, nimmt Whitehead in seinen spekulativen Entwurf als die *Lehre von der durchgehenden Bezogenheit* auf,[12] und er bringt

---

[9] "If you have had your intention directed to the novelties in thought in your own lifetime, you will have observed that almost all really new ideas have a certain aspect of foolishness when they are first produced." (Alfred North Whitehead, Science and the Modern World, London: Free Association Books 1985 [zit. SMW], deutsche Übers. v. H.G. Holl, Frankfurt am Main 1984, [zit. d], 60/d63).

[10] Vgl. bes. SMW, cap. 6, und FR, passim.

[11] Wissenschaftliche Erklärungen beruhen nach Whitehead notwendig auf Abstraktionen. Sofern sie von den alltäglichsten Erfahrungen abweichen, können sie für diese aber nichts erklären: "The divergence of the [scientists] formulae about nature from appearance of nature has robbed the formulae of any explanatory character." (Alfred North Whitehead, Modes of Thought [1938], New York 1968 [zit. MT] 154) Die Philosophie muß sich darum auf alltäglichste Erfahrungen gründen (MT 12) und aus ihnen die Abstraktionen der Wissenschaften ableiten. Diese können aber auch ihrerseits die Philosophie erst auf Ideen bringen (vgl. AI 146/d286), so daß sich in ihrer wechselseitigen Verdeutlichung auseinander "fundamental modes dominating experience" (MT 75) herausstellen. Es reicht für Whitehead darum nicht aus, nur zu sagen, die Physik sei eine Abstraktion, man müsse auch "the concrete facts" beschreiben, aus denen eine solche Abstraktion und wie sie aus ihm abgeleitet sei (AI a.O.). Philosophy of Science ist für Whitehead von Anfang an nicht Wissenschaftstheorie - Analyse der *Methoden* der Wissenschaften zur Begründung ihrer Geltung -, sondern Wissenschaftsphilosophie - Analyse des *Ursprungs* der Methoden und Ergebnisse der Wissenschaften in der alltäglichen Erfahrung und ihrer Bedeutsamkeit für sie. Vgl. dazu Enzo Paci, Über einige Verwandtschaften zwischen der Philosophie Whiteheads und der Phänomenologie Husserls, in: Revue internationale de Philosophie 15 (1961) 237-250.

[12] "doctrine of the thoroughgoing relativity" (AI 153/d297).

sie auf die Formel "Keine Tatsache ist nur sie selbst."[13] Da wir nicht alles zugleich erfahren können, bedeutet die Lehre von der durchgehenden Bezogenheit, daß wir alles vor dem Hintergrund von anderem erfahren. In jeder Erfahrung von etwas wird anderes als Hintergrund vage miterfahren, und da dieser vage Hintergrund unendlich deutbar ist, ist auch das, was aus ihm heraus verdeutlicht wird, stets unendlich deutbar. Whitehead bezieht dies als *Lehre vom "weiten Hintergrund" oder "dem trüben Grund" aller Erfahrung* in seinen Entwurf ein,[14] und seine Formel dafür ist: "Wir erfahren mehr, als wir analysieren können."[15] Er drängt auf einen radikaleren Empirismus als den Hume'schen, der schon von "scharf" und "sauber geschnittenen", d.h. isolierten und darum von ihrem Hintergrund abstrahierten Erfahrungen ausgeht.[16] Wird schließlich die unendliche Deutbarkeit eines jeden durch alles andere in dem Gedeuteten selbst gedacht, so folgt daraus die *Lehre von der Enthaltenheit einer Perspektive in jedem Seienden*, einer Perspektive, in der es durch alles andere gedeutet wird und in der es zugleich seinerseits alles andere deutet.[17]

---

[13] "No fact is merely itself." (MT 9)

[14] "the habitual state of human experience (is) a vast undiscriminated background, of low intensity, and a clear foreground" (AI 260/d454) - "the vast background and foreground of non-sensuous perception with which sense-perception is fused, and without which it can never be" (AI 181/d334) - "dim foundation of experience" (MT 111).

[15] "We experience more than we can analyse." (MT 89).

[16] AI 181 ("sharp-cut"), MT 157 ("clean-cut"). - Der Begriff der Erfahrung soll nicht mehr auf die wache, aufmerksame, nüchterne Erfahrung eingeengt, sondern den verschiedensten Weisen der Erfahrung gerecht werden, "experience drunk and experience sober, experience sleeping and experience waking, experience drowsy and experience wide-awake, experience self-conscious and experience self-forgetful, experience intellectual and experience physical, experience religious and experience sceptical, experience anxious and experience care-free, experience anticipatory and experience retrospective, experience happy and experience grieving, experience dominated by emotion and experience under self-restraint, experience in the light and experience in the dark, experience normal and experience abnormal" (AI 226). Mit der Befreiung des philosophischen Erfahrungsbegriffs von der Begrenzung auf das Konstrukt der naturwissenschaftlichen Erfahrung beginnt seit Bergson die Erneuerung des Zeit-Themas an der Wende zum 20. Jahrhundert. Whitehead erkennt dessen Leistung stets dankbar an. Vgl. PR xii/d23, ferner Victor Lowe, Understanding Whitehead, Baltimore 1962, 193f, 258-263; David A. Sipfle, Henri Bergson and the Epochal Theory of Time, in: P.A.Y. Gunter (Hg), Bergson and the Evolution of Physics, Knoxville 1969, 275-294; James Wayne Dye, Heraclitus and the Future of Process Philosophy, in: R.C. Whittemore (Hg), Studies in Process Philosophy, vol. 1, Tulane Studies in Philosophy 23 (1974) 24f.

[17] "doctrine of the perspective involved in every entity" (MT 67). - Whiteheads Perspektivismus wird von Stephen David Ross, Perspective in Whitehead's Metaphysics, Albany: State University of New York Press 1983, ausführlich ausgearbeitet, jedoch so, daß Whiteheads Deutung der actual occasion as experience und die "cosmological commitments" (viii), die er mit ihr verbindet, dadurch erübrigt werden sollen. Ross sucht aus Whiteheads Perspektivismus eine wohlgeordnete Leibnizsche Metaphysik ohne Gott zu machen.

(2) Aus dem weiten Hintergrund der Erfahrung hebt sich nur etwas ab, wenn es für ein anderes Belang (concern, relevance), Bedeutsamkeit (importance) oder Wert (value) hat. "Bedeutsamkeit", sagt Whitehead, "erzeugt Interesse. Interesse führt zu Unterscheidung."[18] Die primäre Differenz oder, wie Whitehead sagt, der primäre "Kontrast" zum Verständnis unserer Erfahrung kann darum nicht mehr Sinnlichkeit vs. Verstand oder Ästhetik vs. Logik sein. Denn sie haben beide schon mit "closed facts", abgegrenzten Tatsachen, zu tun. Die primäre Differenz ist nach Whitehead stattdessen der Kontrast solcher "closed facts" mit der "disclosure", der Entgrenzung schon abgegrenzter Tatsachen zu neuen Tatsachen hin, die für sie bedeutsam werden.[19] Das bedeutet aber dann, daß jede schon gemachte Erfahrung durch jede neue Erfahrung neue Bedeutsamkeit, neuen Wert bekommen kann. Und dies wiederum heißt, daß jede Erfahrung auch eine Werterfahrung und jede Werterfahrung eine Umwertung einer früheren Werterfahrung ist. Whitehead führt dies als die *Lehre von der Erfahrung als Werterfahrung und der unablässigen Umwertung der Erfahrung* in seinen Entwurf ein.[20] Mit ihr übernimmt er das Erbe des Pragmatismus.

(3) Im unablässigen Umwertungsprozeß der Erfahrung wird aber dennoch auch Einzelnes als bleibend und als bleibender Wert erlebt. Dies kann nun aus dem Erleben selbst verstanden werden. Der unablässige Umwertungsprozeß in unserer Erfahrung hält für uns immer dort inne, wo sich ein Gleichgewicht oder eine Harmonie unserer Belange einstellt. Die Wertungsprozesse spielen sich dann in Muster ein, die bleiben können, und in solchen Mustern können sich dann auf kürzere oder längere Zeit bleibende 'Dinge' zeigen. Whitehead denkt hier im Sinne moderner Selbstorganisationstheorien.[21] Bleibende 'Dinge' erzeugen sich in diesem Sinn selbst im Fluß unseres Erlebens. Der unablässige Umwertungsprozeß wird dann zum Evaluationsprozeß: eine bestimmte Wertung hat sich bewährt und wird dann in einem 'Ding' als

---

[18] "Importance generates interest. Interest leads to discrimination." (MT 31). Vgl. Alfred North Whitehead, The Concept of Nature (1920), Cambridge 1955 (zit. CN), deutsche Übers. J.v. Hassell, Weinheim 1990 (zit. d), 5/d8: "The values of nature are perhaps the key to the metaphysical synthesis of existence."

[19] MT 62.

[20] Vgl. MT 110 ("our experience is a value experience"), PR 313/d564 ("renewed valuation") und Alfred North Whitehead, Immortality, in: A.N.W, Essays in Science and Philosophy, New York 1947 (zit. IMM/ESP) 80f ("Valuation", "Evaluation").

[21] Vgl. dazu Niklas Luhmann, Soziale Systeme. Grundriß einer allgemeinen Theorie, Frankfurt am Main 1984, 393.

Wert an sich erfahren. Whiteheads Terminus für die Erfahrung eines
solchen Werts in der Erfahrung ist '*Genuß*' (enjoyment) - das Innehalten
des unablässigen Umwertungsprozesses in einem bestimmten Wert wird
ästhetisch erlebt wie im Genuß von Kunst, der sich in einem offenen
Spiel von Wertungen 'von selbst' einstellt und der darum nicht irgendetwas außer ihm zugeschrieben werden kann.[22] Dementsprechend hält
sich ein solcher Genuß, in dem Werte als Dinge erlebt werden, nur so
lange, wie seine Bedingungen, so Whitehead, ihn "dulden", er bleibt
immer ein Genuß auf Zeit. Aus der alltäglichen Erfahrung von bleibendem und doch immer nur auf Zeit bleibendem Einzelnen entspringen so
Whiteheads *Lehren von der Selbsterzeugung aller Erfahrungen von etwas
und der Zeitlichkeit dieser Erfahrungen.*

3. Methode

Nach diesen Lehren kann auch die Philosophie selbst nicht reine Theorie
sein und aus "wohldefinierten Prämissen"[23] ein System deduzieren.
Whitehead ist sich, nachdem er zusammen mit Russell versucht hatte,
die Grundlagen der Mathematik aus der Logik abzuleiten und damit zuletzt gescheitert war, um so mehr der Grenzen des Beweisens in der Philosophie bewußt. Denn Beweise beruhen schon auf logischen Abstraktionen, deren Hintergrund die Philosophie gerade aufdecken will. "Das
Ziel der Philosophie", sagt er, "ist bloßes Aufschließen (sheer disclosure)", und der letzte Satz, den er publiziert hat, war: "Die Exaktheit ist
ein Schwindel."[24]

Das Ziel der disclosure schließt systematische Bemühungen dennoch
nicht aus, im Gegenteil. Nach Whitehead muß Philosophie zugleich "das
Streben" sein, "ein kohärentes, logisches, notwendiges System allgemeiner Ideen auszubilden, in dessen Rahmen jedes Element unserer Er-

---

[22] "enjoyment of self-evidence" (MT 60f). - Whiteheads Lehre vom Genuß als Ursprung der Erfahrung von
Dingen entspricht damit Kants Lehre in der *Kritik der Urteilskraft*, nach der nicht nur die Erfahrung von Gegenständen der Kunst, sondern die Ausbildung von Begriffen empirischer Gegenstände überhaupt einer "Gunst"
der Natur zu verdanken ist, die "mit dem Gefühle der Lust verbunden" ist (B 303, XXXIXf).

[23] "well-defined premises" (MT 105).

[24] "The aim of philosophy is sheer disclosure." (MT 49) - "The exactness is a fake." (IMM/ESP 96). Whitehead greift beharrlich "the generous enthusiasm for the exact truth at all costs and hazards" (Alfred North
Whitehead, Symbolism. Its Meaning and Effect [1927], Cambridge 1958 [zit. S] 60) an. Denn der Preis könnte
die disclosure sein. Philosophie ist in der Regel viel eher als ein logisches Ableitungsverfahren eine "dim ap-
prehension of some great principle", die von einer "tremendous emotional force" begleitet sein kann (AI
235/d417).

fahrung interpretiert werden kann".[25] Gerade weil die Philosophie *als* Philosophie sich nicht wie die Disziplinen der Wissenschaften an letzte, axiomatische Voraussetzungen halten darf, sondern versuchen muß, hinter sie zurückzugehen und sie darum so weit wie möglich in Frage zu stellen, muß sie sich, um Halt zu finden, selbst Kohärenz verschaffen, indem sie sich in einem System diszipliniert.[26]

Die Antinomie, daß die Philosophie nicht System sein *kann* und doch System sein *muß*, löst Whitehead dadurch, daß er ihr den "Status eines experimentellen Abenteuers" gibt. Die Philosophie versucht sich, wie er sagt, in "phantasievollen letzten Verallgemeinerungen", um sie dann durch Deduktionen kohärent zu machen und so zu überprüfen.[27] Eben dadurch ist sie für Whitehead "spekulativ" und "Metaphysik", 'spekulativ' im allgemeinsten Sinn von 'erkundend über das Offenkundige (obvious) hinaus' und 'Metaphysik' darum ohne die Heideggerschen Vorgaben. Ob das "Schema des Denkens" oder der "Interpretation",[28] das sie entwirft, annehmbar wird, entscheidet nicht die "ausgezeichnete Gewißheit oder anfängliche Klarheit seiner ersten Prinzipien", sondern sein "allgemeiner Erfolg",[29] d.h. ein "glücklicher Gebrauch von Abstraktionen",[30] der ebenso umfassende wie aufschlußreiche Interpretationen erlaubt. Damit dürfte die geschichtliche Wirkung von Philosophien realistisch erfaßt sein. Wirkungsgeschichten von Philosophien *sind* Abenteuergeschichten. Zu einem Abenteuer aber gehört es, daß es überrascht, und der Reiz von Whiteheads Philosophie liegt denn auch zu einem guten Teil in der für unsere kontinental-europäischen Maßstäbe

---

[25] "Speculative Philosophy is the endeavour to frame a coherent, logical, necessary system of general ideas in terms of which every element of our experience can be interpreted." (PR 3/d31; vgl. AI 222/d395).

[26] Dewey stimmt Whitehead in seinem Ansatz bei einem neuen, umfassenderen Erfahrungsbegriff lebhaft zu, sieht ihn in seinem Streben zum System jedoch noch in der Tradition befangen, die er zu überwinden hoffte, und hält ihm entgegen, auch Philosophie sei nichts als "a form of experience" (John Dewey, The Philosophy of Whitehead, in: P.A. Schilpp [Hg], The Philosophy of A.N. Whitehead, New York 1951, 658). Doch auch Whitehead selbst nennt in Adventures of Ideas (die Dewey ausschließlich zitiert) Philosophien "working hypotheses" (AI 222/d395) und faßt seine eigene Philosophie als Beispiel dafür auf (AI 235f/d417).

[27] "status of an experimental adventure", "imaginative generalizations", "tentative formulations of the ultimate generalities" (PR 8f/d40ff; vgl. MT 105).

[28] "deductive"/"rationalistic"/"categorial scheme" (PR 8/d40f); "scheme of thought", "scheme of interpretation" (PR 39/d91).

[29] "The verification of a rationalistic scheme is to be sought in its general success, and not in the peculiar certainty, or initial clarity, of its first principles." (PR 8/d40).

[30] "a fortunate use of abstractions" (MT 123).

überraschenden Unbefangenheit, mit der er 'spekuliert', um unsere alltäglichsten Erfahrungen systematisch verständlich zu machen.

4. Whiteheads Konzept einer actual occasion

Nach den angeführten alltäglichsten Erfahrungen ist alle Erfahrung, die
wir machen, und alles Denken, durch die wir diese Erfahrung kohärent
zu machen versuchen, zeitlich. Wird Zeit nicht schon an bestimmte Erfahrungen bestimmter Gegenstände gebunden und damit der durchgehenden Bezogenheit aller Gegenstände entzogen, kann sie geradezu als
der Begriff dafür verstanden werden, daß sich stets alles durch alles
verändert oder einfach: daß immer alles anders wird.[31] So verstanden,
ist Sein Zeit. Whitehead gebraucht im Titel seines Hauptwerks dafür die
Begriffe Realität und Prozeß; es war sein Experiment, Sein als Zeit zu
denken, indem er Realität als Prozeß faßte.

Sein Versuch, Realität als Prozeß zu fassen, ist eine äußerste Verallgemeinerung seiner Lehren von der durchgehenden Bezogenheit aller Erfahrungen, ihrer Verdeutlichung aus einem unendlich deutbaren Hintergrund aus einem bestimmten Erkenntnisinteresse heraus, ihrer unablässigen Umwertung im Wandel der Erkenntnisinteressen und dem Genuß
ihrer selbsterzeugten Evidenz auf Zeit. Der Begriff 'Prozeß' bedeutet,
daß, was immer auch als 'Realität' deutlich ist, deutlich *geworden* und
nur auf Zeit deutlich ist. In Whiteheads Experiment soll die Realität
nicht mehr wie nach Platon und Aristoteles aus Beständen verstanden
werden, *an* denen sich Prozesse vollziehen, sondern als Prozeß, *aus* dem
sich Bestände bilden.[32] Darum dürfen der begrifflichen Fassung des
Prozesses auch nicht schon Unterscheidungen wie 'Ontologie und Epistemologie', 'Verstand und Sinnlichkeit', 'Theorie und Praxis', 'Er-

---

[31] Das heißt nicht, daß Zeit dadurch erfahren würde, daß immer alles *zugleich* anders würde. Wo sich alles
verändert, endet auch die Erfahrung von Zeit, und wo sich nichts verändert, beginnt auch keine Erfahrung von
Zeit. Der für uns so lebenerfüllte Wechsel von Tag und Nacht ist für Eintagsfliegen möglicherweise ein
Weltuntergang und für Gebirge ein kaum spürbares Flimmern auf ihrer Oberfläche.

[32] Vgl. MT 96: ">existence< (in any of its senses) cannot be abstracted from >process<." - Natürlich ist
auch der Begriff des Prozesses eine Abstraktion, nämlich von den Beständen, die er ausbildet. Er ist jedoch die
Abstraktion, die im Sinne des Heraklitismus alle übrigen Abstraktionen zur Disposition stellt. Auch Aristoteles
nimmt hier nicht einfach eine Gegenposition ein. Denn auch für ihn gilt: "Prozessualität ist für Aristoteles das
Hauptdefinitionsstück für Natur." (Hans Wagner, Aristoteles: Physikvorlesung, übers. u. komm. v. H.W.,
Darmstadt 1967, 275). Denn sein Ziel ist, "das ganze Werden nicht aufzuheben" (anheleîn pâsan génesin; Phys.
I 8, 191b12f), sondern Begriffe auszubilden, die es denkbar machen. Er versteht auch seinen eigenen Begriff
des Bestandes im Prozeß, ousía, nur als einen Vorschlag dazu, der bestimmte Aporien löst, aber auch andere
erzeugt.

kenntnis und Interesse' *vorausgeschickt* werden. Sofern nicht auf sie verzichtet werden kann, muß sich der Prozeß stets nach beiden Seiten der
Unterscheidungen interpretieren lassen.

Wenn der Prozeß jedoch überhaupt begrifflich gefaßt werden soll,
muß mit irgendeiner Unterscheidung begonnen und sie muß 'glücklich'
getroffen werden. Davon hängt dann alles weitere ab. Sie soll so getroffen werden, daß die Konkretion des Prozesses und also die durchge-
hende Bezogenheit, unendliche Deutbarkeit und zeitliche Selbstevidenz
aller in diesem Prozeß erscheinenden Gegenstände nicht von vornherein
beschnitten wird. Whitehead geht nun so vor, daß er im Prozeß nicht
mehr abstrakte, dem Prozeß selbst enthobene Unterscheidungen wie 'Ontologie und Epistemologie', 'Verstand und Sinnlichkeit' usw. vornimmt
und sich damit auch selbst auf einen Standpunkt außer ihm stellt, sondern ihn konkret einteilt, ihn innerhalb seiner selbst in konkrete *Prozeß-
ausschnitte* unterteilt. In solchen Prozeßausschnitten, wie sie von Fall zu
Fall auch gefaßt werden mögen, wirkt sich der Prozeß, eben weil sie nur
seine Ausschnitte sind, weiterhin stets als ganzer aus. Sie sind bloße
Veränderungseinheiten, gedacht unter der Bedingung der Veränderung
alles übrigen, oder einfach Zeiteinheiten. In der Sprache der Ontologie
sind sie "events", Ereignisse, oder "actual entities", Seiende, die nur in
Vollzügen bestehen, in der Sprache der Epistemologie "occasions of
experience", unberechenbar eintretende Gelegenheiten der Erfahrung,
und in einer Synthese beider Sprachen sind sie "actual occasions". Sofern Whitehead sie aber vom Prozeß im ganzen her faßt, nennt er seinen
philosophischen Entwurf eine "Kosmologie" (oder, sofern er von Zeiteinheiten im Prozeß ausgeht, eine "monadische Kosmologie")[33], sofern
es ihm dabei um die Seinsweisen dieser Monaden geht, stellt er ihn als
eine "Ontologie" dar,[34] und sofern im Prozeß immer wieder Neues
geschaffen wird, interpretiert er seinen Entwurf als Theologie.[35] Auf
diese Weise deckt Whitehead mit seiner Start-Differenz von actual occa-

---

[33] PR 27/d72.

[34] AI 179/d332.

[35] Whitehead führt Gott als "the Principle of Concretion" (SMW 216/d203), als Prinzip des immer neuen 'Zusammenwachsens' des Prozesses zu abgegrenzten Einheiten ein, ohne daß dafür noch logische Gründe angegeben werden könnten; denn es begründet selbst erst das logische Begründen: "God is the ultimate limitation, and His existence is the ultimate irrationality. For no reason can be given for just that limitation which it stands in His nature to impose. God is not concrete, but He ist the ground for concrete actuality. No reason can be given for the nature of God, because that nature is the ground of rationality." (SMW 221f/d208).

sions das Feld der herkömmlichen Metaphysik ab, ohne die herkömmliche Metaphysik zu übernehmen.

Man hat Whiteheads actual occasions immer wieder physikalistisch als elementare Teilchen oder Schwingungen gedeutet. Dadurch aber werden sie re-mechanisiert, und ihr Mechanismus-kritischer Sinn geht gerade verloren.[36] 'Actual' ist nicht nur ontologisch als 'aktual', nur in einem Vollzug bestehend, sondern zugleich alltäglich als 'aktuell', als 'jetzt wichtig' zu verstehen. Actual occasions sind in Whiteheads Entwurf nicht mehr als methodisch notwendige, aber selbst zeitbedingte und insofern willkürliche Abgrenzungen dessen, was im Prozeß von Fall zu Fall wichtig und darum deutlich gemacht wird, Abgrenzungen, die das Denken, das dabei selbst ein Teil dieses Prozesses bleibt, in ihm vornimmt, um ihn sich denkbar zu machen.[37]

Umgekehrt soll ohne Ausnahme jeder Vorgang, ob es sich nun um einen physischen, organischen, psychischen oder auch um einen logischen, ein logisches Urteil, handelt, als eine actual occasion aufgefaßt werden. Das Prinzip, auch alles Logische als Moment des Prozesses im ganzen zu betrachten, nennt Whitehead das "ontologische Prinzip", und bringt es auf die Formel: "Wo keine actual entity, da keine Begründung".[38] Es stimmt mit dem Prinzip der "ontisch-ontologischen Differenz", das Heidegger "Sein und Zeit" zugrunde legt, darin überein, daß, wenn nach dem Sein gefragt wird, zunächst nach dem Seienden gefragt

---

[36] In Science and the Modern World, das Werk, auf das sich physikalistische Interpreten zumeist berufen, heißt es ausdrücklich: "It must kept in mind that we are dealing with the abstractions of physics." (SMW 164/d157) Alle scheinbaren Dinge, auch die scheinbar unvergänglichen Elementarteilchen, sind in einer hinreichend großen Zeitperspektive vergängliche events; events erscheinen umgekehrt desto mehr als beharrliche Dinge, je abstrakter ihre Definition ist (CN 167/d127). Elementarteilchen sind darüberhinaus nur *ein* physikalisches Modell für actual occasions, denen Whitehead andere bis hin zu Galaxien gegenüberstellt. PR 287/d519 wird nochmals auf den nicht-dinglichen Charakter der actual entities aufmerksam gemacht. Je nach dem Erkenntnisinteresse (purpose), heißt es dort, kann "one atomic actuality" als viele und viele als eine behandelt werden. Vgl. IS 248f (Alfred North Whitehead, The Interpretation of Science: Selected Essays, ed. by A. H. Johnson, New York 1961) und F. Bradford Wallack, The Epochal Nature of Process in Whitehead's Metaphysics, New York 1980, 7-46. - Beispiele für Deutlichkeit ohne Dinglichkeit gibt die Musik.

[37] "It is absolutely neccessary that at a certain stage in this dissociation of matter a halt should be called, and that the material entities thus obtained should be treated as units. The stage of arrest may be arbitrary or may be set by the characteristics of nature" (CN 22f/d20). - "If process be fundamental to actuality, then each ultimate individual fact must be describable as process." (MT 88) Der Prozeßausschnitt oder die Veränderungseinheit, "viewed in its separate individuality, is a passage between two ideal (!) termini" (AI 236/d418).

[38] "no actual entity, then no reason" (PR 19/d58). Die Suche nach einem Grund ist danach immer die Suche nach einem "actual fact" als dem Vehikel dieses Grundes (PR 40/d93).

werden muß, das nach dem Sein fragt,[39] und wie bei Heidegger ist mit
ihm von vornherein die Geschichtlichkeit von Ideen, Gesetzen, Systemen, Paradigmen, Sprachen, Kulturen zugestanden und ontologisch
verstanden.

5. Die actual occasion als occasion of experience

Alle näheren Bestimmungen der actual occasion und der Sinn ihres Seins
als Zeit ergeben sich aus ihrer epistemologischen Interpretation als einer
occasion of experience. Eine 'Erfahrung', gedacht als bloße Veränderungseinheit, kommt bei einer 'Gelegenheit' zustande, daß sich etwas für
jemanden verändert hat. Daß sich etwas für jemanden verändert hat,
bedeutet, daß sich etwas neu für ihn zeigt. Es erzeugt nach Whiteheads
Konzeption eine Selbstevidenz, und in dieser Selbstevidenz *ist* etwas für
jemanden (oder wiederum für etwas, soweit es sich nicht um einen Menschen handelt). Umgekehrt konstituiert dieses Sein von etwas für jemanden im Erfahrungsprozeß eine Erfah-rungs-, Veränderungs- oder Zeitein-
heit, eine actual *entity*.

Sein ist danach Geworden-Sein und wird als solches erfahren. Das
Werden dieses Seins wird dabei aber stets von seinem Ende her erfahren.[40] Denn erst dadurch, daß etwas geworden ist, wird es ja überhaupt

---

[39] Vgl. Sein und Zeit, § 4 (Tübingen [10]1963, 14), wo vom "ontisch-ontologischen Vorrang des Daseins" die
Rede ist. Den Begriff der "ontologischen Differenz" (vgl. o. Anm. 4) führt Heidegger erst in seiner Marburger
Vorlesung von 1927 über Grundprobleme der Phänomenologie (GA 24, Frankfurt am Main 1975, 321ff) ein.
Sofern nach dem Begriff der ontologischen Differenz das Sein "das ganz Andere zu jeglichem Seienden" (Zur
Seinsfrage, Frankfurt am Main 1956, 37f), das Dasein aber auch ein Seiendes ist und darum im Denken des
Seins ebensowenig leitend sein kann, leitet er die "Kehre" Heideggers in der Seinsfrage ein. In der Fassung als
bloßes 'Anders-als-Seiendes' droht der Begriff des Seins beim späten Heidegger jedoch zu einer leeren Chiffre
zu werden. Die französische Kritik und insbesondere Emmanuel Levinas hat ihn darum in die Phänomenologie
des Daseins zurückgeholt und als unbestimmtes, aber unerläßbares (irrémissible) "il-y-a" gedeutet, als Hintergrund, in den stets Deutliches verschwindet und aus dem immer wieder anderes hervorgeht. Dieses anonyme
Sein soll kein Wahrnehmungshintergrund im Sinne Husserls sein, nach dem es zwar nur mitwahrgenommen,
aber doch wahrgenommen wird - so wäre es nach Levinas erneut verdinglicht -, sondern soll als "le >champ
de forces< de l'exister" verstanden werden (Le temps et l'autre [1947], Paris 1979, 26, deutsche Übers. v.
L. Wenzler, Hamburg 1984 [zit. TA], 22f). Dies aber dürfte eine gute Interpretation von Whiteheads Begriff
des Prozesses sein, der ihn seinerseits als 'general activity' oder 'creativity' bestimmt. Whitehead und Levinas
stimmen gegen den späten Heidegger darin überein, das unbestimmbare Sein nicht *jenseits* von Seiendem,
sondern *zwischen* Seiendem, im Übergang von Seiendem zu Seiendem anzusetzen.

[40] Damit nimmt Whitehead auch Platonisches und Aristotelisches Denken wieder auf. Nach Platon (Tim. 51b)
entsteht alle Gestalt in einem Gestaltlosen (hypodocháe), das selbst nicht beschrieben werden kann und darum
auch nicht die Art, wie eine Gestalt aus ihm hervorgeht. Man kann von ihm nur sprechen, sofern es schon
etwas geworden ist. Platon führt die hypodocháe im Timaios eigens ein, um die Behauptung als "träumerisch"
zu erweisen, jedes Seiende müsse schon etwas Bestimmtes an einer bestimmten Stelle im Raum sein (52b).
Damit verbunden ist bei Platon auch schon der Gedanke, ein körperlich-räumlich Seiendes oder Werdendes sei
nur etwas im (jederzeit zerstörbaren) Gleichgewicht von Kräften (dynámeon isorrhópon; Tim. 52e). Auch nach

erst erfahren. Was sich als actual entity zeigt, ist als *Einheit* einer Veränderung auch schon das *Ergebnis* einer Veränderung. Damit kehren
sich nach Whitehead nun die gewohnten Vorstellungen vom Werden und
seiner Zeitlichkeit um. Die Erfahrung eines Seins ist die Erfahrung eines
Werdens, und die Erfahrung eines Werdens ist die Interpretation eines
Werdens von seinem Ende her unter den Vorgaben dieses Endes. Die Interpretation des Werdens geht immer schon von der neuen Lage des Prozesses aus, die durch dieses Werden selbst entstanden ist, und damit von
dem Belang, der Bedeutsamkeit, die es hervorgerufen hat. Die Anfangsbedingungen des Werdens und damit das Werden selbst können also
nicht mehr unabhängig von ihm selbst und seiner Bedeutsamkeit erfaßt
werden. Der Erfahrungsprozeß, in dem sich ein Sein zeigt, ist der regressive Interpretationsprozeß eines Werdens.

Glaubt man, ein Werden ohne Rücksicht auf seine regressive Interpretation an sich selbst erfassen zu können, hat man schon das mecha-
nistische Schema vorausgesetzt, das unterstellt, man könne Ursachen und
Wirkungen an sich und darum auch getrennt voneinander betrachten.
Nur dann aber, wenn man unterstellt, daß man Ursachen und Wirkungen
an sich und getrennt voneinander betrachten kann, kann man sie auch in
einer einfachen Zeitreihe hintereinander anordnen und allgemeine Gesetze ihrer Verknüpfung, Gesetze einer 'mechanischen' Verknüpfung,
aufstellen.

Hinter die Voraussetzungen des mechanistischen Schemas zurückzugehen, heißt dann aber, sich auf jedes einzelne Erfahrungsgeschehen als
ein Interpretationsgeschehen unter immer anderen Bedingungen einzulas-
sen. Es kann dann, so wie es sich von sich selbst her als etwas zeigt,
auch nur aus sich selbst verstanden werden. Es aus sich selbst, ohne
Rückgriff auf allgemeine Gesetze, zu verstehen, heißt aber wiederum, es
so zu betrachten, als ob es sich ganz aus sich selbst erzeugte; das ist die
Konsequenz daraus, daß die Interpretation eines Werdens über die in
diesem Werden geschaffenen Interpretationsbedingungen nicht hinauskommen kann. Wird nach den Ursachen der Selbstevidenz eines Etwas
im Erfahrungsprozeß, einer actual entity, gefragt, so ist nach Whiteheads
radikalem Empirismus die Antwort ihre Selbsterzeugung.

Aristoteles wird das Werden von etwas bekanntlich vom Ende des Werdens her gedacht; der gewordenen Gestalt (tò scháema, tà eschaematisména) wird dann als ihr Anfang eine Gestaltlosigkeit (aschaemosynae; Phys.
A 5, 188b19f) gegenübergestellt. Die Folgerungen für das Denken der Zeit, die Whitehead daraus zieht, sind
jedoch andere.

Whitehead nennt das, was Neues schafft und sich nicht aus schon vorgegebenen Anfangsbedingungen ableiten läßt, 'creative', und sofern es sich nur als sich selbst erzeugend aus sich selbst verdeutlichen läßt, 'self-creative'.[41] 'Kreativität' ist Whiteheads "Kategorie des Letzten", die Kategorie, hinter die nicht mehr zurückgegangen werden kann. Sie ist sein äußerster Begriff des Prozesses oder des Seins überhaupt.[42]

So wie Whitehead in seiner Deutung des Seins als Werden und des Werdens als Zeit die antike Auslegung des Werdens von seinem Ende her in einer neuen Interpretation aufnimmt, so nimmt er auch das neuzeitliche Subjekt-Objekt-Schema darin auf und interpretiert es neu. Daß sich etwas für jemand verändert, heißt auch für Whitehead, daß ein Objekt für ein Subjekt Gegenstand der Erfahrung wird.[43] Whitehead denkt die Subjekt-Objekt-Differenz jedoch nicht als Voraussetzung, sondern ihrerseits erst *unter* der Voraussetzung der Kreativität der Erfahrung. Er kehrt auch hier das gewohnte Bedingungsverhältnis um, um die ursprüngliche Kreativität und Zeitlichkeit der Erfahrung denken zu können. Er denkt Erfahrung nicht so, daß er der Erfahrung *überhaupt* ein Subjekt der Erfahrung *voranstellt*, sondern so, daß sich in *jeder* Erfahrung ein Subjekt *dieser* Erfahrung *herausstellt*. "Kein Subjekt", sagt er, "erfährt zwei Mal."[44]

Dies leuchtet ein, wenn man sich seine Schlüsselerfahrungen von der Verdeutlichung jeder Erfahrung aus einem unendlich deutbaren Hintergrund und von der Erfahrung als Werterfahrung vor Augen hält. Danach bildet sich erst im Prozeß der Erfahrung ein Objekt für ein Subjekt und

---

[41] Vgl. S 8 ("self-production of an occasion of actual existence") und S 37 ("self-creative activity").

[42] Vgl. PR 21/d62: ">Creativity< is the universal of universals characterizing ultimate matter of fact. It is that ultimate principle by which the many, which are the universe disjunctively, become the one actual occasion, which is the universe conjunctively. [...] This Category of the Ultimate replaces Aristotle's category of >primary substance<." Whitehead beruft sich für seinen Begriff der Kreativität auf Platons "dritte Gattung" neben dem immer Seienden und dem Werdenden, die oben genannte hypodocháe (Tim. 49aff). Aristoteles nimmt diese als prótae hylae (Met. Z 3), doch nicht als dritte Gattung, sondern als ersten Kandidaten für die gesuchte ousía auf (vgl. Phys. I 9, 192a6, wonach die hylae "fast schon und irgendwie" [engys kaì pos] ousía ist). Bei der Ersetzung von Aristoteles' Kategorie der >ersten Substanz< dürfte Whitehead darum nicht an die Erste Substanz der Kategorienschrift denken, sondern an den Ersten Beweger, die ousía prótae choristáe (vgl. den Anfang des Kapitels God von SMW). - Whitehead spricht von Kategorien nicht im Sinn Aristoteles' und Kants, nach denen sie eine bestimmte Anzahl von Weisen des Aussagens bzw. Vergegenständlichens von Gegenständen ausmachen, sondern im experimentellen Sinn von "tentative formulations of the ultimate generalities" (s. Anm. 27). Als solche sind sie nicht auf eine bestimmte Anzahl zu begrenzen.

[43] Vgl. AI, cap. 11.

[44] "No subject experiences twice." (PR 29) - Damit nimmt Whitehead Bergsons Grundgedanken der reinen Heterogenität des Bewußtseins auf.

ein Subjekt für ein Objekt heraus. Im Prozeß der Erfahrung, so Whitehead, 'ruft' 'etwas von Belang' jemand, den es anlangt, 'auf' (to provoke), sich als Subjekt seiner Erfahrung zu konstituieren. Das Subjekt konstituiert sich eben dadurch, daß es sich jenes 'etwas' verdeutlicht und das übrige in den Hintergrund treten läßt. Es konstituiert sich also ebenfalls vom Ende der Erfahrung her oder, wie Whitehead sagt, als ihr 'subjektives Ziel' (subjective aim). Es ist darum ebenfalls schon durch die Erfahrung bestimmt, für die es sich konstituiert.[45] Man hat in der Erfahrung also stets, auf der Seite sowohl der Objekte wie der Subjekte, mit fließenden Begriffen zu rechnen, mit Begriffen, die sich in ihrer Bildung und ihrem Gebrauch auch schon verändern, die unablässig Differenzen zu sich hervorbringen.[46]

Es fällt irgendwo ein Wort. Jemand horcht auf, es war ein Wort, auf das er lange gewartet hat, ein Wort, das ihn plötzlich klar sehen läßt. Für einen andern vielleicht belanglos, ist das Wort für ihn bedeutsam, es ruft eine neue Deutung seiner Belange hervor und macht ihn dadurch zum Subjekt dieser Deutung. Mit ihm hat sich, so Whitehead, 'von selbst' eine neue Erfahrungseinheit, ein neues Subjekt-Objekt, 'organisiert' oder 'konkretisiert' (concrescence). Dieses neue Subjekt-Objekt aber, die neue Deutung, die das erlösende Wort ermöglichte, ist nun seinerseits ein neuer Tatbestand geworden. Whitehead nennt ihn das 'Superjekt' eines Subjekt-Objekts. Es kann wieder ein anderes Subjekt-Objekt provozieren, die neue Deutung in unserem Beispiel, die das erlösende Wort ermöglicht hatte, kann für andere auf wieder neue Weise von Belang werden, und unter diesen anderen könnte auch wieder das frühere Subjekt in einer neuen Konstitution sein.[47]

---

[45] Vgl. AI 176/327: "subject and object are relative terms. An occasion is a subject in respect to its special activity concerning an object; and anything is an object in respect to its provocation of some special activity within a subject." Actual occasions bestehen also lediglich in einer individuellen Synthesis oder "functional activity": "By this I mean that every actual thing is something by reason of its activity; whereby its nature consists in its relevance to other things, and its individuality consists in its synthesis of other things so far as they are relevant to it." (S 26). - Zu einer physikalischen Interpretation des Subjekt-Objekt vgl. AI 156-158/d300-304.

[46] Die Nähe zu Derridas *différance* drängt sich auf. Querverbindungen zwischen Whiteheads Prozeßphilosophie und Derridas Dekonstruktivismus wären aufschlußreich für eine Philosophie der Zeit als Erster Philosophie.

[47] In seiner kleinen Schrift Symbolism. Its Meaning and Effect von 1927 deutet Whitehead die Erfahrung im ganzen als Zeichenprozeß. Von ihr aus lassen sich leicht Querverbindungen zur Philosophie des Zeichens, insbesondere zu Peirce, herstellen (vgl. Michael Hampe, Die Wahrnehmungen der Organismen. Über die Voraussetzungen einer naturalistischen Theorie der Erfahrung in der Metaphysik Whiteheads, Göttingen 1990. (Neue Studien zur Philosophie, Bd. 1], 28, 219, 260).

6. Die epochal theory of time

Daraus ergibt sich nun Whiteheads Denken der Zeit. Der offenste Begriff der Zeit ist, sagten wir, daß immer alles anders werden kann, alles Geschehen und alle Dinge und alle Begriffe von allem Geschehen und allen Dingen. Wenn nun nach Whiteheads Ansatz Sein als Werden und Werden als regressive Interpretation eines Werdens in einer occasion of experience gedacht wird, kann die Zeit keine einfache Reihe von Zeitpunkten mehr bilden, wie wir sie uns gewöhnlich vorstellen. Die von occasion of experience zu occasion of experience immer neu ansetzende regressive Interpretation ist nur mit einem diskontinuierlichen Begriff der Zeit vereinbar. Wenn der Erfahrungsprozeß so gedacht wird, daß jede neue Erfahrungseinheit sich im Rückgriff auf andere Erfahrungseinheiten konstituiert, diese anderen Erfahrungseinheiten dabei aber immer schon neu interpretiert werden, so daß sie dann nur noch rückwärts von der neuen Erfahrungseinheit aus wieder zu erschließen sind, wenn in diesem Erfahrungsprozeß also immer alles anders wird, dann ist er selbst die Zeit, und die Zeit ist nicht als einfache Reihe von Zeitpunkten, sondern als immer neu anknüpfendes und immer neu auf sich zurückgreifendes Gewebe von Interpretationen zu denken.[48]

Der Prozeß springt nach dieser Vorstellung ruckartig von einer Erfahrungseinheit zu einer andern, die auf die vorige zurückgreift und so eine Kontinuität herstellt, eine Kontinuität aber jeweils nur für sie, die Erfahrungseinheit, selbst. Könnte man ihn von außen erfassen, würde er sich als eine Diskontinuität von Kontinuitäten darstellen; für jede Erfahrungseinheit *im* Prozeß stellt er sich als eine Kontinuität dar, die sie selbst herstellt. Die Zeit erscheint von occasion of experience zu occasion of experience in einer Kontinuitätsinterpretation, diese Kontinuitätsinterpretationen sind aber selbst als diskontinuierlich zu denken. Whitehead drückt das so aus, daß über die Art der Kontinuitätsinterpretation mit jeder occasion of experience neu *entschieden* wird. Er führt 'Entscheidung' (decision) ausdrücklich nicht erst als handlungstheoretischen, sondern schon als ontologischen Terminus ein. Entscheidung in

---

[48] Auch Emmanuel Levinas stößt auf diese Umkehrung der Zeit im Denken, wenn es nach Ursachen fragt. Er nennt diese Umkehrung eine "Revolution im Sein" (Totalité et Infini. Essai sur l'extériorité, The Hague 1961, deutsche Übers. v. W.K. Krewani, Freiburg/München 1987 [zit. TI], 25/d69).

seinem Sinn kann, aber muß nicht bewußt sein; in jedem Fall bedeutet sie ein Diskontinuieren der Zeit, ein 'Abschneiden' von Kontinuitäten.[49] Wir können in Whiteheads Konzeption der Zeit drei Schritte unterscheiden: die Konzeption der Zeit (A) als Dauer einer actual occasion, in der sich die actual occasion vollzieht, die für sie aber nicht als Zeit erfahren wird, (B) als Übergang zu einer neuen actual occasion, der als Zeitepoche erfahren wird, und (C) als Überlappung solcher Übergänge, aus der dann eine fortdauernde physikalische Standardzeit konstruiert werden kann. In unserem gegenwärtigen Verständnis der Zeit gehen wir unweigerlich schon von der physikalischen Standardzeit aus, die in Whiteheads Denken jedoch erst als *ein* mögliches Resultat der Explikation der Zeit des Erfahrungsprozesses überhaupt erscheint. Ein Zirkel in der Explikation ist darum unvermeidlich.

(A) Wir können uns den Vollzug einer Erfahrung nicht anders denken, als daß er Zeit, Zeit im Sinne der physikalischen Standardzeit, verbraucht. Aber er ist, nach einem Wort Hans Blumenbergs, "gerade indifferent gegen den Zeitverbrauch".[50] Er *verbraucht* daher nicht Zeit, sondern *erzeugt* Zeit. Das ist so zu verstehen:

Zeit ist, nach Aristoteles' auch für Whitehead unüberholter Feststellung, ein Maß von Veränderungen und wird selbst an Termini von Veränderungen gemessen, etwa der Bewegung der Gestirne. Voraussetzung dieser Messung aber ist, nach Kants ebenso unüberholter Feststellung, daß Zeit unsere 'subjektive Bedingung' der Erfahrung von Veränderung überhaupt ist. Wenn nun eine Veränderungseinheit, wie Whitehead sie konzipiert, selbst erst ihre Termini erzeugt, so kann sie noch kein vorgegebenes äußeres Maß der Zeit haben, und es kann auch kein vorgegebenes Subjekt geben, das ihre Zeit von außen messen könnte. Also ist ihr 'Zeitverbrauch' auf keine Weise beobachtbar, und insofern ist sie 'indifferent gegen den Zeitverbrauch'. Als Veränderungseinheit muß sie aber dennoch zeitlich sein. Statt sagen zu dürfen, daß sie Zeit 'verbraucht', wird man daher sagen müssen, daß sie Zeit 'erzeugt'. So wird

---

[49] "The word is used in its root sense of a 'cutting off'." (PR 43/d97f) Whitehead fährt hier fort: "But 'decision' cannot be construed as a casual adjunct of an actual entity. It constitutes the very meaning of actuality. [...] Just as 'potentiality for process' is the meaning of the more general term 'entity', or 'thing'; so 'decision' is the additional meaning imported by the word 'actual' into the phrase 'actual entity'. 'Actuality' is the decision amid 'potentiality'. It represents stubborn fact which cannot be evaded."

[50] Hans Blumenberg, Lebenszeit und Weltzeit, Frankfurt am Main 1986, 15. -Vgl. PR 283/d513: "The actual entity is the enjoyment of a certain quantum of physical time. But the genetic process is not the temporal succession".

verständlich, daß für eine Veränderungseinheit, die nur aus sich selbst zu verstehen ist und sich insofern 'selbst erzeugt', keine Zeit vergeht - denn sie hat ja keine Distanz zu sich, aus der sie ein solches Vergehen von Zeit beobachten und messen könnte -, daß sie aber dennoch Zeit 'erzeugt' hat, die, wenn sie selbst abgeschlossen ist, von anderen Veränderungseinheiten erfahren werden kann.

Die Zeit einer actual occasion ist also gleichsam die Anlaufzeit zu einem Ereignis von Belang, das dazu provoziert, eine Erfahrung zu machen, und durch das auf diese Weise ein Terminus, ein Endpunkt der Zeit gesetzt wird. *Bevor* dieser Terminus gesetzt ist, ist Zeit als solche nicht erfahrbar, *ist* er aber gesetzt, so ist die Erfahrungseinheit auch schon abgeschlossen und die Zeit, die sie 'erzeugt' hat, wird nun für eine andere Erfahrungseinheit erfahrbar.[51] Whitehead nennt eine solche von einer actual occasion 'erzeugte' Zeit im Anschluß an Bergsons Begriff der durée eine duration und bestimmt sie als "Zeitscheibe" oder "Zeitschnitte" von einer äußerlich nicht meßbaren, nur ihr eigenen "Dicke".[52]

(B) 'Actual' im Sinne von 'aktuell', auffällig, also beobachtbar wird nach Whitehead Zeit auf diese Weise erst im Übergang (transition) von einer actual occasion zu einer andern. Sie wird am Vergehen und nicht am Entstehen erfahren, weil, wie gezeigt, alles, was erfahren wird, ur-

---

[51] Vgl. CN 66/d53: "There is time because there are happenings, and apart from happenings there is nothing." - Die Paradoxie, daß die Zeit eines Prozesses durch den Prozeß selbst erzeugt wird, tritt einerseits schon bei Aristoteles und andererseits wieder in der modernen physikalischen Kosmologie auf. Nach Aristoteles sind zwar die Zeit, die Bewegung, sofern sie eine Dauer hat (kínaesis), und der bewegte Gegenstand ins Unendliche teilbar, nicht aber die Veränderung im Sinn des Umschlags in einen entgegengesetzten Zustand (metaboláe), also insbesondere das Entstehen und Vergehen eines Seienden überhaupt (um das es Whitehead geht). Denn "alles muß entweder sein oder nicht sein" (Physik, Z 5, 235b15f), einen Übergang, in dem Zeit vergeht, kann es hier nicht geben. Der Übergang ist zeitlich vielmehr ein Jetzt (tò nyn), das seinerseits eine bloße Grenze (péras) und darum unteilbar (átomon, 235b33) ist. Ein solches Jetzt im Sinn eines bloßen Umschlags von Sein in Nichtsein oder Nichtsein in Sein verbraucht also keine Zeit, sondern erzeugt Zeit. Nach dem Standardmodell der modernen physikalischen Kosmologie ist der sogenannte Urknall ein singuläres Ereignis, das nicht in einer Zeit geschieht, weil mit ihm erst Zeit entsteht bzw. physikalischen Sinn bekommt, und das darum auch nicht von außen beobachtet werden kann (vgl. Jürgen Audretsch, Physikalische Kosmologie I: Das Standardmodell, in: J. Audretsch u. K. Mainzer [Hgg] Vom Anfang der Welt. Wissenschaft, Philosophie, Religion, Mythos, München 1989, 81). Insofern wird auch hier die Zeit erst erzeugt.

[52] "slab of nature" (CN 53/d44), "temporal slice of nature" (SMW 157/d150), "thickness" (CN 56/d46). - Whitehead unterscheidet in der actual occasion als Neuorganisation (concrescence) von Superjekten zu einem neuen Superjekt wiederum verschiedene zeitliche Phasen und hat damit eine breite Diskussion über ihre innere Zeitlichkeit ausgelöst (vgl. David R. Mason, Time and Providence. An Essay Based on an Analysis of the Concept of Time in Whitehead and Heidegger, Washington 1982, 137-169).

sprünglich vom Ende her erfahren wird.[53] Zeit scheint nur dann auf Zukunft ausgerichtet, wenn sie als gerade fortlaufende Zeitreihe gedacht wird.[54] Zeit im Sinne dessen, daß immer alles anders wird, ist 'actual' als Ende einer jeweiligen "actual world", einer Welt von einer nur ihr eigenen Deutlichkeit und Bedeutsamkeit, im Anfang einer neuen.[55] Darin liegt ihr diskontinuierlicher oder, wie Whitehead sagt, "epochaler Charakter".[56]

Aus dem epochalen Charakter der Zeit ergibt sich wiederum ihre Irreversibilität. Die alte Welt ist in einer neuen niemals als solche wiederherstellbar. Welten werden, nach dem Bild von Zeitschnitten, aufeinandergeschichtet; Whitehead spricht darum auch vom "kumulativen Charakter der Zeit. Die Irreversibilität der Zeit beruht auf dieser Eigenschaft."[57] In Whiteheads Denken der Zeit ist es kein Paradoxon mehr, daß gerade die nur rückläufige Erfahrbarkeit der Zeit ihre Unumkehrbarkeit zur Folge hat. Denn nur rückläufig erfahrbar ist sie ja, *weil* sie unumkehrbar ist, d.h. unablässig etwas zeitigt, was alles Vorausgehende verändert. Diese Unumkehrbarkeit hat ein Modell sowohl an der alltäglichen Erfahrung der Zeit, daß sie dann, wenn sie bewußt wird, als unwiederbringlich vergangen bewußt wird,[58] als auch an der Irreversibilität, die ihr in der Physik nach dem Zweiten Hauptsatz der Statistischen Thermodynamik zukommt.[59]

---

[53] Whitehead will dem Denken der Zeit aus dem Entstehen ein Denken aus dem Vergehen ("perpetual perishing", PR 128/d246, 210/d388) entgegensetzen. Ganz entsprechend Levinas: "C'est précisément parce que le présent est une façon d'accomplir le >à partir de soi< qu'il est toujours évanescence. Si le présent durait, il aurait reçu son existence de quelque chose qui précède. Il aurait bénéficié d'un héritage. Or il est quelque chose qui vient de soi. On ne peut venir de soi autrement qu'en ne recevant rien du passé. L'évanescence serait donc la forme essentielle du commencement." (TA 32f/d27) Aber ebenso sagt schon Aristoteles (Phys. IV 12, 221b1-3), die Zeit sei mehr Ursache des Vergehens, denn sie sei Maß von Bewegung, und die Bewegung bringe das Bestehende durcheinander (exístaesin to hypárchon).

[54] Vgl. zum afrikanischen Denken, dem zugleich mit dem mechanistisch-technischen Denken solch ein "lineares, zukunftsorientiertes Konzept" der Zeit fremd ist, Martin E.H. Büscher, Afrikanische Weltanschauung und ökonomische Rationalität. Geistesgeschichtliche Hintergründe des Spannungsverhältnisses zwischen Kultur und wirtschaftlicher Entwicklung, Freiburg i.Br. 1988, 26ff.

[55] Vgl. PR 211/d390f.

[56] "epochal character of time" (SMW 159/d153).

[57] "cumulative character of time" (PR 237/d434).

[58] Die Befriedigung, 'endlich einmal Zeit zu haben', und die Langeweile sind davon keine Ausnahmen, sondern hybride Formen: beide entspringen dem Unmut über das unumkehrbare Vergehen der Zeit, die eine als zeitweilige Erlösung von ihm, die andere als zeitweiliger Wunsch nach ihm.

[59] Die Irreversibilität als Faktor eines thermodynamischen Objekts hat die handfeste Folge, daß es im Gegensatz zu klassischen dynamischen Objekten "immer nur *partiell* kontrollierbar" ist: "es kann passieren, daß es in eine spontane Entwicklung >ausbricht<. *Für ein thermodynamisches System sind nicht mehr alle Veränderungen gleichbedeutend.*" (Ilya Prigogine/Isabell Stengers, Dialog mit der Natur. Neue Wege wissenschaftlichen

(C) Nun wäre Zeit auch als Untergang einer actual world nicht erfahrbar, sondern ginge mit ihr unter, wenn eine actual world schlechthin unterginge. Der Untergang wird zu einem Übergang, indem die alte actual world von der neuen auf ihre Weise übernommen wird. So wird die schon beschriebene Kontinuität in einer Diskontinuität von Kontinuitäten möglich. "Zeit", so Whitehead, "ist bloße Sukzession epochaler Zeitschnitten."[60] Dadurch, daß die actual occasions qua durations einander übernehmen und so ineinandergreifen, "dehnen" sie sich "übereinander aus" oder "überlappen" einander.[61] Auf diese Weise werden Übergänge zwischen actual occasions oder durations in durations selbst erfahrbar.

In seinem späten Werk "Adventures of Ideas" expliziert Whitehead diese Erfahrung des Ineinandergreifens von durations in verwandter Weise wie Husserl die Gegenstandskonstitution im "inneren Zeitbewußtsein": als eine fortrückende zirkuläre Bewegung aus "re-enaction", Wiederverfügung des Vergehenden, und "anticipation", Vorprägung des Ankommenden.[62] Die in jedem Zurückgreifen fortrückende Bewegung sorgt für eine immer neue "conformation" von Retendiertem und Protendiertem.[63] Whiteheads Theorem der conformation setzt jedoch nicht wie bei Husserl das Theorem eines transzendentalen Subjekts voraus.[64]

Denkens, München/Zürich 1980, 129). Whiteheads Begriff der 'decision' erhält dadurch auch eine physikalische Interpretation. Heidegger kann dagegen die physikalische Interpretation der Irreversibilität der Zeit nur als eine "uneigentliche" behandeln: "Die *Nicht-Umkehrbarkeit* begreift in sich, was diese Explikation noch von der eigentlichen Zeit erhaschen kann. Das bleibt übrig von der Zukünftigkeit als Grundphänomen der Zeit als Dasein. Diese Betrachtung sieht von der Zukunft weg in die Gegenwart, und aus dieser läuft die Betrachtung der fliehenden Zeit in die Vergangenheit nach. Die Bestimmung der Zeit in ihrer Nicht-Umkehrbarkeit gründet darin, daß die Zeit vorher umgekehrt wurde." (Der Begriff der Zeit. Vortrag vor der Marburger Theologenschaft, Juli 1924, Tübingen 1989, 23) Für Aristoteles, dem Heidegger das "vulgäre" Zeitverständnis unterstellt, auf das auch das moderne physikalische Zeitverständnis zurückgehe (Sein und Zeit, 432f), ist die Nicht-Umkehrbarkeit der Zeit selbstverständlich. Denn, sagt er Met. α 2, 994a30-b6, bei teleologisch zu deutenden Prozessen wie dem Werden des Knaben zum Mann findet keine Umkehr (anakámptein) statt, denn das Entstehen des einen ist der Untergang des anderen, und aus dem Mann wird nicht wieder der Knabe.

[60] "Time is sheer succession of epochal durations." (SMW 158/d151).

[61] Vgl. CN 59/d48: "Every event extends over other events, and every event is extended over by other events."

[62] AI, Part III: Philosophical, xii: Past, Present, Future.

[63] "Conformation, whereby what is already made becomes a determinant of what is in the making, [...] belongs to the ultimate texture of experience." (S 46).

[64] Stattdessen führt Whitehead zur Ausbildung seines Theorems der Muster, durch das er die Möglichkeit von Beständen im Prozeß erklärt (s. das folgende), sein Theorem der "eternal objects" oder "Platonic forms" ein. Es ist seine Interpretation der Platonischen Ideelehre und sein umstrittenstes Lehrstück. Es bedürfte darum einer eigenen ausführlichen Darstellung und Diskussion, für die hier kein Raum ist. Vgl. dazu Bart F. Kennedy, Whitehead's Doctrine of Eternal Objects and its Interpretation, in: R.C. Whittemore (Hg), Studies in Process

An das Theorem der conformation schließt Whitehead dann sein Theorem der "Muster" (patterns) an. Durch sein Theorem der Muster erfaßt er Koordinationen von actual occasions, die einzelne actual occasions überdauern. Durch Koordination in Mustern werden actual occasions zu Elementen von "societies" - von Dingen mit Eigenschaften, Lebendigem, Personen, politischen Gruppierungen, Kulturen, wie sie aus herkömmlichen Ontologien bekannt sind. In Mustern greifen sie so ineinander, daß sie ein auf Dauer abgestimmtes Verhalten zeigen und sich identisch oder nahezu identisch reiterieren, soweit und solange es ihre Umgebung, also die Gesamtheit der übrigen actual occasions, duldet. Durch Muster denkt Whitehead also - wie auch die jüngste Physik der Selbstorganisation - Bestände im Prozeß, Bestände jedoch stets auf Zeit.[65] Whitehead entwickelt sein Theorem von "dauernden Mustern" (enduring patterns) von Darwins Evolutionstheorie her. "Dauerhafte Dinge" sind für ihn darum "das Ergebnis eines zeitlichen Prozesses", d.h. sie bleiben stets angewiesen auf eine "günstige Umgebung".[66]

Es bedarf dann einer langfristigen und hochkomplexen Ausbildung solcher Muster, um Kulturen hervorzubringen, die Techniken hervorbringen, die wiederum physikalische Standardzeiten hervorbringen. In solchen auf einfache Zeitreihen reduzierten Standardzeiten ist der epochale Charakter der Zeit dann getilgt.

7. Schluß

Die Schwierigkeit einer Philosophie der Zeit ist, Begriffe zu finden, die die Tiefe und die Vielfalt unseres Zeitverständnisses nicht beschneiden, sondern aufschließen. Dies ist auch Whitehead erst im Ansatz gelungen, in einem radikaleren Ansatz jedoch, als wir ihn irgendwo sonst kennen.

Whitehead hat Aristoteles (im Unterschied zu Platon) den größten Metaphysiker darin genannt, daß er völlig nüchtern, ohne sich durch moralische und religiöse Interessen beirren zu lassen, metaphysische Schlüsse zog. Es sei fraglich, ob irgendeine Metaphysik über die des Aristoteles hinauskommen könne.[67]

Philosophy I, in: Tulane Studies in Philosophy 23 (1974) 60-86.

[65] Vgl. SMW 189/d178.

[66] "Enduring things are thus the outcome of a temporal process" (SMW 135/d131) - "favorable environment" (SMW 138/d133).

[67] SMW 215/d202.

Nach Aristoteles nun kann man die Zeit nicht denken. Sie ist viel- mehr gerade das, was über das Denken hinausgeht: Was nach dem kon- stituierenden Prinzip der Logik, dem Satz des Widerspruchs, unmöglich ist - daß demselben zugleich einander entgegengesetzte Prädikate zukom- men -,[68] ist durch die Zeit möglich. In der Physik sagt Aristoteles an einer wenig beachteten Stelle: metabolàe dè pâsa physei ekstatikòn - jede Veränderung ist von Natur etwas Verrücktes.[69] Er gebraucht den Aus- druck ekstatikós bzw. ékstasis ebenso von der Natur wie von der Seele und vom Denken, stets aber in dem Sinn, daß die rechte Ordnung durch- einandergebracht wird; ekstatikós ist auch Aias, der die Herden nieder- metzelt.[70] So kann jede Veränderung und damit auch die Zeit, ohne die sie nicht möglich ist, die Ordnung des Denkens durcheinanderbringen und es zwingen, zu neuen Begriffen überzugehen, durch die die Zeit getilgt und die Ordnung wiederhergestellt werden kann.[71] Zeit ist da- nach schon bei Aristoteles ursprünglich das, was nicht gedacht werden kann, sondern zu denken gibt. Wird sie selbst als solche gedacht, näm- lich als Maß von Bewegungen, so wird sie zur *Eigenschaft* von etwas

---

[68] Vgl. Met. Γ 3, 1005b19f. - Phys. Θ 7, 261b7-14, stellt Aristoteles ausdrücklich die Verbindung her zwischen der Unmöglichkeit, Gegensätzliches zugleich an demselben zu denken (háma tôo autôo pareînai), und der Mög- lichkeit durch die Zeit (metaxù gígnetai chrónos). Danach ist das Absehen von der Zeit die Voraussetzung der Denkbarkeit der Veränderung und damit auch der Zeit selbst. Die Denkbarkeit von etwas und daher die Logik überhaupt muß unabhängig voneinander definierte und darum "idealisierte" Begriffe von Subjekt und Prädikat auch in Urteilen voraussetzen, die eine Veränderung von S in P aussprechen (vgl. Wolfgang Wieland, Die ari- stotelische Physik. Untersuchungen über die Grundlegung der Naturwissenschaft und die sprachlichen Bedin- gungen der Prinzipienforschung bei Aristoteles, Göttingen 1962, 121) - und das ist bei allen nicht-tautologis- chen Urteilen der Fall; sie setzt "normativ Identität im Gebrauch der Begriffe voraus" (Josef Simon, Philoso- phie des Zeichens, Berlin/New York 1989, 289). Sofern Logik aber eine Voraussetzung hat, ist sie schon eine begrenzte Disziplin der Philosophie. Sie ist innerhalb der Aristotelischen Philosophie die Disziplin mit der Vor- aussetzung von an sich, d.h. durch Allgemeines bestimmten ousíai.

[69] Phys. IV 13, 222b16. - W.D. Ross beachtet in seinem Physik-Kommentar (Oxford 1936) die Stelle nicht, Hans Wagner (Aristoteles, Physikvorlesung, Berlin 1983, 585) erscheint sie "verdächtig".

[70] "Eine ékstasis in der Entstehung ist das von der Natur Abweichende gegenüber dem Naturgemäßen" (ékstasis tís estin en tae genései tò parà physin tou katà physin; de caelo II 3, 286a19). Vgl. im übrigen Bonitz-Index, s.v. ékstasis, ekstatikós, zu Aias Problemata 1, 953a22.

[71] So muß, nach Met. A 2, angesichts der erstaunlichen Inkommensurabilität der Diagonale des Quadrats, der neue Begriff der irrationalen Zahl eingeführt werden, mit der dann weiter operiert werden kann. Staunen aber ist immer Staunen darüber, daß etwas *anders* ist, *als* man es sich *gedacht* hat, oder daß da noch etwas anderes ist, als man sich gedacht hat. Nach Einführung der irrationalen Zahl, sagt Aristoteles, würde sich ein der Geo- metrie Kundiger über nichts mehr wundern, als wenn die Diagonale kommensurabel wäre. Die Zulassung irrationaler Zahlen bedeutete jedoch die Aufgabe eines ganzen Rationalitäts-Konzepts, nachdem die Pythagoreer zunächst alles Begrenzte, also auch alle Dinge, als Zahl verstanden, als Zahlen aber nur natürliche Zahlen zugelassen hatten.

schon *als* etwas Bestimmtem. So wird sie bei Aristoteles zur Eigenschaft der Bewegung der Gestirne und als solche zu einem Kreis.[72]

Whitehead faßt die Zeit bei ihrer ékstasis. Denken, sagt er, denkt immer schon Dinge, Zeit ist das, was das Denken unablässig verrückt und immer Neues denken läßt.[73] Durch dieses Verständnis der Zeit scheint nun das interpretiert, was Heidegger als Sein anspricht: das, woraus alles, was ist, zu verstehen ist, ohne daß es selbst als etwas zu verstehen ist.[74] In Whiteheads Experiment lassen sich alle Dinge und Erfahrungen von Dingen als Zeit verstehen - als aktuale Gelegenheiten bedeutsamer Verdeutlichungen -, die Zeit selbst jedoch nicht mehr als Ding.

---

[72] Aristoteles verdinglicht die Zeit Schritt für Schritt. Stellt er zunächst die eine Zeit als eine vom Denken im Aufnehmen (lambánein), Auseinanderhalten (hypolambanein) und Vermitteln (noeîn) der Wahrnehmungen konstituierte dar (Phys. IV 11, 219a22-30), so führt er IV 12 die Rede vom In-der-Zeit-Sein ein, zumeist jedoch noch ohne bestimmten Artikel (en chróno eînai) und spricht IV 14 schließlich vom In-den-Dingen-Sein der Zeit (en pantì dokeî eînai ho chrónos; 223a17: jetzt wird nach der Zeit als páthos oder héxis der Bewegung gefragt (22318f). Die Antwort ist: Wenn die Kreisbewegung der Gestirne das (absolute) Maß der Zeit ist, so scheint sie selbst ein Kreis zu sein (kaì gàr ho chrónos autòs eînai dokeî kúklos tis; 223b28f) - also ein Ding mit Eigenschaften. Aber Aristoteles erinnert zuletzt auch an den Konstrukt-Charakter der Zeit, nach dem sie qua Zahl oder Maß nicht ohne Denken sein kann und am Gemessenen sich außer dem Maß nichts zeigt (IV 14, 223b34-224a2). Entsprechend umstritten ist die Verdinglichung in der Forschung. Während Wieland, Die aristotelische Physik, 329, sie strikt bestreitet, dabei freilich auf die Rede vom In-der-Zeit-Sein gar nicht eingeht - Heidegger (Grundprobleme der Phänomenologie, 356) gewinnt daraus ihren eigentlichen Charakter als "Umhalt" oder " > Behälter < " -, arbeitet Tugendhat in der Rezension von Wielands Buch (in: Gnomon 35 [1963] 543-555, hier 551) die aristotelische "Verdinglichungstendenz" wieder heraus. Von einem 'Behälter' (aggeîon) spricht Aristoteles jedoch nur beim Raum, der begrenzt ist, während die Zeit unbegrenzt ist.

[73] "All thought has to be about things." (CN 5/d8) Dinge sind "simply an abstraction necessary for the method of thought" (CN 20/d19).

[74] Vgl. Simon, Philosophie des Zeichens, 105: "Die Einheit von > Sein und Zeit < " besteht darin, daß alles, was ist, d.h. was als "etwas" verstanden wird, "seine Zeit hat".

Stefan Majetschak, Bonn

Intention und Interpretation
Anmerkungen zu Wittgensteins Interpretationsbegriff

Der Ausdruck Interpretation entstammt ursprünglich einer hermeneutischen Tradition der Philosophie, in der er zunächst "auf das Vermittlungsverhältnis (...) zwischen Sprechern verschiedener Sprachen" und sodann "auf die Aufschließung von schwerverständlichen Texten überhaupt"[1] bezogen wurde. Gegenwärtig erlebt er im Gefolge der immer stärker raumgreifenden These, daß es keine "Thatsachen", sondern "nur Interpretationen"[2] gibt, eine gewisse Hochkonjunktur. Daß er verstärkt ins Zentrum philosophischer Aufmerksamkeit rückt, dürfte sich dem Umstand verdanken, daß er die lange Zeit gegenläufigen Bemühungen angelsächsisch-analytischen und kontinentaleuropäisch-klassischen Philosophierens in einem gemeinsamen thematischen Mittelpunkt zu konzentrieren verspricht.[3]

Dabei kommt dem Interpretationsbegriff in wenigstens zwei thematischen Kontexten eine wichtige argumentative Funktion zu. Erstens werden im Zuge des weit verbreiteten Angriffs auf den Mythos des Gegebenen, d.h. auf die Vorstellung eines darstellungs- und beschreibungsexternen, singulär identifizierbaren und selbstbestimmt perfekten Gegenstands unserer Bezugnahmen, interpretative Leistungen mentaler oder sprachlicher Natur geltend gemacht. Interpretation ist in diesem Kontext dann "das abkürzende Wort für die Gesamtheit und den Grundcharakter"[4] der die Welt als Gegenstand der Bezugnahme allererst formierenden Prozesse des Denkens oder Sprechens. Zweitens bildet der Interpretationsbegriff im Rahmen der Frage nach dem Sprachverstehen im allgemeinen, sei es als hermeneutische Frage nach dem Textverstehen, sei es

---

[1] Hans-Georg Gadamer, Text und Interpretation, in: Ph.Forget (Hg.), Text und Interpretation, München 1984,33

[2] Friedrich Nietzsche, Nachgelassene Fragmente. Herbst 1885 - Herbst 1887, Kritische Studienausgabe, hg. von G.Colli / M.Montinari, München 1980, Bd. 12, 315

[3] Vgl. dazu die mit bezug auf die neuere Analytische Philosophie und die hermeneutische Tradition Nietzsches geführte Diskussion in den Artikeln von Günter Abel, Realismus, Pragmatismus, Interpretationismus. Zu neueren Entwicklungen in der Analytischen Philosophie, Hans Lenk, Welterfassung als Interpretationskonstrukt. Bemerkungen zum methodologischen und transzendentalen Interpretationismus, Günter Abel, Interpretationsphilosophie. Eine Antwort auf Hans Lenk (alle in: Allgemeine Zeitschrift für Philosophie 13.3 [1988]).

[4] Günter Abel, Realismus, Pragmatismus, Interpretationismus, a.a.O., 49

als Frage nach dem kommunikativen Verstehen gesprochener Äußerungen, einen wichtigen Angelpunkt. Hier scheint man jegliches zwischen- und innersprachliche Verstehen als Übersetzungs- und Deutungsprozeß beschreiben zu müssen, der aus der Sicht eines Verstehenden heraus interpretiert, was ein anderer Sprecher vermittels seiner Sätze für wahr hält, bzw. worauf sich seine Worte beziehen.[5] Die >Bedeutung< sprachlicher Äußerungen, d.h. die Kenntnis der mit ihnen verbundene *Intention* auf >etwas<, soll sich danach von der (jeweiligen) *Interpretation* seitens eines Sprachverwenders nicht ablösen lassen.

Daß "»Bedeutung« (...) von »deuten«"[6] kommt, hat auch Wittgenstein vermutet. Freilich scheint sein Denken zu den beiden Themenkomplexen, in denen der Interpretationsbegriff gegenwärtig Schule macht, auf den ersten Blick wenig beizutragen. Tatsächlich hat Wittgenstein, der den Ausdruck >Interpretation< weitgehend gleichbedeutend mit dem Ausdruck >Deutung< verwendet, in der Spätphilosophie seit dem sog. "Blauen Buch", nachdrücklicher noch in den "Philosophischen Untersuchungen", eine Erklärung menschlichen Sprachverstehens und Sprachgebrauchs durch interpretative Akte oder Leistungen der Sprecher abgelehnt. "Deutungen allein bestimmen die Bedeutung" sprachlicher Ausdrücke nach seiner späten Auffassung "nicht"[7], wenn es auch zutreffen mag, daß wir uns manchmal in Übersetzungssituationen "eine fremde Sprache deuten." (PU § 206) Der Normalfall ist dies im Sprechen und Verstehen einer Sprache nach Wittgenstein nicht. In der Frühphilosophie des "Tractatus" hat sich ihm ein Problem des Sprach- und Zeichenverstehens als Interpretationsproblem nicht gestellt. Dazwischen liegen die "Philosophischen Bemerkungen" von 1929-31 und die "Philosophische Grammatik" der Jahre 1932/33 als Werke des Übergangs. In den "Philosophischen Bemerkungen" hat Wittgenstein eine kurze Zeit lang erwogen, dem Interpretationsbegriff eine wichtige Funktion in seinem

---

[5] Vgl. insbesondere Willard Van Orman Quine, Wort und Gegenstand (engl.: Word and Object [1960]), Stuttgart 1980, Kap. II, sowie Donald Davidson, Wahrheit und Bedeutung (engl.: Truth and Meaning [1967]), in: ders., Wahrheit und Interpretation (engl.: Inquiries into Truth and Interpretation [1984]), Frankfurt am Main 1986; zwei Arbeiten, die für das gegenwärtig im Kontext der amerikanischen analytischen Philosophie auflebende Interesse an hermeneutischen und interpretationstheoretischen Fragestellungen in starkem Maße verantwortlich sind.

[6] Ludwig Wittgenstein, Philosophische Bemerkungen, Werkausgabe Bd. 2, hg. von R.Rhees, Frankfurt am Main 31989, § 19. Im folgenden im Text zitiert als 'PB' mit Paragraphennummer.

[7] Ludwig Wittgenstein, Philosophische Untersuchungen, hg. von G.E.M. Anscombe, G.H.von Wright, R.Rhees, Frankfurt am Main 1977, § 198. Im folgenden im Text als 'PU' mit Paragraphennummer zitiert.

Sprachdenken zuzuschreiben. Denn in dieser Periode hat er intentionale Einstellungen wie Erwarten, Hoffen und Wünschen, aber auch die Intentionalität der "Gedanken" selbst, sofern sie in Sätzen einen "artikulierten Ausdruck" haben, eine "Interpretation von Zeichen" (PB § 32) nennen wollen. Freilich hat er aus Gründen, die es zu erörtern gilt, diese Redeweise in gewisser Hinsicht auch als irreführend kritisiert.

Damit ist der folgende Argumentationsgang vorgezeichnet. Zunächst (I) muß gezeigt werden, inwiefern sich für den frühen Wittgenstein ein Problem der Interpretation von Zeichen nicht eigentlich stellt. Sodann (II) wird seine Verwendung des Interpretationsbegriffs in der mittleren Phase umrissen werden. Schließlich (III) wird zu skizzieren sein, inwiefern es dem Wittgenstein der Spätphilosophie nicht angemessen erscheint, Sprachgebrauch und Sprachverstehen vermittels des Interpretationsbegriffs zu erörtern.

I

In den Gesprächen mit Friedrich Waismann hat Wittgenstein die "Frage, was es heißt: einen Satz *verstehen*", mit der "allgemeinen Frage (...), was das ist, was man *Intention, Meinen, Bedeuten* nennt"[8], in Verbindung gebracht. Sie ergab sich ihm Ende der zwanziger, Anfang der dreißiger Jahre aufgrund der Revision einiger grundlegender Annahmen des "Tractatus" hinsichtlich des Problems, wie sich ein Satz auf die Wirklichkeit beziehe, d.h. wie ein Satz an ihm selbst seine Wirklichkeitsintentionalität markiere: eine Problemstellung, die er in der Frühphilosophie bekanntlich mit der *Bild*-Theorie des Satzes beantwortet zu haben glaubte. Dieser Theorie zufolge wurde ein Satz als "Bild"[9] der Wirklichkeit aufgefaßt, wobei das Bild als eine "Tatsache" (Tlp 2.141) innerhalb der Wirklichkeit, in der sich "Elemente in bestimmter Weise zu einander verhalten" (Tlp 2.15), *andere* Tatsachen deshalb sollte abbilden können, weil in ihm die Relation der Bildelemente mit der Relation der Gegenstände innerhalb des abzubildenden Sachverhalts strukturiden-

---

[8] Ludwig Wittgenstein und der Wiener Kreis. Gespräche, aufgezeichnet von Friedrich Waismann, Werkausgabe Bd. 3, hg. von B.F.McGuinness, Frankfurt am Main 31989, 167. Im folgenden im Text zitiert als 'GW' mit Seitenzahl.

[9] Ludwig Wittgenstein, Logisch-philosophische Abhandlung. Tractatus logico-philosophicus, Kritische Edition, hg. von B.McGuinness, J.Schulte, Frankfurt am Main 1989, Satz 4.01. Im folgenden im Text zitiert als 'Tlp' mit Satznummer.

tisch sei. Das Problem einer Beziehung von Sprache und Wirklichkeit, von Satz und Sachverhalt, war hier also von der Frage, wie etwas Geistiges (der Sinn unserer Sätze) mit etwas Materiellem (den in ihnen darzustellenden Sachverhalten der Welt) übereinstimmen könne, auf die "Frage" verlagert worden, wie eine "Zuordnung von Sachverhalten (einem bezeichnenden und einem bezeichneten)"[10] möglich sei, und *dadurch* beantwortbar geworden.

Die Pointe der Bild-Theoric bestand entsprechend darin, daß das Abbildungsverhältnis zwischen Satz und Wirklichkeit als das "*Bestehen einer Relation*" (TB 4.11.14) zwischen Zeichenstruktur und Sachverhaltsstruktur aufgefaßt wurde. Die Sprache sollte also vermittels der in ihr enthaltenen "Satzzeichen" als "Tatsache[n]", in denen sich die "Elemente, die Wörter, (...) auf bestimmte Weise zu einander verhalten" (Tlp 3.14), selbst "in *internen* Relationen zur Welt" (TB 25.4.15) stehen. In einem Satz als einem artikulierten Zeichenkomplex, in welchem die Zeichenelemente klar unterschiedene Beziehungen zu einander unterhalten, z.B. »aRb«, ist es dieser Auffassung zufolge nicht der Zeichenkomplex *als Sinneinheit*, "welcher symbolisiert, sondern die Tatsache, *daß* das Symbol »a« in einer bestimmten Beziehung zum Symbol »b« steht. So werden Tatsachen durch Tatsachen symbolisiert, oder richtiger: daß im Symbol etwas Bestimmtes der Fall ist, sagt, daß in der Welt etwas Bestimmtes der Fall ist."[11] Abbildung der Welt durch Zeichenkomplexe ist möglich, weil die artikulierte, in sich differenzierte Zeichenstruktur eines Satzes mit der sachverhaltsimmanenten Gegenstandskonfiguration die "logische Form" (Tlp 2.18) als "Form der Abbildung" (Tlp 2.17) teilt, ganz gleichgültig, ob zwischen den strukturierten Einzelelementen, d.h. zwischen Wortzeichen und Gegenständen, selbst eine mimetische Beziehung besteht oder nicht.[12] Durch die immanente Satzzeichenstruktur "*zeigt*" der Satz, "wie es sich verhält, *wenn* er wahr ist" (Tlp 4.022), und dies vermag er, weil er *in sich* eine mögliche Sachverhaltskonfiguration ausdrückt.

---

[10] Ludwig Wittgenstein, Tagebücher 1914-1916, Werkausgabe Bd. 1, neu durchgesehen von J.Schulte, Frankfurt am Main 51989, Eintrag vom 25.9.14. Im folgenden im Text als 'TB' mit dem Datum des Eintrags zitiert.

[11] Ludwig Wittgenstein, Aufzeichnungen über Logik (1913), Werkausgabe Bd. 1, a.a.O., S. 192

[12] Diesen Zusammenhang hat David Pears, Die Beziehung zwischen Wittgensteins Bildtheorie des Satzes und Russells Urteilstheorien (engl: The Relation between Wittgenstein's Picture Theory of Propositions and Russell's Theories of Judgement [1977]), in: J.Schulte (Hg.) Texte zum Tractatus, Frankfurt am Main 1989, S. 66 f, herausgearbeitet.

Nun geht diese Theorie darüber, wie ein Satz die Wirklichkeit darstellen könne, offenbar von idealisierenden Annahmen aus, die durch
alltagssprachliche Sätze nicht erfüllt werden. Denn die "Umgangssprache" (Tlp 3.323) "verkleidet den Gedanken" (Tlp 4.002) ganz offenkundig so, daß man aus der Konfiguration der Zeichenelemente im Satz
nicht unmittelbar auf die Gegenstandskonfiguration im intendierten Sachverhalt schließen kann. So droht die Bild-Theorie dadurch erheblich an
Plausibilität einzubüßen, daß der alltagssprachliche Satz - "wie er auf
dem Papier gedruckt steht" oder wie er ausgesprochen wird - "kein Bild
der Wirklichkeit, von der er handelt" (Tlp 4.011), zu sein scheint. In der
sog. gewöhnlichen Sprache wird ein Satz darum nur dann als ein Bild
der Wirklichkeit gelten können, wenn das Denken das Satzzeichen dadurch zum *abbildenden* Gedanken *macht*[13], daß es den jeweiligen Satz-
zeichenkomplex *als* Darstellung einer bestimmten Gegenstandskonfiguration erkennt. Dabei wird sich das Denken als "das, was die Laut-
verbindungen oder Striche" materieller Zeichen "überhaupt zu einer
Sprache macht", genauer: als das faktische "*Anlegen* der Sprache an die
Wirklichkeit" (PB § 54), auf die "enorm komplizert[en]" Konventionen
und "stillschweigenden Abmachungen" (Tlp 4.002) verstehen müssen,
deren Kenntnis die Bildhaftigkeit der Umgangssprache freilegt.

Man muß nämlich die "Projektionsmethode" (Tlp 3.11) und die Projektionsregeln kennen, die aus der materialen Zeichenstruktur der gewöhnlichen Sprache die untergründige Bildhaftigkeit zu erschließen
erlauben. Wittgenstein hat diesen Gedanken mehrfach an einem mathematischen Beispiel illustriert. Man könne sich vorstellen, daß Figuren
aus einer Ebene I, z.B. Ellipsen und Rechtecke, unter Verwendung
verschiedener "Projektionsgesetz[e]"[14] auf eine Ebene II proijziert werden sollen. Wenn man es nun "aus irgendeinem Grund" als zweckmäßig
empfände, die Figuren aus Ebene I auf Ebene II stets durch Kreise und
Quadrate darzustellen, dann sei aus diesen "Bildern", welche sich auf
Ebene II ergeben, die Form der Figuren auf Ebene I nicht mehr unmit-

---

[13] Vgl. Tlp 3.5.

[14] Ludwig Wittgenstein, Bemerkungen über logische Form (engl.: Some Remarks on Logical Form [1929]), im folgenden im Text zitiert als 'BlF', in: ders., Vortrag über Ethik und andere kleine Schriften, hg. von J. Schulte, Frankfurt am Main 1989, 20-28, hier: S. 22. Dasselbe Beispiel bringt Wittgenstein im Kontext einer Kritik an Frege nochmals in: Ludwig Wittgenstein, Philosophische Grammatik (im folgenden wird Teil I Satz. Sinn des Satzes im Text zitiert als 'PG' mit Paragraphennummer bzw. der sog. Anhang mit Seitenzahl zitiert), Werk-ausgabe Bd. 4, hg. von R.Rhees, Frankfurt am Main 31989, 205.

telbar zu entnehmen. Gerade so verhalte es sich mit der "Um-gangssprache" (BlF S. 22), die die Struktur der abgebildeten Sachver-halte nicht ohne weiteres *sehen* lasse. Denn die hier gültigen syntaktis-chen Formschemata, z.B. die "Subjekt-Prädikat Norm", würden "als Projektion unzähliger verschiedener logischer Formen" (PG S. 205) der Wirklichkeit benutzt. Die Grammatik simplifiziert hier sozusagen die Wirklichkeitsstruktur. Um die latente Bildhaftigkeit eines natürlich-sprachlichen Satzes freizulegen, muß das "Denken des Satz-Sinnes" (Tlp 3.11) mit Kenntnis der geeigneten "Projectionsmethode" deshalb jeweils das "Symbol am Zeichen (...) erkennen" (Tlp 3.326), auch wenn es an der Zeichenstruktur nicht diakritisch unterschieden ist. D.h. z.B., in dem alltagssprachlichen Satz "»Grün ist grün«" muß solches Denken den sprachlogischen Status der gleichlautenden Worte allererst differenzieren, indem "das erste Wort" etwa als "ein Personenname, das letzte" als "ein Eigenschaftswort" (Tlp 3.323) aufgefaßt wird. Erst dann ist klar, wie sich die uneindeutigen Zeichen jeweils auf die gemeinte Wirklichkeit beziehen.

Daß dies bei alltagssprachlichen Sätzen stets eindeutig möglich sei, setzt Wittgenstein zur Zeit des "Tractatus" unproblematisiert voraus, da die jedem *sinnvollen* Satz der normalen Sprache als logische Tiefenstruk-tur zugrundeliegend gedachte Bildhaftigkeit den Wirklichkeitsbezug solcher Sätze garantieren soll. Das Problem der Erfassung des > Symbols am Zeichen< ist für den Wittgenstein des "Tractatus" darum kein Inter-pretationsproblem, sondern eigentlich ein Dechiffrierungsproblem. Wenn ein Satz Sinn hat, d.h. wenn er eine mögliche Sachlage darstellt, dann wird es genau *eine* Auffassung dieses Zeichenkomplexes geben müssen, die den verdeckt bildhaften alltagssprachlichen Satz in Richtung auf eine Struktur hin auffaßt, die *direkt* abbildet, d.h. eine strukturidentische Beziehung mit der Sachverhaltskonfiguration *aufdeckt*. Es gibt hier nichts zu interpretieren, sondern nur etwas freizulegen, das untergründig den Sinn eines Satzes verbürgt. Eine nicht normalsprachliche, sondern *logi-sche* "Grammatik", wie sie dem frühen Wittgenstein - inspiriert durch Frege und Russell - vorschwebt, "*erklärt* die Bedeutung der Zeichen", die in der Normalsprachengrammatik nicht ausreichend deutlich wird, "und dadurch macht sie die Sprache bildhaft." (PG § 142)

Anfang der dreißiger Jahre hat Wittgenstein die Idee einer in der "Bildhaftigkeit" von Sätzen begründeten "Übereinstimmung von Gedan-ken und Wirklichkeit" (PG § 113) etwas "Metaphysische[s]" (PG § 112)

genannt. In dem Augenblick, da er sich in den Gesprächen mit Waismann und den "Philosophischen Bemerkungen" davon überzeugt, daß
mit der Sprache nicht *hinter* die offenliegenden Worte der natürlichen
Sprache zu gelangen sei[15], sieht er sich zur Preisgabe der Auffassung
gezwungen, den normalsprachlichen Sätzen liege wenigstens verdeckt
eine Wirklichkeitsbezug garantierende Bildstruktur zugrunde. Er bemerkt
nun, daß seine frühe Bild-Konzeption eigentlich *nur* im Falle einer *mathematischen* Projektion eine eindeutige Strukturidentität von Bild und
Sachverhalt aufgrund einer ein-eindeutigen Zuordnung von Bild- und
Sachverhaltselementen begründen kann. Denn die These, daß das Denken des Satzsinnes als Projektionsmethode die Beziehung von Zeichenstruktur und Wirklichkeitsstruktur herstelle, "vergleicht (...) die Projektionsmethode mit Projektionsstrahlen, die von einer Figur zu einer andern reichen." (PG S. 213) Bei einer *orthogonalen* mathematischen
Projektion ist dies auch tatsächlich der Fall, weil es exakt definierte
Regeln gibt, wie z.B. ein Punkt aus Ebene I in Ebene II zu übertragen
sei. In einer natürlichen Sprache, der nicht a priori eine logische Grammatik als vollständig definierter Regelkanon zulässiger Projektionsme-
thoden vorausgesetzt werden kann, sind aber stets alternative, ja konkurrierende Anwendungen ein und desselben Zeichens denkbar, *ohne* daß
eine Instanz ausweisbar wäre, an der sich *die* korrekte Verwendung
bemäße. Wenn "die Projektionsmethode eine Brücke ist", die das Satzbild mit der intendierten Wirklichkeit verbindet, "dann ist sie eine, die
nicht geschlagen ist, so lange die Anwendung nicht gemacht ist." (PG S.
213) Anders als bei projektiven Abbildungen in der Mathematik begründet sich die Intentionalität normalsprachlicher Sätze nicht durch exakt
definierte Projektionsregeln, die festlegen, wie die Zeichen auf die Wirklichkeit zu beziehen sind. Ihre Intentionalität ruht vielmehr auf einer
eingespielten, oftmals heterogenen *Praxis* des Zeichengebrauchs, z.B.
dadurch, daß wir bestimmte Zeichen in unserem angestammten Lebens-
kontext einfach "so und so anzuwenden gelernt haben." (PG ebd.) Gerade mit dieser Einsicht bricht für Wittgenstein im eigentlichen Sinne ein
Interpretationsproblem als die Frage auf, was Sätze mit der in ihnen
vermeintlich dargestellten Realität verbindet; ein Problem, daß er mit
dem Bild-Gedanken als Gedanke von der Strukturidentität zweier Sachverhalte schon bewältigt glaubte.

---

[15] Vgl. GW, S. 45 sowie PB §§ 1,3,6.

Der Satz - dies nimmt Wittgenstein auch jetzt noch an - entwirft ein Bild. Doch "wie ist das Bild gemeint? Die Intention liegt nie im Bild selbst, denn, wie immer das Bild geschaffen ist, immer kann es auf verschiedene Weise gemeint sein" (PB § 24), verschiedene Verwendungen zulassen. Von "außen gesehen" (PG § 97), "isoliert" als materiale, phonetische oder schriftliche Zeichenfolge betrachtet, weist das Satzbild "nicht aus sich heraus auf eine Realität außer ihm" (PG § 100), mit der es gleichsam durch Projektionsstrahlen verbunden wäre. Weil keine abbildende logische Tiefenstruktur für seine Wirklichkeitsintentionalität aufkommt, scheint es *als solches* endloser Deutungen fähig. Und doch scheint es, wenn die verwendeten Zeichen der je eigenen, vertrauten Sprache entstammen, "keine bloße Lautreihe" zu sein, wie z.B. "ein chinesischer Satz für uns eine bloße Lautreihe ist" (PG § 100). Es scheint doch >irgendwie< seinen Sinn in sich zu bergen. Denn seine "Intention" auf Wirklichkeitsdarstellung "drückt sich" in der Praxis des Sprachgebrauchs faktisch darin aus, daß wir "das Bild *jetzt* mit der Wirklichkeit vergleiche[n]." (PB § 24) *Wie* wir dies jeweils tun, scheint ein Akt der Interpretation zu sein, der einem sprachlichen Gebilde als eine referenzstiftende Deutung gleichsam hinzugefügt wird. Die Wirklichkeitsintention des Satzes selbst scheint demnach von der subjektiven "»Intention«" des Sprechers abhängig zu sein, der "das Zeichen im Gedanken verwendet" und es dadurch gewissermaßen realitätsbezüglich macht. "Die Intention", schreibt Wittgenstein nun, "scheint zu interpretieren, die endgültige Interpretation zu geben; aber nicht" *durch* "ein weiteres Zeichen oder Bild", nach dessen Bedeutung ja wieder gefragt werden könnte, "sondern als etwas anderes, das, was man nicht wieder interpretieren kann." (PG § 98) Wie schlägt sich aber dann die mit Sätzen zweifellos verbundene Wirklichkeitsintention *in* ihnen nieder, wenn keine mit der Wirklichkeitsform identische logische Tiefenstruktur für sie aufkommen kann? Oder ist sie gänzlich subjektiven Interpretationen der Sprachverwender verdankt?

II

In den "Philosophischen Bemerkungen", in denen er seine frühen "Tractatus"-Gedanken zu problematisieren beginnt, hat Wittgenstein geschrieben: "Wenn man das Element der Intention aus der Sprache entfernt, so bricht damit ihre ganze Funktion zusammen." (PB § 20) Wie in der

Frühphilosophie schreibt er nun auch, das "Wesentliche an der Intention", die ein Sprecher mit einem Satz verbindet, sei "das Bild" (PB § 21) der Wirklichkeit, das dieser Satz zum Ausdruck bringt. Die Intentionalität eines Sprachgebildes sieht er aber nun nicht mehr dadurch fundiert, daß der Satz als bildhafte, differenzierte Zeichenstruktur die logische Form der Wirklichkeit in sich "absorbiert"[16]. Intentional sind die in Sätzen entworfenen Bilder der Wirklichkeit der neuen Auffassung nach vielmehr deshalb, weil sie - gleichsam in der Vordergründigkeit der normalen Sprache - ein Darstellungssystem einführen, einen "Sprachmaßstab" (PB § 35) an die Wirklichkeit anlegen, durch welchen sich diese in der Praxis des Sprachgebrauchs interpretieren läßt.

Wittgenstein hat dies anhand des sprachlichen Ausdrucks intentionaler Einstellungen wie Erwarten, Hoffen, Wünschen, aber auch anhand der in Sätzen artikulierten Intentionalität des Gedankens erörtert, die er eine "Interpretation von Zeichen" (PB § 32) zu nennen erwog. Sätze über intentionale Einstellungen, z.B. >Ich denke, daß dies ein Bremshebel ist< oder >Ich hoffe (wünsche etc.), daß die Bremse greifen wird< etc., entwerfen nach Wittgenstein ein Bild, durch welches sich die Wirklichkeit beschreiben lassen muß, *wenn* im objektsreferentiellen[17] Satzteil ein angemessenes Darstellungssystem eingeführt worden ist. Sie bereiten im objektsreferentiellen Teil des Satzes ('daß dies ein Bremshebel ist'; 'daß die Bremse greifen wird') "sozusagen einen Maßstab vor", womit eine gedachte Tatsache oder ein antizipiertes Ereignis "gemessen" (PB § 33) wird. Sie entwerfen ein "Modell" (PB § 34) der Wirklichkeit. Inwiefern liegt nun aber in der Intentionalität solcher Sätze ein Moment der Interpretation? Es liegt darin, daß das jeweils im Satz eingeführte Darstellungssystem von der Wirklichkeit nicht erzwungen, sondern vielmehr im Satzausdruck der intentionalen Einstellung interpretativ auf sie aufgelegt wird.[18]

Wittgenstein hat zur Klärung dieser Ansicht in den "Philosophischen Bemerkungen" und der "Philosophischen Grammatik" dasselbe Beispiel

---

[16] Diesen Ausdruck führt David Pears, a.a.O., 62, für diesen Zusammenhang ein.

[17] 'Oberflächengrammatisch' (vgl. PU § 664) lassen sich Sätze über intentionale Einstellungen in einen - vordergründig- subjektsreferentiellen ('ich erwarte, ...'; 'ich hoffe,...', etc.) und einen objektsreferentiellen ('..., daß p der Fall sein wird.') Teil differenzieren. Daß solche Sätze nach Wittgensteins Analyse 'tiefengrammatisch' in ihrem subjektsreferentiellen Teil gerade nicht auf 'etwas' (z.B. einen psychischen Zustand als besondere Gegenstandklasse) referieren, ist ein Punkt, den wir im Rahmen unserer Fragestellung ausklammern können.

[18] Vgl. PB § 43.

verwendet: "Wenn eine Vorrichtung", schreibt er, "als Bremse wirken *soll*, tatsächlich aber aus irgendwelchen Ursachen den Gang der Maschine beschleunigt, so ist die Absicht, der die Vorrichtung dienen soll, aus ihr allein nicht zu ersehen. Wenn man dann etwa sagt >das ist der Bremshebel, er funktioniert aber nicht<, so spricht man von der Absicht" (PB § 31)[19] dieser Vorrichtung. Die 'Absicht' der Vorrichtung in Wittgensteins Beispiel, der Zweck, dem sie zu dienen hat, ist aus ihr selbst nicht zu ersehen. Gerade dann, wenn sie den Gang der Maschine beschleunigt, liegt es keineswegs nahe, sie als Bremshebel anzusehen. Insofern wäre auch der Satz >das ist der Beschleuniger, er funktioniert gut< als eine alternative Beschreibung der Absicht dieser Vorrichtung akzeptabel, wenn nicht gar näher liegend. Was macht dann aber den Satz >das ist der Bremshebel, er funktioniert aber nicht< zu einer akzeptierbaren Beschreibung?

Genau besehen verdankt sich die Möglichkeit, eine zur Beschleunigung der Maschine führende Vorrichtung eine nicht funktionierende Bremse zu nennen, gerade angesichts alternativer Beschreibungsmöglichkeiten der interpretativen Leistung des designativen Ausdrucks >das ist der Bremshebel<. Dieser Ausdruck ist deshalb interpretativ, weil er als ein Akt der Designation einen "Angriffspunkt für ein Kalkül" (GW 168), d.h. einen Ansatzpunkt für bestimmte, aber wesentlich nicht uneingeschränkte Prädikationsmöglichkeiten schafft, und somit >etwas< in den Rahmen einer durch diese designative Entscheidung präjudizierten Semantik hineinstellt. Etwas einen >Bremshebel< nennen, eröffnet für die Wirklichkeitsbeschreibung z.B. die Alternative, das Funktionieren oder Nicht-Funktionieren jener Vorrichtung zu konstatieren. Die Entscheidung für den Satz >das ist der Beschleuniger< würfe ein anders organisiertes Spektrum von akzeptablen Prädikationsmöglichkeiten auf. Als Interpretation stellt die Benennung von etwas den benannten Gegenstand in ein Gefüge möglicher semantischer Konsequenzen hinein. Sie legt zugleich fest, was in sinnvollen Sätzen von jenem benannten Gegenstande erhofft, erwünscht, erwartet oder prognostiziert werden kann.

Bei diesem Akt der Designation, d.h. der Benennung von 'etwas', den Wittgenstein vielfach als 'Anheftung eines Namenstäfelchens'[20]

---

[19] Vgl. ähnlich PG § 95.
[20] Vgl. GW 169, PG § 56 sowie PU §§ 15 und 26.

beschreibt, handelt es sich keineswegs um einen "sakramentalen Akt"[21] der "Taufe" (PU § 38) und schon gar nicht um eine >Erkenntnis< des Gegenstands, sondern viel schlichter um seine Interpretation im Sinne einer Integration von semantischer Bestimmtheit in ein Kalkül, Sprachspiel oder Darstellungssystem. Um ein Wort Wittgensteins aus dem Kontext des Regel-Folgens zu variieren: Es geht hier nicht um einen >Akt der Einsicht, sondern um einen Akt der Entscheidung<, der *als solcher* die "Verbindung zwischen »Sprache und Wirklichkeit«" (PG § 55) herstellt. Insofern ist der designative Akt der Benennung auch noch nicht wahrheitsdifferent. Wahrheitsdifferent ist erst der prädikative Satz, d.h. eine auf den interpretativen Benennungsentscheidungen und den mit ihnen eröffneten Prädikationsmöglichkeiten aufruhende Beschreibung. Deshalb meint Wittgenstein, "Benennen und Beschreiben" stünden "nicht auf *einer* Ebene: Das Benennen ist eine Vorbereitung zur Beschreibung. Das Benennen ist noch gar kein Zug im Sprachspiel, - so wenig, wie das Aufstellen einer Schachfigur ein Zug im Schachspiel. Man kann sagen: Mit dem Benennen eines Dings ist noch *nichts* getan." (PU § 49) Als Interpretation legt es vielmehr den Rahmen fest, innerhalb dessen Wahres oder Falsches gesagt werden kann. Denn man könnte immer auch anders interpretieren - mit anderen Wahrheits- und Falschheitskonsequenzen im Gefolge.

Die 'richtige' Designation, welche vermeintlich von der Wirklichkeit erzwungen wird, gibt es deshalb nicht. Für welche designative Interpretation man sich letztlich entscheidet, in unserem Beispiel: ob man von einem Bremshebel oder einem Beschleuniger spricht, ist abhängig von den Kontexten, in denen sie jeweils geschieht, aber auch von institutionalisierten Interpretationsgewohnheiten. Jenseits solcher Interpretationen ist das Benannte 'alles Mögliche oder auch nichts', jedenfalls keine Bestimmtheit, über die etwas gesagt werden könnte. Signifikanterweise benutzt Wittgenstein in den "Philosophischen Untersuchungen" zur Illustration dieses Gedankens wiederum das Bremshebel-Beispiel: "»Indem ich die Stange mit dem Hebel verbinde, setze ich die Bremse instand.« - Ja, gegeben den ganzen übrigen Mechanismus. Nur mit diesem ist er der Bremshebel; und losgelöst von seiner Unterstützung ist er nicht

---

[21] Ludwig Wittgenstein, Eine Philosophische Betrachtung (Das sogenannte Braune Buch), in: ders., Das Blaue Buch, hg. von R.Rhees, Werkausgabe Bd. 5, Frankfurt am Main 41989, S. 264; im folgenden als 'EPB' zitiert.

einmal Hebel, sondern kann alles Mögliche sein, oder nichts." (PU § 6)
Kriterien von Richtigkeit und Falschheit liegen deshalb nicht schon auf
der Ebene der Benennung, sondern erst auf der Ebene der Züge im
Sprachspiel, d.h. innerhalb einer interpretativ eingeführten Darstellungsweise fest. Bei dem designativen Akt der Benennung handelt es sich also
sozusagen um eine *prä*rationale Entscheidung *für* ein Darstellungssystem,
wenn rationale Entscheidungen solche sein sollten, die durch Begrün-
dungsketten geschehen. "Ein *Grund* läßt sich" nach Wittgenstein "nur
innerhalb eines" Darstellungssystems "angeben. Die Kette der Gründe
kommt zu einem Ende und zwar an der Grenze" (PG § 55) des je eingeführten Darstellungssystems; z.B., wenn die Frage auftritt, ob man
dasjenige, was eine Maschine zumeist beschleunigt, immer noch einen
>Bremshebel<, wenn auch einen nicht funktionierenden, nennen soll.
Eine solche Frage fragt nach der Angemessenheit des Darstellungssystems als solchen und zieht damit auch die Zweckmäßigkeit der designativen, wenn man so will: sprachspielkonstitutiven Interpretation in
Zweifel.

   Man sieht nun vielleicht etwas besser, worin die Intentionalität eines
Satzes besteht, der nach der Auffassung des mittleren Wittgenstein zwar
immer noch als Bild eines Sachverhalts aufgefaßt werden muß, ohne dies
freilich durch eine bildhafte Übereinstimmung mit der logischen Verfassung der Wirklichkeit verbürgen zu können. Gleichgültig, ob sich Sätze
als Artikulationen von Erwartungen auf zukünftige oder als Gedanken
auf bestehende Tatsachen richten - stets verdankt sich die ihnen zuge-
sprochene Intentionalität der Zweckmäßigkeit oder Praktikabilität des
Einteilungssystems, welches Sätze interpretativ an die Realität herantragen. Sprachlich etwas intendieren heißt deshalb für Wittgenstein:
einen "Maßstab an die Wirklichkeit" (PG § 85[22]) anlegen, an welchem
sie gemessen wird, genauer: ein Spektrum semantischer Alternativen zur
Beschreibung der Wirklichkeit entfalten. Mit einem Satz eine Intention
auf Wirklichkeit zu formulieren, bedeutet deshalb auch: einen Satz "als
Richter" aufstellen, der "die Realität zu fordern" scheint, "sich mit ihm
zu vergleichen." (PG ebd.) Der >Gedanke< als >Interpretation von
Zeichen< entwirft ein Bild, das die Wirklichkeit "auf ja und nein bestimmt" (PG § 112)[23], indem er sich in der Konfrontation mit ihr als

---

[22] Vgl. PB § 82.
[23] Vgl. analog PU § 465.

angemessenes Einteilungssystem der Bewährung aussetzt. Würde die
>Einteilung des Maßstabes<, die eine Designation als Spektrum der
Darstellungsmöglichkeiten entfaltet, niemals greifen, z.b. wenn die als
>Bremshebel< bezeichnete Vorrichtung der Maschine niemals funktio-
nierte, stünde man von der Entscheidung, entweder komplizierte, durch
das Darstellungssystem verursachte Konsequenzen in Kauf zu nehmen
oder die designative >Ur-Interpretation< selbst in Frage zu stellen. Im
ersten Falle hätte dies z.B. die Konsequenz, um jeden Preis von einer
>sehr seltsamen< Bremse zu reden. "Habe ich die Entscheidung getrof-
fen", von der designativen Interpretation nicht abweichen zu wollen,
"was immer die zu beschreibende Erfahrung sei, so habe ich" nach
Wittgenstein "eine Darstellungsweise festgelegt" (PB § 231).[24] Im zweiten Falle ließe sich die Zweckmäßigkeit der Interpretation als solche
bezweifeln. Das geschähe aber aus Gründen der Darstellungsökonomie,
nicht weil die Wirklichkeit selbst eine bestimmte Beschreibung erzwingt.[25]

Freilich, schon in demselben Paragraphen der "Philosophischen Bemerkungen", der Gedanken als eine Interpretation von Zeichen einführt,
erhebt Wittgenstein sich selbst den Einwand, "daß der Ausdruck >Inter-
pretation von Symbolen< irreführend" sein könnte. Und "*statt dessen*"
will er lieber ">der Gebrauch von Symbolen<" (PB § 32/ Herv. S.M.)
sagen. Denn ">Interpretation< klingt so", als handle es sich dabei um
einen Akt subjektiver Beliebigkeit, als würde man beispielsweise "nun
dem Wort >rot< die Farbe Rot" oder dem wirklichen Bremshebel das
Wort >Bremshebel< "zuordnen", d.h. eine darstellungsextern perfekte
Wirklichkeit *als* etwas klassifizieren. Dann könnte die Frage entstehen,
ob eine solche Klassifikation denn wahr, zweckmäßig oder angemessen
sei. Man scheint fragen zu können: "Wo knüpft das Zeichen an die Welt
an?" (PB § 32) als Frage, was an der Wirklichkeit selbst für sprachliche
Einteilungen aufkomme. Eine Interpretation, dies scheint für Wittgenstein in dem Wort anzuklingen, ist immer "*diese* Interpretation im Gegensatz zu einer anderen", welche "anders lautet" (PG § 9). Wir befinden uns aber immer schon in einem eingespielten Darstellungssystem, so
daß die Annahme eines darstellungsunvermittelten Wirklichkeitsbezugs

---

[24] Vgl. PG Anhang, Abschnitt 7.
[25] Vgl. dazu PG § 134.

fiktiv ist.[26] Die angemessene Antwort auf die Frage nach der Anknüpfungsweise des Zeichens an die Welt, etwa in Form der Frage: »Woher weißt Du, daß man jene Farbe wirklich >rot< nennt?«, wäre deshalb nach Wittgenstein: "»Ich habe Deutsch gelernt.«" (PU § 381) Wir haben dabei keinen Spielraum für eine andere Interpretation.

III

Wenn es auf den ersten Blick so erschien, als habe der Interpretationsbegriff im Denken Wittgensteins keinen Sinn, der etwas zu den gegenwärtigen Diskussionen um die Rolle des Interpretierens im Sprach- und Zeichenverstehen beitragen könnte, so zeigt ein zweiter Blick, daß Wittgenstein doch - wenigstens in der Phase des Übergangs vom Früh- zum Spätwerk - in einem wichtigen Sinn von Interpretation sprechen kann. Wittgensteins späterer Zentralbegriff des 'Gebrauchs von Zeichen' findet zudem in der Rede von einer >Interpretation von Zeichen< ein aufschlußreiches Interpretament. Zeichengebrauch *ist* Interpretation im Akt der Designation, insofern dieser Akt ein Element in das System der Sprache integriert und damit die sprachliche Orientierung in der Wirklichkeit in einen zweckmäßigen oder unzweckmäßigen, aber immer begrenzten Kontext prädikativer Optionen stellt, die zugleich begrenzen, was sich von Vorgängen und Ereignissen in der Welt erwarten, erhoffen oder denken läßt.

Zeichengebrauch ist aber dann *keine* Interpretation, wenn man darunter eine *bloß* subjektive und in Alternativen gestellte Tätigkeit des Klassifizierens von 'etwas als etwas' verstünde. Vielmehr *zeigt* sich die Deutung im Gebrauch der Darstellungssysteme, mit denen wir immer schon im Rahmen der sozialen Praxis unseres Lebenskontextes vertraut und in die wir gewissermaßen verwoben sind. Was den Interpretationsbegriff in Wittgensteins Augen deshalb suspekt und als explikatives Mittel untauglich macht, ist darum wohl sein Anklang an eine subjektive "Arbeit des Deutens" (PG § 9), die im Gebrauch von Zeichen vermeintlich als geistiger Akt seitens des einzelnen Sprachverwenders vollzogen wird. Daß wir Darstellungssysteme wirklichkeitsinterpretativ verwenden, bedeutet für Wittgenstein freilich keineswegs, daß ihr Gebrauch auch aus subjektiven Interpretationsleistungen *resultiert*.

---

[26] Vgl. PB § 5.

So besehen ist es nun möglich, abschließend noch kurz anzudeuten, was den Wittgenstein der Spätphilosophie von einer explikativen Verwendung des Interpretationsbegriffs abrücken, ja eine Erklärung menschlicher Sprachkompetenz durch interpretative Subjektsleistungen scharf kritisieren läßt. Während der Gebrauchsbegriff für den späten Wittgenstein impliziert, daß unsere Fähigkeit zur Verwendung von *bestimmten* Darstellungssystemen in einer sozialen Lebenspraxis ruht, über die ein Sprecher wesentlich nicht allein verfügt, scheint ihm der Interpretationsbegriff mit subjektivistischen Auffassungen der menschlichen Sprachkompetenz verbunden zu sein. Solche Auffassungen können nicht begreiflich machen, daß wir uns auf den Realitätsgehalt unserer Sätze zu verlassen bereit sind und von ihnen z.B. zu Handlungen übergehen. Denn die subjektive Arbeit der Deutung eines Satzes vermag nach Wittgenstein bestenfalls "ein psychologisches" Ende, als ein subjektives Nicht-Weiter-Können, keinesfalls aber ein "logisches Ende" (PG § 98) des Interpretierens (als Durchstoß zu *der* Bedeutung) zu erreichen.

"»Deuten«" respektive Interpretieren "sollte man nur nennen: einen Ausdruck (...) durch einen anderen ersetzen." (PU § 201) Dies manifestiert sich "manchmal" darin, daß man das je Verstandene "aus einem Symbolismus in einen andern", also "in eine andere Darstellungsart" (PG § 7) überträgt, manchmal darin, daß wir ein "Bild" durch ein anderes "beleuchten lassen" (PG § 4) oder manchmal auch darin, daß wir "die Frage >was sagt dieser Satz< beantworten können" (PG § 6); - niemals aber darin, daß man zu einer Bedeutung jenseits der Darstellungssysteme gelangt. "Wenn immer wir ein Symbol so oder so deuten, ist die Deutung" also "ein neues Symbol, das dem alten hinzugefügt wird"[27], d.h. ein weiterer Schritt *innerhalb* der Sprache, keineswegs ein solcher in ein sprachloses Reich der Bedeutung *hinaus*. Ein "unterscheidende[s] Merkmal zwischen *einem Zeichen* und *der Bedeutung*" läßt sich gar nicht angeben (BB S. 61). Die Bedeutung *ist* vielmehr diejenige Antwort, bei der die Frage nach *ihr* zur Ruhe kommt, d.h. dasjenige, was in der Erklärung der Bedeutung *jeweils* zum Ausdruck kommt.[28] "Eine Interpretation ist" demnach immer etwas, das selbst wieder in "Zeichen gegeben wird" (PG § 9). Wenn sich jemand auf den Wirklich-

[27] Ludwig Wittgenstein, Das Blaue Buch, in: ders., Das Blaue Buch, a.a.O., S. 60; im folgenden als 'BB' zitiert.
[28] Vgl. PG §§ 23, 32 sowie PU § 560.

keitsbezug eines Satzes verläßt, dann muß dies - von diesem Interpretationsbegriff her gesehen - in einem "Sprung vom Zeichen zum Bezeichneten" (PB § 26) *ohne* Interpretation geschehen.

Zu sagen: "»jeder Satz bedarf noch einer Interpretation«", hieße
darum beinahe: "Kein Satz kann ohne einen Zusatz verstanden werden."
(PG § 9) Interpretation ist für Wittgenstein stets nur ein Zu-Satz als zu
einem Satz Gesagtes, eine Weiterbewegung "im System der Sprache"
(PG § 104). Auch nachdem Wittgenstein Anfang der dreißiger Jahre die
Bild-Theorie des Satzes verworfen hat, wird ihm die Intentionalität ar-
tikulierter sprachlicher Gebilde also nicht zu einem abkünftigen, subjektiven Interpretationen verdankten Phänomen. Interpretierendes Denken
tritt nicht zu den Sätzen äußerlich hinzu, um ihre Intentionalität allererst
zu stiften. Daß wir einen Satz der natürlichen Sprache als realitätsgesättigt ansehen, verdankt sich nach Wittgensteins späterer Auffassung vielmehr der Stellung, die dieser Satz in der Sprache einnimmt. Die "Interpretation" begleitet unsere in Sätzen ausgedrückten Vorstellungen von
der Wirklichkeit "nicht, sondern der *Weg*, auf dem die Vorstellung liegt,
gibt ihr die Interpretation." (PG § 99) Dieser Weg ist durch die möglichen Schritte im System der Sprache bestimmt, durch die Darstellungs-
und Denkwege, die es zuläßt, so daß es letzten Endes "das *System* der
Sprache" selbst ist, "welches den Satz zum Gedanken macht und ihn *uns*
zum Gedanken macht" (PG § 104), wobei man freilich das System der
Sprache, die Vielfalt der möglichen Schritte in ihm, niemals in Gänze
gegenwärtig[29] hat oder auch nur überschaut. Es ist vielmehr seine Beziehung zu bestimmten anderen Schritten auf den Wegen durch die Sprache, die einen Satz in die *Position der Realitätsbeschreibung* bringt, z.B.
wenn dieser Weg im Rahmen der spezifischen Differenziertheit, über die
ein semantisches System verfügt, hinreichend weit ausgeschritten scheint.
Unter der Bedingung, daß z.B. die designative Interpretation des Satzes
>dies ist der Bremshebel< ein Darstellungssystem an die Wirklichkeit
angebunden hat, kann ein anderer Satz, etwa: >Die Bremse hat *für
dieses Mal* nicht funktioniert<, als realitätsgesättigt gelten. In einer
solchen Position befindet er sich insbesondere dann, wenn man von ihm
aus - als dem jeweils *zur Zeit* letzten Schritt in der Sprache - bereit ist,
"zur Realität überzugehen" (PG § 105), z.B. wenn man sich auf ihn in
Handlungen verläßt.

---

[29] Vgl. BB, 71.

Daß man stets auf einen Satz stößt, bei dem dies - nach endlich vielen Schritten innerhalb des Sprachsystems - *ohne* weitere Interpretation der Fall ist, ist der Grund dafür, daß man "diesen Übergang als etwas potentiell in ihm enthaltenes empfindet" (ebd.) und er nicht als eine austauschbare, arbiträre Zeichenfolge, sondern als intentionales, realitätserfülltes Gebilde erscheint. Seine Darstellungsweise *ist* die (jeweilige) Realität. Sie ist es damit gerade nicht, weil sich der Satz als solcher "nicht mehr deuten" ließe, "sondern: ich deute nicht. Ich deute nicht, weil ich mich in dem gegenwärtigen Bild natürlich fühle" (PG § 99) und mir seine weitere Ausdeutbarkeit an einem bestimmten Punkt des Weges durch die Sprache, zu bestimmten Zeiten und in bestimmten Kontexten, gar nicht in den Sinn kommt. Der Gedanke an "weitere Deutbarkeit", d.h., daß jedes Zeichen natürlich auch "so und so gedeutet werden *könnte*" (PG § ebd.), ergibt sich nicht innerhalb eines faktischen Sprachgebrauchs, sondern nur im Rahmen einer obliquen, der Orientierung in der Lebenspraxis enthobenen Reflexion *auf* die Sprache.

Ferdinand Maier, Bonn

Sprachspiel und Lebenswelt.
Zur Entzauberung einer "postmodernen" Mythologie

> Eine Regel steht da, wie ein Weg-
> weiser. - Läßt er keinen Zweifel
> offen über den Weg, den ich zu
> gehen habe?

Es dürfte, zumindest in den indoeuropäischen Sprachen, kaum einen vieldeutigeren Begriff geben als den des Zeigens. Das gilt für die sogenannte Alltagssprache nicht weniger als für diejenige der Theorie. Wer nur einmal die "Philosophischen Untersuchungen" daraufhin durchsieht, wird schnell bemerken, welch vielfältigen Gebrauch Wittgenstein vom Zeigen macht. Wollte man an einem Beispiel demonstrieren, daß die Bedeutung eines Wortes von dem Kontext seines Gebrauchs abhängt, so ließe sich kein signifikanteres finden. Das Zeigen nimmt es da ohne weiteres mit Begriffen wie "Spiel" und "Sprache" auf. Auch sind die einzelnen Bedeutungen des Zeigens wohl nur durch eine Art "Familienähnlichkeit" miteinander verschwistert (vgl. PU 69 ff). Die Suche nach einem Oberbegriff, nach einer Definition wäre also sinnlos - zumal sich das Definieren selbst noch als ein Zeigen verstehen ließe, sofern es "das Gemeinsame sehen" läßt (PU 72). Wenn schon ein solch Gemeinsames unterstellt werden muß, so vielleicht mehr im Sinne eines unterirdischen Wurzelwerks, aus dem der Stammbaum der Sprache wächst; jeder Versuch einer Begrenzung würde diese Wurzeln zerschneiden. Er müßte die einzelnen Verwendungsweisen um eben jene Zusammenhänge und situativen Konstellationen kürzen, in denen sich das Zeigen als solches zeigt.

Führt aber nicht schon diese Überlegung zu einem Begriff des Zeigens, oder doch zumindest zu einer allgemeinen Charakteristik, durch die es sich unterscheidet von allen anderen Arten des Handelns, einschließlich der Rede? Läßt sich prinzipiell alles Mögliche zeigen, sei es durch Hindeuten oder Hinweisen auf..., sei es durch exemplarisches Vorführen oder Benennen usw., so läßt sich das Zeigen selbst offenbar in gar keiner Weise zeigen. Ein Spiel kann man erklären, man kann auch über Sprache sprechen; allerdings nur insoweit, wie jemand überhaupt zu spielen, zu sprechen vermag. Das Zeigen geht aber allem Reden und

Erklären voran. Man muß es schon als Zeigen verstanden haben, um es
nicht als schlichtes Handeln, oder auch als ausdrucksvolle Geste mißzuverstehen. Damit steht in Frage, ob es denn überhaupt als eine "Art"
des Handelns zu *deuten* ist. Offenbar zeigt es sich am ehesten in einer
Unterbrechung des Handelns, einer Abweichung vom "gewohnten Gang
der Dinge", die einen Wechsel der Einstellung, ein Innehalten und ver-
harrendes Achtgeben auf... bewirken kann oder soll; dabei weiß man
häufig noch nicht einmal genau, was oder worauf gezeigt werden soll.
Diese Vieldeutigkeit des Zeigens deutet aber doch an eine fundamentale
Gemeinsamkeit all seiner "Arten": Sie setzen irgendeinen, wie auch
immer geregelten, Kontext des Redens und Handelns voraus; und sie
haben das gemein mit dem Reden und Handeln selber. Unter dieser
Voraussetzung läßt sich dann "etwas" zeigen; sei es nun etwas "in der
Welt", etwas, was "der Fall ist", oder aber irgendeine Art des Umgangs
mit Worten und/oder Dingen; mag sie sich nun ihrerseits als Regel oder
als Ausnahme darstellen. Das Zeigen selber dürfte aber in jedem Fall als
eine Art Ausnahme in Erscheinung treten; freilich als signifikante: Es
sprengt gleichsam den Kontext, um ihn (wieder-) herzustellen.

Schon haben wir uns von dem metaphysischen Charme dieser Ausnahme verführen lassen: zum reflektierenden Denken. Wir haben uns
hinreißen lassen, Wittgensteins erstes Gebot zu übertreten: die strenge
Beschränkung aufs Zeigen und Beschreiben des Gesehenen (vgl. PU
109). Freilich: Wenn wir diese Regel als Wegweiser nehmen, so können
wir mit Wittgenstein fragen: "Zeigt er, in welche Richtung ich gehen
soll, wenn ich an ihm vorbei bin; ob der Straße nach, oder dem Feldweg, oder querfeldein? Aber wo steht, in welchem Sinn ich ihm zu
folgen habe; ob in der Richtung der Hand, oder (z.B.) in der entgegengesetzten?" (PU 85) Der Wegweiser hilft nur dem, der schon weiß,
wohin er will; so wie die Sprache nur dem zu Diensten steht, der weiß,
was er zu sagen hat. Aber er wüßte das eine wie das andere nicht ohne
Wegweisung, ohne Sprache. Läßt er sich also doch "führen" von dem
System der Zeichen, oder gar ver-führen von ihrem vermeinten Be-deu-
ten? Und woran merkt er den Unterschied? "...wenn statt eines Weg-
weisers eine geschlossene Kette von Wegweisern stünden, oder Kreide-
striche am Boden liefen,- gibt es für sie nur *eine* Deutung?" Gewiß, es
gibt zumindest eine privilegierte, eben die, die "gemeint" ist, wenn wir
den Wegweiser *als* Wegweiser verstehen. Er verweist auf einen Weg;
wer dem Weg folgt, ihn somit als Weisung auffaßt, wird auch dem

nächsten Wegweiser folgen, um vielleicht, irgendwann, bei dem ersten wieder anzukommen. Er mag sich dann trösten mit der Sentenz, der Weg sei das Ziel; aber, nach einmal gemachtem Weg, wird er es wohl vorziehen, querfeldein zu gehen - ohne Weisung.

1. Zeigen und Deuten

Wo immer (auf) etwas gezeigt wird, wird das Gezeigte aus einem Zusammenhang herausgehoben, das gleichsam den aktuellen Horizont des überhaupt Wahrnehmbaren bildet. Das Zeigen wäre sinnlos, d.h. es wäre gar kein Zeigen, hätte es mit dem Gezeigten nicht irgendeine besondere "Bewandtnis"; selbst wo einer nur auf etwas deutet, meint er damit etwas über das bloße Zeigen hinaus. Wenn etwa der Maurer in dem berühmten Beispiel Wittgensteins seinem Gehilfen zuruft: Platte! Würfel! Balken!, so meint er damit natürlich, daß der Gehilfe die betreffenden Bausteine herbeischaffen soll (vgl. PU 2). Es ist im Rahmen dieses "Sprachspiels" klar, welche Bewandtnis es mit den gemeinten Gegenständen hat. Diese Bewandtnis ist auch keineswegs nur eine aktuelle Konnotation der Bedeutung, die die Wörter unabhängig von solchem Sprachgebrauch hätten; sie ist eher das Gemeinsame, was die bezeichneten Gegenstände von allen übrigen, im Kontext belanglosen, unterscheidet. Man könnte sagen, die gemeinsame Bewandtnis konstituiert hier bereits den Oberbegriff: Bausteine, oder Baumaterial, Bau-Zeug. Womit natürlich noch nicht gesagt ist, daß sich alle Begriffe als mehr oder minder spezifizierte Bewandtnisse verstehen ließen. Aber für eine bestimmte, eben damit abgegrenzte Sphäre von Begriffen, diejenigen nämlich, die das "poietische", oder "instrumentelle" Handeln regeln, könnte das immerhin zutreffen. Doch sind wir hier sogleich mit Wittgensteins Warnung konfrontiert: "Denk an die Werkzeuge im Werkzeugkasten: es ist da ein Hammer, eine Zange, eine Säge, ein Schraubenzieher, ein Maßstab, ein Leimtopf, Leim, Nägel und Schrauben.- So verschieden die Funktionen dieser Gegenstände, so verschieden sind die Funktionen der Wörter." (PU 11)

Gewiß gibt es "Ähnlichkeiten hier und dort"; aber wir überschätzen sie nur allzu leicht, und übersehen die Unterschiede, die wir im Gebrauch der Wörter tatsächlich machen. "Denn ihre Verwendung steht nicht so deutlich vor uns. Besonders nicht, wenn wir philosophieren."

(ebd.) Daher sperrt sich Wittgenstein gegen jede voreilige theoretische Vereinheitlichung der Bewandtnisse, die es mit den Wörtern, mit der Sprache überhaupt haben mag. Es wäre in der Tat bedenklich, das Medium aller Erklärung selbst erklären zu wollen, ohne sich über den Kontext, in dem bestimmte Erklärungen erst Sinn machen, den Kopf zu zerbrechen. Da wir diesen Kontext immer schon als irgendwie sprachlich organisierten voraussetzen müssen, stößt das Erklären bei der Sprache selbst an eine prinzipielle Grenze. Konsequenterweise hat Wittgenstein dem Erklärungs-Anspruch der Theorie programmatisch abgeschworen, um nur noch zu beschreiben, wie "die Sprache spricht". Ob aber Theorie oder nicht: die Beschreibung verlangt doch so etwas wie eine einheitliche Perspektive; sie geht davon aus, daß die Wörter der Sprache ihre "Bedeutung" nur im Kontext von Praktiken oder Praxen erhalten und behalten können, sofern sie diese Handlungsweisen irgendwie regeln oder koordinieren; der jeweilige Gegenstandsbezug solchen Handelns, mit ihm aber auch das, worauf die Wörter sozusagen deuten, wäre demnach als Moment seiner "Selbst-" Regelung zu begreifen, nicht gegen den so sich herstellenden Handlungszusammenhang zu verselbständigen. - So kann ja sein, daß der Gehilfe die ihm zugerufenen Wörter nicht versteht, etwa weil er Gastarbeiter ist. Dann wird der Maurer zum Zeigen seine Zuflucht nehmen. Gewiß ist dieses Spiel im Sinne Wittgensteins ein neues und anderes; es mag sich gegen das ursprüngliche (zeitweise) verselbständigen, wenn der Maurer dem Gehilfen die Bedeutung der Wörter beibringen will. Vielleicht ist diese Maßnahme aber auch ganz überflüssig: Angesichts der wenigen Alternativen wird der Gehilfe aufgrund von Fehlern und Treffern sehr schnell herausfinden, was jeweils gemeint ist.

Es liegt nahe, daß auf diese zwanglos indirekte Weise auch Kinder die Sprache erlernen; das Sprachspiel des "hinweisenden Erklärens" von Namen kann ja erst einsetzen, wenn das Kind bereits irgendeinen Gebrauch von Wörtern erlernt hat (vgl. Über Gewißheit 566). Das schließt natürlich nicht aus, daß im Erziehungsprozeß auch jenes "Lehren der Sprache" stattfindet, das Wittgenstein unverblümt als ein "Abrichten" bezeichnet (PU 5, 7; vgl. auch ÜG 450). Ohne ein bereits irgendwie geregeltes Inter-Agieren jedenfalls, ohne einen situativ spezifizierten Handlungskontext wird sich weder der implizite Spracherwerb, noch das explizite Zeigen von Bedeutungen vollziehen können. Das heißt aber, daß das Abrichten in Wahrheit *nichts erklärt*. Es setzt genau jenes Modell der Sprache voraus, dem sich die Rede von den Sprachspielen von

Anfang an widersetzt. Sprache bestünde ihmzufolge aus dem Benennen von "Dingen", ihre Wörter hätten die Funktion von Spielmarken, die anstelle der gemeinsamen Gegenstände ideell gehandhabt und frei beweglich kombiniert werden könnten. Die Zuordnung der Wörter zu den Sachen funktionierte wie die Aufschrift auf Schubladen, in denen die Dinge nach Merk-Malen sortiert wären wie Waren in einem Krämerladen; folglich wären die Wort-Bedeutungen auch nichts anderes als vereinfachte Bilder der Gegenstände bzw. bildhafte Vorstellungen der signifikanten Merkmal-Kombinationen (rote Äpfel; weiße, schwarze oder graue Platten). Dieses "Bild von der Sprache" scheitert gerade an den Bedingungen des Spracherwerbs. Wie nämlich und nach welchen Gesichtspunkten die Dinge zu sortieren sind, steht für den Lehrling der Sprache, denkt man ihn als Anfänger bzw. als Wickelkind, ja noch nicht fest; gerade das Sortieren wäre es, was er erst zu lernen hätte. Umgekehrt ist die Beherrschung einer Sprache nicht nur eine Hilfe beim Lernen einer fremden, sondern auch ein Hindernis; der Lernende muß sich immer wieder klarmachen, daß die ihm gewohnten Klassifikationen (und grammatikalischen Gewohnheiten) nicht mehr gelten, ihn zu falschem Sprachgebrauch verleiten und Mißverständnisse hervorrufen; selbst bloßes Umsortieren wäre vergebliche Mühe.

Unter solchen Ausgangsbedingungen hilft es nichts, dem Zögling etwas zeigen zu wollen. Weder kann er wissen, *was* man ihm zeigen will; noch kann er, folglich, das Zeichen überhaupt als Zeigen verstehen. Das Worauf des Zeigens, das den Bezug, den Referenten der Bezeichnung vor-stellen soll, ist ja keineswegs so selbstverständlich, wie das "Monstrieren" *meint*; es steht daher auch gar nicht fest, wie und als was es selbst "gemeint ist". Es kann Sprachen geben, und gibt sie wohl auch, die nicht von Dingen und ihren Eigenschaften, von Taten und ihren Trägern zu reden erlauben, sondern beispielsweise allein von Zuständlichkeiten, intentionalen Zusammenhängen und wie auch immer bedingten oder geregelten Ereignisverläufen. Ihm Rahmen eines solchen sprachlichen Weltbilds läßt sich möglicherweise nur etwas zeigen, indem man es vor- bzw. nachmacht, also gleichsam ein Beispiel gibt; der Sprachlehrer spricht Wörter und Sätze vor, wenn die einschlägigen Vorgänge stattfinden; oder er mimt sie selber, wie etwa der Tanzlehrer eine Schrittfolge vorführt. Erst im Versuch der Nachahmung wird der Schüler allmählich merken, worauf es ankommt; wird er verstehen, was das Zeigen zeigt und was die Regel regelt. "Was ist 'eine Regel lernen'?

Das. Was ist 'einen Fehler in ihrer Anwendung machen'? *Das*. Und
worauf hier hingewiesen wird, ist etwas Unbestimmtes. (ÜG 28) Aber:
"Das Üben im Gebrauch der Regel zeigt auch, was ein Fehler in ihrer
Verwendung ist." (ÜG 29) Der "Sinn" der Regel *zeigt sich*, wenn man
sie befolgt; und man lernt sie zu befolgen in dem Maße, wie man ihren
Sinn begreift. Dieser Sinn beschränkt sich freilich nicht auf die *einzelne*
Regel; wer einmal eine Schrittfolge beherrscht, wird auch andere leichter
lernen; er wird vielleicht sogar neue Regeln erfinden, etwa indem er
bisherige Schrittfolgen abwandelt, miteinander kombiniert etc. So wie er
immer neue mathematische Reihen entwickeln kann, wenn er einmal die
Reihenbildung verstanden hat (vgl. PU 143 ff.). Jedenfalls versteht er,
wo immer getanzt wird, was "zu tun" ist; nur unter dieser Voraussetzung kann er auch verstehen, welcher Tanz angesagt ist, sofern es ihm
nicht der Rhythmus der Musik sagt.

Das Beispiel mag verdeutlichen, wie man in eine Praxis "hineinkommt", wie sich Bedeutungen, auf die sprachlich dann gezeigt werden
kann, aus der immanenten (Selbst-)Regelung einer solchen Praxis ergeben. Die Einführung in eine Praxis oder in die zugehörige Sprache ist
nicht unmittelbar durch ein Erklären der Regeln möglich; genau dies
aber ist in jenem theoretischen Sprachmodell vorgesehen, das mit dem
Zuordnen von Namen zu Dingen oder Handlungen operiert. Es erklärt
nichts, weil es die Regelung dieser Zuordnung von den Regeln des
Handelns abkoppelt und gleichwohl die geregelte Intentionalität des
Handelns als gegeben voraussetzt. Möglicherweise sind es solche Pseudoerklärungen, die Wittgensteins Aversion gegen das Erklären provoziert
haben; ohne daß sie damit ihrerseits schon hinreichend erklärt wäre.
Denn offenbar geht es ihm nicht primär darum, eine schlechte Erklärung
durch eine bessere oder gar richtige zu ersetzen; sondern darum, die
Unzulänglichkeit aller Erklärungen zu zeigen und ihren Grund wenigstens indirekt sichtbar zu machen. Vordergründig betrachtet liegt der
gemeinsame Fehler aller Erklärungen in einer Art Überverallgemeinerung von Modellen, deren Bedingtheit durch eine Praxis von begrenzter
Reichweite übersehen wird; der Nachweis dieser Bedingtheit erweist sie
daher auch nicht schlichtweg als falsch, sondern er führt zu einer Relativierung durch andere Modelle, die ihrerseits nicht notwendig einen
höheren Geltungsanspruch stellen. So erklärt beispielsweise die Nachahmung nicht, wie eigentlich das Regel-Verständnis zustandekommt. Sie
setzt vielmehr voraus, daß das nachzuahmende Modell als solches vor-

verstanden ist; nur so ist das Vorbild in der Lage, dem Lernenden eine Regel beizubringen, ihm den springenden Punkt zu zeigen. Jenes Vorverständnis und die ihm entsprechende Identifizierung mit dem Lehrer aber ist wiederum an Voraussetzungen geknüpft; das Tanzen lernt einer nur, wenn er bereits Gehen, Laufen und Springen, seine Bewegungsabläufe steuern kann.

Auch solche Voraussetzungen freilich sind für Wittgenstein nicht selbstverständlich. Gerade die Begriffe, die wir von unseren Handlungs- und Bewegungsarten haben, illustrieren jene Vieldeutigkeit der Wörter, die das Bezeichnungs-Modell der Sprache verstellt. Wir werden eben in die Sprache und ins Handeln zumal "eingeführt", ohne recht zu wissen, wie uns geschieht. Aufschlußreich darum, wie unterschiedlich das "Erlebnis des Geführtwerdens" bei näherer Betrachtung sich nuanciert. Man kann, etwa beim Blinde-Kuh-Spiel, mit verbundenen Augen herumgeführt werden; oder auch, wie Dostojewski, zum Richtplatz. "Oder: du wirst beim Tanz von einem Partner geführt; du machst dich so rezeptiv wie möglich, um seine Absicht zu erraten und dem leisesten Drucke zu folgen. Oder: jemand führt dich einen Spazierweg; ihr geht im Gespräch, wo immer er geht, gehst du auch. Oder: du gehst einen Feldweg entlang, läßt dich von ihm führen. - Alle diese Situationen sind einander ähnlich; aber was ist allen den Erlebnissen gemeinsam?" (PU 172) Die Frage bleibt offen; sie deutet auf die Fragwürdigkeit des Erfragten. Denn die geschilderten Erlebnisse unterscheiden sich keineswegs nur wie Arten einer Gattung. Das Geführtwerden kann hilfreich sein, wenn ich den Weg nicht weiß, wohl aber mein Ziel kenne; ein widerwillig ertragener Zwang, wenn ich nicht mehr entrinnen kann; es kann ein Mittel sein, wenn man mir etwa Naturschönheiten zeigen will, oder auch einfach Spaß machen wie beim Tanzen. Was Geführtwerden bedeutet - und zwar keineswegs *nur* erlebnismäßig, sondern als soziale Aktion - das hängt eben von dem Spiel ab, in dessen Rahmen es ein "Zug" ist; nicht zuletzt davon, ob und aus welchen Gründen und in welcher Rolle ich mitspiele - oder mitspielen muß.

Das Mißtrauen gegen eine Begrifflichkeit, die solche Differenzen nivelliert, ist als sprachkritisches Motiv nur allzu berechtigt. Ihm entspringt und entspricht die aphoristische Gangart von Wittgensteins Überlegungen. Sie optimiert eine Art des Zeigens, die darauf abzielt, der Irreführung durch begriffliche Allgemeinheit zu entgehen. Sie führt in die vermeinten Niederungen einer Konkretion, die "die Philosophen" meist vornehm verschmähen (vgl. PU 52), weshalb sie nur allzu leicht über ihre gelegentlichen Beispiele stolpern. Sie suchen das allgemeine Wesen hinter den Erscheinungen, statt in dem Zusammenhang, in dem sie stehen, oder vielmehr: in den sie uns hineinziehen. Gerade die Isolierung von "Elementen", die die Fixierung von idealen Bedeutungs-Einheiten nach sich zieht, ist daher für Wittgenstein der Hauptgrund für die platonistische Fehldeutung der Sprache (vgl. PU 46). Hinter den Wörtern zeit- und weltenthobene Wesenheiten zu suchen, für die jene als bloße Benennungen einstünden, heißt die Funktion der Benennung verkennen: "Das Benennen ist die Vorbereitung einer Beschreibung. Das Benennen ist noch gar kein Zug im Sprachspiel, so wenig wie das Aufstellen einer Schachfigur ein Zug im Schachspiel." (PU 49) Erst im Kontext des Spiels *zeigt sich* die Bewandtnis, die es mit den Figuren hat - und mit den Regeln, die möglichen Züge bestimmen. Wittgensteins philosophischer Pointillismus widerstrebt daher weniger der Wesenssuche als solcher (vgl. PU 90), er will vielmehr deren Richtung umkehren. "Wir sind in der Täuschung, das Besondere, Tiefe, das uns Wesentliche unserer Untersuchung liege darin, daß sie das unvergleichliche Wesen der Sprache zu begreifen trachtet. D.i., die Ordnung, die zwischen den Begriffen des Satzes, Wortes, Schließens, der Wahrheit, der Erfahrung usw. besteht, Diese Ordnung ist eine *Über*-Ordnung zwischen - sozusagen - *Über*-Begriffen. Während doch die Worte 'Sprache', 'Erfahrung', 'Welt', wenn sie eine Verwendung haben, eine so niedrige haben müssen, wie die Worte 'Tische', 'Lampe', 'Tür'." (PU 97)

Einmal dahingestellt, ob diese radikale Therapie dem Patienten hilft; Wittgensteins Diagnose führt jedenfalls zu einem Gegensatz zweier Sprachmodelle, der sich auf einer so niedrigen Ebene kaum ansiedeln oder gar verhandeln läßt. Der Aufweis falscher Verallgemeinerungen verlangt zwar den Rückgang auf größtmögliche Konkretion; aber der Grund des Fehlers, der so sichtbar werden soll, muß zugleich die Grundlage der dann fälligen Korrektur liefern. Diese stellt, ob wie will oder nicht, einen allgemeinen Anspruch; sie wird sich kaum plausibel machen oder in ihrer Tragweite ermessen lassen, ohne daß man "über" Sprache spricht. Das geschieht schon, wenn als Grund des Fehlers das Benennungsmodell der Sprache abgegeben wird. Die von ihm suggerierte Allgemeinheit der Bedeutungen scheint für den Sinn von Sprache selber konstitutiv zu sein; erlaubt sie doch unabhängig von der Situation und der Intention des jeweiligen Gebrauchs einen Tisch als Tisch, einen

Balken als Balken zu identifizieren. Ja diese Idealität der Bedeutung scheint unabdingbar, um überhaupt von Dingen und Wörtern einen situationsspezifisch verschiedenen Gebrauch machen zu können. Auch Wittgenstein muß sich dieser "Idealität" bedienen, um sie als partikulare zu denunzieren bzw. in Partikularitäten zu zerlegen. Nun liegt aber der Fehler, den er bloßstellen will, nicht in dem Allgemeinheitsanspruch der Begriffe, sondern in dessen verfehlter Interpretation; einer Interpretation, die die Bedeutungen von der vorgängigen, wie immer sprachlich geformten und stabilisierten Art unseres Umgangs mit den Dingen und mit uns selber ablösen will. Sie macht eine relative bzw. relationierte Allgemeinheit (generalitas) zu einer absoluten, unvordenklichen Idealität (universalitas). Gleichgültig, ob diese Idealität mehr "realistisch" oder "nominalistisch" aufgefaßt wird, in jedem Fall verselbständigt sie Bedeutungen bzw. Namen gegen ihren Gebrauch; und suggeriert damit ideelle Konstanten eines sprachlichen Weltverhältnisses, die sich als formale Momente wohl benennen lassen, die aber in der Tätigung dieses Verhältnisses keine feststehende Rolle spielen, ihr jedenfalls nicht vorausgehen können. "Wenn die Philosophen ein Wort gebrauchen - 'Wissen', 'Sein', 'Ich', 'Satz', 'Name' - und das *Wesen* des Dings zu erfassen trachten, muß man sich immer fragen: Wird denn dieses Wort in der Sprache, in der es seine Heimat hat, je tatsächlich so gebraucht? - *Wir* führen die Wörter von ihrer metaphysischen, wieder auf ihre alltägliche Verwendung zurück." (PU 116) Die metaphysischen Wesens-Fragen sollen auf den Boden zurückversetzt werden, von dem sie abspringen, den Heimat-Boden der "normalen" Sprache. Dabei werden die erfragten Wesenheiten als Momente des hinweisenden Sprach-Gebrauchs durchschaubar, von dem der prädikative seine Gewißheiten ableitet; Gewißheiten, wie sie sich aussprechen in den fixen Unterscheidungen von "Subjekt" und "Objekt", von "Name" und "Sache", von "Aussage" und "Sachverhalt" usw.; die Reflexion verselbständigt also ein bestimmtes, idealisiertes Sprachmodell gegen die funktionale Vielfalt des Sprachhandelns.

Es ist aber die Herkunft des Modells selber, die seiner Idealisierung widerspricht. Nicht umsonst hebt Wittgenstein immer wieder hervor, daß gerade die hinweisenden Elemente der Sprache das Paradigma des darstellenden Sprachgebrauchs - und des entsprechenden Spracherwerbs - sprengen. "Wird auch das 'dorthin' und das 'dieses' hinweisend gelehrt?" Eine rhetorische Frage. Doch erschüttert sie die Selbstgewißheit einer namengebenden Vernunft, die darauf ausgeht, in Worten der "Dinge" habhaft zu werden. "Und merkwürdigerweise wurde von dem Worte 'dieses' einmal gesagt, es sei der *eigentliche* Name. Alles, was wir sonst 'Name' nennen, sei dies also nur in einem ungenauen, eingeschränkten Sinn." (PU 38) Diese Fehldeutung des Demonstrativums charakterisiert eine Ontologie, die sprachliche Bedeutung nur als Entsprechung zwischen dem Wort und der gemeinten Sache, zwischen Bezeichnung und Bezeichnetem begreifen kann. Die Korrespondenz wäre allein beim singulären "Diesen" vollkommen. Sie kann es aber nur scheinen, weil die unmittelbare Bezugnahme nichts Bestimmtes über die gemeinte Sache aussagt; so wenig wie das Zeigen unmittelbar zeigen kann, worauf es bzw. was es am Gezeigten zeigen will. Jedenfalls gehört das Benennen nicht zu den "Arten des Gebrauchs", die man von Zeigewörtern machen kann, wie Wittgenstein lapidar feststellt; und zwar obwohl - oder gerade weil - man sie dazu verwenden kann, Benennungen exemplarisch "einzuführen". So zeigt sich am Benennungsmodell selber der Grund des Fehlers, den seine Verallgemeinerung darstellt. Damit hat es aber als Modell schon ausgespielt. Das Benennen wie das Zeigen können nur besondere Funktionen der Sprache sein, sie machen nicht ihr allgemeines Wesen aus.

Dem repräsentativistischen Paradigma der Sprache tritt ein funktionalistisches gegenüber, das jenes erste zu einem Spezialfall herabsetzt. Dieses neue Paradigma läßt sich wiederum an den Funktionen des Demonstrativums exemplarisch verdeutlichen. Denn es hängt allein von dem jeweiligen Handlungs-Kontext ab, worauf das "Dieses" verweist, wie es also zu deuten ist. Im Zusammenhang einer praktischen Tätigkeit zeigt das "Dieses" oder "Das dort" auf irgendwelche vorhandenen bzw. "zuhandenen" Elemente der Situation, die für den *Fortgang* der Handlung bzw. Kooperation relevant sind; die mögliche Eindeutigkeit des Gezeigten hängt also von der Regelstruktur der Praxis ab, etwa von mehr oder weniger stereotypen Mittel-Zweck-Relationen. In einem rein sprachlichen Kontext dagegen ergibt sich die Eindeutigkeit der Bezugnahme aus vorausgehenden Erwähnungen, die das Gemeinte bereits näher umschreiben; das Demonstrativum dient aber auch hier der Verknüpfung nicht allein von Aussagen, sondern von - mittlerweile so genannten - Sprechakten, also der Herstellung des Kontexts bzw. des kontinuierlichen Fortgangs der Rede selber. Es kann freilich ebenso gut diesen Fortgang unterbrechen, um auf etwas Besonderes, Unerwartetes hinzuweisen. Mitten im Gespräch, etwa bei einem Spaziergang auf den berühmten Feldwegen, sagt einer der Beteiligten: Sieh dort! und deutet auf die Gewitterfront, die am bislang heiteren Himmel plötzlich aufzuziehen beginnt. Dann mag es Zeit sein, umzukehren.

Zeigen und verweisen sind also viel tiefer in den Funktions-*Zusammenhang* des sprachlichen Weltumgangs verwoben, als die *Vorstellung* vom Zeigen als einer punktuellen Handlung vermuten ließe. Daß dieser Zusammenhang meist verborgen bleibt, liegt freilich an der Eigenart, bzw. an der dominierenden sprachlichen Interpretation des Zeigens selber. Sie betont die Heraushebung des Gezeigten *aus* seinem Kontext und vergißt, daß nur dieser Kontext sie ermöglicht. Auch das Unerwartete ist es ja nur vor dem Hintergrund von Erwartungen, sie in gewissem Sinne alles nicht zu Erwartende mit einschließen. Von diesem Hintergrund weist das Zeigen gleichsam weg und verweist ihn damit ins Untergründige. Die Regeln, von denen es sich leiten läßt, gelten ihm notwendigerweise als selbstverständlich, sie objektivieren sich gleichsam in dem jeweiligen Was und Worauf des Zeigens. Was sich in dieser "Intentionalität" aber am meisten verbirgt, ist der Zeigende selbst. Auch wenn er mit dem Wort "ich" ständig auf sich bezugnimmt, so gilt ihm für real nur das, worauf sich zeigen und worüber sich etwas sagen läßt. Den Rest verschweigt er lieber - bis er die Spiel-Regeln entdeckt, die ihn inden scheinbar von ihm selber hergestellten Kontext einbeziehen.

2. Regeln und Funktionen

Will man Wittgensteins Beiträge zu einer neuen Auffassung von der Sprache auf einen gemeinsamen Nenner bringen, so drängt sich immer wieder der Begriff des Sprachspiels auf; fragt man sich aber, welches "Gemeinsame" die diversen Beschreibungen und Exemplifizierungen dieses Spiels denn eigentlich "sehen lassen", so ist man sogleich mit dem verschwiegenen methodischen Dilemma dieses Denkens konfrontiert. Sein kritischer Impetus widersetzt sich jeder allgemeinen Bestimmung des konkreten sprachlichen Weltumgangs; einen "Über-Begriff" von dem, was alle Begriffe generiert bzw. allen Wörtern Bedeutung verleiht, scheint es nicht geben zu können, und schon die Suche nach ihm verbietet sich, wenn man nicht in Metaphysik zurückfallen will. Aber aus demselben Grund fühlt man sich zu dieser Suche genötigt: Ein Paradigma läßt sich schwerlich verabschieden, ohne daß man ein Gegenmodell etabliert.

Nun macht allerdings der Begriff des Sprachspiels den des Paradigma problematisch; und zwar gerade deshalb, weil er in gewisser Weise das Paradigma des Paradigmatischen selber statuiert. Erhebt nämlich ein Paradigma den Anspruch des Kanonischen, stellt es eine verbindliche Regel dar, so steht dieser Anspruch zu einer Vervielfältigung der Paradigmata in Widerspruch. Ein Spiel ist, je für sich und in dem von seinen Regeln definierten Rahmen, so verbindlich wie das andere; eben darum kann es kein Modell für andere Spiele darstellen. Der Spielbegriff hat keine fixierbaren "Grenzen" (PU 68). Er ist "...ein Begriff mit verschwommenen Rändern." (PU 71) Man könnte vielleicht sagen, daß die Vielfalt der Spiele die Vielfalt des Lebens bzw. der "Lebensformen" widerspiegelt; es gibt mehr oder weniger streng geregelte Spiele, Glücksspiele, Geschicklichkeitsspiele, strategische Spiele, Rollenspiele, Wettbewerbsspiele, Gruppen-Kampfspiele, Such- und Rätselspiele, Unterhaltungs- und Lernspiele, Patiencen etc. Insofern ist Wittgensteins Charakterisierung des Begriffs-Typus "Spiel" durch "Familienähnlichkeit" gewiß überaus treffend. Jedes Spiel hat mit einigen anderen gewisse Züge gemeinsam, andere nicht, aber es scheint keine durchgängigen gemeinsamen Merkmale zu geben, die so etwas wie einen Oberbegriff definieren könnten.

Für diesen "Mangel" des Begriffs läßt sich aber doch ein rein formaler Grund angeben: Wenn nämlich jedes Spiel durch die jeweils in *seinen* Grenzen geltenden Regeln sich *konstituiert*, wenn umgekehrt alle möglichen Regeln nur innerhalb der jeweiligen Spiele gelten können, so kann es keine "Metaregel" geben, die den Begriff des Spiels selber definierte. "...das Spiel, welches wir mit ihm spielen, ist nicht geregelt." (PU 68) Nun beruht die Formulierung dieser Paradoxie bereits auf der Analogie zwischen Spiel und Sprache. Wenn nämlich die Bedeutung eines Wortes in der Regel seiner Verwendung besteht, so kann ein Wort, dessen Anwendung überhaupt keiner angebbaren Regel folgt (vgl. ebd.), auch keine Bedeutung haben. Diese Konsequenz ist aber noch kein zwingender Einwand gegen Wittgensteins Konzept - schon darum nicht, weil es ja einen Begriff der Bedeutung, der solche Konsequenzen erst zwingend macht, außer Kurs setzen will. Zudem taucht dieselbe Paradoxie auch innerhalb des traditionellen, ontologisch-repräsentativistischen Sprachparadigmas auf: Es ist logisch unmöglich, einen allgemeinen Begriff des

Begriffs zu formulieren, und gerade diese Unmöglichkeit hat sich auf dem ersten Höhepunkt begriffslogischer Spekulation - in Platons Parmenides - bereits unmißverständlich gezeigt. (Auch Hegels einschlägige Formulierungen bedienen sich verwegener, hier nicht zu diskutierender Metaphorik.)

Die entscheidende Frage ist nur, ob man dem Problem eher beikommt, wenn man den Begriff des Begriffs durch den der Regel ersetzt; dann wird nämlich ein geistiges "Instrument" von - dem Anspruch nach - universaler Anwendbarkeit durch eines von regional begrenzter Reichweite substituiert. Die begriffliche Allgemeinheit, auf die jegliches Wissen - von der Welt wie vom Menschen - sich ehedem stützte, scheint in Nichts zu zerrinnen; dafür läßt sich die "Gewißheit" des Vor-Wissens darum, wie jeweils zu spielen sei, desto weniger in Frage stellen, je weniger sie ihrerseits noch einen "Grund" haben kann. Daß wir immer schon mitgespielt haben, bevor wir uns über das *Wie* verständigen können, wird so zum "lebensweltlichen" Apriori, an dem jede Frage nach den "Bedingungen der Möglichkeit" abprallt. Das Spiel ohne Grenzen duldet am wenigsten die Frage nach einem Anfang, der ihm vorausläge: "Es ist so schwer, am Anfang anzufangen. Und nicht zu versuchen, weiter zurückzugehen." (ÜG 471) Nach der internen Logik des Paradigmas kann nämlich die Frage nach dem Anfang nur zurückführen auf den Sozialisationsprozeß, in dem das Verständnis der Spielregeln und der entsprechenden Gewißheiten eben *irgendwie* erworben worden sein muß. (Es ist vielleicht nicht unwichtig zu bemerken, daß damit der Sprach-Erwerb selber zum *philosophischen* Thema wird!)

Mangels einer Sprache, die diesem Erwerb vorausgehen könnte, bleibt nur die Metaphorik des Spiels, um das "Wesen" der Sprache zu verstehen. Die Metapher wird gleichsam zum Ersatz für den a priori un-möglichen Über-Begriff der Sprache. Und sie verweist - vielsagend - auf jenen "anderen Anfang", der, mit Goethe, das Wort (den lógos) durch die Tat ersetzt (vgl. ÜG 402). So wenig Wittgenstein in der Schublade des Pragmatismus abgelegt werden möchte (vgl. ÜG 422), so offenkundig ist es der primäre Handlungsbezug der Sprache, der die scheinbar fixen Wortbedeutungen unabsehbar modifiziert, differenziert, verwandelt; allein die jeweilige regulative Funktion der Wörter erlaubt dem Wesen der Bedeutung auf die Spur zu kommen. Nun ließe sich freilich nicht einmal die Frage nach dieser Funktion konsequent stellen oder verfolgen, ohne daß man deren Modell verallgemeinert. Anderer-

seits ist nicht zu verkennen, daß dieses Modell, das sich assoziiert mit
Begriffen wie dem des Gebrauchs, der Verwendung, aber auch der
Brauchbarkeit, der Kontext- oder "Feld"-Abhängigkeit usw., in sich
selber wieder mehrdeutig ist. Das "Funktionieren" des Modells selber
nämlich scheint darauf zu beruhen, daß man zwischen dem Gebrauch
eines Wortes, eines Werkzeugs, einer Spielfigur etc. eine Analogie
herstellt, die zunächst nur auf dem "allgemeinen" Begriff des Gebrauchs
beruht; dieser Begriff aber ist ebenso unbegrenzt wie der des Spiels, ja
die Plausibilität der Analogie profitiert nicht wenig davon, daß der Spielbegriff an seinen Ränderns ausfranst, derart, daß er sogar auf so wenig
spielerische Tätigkeiten wie das Bauen eines Hauses oder auch das Führen eines sprachanalytischen Disputs übertragen werden kann. Der Einwand liegt nahe, daß Wittgenstein bei den tragenden - wohl doch irgendwie begrifflichen - "Säulen" seines Konzepts denselben Fehler der Über-
verallgemeinerung begeht, den er dem klassischen Paradigma zum Vorwurf macht.

Nun könnte man darauf rekurrieren, daß all die genannten Formen
des Gebrauch-Machens-von-etwas jeweils bestimmten Regeln folgen; und
das tertium comparationis, die Funktion, die die Bedeutung - eines Wortes, einer Spielfigur oder eines Werkzeugs - "definiert", sei eben nichts
anderes als die Anwendung der jeweils passenden Regel, oder das "Passen" selber. Eben weil es die spezifizierte Zuordnung der Regel zum
jeweiligen Spiel-Element immer schon fundiert bzw. impliziert, sei
dieses Passen nicht mehr weiter ableitbar; ein Verhältnis wie das von
Schlüssel und Schloß, das aus keinem allgemeinen Begriff beider Seiten
zu erschließen wäre, wenn man nicht den passenden Schlüssel fände. Die
Intuition, die der *angemessene* Gebrauch immer schon voraussetzt, ließe
sich selber nur in der probierenden Aneignung des Gebrauchs erwerben;
sie läge jedem spezifizierten Begriff dessen, wovon man Gebrauch
macht, voraus, gleichsam als Basis möglicher Spezifikation dessen, was
sein Wesen nur in dem für wahr genommenen Wie seines Erscheinens
zeigen kann. Diese Überlegung gewinnt an Plausibilität, wenn man in
Rechnung stellt, daß alle elementaren Begriffe, in denen wir die Welt
interpretieren, auf die genetisch frühe Entwicklung von Handlungs- bzw.
Interaktionsschemata zurückführen, in denen das Kind spielerisch den
Austausch mit einer sich ständig erweiternden Um- und Mitwelt "organisiert". Die *notwendige* Besonderung, die schon die eigene Leiblichkeit
mit ihren psychomotorischen Dispositionen bedingt, bildet die Grundlage

aller Verfahrensweisen, mit denen sich allgemeine Begriffe von der Welt und ihren kontingenten räumlich-zeitlichen Zusammenhängen gewinnen lassen; oder, um im Bild zu bleiben: Das Maß, das der Mensch in Gestalt von Hand und Fuß (und Elle) an ihm selber hat, ist zugleich die dynamische Elementar-Größe, mithilfe deren er das Spielfeld vermißt und dimensioniert, auf dem sich alle Spiele abspielen; auf dieses Feld wiederum müssen sich alle Handlungen ebenso wie alle Zeichen und Wörter beziehen - oder doch durch *geregelte* Transformationen zurück-beziehen lassen -, wenn sie "verständlich" sein und bleiben sollen.

Nicht umsonst rekurriert Wittgenstein, auf der Suche nach den gemeinsamen und unhintergehbaren "Gewißheiten", die allen Sprachspielen vorausliegen, immer wieder auf diese körperlichen Bedingungen der Welt-Begegnung; und nicht zufällig bildet das Sprachspiel des *Messens* eine jener "Drehangeln", um die das Metasprachspiel der Sprachspiel-Reflexion zu kreisen pflegt. Denn diese Angel verbindet die abstrakt "rationale", logisch-mathematische Welt-Konstruktion mit einem konkret-anschaulichen Erfassen von Um-Welt; es ist dieses Begegnen und Begegnen-Lassen, in dem der Messende sich selbst zum Maß wird, sofern er zugleich immer neu sich seiner Umgebung an-mißt, sich in ihr bewegt und sich in sie einbezieht. Es wäre buchstäblich nichts zu messen (und auch nichts zu zeigen), wenn nicht die Schätzung des je Angemessenen alle exakteren Operationen des Messens und Verknüpfens fundierte. Wenn sich auf dieser intuitiven Grundlage das "Welt-Spiel" des Individuums als Sprach-Spiel gleichsam einspielt, so kann das natürlich nicht heißen, daß dessen genetische Reduktion auf welche Wurzeln auch immer die auf dieser Basis entwickelten Verfahren und Spiele zulänglich erklären könnte. Die Logik derjenigen Regeln, die komplexe Verbindungen herzustellen und ausgeklügelte Spielzüge zu machen erlaubt, läßt sich nicht auf die Vorbegriffe des elementaren Weltumgangs zurückführen, will man die entwickelten Spiele nicht des ihnen entsprechenden bzw. von ihnen selbst erzeugten Kontexts berauben. Aber der Verweis auf die unabdingbar konkreten Ursprünge der Gewißheit und Ver-gewisserung - wie sie noch im etymologischen Verwandtschaft von "Hand" und "Handeln" sich zeigen - macht doch um einiges verständlicher, warum die differenzierten und - vordergründig exakteren - Begriffe und Methoden in ihrer vielfältigen - scheinbar kontextunabhängigen - Anwendbarkeit auch nicht zureichend aus sich selbst zu erklären sind.

Die gemeinsame Abstammung der diversen Sprachspiele deutet darauf hin, daß auch dieser paradigmatische Begriff selber nur eine Metapher sein kann, die sich beim Versuch ihrer näheren begrifflichen Präzisierung *unvermeidlich* in eine Mehrfalt von Modellen auflöst, ohne daß diese, jedes *für sich*, die eigentümliche Trans-Rationalität des Konzeptes angemessen repräsentieren oder seine Komplexität erschöpften. Das heißt jedoch nicht, daß die genauere kritische Betrachtung dieser Modelle etwa überflüssig wäre; sie ist unerläßlich, um die Tragfähigkeit des Paradigmas, seine Reichweite und interne Logik zu ermitteln. Sonst würde man einen Blanko-Scheck für einen womöglich "sinnlosen" Begriff ausstellen, auf den dann jedermann beliebigen Kredit für die wildesten Spekulationen aufnehmen könnte. Das widerspräche dem ersten Erfordernis, das gerade das Sprachspiel-Konzept an jede triftige Rede stellt; die Regeln, denen die Akteure zu folgen haben, müssen für alle Mitspieler nachvollziehbar sein, sie beanspruchen sehr wohl transsubjektive Verbindlichkeit. Schon diese Grund-Regel aber verweist auf eine Eigentümlichkeit des Spiel-Modells i.e.S., das hier zunächst eingehender zu beleuchten ist: Wenn nämlich die - gleich wie strengen - Regeln ein Spiel erst ermöglichen, so verlangt die Verallgemeinerung des Modells auch die analytische Isolierung des einzelnen, je besonderen Spiels. Das scheint aber darauf hinauszulaufen, daß die vorausgesetzte Einheit von Sprache und Praxis in eine prinzipiell unbegrenzte, letztlich beliebige Vielfalt von gleichrangigen Spielen, Praktiken und Redeformen zersplittert. Das Sinnkriterium, an dem sie sich bemessen, beruht auf der *jeweiligen*, in sich konsistenten Zuordnung von Sprechweisen zu Handlungsformen, sofern sie sprachlich "gesteuert" und koordiniert werden; ein allgemeines Kriterium für den "Sinn" dieser Zuordnung selber kann es nicht geben. Die Frage ist allein, ob sie sozusagen greift oder funktioniert.

Darum rückt die Spielregel in den Rang eines Apriori, das jede weitere "Begründung" wie von selbst verbietet. Immerhin aber ist die *mögliche* Geltung, ja der "Sinn" der Regel an Bedingungen geknüpft, ohne die die Regel weder verständlich zu machen noch irgendein Spiel zu spielen wäre. Wenn sich schon sonst nichts Allgemeines von ihm sagen läßt, so erheischt ein Spiel doch mindestens so etwas wie ein abgrenzbares Spielfeld.

Als weiteres unentbehrliches Charakteristikum verlangt wohl jedes Spiel eine Definition von Teilnehmern und eine entsprechende Ausgrenzung von Nichtteilnehmern, vielfach auch eine bestimmte Rollenverteilung unter den Mitspielern. Durch die Definition von Spielfeld und/oder Teilnehmern bzw. Rollen entsteht ein imaginärer Raum, der sich nicht mit einem physikalischen zu decken braucht, aber fast stets eine bestimmte topologische Struktur aufweist; generell definiert dieser Raum sich dadurch, daß in ihm Handlungen (bzw. Bewegungen) allein unter dem Gesichtspunkt der hier *geltenden* Regeln Bedeutung erlangen. Man könnte also wohl sagen, daß sich das Spiel als Spiel durch die - räumliche wie zeitliche - *Begrenzung* dieser partikularen Geltungs-Fiktion konstituiert. So wird verständlich, warum die Spiel-Metapher dem Anliegen Wittgensteins, die notwendige *Besonderung* von "Bedeutung" darzustellen, so sehr entgegenkommt; zugleich zeigt sich auch die *Grenze* des Geltungsbereichs, den das Paradigma absteckt: Die Alleingeltung der Spielregel blendet jeden pragmatischen Kontext systematisch aus, der für mögliche Spielzüge irrelevant ist, und das System der Relevanzen ist wiederum nur durch die Regel definiert.

Damit zeichnet sich aber bereits ein prinzipielles Defizit an Vergleichbarkeit zwischen der Spielpraxis und dem Praxisbezug der normalen Sprache ab. Selbst wenn die Mittel und Zwecke dieser lebensweltlichen Praxis so eng umschrieben sind wie im Falle des Hausbaus, so stehen sie doch ihrerseits im Kontext weiterer Sinn-Zusammenhänge, die sowohl über die Fortführung des Unternehmens selbst wie auch über die Art seiner Ausführung entscheiden. Der Bau hat eben nicht wie das Spiel seinen Zweck in sich selbst. Gehen wir aber einmal davon aus, daß jene übergeordneten Zusammenhänge für die Bauarbeiter selbst gänzlich uninteressant wären, sofern sie nur für die Ausführung des Bauplans zuständig sind. Sie könnten dann vom Kontext in ähnlicher Weise abstrahieren wie spielende Kinder, die eine Sandburg bauen. Die Vergleichbarkeit jeder Art von Praxis mit der des Spiels liegt womöglich gerade darin begründet, daß stets ein gewisses Abblenden aller für den Sachzusammenhang irrelevanten Umstände stattfindet und nötig ist. Gleichwohl bleibt dann immer noch eine wesentliche Differenz. In den meisten alltäglichen Tätigkeiten, soweit sie nicht selbst spielerischen Charakter haben, dominiert ein Zielbezug, der den Regeln einen untergeordneten, instrumentellen Charakter verleiht, zugleich aber über sich hinaus verweist auf die Gesamtheit von Lebensformen und -tätigkeiten. Beim eigentlichen Spiel dagegen gründet sich der ganze Sinn und Fortgang der Handlung, einschließlich des Ziel-Bezugs (Gewinnen oder Vollenden), auf die Befolgung bzw. geschickte Nutzung der Regeln.

Man kann sich das etwa am Beispiel des Straßenverkehrs verdeutlichen. Normalerweise beachtet man die Verkehrsregeln, um ohne Schaden vorwärtszukommen. Sie konstituieren kein Spiel, bedingen allenfalls
zufällige, vorübergehende Interaktionen. Die Situation - und das Verhalten - ändern sich grundlegend, wenn man etwa ein Rennen veranstaltet.
Dann geht es nicht mehr darum, irgendwo anzukommen (um von da aus
weiterzukommen), sondern darum, eine bestimmte Strecke unter Vermeidung aller Verzögerung schneller zurückzulegen als andere Mitbe-
werber. Das Fahren wird in gewissem Sinn zum Selbstzweck, die
Strecke zum Spielfeld - sie wird für den übrigen Verkehr gesperrt (wenn
auch nicht *nur*, weil er "das Spiel stören" würde!), und die Regeln ändern sich grundlegend. Wie wenig dieser engere Spielbegriff aber für
den des Sprachspiels maßgebend ist, zeigt sich darin, daß sich gerade im
normalen Straßenverkehr eine relativ differenzierte Signalsprache entwickelt hat, die in typischen Problem-Situationen eine die Regeln ergänzende Verständigung ermöglicht.

Dennoch liefern nicht umsonst strenge Regel-Spiele wie Schach oder
das "Mühlfahren" die Modelle, an denen Wittgenstein das Paradigma
festmacht. Die Regel bildet das tertium comparationis zwischen Spiel
und Sprache: "...Eine Bedeutung eines Wortes ist eine Art seiner Verwendung... Darum besteht eine Entsprechung zwischen den Begriffen
'Bedeutung' und 'Regel'." (ÜG 61/62) Wenn Bedeutung nichts anderes
heißt als "geregelte Verwendung", so kann man die Funktion der Wörter
mit derjenigen von Schachfiguren vergleichen (vgl. Philosophische Bemerkungen 18): Während sich deren Bedeutung durch den jeweiligen -
konstellationsabhängigen - Gebrauch bestimmt, ist der *mögliche* Gebrauch doch durch die Regeln exakt definiert. Diese liefern somit eine
Art Grundbedeutung, die u.a. von der Struktur des Spielfelds abhängt
und die sich durch die Zugfolge, durch die Strategien der Spieler dann
weiter differenziert und konkretisiert. Die wandelbare Rolle, die Spielfiguren im Spiel und Wörter im normalen Sprachgebrauch spielen können,
setzt die Eindeutigkeit der Gebrauchsregeln unabdingbar voraus; nur sie
erlaubt es überhaupt zu entscheiden, *wann* jemand den Regeln *folgt* und
vor allem: wann nicht. Der Sinn der Regel ist eben nur dann klar, wenn
er die Regelwidrigkeit, den Mißbrauch ebenso klar zu diskrimieren
gestattet. Gewiß läßt die Spielregel stets "vieles offen", nämlich viele,
mehr oder minder aussichtsreiche Spielzüge (oder doch Varianten); wäre

dem nicht so, so gäbe es kein Spiel. Aber sie begrenzt eben doch den Spielraum der möglichen Züge, wie raffiniert man ihn auch nutzen mag. Darum betont Wittgenstein, es sei nicht sinnvoll, von einer "Deutung" der Regeln zu reden (vgl. PU 201); man kann ihnen nur *entweder* folgen *oder* nicht folgen; andernfalls hätte man nicht nur die Regel "nicht verstanden", sondern nicht einmal begriffen, was eine Regel ist: Sie ist nämlich nichts anderes als das strikte Gebot, ja der "Befehl", ihr zu folgen (PU 206). Die Bereitstellung solcher Folgsamkeit ist offenbar für Wittgenstein die Funktion der Regel selbst. Diese Auffassung, die der Vorstellung vom "Abrichten" als Sozialisationsprozeß entspricht, scheint allerdings das Regel-Verständnis selber gegen jede Frage nach dem möglichen Sinn der Regel zu immunisieren, ja solche Fragen geradezu als sinnlos zu disqualifizieren. Man *könnte* sie allerdings auch so deuten, daß jene Frage immer schon mitbeantwortet ist, *wenn* man die Regel *verstanden* hat; gleichsam als Garantie für die Koordination *möglicher* Spielzüge, ihr quasi apriorisches Bezogensein aufeinander. "Darum ist 'der Regel folgen' eine Praxis. Und der Regel zu folgen *glauben* ist nicht: Der Regel folgen. Und darum kann man nicht der Regel 'privatim' folgen, weil sonst der Regel zu folgen glauben dasselbe wäre, wie der Regel folgen." (PU 202)

Man kann diese Erläuterung der Regel-Funktion durchaus lesen wie einen Kommentar zu Kants "Kategorischem Imperativ": Sie lehrt zwar keineswegs den unbedingten Geltungsanspruch *bestimmter* Regeln, wohl aber die unhintergehbare Absolutheit der Geltung innerhalb des jeweiligen Spiels. Wäre die Unterscheidung zwischen Regel-Befolgung und Regel-Verstoß nicht trennscharf, so schwände nicht nur die Verständigungsgrundlage dahin (etwa bei der Frage, ob man den König im Schach stehen lassen oder unter welchen Voraussetzungen man rochieren darf), sondern auch die Basis für das gemeinsame Spiel selbst. Jene partikulare Geltungs-Fiktion, die das Spiel in seiner Eigenart erst konstituiert, garantiert zugleich die Rechtmäßigkeit des gegebenen Spielstandes, *sofern* er regel-recht *zustandegekommen* ist; die Verbindlichkeit der jeweils erreichten Konstellation aber muß ihrerseits unstrittig, über jeden Zweifel erhaben sein, soll sich das Spiel auch nur fortsetzen lassen. Daß überhaupt das Mißverständnis aufkommen kann, als wären Regeln *als solche* auslegungsfähig, als könnten sie sich *innerhalb* des Spiels selbst in ihrer Bedeutung verändern, liegt allein an der Verwechslung der jeweiligen Spiel-Strategie mit dem Dispositiv des Spiels selber; der für das Spiel

konstitutiven Regeln mit den taktischen Erwägungen, die bestimmte
Spiel-Konstellationen oder Spielweisen nahelegen.

Dieses Mißverständnis entsteht allerdings nicht zufällig, es ist in der
Mehrdeutigkeit des Paradigmas bzw. seiner modellhaften Konkretisierung angelegt. Offenkundig ist in seinem Rahmen der Begriff der Bedeutung sozusagen doppelt codiert; genau dieser Sachverhalt aber wird eher
verdeckt durch die reichlich globale These, die Bedeutung - der Spielfigur, des Werkzeugs, des Wortes - ergebe sich aus dem Gebrauch. Denn
einerseits ist dieser Gebrauch an Regeln gebunden; andererseits wird
auch von den Regeln selbst "Gebrauch" gemacht. Daß es auf diesen
Unterschied ankommt, betont Wittgenstein selber: "...was ein Satz ist,
ist in *einem* Sinne bestimmt durch die Regeln des Satzbaus ..., in einem
andern Sinne durch den Gebrauch des Zeichens im Sprachspiel." (PU
136) Dasselbe Verhältnis läßt sich am Beispiel des Schach verdeutlichen.
Man kann den König definieren als "die Figur, der man Schach sagen
kann". (ebd.) Diese Regel gehört - neben einigen anderen - zu unserem
"Begriff vom Schachkönig". Kennt man nur solche Regeln, kann man
zwar richtige Spielzüge machen, wird aber mit hoher Wahrscheinlichkeit
verlieren; man hat eben das "Spiel selbst" noch nicht verstanden. Die
volle Bedeutung des Schachgebens - und damit der Königsfigur - kommt
erst zum Tragen, wenn man das Ziel des Spiels - das Matt - ständig im
Blick hat; von der Definition dieses Ziels hängt offenbar nicht nur der
strategische Gebrauch aller übrigen Regeln ab, sondern auch die Bedeutung der Figuren in der jeweiligen Spiel-Konstellation, d.h. die *Bewertung* ihrer Position und der an sie geknüpften Chancen.

Nun lassen sich zwar beide Ebenen, die der bedeutungs-konstitutiven
Regel-Funktionen und die des strategischen Gebrauchs dieser Funktionen, *analytisch* voneinander trennen; aber offenkundig hängt der Sinn
der Regeln selber - und die Möglichkeit, ihnen auf strategisch sinnvolle
Weise zu folgen - von ihrem Zusammenspiel und ihrer Hinordnung auf
das "Ziel" des Spiels ab. Deshalb ändert auch jede Änderung einzelner
Regeln den Charakter des "ganzen Spiels"; so wie auch die Einführung
bestimmter Begriffe, die Verbreitung bestimmter Redensarten oder
"Sprachregelungen" den Charakter einer Sprache und der an sie geknüpften Umgangsformen verändern, oder doch solche Veränderungen
anzeigen und fördern kann. Diese Veränderungen - mit denen Wittgenstein als "Realist" durchaus rechnet - wären am ehesten durch einen
Bedeutungs-Wandel von Regeln im spielerischen Gebrauch zu erklären;

d.h. durch *Erfahrungen*, die man beim strategischen Regel-Befolgen mit der Praktikabilität der Regeln macht. "Gibt es nicht auch den Fall, wo wir spielen und - 'make up the rules as we go along'? Ja auch den, in welchem wir sie abändern - as we go along." (PU 83) Im Rahmen von Wittgensteins Paradigma der konstitutiven Spielregel und des von ihr gebotenen "Gehorsams" läßt sich eine Regel-Veränderung kaum anders denken denn als *Resultat* realer Spielpraxis. Daß die *bewußte* Veränderung, d.h. die Statuierung neuer Regeln gleichwohl so etwas wie Reflexion auf den Gebrauchs-Sinn der Regeln selber, sozusagen eine freie Verfügung über die Regeln voraussetzt, läßt sich dagegen in diesem Rahmen schwerlich zur Geltung bringen; die Reflexionsebene ist von vornherein mit der Gebrauchsebene "kurzgeschlossen".

Daß das Implizit-Bleiben der Reflexion nach Wittgensteins Auffassung gerade zum Wesen aller Spiele und nicht zuletzt der Sprach-Spiele gehört, zeigt etwa seine Feststellung, es gebe keine "scharfe Grenze zwischen methodologischen Sätzen und Sätzen innerhalb einer Methode." (ÜG 318) Ebenso wenig gibt es eine solche Grenze dann zwischen dem Regel-Statut und der Regelverwendung, eher einen fließenden Übergang. "Die Unschärfe ist eben die Grenze zwischen *Regel* und Erfahrungssatz." (ÜG 319) Das hat aber zur Folge, daß die im Konzept der Regelbefolgung verlangte Eindeutigkeit der Regeln selber ins Zwielicht gerät. Ihre absolute Geltung scheint sich in eigener Konsequenz, durch die Anwendung zu relativieren; dabei werden jene fiktiven Grenzen durchlässig, die das einzelne Spiel erst zum Spiel machen. "Aber wie schaut denn ein Spiel aus, das überall von Regeln begrenzt ist? dessen Regeln keinen Zweifel eindringen lassen; ihm alle Löcher verstopfen." (PU 84) Offenbar denkt Wittgenstein weniger an einen sozusagen vorsätzlich laxen Umgang mit den Regeln als vielmehr daran, daß nur in den wenigsten Spielen alle spielbestimmenden Umstände oder alle im Spiel entstehenden Situationen vorausgesehen und entsprechend präzis geregelt werden können. "Um eine Praxis festzulegen, genügen nicht Regeln, sondern man braucht auch Beispiele. Unsere Regeln lassen Hintertüren offen." (ÜG 139) Natürlich weiß jeder, der sich nur ein wenig aufs Spielen versteht, daß sich einzelne Regeln bisweilen als weniger praktikabel erweisen. Darum setzt die "fraglose" Regelgeltung auch "normale Umstände" voraus, wie Wittgenstein immer wieder betont (vgl. PU 27); aber diese "Normalität" (etwa des Spielfeldes beim Fußball) kann nicht in gleich strenger Weise geregelt werden wie das eigentliche Spiel. So wird die Hintertür, die die Umstände öffnen, zur Einfallspforte für einen Zweifel, der den Sinn und die strenge Geltung der Regeln selbst betrifft.

Wenn aber dieser Zweifel für ein "normales" Spiel-Verständnis unvermeidlich ist, so müßte er zum Mogeln aus Prinzip führen; es sei denn es gäbe eine Methode, ihn überall dort auszuräumen, wo nicht mehr genau feststeht, wie zu spielen sei. Natürlich gibt es dafür kein plausibleres Verfahren, als sich über die Regeln bzw. die den Umständen entsprechende Art ihrer Anwendung zu *verständigen*. D.h. aber: Das Sprachspiel der *Metakommunikation* gehört zur Möglichkeit geregelter Spiele schon darum unabdingbar hinzu - wie ein gemeinsamer Überbau -, weil die vom Spielmodell geforderte *Eindeutigkeit* der *jeweils geltenden* Regeln ohne "begleitende" Verständigung gar nicht zu erreichen bzw. nicht aufrechtzuerhalten oder im Zweifelsfalle wiederherzustellen wäre. Die Reflexion auf diese Verständigungsfunktion wird vollends unausweichlich, wenn man Sprache generell als eine Art "Organisator" möglicher Praxen auffaßt - wie Wittgenstein es tut. Die Folge ist aber, daß die von ihm kritisierten "Fiktionen" der (idealisierten) Einheitssprache in normalsprachlicher Gestalt wiederkehren: "Ist es denn so erstaunlich, daß ich den gleichen Ausdruck in verschiedenen Spielen verwende? Und manchmal auch, gleichsam, zwischen den Spielen?" (PU Schr. I 498) Die "Fiktion" von spiel-unabhängigen Bedeutungen ist in der Tat unvermeidlich, wenn man auch nur begreifen will, wie konkrete Individuen - von denen im Sprachspiel-Sprachspiel allerdings kaum je die Rede ist - überhaupt auf Spiele sich einlassen, sie beenden, in neue und andere Spiele eintreten können usw. Damit wird aber der spieltheoretische Partikularismus der *Bedeutungskonstitution* selber fragwürdig. Mindestens müßte man annehmen, daß es eine Art dialektischer Beziehung gibt zwischen der semantischen Einheits-Fiktion der Bedeutung und ihrer notwendigen Besonderung im Sprachgebrauch; und erst die metakommunikative Verständigungsfunktion erlaubt den situationsspezifisch gezielten *Einsatz* von Wörtern, die reflektierte Besonderung ihrer Bedeutung innerhalb je zu spielender Spiele - so sehr im übrigen die Besonderung, das Konkrete *genetisch* am Ursprung allgemeiner Begriffe stehen mag (so wie das bildhafte Symbol am Ursprung des "Zeichens").

Nun ist Metakommunikation wohl formal betrachtet auch "nur" ein Sprachspiel - unter vielen; es verlangt, daß man aus dem jeweiligen Spiel- oder Praxiszusammenhang zeitweise heraustritt und erweist sich eben damit als ein besonderes Spiel (das des "freien" Dialogs). Zugleich aber gehorcht es seinerseits Regeln der wechselseitigen Bezugnahme von Sprechern aufeinander, die *alle möglichen* Sprachspiele übergreifen. Während Verständigung nicht an bestimmte Spiele - d.h. an spezifisch geregelte Praxen - gebunden sein kann, bringt sie alle möglichen Praxen in jene Distanz, die sie erst zu verfügbaren, regulierungsfähigen, entwerfbaren *Möglichkeiten* macht. Daß Wittgenstein diese immanent-reflexive Dimension der Sprache in seinem Konzept nicht mehr zu fassen vermag, hat die - gleichwohl auf ihm aufbauenden - Konzeptionen des Rede-Handelns i.e.S. erst provoziert. Allerdings führen sie leicht zu einem Sprach-Idealismus, gegen den Wittgensteins hartnäckiger Konkretismus, sein Insistieren auf der Unhintergehbarkeit der je schon (ein-)gespielten Spiele, durchaus als Korrektiv wirken kann. Die Verständigung über bzw. die Vereinbarung von Regeln setzt jedenfalls auf seiten aller Beteiligten ein bereits eintwickeltes Spielverständnis voraus, das sich nur in je bestimmten Spielen zu entfalten und auszudifferenzieren vermag. Die Priorität des Besonderen, an der der *Praxisbezug* der Rede generell zu haften scheint, wäre demnach materialiter, semantisch sozusagen irreduzibel. Andererseits läßt sich dieser Bezug auch nur in der Form dialogischer Rede *als solcher* praktisch folgenreich und dann auch theoretisch thematisieren. Sollte diese metakommunikative Dimension den "normalen Sprachgebrauch" also nicht ebenso sehr charakterisieren wie die schlichte Befolgung von Regeln, die ein Spiel zu "verstehen" erlauben? Wird nicht umgekehrt das "Licht", das uns "die Analogie der Sprache mit dem Spiel" aufstecken soll (ebd.), in dem Maße zum Irrlicht, wie diese Analogie uns auf ein rein immanentes Spiel-Verständnis zu vereidigen sucht?

Das sind gewiß noch keine durchschlagenden Einwände. Es gibt ja aus der Sicht Wittgensteins ziemlich starke und hier noch kaum hinreichend erwogene Gründe, die den Eigenwert verselbständigter metakommunikativer Reflexion in Frage stellen. Gegen jede nicht unmittelbar praxis-gebundene Rede richtet sich ein Sinnlosigkeitsverdacht: Sofern sie die Bindung an ein bestimmtes Spiel oder gemeinsames Projekt aufgibt, weiß man auch nicht mehr, worauf sie "hinauswill"; es fehlt an der den Aussagen entsprechenden, sie erst vereindeutigenden "Operationalisierung". Wir können uns auch über den Sinn von Regeln nur verständigen, können sie nur modifizieren oder einvernehmlich ändern, *wenn* wir bereits irgendwelche Regeln haben und gleichsam in diversen Spielen darinstehen. Andererseits hat sich gezeigt, daß sich gerade im Rahmen

des Spielmodells der Praxisbezug der Rede nicht eindeutig formulieren
läßt, sofern der Sinn der Regeln und der auf sie bezogenen sprachlichen
Bedeutungen eben stets auch an Voraussetzungen geknüpft ist, die innerhalb des Spiels gar nicht zu regeln bzw. zu thematisieren sind. Es
könnte sein, daß andere Modelle, die Wittgenstein zur exemplarischen
Illustration des Paradigmas heranzieht, darüber besseren Aufschluß
geben.

3. Instrumentelle und metaphysische Vernunft

Die sprachphilosophische Hauptaussage Wittgensteins, derzufolge "Bedeutung" eine Art der Verwendung (von Wörtern, Spielfiguren, Ge-
brauchsgegenständen etc.) ist, oder doch von der Verwendung und ihrem
jeweiligen Kontext abhängt, - diese These erstreckt sich über den gesamten Bereich der möglichen "Modelle", anhand deren sich der Begriff des
Sprachspiels näher bestimmen oder konkretisieren läßt. Man könnte
versucht sein, die These auf sich selbst anzuwenden: Hängt nicht auch
das, was man jeweils unter "Gebrauch" oder "Verwendung" versteht,
von dem Modell ab, das man vor Augen hat? Zerfällt dann die These
nicht in mehrere Hypothesen, die lediglich durch ein und dasselbe Wort
gleichsam miteinander verschränkt oder "assoziiert", ver-gesellschaftet
werden, obwohl ein einheitlicher Wort-Gebrauch gar nicht vorliegt? Was
garantiert eigentlich die *Vergleichbarkeit* (des Gebrauchs) von Spielfiguren, Wörtern und, nicht zuletzt, Werkzeugen? Von ihr hängt offenbar
der Sinn bzw. die analogische Demonstrierbarkeit der Hauptthese ab;
zugleich aber widerspricht diese These doch entschieden der Möglichkeit
einer sozusagen kontextunabhängigen Bedeutung, die erst die "Ver-
gleichsbasis" zwischen den verschiedenen Modellen herzustellen erlaubte! Hebt also die These sich selbst auf?
   Wohl nur dann, wenn man einer Logik bzw. Methodologie folgt,
deren allgemeinen Geltungsanspruch sie gerade aus den Angeln heben
will. Es kann ja sein, daß man gewisser metaphorischer Abstraktionen
bedarf, um die Illusionen zu zerstören, die der "Glaube" an kontextunab-
hängige Bedeutungen im Bereich der freischwebenden (Sprach-) Reflexion erzeugt. Wollte man solche Metaphern dann wieder wie abstrakte
Begriffe behandeln, so hätte man bereits die Pointe verfehlt. Vielleicht
ist das der Grund dafür, daß Wittgenstein ausdrücklich keine These

verfechten, sondern nur etwas zeigen will (vgl. PU 128). Würde das zu
Zeigende als These darstellen, wäre diese nur allzu bequem zu widerle-
gen, ohne daß überhaupt "etwas gesagt" oder gezeigt wäre. Und wer
sich über diesen schönen Erfolg seines angestrengten Scharfsinns freute,
wäre bloß einem billigen Mißverständnis aufgesessen. Einem Mißverständnis etwa derselben Art, wie wenn man meinte, das Spiel mit dem
Begriff Spiel ließe sich nach Regeln spielen - die doch Regeln irgend-
eines bestimmten Spiels sein müßten! Aber auch wenn die verschiedenen
Formen von "Gebrauch" nur durch "Familienähnlichkeit" miteinander
verwandt sind, müßten sich Unterschiede ausmachen lassen ebenso wie
partikuläre Gemeinsamkeiten. Und es ließe sich schwerlich leugnen, daß
wir uns dabei in einem Meta-Sprachspiel bewegen, das gewisse übergreifende Bedeutungen eben unterstellen muß, und sei es nur, um die
verschiedenen Bedeutungen desselben Worts, derselben Regel in *unterschiedlichen* Gebrauchskontexten verständlich zu machen. Ein derart
selbst-kritisches Verständnis der normalen Sprache könnte freilich nicht
bei dieser stehenbleiben, so als hätte sie es überhaupt nur noch mit ihrem
eigenen Gebrauch zu tun; vielmehr wäre der Frage nachzugehen, wie
wir den pragmatischen Kontext aller Rede herstellen - oder wie er *sich*
herstellt.

Die Logik des Sprachspiels selber drängt also dazu, über das Spiel--
Modell im engeren Sinn hinauszugehen, gleichsam die "μετάβασις εἰς
ἄλλο γένος" nachzuvollziehen, die Wittgenstein häufig dazu nutzt, um
den sozusagen elementaren Sinn des Wortes "Gebrauch" zu ermitteln.
Liegt es doch auf der Hand, daß wir den gesamten lebensweltlichen
Kontext unserer Reden und Spiele - wie Häuser, Plätze, Fahrzeuge,
Telephone etc. - herstellen, indem wir von Werkzeugen und Maschinen
Gebrauch machen. Insofern kann natürlich das instrumentelle Handeln,
die aristotelische "poíesis" als Modell für die Konstitution von Bedeutungen dienen. "Ein Wort hat nur im Satzverband Bedeutung: das ist, wie
wenn man sagen würde, ein Stab ist erst im Gebrauch ein Hebel. Erst
die Anwendung macht ihn zum Hebel." (PB 14) Der Vergleich ist nicht
so abwegig, wie seine provokante Krudität prima facie befürchten läßt.
Zwar läuft er der strukturtypischen Unterscheidung von instrumentellem
und kommunikativem Handeln zuwider. Aber schon eine genetische
Betrachtung, wie sie J. Piaget wohl am überzeugendsten durchgeführt
hat, spricht dafür, daß wir die elementaren begrifflichen Operationen
und Unterscheidungen, an die der Spracherwerb anknüpft, im (spieleri-

schen) Gebrauch von "Zeugen" aller Art buchstäblich erarbeiten. Diese
Schemata und Vorbegriffe sind nichts anderes als Kurzformeln möglicher
- und prinzipiell unbegrenzt spezifizierbarer - instrumenteller Verfügung;
vielleicht bestimmen sich sogar die Arten des Nicht-Verfügbaren nur als
bestimmte Negationen von Verfügbarkeit.

Auch Heideggers Begriff des Zuhandenen weist in diese Richtung.
Daß die "Welt" nicht als Summe von "vorhandenen" res extensae und
ihren gesetzmäßigen Beziehungen zu *verstehen*, sondern primär in einem
Gefüge aufeinander verwiesener Handhabungen *erschlossen* sei, ist die
Grundlage für den Abstoß vom traditionellen, insbesondere
cartesianisch-mechanistischen Seins-Verständnis. So nimmt es nicht
Wunder, daß Heidegger die Zeigefunktion und mit ihr das Zeichen von
der Auffassung der umweltlichen Gegebenheiten als eines zuhandenen
Zeugs ableitet. Das Zeichen im weitesten Wortsinn - der sich auch hier
im Wegweiser exemplifiziert - sei in seinem Hinweisen an den konkreten
Kontext umweltlicher "Bewandtnisse" gebunden, in denen das "Dasein"
des zoon lógon échon sich immer schon bewegt, einrichtet und orientiert. Und das Hinweisen selber ließe sich als spezialisierte Form des
Umgang mit sonst auch anders verwendbarem "Zeug" verstehen. Man
kann mit Wittgensteins Stab auf ein Bild an der Tafel zeigen oder sich
beim Wandern auf ihn stützen; gerade so, wie man ihn als Hebel und
notfalls auch als grobe Meßlatte verwenden kann. Freilich bleibt dann
immer noch die Frage, ob der "Bedeutungswandel" zwischen Hebel und
Meßlatte demjenigen vom Wanderstab zum Zeigestab *gleichzusetzen* ist.
Oder, allgemeiner gefragt: ob nicht doch ein gewisser Sprung von einer
instrumentellen zu einer symbolischen Funktion stattfindet. Im Sinne
Heideggers bleibt der "Verweisungszusammenhang", den einzelne Gegenstände etwa in der Tischlerwerkstatt bilden, stets implizit, "unauffällig", er stellt sich wie von selbst im sachkundigen Umgang her. Dagegen
tritt die Zeigehandlung ebenso wie das (dabei eventuell benutzte) Zeichen
aus diesem Kontext *explizit* heraus; es muß sich von gewöhnlichen, und
gewohnten Bewandtnissen emanzipieren und dabei "auffällig" werden,
um *auf* irgendeine *besondere* Bewandtnis hindeuten zu können. So stellt
man etwa Polizisten-Attrappen mit erhobener Hand auf, um auf die
Einführung einer neuen Verkehrsregelung nachdrücklich hinzuweisen.
(Es handelt sich gleichsam um ein Meta-Zeichen, und insofern um ein
besonders exemplarisches).

Ein Zeug wird demnach nur dadurch zum Zeichen, daß es der üblichen Verwendung *entzogen* wird; erst durch diesen negativen oder paradoxen Gebrauch, die den Zeichenträger jeder Eigenbedeutung *beraubt*, gewinnt er die Eignung, von sich weg und auf anderes hinzuweisen; erst indem er aus dem schlicht pragmatischen Verweisungszusammenhang heraustritt, kann er auf etwas innerhalb dieses Kontexts hindeuten, das dann zur - durchaus kontextspezifischen - Bedeutung des Zeichens wird. Diese "Transzendenz" des Zeichens, die sich beim Sprachzeichen gewiß noch in Richtung Kontextunabhängigkeit steigert, findet sich schon bei Heidegger nur vorsichtig skizziert; in Wittgensteins Analogie zwischen Zeichen und Werkzeug aber wird sie offenbar unbekümmert überspielt. Allerdings gibt es auch für dieses Überspielen ein Modell: und zwar kein anderes als das des Spiels i.e.S. Die Spielfiguren bei einem beliebigen Brettspiel haben ja ihre spezifische Funktion nur innerhalb des Spiels; der Verweisungszusammenhang, in die sie der regelrechte Gebrauch setzt, *organisiert* sich auch nur durch die Regeln, die den Figuren eine quasi-symbolische Bedeutung verschaffen. Und er wird durch jeden Spielzug umorganisiert, eben weil die Figuren nur noch durch ihre Stellung, d.h. durch regelvermittelte Beziehung aufeinander Bedeutung haben. So hebt sich dieser selbstregulativ symbolische Kontext als Spiel aus der instrumentellen Alltagspragmatik heraus und bestätigt damit den Wesens-Unterschied zwischen Spiel-Zeug und Werk-Zeug. Die Spielfigur gleicht viel eher dem exponierten Zeichen als dem Gebrauchsgegenstand, sofern sich ihr möglicher Gebrauch eben nur durch die Regeln bestimmt, nicht aber durch die Beziehung auf einen externen Zweck. Außerhalb des Spielfelds bzw. des laufenden Spiels "bedeuten" die Figuren nichts, "sind" nichts mehr weiter als Holz- oder Steinklötze; so wie sich die Fetische, Totems, Heiligenbilder, Reliquien etc. einer Religion auf nutzloses, allenfalls ästhetisch oder völkerkundlich wertvolles Material reduzieren, wenn sie dem ritualisierten Spiel des Kultus entnommen werden.

Diese Differenz in der Konstitution von Bedeutung, die zwischen dem Symbol und dem (Werk-) Zeug offenkundig besteht, wird eingeebnet durch die globale Annahme, es handle sich lediglich um unterschiedliche Arten des möglichen Gebrauchs - wovon auch immer. Die These ist aber nicht nur ein Beispiel für fragwürdige Über-Verallgemeinerung, sie ist auch tautologisch bzw. zirkulär. Denn wodurch bestimmen sich die *Möglichkeiten* des jeweiligen Gebrauchs? Gewiß lassen die

einzelnen Elemente, die typischen Gebrauchsgegenstände wie auch Spielfiguren und Wörter, jeweils einen gewissen Spielraum der Verwendung;
aber dieser Spielraum ist durch je spezifische Kontexte umschrieben, die
die Eignung der Elemente erst zu beurteilen erlauben, sich aber auch nur
unter Voraussetzung dieser Eignung regulär organisieren. Ersetzt man
diese Interdependenz von geregeltem Gebrauch und *möglicher* Bedeutung
bzw. Eignung durch eine schlichte *Gleichung*, so kann man freilich das
Zeichen ebenso als Werkzeug betrachten bzw. behandeln wie umgekehrt.
Diese Analogie gebiert dann aber einen Ausbund an metaphorischem
Hintersinn; sie wirkt umso verführerischer, da sowohl die gemeinsame
Abstammung, wie auch der gemeinsame alltagsweltliche Verwendungs-
Zusammenhang von Zeugen und Zeichen ihre Suggestivkraft stützt.

Der Vergleich kombiniert und verschmilzt zwei wesentliche "Objekti-
vationen" des menschlichen Weltumgangs, die ihm - etwa im Sinne von
A. Gehlens Anthropologie - regelhafte Konstanz und Orientierungssi-
cherheit verleihen. Die Funktionalität der Gebrauchs-Dinge, in der alle
Gewißheiten und wohl auch die meisten sprachlichen Bedeutungen ver-
wurzelt sind, wird zum heimlichen Paradigma möglicher Sprachverwen-
dung; das Modell des Werkzeugs usurpiert diesen Rang umso leichter,
als die jeweilige Eigenart des Hammers oder der Säge, die doch gewisse
Gebrauchsregeln unmittelbar aufnötigt, keineswegs jene Freiheit der
"Intention" beeinträchtigt, ohne die nach Wittgenstein die "ganze Funktion" - der Sprache! - zusammenbräche (vgl. PB 20). Der gleitende
Übergang vom Werkzeug zum Wort statuiert ein Organon-Modell der
Sprache, das die Wort-Bedeutung scheinbar ganz ins Belieben des Benutzers stellt; im selben Modell hängen jedoch die Möglichkeiten des Gebrauchs ebenso sehr von der jeweiligen Situation ab wie das Verständnis
entsprechender Gebrauchsregeln von dem Weltbild, das in seiner Gesamtheit wiederum das Werk der Sprache bzw. des Sprachgebrauchs ist.
So wächst das Werk mit dem Werkzeug hinter dem Rücken des Schaffenden zu einer Welt zusammen, deren Bild von ihm selbst und seiner
Tätigkeit ganz unabhängig scheint und ihm nur noch die Illusion der
Freiheit läßt. Instrumentelle Vernunft substituiert sich der metaphysischen so mühelos wie umgekehrt; verkörpert sie doch jene elementare
Instrumentalität im menschlichen Weltumgang, die der Absolutismus des
sprachlichen Weltbilds voraussetzt, *um* sie zu verleugnen. Den Übergang
von dem einen in den anderen Zustand zeichnet aber die Entwicklung
der instrumentellen Vernunft selber vor.

Ursprünglich verkörpert das Werkzeug zweifellos etwas von jener Freiheit, die es später sabotiert; seine Anwendung legt den Benutzer umso weniger auf etablierte Bewandtnisse fest, je weniger das Werkzeug noch spezialisiert ist. Das Messer, der Hammer, die Axt mögen normalerweise zum Schneiden, Hämmern, Spalten dienen, sie können jedoch ebensogut als Waffe eingesetzt werden. Damit wechselt der Bezugsrahmen in ähnlicher Weise, wie wenn man normalsprachliche Ausdrücke als Schimpfwörter benutzt. Mindestens im Falle des Werkzeugs wird aber der beabsichtigte bzw. bevorzugte Gebrauch Rückwirkungen auf dessen Getstalt - und damit seine Eignung - ausüben. Aus dem Messer wird ein Dolch oder Schwert, aus dem Hammer eine Schleuder oder ein ballistisches Gerät usw. Die Reflexion über den *möglichen* Gebrauch modifiziert und differenziert ebenso die Zwecke wie die Bewandtnisse der Mittel, die ihnen dienen sollen. Aber Werkzeuge spezialisieren sich nicht nur, sondern sie verweisen auch wechselseitig aufeinander. Sie kombinieren die Praktiken, in denen sie hergestellt und verwendet werden. Schließlich *integrieren* sie sich zu Systemen, die als beinahe selbsttätige Maschine imponieren. Der Hebel hat dann nur noch Bedeutung aufgrund seiner Stellung im "Schaltwerk"; seine Position zeigt eine von mehreren möglichen Funktionsweisen der Maschinerie an (PB 15). Das heißt aber: sein Gebrauch ist nicht mehr ins Belieben des Benutzers gestellt, sondern durch die Zuordnung, die das System vorgibt, ein für allemal definiert. Sobald der Schalt-Hebel vom Stellwerk gelöst wird, wird er "funktionslos"; anders verstanden aber wird er der ursprünglichen Freiheit des Gebrauchs zurückgegeben. Die Analogie zum Verhältnis zwischen der spielinternen symbolischen "Bindung" der Bedeutung und der beliebigen Verwendbarkeit etwa eines Holzstücks in verschiedenen Spielen bzw. zu allerlei Zwecken drängt sich unmittelbar auf.

Das instrumentelle Paradigma illustriert so die beiden extremen Varianten des Spiel-Paradigmas ebenso wie ihr genealogisches Verhältnis. Ob nun die Differenzierung und Integration sprachlicher Zeichen (und Bedeutungen) ähnliche oder, wegen der Komplexität zwischenmenschlicher Umgangsformen, weitaus verschlungenere Wege geht: In jedem Fall führt das eine Extrem, das des "freien", d.h. situationsspezifisch kombinierenden, potentiell neue Regeln schaffenden Gebrauchs auf das andere hin. Schon im Spiel können Regeln nicht beliebig geändert werden, sie bedingen einander in ihrer Praktikabilität und stiften in ihrem Zusammenhang die eigentümliche "Logik" des Spiels, die die Spieler gleichsam auf die gemeinsame Spiel-Welt verpflichtet und in ihr gefangen hält. Vollends sind die Operationen der Mathematik und formalen Logik darauf angelegt - und sinngemäß davon abhängig -, sich zu Systemen zu gruppieren, die jeden möglichen Gebrauch determinieren. Erst der regelrecht durchorganisierte, system-interne Kontext, der von situativen Umständen des Gebrauchs zu abstrahieren erlaubt, verleiht den einzelnen Elementen (Zahlen, logischen Symbolen) jenen funktionalen Charakter, der die Anwendung der Systeme zur methodisch reglementierten, sozusagen halbautomatischen Lösung (oder auch Erzeugung) *beliebiger* Probleme erlaubt. So entsteht der idealsprachliche Schein, der die Methodologie der "normalen Wissenschaft" beherrscht; er beruht auf der Transformation vieldeutiger und kontingenter lebensweltlicher Zusammenhänge in vermeintlich eindeutige, wenn auch interpretierbare symbolische Relationen. Diese Darstellung soll das Dargestellte verfügbar machen, während sie es doch dem Kontext seines Entstehens und Begegnens entreißt.

Es gehört zur Ambivalenz der Sprachspielkonzeption, daß sie diese verselbständigten formalen Systeme als explikative Formen der Verständigung ebensowohl hinnimmt, wie sie sie auf ein umfassenderes, offenbar nicht explikables "System" zurückbezieht. "Alle Prüfung, alles Bekräften und Entkräften einer Annahme geschieht schon innerhalb eines Systems. Und zwar ist dieses System nicht ein mehr oder weniger willkürlicher und zweifelhafter Anfangspunkt aller unserer Argumente, sondern es gehört zum Wesen dessen, was wir ein Argument nennen. Das System ist nicht so sehr ein Ausgangspunkt, als das Lebenselement der Argumente." (ÜG 105) Bezeichnenderweise erfährt man hier nichts Näheres darüber, von *welchem* System eigentlich die Rede ist. Sofern ein System nur ein Spiel unter vielen darstellt, ist das Lebenselement, das es den Argumenten bieten soll, kaum sonderlich tragfähig. Man muß schon "vergessen", daß sein Ausgangspunkt in einer mehr oder minder willkürlichen Entscheidung für bestimmte Regeln - einer Art Axiomatik - besteht, um sich beim rein systemimmanenten Verfahren unangefochten zu fühlen. Die logisch-mathematische, oder auch die traditionell an sie angelehnte einheitswissenschaftliche Vernunft bietet daher allenfalls eine Rückzugsposition, die die sprachkritische Reflexion vor ihrer eigenen Destruktivkraft kaum zu retten vermag.

Diese ihrerseits mobilisiert das Mißtrauen gegen die instrumentelle Vernunft, die ihre Systeme für unfehlbar hält, weil sie sie selber konstruiert hat. Gerade die Maschine, Urbild tod-sicheren "Funktionierens", weckt bei Wittgenstein eine nur scheinbar überzogene Skepsis gegen dessen Verläßlichkeit (vgl. PU 193/194). Darin mag sich die Ahnung aussprechen, daß das Werkzeug dem Benutzer umso mehr "über den Kopf wächst", je perfekter - und je komplizierter es eben damit wird. Zugleich ist die Maschine auch Metapher für eine Organisation von Bedeutungen, die sich gegen den Gebrauch verselbständigt - und ihm eben damit ihre Regeln *diktiert*. Die sich selbst totalisierende *Ungewiß-heit*, die diese Konditionierung mit sich bringt, veranlaßt zuletzt den Rekurs auf die normale Sprache und ihren alltäglichen, durch "Gewohnheit" stabilisierten Gebrauch; aber dieselbe Ungewißheit *reproduziert* sich nur auf höherer Stufe, wenn die Sprache wiederum als ein Regelsystem der gleichen Art metaphorisch verstanden wird. Vergleicht man sie mit einem "... Stellwerk, das mit einer bestimmten *Absicht* gehandhabt wird oder zu einem bestimmten Zweck gebaut ist", So wird jede Änderung der Konstruktion zu heilloser Sprachverwirrung führen. Sie wird wirken, wie wenn man mit der Bremse Gas gibt oder im vierten Gang rückwärts fährt (vgl. PB 31).

Die Suche nach einem festen Boden *diesseits* aller eigengesetzlichen Sonderwelten, die uns die Entwicklung von Wissenschaft und Technik beschert hat, ist in Wittgensteins relativistischem Paradigma von vornherein zur Aporetik verurteilt. Zwar steht die Annahme eines solchen Fundaments vermutlich hinter dem methodischen Leitsatz, "die Philosophie" dürfe "... den tatsächlichen Gebrauch der Sprache in keiner Weise antasten" - "denn sie kann ihn nicht begründen." (PU 124) Gerade der tatsächliche Sprachgebrauch, der so an die Stelle der früheren "Tatsachen" tritt, weist aber eine unübersehbare Vielfalt auf; er ist charakterisiert durch jenen Mangel an Übersichtlichkeit, der nach idealsprachlicher Regelung geradezu lechzt, wo immer es auf Eindeutigkeit der Bezeichnung und sichere Berechnung ankommt. "Die fundamentale Tatsache ist hier: daß wir Regeln, eine Technik, für ein Spiel festlegen, und daß es dann, wenn wir den Regeln folgen, nicht so geht, wie wir angenommen hatten. Daß wir uns also gleichsam in unseren eigenen Regeln verfangen." (PU 125) Warum aber geht es nicht so? Wohl darum, weil sich die Anwendung der jeweiligen Technik gar nicht auf den spiel-internen Kontext begrenzen läßt; weil das Spielfeld unabhängige - sozusagen dynamische - Qualitäten und Kausalitäten aufweist, die sich nicht nach Belieben in geschlossene Zeichen-Systeme übersetzen lassen, wie die neueste informationstechnische Ideologie wieder glauben machen will. Das menschliche Handeln, das von solchen Systemen Gebrauch macht, kann diese system-externen Kontexte - die des Lebens - eben nicht allein erzeugen, sich aber bei keinem möglichen Gebrauch von ihnen abkoppeln.

Genau dieser Zusammenhang wird aber von vornherein ausgeblendet von einem Paradigma der Spiele, das zwar "die" Sprache unter ihrem Gebrauchsaspekt thematisiert, um den Illusionen geschlossener Systeme zu entgehen, den Gebrauch selbst aber derart auf instrumentelle Sprach--Verwendung einschränkt, daß deren sprachexterne Bedingungen nur noch als irrationale Vor-Gegebenheiten erscheinen können. Alle extra-verbalen Handlungs-Bezüge kommen dann entweder nur als - mehr oder minder passende - Metaphern für den Sprachgebrauch in Betracht, oder aber als systemfremde, kaum assimilierbare Elemente, die für die permanente Unsicherheit im Spielen des großen Sprach-Spiels verantwortlich sind. Die falsche Integration der instrumentellen und der sozialen Vernunft via Sprache läuft auf eine metaphysische Hypostasierung derselben hinaus. Diese Metaphysik gibt sich zwar nicht mehr, wie noch im "Tractatus", als solche zu erkennen, weil Sprache nicht mehr als *einheitliche* Welt-Abbildung verstanden wird; dafür aber erheischt die verwirrende Vielfalt möglicher Sprachspiele umso nachdrücklicher den sie transzendierenden Horizont eines Welt-Bildes, das unser sprachliches Weltverhältnis im Ganzen bestimmt und doch seinerseits nur durch das Zusammen-Spiel sämtlicher Sprachspiele - somit durch "die Sprache selbst" - sich stabilisieren kann.

Offenbar verbindet diese Sprachauffassung gegensätzliche Thesen zu einem Zirkel, der nur deshalb undurchschaut bleibt, weil die Thesen kaum je als solche und schon gar nicht im Zusammenhang formuliert werden. Sobald man sie miteinander konfrontierte, würden sie aber ihr fundamentum in re preisgeben: eine Wechselbeziehung zwischen der Selbstgestaltung der Sprache und der praktischen Gestaltung der Lebenswelt, die wohl nur als dialektische zu begreifen wäre. So sehr sich diese Dialektik auf die praktische Auseinandersetzung mit äußerer und innerer Natur gründet, so wenig kann sie externen, sie transzendierenden Regeln oder Gesetzen unterliegen; insofern ist die Ausdehnung des Sprachspiel-Begriffs zu dem der - erst recht unhintergehbaren - Lebensform ganz einleuchtend, ja sie könnte gegenüber mechanistischem oder teleologischem Geschichtsdenken eine Art kritischen Kontrapunkt bilden. Allerdings ist die Selbstgestaltung der Lebensform durch Sprache *und* Arbeit eben auch nicht auf die Eigengesetzlichkeit *einer* der beiden Seiten zu reduzieren oder durch deren metaphorische Kontamination adäquat zu beschreiben. Eine Beschreibung genau dieses Schlages aber steckt in jenem Vergleich, der Sprachgebrauch und Werkzeuggebrauch kurzschließt. Die autonom sich selbst totalisierende Metaphorik macht aus dem sprachlichen Weltbild "eine Art Mythologie" (ÜG 95). Ein solches Weltbild "...habe ich nicht, weil ich mich von seiner Richtigkeit überzeugt habe; auch nicht, weil ich von seiner Richtigkeit überzeugt bin. Sondern es ist der überkommene Hintergrund, auf welchem ich zwischen wahr und falsch unterscheide." (ÜG 94) Zwar können die Gewißheiten, die ein solches Weltbild tragen, in Form von Sätzen ausgesprochen werden - wie Glaubens-Wahrheiten in Gestalt von Dogmen; aber solche Sätze stehen dann jenseits der Wahrheits-Differenz. Ob aus Überzeugung oder nicht - man läßt sich von ihnen leiten. Ihre Rolle ist daher "...ähnlich der von Spielregeln, und das Spiel kann man auch rein praktisch, ohne ausgesprochene Regeln, lernen." (ÜG 95)

Das mag für Religionen immerhin gelten. Ihren "Geist" erfaßt man eher durch die Teilnahme an den Ritualen als durchs Nachbeten der Dogmen. Aber die mythologische Gleichschaltung *dieses* Geistes mit dem von Sprache und Weltbild überhaupt macht die Sonderwelt *eines* bestimmten Sprachspiels zum Inbegriff von Welt und dessen Regeln zu den unhinterfragbaren Sätzen, denen jedes Denken und Reden blind zu folgen hätte. Solche Totalisierung eines antiaufklärerischen Mythos führt sich allerdings selbst ad absurdum. Denn der erwähnte Kurzschluß zwischen Sprache und Praxis, der ihr zugrundeliegt, reduziert nicht nur jegliche Praxis auf ihre "sprachlichen Determinanten", die wir sakrosankten geistes-geschichtlichen Traditionen verdankten; er funktioniert auch umgekehrt, dergestalt, daß er jegliche Rede und alles Denken den Kriterien schierer Praktikabilität unterwirft. Die Eigendynamik einer instrumentellen Vernunft, die sich immer neu in ihren Werkzeugen objektiviert, unterminiert dann hinterrücks den normalen Sprachgebrauch und verwandelt unabsehbar auch die Tradition, die ihm ihren legitimatorischen Anstrich verleihen. Solche Veränderung läßt sich im Rahmen des Sprachspiel-Sprachspiels auch nur mythologisch begreifen: "Die Mythologie kann wieder in Fluß geraten, das Flußbett der Gedanken sich verschieben. Aber ich unterscheide zwischen der Bewegung des Wassers

im Flußbett und der Verschiebung dieses; obwohl es eine scharfe Trennung beider nicht gibt." (ÜG 97)

Die unbestreitbare Schönheit des heraklitischen Gleichnisses kann
nicht darüber hinwegtäuschen, daß es den geschichtlichen Prozeß natura-
lisiert, in dem sich Weltbilder praktisch objektivieren und rückwirkend
verändern. Die Arbeit des geistigen Wassers an seinem historischen
Flußbett ist nicht mehr zu unterscheiden von der höchst prosaischen, die
den Fluß schließlich reguliert und der Energieerzeugung dienstbar
macht. Daher ergreift das Weltbild des Ingenieurs, der sich auf die
zeitweiligen Erfolge seiner partikularen technischen Maßnahmen borniert
und die "Nebenfolgen" der allmächtigen Zeit anheimstellt, Besitz vom
Geist einer Sprache, die sich längst abgewöhnt hat, über Sinn und Wert
solcher Maßnahmen "nach allgemeinen Gesichtspunkten zu räsonnieren".
Daß sich der Geist des Philosophen in solcher freiwilligen Selbstbeschränkung nicht sonderlich wohl fühlt, mag ihn ehren; aber der bloße
Ausdruck des Unbehagens hat kaum nennenswerten therapeutischen
Wert, wenn dessen theorieferne Rationalisierung es apodiktisch von sich
weist, ihm "auf den Grund zu gehen". Der Versuch, die regulierende
Vernunft zu deregulieren, wird geradezu kontraproduktiv, wo es in
Wahrheit um ein besseres Verständnis ihrer Regulierungs-Fähigkeit
ginge. Es wäre gewiß ebenso sinnlos wie gefährlich, die unabsehbaren
Verschiebungen im Fluß der sprachlichen Lebensformen perfekt pro-
grammieren zu wollen; man riskierte nur umso verheerendere "Damm-
brüche". Gleichwohl organisieren sich solche Lebensformen eben nicht
ohne konstruktive Phantasie und erst recht nicht ohne die begleitende
Reflexion auf den "Wirkungszusammenhang" der einzelnen Sprachspiele,
Institutionen usf. Die Hypostasierung des historischen Werdens blockiert
diese "Anstrengung des Begriffs", die umso dringlicher wird, je mehr
sich geschichtliche Entwicklungen krisenhaft zuspitzen; sie überläßt die
je aktuellen geschichtlichen Aufgaben des Denkens, die ein "Weltbild"
erzeugt hat, fatalistisch dessen schleichender Selbstauflösung. Die Reflexion auf Sprache, die deren gedanklicher Durchdringung dienen müßte,
verfängt sich in den Vexierspielen der selbsterzeugten Mythologie und
bleibt in deren Metaphorik so hilflos gefangen wie die beinahe schon
sprichwörtliche "Fliege im Fliegenglas".

4. Lebensform, Interaktion und Institution

Selbst wenn die bislang versuchte Kritik einige Schwachstellen in Wittgensteins Konzeption getroffen und einige fragwürdige Konsequenzen aufgedeckt haben sollte, so heißt das natürlich noch lange nicht, daß der Reichtum dieses Denkens damit schon erschöpft oder seine wegweisende Bedeutung hinlänglich erfaßt wäre. Wir haben den Sprung vom einzelnen Sprachspiel zur Lebensform und zum korrespondierenden Weltbild nur pauschal nachzuvollziehen versucht, so wie ihn Wittgenstein vormacht; und das ist gewiß noch keine ausreichende Rechtfertigung des exegetischen Verfahrens. Es konnte allenfalls zeigen, daß der Sprung wohl doch ein wenig zu groß ist, daß er ohne einige Zwischenschritte kaum ans Ziel führt. Und es ist keinesfalls auszuschließen, daß diese Zwischenschritte in der reichhaltigen Metaphorik des Sprachspiel-Sprachspiels zumindest angelegt sind. Vor allem ist es der Begriff der Regel, von dessen beträchtlicher, aber auch höchst signifikanter Bedeutungsvielfalt diese Metaphorik zehrt. Tatsächlich bilden alle Verwendungsweisen dieses Begriffs eine "Familie", die nicht nur durch irgendwelche Ähnlichkeiten, gemeinsame Merkmale, sondern auch durch eine Fülle von komplexen Beziehungen zusammengehalten wird; so liegt die Vermutung von vornherein nahe, daß eine etwas genauere Untersuchung dieser Beziehungen nicht nur über die interne Logik von Sprachspielen genaueren Aufschluß geben könnte, sondern auch Hinweise darauf, wie sich Sprachspiele zu Lebensformen ausweiten oder inwiefern sie deren Sinn-Zentrum bilden.

Es ist kein Zufall, daß der Begriff der Regel einen breiten Hof von Konnotationen mit sich führt, die den Bedeutungskern umgeben gleichsam wie die Corona die Sonne. Während sich dieser Kern ziemlich klar abgrenzen läßt, franst jener Hof an den Rändern aus, ja er durchzieht wie das Sonnenlicht den ganzen menschlichen Lebensraum. Die meisten Regeln, die wir im Alltag wie selbstverständlich beobachten, bleiben in ihrem *Geltungsanspruch* weit hinter demjenigen zurück, den die Spielregel beim Regelspiel erhebt. Wir befolgen technische Regeln, soweit sie uns zweckmäßig erscheinen; wir beachten Verfahrensregeln in der Abwicklung von Geschäften aller Art, um Komplikationen zu vermeiden. Wir kennen Lebens- oder "Klugheitsregeln" (Kant), die sich in der Erfahrung des zwischenmenschlichen Umgangs häufig, aber nicht immer bewähren. Die Anwendung solcher Regeln bedarf stets der differenzie-

renden Bewertung von Situationen, die ihrerseits im Lichte einer ganzen
Reihe von mehr oder minder verbindlichen Standards interpretiert werden können. Schließlich ist nicht zu unterschätzen, in welchem Maße die
verschiedensten pragmatischen Regeln und Regelungen an schlichte
"empirische Regelmäßigkeiten" gekoppelt sind, - wie etwa Schlafen und
Wachen an den Tag-und-Nacht-Rhythmus (oder an den Schichtwechsel!),
oder der Ablauf von Arbeitsvollzügen an den Maschinentakt bzw. die
Arbeitsorganisation - Standards, die dann ihrerseits normativ wirken und
womöglich durch Sanktionen oder Prämien zusätzliches Gewicht erhalten.

So erscheint die sogenannte Lebenswelt als ein einziges großes Netz
von miteinander verflochtenen, einander überkreuzenden Regeln, Regelungen und Regelmäßigkeiten. Dabei ist im Einzelnen oft kaum noch zu
sagen, wie weit der Geltungsbereich der als verbindlich verstandenen
Normen reicht; ebenso schwer ist zu entscheiden, ob mehr pragmatische
Ordnungselemente das Verhalten nun von außen her zwanghaft normie-
ren oder aber eine unentbehrliche Orientierungsgrundlage bieten. Betrachtet man regelhaftes und geregeltes Geschehen unter dem sozusagen
"wertfreien" Gesichtspunkt der faktisch vorkommenden, halbwegs ver-
läßlichen empirischen Regelmäßigkeit, so liefert es all diejenigen "Gewißheiten", die "man" in der Pragmatik des Alltagslebens nicht sinnvoll
in Frage stellt, auf die "man" sich insgesamt verläßt und verlassen muß;
sie strukturieren gleichsam das Spielfeld, auf dem wir uns mehr oder
weniger "frei" bewegen. Daher könnte man sie als das Fundament einer
Lebensform auffassen, auf das die eigentlichen Spielregeln halbwegs
eindeutig *bezogen* sein müssen, damit überhaupt verständlich ist, was sie
verlangen und vor allem: unter welchen Umständen. Die Wegweiser und
Verkehrszeichen haben eben nur Bedeutung mit Bezug auf ein vorhande-
nes System von Verkehrswegen - und von Zielen (Wohnungen, Arbeits-
stätten, Versammlungsorte etc.), die auf diesen Wegen erreichbar sind.
Sofern dieses System die Möglichkeiten, Chancen und Risiken, die
zulässigen bzw. geeigneten Mittel und erreichbaren Ziele des Handelns
(die "sinnvollen" Spielzüge) übergreifend festlegt, kann man wohl sagen,
daß es den Sinn der in ihm geltenden Regeln durch die umfassende
Konditionierung des Handelns *und* des Bewußtseins reproduziert.

Versteht man die Gleichung von Sprachspiel und Lebensform vor
dem Hintergrund dieser Systemstruktur der Lebenswelt, so bleibt noch
die Rolle zu klären, die der Sprache in diesem Rahmen zufällt. Im

Sprachspiel sind Regelbestimmtheit des Handelns und (sprachliche) Regelauslegung zu einer spielfeldbezogenen Einheit verflochten; die einzelnen Sprechakte gewinnen ihre Funktion in der Kontinuität einer Praxis, deren Regeln jedem Akteur einen gewissen Auslegungsspielraum lassen, ihn aber doch auf die Bedeutungen festlegen, die durch die Struktur des Spielfelds und die Funktionen der mobilen Spielmarken (des lebensweltlichen "Inventars") vorgegeben sind. Die sprachlichen Zeichen mögen z.T. die fixen und mobilen Elemente des Spielfelds unter Gesichtspunkten ihrer (zeughaften) Verwendbarkeit *repräsentieren*; aber diese Elemente der Sprache machen eben deren Wesen so wenig aus wie die Spielfiguren das Spiel. Erst als eine Organisation von möglichen regelhaften Verbindungen der Elemente - als Grammatik - gewinnt Sprache die Eignung, aktuelle oder fernere Handlungs*möglichkeiten* "ins Spiel zu bringen"; sie transzendiert zugleich die je schon geregelte Handlungswirklichkeit, indem sie eigenes und fremdes Handeln in Gestalt von aufeinander bezogenen Intentionalitäten zu antizipieren erlaubt. Durch Artikulation von Erwartungen, Ankündigungen von eigenen Absichten, Erinnerung an Gegebenheiten oder Abmachungen, Hinweis auf Risiken oder Chancen, Androhung von Gegenmaßnahmen usw. usf. interagieren die Akteure auf der Ebene von *Intentionen*, noch bevor oder auch während sie diese Intentionen praktisch manifestieren.

Diese antizipative Dimension von Interaktion, die das Offenhalten einer gemeinsamen Zukunft sowohl wie das Freihalten individueller *Handlungsspielräume* ermöglicht, wird in der Sprachkonzeption der Lebensform ebenso wenig akzentuiert wie die *direkte* sprachliche Beziehung der Handelnden zueinander. Sie erscheint allenfalls als ein Moment der Unberechenbarkeit im Rahmen der *Präformation* durch sachbezügliche, quasi technische Regel- und Spielfeld-*Strukturen*, denen das "durchschnittliche" Alltagshandeln unterliegt. Darum fällt auch die ethische Reflexion weitgehend aus: Sie müßte "autonom" handelnde Individuen unterstellen. Diese müßten aber in ihren Interaktionen ein wenig mehr (an wechselseitiger "Anerkennung") realisieren als den bloßen Konsens in der Befolgung von Regeln, über deren "Satzung" scheinbar niemand Auskunft zu geben vermag, geschweige denn, daß man über sie verfügte. Unbestreitbar spiegelt freilich die "Normalität" des Spielverständnisses, von der Wittgenstein auszugehen pflegt, die *Oberfläche* moderner Lebenswelten wider, in denen die routinierte Abwicklung mehr oder weniger programmierter Interaktionen das Bild und teilweise auch das

Selbstverständnis durchschnittlicher Akteure prägt. Die faktische Geltung, das Funktionieren der Spielregeln beruht dabei vor allem auf ihrer unbefragten Verwurzelung in all jenen Regelungen und empirischen Regelmäßigkeiten, die die Normalität des Spielfelds, der alltäglichen Lebens-*Welt* garantieren. Diese Normalität aufrechtzuerhalten, die Spielfelder und die nötigen Handlungsressourcen (von Stoffen und Werkzeugen über Techniken bis zu "Informationen" und zum Regel-Wissen selber) zu reproduzieren, ist die Hauptaufgabe der meisten gesellschaftlichen Praxen; sie erfüllt auch den größten Teil der gesellschaftlich normierten Zeit. Diese ebenso globale wie selbstverständliche Zielsetzung bleibt jedoch innerhalb der einzelnen Praxisfelder im Normalfall, im "Routinebetrieb" fraglos im Hintergrund, weil sie sich in deren konkreten Zwecken und den auf sie zugeschnittenen Verfahren immer schon inkorporiert hat. Die interne Logik des Spiels beruht geradezu darauf, daß jene Voraussetzungen, die sowohl als Ressourcen wie als Zweck- bzw. Sinn-Vorgaben in die Spielpraxis regelmäßig eingehen, von den *im* Spiel geltenden Regeln bedeutungsmäßig transformiert werden in Spiel-Material, Spielfeldorganisation und interne Rollen-Verteilung.

So konstituieren sich jene sozialen Subsysteme, die nach der Modellvorstellung der Systemtheorie einer mehr oder weniger perfekten Selbstregulation unterliegen; diese sorgt dafür, daß jene fiktionalen Grenzen aufrechterhalten werden, die das jeweilige Spielfeld gegen den externen Kontext abschotten. Die entsprechende Praxis immunisiert sich gegen Bedeutungen und Relevanzen, die ihr input oder output oder auch die eingespielten Verfahrensweisen *außerhalb* des Subsystems haben oder erhalten könnten. Dazu dienen nicht zuletzt Sprachregelungen, die die Thematisierung externer Zusammenhänge verhindern oder sie systemkonform codieren. Der Vergleich von geregelter sozialer Praxis und Sprach-Spiel, der sich so auf frappante Weise bestätigt, beruht dabei nicht mehr nur auf dem tertium comparationis der Regel-Geltung, sondern auch auf der dafür funktional notwendigen Bereichs-Abgrenzung der einzelnen Systeme. Aber wenn man diese Parallelen einräumt, springt nur umso schärfer ins Auge, wo der Vergleich hinkt. Denn je exklusiver sich soziale Systeme in Organisation und Selbstinterpretation gegen ihre "Umwelt" abdichten, je mehr sie sich also dem Spiel nähern, desto dringlicher stellt sich natürlich die Frage nach der "Funktionalität" solcher Systeme - und zwar auch für sie selber; die spielkonstitutive Ausblendung von externen Relevanz- oder Funktionszusammenhängen durch die partikularen Systeme wird potentiell zum Grundproblem des Gesamtsystems. Dieses Problem läßt sich von den internen Problemen der Einzelsysteme umso weniger abkoppeln, als sie eben nur unter der Bedingung des gesicherten Zusammenspiels ihre gemeinsame Leistung erbringen können: die Reproduktion einer Lebenswelt und der zugehörigen Lebensform.

Die Abhängigkeit von einer Umwelt, die über die Funktionalität und die Funktionsbedingungen des einzelnen Systems entscheidet, kann freilich innerhalb des Systems nur mehr oder weniger verdrängt werden. Sie bildet dann sozusagen das Unbewußte, das in spielinternen Disfunktionalitäten, in mangelnder Regel-Befolgung oder unklarem Regel-Verständnis, oder in Störungen des input-output-Kreislaufs nur noch zum Vorschein kommt. Da aber das Spiel-Paradigma seinerseits nur funktioniert unter der Bedingung, daß jeweils schon Regeln und geregelte Verhältnisse gegeben sind, läßt sich in diesem Rahmen nicht mehr sinnvoll fragen, wie sich solche Verhältnisse herstellen bzw. die einzelnen Spiele sich koordinieren. So immunisiert sich das Paradigma gegen den Verdacht, den seine Anwendung auf alle möglichen sozialen Handlungs- und Interaktionsformen provoziert: daß es nämlich den Schein seiner Universalität nur durch die Beschränkung auf einfache Beispiele und durch die Dehnbarkeit seiner Grundbegriffe "erschleicht". Eine geistige Bewegungsform, die zunächst durch intellektuelle Redlichkeit in der Differenzierung von Verschiedenem imponiert, erzeugt Mysterien der Unbegreiflichkeit durch die Zerstückelung von oft recht trivialen Zusammenhängen; wo die analytische Isolierung des jeweils Beschriebenen durch die Schärfe der optischen Naheinstellung besticht, regt der paradigmatische Sinn der Beschreibungen dazu an, die exempla aufeinander zu projizieren und führt zur geheimnisvollen Verschwommenheit einer vieldeutigen Physiognomie.

So bleibt auch der Begriff des *Kontexts prinzipiell* dubios; ja er ist von vornherein zweideutig, sofern er stets zugleich als Handlungs- *und* Redekontext aufgefaßt wird. Dabei liegt auf der Hand, daß beide Seiten *ihren* jeweiligen Kontext - den von anderen (bzw. fremden) Handlungen bzw. Reden - nach ganz unterschiedlichen Regeln generieren bzw. interpretieren; nur wenn man diese für jedes Sprachspiel konstitutive Differenz anerkennt, kann man überhaupt sinnvoll nach der - für orientiertes Handeln wie für handlungsrelevante Verständigung gleich notwendigen - *Wechselbeziehung* beider Seiten *fragen*. Aber schon der Vergleich

zwischen Spiel und Sprache *als solcher* sabotiert jenen Praxisbezug der
Rede, den die Spielmetapher so gekonnt suggeriert. Er läuft auf schlichte
An-Gleichung hinaus; Sprache wird als eine *Art* von Praxis aufgefaßt,
die mit anderen Praxis-Formen auf eine so unbestimmbare Weise inter-
feriert wie diese untereinander. Offenkundig aber ist sprachliche Kommunikation gerade dasjenige "Organ", das solche Überlagerungen und
Überlappungen von Praxisfeldern bewußtzumachen, den dabei stattfin-
denden Bedeutungswandel von Spielelementen zu reflektieren, geltende
Regeln zu relativieren und Spielfelder miteinander zu verknüpfen erlaubt.

Das heißt aber, daß von Sprache solange gar nicht ernsthaft die Rede
ist, solange ihre Funktion nur anhand partikulärer, vorweg geregelter
Praxisbezüge thematisiert wird; die mögliche Identität situationsüber-
greifender "Bedeutungen" wird damit unwiderruflich preisgegeben,
obwohl das philosophische Sprachspiel sie offenkundig voraussetzt. Die
theoretische Besinnung gerät so nicht nur auf metatheoretischer Ebene in
Widerspruch zu sich selbst; sie kann Sprache auch nicht als übergreifen-
des "Vermögen" zur *interpretativen* Durchdringung beliebig erweiter-
barer Handlungs-Kontexte und zur Virtualisierung regelgebundener
Handlungs-Pläne begreifen. Daß es für solches Interpretieren keinerlei
Gründe jenseits der jeweiligen Spiele mehr geben könne - es sei denn
undurchdringliche "Hintergründe" -, diese Behauptung entpuppt sich als
Resultat einer vorgefaßt reduktiven Ansicht von der Sprache; plausibel
ist sie schon darum nicht, weil ja mindestens die Handelnden selber
bestimmte Zwecke kontinuierlich verfolgen, ihre Pläne dabei immer von
neuem bewerten (und koordinieren) müssen, - Pläne, die über die einzelnen Praxis- bzw. Spielfelder hinwegreichen. Schon um dieser Kontinuität
ihres Handelns willen müssen Teilnehmer verschiedenster Spiele eine
Identität, ein Selbstverständnis aufrechterhalten, das ihnen erlaubt, zu
jedem denkbaren Spiel die Haltung reflexiver Distanzierung einzunehmen. Deshalb ist es für die "Normalität" des Handelnden selber - und
damit auch für jenen common sense, auf den die Philosophie der normalen Sprache sich unentwegt beruft - unerläßlich, daß Kontextbezüge
metakommunikativ reflektiert werden können. Nur eine Form der Selbst-
verständigung, die sich jederzeit zum Dialog bzw. Diskurs erweitern
läßt, ermöglicht ihm überhaupt, verschiedene Handlungs-Alternativen
gegeneinander abzuwägen, ja den Eintritt in dieses oder jenes

Handlungs-Feld oder auch das Verlassen desselben zu überlegen bzw. es für Mitspieler oder sonstige Betroffene verständlich zu machen.

So eröffnet Sprache allererst den Spielraum des Handelns, sie ist konstitutiv für die Möglichkeit selbstbewußter *Entscheidung*. Dieses Verhältnis beider Seiten involviert zudem, daß das Subjekt die Kontext-Bedingungen eben nicht nur als je gegebene - und implizit normative - Konditionen vorfindet, sondern auch deren mögliche *Veränderung* ins Auge faßt. Ein entsprechender Diskurs kann Funktionalität nicht mehr auf die Praktikabilität von Regeln *innerhalb* einzelner (Spiel-) Praxen beschränken, sondern muß deren alltagsweltliche, oder besser: gesellschaftliche Koexistenz und Interferenz, d.h. ihre Kompatibilität untereinander in Rechnung stellen. Dabei liefert die Besinnung auf die Handelnden selber wiederum die entscheidenden Gesichtspunkte der Beurteilung, an denen sich der Sinn bzw. die Legitimität aller möglichen Regeln bemißt. Einerseits müssen sie dem halbwegs geordneten Miteinander *aller* kooperierenden bzw. zur Kooperation befähigten Akteure dienen; die willkürliche Ausgrenzung von *möglichen* Teilnehmern, wie sie für die Spielpraxis i.e.S. konstitutiv ist, verbietet sich also von vornherein, sobald die für das Spiel typische Begrenzung von Feld bzw. Kontext aufgehoben ist. Gefordert ist ja unabdingbar eine die verschiedenen Praxisfelder *übergreifende Verständigung* auf gemeinsame Zwecke, in deren Licht auch einzelne Regelungen und Verfahren zu bewerten sind. Andererseits müssen die solcher Vergemeinschaftung dienenden Normen auch mit der individuellen *Freiheit* der Überlegung und Entscheidung vereinbar sein, die die unerläßliche Voraussetzung für jede Verständigung ebenso wie für die Akzeptabilität der in ihrem Rahmen gebilligten Normen darstellt.

In diese Höhenlage des politischen Diskurses reicht freilich Wittgensteins Sprachspiel kaum hinein. Es unterläuft den Widerspruch zwischen dem Allgemeinheitsanspruch sprachlicher Verständigung und seiner notwendigen Besonderung in der Anwendung auf konkrete Situationen; es verabsolutiert die Besonderung und ignoriert die reale "Macht des Allgemeinen", wie sie sich etwa im Kapital, im Staat oder in der Gesetzgebung darstellt. Die Widersprüche kehren freilich wieder: in Gestalt jener Irregularitäten, Paradoxien und Verständigungsschwierigkeiten innerhalb einzelner Spiele, an denen sich das fragmentarische Denken abarbeitet wie Sisyphos an seinem Stein. Daß sie in dieser Gangart nicht zu bewältigen sind, lassen manch dunkle Andeutungen doch ahnen. "Die bürgerliche Stellung des Widerspruchs, oder seine Stellung in der bürgerlichen Welt, das ist unser Problem." (PU 125) In der Tat bildet die "bürgerliche Welt" ja den Kontext aller Spiele, und es bedarf keiner elaborierten Politischen Ökonomie, um zu begreifen, wie sich der Zusammenhang zwischen den einzelnen Spielen in dieser Welt organisiert. So berechenbar die Spielzüge, die Verlustrisiken und Gewinnchancen innerhalb einzelner Felder sich darstellen mögen, so unübersichtlich und irrational erscheint das Resultat im Ganzen, das sich auf alle Spielfelder auswirkt und den regulären Charakter der Spiele, die Verbindlichkeit aller Vereinbarungen bedroht. Schon aus diesem Grund muß "die" Gesellschaft versuchen, das "freie Spiel" der Kräfte und Intentionen innerhalb der einzelnen Praxen und über ihre Grenzen hinweg gewissen allgemeinen Ordnungen zu unterwerfen; diese Regelungen können aber nur "formalen" Charakter haben, wenn sie jene Freiheit nicht zerstören sollen. Das hat bekanntlich zur Folge, daß etwa juridische Normen innerhalb der einzelnen Spielfelder doch wieder sehr ungleiche Bedeutung annehmen; die formale Gleichbehandlung aller Spieler vergrößert potentiell das "Unrecht" ihrer ungleichen sozialen Stellung, dem sie zu wehren scheint.

Solche Widersprüche spiegelt Wittgensteins Paradigma durch die Verwischung der begrifflichen Grenzen - zwischen Regelgeltung und Irregularität, zwischen einer mehr instrumentellen und einer mehr kommunikativen Interpretation des paradigmatischen Sprachspiels. Erscheinen die Regeln einerseits als Bedingungen der Möglichkeit des Spiels, so sind sie andererseits vielfach als Konventionen durchschaubar, die sich jederzeit auch ändern ließen. Diese Ambivalenz wird aber in Wittgensteins Paradigma bloß registriert; in einem derart generalisierenden Regel-Konzept ist auch keine klare Status-Differenz auszumachen zwischen moralischen Imperativen wie etwa dem Wahrhaftigkeitsgebot und bloßen Spielregeln. Man könnte zwar sagen, daß das Verbot des Betrugs (welcher Art auch immer) für jedes Spiel - unabhängig von den jeweils geltenden Regeln - grundlegend sei; aber umgekehrt hängt es natürlich auch vom gespielten Spiel ab, *was* als Betrug diskrimiert werden kann: Denn nur innerhalb des Spiels sind die Züge bzw. Wortbedeutungen und Sprechakte halbwegs eindeutig. Wo dessen Grenzen verschwimmen, reduziert sich eine Unwahrhaftigkeit fast spielend auf eine bloße Bedeutungsverschiebung, die als Mißverständnis zu bagatellisieren ist. Wo der Anwendungs-Bereich von Normen ausfranst, zerläuft schließlich auch ihre Geltung. Ist sie doch, ebenso wie die geregelte Anwendung von Sprechakten, nach Wittgensteins Auskunft an die "normalen Fälle" geknüpft, die sich gleichwohl nie definitiv von den abnormen abgrenzen lassen (vgl. PU 141 f.). Die Totalisierung von Kontext-Abhängigkeit eskamotiert den Anspruch einer auch nur fragmentarischen Rationalität. Die Überlagerung aller Felder hat eine Art geregeltes Chaos zur Folge, in dem alle möglichen Regeln stets zugleich gelten *und* auch wieder nicht gelten; wer sich nach ihnen noch ernsthaft richten wollte, wäre stets der Gefoppte im Spiel einer allseitigen Fopperei. Leicht zu erraten, welche "Machtsprüche der Vernunft" dann erforderlich wären, um normale Umstände wiederherzustellen und partikulare Spiel-Ordnungen aufrechtzuerhalten.

So ist es wohl kein Zufall, daß die handlungskoordinierenden Sprechakte bei Wittgenstein vielfach die Form des Kommandos annehmen (vgl. etwa PU 60 ff.). Selbst wenn man diese Präferenz nicht überbewerten will, so bleibt die Gleichung von Sprachspielen, "Gebräuchen" und "Institutionen" (vgl. PU 199) noch aufschlußreich genug. Bedenklich wird diese Gleichung freilich erst *durch* ihre paradigmatische Generalisierung; die Institution wird genau in dem Maße zur totalen, wie sie die gesamte Lebenswelt zu regeln und ihren funktionalen Imperativen zu unterwerfen sucht. Dies wäre dann sozusagen der Gegen-Zug zur Auflösung der Lebensform in eine unabsehbare Serie von inkommensurablen Sprachspielen, wie sie etwa Lyotard proklamiert. Es ist insofern keine Entgleisung, wenn Wittgenstein die Bedeutung eines Wortes einmal mit der "Funktion eines Beamten" vergleicht (ÜG 64). Handelt es sich doch um eine typische Meta-Funktion, die die Konditionen für geregeltes Spielen teils herstellt, teils überprüft und die Beachtung expliziter Regelungen kontrolliert. Diese Funktion ist nur dann erträglich, wenn sie so beschränkt bleibt, wie es der korrigierende Partikularismus der besonderen Sprachspiele nahelegt. Jegliches aktive Regulieren ist darauf angewiesen, daß es überhaupt etwas zu regeln gibt, was sich nicht allein durch die Regeln herstellt, was sich wohl über weite Strecken auch "von selbst" regelt. Das Verhältnis freilich zwischen dem Imperativisch-Regulativen und der Selbstregulierung der sozialen Verhältnisse bleibt im Rahmen des funktionalistischen Paradigmas grundsätzlich ungeklärt; ebenso undurchsichtig die instrumentelle bzw. mediale Rolle einer Sprache, deren Wörter und Ausdrücke einerseits so weisungs- bzw. kontextabhängig wie ein Subalternbeamter, andererseits auch wieder so flexibel verwendbar scheinen wie ein Minister oder Spitzenmanager.

5. Existenzielle Ungewißheit und philosophische Therapeutik

Nun kann es hier nicht darum gehen, die innere Ambivalenz des Sprachspielparadigmas - ihren sich selbst totalisierenden Partikularismus - als Defizit einer "Theorie" zu denunzieren, die gar nicht als solche genommen werden will. Unabhängig von ihrem Selbstverständnis dürfte ihre Bedeutung gerade darin liegen, daß sie ein von ihr kaum zu bewältigendes Problem in aller Dramatik widerspiegelt. Formal läßt sich dieses Problem beschreiben mit dem gängigen topos, daß die "normale Sprache", die alle Sprachspiele durchzieht, auch die letzte, besser: die einzig denkbare "Metasprache" ist. Wenn Wittgensteins philosophisches Sprachspiel diese Funktion der normalen Sprache nicht mehr zu thematisieren erlaubt, obwohl es sich ihrer bedient, so könnte auch darin eine ernstzunehmende Aussage stecken: Die Reflexion *über* diverse Sprachspiele würde einem metaphysischen Selbstmißverständnis aufsitzen, wenn sie einen von *allen* Sprachspielen unabhängigen, gleichsam transzendenten Standort für sich reklamieren wollte. Gerade die metakommunikative Selbst-Thematisierung einzelner Sprachfunktionen bleibt an die kommunikative *Erfahrung* gebunden, in der die Sprache so etwas wie situationsbezogene Einigung zwischen Akteuren mit unterschiedlichen Vorerfahrungen und Interessen ermöglicht; diese Erfahrung aber verweist von sich aus auf den umgreifenden Horizont einer Lebenswelt, in der die einzelnen Sprachspiele immer schon aufeinander bezogen *sind*; ihre paradigmatische Isolierung hebt sich dann selbst auf. Umgekehrt nötigt die quasi diskursive Thematisierung von Sprachfunktionen zum Rückgang auf die von ihnen mit-organisierten sozialen Handlungszusammenhänge, wenn sie nicht Reflexionsakrobatik im luftleeren Raum begünstigen soll.

Dabei ist freilich kaum zu übersehen, daß solche Reflexion ihrerseits erst auftritt und Sinn macht, wo die kommunikative, vergemeinschaftende Funktion von Sprache insgesamt problematisch geworden ist. Das Sprachspielparadigma wäre so als Reaktion auf einen Sprachzerfall zu begreifen: Die Bindung von Sprache an lebensweltliche Interaktionszusammenhänge lockert sich ja im selben Maße, wie diese von technischen Standards gleichsam unterwandert und strategisch manipuliert werden. Als pragmatisches Bindemittel funktioniert Sprache dann eben nur noch unter Voraussetzung "normaler" Umstände, die durch Normierungsprozesse vorgegeben und gegen intelligente Modifikation oder gar reflexive Problematisierung weitgehend abgedichtet sind. Schon die bloße Thematisierung der sprachlichen Normalität, so sehr sie sich nach einer solchen zurücksehnen mag, sprengt insgeheim ihren normativen Anspruch. In diesem Sinne ist Wittgensteins "Anti-Philosophie" unzweifelhaft subversiv, und sie ist für den Philosophen riskant. Der Gang an die Grenzen der Sprache führt an die "Ränder" der Gesellschaft; stets umlauert von der Gefahr, daß sich normale Umstände in abnorme verkehren. So etwa, wenn jemand vor die Tür seines Hauses tritt und sich statt eines Wegs ein "Abgrund" auftut, wie Wittgenstein das im Gleichnis ausdrückt (vgl. PU 84).

Die Philosophie, die uns an diesen Abgrund führt: denjenigen gegenwärtiger Welt-Einrichtung überhaupt, spiegelt zwar penibel die Verunsicherung, die aus ihm hervordrängt, stilisiert sie aber auch von neuem zur zeitlosen conditio humana. Satt den Lebensproblemen nachzugehen, vergattert sie das mit ihnen überforderte Denken zur Fortsetzung seiner Sprachspiele bis zur endgültigen Einsicht in deren Grundlosigkeit. Der Patient ist geheilt, wenn er nach dem Sinn der Therapie nicht mehr fragt. Die therapeutische Philosophie stutzt ihre sprachspielübergreifende Dimension selbsttätig auf die partikulären Zwecke und Funktionen zurück, aus denen sie die verlorene "Gewißheit" zurückzugewinnen hofft. Dieser Partikularismus, so hilfreich er pragmatisch auch sein mag, fördert nicht nur die Abdankung *aller* Theorie. Als Reaktion auf reale, gesellschaftliche Partikularität verurteilt er jeden Versuch, diese selber zu begreifen, von vornherein zur Resignation; dabei wäre es gerade die existierende Vielfalt und Zersplitterung der Sprachspiele und Handlungsfelder, die zu ihrer Selbst-Korrektur die metakommunikative Funktion der Sprache erforderte.

Der Angriff auf die "Einheit der Vernunft", mittlerweile zum risikofrei variierbaren Spiel eines ultra-modernen Skeptizismus avanciert, entspringt bei Wittgenstein wohl noch echter Verzweiflung an der ursprünglich geglaubten Einheit. Die Reduktion der Welt auf Sprache, die diese Einheit zunächst gewährleisten sollte, führt nach deren Auflösung in Sprachspiele auch zur Zersetzung jeden Welt-Bildes, das diese zu integrieren vermöchte. So blieb nur der Versuch, in der Vielfalt der

Spiele selbst irgendeine gemeinsame Grundlage zu suchen; und wäre es ein Ich, das sich in all seinen Reden sein schieres Dasein bestätigt. Es ist die Identität dieses Ich, die die Einheit wenigstens *seiner* Sprache fordert, will es sich nicht dem Verstummen und der Nacht des Geistes preisgeben; solange es aber spricht, hält es den Anspruch - oder die Fiktion - aufrecht, seine Sprache könne eben schon *als* Sprache nicht *nur* seine eigene, keine bloße "Privatsprache" sein. Ebensowenig kann sie aber nach Belieben ihre Funktion wechseln, wenn der Akteur von einem Spielfeld in ein anderes übertritt; eine heillose Identitätskonfusion wäre sonst die Folge. Ob deren Proklamation - wie sie etwa seit dem "Anti-Ödipus" Schule macht - irgendein sozial- oder individualtherapeutisches Problem löst, scheint mehr als fraglich.

Vor diesem "postmodernen" Hintergrund ist es jedenfalls hilfreich zu sehen, wie für Wittgenstein bis zuletzt individuiertes Dasein an die innere Einheit der Sprache gebunden bleibt. Ein babylonisches Wirrwarr von Sprachspielen ist gerade nicht des Philosophen letztes Wort; wie anders wäre zu verstehen, daß er häufig von *dem* Sprachspiel schlechthin, ja vom "menschlichen Sprachspiel" redet? Und dies ohne jegliche Befürchtung, sich damit erneut der "Anmaßungen" der Metaphysik verdächtig zu machen. So heißt es etwa von der Aussage "Ich weiß, daß ich jetzt auf einem Sessel sitze", sie sei "in ihrem Sprachspiel... nicht anmaßend. Sie steht dort nicht höher als eben das menschliche Sprachspiel..." (ÜG 554) Die Anmaßung, die dieses Sprachspiel von sich weist, ist die eines Wissens, das aus der Kontingenz seiner eigenen, lebenspraktischen Bedingtheit heraustreten, nur bei sich selbst anfangen und das Subjekt des Wissens (das cogito der transzendentalen Reflexion) aus seiner unabdingbaren Situiertheit herausheben will. Jedes beliebige Sprachspiel läßt sich gegen diese Anmaßung ins Feld führen, sofern die Rede darauf angewiesen ist, hier und jetzt von einem Adressaten als sinnvolle Anrede oder Antwort *verstanden* zu werden. Wenn es aber zutrifft, daß die kommunikative Sprachfunktion die *Einheit* der Sprache voraussetzt, so wird sie umgekehrt auch nur durch die *Kontinuität* des Redehandelns verbürgt; und diese Kontinuität schließt eben eine gewisse Kontingenz dessen ein, was jeweils für sinnvoll gelten kann. Das Hier und Jetzt der Rede ist zwar - potentia - ein Immer und Überall; aber der allgemeine Sinn, den ihre bloße Verständlichkeit erheischt, bleibt an die besondere Struktur des "sozialen Raums" gebunden, in dessen Gegenden sich die Akteure "frei" bewegen. Wie er sich jeweils strukturiert, hängt wiederum von der Geschichte der Sprachspiele ab, in deren unberechenbarer Wechselwirkung sich die Übergänge wie von selber machen und neue Wege bahnen. "Das" Sprachspiel ist immer schon seine eigene Fortsetzung, und gehorcht als solche keiner Regel. "Du mußt bedenken, daß das Sprachspiel sozusagen etwas Unvorhersehbares ist. Ich meine: Es ist nicht begründet. Nicht vernünftig (oder unvernünftig)./ Es steht da - wie unser Leben." (ÜG 559)

Das Leben läßt sich umso weniger "auf Begriffe bringen", als es sich im Fortgang sprachlicher Deutungsleistungen erst artikuliert, während es ihnen doch immer schon vorausliegt. Diese Voraussetzung suchen Sätze wie "Ich weiß, daß ich jetzt auf einem Sessel sitze" einzuholen; darin liegt die heimliche "Anmaßung" ihrer scheinbar funktionslosen Trivialität. Sie beschwören monologisch eine Evidenz, die eigentlich nur derjenige, der mir gerade gegenübersitzt, für wahr nehmen kann - und muß, solange er mit mir redet. In welchen Aussagen sich diese Evidenz auch darstellt, sie erschöpft sich in keiner einzelnen, weil sie eine jede trägt; gerade darum läßt sich das Spiel mit fragmentarischen Gewißheiten endlos variieren. Die Evidenz mag sich verzweigen wie der Baum, den Wittgenstein gern als Urbild einer "sinnlichen Gewißheit" präsentiert; sie mag mit wachsender Entfernung an Sicherheit verlieren wie bei einem Telephongespräch über den Atlantik hinweg (ÜG 208). Aber der Glaube, "daß die Erde existiert", der die Sprechenden in jedem Fall verbindet, überdauert jede Erschütterung. Er schließt schon eine Gesamtheit von Lebenszusammenhängen ein, die sich als ganze nicht in Frage stellen läßt. Denn: "Mein *Leben* besteht darin, daß ich mich mit manchen zufriedengebe." (ÜG 344) Solches Welt-Vertrauen betätigt und bestätigt sich in jedem Sprachspiel, sofern es "glückt". Es ist jener "Grund des Wahren", der nach Wittgensteins berühmtem Diktum "weder wahr noch falsch" sein kann (ÜG 205).

Der sekundäre, explikative Akt der Ver-gewisserung hat also nur den Sinn eines indirekten Hinweises auf den Träger der Gewißheit; der Satz: "Ich weiß meinen Namen mit voller Bestimmtheit" (ÜG 577) ist nicht nur irgendein Beispiel für derlei Evidenzen. Er zeigt allerdings auch, wie sehr sie ihrerseits an jene sozialen Vermittlungen gebunden sind, für die bei Wittgenstein pauschal "das" Sprachspiel einstehen muß. "'L.W.' ist mein Name. Und wenn jemand es bestritte, würde ich sofort unzählige Verbindungen schlagen, die ihn sichern." (ÜG 594) Daher macht es unter normalen Umständen gar keinen Sinn, an der Identität eines anderen zu zweifeln; oder gar an der eigenen. Aber der Zweifel *zeigt* eben von neuem, daß wir normale Umstände bei jedem Sprachspiel unterstellen müssen, und daß der umständlichste dieser Umstände - wir selber sind. Schon darum wäre es illusorisch zu meinen, daß das Sprachspiel "... die Tatsachen, die es ermöglichen, *'zeigen'*..." könne (ÜG 618); etwa in einer anomalen Lage, "...in der ich das alte Spiel nicht mehr fortsetzen könnte. In der ich aus der *Sicherheit* des Spiels herausgerissen würde." (ÜG 617) Die Sicherheit des Spiels "begründet" erst die Selbstgewißheit des Spielers; sie ist durch keinerlei Selbstvergewisserungs-Akrobatik zu ersetzen. Sobald einer "auf sich selber zeigen" muß, um als Mitspieler akzeptiert zu werden, droht er die Balance zu verlieren; auf welche Verbindungen er sich auch berufen mag, er stört das Spiel und riskiert, den Verdacht zu bestärken, der ihn dazu nötigt.

Nun muß gerade die philosophische *Reflexion* unweigerlich aus *dem* Sprachspiel schlechthin - dem des Alltagshandelns - heraustreten, will sie dessen tückische Logik ins Bewußtsein heben. Auch jene evidenten Sätze, an denen der Zweifel - allemal der cartesianisch-hyperbolische - "zu Grunde gehen" soll, machen Sinn nur als Antwort auf diesen Zweifel - oder auf die Verunsicherung, die ihm vorausgeht; sie wollen die verlorengegangene Gewißheit wiederherstellen, *ohne* ihr einen neuen, tieferen Grund unterlegen zu können. Das kann gefährlich werden, wenn man es mit jenem Psychiater zu tun hat, der danach fragt, was "das da" ist - nämlich der Sessel, der immer schon in meinem Zimmer stand (ÜG 355); und natürlich wissen will, ob ich selbst ganz "da" bin. Auch wenn es sich um einen philosophisch aufgeschlossenen Psychiater handeln sollte, der derlei Sprachspiele adressatenspezifisch zu handhaben versteht, so wird er wohl die unaufgeforderte Thematisierung so elementarer Gewißheiten wie derjenigen: daß *das* "meine Hand" ist, als Ausdruck einer tiefen Verunsicherung interpretieren. Der Philosoph seinerseits, der die "Haltung" des Psychiaters einzunehmen sucht, wird solcher Diagnostik nur entgehen, wenn es ihm gelingt, die Diagnose zu totalisieren: Er wird die hyperbolischen Fragen als Ausdruck einer Orientierungskrise darstellen, die aus einer verunsichernden Lebens- oder Welt-"Lage" zwangsläufig folgt. Ob ihr aber durch Rückbesinnung auf die angebliche Normalität des Lebens abzuhelfen ist?

Gewiß, es ist nicht sehr wahrscheinlich, daß jener Sessel, der eben noch "da" stand, plötzlich meinem Blick entschwindet, während ich ihn holen will; daß er nach einiger Zeit wieder auftaucht, um dann wieder zu verschwinden. Aber gesetzt, es geschähe doch einmal: nach welcher Regel ließe sich nun entscheiden, was Illusion war und was Realität? (vgl. PU 80) Gewiß: "Wenn ich Einen im Schach matt zu setzen suche, kann ich nicht zweifeln, ob die Figuren nicht etwa von selbst ihre Stellungen wechseln und zugleich mein Gedächtnis mir einen Streich spielt, daß ich's nicht merke." (ÜG 346) Zumindest für einen Schachspieler wäre ein so schwaches Gedächtnis bedenklich. Es könnte ja sein, daß der Gegner die Stellung - möglichst unauffällig - verändert, während ich Zigaretten hole. Wie aber "...wäre es, wenn einer Schach spielte und wenn er matt gesetzt wäre, sagte 'siehst du, ich habe gewonnen, denn *das* Ziel wollte ich erreichen'? Wir würden sagen, dieser Mensch wollte eben nicht Schach spielen, sondern irgend ein anderes Spiel..." (PB 24). Aber um dieses "andere" Spiel zu spielen, mußte er sich doch mindestens den Anschein geben, Schach zu spielen - und gewinnen zu *wollen*. Vielleicht wird das Spiel gerade darum zum Paradigma der Lebens-Wirklichkeit. Wo die Täuschung glücken soll, muß sie möglichst unauffällig bleiben oder aber konsequent organisiert werden. Auch dafür gibt Wittgenstein das Beispiel. Könnte nicht einer, der wie er in England lebt, daran "irre werden", wo er sich befindet, wenn "... Menschen zu mir ins Zimmer kämen, die Alle das Gegenteil behaupteten, ja mir 'Beweise' dafür gäben, so daß ich plötzlich wie ein Wahnsinniger unter lauter Normalen, oder ein Normaler unter Verrückten, allein dastünde? Könnten mir da nicht Zweifel an dem kommen, was mir jetzt das Unzweifelhafteste ist?" (ÜG 420)

Weder auf den korrekten Sprachgebrauch noch auf die bestbeglaubigte Aussage ist Verlaß, wo nach den Wurzeln der Gewißheit gefragt wird. Darum erteilt Wittgenstein der Konsens-Theorie der Wahrheit eine Absage. "'So sagst du also, daß die Übereinstimmung der Menschen entscheide, was richtig und was falsch ist?' - Richtig und falsch ist, was Menschen *sagen*; und in der *Sprache* stimmen die Menschen überein. Dies ist keine Übereinstimmung der Meinungen, sondern der Lebensform." (PU 241) Wittgenstein wird also, sofern sich nicht vor seinem Haus gerade ein Abgrund aufgetan hat, beispielsweise hinausgehen und den nächsten Besten nach dem Weg nach X fragen. Der wird höflich Auskunft geben, in bestem Oxford-Englisch. Aber beim nächsten Wegweiser wird er Verunsicherte feststellen, daß die angegebene Straße in die entgegengesetzte Richtung führt. Also fragt er noch einen. Mit demselben Resultat. Er wird mißtrauisch und fragt einen Dritten. Die Auskunft bleibt dieselbe. Will man ihn nun, weil er ein Fremder ist, was sich an seinem Englisch hören läßt, zum Besten halten, oder ist der Wegweiser falsch? Es wird ihm nichts übrigbleiben als sich auf den Weg zu machen. Aber auch der nächste Wegweiser und die Ortsschilder könnten ja gefälscht sein. "Aber dann würde sich ja niemand mehr zurechtfinden." Niemand? Gewiß, wer "die Gegend nicht kennt", würde sich hoffnungslos verlaufen. Oder resigniert umkehren und am Ort bleiben. "Wer sagt, was in dieser Lage vernünftig ist zu glauben?" (ÜG 326)

Mag sein, daß einer in dieser Lage immer noch nicht bezweifelt, daß "die Erde existiert" und daß er sich auf ihr befindet. Aber er könnte sich doch ernstlich die Frage stellen, ob man nicht "... gewisse Autoritäten anerkennen muß, um überhaupt urteilen zu können?" (ÜG 493) Die Zuflucht zur Autorität steckt schon im Rekurs auf den Alltag. Er präsentiert sich mit der unwidersprechlichen Macht des Selbstverständlichen und gemahnt in seiner Gleichgültigkeit gegen alle Fragen nach Gründen an den lapidaren Bescheid, den bereits Hegel ihnen erteilte: "Es ist so, weil es so ist." Gerade die Feststellung, daß es jederzeit auch anders kommen kann als man denkt, verleiht diesem Sein die Aura unwiderruflicher Grundlosigkeit; sie verurteilt vorweg jeden Gedanken, der es anders haben möchte, als es nun einmal ist, zum nonsense. Daß sich Wittgenstein das "Träumen" strikt verbietet, gehört jedoch zur Signatur eines kämpferischen "Realismus", der sich keinesfalls mit allem abfinden mag: was an intellektuellen Veranstaltungen den Alltag überschreitet und ihn doch weiterhin definiert, will er beseitigt sehen. So sympathisiert er mit der (Erzeugung der) Bombe, weil sie "...das Ende, die Zerstörung, eines gräßlichen Übels, der ekelhaften, seifenwäßrigen Wissenschaft, in Aussicht stellt" (Vermischte Bemerkungen, S.94). Der salto mortale des common sense wird zur Travestie der verdrängten Metaphysik; er vollstreckt die List einer Vernunft, die an sich selber nicht mehr glaubt, weil sie die Übersicht über die "normalen" Lebensbedingungen längst verloren hat.

Daß deren ganz normale Unübersichtlichkeit auf die Pathologie der Gesellschaft hindeutet, hat Wittgenstein gleichwohl geahnt. In einem nachgelassenen Aphorismus heißt es: "Beinahe ähnlich, wie man sagt, daß die alten Physiker plötzlich gefunden haben, daß sie zu wenig Mathematik verstehen, um die Physik bewältigen zu können, kann man sagen, daß die jungen Menschen heutzutage plötzlich in der Lage sind, daß der normale, gute Verstand für die seltsamen Ansprüche des Lebens nicht mehr ausreicht. Es ist alles so verzwickt geworden, daß, es zu bewältigen, ein ausnahmsweiser Verstand gehörte. Denn es genügt nicht mehr, das Spiel gut spielen zu können; sondern immer wieder ist die Frage: ist dieses Spiel jetzt überhaupt zu spielen und welches ist das rechte Spiel?" (Vermischte Bemerkungen, S.57) Die Frage stellt sich umso dringlicher, wo kaum einer noch genau wissen kann, welches Spiel mit ihm gespielt wird. Das ist wohl der tiefste Grund für die ungebrochene Aktualität Wittgensteins. Wenn alle philosophischen Probleme die Form annehmen: "Ich kenne mich nicht aus", so lädt allein das kokette Geständnis die Ratlosen zur Identifikation ein. Eine Philosophie, die die philosophischen Probleme allesamt verschwinden lassen will (PU 133), verspricht immerhin Ruhe im Kopf. Damit bringt sie zwar die "Lebensprobleme" der Lösung kaum näher; aber ihre (vorgebliche) Bescheidenheit macht sich nicht schlecht "in dieser Lage" und scheint sie wenigstens nicht zu verschlimmern.

Dieser Schein ist freilich trügerisch. Der Rückzug auf die normale Sprache, die nur allzu leicht als Herrschaftsinstrument fungiert, arbeitet der erwünschten Regression auf affirmatives Blöken vor, statt ihr Widerstand zu leisten. Die angeblich ins "Unsagbare" auslaufenden Ränder der Sprache sollen dennoch fugenlos in geregelte Verhältnisse übergehen; deren fortschreitende Sprachlosigkeit freilich weist zurück auf ein Zentrum, das sich ins Schweigen derer hüllt, die etwas zu sagen haben. Die herrschende Lebensform wird zum Alibi der Macht, die ohne den Konsens-Zwang nicht zu herrschen, soziale "Realität" nicht zu definieren vermöchte. Das Überall und Nirgendwo, das offenbare Geheimnis dieser Macht, reproduziert sich in jenem durchschnittlichen Einverständnis, das den guten Spieler ausmacht; der Verzicht auf lästige Fragen nach dem Sinn des Spiels gilt ihm als Ausweis geistiger Gesundheit. Sie bewahrt ihn vor den Ausschlußmechanismen, die den Nörgler, wenn er allzu lästig wird, auf geraden oder krummen Wegen in die Psychiatrie befördern. Der Vernunft dagegen hilft es kaum, wenn sie sich aufs Vernünftigsein beschränkt. Dies läßt sich von niemand besser lernen als von Wittgenstein. Die philosophische Haltung des notorischen Zweiflers "gibt ein Beispiel" für den hartnäckigen Widerstand gegen die Autorität des common sense. Aber die radikalste Skepsis wird zuletzt zu dem Sprungbrett, von dem aus das angespannte Denken zum Sturzflug ins "Wasser des Geistes" ansetzt; bei Wittgenstein nicht anders als bei Augustinus

und Pascal. "Wenn ich ... wirklich erlöst werden soll, - so brauche ich
Gewißheit - nicht Weisheit, Träume, Spekulation - und diese Gewißheit
ist der Glaube..... Was den Zweifel bekämpft, ist gleichsam die Erlösung." (Verm. Bem. S.69)

Bibliographie

Monographien

Die intellektuelle Anschauung bei J. G. Fichte und Schelling und ihre religionsphilosophische Bedeutung, Würzburg 1929

Plotin und Augustinus. Untersuchungen zum Gottesproblem, Berlin 1935

Philosophia perennis als Problem und als Aufgabe, München 1936

Macht und Recht. Eine Platon-Studie, Krefeld 1947

Recht, Staat und Gesellschaft, Krefeld 1949

Macht und Recht und das Wesen des Staates, Braunschweig 1951

Universitas und Universität, Bonn 1954

Hegel und die marxistische Staatslehre, Bonn 1963: 2.erw. Auflage 1970

Was ist Ideologie? Studie zu Begriff und Problematik, Bonn 1964; 3.erw. Aufl. 1974; in japanischer Übersetzung 1974

Ideologie, Wissenschaft, Philosophie, Bonn 1966

Staat und Zentralismus, Bonn 1969

Philosophie. Einführung in ihre Terminologie und ihre Hauptprobleme, Bonn 1977

Grundlinien philosophischer Staatstheorie, Bonn 1986

Aufsätze

Neue Arbeiten Alexander Birkenmajers zur mittelalterlichen Philosophie, in: Philosophisches Jahrbuch der Görres- Gesellschaft, 39. Bd., 1926, 316-319

Zum Problem des Naturrechts, in: Theologie und Glaube, 27. Jg., 1935, 174-186

Geschichtliche Formen einer philosophia perennis, in: Divus Thomas, Jahrbuch für Philosophie und spekulative Theologie, 3., Bd.13, 1935, 305-314

Über die Bedeutung der Analogie für die Metaphysik, in: Philosophisches Jahrbuch der Görres-Gesellschaft, 49. Bd., 1936, 30-48

Zur Forschung um Albert den Deutschen, in: Blätter für Deutsche Philosophie, Bd.11, 1937, 51-57

Zu R. Harder's Plotinübersetzung, in: Philosophisches Jahrbuch der Görres-Gesellschaft, 52. Bd., 1939, 92-96

Naturwissenschaften und Geisteswissenschaften, in: Philosophisches
Jahrbuch der Görres-Gesellschaft, 58. Bd., 1948, 324-332
Macht und Ethos im Recht, in: Philosophisches Jahrbuch der Görres-
gesellschaft, 59. Bd., 1949, 191-199
Wissenschaft, Philosophie, Weltanschauung, in: Veritati. Eine Samm-
lung geistesgeschichtlicher und theologischer Abhandlungen. Als
Festgabe für Johannes Hessen zu seinem Geb., München 1949, 53-72
Machtdenken und Rechtsgefühl, in: Die neue Ordnung, Zeitschrift für
Religion, Kultur, Gesellschaft, 4.Jg.. 1950, 173-180
Hegels Staatslehre und das Prinzip der Subsidiarität, in: Die neue
Ordnung, Zeitschrift für Religion, Kultur, Gesellschaft, 7.Jg., 1953,
193-201, 279-287
Die philosophischen Grundlagen des Marxismus im System Hegels, in:
Historischer Materialismus und europäisches Geschichtsdenken. Vor-
träge der Tagung in Wanne-Eickel, 20.-24. Oktober 1953. Herausg.
vom Vorstand des Landesverbandes nordrhein-westfälischer Ge-
schichtslehrer, Düsseldorf 1954, 11-34
Kants Philosophie im Lichte seiner Persönlichkeit, in: Jahrbuch der
Albertus-Universität zu Königsberg, 5.Bd., Kitzingen 1954, 81-86
Toleranz, in: Mitteilungen des Landesverbandes nordrhein-westfäli-
scher Geschichtslehrer, 2.Reihe, 8.F., 9.F., 1959
Kantische Ethik und preußisches Ethos, in: Mitteilungen des Landes-
verbandes nordrhein-westfälischer Geschichtslehrer, 2.Reihe, 9.F.,
1959
Dialektik der Natur und Geschichte, in: Erkenntnis und Verantwor-
tung, Festschrift f. Theodor Litt, hrsg. von J. Derbolav und F.
Nicolin, Düsseldorf 1960, 91-104
Was ist Ideologie?, in: Mitteilungen des Landesverbandes nordrhein-
westfälischer Geschichtslehrer, 3.Reihe, Nr.1, 1961
Marxismus und Realismus, in: Lebendiger Realismus, Festschrift f.
Johannes Thyssen, hrsg. von Klaus Hartmann u.a., Bonn 1962, 89-
114
Von der Einheit des Staates, in: Einheit und Sein. Gottfried Martin
zum 65. Geburtstag, hrsg. von I. Heidemann und E. K. Specht, Köln
1966, 343-359 (= Kant-Studien, 57.Jg., H.1-3, 1966)
Einleitung zu "Bonner Gelehrte, Beiträge zur Geschichte der Wissenschaften in Bonn. Philosophie und Altertumswissenschaften, Bonn
1968, 9-15

Adolf Dyroff, in: Bonner Gelehrte. Beiträge zur Geschichte der Wissenschaften in Bonn, 1968, 63-68
Was es heißt, ein Philosoph zu sein. In: Gerhart Schmidt u. Gerhard Wolandt (Hrsg.), Die Aktualität der Transzendentalphilosophie, Festschrift f. Hans Wagner, 1977, 1-5

Edition

I. Kant, Zum ewigen Frieden. Edition u. Nachwort, Krefeld 1947

Rezensionen

Johannes Stelzenberger, Die Beziehungen der frühchristlichen Sittenlehre zur Ethik der Stoa, München 1933, in: Divus Thomas, 3., 13.Bd., 1935, 100-104
Michael Müller, Ethik und Recht in der Lehre von der Verantwortlichkeit. Ein Längsschnitt durch die Geschichte der katholischen Moraltheologie, Regensburg 1932, in: Divus Thomas, 3., 13. Bd., 1935, 471-474
Joachim Ritter, Mundus Intelligibilis. Eine Untersuchung zur Aufnahme und Umwandlung der neuplatonischen Ontologie bei Augustinus, Frankfurt a.M. 1937, in: Deutsche Literaturzeitung, 1937, H.23, 950-953
Karl Delahaye, Die "memoria interior"-Lehre des heiligen Augustinus und der Begriff der "transzendentalen Apperzeption" Kants, Würzburg 1936, in: Deutsche Literaturzeitung, 1937, H.32, 1315-1318
Plotins Schriften. Übersetzt v. Richard Harder, Bd.II,III u.V, Leipzig 1936,1937 (Philos. Bibl. Bd.211b, 213a, 215a), in: Deutsche Literaturzeitung, 1937, H.49, 1874-1876. Das. Bd.IV, Leipzig 1937 (Philos. Bibl. 214a), in:Deutsche Literaturzeitung, 1940, H.23/30, 659-660
Hildegund Rogner, Die Bewegung des Erkennens und des Seins in der Philosophie des Nikolaus von Cues, Heidelberg 1937, in: Deutsche Literaturzeitung, 1940, H.41/42, 945-947
Johannes B. Lotz, Sein und Wert. Eine metaphysische Auslegung des Axioms: "Ens et Bonum convertuntur" im Raume der scholastischen Transzendentalienlehre. 1.Hälfte: Das Seiende und das Sein, Paderborn 1938, in: Deutsche Literaturzeitung, 1940, H.47/48, 1086-1087

Johannes Hessen, Lehrbuch der Philosophie, 1.Bd. München 1947,
2.Bd. München 1948, in: Philos. Jahrbuch der Görres-Gesellschaft,
59.Bd. 1949, 252-253

Martin Heidegger, Platons Lehre von der Wahrheit. Mit einem Brief
über den "Humanismus", Bern 1947, in: Philos. Jahrbuch der Görres-
Gesellschaft, 60.Bd., 1950, 97-98

Kurt Rossmann, Wissenschaft, Ethik und Politik.., Heidelberg 1949,
in: Philos. Jahrbuch der Görrcs-Gesellschaft, 60.Bd., 1950, 109-110

Willy Hellpach, Mensch und Volk der Großstadt, 2. neu bearb Aufl.,
Stuttgart 1952, in: Philos. Jahrbuch der Görres-Gesellschaft, 63.Bd.,
1955, 237

Wilhelm Fuchs, Neoklassik in der Rechtsphilosophie, Göttingen-Grone
1954, in: Philos. Jahrbuch der Görres-Gesellschaft, 63.Bd., 1955,
458-459

Dieter Henrich, Die Einheit der Wissenschaftslehre Max Webers,
Tübingen 1952, in: Philos. Jahrbuch der Görres-Gesellschaft, 63. Bd.,
1955, 459

Hans-Joachim Lieber, Wissen und Gesellschaft, Tübingen 1952, in:
Philos. Jahrbuch der Görres-Gesellschaft, 63.Bd., 1955, 459-460

Kurt Schilling, Geschichte der Philosophie, 2.verb Aufl., 2 Bde,
München-Basel 1951/1953, in: Philos. Jahrbuch der Görres-Gesellschaft, 64.Bd., 1956, 424

Romano Guardini, Vom Wesen katholischer Weltanschauung, Basel
1953, in: Philos. Jahrbuch der Görres-Gesellschaft, 64.Bd., 1956, 431

Marcel Reding, Der politische Atheismus, Graz-Wien-Köln 1957, in:
Philos. Literaturanzeiger, Bd.10, 1957, 341-344

Herbert James Paton, Der Kategorische Imperativ. Eine Untersuchung
über Kants Moralphilosophie, Berlin 1962, in: Ostdeutscher Literatur-
Anzeiger, Jg.IX, 1963, H.1, 6-8

Friedrich Delekat, Immanuel Kant. Historisch-kritische Interpretation
der Hauptschriften, Heidelberg 1963, in: Ostdeutscher Literatur-An-
zeiger, Jg.X, 1964, H.1, 25-27

Kurt Naegeli-Bagdasarjanz, Walter Burckhards Rechtsphilosophie,
Zürich 1962, in: Zeitschr.f. vergl. Rechtswissenschaft einschließlich
der ethnologischen Rechtsforschung, 65.Bd., 1963, 193-194

Varia

Platons Sendung und Werk in ihrer geschichtlichen Stellung. Herrn
Geheimrat Adolf Dyroff zum 75. Geburtstag. Beilage zum Vorlesungs-
verzeichnis der Staatl. Akademie zu Braunsberg, Winter-Semester
1941/42
Vorwort zu: Feldunterrichtsbriefe der Staatl. Akademie Braunsberg,
1943, H.1, 11ff.
Menschenkenntnis und Menschenführung. Feldunterrichtsbriefe der
Staatl. Akademie Braunsberg, 1944, H.10 (=1.Teil), H.11 (=2.Teil)